개정4판

노동법 실무 사례집

이일우 · 양진영 공저

600

600개의 주제별 실제 사례

㈜중앙경제

CEO · 인사 담당자를 위한 업무처리의 지침서

노동법 실무 사례집

초 판 인 쇄 2006년 9월 25일
개정4판발행 2018년 9월 3일

지 은 이 이 일 우 / 양 진 영
펴 낸 이 김 남 진
펴 낸 곳 (주) 중앙경제
내지디자인 이 지 훈
표지디자인 한 지 희

주 소 서울시 중구 다산로 11길 19(신당2동 355-8)
백석빌딩 신관 4층
전 화 02)2231-7293
팩 스 02)2235-5344
홈 페 이 지 www.elabor.co.kr
출 판 등 록 80.6.21 제 2-66호

I S B N 978-89-7017-400-6 (93330)
정 가 40,000원

CEO · 인사 담당자를 위한 **업무처리**의 **지침서**

노동법 **실무 사례집**

이일우·양진영 공저

(주)중앙경제

머 리 말

2018년에 접어들며 최저임금의 16.4% 인상과 근로시간의 단축은 기업체 뿐만 아니라 각계각층 누구에게나 큰 관심과 우려의 말들로 봇물을 이루게 하고 있다. 노사는 어느 한쪽의 압승이라는 편협된 논리가 아닌 상생의 길을 함께 찾아야 하는 운명적 동반자일 수 밖에 없다. 운명적 동반자에 있어 상생의 길은 끝없이 소통하고 배려하는 안정된 노사관계에서 그 길을 찾을 수 있음은 이론의 여지가 없고, 더불어 합리적 해결책을 제시해줄 수 있는 중재자의 역할 또한 무엇보다 중요함은 논란의 여지가 없다.

기업체 CEO, 인사담당자, 직장인이 어떤 문제에 직면했을 때 적어도 어느 방향으로 해결할 것인지에 대한 최소한의 지침서마저도 찾기 힘든 것이 현실이다. 저자는 이와 같은 지침서의 역할을 할 수 있는 저서를 집필하기 위해 무단히 노력해왔다.

저자는 이 책을 쓰면서 어려운 문제들과 직면했을 때 최소한의 지침서 역할을 할 수 있도록, 현실적 문제를 도외시한 학술서의 한계를 극복할 수 있도록 모든 사례들을 질의응답 형식으로 구어체로 쉽게 이해할 수 있도록 서술했다. 이런 저자의 바램처럼 이 책은 기업체에서 발생할 수 있는 노사간의 문제들을 합리적으로 조율해 줄 수 있는 지침서 역할을 충분히 해낼 수 있을 것이라 믿는다.

이 책은 저자가 20년 가까이 직접 경험한 사례들을 주제별로 구분하여 근로계약·취업규칙, 근로시간, 임금, 해고, 휴가·휴일, 모성보호, 산업재해, 퇴직과 해고, 4대보험, 노사협의회 등으로 구분하여 저술하였고, 사례에 대한 해결책도 판례와 행정해석 등 객관적인 근거를 적시함으로써 신뢰성도 높였다.

이 책이 다른 유사서적과 차별화한 장점은 첫째, 실제 사례에 대한 질의응답의 형식으로 이해하기 쉽다는 점, 둘째, 기업체에서 많이 발생할 수 있는 문제들을 사례화하고 객관적인 근거자료를 제시했다는 점, 셋째, 기존 학술서에서는 언급하지 않은 실무적인 부분들에 대한 자세한 설명이 부가되어 있다는 점이다.

이 책이 영세사업장은 물론 기업체에서 발생할 수 있는 노사문제들을 합리적으로 조율해 줄 수 있는 지침서 역할을 함과 동시에 기업체 CEO에게는 합리적인 해결책을 제시하고, 직장인에게는 권리구제의 활용실무서가 되기를 진심으로 바란다.

2018년 8월

著者 **이일우, 양진영**

C/o/n/t/e/n/t/s

제 2 장 임금제도와 체당금에 관한 실무사례

제 3 장 근로시간에 관한 실무사례

제 4 장 휴가·휴일에 관한 실무사례

제 5 장 모성보호법에 관한 실무사례

제 6 장 산업재해에 관한 실무사례

제 7 장 사직·해고와 퇴직금에 관한 실무사례

제 8 장 고용보험·건강보험·국민연금에 관한 실무사례

제 9 장 노사협의회에 관한 실무사례

CEO · 인사 담당자를 위한 업무처리의 지침서

노동법 실무 사례집

제 1 장

근로계약·취업규칙에 관한 실무사례

근로계약

1. 근로계약과 근로계약서란?

회사에 입사를 하면 구두로든 서면으로든 사용자와 임금이나 근무조건 등 여러 가지에 대하여 약속을 하는데, 이것을 근로계약이라고 합니다.

근로계약이란 근로자는 사용자에게 근로를 제공하고 사용자는 근로의 대가로 일정액의 임금을 지급하겠다는 약속이고 이를 문서화한 것이 근로계약서입니다.

근로계약은 반드시 서면으로 작성하여야 효력이 발생하는 것은 아니지만, 차후에 법적 분쟁이 발생할 수도 있으므로 서면으로 작성하는 것이 좋고, 근로기준법 제17조제1항은 임금, 소정근로시간, 휴일, 연차휴가 등의 사항을 명시하도록 하고 있고, 이를 교부하도록 강제하고 있습니다.

근로계약은 '노동'이라는 특성 때문에 사용종속관계가 형성되는데 이 때 우월적 지위에 있는 사용자와 계약을 맺는 것이므로, 불리한 근로조건으로 계약을 체결할 수도 있는 까닭에 근로기준법은 근로계약상의 근로조건이 근로기준법에서 정하는 기준보다 낮은 경우 그 부분에 한하여 무효로 하고 있고, 단체협약 취업규칙이 정하는 기준보다 낮은 경우에도 그 근로계약의 내용은 무효가 된다고 보아 근로자들을 보호하고 있습니다. 근로계약의 체결은 향후의 직장생활의 첫 단추를 꿰는 것과 같으므로 신중하고 꼼꼼하게 체결하는 것이 바람직합니다.

2. 민법상 고용계약과 근로기준법상 근로계약

고용계약은 당사자 일방이 상대방에 대하여 노무를 제공할 것을 약정하고 상대방이 이에 대하여 보수를 지급할 것을 약정함으로써 효력이 생기는 계약(민법 제655조)으로, 민법상 계약자유의 원칙, 노사대등의 원칙이라는 큰 틀 속에서 사용자의 채권을 중심으로 고용관계를 규율하는 임의법규인 반면, 근로계약은 헌법 제32조(인간의 존엄성을 보장하도록 근로조건의 기준을 법률로 정한다)로부터 수권된 근로기준법의 출발점으로 사용자의 '의무'를 중심으로 근로관계를 규율하는 강행법규입니다. 따라서 민법상 고용계약에 관한 규정은 근로기준법상 규정이 없는 경우에 한하여 보충적으로 적용되는 근로기준법의 보완규정에 불과하므로 별도의 독자적 규정으로서의 역할은 크지 않다고 볼 수 있습니다.

임의법규는 계약당사자가 합의에 의해 계약사항을 임의로 변경하여도 효력이 발생하지만 강행법규는 계약당사자가 합의에 의해 계약내용을 변경하더라도 변경내용은 무효가 된다는 것을 함축하고 있는 것으로, 예를 들어 퇴직금은 없는 것으로 노사가 합의를 했다하더라도 그 합의사항은 무효가 되는 것이 그 일예라 할 수 있습니다.

3. 도급계약과 위임계약

유사계약인 도급계약은 노무에 의한 '일의 완성'을 목적으로 하는 계약으로 수급인 자신이 그 일을 해야만 하는 것은 아니어서 일신전속적 성격이 없다는 점에서 근로계약과 구별되고, 위임계약은 일정한 '사무처리'에 목적을 두는 계약으로 '무상'으로 반드시 사무처리의 완성을 전제하지 않는다는 점에서 '유상'만을 전제로 하는 근로계약과 구별됩니다.

4. 근로계약서를 미작성 및 미교부하면?

근로기준법은 근로계약서를 작성하도록 강제하고 있고, 법정사항이 명시된 서면을 근로자에게 교부하도록 강제하고 있습니다. 이를 위반한 경우 500만원 이하의 벌금형을 규정하고 있습니다(동법 제114조).

Q [근로계약기간은 법에 정해져 있는지]
근로계약기간은 1년으로 법정(法定)되어 있는 건가요?
근로계약기간은 법에서 1년으로 정하고 있는 건가요?

A **근로계약기간을 정하는 것은 노사재량사항이고, 기간제의 경우는 2년 내에서 임의로 정할 수 있습니다.**

① **쟁점** : 이 사안은 이전 근로기준법은 근로계약기간은 1년을 초과하지 못하도록 법정하고 있었는데, 현재까지 그 법규정이 유효한지가 쟁점입니다.

② **구 근로기준법 제16조** : 근로계약기간은 1년을 초과하지 못하도록 규정한 근로기준법 제16조(근로기준법 제16조 : 1년 초과금지)는 장기근로계약에 의한 인신구속이나 강제근로의 폐해를 막기 위해 명시했었지만 삭제되었습니다.

③ **'기간제및단시간근로자보호등에관한법률' 시행으로 근로계약기간 제한규정의 사실상 폐지** : 근로계약기간의 제한규정은 2007.7.1. '기간제및단시간근로자보호등에관한법률(이하 '기단법'이라 함)'이 제정·시행되면서 사실상 폐지되었고, 동 규정을 대신하여 오히려 장기고용을 보장하고 독려하는 법률을 제정한 것입니다.

기단법 제4조는 2년(근로계약의 반복갱신 등의 경우에는 그 계속근로한 총기간이 2년)을 초과하지 아니하는 범위 안에서 기간제 근로자를 사용할 수 있다고 하면서 2년을 초과하여 기간제 근로자를 사용하는 경우에는 그 기간제근로자는 기간의 정함이 없는 근로계약을 체결한 것으로 본다고 간주규정을 두어 외형상으로는 기간제 근로자를 보호하는 법규정을 마련하였습니다(기단법 제4조제1항·2항).

④ **판례의 입장** : 근로계약기간은 단지 근로계약의 존속기간에 불과할 뿐 근로조건에 해당하지 아니하므로 근로계약 당사자는 원칙적으로 근로계약기간을 임의로 정할 수 있다는 것이 판례(2002구합38825)의 입장입니다.

⑤ **결론** : 근로계약기간에 관한 법규정 중 1년이라는 법정사항은 기단법의 시행으로 사실상 폐지되었고, 근로계약기간은 노사가 임의로 정하면 되는 노사재량사

항입니다.

다만, 기간제 근로자의 경우에는 2년을 초과하면 기간의 정함이 없는 근로자로 간주하기 때문에 정규직(=기간의 정함이 없는 근로자)으로 채용할 것이 아닌 이상 2년을 초과하지 않는 범위내에서 근로계약기간을 정해야 할 것입니다.

Q **[근로계약서 미작성·미교부할 경우 형사처벌되는지]**

근로계약서는 꼭 작성을 해야 하나요?

회사에 입사했는데 근로계약서를 작성하자는 말이 없네요. 근로계약서를 작성하지 않으면 형사처벌된다던데, 근로계약서는 꼭 체결해야 되는거 아닌가요?

A **법은 근로계약서를 작성할 때 일정 사항을 서면으로 명시하도록 하고 있고, 서면으로 교부하도록 강제하여 이를 위반할 경우 형사처벌될 수 있음을 유의해야 합니다.**

① **근로계약의 효력** : 근로계약은 구두로 했든 서면으로 작성했든 그 효력이 발생합니다. 하지만 노사 양당사자 입장에서 향후 발생할 수 있는 법적 분쟁을 예방하기 위해서라도 서면으로 계약(근로계약서)을 체결하는 것이 바람직합니다.

② **근로조건의 명시의무** : 사용자는 근로계약을 체결할 때 근로자에게 임금, 소정근로시간, 휴일(주휴일), 연차유급휴가, 취업장소와 종사할 업무, 근로기준법 제93조제1호~12호, 기숙사규칙에서 정한 사항을 명시하여야 합니다(근로기준법 제17조, 동법 시행령 제8조).

③ **근로조건이 명시된 서면을 교부할 의무** : 사용자는 임금의 구성항목·계산방법·지급방법, 소정근로시간, 휴일, 연차유급휴가에 관한 사항이 명시된 서면을 근로자에게 교부하여야 합니다(근로기준법 제17조제2항). 즉, 위 사항이 명시된 근로계약서를 근로자에게 교부해야 한다는 것으로, 이를 위반할 경우 500만원 이하의 벌금(동법 제114조제1호)에 처해질 수 있음을 유의해야 합니다.

④ **결론** : 위와 같이 법적으로 규정하고 있음에도 사업주들 중에 이런 규정을 숙지하고 있는 경우는 매우 드물고 꼭 문제가 발생한 뒤에야 때늦은 후회를 하는 것

이 일반적입니다. 법으로 처벌규정을 두고 있기 때문만이 아니라 나중에 법적 분쟁에서 불이익을 당하지 않기 위해서라도 근로계약서는 반드시 서면으로 작성하는 것이 좋습니다.

Q ‘임시직(계약직)’으로 근로계약을 체결한 경우, 계약기간 만료를 이유로 한 ‘재계약 거부’는 해고아닌가요?

계약직으로 입사하여 1년 단위로 근로계약을 체결하면서 4년 정도를 근무했어요. 그런데 갑자기 계약기간이 만료되었으니 그만두라고 합니다. 정말 황당하기 그지없네요. 계약직은 얼마동안을 근무했든 회사에서 계약기간이 만료되었으니 그만두라고 하면 그만둬야 하는 건지요? 혹시 이런 것도 해고아닌가요?

A 계약기간만료로 인한 근로계약해지는 ‘해고’에 해당하지 않는 것이 원칙이지만, 1년단위의 근로계약을 수차례 반복갱신해왔다면 해고에 해당할 여지가 높습니다.

① ‘계약기간만료로 인한 해지’가 해고에 해당하는지 여부 : 계약직이나 임시직의 경우 특별한 사정이 없는 한 그 기간이 만료하면 사용자의 근로계약해지통보 등 별도의 조치를 기다릴 것 없이 당연히 근로관계는 종료된다고 보는 것이 판례(대법 95다5783 전합)의 입장입니다. 이것은 ‘계약기간의 만료에 의한 근로관계의 종료’는 당사자간의 합의에 의한 근로관계의 종료로 본다는 것입니다.

따라서 사용자의 일방적인 의사표시에 의하여 근로관계가 종료되는 ‘해고’와는 분명히 구별되고, 노동위원회에 구제신청을 할 수 있는 것은 해고의 경우에만 한정되므로 위의 경우에는 부당해고구제신청을 할 수 없습니다.

② 1년 단위의 근로계약을 수차례 반복갱신해온 경우 해고인지 : 근로계약이 장기간에 걸쳐 수차례 반복되어 갱신된 경우에 계약서의 내용과 근로계약이 이루어지게 된 동기 및 경위, 기간을 정한 목적과 당사자의 진정한 의사, 동종의 근로계약체결방식에 관한 관행 그리고 근로자보호법규 등을 종합적으로 고려하여 그 기간의 정함이 단지 형식에 불과하다는 사정이 인정된다면 당사자간의 합의에 의한 계약

해지가 아닌 '부당해고'에 해당할 수 있으므로 종합적인 검토가 필요합니다(대법 98두625 참조).

즉, 기간을 정한 근로계약이라도 수차례 반복 갱신되었다면 '기간의 정함이 없는 근로계약'으로 보아 기간제 근로자가 아닌 정규직 근로자로 본다는 것입니다.

③ **실제 사례 :** 재계약 거부가 '해고'에 해당하는지 여부는 개별적인 사건에 따라 다르게 판단되는데, 일부 판례에서는 근로계약이 8번 반복 갱신된 경우 기간의 정함이 없는 근로계약으로 간주하여 일방적으로 재계약거부를 할 수 없다고 하고 있고, 일부 판례와 행정해석은 5회에 걸쳐 반복 갱신된 경우 일방적인 재계약 거부가 해고에 해당한다고 보고 있습니다.

④ **결론 및 기타 유의사항 :** 위 사례와 같이 계약직으로 채용을 했다고 하더라도 수년 동안 계약을 반복하여 체결해 왔다면 기간의 정함이 없는 근로계약으로 보아 계약기간이 만료되었다는 사유만으로 다른 정당한 이유없이 재계약을 거부하는 것은 부당해고에 해당합니다.

재계약 거부가 해고에 해당하는 경우 재계약 거부에 대한 정당한 사유가 있어야 하고, 취업규칙 상의 징계절차를 준수해야 하며, 30일 전에 해고예고를 하든지 30일분 이상의 통상임금을 해고예고수당으로 지급해야 함을 알아 둬야 합니다.

심화학습 계약직(기간제) 근로자의 재임용 기대권

① **논쟁의 발단 :** 교육공무원법 및 사립학교법상 대학교수의 재임용의 관련조항에 대해서 헌법재판소가 헌법불합치결정(헌재 2000헌바26, 2003.02.27.)을 내림에 따라 대법원도 국·공립대학 교수(대법 2000두7735), 전문직 연구원(대법 2002두8640)은 법령이나 계약 등에서 재임용 절차와 요건 등에 관한 근거규정이 있는 경우에는 제한적으로 '재임용에 대한 기대권'을 인정함에 따라 논쟁이 시작되었습니다.

② **재임용 기대권을 인정한 판례 :** 근로계약, 취업규칙, 단체협약 등에서 기간이 만료되더라도 일정한 요건이 충족되면 근로계약이 갱신된다는 취지의 규정을

두고 있거나 그러한 규정이 없더라도 근로관계를 둘러싼 여러 사정을 종합하여 볼 때 근로계약 당사자 사이에 일정한 요건이 충족되면 근로계약이 갱신된다는 신뢰관계가 형성되어 있어서 근로자에게 근로계약이 갱신될 수 있으리라는 정당한 기대권이 인정되는 경우(대법 2011두2665)와 계약직 근로자에게 근무성적 평가를 통하여 재계약을 체결해왔다면 근로자에게 일정한 순위 이상의 성적을 얻게 된 경우 기간제 근로계약이 갱신된다는 정당한 기대권이 인정된다(대법 2009두5374)고 하여 '재임용 기대권'을 인정하고 있습니다.

'재임용 기대권'을 인정하는 판례(대법 2000두7735·2002두8640)에 의하면, 재임용의 절차 및 요건이 사규나 법령에 규정되어 있는 경우에 한하여 기간제(계약직)라 할지라도 재임용에 대한 기대권을 근거로 노동위원회에 부당해고구제신청이나 행정소송을 제기할 수 있다고 해석할 수 있습니다.

③ **재임용 기대권을 부정한 판례** : 2년의 기간이 명시된 임시근로계약서를 작성하면서 기간의 정함이 없는 근로계약을 체결하는 것으로 알았다거나 혹은 그럴 의사였다거나 그러한 기대를 하였다고 보기는 어려운 경우(대법 2010두7628)와 사업주의 기간제근로자 관련 규정에 2년을 초과하여 기간제근로자를 사용할 수 없도록 규정하고 있는 경우(대법 2011두2306)에는 '재임용(갱신) 기대권'을 부정하고 있습니다.

④ **판례의 흐름** : 판례(2007구합28144)는 계약기간을 1년으로 명시하여 근로계약을 체결하였고 갱신된 적이 없는 경우라 할지라도 여러 사항들을 감안하여 '재임용의 정당한 기대권'을 좀 더 폭 넓게 인정하고 있습니다.

법원은 채용공고문에 계약기간을 매 1년 단위로 하되 갱신가능한 것으로 기재되어 있는 점, 계약직 운용준칙에 의하면 근로계약기간을 1년 이내로 하면서도 계약기간 만료시 재계약을 체결할 수 있도록 하고 있는 점, 근로계약서에도 계약기간을 1년으로 명시하면서도 고과평정 점수가 70점 이상인 경우에는 위 준칙에서 정하는 바에 따라 재계약을 체결할 수 있도록 하고 있는 점, 실제로도 계약직 직원으로 입사한 직원들은 특별한 사정이 없는 한 최장 근로기간을 한도로 계약기간이 갱신되어 온 점 등에 비추어 일정한 고과평정 점수를 받으면 특별한 사정이 없는 한 재임용되리라는 기대권이 생겼다고 봄이 상당하다고 판단하고 있습니다.

⑤ **비정규직에게도 재임용 기대권이 인정되기 위한 요건** : '재임용 기대권'을 일

반 비정규직 근로자에게도 적용하기 위해서는 근로계약을 체결할 때 '재계약 절차 및 요건'을 근로계약서나 취업규칙 또는 노동조합이 있는 경우에는 단체협약에 규정하여 비정규직 근로자도 계약기간 만료시 재계약의 기대권을 주장할 수 있는 근거가 마련되어 있어야 합니다.

⑥ **결론** : 실무적으로 일반 사기업체에서 계약직(기간제) 근로자의 재계약체결에 관한 절차 및 요건 등을 취업규칙 등에 규정하고 있는 경우는 극히 드문 실정입니다. 따라서 '비정규직보호법률'에 기간제 근로자를 채용하는 경우에는 '재계약체결의 절차 및 요건'에 관한 규정을 근로계약서나 취업규칙 등에 규정하도록 의무화하는 신중한 입법적 고찰도 필요할 것입니다.

Q [근로계약기간을 3개월·6개월·9개월로 해도 무방한지]

근로계약기간을 6개월로 하는 것은 법위반 아닌가요?

기간제로 근로계약을 체결하는데 근로계약기간을 6개월로 한다고 하네요. 계약기간을 1년도 아닌 6개월로 하는 것은 '기간제및단시간근로자보호등에관한법률(=기간제보호법)'에 위반되는 것 아닌지요?

A **기간제보호법의 시행이후에도 근로계약기간을 6개월로 하더라도 동 법률을 위반한 것이라고 볼 수는 없습니다.**

① **쟁점** : 이 사안은 기간제보호법의 제정취지가 기간제 근로자를 보호하는데 있으므로 단기계약(6개월)을 체결하는 것은 법위반이 아닌지가 쟁점입니다.

② **근로계약기간에 관한 입법과정** : 종전에는 근로계약기간은 기간의 정함이 없는 것과 일정한 사업완료에 필요한 기간을 제외하고 그 기간은 1년을 초과하지 못한다고 하여 장기근로계약에 의한 인신구속이나 강제근로의 폐해를 방지하고자 하였으나, 사용자가 오히려 이를 고용유연화의 방편으로 악용하는 사례가 빈번히 발생하여 관련규정을 사실상 폐지하고 '기간제보호법'으로 이를 보완하기에 이르렀습니다.

장기근로계약을 체결하면 근로자에게는 계약해지권이 없어 인신구속의 부작용이 발생하는 것이 아닌지에 대하여도 판례는 1년을 초과하는 근로계약기간을 정하여 근로계약을 체결하였다 하더라도 그 계약기간 자체는 유효하다고 하여 계약기간에 대하여 유연한 입장을 유지하면서도 1년이 경과한 경우 근로자는 임의로 근로계약을 해지할 수 있는 반면 사용자는 계약기간이 경과하기 전에는 근로계약을 일방적으로 해지 또는 해제할 수 없다고 하고 있어 근로계약의 해지권을 근로자에게 부여했습니다(대법 95다5783, 1996.08.29.).

③ **판례의 입장** : 6개월의 단기 근로계약을 체결하였다고 하여 그러한 사정만으로 위 계약이 기간제보호법을 잠탈하는 것으로서 무효라고 볼 수는 없다(서울행법 2009구합49152)는 것이 판례의 입장입니다.

④ **결론** : 기간제보호법 제4조는 사용자는 기간제 근로자와의 사이에 2년의 범위 내에서 자유로이 그 기간을 정하여 근로계약을 체결할 수 있음을 규정하고 있고, 다만 2년을 초과할 경우에는 기간제 근로자의 신분의 안정적 보장을 위하여 무기 근로자로 본다는 취지일 뿐이므로, 계약기간은 노사의 재량사항으로 보아야 할 것입니다.

Q [부당해고사건 진행중 계약기간 만료시 구제실익이 있는지]

부당해고사건 진행중에 근로계약기간이 만료되어 근로계약이 종료된 경우에도 원직복직 명령을 하는 것이 가능하나요?

1년단위의 기간제 근로자를 계약기간 만료 1개월전에 근무태도 불성실로 해고를 했고, 그 근로자가 노동위원회에 부당해고구제신청을 하여 사건이 계류중에 계약기간이 만료되어 재계약체결을 하지 않고 근로계약을 종료시켰는데, 노동위원회에서 원직복직명령을 내릴 수 있나요? 만약 원직복직명령이 내려지면 근로계약이 계약기간 만료로 종료되었더라도 다시 복직시켜야 하는 것인지요?

A **부당해고사건 진행 중 근로계약기간이 만료되어 근로계약이 해지된 경우 원직복직명령은 위법한 것이 되지만, 금전보상명령을 위해서는 구제실익이 있다고 판단하는 것이 바람직하다고 판단됩니다.**

① **쟁점** : 이 사안은 부당해고사건을 진행하던 중 근로계약기간이 만료되어 계약해지된 경우에도 원직복직명령의 구제실익이 있는지가 쟁점입니다. 더불어 동 사건을 구제실익이 없다고 각하해야 하는 것인지, 아니면 금전보상명령의 구제실익이 있으니 부당해고여부를 판단해야 하는지가 추가쟁점입니다.

② **원직복직명령의 구제실익이 있는지** : 근로계약기간의 정함이 단지 형식에 불과하다는 사정이 인정되는 경우가 아니고 재계약체결을 거부한 것이 사회통념상 상당하다고 인정될 만 하다고 할 수 있는 경우라면 계약기간 만료로 근로계약이 적법하게 해지되었고 볼 수 있으므로 원직복직명령의 구제실익은 없습니다.

③ **금전보상명령을 위한 구제실익은 상실된 것인지(재결례의 입장 변경)** : 중앙노동위원회는 기존에는 노동위원회의 판정일에는 이미 근로관계가 종료되어 근로자가 신청하는 원직복직이 실현될 수 없게 되었으며, 임금상당액은 반사적 이익에 불과하여 임금상당액 지급요구만으로는 구제절차를 유지할 이익이 상실된 것(중노위 2005부해1134)이라고 보았으나, 최근 재결례(중노위 2015부해514, 2015.08.20.)에서는 구제절차 진행 중 계약기간이 만료되었다 하더라도 노동위원회 구제절차의 도입 취지와 금전보상명령 도입 배경 등에 비추어 임금상당액 지급명령만의 구제이익이 인정된다는 입장으로 변경하였습니다.

④ **결론** : 원직복직명령의 구제실익 여부는 근로계약기간의 정함이 단지 형식에 불과한 것인지, 실제로 해당 사업이 종료되었는지, 재계약체결을 거부한 것이 사회통념상 상당하다고 인정될만한지 등을 종합적으로 검토하여 판단할 문제라고 사료되고, 최근 임금상당액 지급명령만의 구제이익이 인정된다고 재결례의 입장을 변경한 것은 바람직한 결정이라고 판단됩니다.

Q [기간제보호법 적용시점의 문제]

기간제를 2년 이상 사용하다가 계약기간 만료를 이유로 계약을 해지하는 것은 해고 아닌가요?

종업원이 50인 정도되는 사업체에 2009.6.1 기간제로 채용되어 3년 근무하다가 2012.5.31 기간만료로 근로계약이 해지되었어요. 너무 억울해서 상담소에 해고 아니냐고 물어봤는데 아니라네요. 그런데 이상한 건 2009.7.1 기간제로 채용된 甲은 2012.6.30 기간만료로 근로계약이 해지되었는데 해고판정이 났거든요. 甲과 저(乙)는 1개월차이밖에 안나는데 왜 차이가 나는 것인지, 무슨 이유가 있는 건가요?

A **甲은 기간제보호법이 시행된 이후 근로계약을 체결하여 2년이 경과하여 무기(無期) 근로자로 간주되어 해고에 해당하나, 乙은 법 시행전에 계약을 체결하여 법 적용이후 2년이 미경과하여 무기 근로자로 간주가 되지 않아 해고에 해당하지 않습니다.**

甲은 기간제보호법 시행일인 2009.7.1 기간제 근로계약(1년)을 체결한 후 2년이 경과하는 시점인 2011.7.1 기간의 정함이 없는 근로계약을 체결한 근로자로 간주되기 때문에 2011.7.1 이후부터는 甲과의 근로계약을 해지하는 것은 '해고'에 해당하는 것이 되고 甲을 해고하기 위해서는 정당한 사유가 있어야 함은 물론 사회통념상 상당성이 있는 절차를 거쳐야 합니다. 즉, 2012.6.30 甲에 대하여 계약기간 만료를 이유로 한 근로계약해지는 기간제보호법 제4조제2항에 의하여 해고에 해당하게 된다는 것입니다.

하지만 乙은 기간제보호법이 시행되기 1개월전에 기간제 근로자로 채용되었고, 2009.6.1에 1년 단위로 체결되어 2010.5.31까지 효력이 있는 근로계약은 기간제보호법상의 2년의 범위에 포함되지 않고, 2010.6.1 체결된 근로계약부터 기간제보호법상의 2년의 범위에 포함되므로, 乙은 비로소 2012.6.1부터 기간의 정함이 없는 근로계약을 체결한 근로자가 되는 것입니다. 그런데 乙의 근로계약은 2012.5.31 계약기간 만료에 의해 종료되었으므로 기간제보호법상 2년을 초과하지 않았기 때문에 乙에 대한 계약기간만료에 의한 근로계약 종료는 甲과는 달리 해고에 해당하지 않게 되는 것입니다.

판례(서울행법 2011구합10935)도 기간제보호법이 시행된 이후에 근로계약을 체결하고, 이후 근로계약을 반복하여 갱신하면서 총 2년을 초과하는 기간 동안 계속 근무해 왔고, 위 기간 중 수행한 업무가 기간제보호법에 의한 사용기간 제한의 예외사유에 해당되지 아니하였다면 근로자는 사실상 기간의 정함이 없는 근로자로 전환되었다고 보고 있습니다. 근로자가 기간제보호법 제4조제2항에 따라 기간의 정함이 없는 근로계약을 체결한 근로자로 간주되는 이상 사용자는 근로기준법에 정해진 정당한 사유가 있을 때에만 근로자를 해고할 수 있다 할 것인데, 사용자가 계약기간 만료를 이유로 근로자에게 해고를 통보한 것은 정당한 해고사유로 볼 수 없다고 판단하고 있습니다.

Q [계약기간 만료로 인한 해지도 별도의 통지를 해야 하는지]

근로계약기간이 만료되었음에도 별도의 통지(해고통지)를 하지 않았다면 근로계약이 자동으로 갱신되었다고 보아야 하는 것 아닌가요?

근로계약기간이 2012.6.30까지인데 회사측에서 별도의 아무런 통지를 하지 않았어요. 그러면 회사에서 근로계약을 갱신하였다는 것을 의미하는 것이 아닌가 해서요. 근로계약이 갱신된 것이라고 보아도 될까요?

A **근로계약기간 만료의 경우 별도의 해고통지가 없었다고 하여 근로계약이 자동갱신되었다고 볼 수는 없습니다.**

① **쟁점** : 이 사안은 근로계약기간이 만료되었음에도 별도의 통지(해고 또는 해지통보)가 없다면 근로계약은 자동갱신된 것으로 볼 수 있는지가 쟁점입니다.

② **판례** : 사용자가 근로자와 사이에 기간을 정한 근로계약을 체결한 경우에 있어서 근로계약기간이 단지 형식에 불과하여 기한의 정함이 없는 근로계약으로 되었다거나 근로계약갱신에 대한 합리적인 기대가 형성되었다는 특별한 사정을 인정할 수 없는 이상, 그 계약기간이 만료함에 따라 사용자의 해고 등 별도의 조치를 기다릴 것 없이 근로자로서의 신분관계는 당연히 종료된다 할 것이므로, 별도 해고

통지를 하지 아니하였다 하여 근로계약이 자동갱신된다고 볼 수는 없습니다.

설사 계약직 근로계약서에 계속근무기간의 상한을 규정하였다 할지라도 그 근무기간 내에 계약기간이 만료하는 경우 별도의 근로계약이나 묵시적인 갱신 사유가 없더라도 '근무기간의 상한 범위 내에서' 계속적으로 근로계약이 자동갱신 된다고 볼 것은 아니라는 것입니다(서울행법 2009구합41646).

③ **결론** : 근로계약이 수차례 갱신되어 계약기간이 형식에 불과하거나 근로계약 갱신에 대한 기대가 형성되어 있는 경우가 아니라면 별도의 통지(해고 또는 해지통보)가 없었더라도 근로계약이 자동갱신되는 것으로 볼 수는 없습니다.

근로계약의 당사자 ; 근로자와 사용자

1. 근로기준법상의 근로자로 판단하는 기준

근로계약의 당사자는 근로자와 사용자입니다. 근로기준법 제2조제1호는 "근로자란 직업의 종류와 관계없이 임금을 목적으로 사업이나 사업장에 근로를 제공하는 자를 말한다"라고 규정하고 있고, 동조 제2호에서 "사용자란 사업주 또는 사업 경영 담당자, 그 밖에 근로자에 관한 사항에 대하여 사업주를 위하여 행위하는 자를 말한다"라고 규정하고 있습니다.

위 규정과 같이 근로자의 정의는 비교적 추상적이어서 어떤 형태의 근로에 종사하는 자가 근로자인지를 쉽게 가늠하기 어렵기 때문에 어떤 형태로 근로하는 자를 '근로기준법상의 근로자'로 판단하는지에 대한 기준을 살펴볼 필요가 있습니다.

가. 근로자성 여부를 판단하는 기준

대법원 판례(대법 94다22859 등)는 근로자성 여부를 판단하는 기준을 다음과 같이 제시하고 있습니다.

근로기준법상의 근로자에 해당하는지 여부를 판단함에 있어서는 그 계약의형식이 민법상의 고용계약인지 또는 도급계약인지에 관계없이 그 실질에 있어 근로자가 사업 또는 사업장에 임금을 목적으로 종속적인 관계에서 사용자에게 근로를 제공하였는지 여부에 따라 판단하여야 할 것이고, 위에서 말하는 종속적인 관계가 있는지 여부를 판단함에 있어서는, ① 업무의 내용이 사용자에 의하여 정하여지는지 여부, ② 업무수행과정에 있어서도 사용자로부터 구체적, 개별적인 지휘·감독을 받는지 여부, ③ 사용자에 의하여 근무시간과 근무장소가 지정되고 이에 구속을 받는지 여부, ④ 근로자 스스로가 제3자를 고용하여 업무를 대행케 하는 등 업무의 대체성 유무, ⑤ 비품, 원자재나 작업도구 등의 소유관계, ⑥ 근로제공관계의 계속성과 사용자에의 전속성의 유무와 정도, ⑦ 취업규칙 또는 복무(인사)규정 등의 적용을 받는지 여부, ⑧ 보수의 성격이 근로 자체의 대상적 성격이 있는지 여부와 기본급이나 고정급이 정하여져 있는지 여부 및 근로소득세의 원천징수 여부 등 보수에 관한 사항, ⑨ 사회보장제도에 관한 법령 등 다른 법령에 의하여 근로자로서의 지위를 인정받는지 여부, ⑩ 양 당사자의 경제·사회적 조건 등을 종합적으로 고려하여 판단하여야 할 것이다(대법 94다22859 등).

위와 같이 판단기준의 우선순위 없이 위 기준만으로 근로자성 여부를 판단하다 보니 근로자성을 지나치게 형식적으로 판단하여 근로자성을 인정하는 범위가 협소하다는 비판이 제기됩니다. 이에 독일판례와 인천지법 부천지원(2001카합160) 판례는 위 대법원 판례의 문제점을 보완하고 실질적인 노동현실에 맞게 해석하고자 하는 노력의 일환으로, ①항 내지 ⑥항의 기재요소는 실질적 징표, ⑦항 내지 ⑨항 기재요소는 부수적인 요소로서 고려되어도 되는 형식적 징표, 이 실질적 징표와 형식적 징표를 종합하여 고려하여도 사용종속관계의 판단이 어려울 경우 ⑩항 양 당사자의 경제·사회적 조건에 대한 검토도 필요하다고 판단하였습니다. 참고로, ⑩항 양 당사자의 경제·사회적 조건에 대한 검토는 일방적으로 제시하는 계약내용을 받아들일 것인지 여부에 대한 선택권이 있는지, 노무공급관계의 성립과 종료에 대한 주도권이 누구에게 있는지 등에 대한 검토를 의미합니다.

따라서 근로기준법상의 근로자인지 여부를 판단하기 위해서는 우선 ①항~⑥항의 실질적 징표를 기준으로 판단하고, 그래도 판단하기 어려운 경우 ⑦항~⑨항의 형식적 징표를 종합하여 판단하여야 할 것입니다.

고용노동부 행정해석(근기 01254-6463, 1988.04.08.)은 다음 5가지의 기준으로 근로자성을 판단하고 있습니다(근기 68207-3284 참조).

① 근로자가 업무를 수행함에 있어 사용자로부터의 정상적인 업무수행명령과 지휘·감독에 대하여 거부할 수 없어야 함. ② 시업과 종업시간이 정하여지고 작업장소가 일정장소로 특정되어 있어야 함. ③ 업무의 내용이 사용자에 의하여 정하여지고 업무의 수행과정도 구체적으로 지휘·감독을 받아야 함. ④ 지급받은 금품이 업무처리의 수수료(수당) 성격이 아닌 순수한 근로의 대가이어야 함. ⑤ 상기 내용이 충족되고, 복무위반에 대하여는 일반 근로자와 동일하게 징계 등 제재를 받아야 함.

2. 근로자성 여부의 판단과 그 이유

가. 배달원(탁주배달원, 연탄배달원, 생활지배달원)

(1) 탁주배달원

주조공사와 고용계약이 성립되어 있지 않고 배달원은 수익은 탁주의 공장도 가격과 수요자 가격의 차액을 취득하며, 탁주생산회사 경영자의 의사에 따라 구체적인 개별적 지휘명령이나 감독을 받지 아니하고 그 수익도 탁주생산회사로부터 근로의 대상으로 받는 것이 아니고 스스로 배달처의 개척에 따른 것이라면 본 탁주배달원은 근로자로 볼 수 없다(법무 811-13411, 1980.06.04.).

(2) 연탄배달원

연탄생산공장 경영자에 고용되어 있지 아니하고 독립된 계산 아래 연탄공장에서 연탄을 구입하여 배달하고, 연탄의 공장도 가격과 수요자 소비가격의 차액을 취득하는 것으로 연탄생산공장 경영자의 의사에 따라 구체적·개별적 지휘명령이나 감독을 받지 아니하고, 그 수익도 연탄생산공장 경영자로부터 근로의 대상으로 받는 것이 아니고 스스로의 배달처 개척에 따른 것이라면 연탄배달원은 근로자로 볼 수 없다(법무 810-7883, 1969.07.18.).

(3) 생활지배달원

매일 아침 생활지를 가져와 관할구역의 지정장소에 배포를 함에 있어 배달차량은 본인 소유의 것을 본인의 관리 하에 운행하며, 배달시간 또한 04시~07시 사이에만 배포를 하면 되며, 배달원 또한 본인이 직접 배포를 하지 않고 제3자로 대체할 수 있는 경우라면 근로기준법상 근로자로 볼 수 없다.

위의 배달원들이 근로기준법상 근로자에 해당하지 않는 이유는 ① 업무의 구체적인 내용이 사용자에 의하여 정하여지지 않고, ② 업무수행과정에 있어서도 사용자로부터 구체적, 개별적인 지휘·감독을 받지 않으며, ③ 사용자에 의하여 근무시간과 근무장소가 지정되고 이에 구속을 받지 않으며, ④ 근로자 스스로가 제3자를 고용하여 업무를 대행케 하는 등 업무를 제3자로 대체하여 수행할 수 있는 등의 이유 때문입니다.

나. 판매원(피라미드판매회사 판매원, 위탁판매원)

(1) 피라미드식판매회사 판매원

입사한 후 개인사업자등록을 한 상태에서 부업으로 1주일에 한두번 출근하여 전화판매를 하며 고정급이 없이 배분금(실적급)만 지급받는 형태라면 동 회사와 사용종속관계가 인정된다고 볼 수 없으므로 동법상의 근로자로 볼 수 없다(근기 01254-1953, 1992.12.04.).

(2) 위탁판매원

회사와 실질적으로 위탁에 유사한 관계에 있어 회사의 직접적 지휘·감독을 받지 않으며 취업시간 및 장소에 대한 제한이 없는 등 임금에 의한 노무지휘관계에 있는 근로자로 보기 어렵다. 하지만 예외적으로 위탁판매원에게 회사에의 출근의무가 부과되고 있고, 매일 근무상황을 보고받고 고정급을 지급받으며 회사에 대한 손해나 성적불량으로 인해 일반사원과 동일한 제재를 받는 등 그 실태에 있어서 노무제공에 대한 구체적 지휘·감독이 행하여지는 경우라면 근로기준법상의 근로자로 볼 수 있다(법무 811-2909, 1978.01.26.).

다. 학습지교사

학습지교사가 회사로부터 위탁계약에 따른 최소한의 교육 등을 받을 의무가 있을 뿐 위탁업무의 수행과정에서 업무의 내용이나 수행방법 및 업무수행시간 등에 관하여 회사로부터 구체적이고 직접적인 지휘·감독을 받고 있지 아니한 점, 학습지교사는 회사의 정사원과는 달리 그 채용부터 출퇴근시간, 위탁관계의 종료에 이르기까지 그 제한이 거의 없고 다른 곳의 취업에도 특별한 제한이 없는 점에 비추어 회사에 전속되어 있다고 볼 수 없는 점, 학습지교사가 회사로부터 지급받는 수수료 등은 그 위탁업무수행을 위하여 학습지교사가 제공하는 근로의 내용이나 시간과는 관계없이 오로지 신규회원의 증가나 월회비의 등록에 따른 회비의 수금실적이라는 객관적으로 나타난 위탁업무의 이행실적에 따라서만 그 지급 여부 및 지급액이 결정되는 것이어서 근로제공의 대가로서의 임금이라고 보기 어려운 점 등에 비추어 보면, 학습지교사는 회사와 사이에 사용종속관계에서 임금을 목적으로 근로를 제공하는 근로자로 볼 수 없다(대법 2005다39136, 서울고법 2005나5586, 서울고법 2012누37274).

라. 지입차주(화물차지입차주, 레미콘지입차주, 지게차지입차주)

(1) 화물차 지입차주

지입차주가 자기 명의로 사업자등록을 하고 사업소득세를 납부하면서 기사를 고용하여 지입차량을 운행하고 제품운송에 대하여 구체적인 지시를 받지는 아니할 뿐만 아니라 실제 운송횟수에 따라 운임을 지입회사로부터 지급받아 온 경우, 지입차주가 지입회사의 지시·감독을 받는다거나 임금을 목적으로 지입회사에 종속적인 관계에서 노무를 제공하는 근로자라고 할 수 없다(대법 2012다57040, 대법 2000다30240, 중노위 2005부해544).

(2) 레미콘운송차주

레미콘운송차주들은 사업자등록증을 교부받고 관할세무서에 사업소득세 및 부가가치세를 납부하는 점(중노위 2001부노244), 일반적으로 회사가 운송차주들에게 출하시간을 알려줄 수밖에 없는 점, 운송차주들의 복귀시간이 정해져 있지 않고 그 복귀여부도 자유로운 점, 운송차주들이 스스로 제 3자를 고용하여 업무를 대행하는 것이 불가능하지 않은 점, 레미콘 운송차량의 소유권이 운송차주들에게 있고 그 차량의 관리를 운송차주들 스스로 하여 온 점, 운송차주들이 복무규정·인사규정 등의 적용을 받지 아니하고, 기본급이나 고정급이 정하여져 있지 아니한 점 등을 종합하면, 위 운송차주들은 회사에 대하여 종속적인 고용관계에서 노무에 종사하고 그 대가로 임금 등을 받는 회사의 근로자라고 볼 수 없다(대법 2002다57959, 2003.01.10.).

(3) 지게차 등 중기지입차주

지입차주가 중기를 지입회사 명의로 구입하여 지입회사와 형식상의 관리계약 하에 차주 겸 운전사로서 중기임대업에 종사하여 온 경우 지입차주가 근로자로서 공사현장에 파견된 것이 아니고, 중기임대차계약상에도 중기조종사의 인건비를 따로 지급하지 아니한 채 그 숙식비를 포함하여 매월 일정액을 받기로 하였으며, 작업수행상 위 회사의 지시를 받되 계약기간 중이라도 작업조건 등 부득이한 사정이 있으면 임의로 중기를 철수할 수 있을 뿐만 아니라 고장수리로 인하여 가동하지 못한 날이 월 5일 이상인 경우에는 쌍방 합의에 따라 사용기간을 연장하거나 임대료에서 그 금액을 공제할 수 있도록 약정된 점에 비추어 볼 때, 지입차주는 임금을 목적으로 근로를 제공하는 자가 아니다(대법 98다6084, 대법 97누16534).

(4) 관광버스지입차주

회사 명의로 출·퇴근 운행계약을 체결했더라도 지입차주가 회사로부터 동 계약에 따른 운행을 위탁받아 독자적으로 자기 책임 하에 사업을 수행하고 위탁운행에 따른 대가를 받는 형태로서 회사의 구체적인 지시·감독을 받지 않는 경우라면 근로기준법상 근로자로 볼 수 없다.

마. 보험모집인(보험관리사)

보험모집인은 위촉계약에서 수탁한 업무만을 수행하고, 근로내용이나 시간과는 관계 없이 체결된 보험계약의 계약고, 수금액 등 실적에 따라 수당을 받으며 기본급이 없는 것을 원칙으로 하고 있고, 또한 업무 수행방식에 제한이 없고 임의 일탈이 가능하며, 실제로 영업활동일수가 월평균 15일 정도이므로 근로시간 및 근로내용이 회사에 의하여 지배·관리된다고 볼 수 없어 근로기준법상 근로자로 볼 수 없다(대법 98두9219, 서울행법 2002구합2598, 중노위 2000부해622).

보험관리사는 우체국과 위탁계약을 체결하고 우체국보험관리사 운영지침 등에 따라 보상금과 수당을 받아 왔으므로 근로기준법상 근로자에 해당하지 않는다(대법 2011다44276, 2013.06.27.).

바. 위탁징수원(위탁수금원)

위탁징수원은 위임인의 구체적·개별적인 지휘는 거의 받지 않아 노무제공의 구체적 수행방법이 주로 근로자의 의사에 따라 결정되며 노무제공의 성과에 따라 보수액을 정하여 기본급여가 전무할 수 있다는 점을 감안하면 근로기준법상 근로자로 볼 수 없다(법무 810-8162, 1968.05.09.).

(1) 한국전력 위탁수금원(근로자성 부정)

위탁수금원은 수금의 실적에 중점이 있고 수금업무에 구체적 지휘·감독을 받음이 없이 위탁수금원의 재량에 의하여 업무가 수행되며 보수의 결정도 수금실적에 대응하여 수금성적이 일정액 미달일 때에는 전혀 보수가 지급되지 않는다는 점을 감안하면 근로자라고 보기 어렵다(법무 810-8162, 1968.05.09.).

(2) 전기회사 수금원(근로자성 부정)

전기회사 수금원이 수금하는 방법이나 과정에 있어서 회사로부터 구체적인 지휘·감독을 받지 않고 업무수행도 수금원 스스로의 재량으로 조절할 수 있으며, 보수도 수금실적에 의해 결정된다면 회사에 대하여 종속관계가 있다고 할 수 없다(대법 69누152, 1970.07.21.).

(3) 시청료 위탁징수원(근로자성 인정)

시청료 위탁징수원이 업무처리과정상 독자성이 인정되는 것은 텔레비전수상기 보유자에 대한 호별방문의 방법, 방문순서 등 담당업무의 특수성 때문이지 이것만 가지고 사용자의 지휘·감독과 통제로부터 벗어난 것이라고 할 수 없고, 또 기본급이나 고정급이 없이 징수한 시청료에 대한 일정 비율의 금액만을 수수료 명목으로 지급받아 왔다 하더라도 그것이 전체 근로에 대한 대가로서 지급된 것임이 명백한 이상 임금으로서의 성격(성과급 또는 능률급)이 부정되는 것도 아니므로 근로자에 해당된다(대법 91다21381, 1993.02.09.).

사. 배달기사(배달원)

(1) 오토바이 퀵서비스 배달기사(근로자성 부정)

오토바이 퀵서비스 배달기사의 경우 작업도구인 오토바이가 배달기사 소유로 고장수리비, 기름값 등 유지비는 전액 배달기사가 부담하는 점, 지각이나 결근시 제재 등이 없으며, 출근순번에 따라 배달을 하고, 일이 없으면 일찍 퇴근하는 점 등으로 미루어 보아 엄격하게 구속을 받는다고 볼 수 없는 점, 배달수행 중 발생한 사고(물품파손, 분실, 현금, 유가증권 분실 등)에 대하여 전적으로 배달기사가 책임지는 점, 배달기사가 고객으로부터 요금을 직접 수령하여 회사와 일정비율로 분배하는 점 등을 감안하면, 오토바이 퀵서비스 배달기사는 근로기준법상의 근로자로 보기는 어렵다(근기 68207-3284, 2000.10.24.).

(2) LPG가스배달원(근로자성 인정)

LPG가스배달원은 노사당사자가 근로기준법에 근거한 근로계약서를 작성하고 이에 근거하여 일정기간 근로를 제공하는 점, 출근시간과 퇴근시간이 정해져 있고 회사에서 지정한 장소에서 대기하다가 회사의 지시를 받고 배달업무를 수행하는 등 이에 구속을 받는 점, 근로계약서상 근로계약에 기인한 근로자성 및 임금성을 인정하고 있는 점 등을 감안하면, 회사의 지휘·감독하에서 업무를 수행하는 근로기준법상 근로자로 판단된다(근기 68207-3330, 2000.10.27.).

아. 도급계약을 체결한 가전제품AS기사(근로자성 인정)

가전제품AS기사는 실질적으로는 매일 정해진 시간에 서비스센타로 출근했고 수시로 교육을 받는 등 회사로부터 업무의 내용과 수행과정 등에 관하여 상당한 지휘·감독을 받으면서 근로를 제공했으므로 근로자로 인정된다(대법).

자. 민간위탁 방과후 교사(근로자성 인정)

민간위탁형식으로 운영하는 초등학교 컴퓨터교실 방과후 교사의 업무시간이나 구체적인 업무지시 등을 감안할 때 사용종속관계에서 근로를 제공한 것으로 판단되므로 근로기준법상 근로자로 볼 수 있다.

차. 배움터지킴이(근로자성 부정)

배움터지킴이와 같은 자원봉사활동은 무상을 원칙으로 하나 일정한 금액으로 지급되는 사례금이나 실비변상금은 활동의 대가로 지급되는 금품이 아니어서 근로자에게 지급되는 임금과는 구별되고, 1일 8시간동안 어떤 활동을 할 것인지, 언제 어느 지역을 순찰할 것인지 등에 관하여 학교장 등으로부터 아무런 지시를 받지 않으므로 근로자성이 부정된다(대구지법 2015나301869).

카. 근로자성이 부정되는 '근로형태'

(1) 근로장학생

근로장학생은 장학사업의 취지, 장학생 선발기준에 의한 모집·선발, 학기 중 수업시간의 근무시간 인정 등 근로자성이 부인되는 요소가 많고, 근로장학금이 명목상 경제적으로 어려운 학생들에게 봉사활동을 시키고 지급하는 장학금이므로 근로장학생을 대학교의 지휘·감독 하에서 임금을 목적으로 근로를 제공하는 근로기준법상의 근로자로 단정하기는 어렵다(근로기준팀-5332, 2006.10.02.).

(2) 정수기 AS직원

정수기의 임대와 필터 교환 등 정기점검서비스를 수행하면서 수수료 규정에 따라 수당을 받는 자는 근로기준법상 근로자가 아니다(대법 2010다5441).

(3) 종교인(목사, 전도사, 수녀 등)

목사, 전도사 등 종교단체에서 단체 본연의 목적인 종교활동에만 전념하는 자(근기 68207-558), 수녀의 신분으로서 수도회의 파견명령에 따라 병원에 파견되어 수도회칙에 따라 주어진 일을 수행할 뿐, 근로계약을 체결하지 않고 임의로 결정된 임금은 수도회에 전액 기부되며, 당해 사업장의 취업규칙, 복무규정 등을 적용 받지 않는 경우(근기 68207-459) 근로기준법상 근로자로 보기는 어렵다.

※ 종교인이지만 예외적으로 근로자성이 인정되는 경우

목사, 전도사, 수녀 등 종교활동의 영역을 벗어나 근로계약을 체결하고 임금 등 근로의 대가로 보수를 지급받는 경우(근기 68207-459), 근무형태가 사실상 통상적인 사업장 근로자와 같은 형태로 근로계약에 기초하여 노무를 제공하고 임금형태로 보수를 받는 자로 확인된 경우 근로기준법상의 근로자로 볼 수 있다(목사, 전도사–고용보험법 적용제외, 근기 68207-558).

(4) 프로운동선수

프로운동경기는 대중인기에 영합함으로써 흥행성을 극대화하기 위한 활동이라는 점에서 순수한 의미의 노동이라고는 볼 수 없고, 프로선수의 계약금 및 보수는 노동의 질을 결정하는 학력, 경력, 연령, 숙련도 등 복합적인 요소에 의거 결정되는 근로기준법상의 임금이라고는 볼 수 없으며, 구단주 및 감독의 지휘는 개인선수의 능력을 기술적으로 결합하기 위한 것으로 사용자의 지휘·감독과는 동일시할 수 없으므로 근로자로 볼 수 없다(보상 1451-27303, 징수 1458.4-27309).

(5) 업무집행권을 가진 임원(이사 등)

일반적으로 업무집행권 또는 대표권을 가진 법인의 임원은 회사로부터 일정한 사무처리의 위임을 받고 있는 것이지 타인의 감독하에 노무를 제공하는 것이 아니고 일정한 보수를 받는 경우에도 이를 근로기준법 소정의 임금이라 할 수 없으므로 근로기준법상 근로자로 볼 수 없다(대법 87다카2268).

Q **[고시원 총무의 근로자성 여부]**

월급 40만원을 받으며 하루 8시간 총무일을 1년 넘게 한 경우 근로자인지요? 그리고 8시간에 대하여 임금을 청구할 수 있는지요?

A **고시원총무도 근로자에 해당하며, 총무업무를 하지 않고 중간에 공부하는 시간 또한 근로를 위한 대기시간에 해당하므로 휴게시간을 부여하지 않은 것이 된다는 것이 판례의 입장입니다.**

① 중간에 공부하는 시간은 대기시간인지, 휴게시간인지 판단 : 사업주는 '잠시 업무를 보는 1~2시간을 제외하면 모두 휴게시간'이라고 주장하나, 근무지 이탈이 사실상 불가능하고 세입자 응대 및 공실청소 등 전화와 문자를 통한 사업주의 지시를 수행한 점으로 보아 휴게시간이 아닌 근로를 위한 대기시간에 해당한다는 것이 법원의 입장입니다.

② 대기시간에 해당한다면 휴게시간을 부여하지 않은 것이 되는지 : 법원의 논리대로 중간에 공부하는 시간 또한 대기시간으로 본다면 사업주는 근로자인 총무에게 휴게시간을 부여하지 않았으므로 근로기준법 제54조를 위반한 것입니다.

③ 대기시간에 대한 임금을 지급해야 하는지 : 근로기준법 제50조제3항은 대기시간을 근로시간으로 보고 있으므로, 사업주는 1일 8시간에 대하여 임금을 지급해야 하는데, 최소한 최저임금 이상으로 지급해야 할 것입니다. 뿐만아니라 1년 이상 근

무했으므로 퇴직금도 지급해야 합니다.

Q [텔레마케터의 근로자성 여부]
은행 텔레마케터로 하루 8시간씩 1년 넘게 근무했는데요, 퇴직금 받을 수 있나요?

A **은행 텔레마케터도 여러 사정을 종합해보면 근로자성이 인정되므로 퇴직금을 받을 수 있다는 것이 대법원의 판결입니다.**

① 근로자성을 인정한 대법원(대법 2016다29890, 2016.10.27.)의 근거 : 근로자들에게 업무수행 중 준수해야 할 사항이 기재된 업무운용수칙과 가이드라인을 배부한 점, 동 수칙에 위반하면 그 횟수에 따라 수수료가 차감되는 점, 지정된 자리에서 09:30~18:30까지 근무하는 점, 자리이동을 원하면 매니저의 허락을 받아야 하고 정해진 근무시간을 30분~1시간 단위로 쪼개 고객DB를 제공함으로써 지각, 조퇴, 결근 등의 경우 DB를 적게 배분받게 되고 이는 실적으로 이어지게 되므로 실질적으로 불이익을 받는 결과가 되는 점, 업무수행에 필요한 물품(컴퓨터, 전화기 등)을 제공한 점, 수수료 이외에 토요근무수수료란이 따로 있었고 생산성수당 등 명목의 돈이 지급된 적이 있었던 점 등 여러 사정을 종합하면 근로자성이 인정된다고 판단하였습니다.

② 결론 : 섭외영업위촉계약을 체결한 전화상담원의 근로자성이 인정됨에 따라 보험관련 전화상담원 등 기타 '텔레마케터'도 근로성이 인정될 것인지에 대한 관심이 높아질 것으로 예상됩니다.

Q [신문배달원의 근로자성 여부]
신문배달원이 신문배달 중 교통사고를 당한 경우 산재신청을 할 수 있는 근로자에 해당하나요?

A **근로자로 볼 수 없는 부분도 많지만 여러 사항들을 종합하여 판단하면 산재신청을 할 수 있는 근로자에 해당한다는 것이 법원(서울행법 2015구단 18619, 2016.9.16.)의 판단입니다.**

① **근로자성을 부정한 근거(근로복지공단의 각하사유) :** 민법상 신문배달위탁계약을 체결한 점, 기본급없이 신문배달부수 및 지역난이도에 따라 단가가 정해지는 점, 제3자에게 동 업무를 본인재량으로 대체하게 할 수 있는 점, 기타 사업주로부터 지휘감독, 인사복무, 취업규칙 등의 제재를 받지 않는 점 등을 이유로 근로자로 보기 어렵다고 판단하였습니다.

② **근로자성을 인정한 법원의 근거 :** 팀장으로부터 배달시 주의사항에 관하여 교육을 받은 점, 업무시간이 사실상 정해져 있고 이를 임의로 운용하는 것이 사실상 불가능한 점, 배달상의 문제가 발생했을 때 사후조치를 사업장에서 일괄처리한 점, 신문대금이 일반적인 보수처럼 사업장을 통하여 지급된 점, 병행배달은 사업장의 권유에 의한 것인 점, 오토바이의 소유는 사업장이고 유류비 등도 사업장이 부담한 점, 배달업무의 제3자 대행이 근로자성 판단에 있어 중요요소로 보기 어려운 점 등을 감안하면 근로자로 보는 것이 합당하다고 판단하였습니다(서울행법 2015구단 18619, 2016.09.16.).

Q **[골프장 캐디의 근로자성 여부]**

골프장 '캐디'는 근로자인가요? 아닌가요?

골프장 캐디로 일을 하고 있는데요, 캐디도 일반 근로자처럼 노동법상 권리를 주장할 수 있나요?

A **실질적인 지휘·감독 하에서 근로의 대가로 임금을 받고 있어 근로자에 해당한다면 노동법상 모든 권리를 행사할 수 있습니다.**

① **근로자 개념의 상대성 :** 근로자의 개념은 매우 상대적인 개념이기 때문에 여러 사항들을 종합적으로 검토한 뒤 판단하여야 하는데, 골프장 캐디도 마찬가지입니다. 캐디가 근로자인지 판단하기 위해서는 실질적인 근무조건이나 지휘체계, 임금

은 근로의 대가로 지급되는지 여부, 근로의 대체가 불가하고 종속적인 관계에 있는지 등 여러 가지 세세한 사항들을 검토한 뒤 결정해야 합니다.

② **캐디를 '근로자'로 보지 않은 판례내용** : ❶ 골프장 시설운영자와 근로계약 등을 전혀 체결하고 있지 않고, ❷ 캐디에 의한 용역 제공이 골프장 시설운영에 있어서 필요불가결한 것이 아니며, ❸ 골프장 시설운영자로부터는 어떠한 금품도 지급받지 아니하고 다만 내장객으로부터 직접 캐디 피(caddie fee)라는 명목으로 봉사료만을 수령하고 있고, ❹ 근로시간의 정함이 없어 자신의 용역 제공을 마친 후에는 골프장 시설에서 곧바로 이탈할 수 있고, ❺ 업무수행과정에서 골프장 시설운영자로부터 구체적이고 직접적인 지휘·감독을 받고 있지 않으며, ❻ 근로소득세를 납부하고 있지 않고, ❼ 업무수행을 해태하여도 골프장 시설운영자가 캐디에 대하여 회사의 복무질서 위배 등을 이유로 한 징계처분을 하지 아니하는 등 캐디는 골프장 시설운영자에 대하여 사용종속관계 하에서 임금을 목적으로 근로를 제공하는 근로기준법상 근로자로 볼 수 없다(대법 95누13432, 1996.07.30.).

③ **캐디를 '근로자'로 본 고용노동부 행정해석** : ❶ 캐디의 근무태만과 무단결근, 규정된 봉사료를 초과요구하는 경우 등 불성실근무에 대한 제재는 자치내규에 정해진 바에 따라 행해지고, ❷ 캐디마스터는 회사 소속직원으로서 캐디 휴가부여권과 징계위원회 위원장으로서 징계권도 행사하고 있는 등 위 골프장 캐디의 경우 실질적인 지휘·감독 하에서 임금을 목적으로 근로를 제공하는 법상 근로자에 해당한다(근기 68207-1448, 2000.05.13.).

④ **결론** : 캐디의 경우 본인이 수행하는 경기보조업무가 없음에도 일정한 시간에 출근하거나 캐디피는 일률적으로 카운터에서 수령한 뒤 매월 일정일에 지급하며, 불성실한 근무에 대하여 어떤 형태의 제재가 가해진다면 근로자에 해당하므로 노동법상 모든 권리를 행사할 수 있습니다.

Q [학원강사의 근로자성 여부]

학원강사는 근로자가 아니라 휴가도 없다는데 사실인가요?

저희 학원은 출퇴근시간이 정해져 있고, 시험기간에는 연장수업과 휴일수업도 합니다. 그런데 4대보험이 아닌 사업소득세를 내고 있고, 강의시간수에 따라 임금이 산정된다는 이유로 근로자가 아니라서 연차휴가도 없다는데 사실인가요?

A **학원의 실질적인 지휘·감독을 받아 업무수행을 하고 그 대가로 임금을 받고 있다면 근로자이고, 연차휴가청구권도 있습니다.**

① **학원강사를 근로자로 본 경우** : 학원의 강의계획표에 의하여 학원에서 제공한 교재로 강의를 하며 강의진도도 시험때까지 마치도록 하는 등 구체적인 지휘·감독을 받는 점, 학생들에게 설문조사를 하여 반응이 좋지 않은 강사는 권고사직을 시킨다고 진술한 점, 담임으로서의 임무를 부여하고 담임의 임무를 해태할 경우 담임을 주지 않는 등 제재를 가하는 점, 담임으로서 학생들의 출결사항 등을 확인하도록 되어 있어 사실상 출·퇴근에 제약을 받는 점 등 실질적으로 학원의 지휘·감독을 받아 업무를 수행하면서 그 대가로 실적급제 형태의 임금을 받고 있는 경우(근기 68207-3194, 2000.10.16.).

② **근로자로 보지 않은 경우** : 학원강사가 매월 강의시간과 과목을 정한 강의계획서를 학원에 제출하고 그 강의계획서에 따라 강의를 할 뿐 강의내용, 방법, 과정 등에 있어 학원의 구체적인 업무지시 및 지휘·감독이 없는 상태에서 강의시간수, 업무의 질과는 무관하게 수강생의 수에 따라 결정되는 수입의 일정비율을 학원과 배분하는 경우(근기 68207-2617, 1993.12.24.), 단과반 강사로 입시학원 운영자의 시설 내에서 수강생에게 강의를 하고 매월 수강료 수입금의 일정비율을 배분받기로 한 경우(대법 96도732, 1996.07.30.).

③ **결론** : 학원강사 중 종합반 강사는 대부분 근로자성이 인정되는 요소가 많고 단과반 강사는 근로자성이 부정되는 요소가 많은 것이 일반적입니다.

Q [고교실습생의 근로자성 여부]
'고교실습생'은 근로자가 아닌가요?

제 아들이 공고 3학년 2학기가 되면서 실습생으로 나갔는데, 최저임금보다 적은 임금을 주길래 사장님한테 항의를 했더니 고교실습생은 근로자가 아니라 최저임금이 적용되지 않는다고 하는데 맞는 말인가요?

A 사업주와 실습생 사이에 사용종속관계가 인정되는 경우라면 실습생도 근로자로 보아야 합니다.

① **쟁점** : 이 사안은 고교실습생도 근로자에 해당하는지가 쟁점입니다.

② **판례** : 실습생이라는 이유만으로 근로기준법의 적용을 받는 근로자가 아니라고 단정할 수 없고, 사업주와 실습생 사이의 채용에 관한 계약내용, 작업의 성질과 내용, 보수의 여부 등 그 근로의 실질관계에 의하여 사용종속관계가 있음이 인정되는 경우에는 그 실습생은 근로기준법의 적용을 받는 근로자에 해당합니다(대법 86다카2920).

③ **공고실습생은 근로자에 해당하지 않는다고 본 행정해석** : 산업교육진흥법에 의거하여 교육과정의 일부로서 공고생이 향후 산업에 종사하는 데 필요한 지식·기술·태도 습득을 목적으로 표준협약서에 따라 현장실습이 이루어지는 경우라면 임금을 목적으로 근로를 제공하는 것으로 보기는 어렵다고 본 행정해석(근기 68207-1833, 2002.05.04.)이 있기는 합니다.

④ **소결** : 고교실습생도 일반 근로자들과 마찬가지로 사업주의 지휘·감독 하에서 근로를 제공하고, 근로의 대가로 일정한 임금을 받으며, 작업장내의 사규에 따라 제재를 받는다면 근로자로 보아야 합니다.

⑤ **고교실습생과 수습근로자의 관계** : 고교실습생은 수습근로자와 유사한 지위에 있다고 볼 수 있으므로, '수습근로자에게는 최저임금의 90%에 해당하는 임금을 지급할 수 있다'는 규정을 준용하여 고교실습생에게도 최소한 최저임금의 90%에 해당하는 임금 이상을 지급해야 할 것입니다.

심화학습 외국인 산업연수생의 근로자성 여부

1995.2.14.부터 노동부는 '외국인 산업기술연수생의 보호 및 관리에 관한 지침'(노동부예규 제369호)을 제정·시행하여 외국인 산업기술연수생이 사실상 노무를 제공하고 근로의 대가를 지급받고 있는 경우에는 근로기준법의 8개 조항(2007.4.11 전부개정 법 제7조, 제8조, 제36조, 제43조, 제54조 내지 제56조)을 제한적으로 적용하도록 하였으나, 2007.8.30 헌법재판소는 위 예규에 대하여 외국인 산업기술연구생이 실질적으로 근로를 제공한 경우 일반 근로자와 달리 근로기준법의 일부만 적용토록 한 위 예규의 일부 조항은 평등권에 위배되어 위헌이라는 결정(7:2)을 하였고, 이에 따라 2007.9.7. 위헌으로 결정된 예규에 근거한 '외국인 연수생에 대한 근로기준법 등 위반 사건 처리 기준(근기 68207-348, 1995.02.23.), '해외 투자 기업 산업 연수생에 대한 보호 지침(근기 68201-696, 1999.11.23.)' 및 동일한 취지의 행정해석을 모두 폐지하고, 외국인 산업기술연수생이 사실상 근로자와 같이 근로를 제공하는 경우는 일반 근로자와 동일하게 노동관계법을 적용하도록 하였을 뿐만 아니라 2007.9.10. 위헌 결정된 예규 전부를 폐지하였다. 따라서 외국인 산업기술연수생을 사용하는 업체는 외국인 산업기술연수생이 사업주의 지휘·감독하에 사실상 근로를 제공하고 있다면 일반 근로자와 동일하게 근로기준법 등 노동관계법이 그대로 적용된다. 이에 따라 외국인 산업연수생이 1년 이상 근무하고 퇴직(2007.8.30 이후)하는 경우에는 당연히 퇴직금 지급의무도 발생함을 알아두어야 한다(근로기준팀-8930, 2007.12.26.).

Q [채권추심원의 근로자성 여부]

'채권추심원'도 근로자인가요?

저는 채권추심회사와 계약을 체결하고 약 1년 반 정도 채권추심업무를 했는데요, 수수료가 점점 줄어 생활하기도 어려워져 퇴사한다고 말하고 퇴직금을 달라고 했더니 회사측은 근로자가 아닌데 왜 퇴직금을 주냐고 하는데 사실인가요?

A **업무수행과정에서 구체적인 지휘·감독을 받았다면 채권추심원도 근로자에 해당합니다. 따라서 채권추심원의 구체적인 업무내용을 자세히 검토한 후 근로자성 여부를 판단해야 합니다.**

① **채권추심원을 근로자로 본 경우** : 회사의 방침에 의하여 출근시간을 어길 경우 팀장 등으로부터 질책을 받거나 시말서를 썼으며, 채권추심을 위하여 현장을 방문할 경우에도 상사의 출장허락을 받아 수행하고 출장현장에서 바로 퇴근할 경우도 전화를 통하여 허락을 받고 퇴근하였고, 회사의 지시에 따라 일요일에도 출근을 하여 업무를 수행하고, 휴가 일정을 회사에서 지정하였으며, 매일 오전에 성과보고 및 독려를 위한 업무진행회의를 하고, 채권추심업무를 수행하는 과정의 전화내용을 녹음하여 어투·채권추심 방법에 대한 구체적인 모니터링을 받은 경우(근로기준과-4479, 대법 2008도816, 대법 2015다252891, 서울중앙지법 2015가합581006).

② **근로자로 보지 않은 경우** : 원칙적으로 업무위임계약을 체결하고, 그 계약의 내용을 보면 업무수행 시간 및 장소를 별도로 정하지 않으며, 업무수행과정에 있어서도 위탁자의 구체적인 지휘·감독을 받는 것이 아니라, 수탁자가 독자적으로 업무를 수행하는 것을 원칙으로 하는 등 계약의 내용대로 이행된 경우.

회사에 정시 내지 매일 출근할 의무가 없었고, 지점장의 채권배당을 위한 소집에도 응할 의무가 없었으며, 회사 취업규칙의 적용을 받지 않는 점 등 채권추심업무의 수행과정에서 업무의 내용이나 수행방법 및 업무수행시간 등에 관하여 회사로부터 구체적이고 개별적인 지휘·감독을 받았다고 할 수 없는 경우(대법 2009다6998, 2009.05.14.).

③ **결론** : 이처럼 채권추심원의 업무를 수행하고 있더라도 일률적으로 근로자성 여부를 판단할 것이 아니라 실질적인 업무내용, 회사로부터 구체적이고 개별적인 지휘·감독을 받았는지 여부 등을 면밀히 검토한 후 근로자성 여부를 판단해야 하는데, 만약 근로조건 등이 위 행정해석(근로기준과-4479)의 내용과 같다면 퇴직금을 받을 수 있고, 또한 연차휴가수당도 받을 수 있을 것입니다.

Q **[통계조사원의 근로자성 여부]**

'통계조사원'은 근로자가 아닌가요?

저는 통계청과 도급계약을 체결하고 통계업무를 하고 있는 사람인데요, 통계청에서 노동부 해정해석을 보여주면서 저와 같은 통계조사원은 근로자가 아니기 때문에 퇴직금은 물론 연차휴가도 없다고 하는데, 사실인가요?

A **여러 가지 요소들을 종합적으로 검토한 뒤 근로자인지 여부를 판단하여야 하는데, 근무형태를 보았을 때 근로자에 해당한다고 사료됩니다.**

① **통계조사원을 근로자로 본 경우** : 통계조사원은 공무원인 팀장 및 협의 대상 조사관과 팀을 구성하여 통계조사를 하는 점, 업무수행과정에서 통계조사 관련 업무에 대한 업무 지시 및 지도 등을 받는 점, 「현장 조사 담당 공무원 행동 지침」을 적용받고 있는 점 등 통계청 팀장으로부터 구체적이고 개별적인 지휘·감독을 받으며 업무를 수행한 경우(근로기준팀-4600, 2007.06.08.).

② **근로자로 보지 않은 경우** : 조사업무 수행시 직접적인 지휘·감독이 이루어지지 않았고, 출·퇴근 및 근무시간이 정해져 있지 않았으며, 계약기간에 관계없이 조사량만 완성하면 되고, 조사대상 완성수량에 따라 보수가 달라지며, 근로소득세 미납부 및 4대보험에 가입하지 아니한 경우(근로기준과-546, 2010.08.18.).

③ **결론** : 통계조사원은 위와 같이 근무형태, 지휘·감독여부에 따라 근로자성 여부가 달라지는데, 근무조건 등이 위 행정해석(근로기준팀-4600)과 같다면, 그 법적 요건을 충족한 경우에 한하여 퇴직금과 연차휴가수당을 청구할 수 있습니다.

Q **[접객원의 근로자성 여부]**

'팁'만으로 생활하는 접객원도 근로자인가요?

저같이 빠에서 일하는 접객원은 별도의 월급이 있는 것이 아니라 '팁'만 받아 생활을 하는데요, 저희 같은 접객원도 근로자로 볼 수 있나요?

A **사업주와 사용종속관계가 인정되고, "팁"을 일정액으로 정하거나 사실상 일정액을 받도록 직·간접적으로 규제하는 경우와 "팁"을 사용자가 관리 분배하는 경우에 한하여 근로자로 볼 수 있습니다.**

① 접객원의 근로자성 여부에 대한 판단기준(근기 32100-6182, 1991.05.02.)

❶ 사용종속관계의 조사 : ㉠ 사업주체의 지휘명령하에 근로를 제공하는지 여부, ㉡ 업무의 의뢰, 업무종사에 대한 낙·부의 자유의 유무, ㉢ 시간적, 장소적 구속성의 유무(근로시간, 근무장소의 지정), ㉣ 업무의 내용이 사용자에 의하여 정해질 것, ㉤ 업무수행과정에 있어서의 사용자의 일반적 지휘·감독관계의 유무, ㉥ 업무용 시설기구의 이용에 대한 사용료 부담관계, ㉦ 접객원의 채용주체가 사용자(또는 사용자를 위하여 행위하는 자)인지 여부, ㉧ 구체적인 근로행위(접객행위 등)가 사용자의 지휘하에 이루어지는지 여부, ㉨ 출·퇴근시간이 정해져 있거나 영업시간중 조퇴, 외출시 허락을 받아야 하는지 여부, ㉩ 결근이나 지각출근시 일정한 제재를 가하고 있는지 여부 등을 기준으로 판단합니다.

❷ "팁"의 임금여부에 대한 조사 : ㉠ 사용자가 "팁"을 일정액으로 정하거나 사실상 일정액을 받도록 직·간접적으로 규제하는지 여부, ㉡ 손님으로부터 받는 "팁을 사용자가 모아서 일괄관리하며 분배하는지 여부를 기준으로 판단합니다.

② 접객원의 근로자성 여부에 대한 판단방법 : 위와 같은 판단기준을 근거로 "팁만으로 생활하는 접객원의 근로기준법상 근로자 여부는 사용종속관계 및 팁의 임금여부에 관한 사실관계를 조사 판단하되, 근로형태에 관한 사실관계에서 사용종속관계가 인정되는 경우로서 사용자가 팁을 일정액으로 정하거나 사실상 일정액을 받도록 직·간접적으로 규제하는 경우와 팁을 사용자가 관리 분배하는 경우에 한하여 근로자로 인정합니다.

③ 결론 : 출퇴근시간이 정해져있고 사업주의 지시에 의해 업무를 수행하며 근태관리가 이뤄지는 근무형태로, 손님으로부터 받은 팁을 사업주가 일괄관리하는 경우에는 접객원도 근로자에 해당한다고 볼 수 있습니다.

3. 근로자로 인정하는 특수관계·특수근로형태 종사자

가. 동거의 친족

동거의 친족이라 하더라도 근로계약을 체결하고, 동일한 사업장에 근무하는 다른 근로자와 마찬가지로 사업주의 지휘·감독하에서 임금을 목적으로 근로를 제공하는 경우, 친족이 같은 사업장에 근무하는 일반 근로자와 동일하게 사업주의 지휘·감독 하에서 상시 근로를 제공하고 그 대가로 임금형태의 금품을 지급받는 자임이 사실관계를 통하여 명확하게 확인된 경우 근로기준법상 근로자에 해당합니다(근기 68207-619, 재결 2001-53).

• 관련문제 : 상시근로자 5인중 3인이 친족인 경우 근로기준법의 적용여부

고용된 근로자 중 친족이외의 근로자가 단 1명이라도 있으면 동거의 친족만을 사용하는 사업(장)이라 볼 수 없고(법무 811-9087, 1980.04.15.), 그 친족인 근로자가 세대를 같이하고 상시 동거하면서 생활을 공동으로 한다고 인정되지 않는다면 근로기준법의 적용제외사업(동거의 친족만을 사용하는 사업)이라고 볼 수 없는 것이므로(법무 811-19400, 1978.09.07.), 상시 근로자 5인 중 3인이 친족인 경우에도 근로기준법이 적용된다고 보아야 합니다.

나. 애니메이터

만화영화 제작업체에서 근무하던 애니메이터는 팀장의 면접을 통해 채용되었고, 업무수행에 있어 회사의 지휘·감독을 받고 있는 점, 당해 근무직원들은 회사의 연간작업계획에 따라 회사 작업실에서 공동작업을 행하므로, 동 직원이 임의로 작업일정을 조정한다거나 팀장의 일반적인 지휘·감독을 거부할 수 없는 실정이며, 지각 또는 무단결근 등의 경우에 대해서는 제재조치를 행하고 있는 점, 당해 근무직원들은 출퇴근시간이 일정하게 정하여져 있고, 성수기 때는 팀장의 지시에 따라 연장근로를 실시하고 있는 점 등 애니메이터가 회사와 사용종속관계에 있는 칼라팀장의 실질적인 지휘·감독하에 업무를 수행하므로 근로기준법상의 근로자로 볼 수 있다(근기 68207-2214, 2000.07.24.).

다. 방과후 영어교실 강사

출근시간과 강의시간 및 강의장소가 정해져 있고 이에 구속을 받고 있는 점, 일일과제 부여 등 직접적인 업무지시가 있는 점, 매월 고정급을 지급 받고 있는 점, 매월 사용자의 주관 하에 학부모 상담, 강의 기법, 학생 관리 등에 관해 워크숍을 개최하고 참석을 요구하는 점 등을 고려할 때 '방과후 영어교실 강사'는 종속적인 관계에서 임금을 목적으로 근로를 제공하는 근로기준법상의 근로자로 볼 수 있다(근로기준과-294, 2010.07.28.).

라. 맹인안마사

(맹인)안마사의 근로형태가 적어도 매일의 출퇴근 시간이 일정하고, 그 대기장소와 안마행위의 제공에 관하여 안마시술소 대표의 포괄적인 지휘·감독을 받으며, 대표가 제정하여 시행한 취업규칙의 적용을 받고 있는 점 등에 비추어 볼 때 (맹인)안마사는 근로자에 해당한다(대법 92도674, 1992.06.26.).

마. 114재택근무요원

114재택근무원은 사용자에 의하여 근무시간이 지정되고 이에 구속되는 점, 업무수행에 필요한 시설과 장비를 제공받고 소정근로시간에 대한 기본급을 시간급 임금으로 지급하는 점, 근무를 소홀히 하는 경우 경고처분 등 징계조치 및 근로계약을 즉시 해지하는 점, 회사의 인사규정을 적용하고, 필요한 경우 근무형태의 변경이 가능한 점 등을 종합하여 감안해 보건대 근로기준법상의 근로자로 봄이 타당하다(근기 68207-1940, 2000.06.27.).

바. 장애인 콜택시 운전사

운전자의 근로시간·근로장소 및 보수 등 사실상 근로조건에 해당하는 내용을 상세히 규정하고 있고, 회사로부터 콜센터 등을 통하여 업무수행과정에 있어서 구체적·개별적인 지휘·감독을 받은 것으로 보이고 제3자에 의한 업무의 대체성이 없는 점, 근무지침상의 근무조편성표에 따라 출·퇴근시간이 정하지는 점, 택시 운행에 따른 유류대 및 피복을 회사가 제공한 점, 보조금이 일종의 성과급을 포함하는 임금으로서의 성격을 가지는 점 등을 종합해 보면, 근로기준법상의 근로자에 해당한다(서울행법 2004구합33756, 근기 68207-1043).

사. 야구심판

야구심판은 실제 경기 출전 수와 관계없이 확정된 연봉을 지급받는 점, 심판 업무 외에는 심판으로서 참가하는 경기 및 참가복장 등에 관하여는 총재의 관리 통제하에 있으며 총재의 지시에 복종하여야 하는 점, 심판위원으로서 업무를 수행하기 위하여 필요한 국내·외 훈련비용 및 도구 등이 제공되는 점 등에 비추어 볼 때 심판위원 계약기간 동안 야구위원회 심판은 근로자 지위에 있었다고 할 것이다(서울행법 2002구합39811, 근기 68207-856).

아. 대학조교

사립학교 조교는 해당 학과장의 업무지시 또는 감독을 받고 있고, 지시된 업무내용에 대하여 거부할 수 없으며, 근무시간이 교직원과 동일한데다, 지급받는 보수 또한 매월 일정액이 지급되는 것으로 보아 단순히 업무처리의 수수료라기보다는 근로의 대가로서의 성격이 강한 것으로 보이므로 근로기준법상의 근로자에 해당된다(근기 68207-452, 근로기준과-4279).

자. 시립합창단원

시립합창단은 위촉 및 해촉, 월급여 등 보수, 근무시간, 휴가, 상벌, 공연 등에 있어서 지방공무원법상의 제규정을 적용받지 아니하고 공무원과는 별도의 조례·규칙·운영규정 등을 따로 규정하여 적용하고 있으며, 공무원법에 의한 공무원 이외의 기타 직원으로서 공무원법상 공무원은 아니며, 근로기준법 제12조는 국가나 지방자치단체에 대하여 근로기준법상 사용자성을 인정하고 있으므로 지방자치단체장의 지휘·감독하에 예술진흥을 위한 공연활동을 하면서 보수규정에 미리 정해진 일정 금액을 보수명목으로 지급받아 왔다면 근로자로 봄이 타당하다(근기 68207-2125, 1999.08.30.).

차. 수련의(레지던트) 및 전공의

수련의는 병원에서 정한 진료계획에 따라 근로를 제공하고 그 대가로 임금을 지급받는 등 병원측의 지휘·감독아래 노무를 제공함으로써 실질적인 사용종속관계가 있다고 할 것이므로 병원에 대한 관계에서 근로기준법상의 근로자에 해당한다(대법 97다57672, 근기 68207-2376).

카. 방송사 외부제작요원(방송사소속 TV관현악 단원)

한국방송공사 드라마제작국 외부제작요원들은 구체적인 업무내용이 프로그램 담당 연출자에 의하여 결정되어 그의 지휘·감독을 받을 뿐만 아니라 노무제공 장소 및 시간도 프로그램 제작일정에 전적으로 구속되며, 드라마제작국내 기획반 차장이 외부제작요원담당자로서 외부제작요원들이 작성한 업무일지를 결재하고 프로그램의 제작상황에 따라 외부제작요원을 배치하는 등 노무를 관리하여 왔고, 기본일당에 시간외 수당이 가산되는 방법으로 산정되어 근로 자체에 대한 대상적 성격을 갖는 점 등을 종합적으로 고려하면 한국방송공사에 근로를 제공한 근로자에 해당한다(대법 2000다27671, 2002.07.26.).

(1) 방송사소속 TV관현악 단원 : 근로자성 인정(대법 97다17575, 1997.12.26.)

(2) 방송사 보조출연자(근로자성 부정)

방송사 보조출연자는 근로계약, 취업규칙 등 여하한 계약형태도 존재치 않으며, 방송출연여부가 전적으로 본의의 의사에 달려있고, 출연료는 1회 출연시 정해진 일정금액을 출연횟수로 적산하여 매월 정해진 날짜로 일괄 지급하는 경우라면 근로기준법상 근로자가 아니다(징수 68607-585, 1994.11.19.).

타. 항운노조 조합원

항운노조 조합원은 일정한 근무형태 하에서 원칙적으로 소정 근로시간동안 조합의 작업지시에 따라 지정된 하역업체의 작업현장에서 노무를 제공하여 왔으며, 조합원은 조합의 강령, 규약, 제 규정 및 지시명령을 준수·이행할 의무가 있고, 조합의 작업지시에 불복하거나 무단결근하는 경우에는 징계나 제적 등의 불이익을 받게 되어 있으며, 위 조합이 각 하역업체로부터 정기적으로 노무를 제공한 조합원들에 대한 임금을 일괄 지급받은 다음 그 중에서 조합비 등을 공제한 나머지를 각 조합원들에게 분배하여 왔다면 조합의 지시 감독 아래 각 하역업체에서 노무를 제공하고 그에 따른 대가를 지급받기로 하는 내용의 근로계약관계를 맺은 근로자에 해당한다(대법 94누15639, 서울고법 2009누5963, 서울행법 99구9833).

- 노동조합과 노동조합장의 사용자성 부정(근기 68207-1921)

4. 사용자의 개념 및 범위

가. 사용자의 법적 근거 및 개념

노동관계법상 사용자란 사업주, 또는 사업경영담당자, 그 밖에 근로자에 관한 사항에 관하여 사업주를 위하여 행위하는 자를 말한다고 정의하고 있는데(근로기준법 제2조제2호, 노동조합및노동관계조정법 제2조제2호), 사업주의 개념에 대하여는 큰 이견이 없고 개념도 명확하나 '사업경영담당자'와 '그 밖에 근로자에 대한 사항에 대하여 사업주를 위하여 행위하는 자'에 대하여는 개념정리가 필요합니다.

'사업경영담당자'라 함은 사업경영 일반에 관하여 책임을 지는 자로서 사업주로부터 사업경영의 전부 또는 일부에 대하여 포괄적인 위임을 받고 대외적으로 사업을 대표하거나 대리하는 자를 말하고, '기타 근로자에 대한 사항에 대하여 사업주를 위하여 행위하는 자'라 함은 근로자의 인사, 급여, 후생, 노무관리 등 근로조건의 결정 또는 업무상의 명령이나 지휘·감독을 하는 등의 사항에 대하여 사업주로부터 일정한 권한과 책임을 부여받은 자를 말합니다(대법 2005도8364, 2006.05.11.).

나. 노동조합·노동조합장을 사용자로 볼 수 있는지

근로기준법 및 노동조합법에 따른 부당해고 또는 부당노동행위에 대한 근로자의 구제신청은 사용자의 근로자에 대한 부당한 행위에 한정되어 있을 뿐, 노동조합이 조합원을 상대로 행한 부당한 처우에 대한 구제절차를 의미하지는 않는 바, 노동조합법상 노동조합은 조합원을 구성원으로 한 근로자의 자주적인 단체로서 노동조합을 대표하는 노동조합장이 노조사무 전반에 대해 실질적으로 운영하고 조합원 제명 등의 권한을 행사한다 하더라도 노동조합 또는 노동조합장을 근로기준법상 사용자로 볼 수 없다(근기 68207-1921).

Q **['공장장'은 사용자에 해당하는지 여부]**
공장장은 사용자인가요? 근로자인가요?

A **업무집행권이나 대표권을 가지고 있다면 사용자에 해당하지만 업무집행권 등을 가지고 있지 않고 임금을 목적으로 근로를 제공한다면 근로자에 해당합니다.**

① 공장장을 사용자로 본 행정해석 : 본사와 공장이 분리되어 있고 안전보건관리책임자인 공장장이 당해 공장의 업무에 관한 책임과 권한을 사업주 또는 법인의 대표자로부터 위임받아 공장장의 명령과 지휘하에 작업이 진행되는 경우 사업장에서 산업안전보건법상 위반행위에 대한 사실상의 위반행위자는 공장장으로 볼 수 있다는 행정해석(안기 68301-40, 1996.01.19.)이 있고, 사용자의 위임을 받은 공장장이 자신의 이름으로 날인한 단체협약도 그 효력이 있다는 행정해석(노조 01254-155, 1995.02.10.)이 있습니다.

② 공장장을 근로자로 본 행정해석 : 이사가 업무집행권이나 대표권을 가지지 아니한 채 공장장 등의 직책을 가지고 임금을 목적으로 근로를 제공하고 있다면 그 한도내에서는 근로기준법상 근로자로 보아야 한다는 행정해석(근기 01254-411, 1993.03.18.)이 있습니다.

③ **결론** : 공장장(이사)이라 하더라도 업무집행권을 가지지 아니하고 실질적으로 근로를 제공하며 그 대가로 임금을 지급받는 경우라면 사용자로서의 지위와 함께 근로자로서의 지위도 동시에 가지고 있다고 봐야 하므로, 출퇴근시간의 준수여부, 법인카드의 사용여부, 법인차량의 사용여부, 인사권의 행사여부 등을 면밀히 검토한 후 사용자성 여부를 판단하여야 할 것입니다.

Q ['어린이집 시설장'은 사용자에 해당하는지 여부]
어린이집 시설장은 사용자인가요? 근로자인가요?

A **인사권과 예산편성집행권, 대외적 대표권을 가진 어린이집 시설장은 사업경영담당자에 해당한다는 것이 중노위의 판단입니다.**

① 어린이집 시설장을 사업경영담당자로 판단한 중노위재결례 : 고유번호증상 대표자로 등재되어 있고, 어린이집 직원에 대한 인사권을 가지고 있었으며, 예산의 편성 및 집행에 대하여 법인의 관여가 전혀 없었을 뿐만아니라 사회보험의 가입과 소멸도 법인의 관여없이 본인이 직접 행한 점 등을 감안하면 어린이집 시설장은 사업경영의 전부 또는 일부를 포괄적으로 위임받아 대외적으로 사업을 대표하거나 대리하는 사업경영담당자에 해당되는 것으로 판단된다는 것이 중노위의 결정입니다.

② **결론** : 사용자를 '사업주 또는 사업경영담당자, 그밖에 근로자에 관한 사항에 대하여 사업주를 위하여 행위하는 자'로 정의하고 있는 근로기준법 제2조제2호에 의해 인사권과 예산편성집행권, 대외적 대표권을 가진 어린이집 시설장을 사업경영담당자로 판단한 것이므로, 어린이집 시설장은 사용자에 해당합니다.

수습·시용·채용내정

수습, 시용, 채용내정 등을 일컬어 소위 '과도적 근로관계'라는 표현을 사용하는데, 이는 확정적인 근로계약 체결전에 시용하는 것이거나 불확정적인 고용계약이라는 성격을 내포하고 있기 때문으로, 소위 '과도적 근로관계'는 노동시장의 유연화, 고용형태의 다양화에 따라 폭 넓게 활용되고 있지만 현행 노동관계법은 이에 대해 사실상 아무런 명문규정을 두고 있지 않기 때문에 그 법적 해석을 둘러싸고 노사간에 불필요한 분쟁이 발생할 소지를 남겨두고 있는 것은 사실입니다.

수습, 시용, 채용내정에 관하여 개념, 요건, 법적 성격 등에 대하여 다음에서 개괄적으로 살펴보기로 하겠습니다.

1. 수 습

회사에 신규로 입사했을 때 3개월 정도 업무적응기간을 두는데, 이를 일반적으로 수습기간이라고 알고 있습니다. 수습에 대한 정확한 개념은 단언하기 쉽지 않지만 정규직 근로자로 수용하기 위한 업무능력파악적응기간으로 보면 될 것입니다. 수습은 근로계약을 체결한 후에 근로자의 직업능력이나 적응능력 등을 키워주기 위한 근로형태로, 정식고용 이전단계의 고용기간이지만 근로계약은 체결된 것으로 수습근로자에게도 근로기준법은 그대로 적용됩니다.

수습기간에 관한 법률상의 근거규정은 근로기준법시행령 제16조로, 동 조항에서 '법 제35조제5호(해고예고의 예외)에서 수습사용 중의 근로자라 함은 수습사용한 날로부터 3월 이내인 자를 말한다'라는 규정입니다.

하지만 이는 해고예고를 하지 않아도 되는 대상에 관한 규정이므로 반드시 이 규정에 따라 수습기간을 3개월로 해야 한다고 보지 않아도 무방할 것입니다. 따라서 일반인들이 대부분 3개월로 알고 있는 수습기간은 회사의 사정에 따라 다소 차이가 있을 수 있습니다.

가. 개 념

수습이라 함은 정식채용 즉 확정적 근로계약 체결후에 근로자의 업무수행능력이나 직원들간의 조화, 사업장에서의 적응능력 등을 키워주기 위한 근로형태로, 근로계약과 별도로 수습계약이 존재하는 것이 아니고 근로계약의 일부분으로 보는 것이 맞습니다.

나. 법적 근거

근로기준법 제35조제5호(수습근로자의 해고예고 적용제외), 근로기준법시행령 제2조(평균임금 산정기간에서 수습기간의 제외), 최저임금법 제5조제2항과 동법 시행령 제3조(수습일로부터 3개월이내인 근로자는 최저시급에서 100분의 10을 뺀 금액을 최저시급으로 한다는 규정)가 있습니다.

다. 근로기준법의 적용

원칙적으로 수습근로자에게도 근로기준법이 전면적으로 적용되지만, 다만 예외적으로 위 규정(근로기준법 §35, 동법 시행령 §2, 최저임금법 §5)의 적용을 제외하고 있는 것입니다.

참고로, 최저임금법시행령 제3조에서 '수습사용중에 있는 자로서 수습사용한날부터 3월이내인 자에 대해서는 최저임금법상의 최저임금액에서 100분의 10을 감한 금액을 당해 근로자의 시간급 최저임금액으로 한다'라는 규정에 의해 수습사용한 날로부터 3개월 이내인 근로자에게는 최저임금액의 90%에 달하는 임금을 지급해도 된다고 명시하고 있습니다(최저임금법 §5②, 동법 시행령 §3).

Q 수습기간은 법에서 3개월이라고 규정하고 있지 않나요?

회사에 처음 입사할 때 수습기간에 대하여 아무런 언급을 하지 않아서 수습기간은 당연히 3개월이라고 생각하고 들어갔는데, 회사에 들어간지 4개월이 됐음에도 아직 수습기간이 끝나지 않았다고 하네요. 수습기간은 원래 3개월이라고 법에서 규정하고 있는 것 아닌가요?

A ① 수습기간을 3개월로 해야 한다는 규정은 없고, 회사사정에 맞게 정할 수 있습니다.

수습기간을 몇 개월로 정하라는 근로기준법상 규정은 없고, 다만 3개월 이내의 수습중인 자는 해고예고를 하지 않을 수 있다는 규정(근로기준법 §35)만이 존재할 뿐이므로 업무의 성격과 적응기간 등을 고려하여 사회통념상 합리적인 범위 내에서 취업규칙이나 단체협약에서 정하면 되는 것입니다. 일반인들은 대부분 수습기간을 3개월이라고 알고 있지만 그 기간은 특정된 것이 아니고 회사에서 임의로 정할 수 있는 재량사항이라고 봐야 합니다.

따라서 수습 기간이 4개월이라고 해서 반드시 부당하다고 단언할 수 없습니다. 하지만 회사측에서 일방적으로 지나치게 길게 수습기간을 정하고 있다면 적당한 기간이 경과하면 수습기간이 종료한 것으로 보아도 무방할 것입니다.

② 정당한 사유가 있다면 수습기간을 비교적 길게 규정해도 됩니다.

수습기간은 말 그대로 업무적응기간이므로, 만약에 업무수행에 있어 상당한 위험요소가 내재하여 있다면 산업재해의 예방차원에서도 충분한 업무숙지가 있어야 함은 당연합니다. 그래서 수습기간을 4~5개월 정도로 정하고 충분한 업무숙련을 시키려는 경우라면 무조건 수습기간이 부당하게 긴 것이라고 단정하기만은 어려울 것입니다.

만약에 회사에서 수습기간을 3개월 이상으로 정하려면 그 사유에 대하여 객관적인 정당성을 인정받도록 근거서류를 마련해 두는 것도 바람직합니다.

Q 수습기간을 회사측이 일방적으로 연장할 수 있나요?

입사하면서 수습기간을 3개월로 하기로 하고 근로계약을 체결하였는데, 3개월이 경과하자 수습기간이 더 필요하다고 하면서 수습기간을 3개월 더 연장한다고 합니다. 수습기간에는 임금도 90%밖에 안나오는데 이건 부당한 것 아닌가해서요. 회사측이 수습기간을 일방적으로 연장하는 것이 가능한 것인가요?

A 수습기간도 근로계약의 중요부분이므로 일방적으로 연장할 수는 없습니다.

사용자에 의한 근로자에 대한 수습기간의 연장은 근로계약의 중요한 요소의 변경이므로 그 전에 근로자의 동의를 받거나 취업규칙 등에 근거가 있어야 할 뿐 아니라 그 연장에 합리적인 이유가 있는 경우에만 유효합니다(서울남부지법 87가합390, 1987.07.16.). 수습기간은 3개월로 법정되어 있는 것이 아니기 때문에 계약당사자의 동의를 받아 6개월로 정할 수는 있지만 사용자가 일방적으로 이미 정해진 수습기간을 연장할 수는 없습니다.

Q 수습기간에는 다른 근로자보다 임금을 적게 줘도 되나요?

수습 2개월째인데 같이 일하는 동료근로자와 똑 같은 일을 하고 있음에도 월급이 적다는 것을 알게 됐어요. 저보다 3개월 먼저 들어온 직원과 업무능력이나 처리면에서 별로 차이가 없는 것 같은데 단지 저는 수습사원이라는 이유로 임금을 적게 주고 있습니다. 수습기간이라고 해서 임금을 적게 줘도 되는 건가요? 이렇게 임금에 차등을 두는 것은 차별대우에 해당하지 않나요?

A 수습근로자에 대하여는 정규직 근로자보다 적은 임금(최저임금액의 90%에 달하는 임금)을 별도로 정할 수 있습니다.

근로계약이나 취업규칙 등에 수습근로자의 임금을 정규직 근로자와 법정 범위내에서 차등을 두어 별도로 책정할 수 있습니다.

개정전 최저임금법에 보면 수습사용 중에 있는 자는 대통령령이 정하는 바에 따라 노동부장관의 인가를 받으면 최저임금에 관한 규정을 적용하지 않아도 된다고 예외규정(최저임금법 §7)을 두고 있었습니다. 이 예외규정을 반대해석해보면, 수습근로자의 임금은 정규직 근로자보다 적게 지급해도 무방하다는 해석이 도출됩니다. 이를 밑받침해 줄 또 하나의 법적 근거는 근로기준법시행령 제2조에서 평균임금의 계산시 수습사용 중인 기간을 제외하고 있는 규정입니다. 이 규정이 수습근로자에게 임금을 차등지급해도 된다는 논거의 법적 근거가 되는 이유는 수습기간에는 정규직 근로자의 임금보다 적게 책정되므로 수습기간의 임금으로 평균임금을 산정하는 것은 불합리하므로 평균임금의 산정기간에서 제외하고 있는 것이기 때문입니다.

하지만 수습중에 있는 자에 대한 최저임금법의 적용제외 대상 규정이 삭제(2005.5.31.)됨에 따라 수습중에 있는 자도 최저임금법의 적용을 받게 되었습니다.

그렇다고 해서 수습중에 있는 자를 정규직 근로자와 같이 최저임금법을 적용하고 임금액도 정규직 근로자와 동일하게 지급하는 것은 형평의 원칙상 불합리한 면이 있을 수 있으므로, 개정법(2005.8.31.)은 수습근로자로서 수습사용한날부터 3월 이내인 자는 최저임금법상의 최저임금액에서 100분의 10을 감한 금액을 당해 근로자의 시간급 최저임금액으로 한다고 규정하고 있습니다(동법 §5②). 즉, 수습사용한 날로부터 3개월 이내인 근로자에게는 최저임금액의 90%에 달하는 임금을 지급하여도 무방하다는 것입니다(동법 시행령 §3).

위와 같은 법의 취지상 수습근로자는 정규직 근로자에 비하여 업무수행능력이 떨어질 수밖에 없으므로 적은 임금을 책정한다고 하더라도 이를 차등금지의 원칙(근로기준법 §6)에 반하다고 볼 수는 없을 것입니다.

Q 수습근로자에 대한 해고 사유(범위)를 별도로 넓게 정할 수 있나요?

대기업에서 사무직으로 일을 하다가 정리해고 되어 어쩔 수 없이 버스회사에 입사를 했습니다. 수습기간이 3개월이라고 합니다. 아직 버스 운전이 익숙하지 못해서 수습기간에 가벼운 접촉사고를 냈는데 해고예고도 없이 바로 해고를 하더라구요. 참고로 저희 회사 취업규칙상 해고사유를 살펴보았는데, 중대한 과실(교통사고처리특례법 10개 항목)로 사고를 낸 경우에만 해고사유로 규정하고 있습니다. 수습근로자라고 해서 과실의 경중에 상관없이 가벼운 접촉사고를 이유로 해고예고도 없이 해고할 수 있는 건가요?

A 수습근로자에 대한 해고사유를 엄격하게 별도로 정할 수 있습니다.

수습은 정규직 근로자로 수용하기 위한 업무능력을 파악하고 업무적응능력을 배양하는 기간이므로, 수습근로자에게 정규직 근로자보다 폭 넓은 해고사유를 규정하고 엄정한 근무수칙을 적용하더라도 무방합니다. 다만 해고사유가 사회통념상 합리적인 범위 내라야 할 것입니다(중노위 2000부해581, 2001.02.28.).

실제로 판례(서울고법 86나516, 1986.06.02.)에서 수습운전기사가 교통사고를 낸 경우 정규직 근로자와는 달리 과실경중과 관계없이 운전기사로서의 적성과 능력이 부족하므로 수습기사를 해고할 수 있다고 규정하고 있는 취업규칙은 근로기준법 제23조(정당한 이유없이 해고하지 못한다는 규정)에 위배되지 않는다고 보고 있습니다.

따라서 수습근로자들에게 적용되는 별도의 사규가 있거나 해고사유를 별도로 규정하고 있는지를 확인해 볼 필요가 있고, 만약에 이런 규정이 있다면 가벼운 접촉 사고를 이유로 해고를 했다고 해도 부당한 해고라고 볼 수만은 없습니다.

그리고 수습사용한 날로부터 3개월 이내의 수습근로자에게는 해고예고를 하지 않아도 된다는 예외규정을 근로기준법 제35조제5호에 두고 있으므로 수습근로자에게 해고예고를 하지 않아도 법위반이 아닙니다.

Q 수습근로자를 해고 또는 본채용 거부를 하는 경우 징계절차를 꼭 거쳐야 하나요?

수습중에 있는 자에게는 해고사유를 더 엄격하게 규정할 수 있다고 하던데, 그러면 소명기회나 징계위원회의 개최 등 징계절차를 거치지 않아도 되나요? 저는 수습 2개월 만에 업무능력이 부족하다는 이유로 별도의 징계절차를 거치지 않고 해고되었습니다. 회사측에서는 수습중인 근로자는 징계절차를 거치지 않아도 된다고 하는데 정말인가요?

A 징계절차를 거치지 않아도 무방하다는 결정(중노위)이 있습니다.

수습근로자를 해고 또는 본채용을 거부하는 것이 합리적인 이유가 있고 사회통념상 상당하다고 인정되는 경우 취업규칙상의 징계절차에 관한 규정을 적용하지 않았다고 하더라도 부당해고라고 볼 수 없다(중노위 2001부해144, 2001.06.08.)라고 하여 수습근로자는 징계절차를 거치지 않아도 된다는 결정예가 있습니다. 따라서 회사내에 취업규칙 등 사규가 마련되어 있지 않다면 사회통념상 합리성을 벗어나지 않는 범위내에서 해고 또는 본채용을 거부하였다면 부당해고라고 단정 지을 수만은 없을 것입니다.

하지만 징계절차규정을 두고 있든 없든 짧은 수습기간이나마 일정기간동안 계약에 의하여 근로관계가 지속되었는데, 뚜렷한 계약위반사실이 없음에도 어느 일방에게 계약해지권을 인정하는 것은 불합리한 면이 없지 않으므로, 회사측은 징계위원회를 개최하고 피징계자에게는 소명의 기회를 주는 등 합리적인 절차를 거치는 것이 기업윤리에 맞는 것이라 사료됩니다.

Q 수습기간중에는 연장근로수당과 주휴일을 주지 않을 수 있나요?

회사에 입사를 했는데 이 회사는 수습기간에는 연장근로수당을 지급하지 않고 주휴수당도 없다면서 서명을 하라고 합니다. 회사에 입사를 하기 위해서 어쩔 수 없이 서명을 했지만 좀 의아해서 문의를 합니다. 정말 수습기간에는 각종 수당이 없는 건가요? 아니면 회사측의 요구가 부당한 것인가요?

A 수습기간중에도 연장수당, 주휴일 등 관련규정이 그대로 적용됩니다.

수습근로자에게 정규직 근로자보다 적은 임금을 책정하고 해고사유를 넓게 규정하는 것은 업무의 미숙련과 업무적응능력 배양이라는 측면에서 부득이하게 필요한 부분입니다.

하지만 연장근로수당과 주휴일 등을 부여하지 않는 것은 근로기준법을 위반하는 것입니다. 설사 연장근로를 하더라도 기본급만을 지급받기로 했다든가 주휴일없이 근무를 하겠다는 약정에 서명을 했다고 하더라도 그 약정은 효력이 없는 것으로 무효입니다. 따라서 회사측에 연장근로수당과 1주일 동안 개근을 했다면 주휴일을, 주휴일에 근무했다면 주휴수당을 청구할 수 있습니다.

만약에 근로자가 연장근로수당을 청구했음에도 이를 지급하지 않는 사업주는 3년 이하의 징역 또는 2,000만 원 이하의 벌금에 처해지고(근로기준법 §109), 법적으로 강제되어 있는 주휴일을 주지 않으면 2년 이하의 징역 또는 1,000만 원 이하의 벌금에 처해집니다(동법 §110).

Q 수습중인 자에게도 해고예고를 해야 하나요?

저는 회사에 들어 온지 3개월이 거의 다됐습니다. 수습기간은 3개월이라고 합니다. 조금만 더 있으면 수습 딱지를 떼겠다고 생각하고 있었는데, 회사에서 갑자기 저의 업무스타일이 회사 업무에 맞지 않는다고 하면서 해고통지를 했습니다. 해고예고는 다른 직장을 알아볼 시간적 대비차원에서 하는 제도로 알고 있는데요, 비록 수습기간이라 하더라도 해고예고를 하던가 아니면 해고예고수당을 지급해야 하는 것 아닌가요?

A 수습중인자는 해고예고규정이 적용되지 않습니다.

근로기준법 제35조제5호에서 수습일로부터 3개월 이내의 수습근로자는 해고예고제도가 적용되지 않는다고 명문으로 규정하고 있습니다. 따라서 3개월이 되지 않은 수습근로자에게는 해고예고를 하지 않아도 되고 해고예고수당을 지급하지 않아도 됩니다.

하지만 해고의 정당한 이유없이 또는 수습기간중의 인사고과나 업무성적 등의 객관적 자료를 제시하지 않고 단지 수습이라는 이유만으로 해고통보를 했다면 해고의 부당성 여부를 따질 수 있으므로, 3개월 이내에 관할 지방노동위원회에 부당해고구제신청을 할 수 있음은 별론으로 합니다.

이외에도 일용근로자로 3월이 되지 아니한 자, 2월 이내의 기간을 정하여 사용된 자, 계절적 업무로 6월 이내의 기간을 정하여 사용된 자는 해고예고를 하지 않아도 무방합니다.

Q 수습근로자의 본채용 거부는 해고인가요?

입사한 회사는 처음 3개월 동안은 수습기간이라고 합니다. 월급은 정규직 근로자보다 적었지만 수습기간동안 저는 열심히 일을 했습니다. 그런데 수습기간 3개월이 되기 하루 전에 본채용을 할 수 없으니 수습기간이 만료되면 출근하지 말라고 합니다. 정말 어이가 없고 정말 억울합니다. 수습기간 중에 해고를 당한 경우에도 노동위원회에 부당해고 구제신청을 할 수 있나요?

A 수습근로자의 본채용 거부는 근기법 제23조의 해고에 해당하므로, 부당해고 구제신청을 할 수 있습니다.

수습근로자의 본채용 거부는 근로기준법상 해고에 해당하기 때문에 본채용을 거부하는 정당한 사유가 있어야 근로계약을 해지할 수 있습니다. 따라서 정당한 해고사유가 없거나 해고사유가 부당하다고 생각되면 해고일로부터 3개월 이내에 지방노동위원회에 부당해고 구제신청을 할 수 있습니다. 앞에서 언급을 했듯이 3개월 이내의 수습근로자는 해고예고를 하지 않아도 됩니다.

따라서 회사는 이런 불필요한 법적 분쟁이 발생하지 않도록 객관성과 공정성을 갖춘 인사고과방법으로 수습근로자를 평가하여 일정 점수를 획득하지 못하면 본채용을 하지 않는다는 규정을 취업규칙 등에 명시하는 것이 바람직합니다. 이런 객관적이고 공정한 인사평가에 의하여 수습기간동안의 업무를 평가하여 그 결과에 따라 본채용을 거부한다면 해고의 정당성을 인정받을 가능성이 높을 것입니다.

Q 수습기간도 퇴직금산정기간에 포함되나요?

수습기간을 거쳐 1년을 근무하고 퇴사하려고 합니다. 회사측에 퇴직금을 달라고 했더니 9개월 근무했기 때문에 퇴직금지급대상이 아니라고 하네요. 수습기간은 퇴직금산정기간에 포함되지 않기 때문이라는데, 회사측의 말이 맞는 말인가요?

A 수습기간도 퇴직금 산정을 위한 근속기간에 포함됩니다.

정규직 사원으로 발령받기 이전의 수습기간 동안 정규직 사원과 동일한 시간에 출근과 퇴근을 하였고, 회사 영업부 고객창구에서 입·출금 전표에 담당자로서 날인하고, 상급자의 결재를 받는 등 상사의 근무감독을 받았으며, 정규직 사원과 일·숙직 근무를 명받아 일·숙직업무를 하였다면 비록 정규직 사원으로 발령받지 않았다고 하더라도 수습기간 동안에도 회사와 사용종속관계에 있었다고 봄이 상당하므로 수습기간도 퇴직금 산정을 위한 근속기간에 포함되어야 합니다(광주지법 2002가단1180, 2003.04.18.).

Q '수습기간' 중에 사고를 낸 택시기사에게 손해배상청구를 할 수 있나요?

우리회사 단체협약에는 '회사는 교통사고에 따른 제반비용을 어떤 명목으로도 조합원(택시기사)에게 부담시키거나 구상권 행사를 할 수 없다'라는 규정이 있습니다. 이런 규정이 있는데도 회사는 택시기사에게 손해배상을 한다고 합니다. 수습기간중이지만 근무중에 사고를 낸 택시기사에게 정말로 손해배상을 청구할 수 있나요?

A 단체협약상 위와 같은 규정이 있더라도 수습기간 중에 업무상 과실로 회사에게 손해를 끼친 경우에는 손해배상청구가 가능합니다.

택시기사가 수습기간 중에 도로반대편 손님을 태우기 위하여 중앙선을 침범해 유턴하는 과정에서 반대차선에서 오던 오토바이를 들이받아 업무상 과실로 사고를 일으켜 회사에 손해를 끼쳤다면 이로 인한 회사의 손해를 배상할 책임이 있다고 보아 택시회사에 130만원을 손해배상하라고 한 하급심판결(울산지법)이 있습니다. 이 때 단체협약상의 '회사는 교통사고에 따른 제반비용을 어떤 명목으로도 조합원(택시기사)에게 부담시키거나 구상권 행사를 할 수 없다'라는 규정은 수습기간중의 근로자에게는 예외적으로 적용되지 않는다고 판결하였습니다.

Q ‘수습기간’ 중의 산재발생으로 평균임금을 산정해야 하는 경우 평균임금은 어떻게 산정해야 하나요?

저희 회사는 3개월의 수습기간이 있습니다. 그런데 수습 1개월차 수습근로자가 근무중에 다쳐서 산재처리를 해야 하는데요, 이럴 때 평균임금은 어떻게 산정해야 하는지요?

A 수습기간이 끝나기 전에 평균임금을 산정해야 하는 사유가 발생한 경우 수습사원으로서 받은 임금을 기준으로 평균임금을 산정해야 합니다.

① **사례의 쟁점** : 근로기준법시행령 제2조제1항제1호는 ‘평균임금 산정기간 중에 수습사용 중인 기간이 있는 경우에는 그 기간과 그 기간 중에 지급된 임금은 평균임금 산정기준이 되는 기간과 임금의 총액에서 각각 뺀다’라고 규정하고 있기 때문에 수습기간 중에 산재로 평균임금을 산정해야 할 때에도 위 규정을 적용해야 하는지가 이 사례의 쟁점입니다.

② **판례의 입장** : 근로기준법시행령 제2조제1항제1호의 적용범위는 평균임금 산정사유 발생일을 기준으로 그 전 3개월동 안 정상적으로 급여를 받은 기간뿐만 아니라 수습기간이 함께 포함되어 있는 경우에 한한다고 봄이 상당하다. 따라서 근로자가 수습을 받기로 하고 채용되어 근무하다가 수습기간이 끝나기 전에 평균임금 산정사유가 발생한 경우에는 위 시행령과 무관하게 평균임금 산정사유 발생 당시의 임금, 즉 수습사원으로서 받는 임금을 기준으로 평균임금을 산정하는 것이 평균임금 제도의 취지 등에 비추어 타당하다고 판결하였습니다(대법 2013두1232, 2014.09.04.).

③ **최저임금법시행령 제3조제1항이 적용되는 수습근로자의 경우** : 수습사용 중에 있는 자로서 수습 사용한 날로부터 3개월 이내인 사람에 대해서는 시간급 최저임금액에서 100분의 10을 감액할 수 있는데(최저임금법시행령 제3조제1항), 이런 경우 위 판례대로 수습기간 중에 받은 임금으로 평균임금을 산정하면 평균임금이 통상임금보다 하회하는 경우가 발생할 수 있습니다. 이렇게 평균임금이 통상임금보다 적은 경우 근로자가 받는 불이익을 방지하기 위해서 근로기준법 제2조제2항은

이런 경우에는 통상임금액을 평균임금으로 하도록 규정하고 있습니다.

④ **평균임금과 통상임금 비교시 비교대상이 되는 통상임금** : 수습기간 중에 받은 임금으로 산정한 평균임금이 통상임금보다 적은지 여부를 판단할 때 누구의 통상임금과 비교해야 하는지가 논란이 될 수 있는데, 이런 경우에는 '당시 사업장 소속 근로자의 통상임금'과 비교해야 한다는 것이 판례(대법 2013두1232)의 입장입니다.

⑤ **결론** : 근로기준법시행령 제2조제1항제1호의 입법취지는 수습기간을 제외하지 않으면 평균임금이 부당하게 낮아짐으로써 결국 통상의 생활임금을 사실대로 반영함을 기본원리로 하는 평균임금 제도에 반하는 결과를 피하고자 하는데 있으므로, 수습중인 근로자라고 하더라도 당시 사업장 소속 근로자의 통상임금보다는 당시 사업장 소속 근로자의 평균임금을 적용해주는 방안을 마련해야 할 것입니다.

2. 시 용(試用)

시용(試用)이란 근로계약을 체결하기 이전에 근로자의 업무능력, 적응능력 등을 평가하기 위하여 시험적으로 고용하는 것으로, 대부분의 기업에서 입사 후 일정기간을 '시용'이나 '견습' 또는 '수습'이라는 다양한 명칭으로 근로자의 업무능력, 적응능력, 성향, 성실성 등을 평가하여 본 채용을 할 것인가를 판단하는 시용 또는 수습제도를 시행하고 있습니다.

시용기간은 대부분 3개월로 정하는 것이 일반적인데, 시용기간을 반드시 3개월로 정해야 하는 것은 아니고 대개 적게는 1개월, 많게는 6개월로 정하는 경우도 있습니다.

시용의 법적 성질에 대하여는 시용근로관계를 본채용 후의 근로계약과는 별도의 특별 계약관계로 보는 견해와 본채용 후의 근로계약과 동일한 근로계약관계로 보면서 다만 특별 조건이 부가되어 있다고 보는 견해가 대립하고 있는데, 시용계약은 본채용후의 근로계약과 동일하게 보고 단지 시용기간 중 근로자의 부적격성을 이유로 하는 해약권이 유보되어 있다고 보는 '해약권유보 근로계약설'이 다수견해이자 판례(서울행법 2006구합20655, 대법 92다15710 등)의 입장입니다.

일예로, 시용계약은 일종의 해약권유보부 근로계약으로서 시용기간중의 채용거부는 유보해약권의 행사라 할 것인데 회사측이 시용사원에 대한 품성평가를 함에 있어 당해 근로자에 대해 객관성과 공정성을 일탈했을지라도 이 평가가 채용기준 점수에 영향을 미치지 않았다면 정당한 유보권행사라는 대법원 판례(대법 92다15710)가 있습니다.

시용중인 근로자에 대한 근로기준법의 적용문제에 대하여는 시용 중의 근로자를 근로기준법상의 수습근로자와 유사한 지위에 있다고 보아 수습근로자에게 적용되지 않는 규정(해고예고적용예외, 최저임금적용제외 등) 이외에는 원칙적으로 시용근로자에게도 모두 적용된다고 봅니다.

시용(試用)기간 중에 있는 근로자를 해고하거나 시용기간 만료시 본계약의 체결을 거부하는 것은 사용자에게 유보된 해약권의 행사로서, 당해 근로자의 업무능력, 자질, 인품, 성실성 등 업무적격성을 관찰·판단하려는 시용제도의 취지·목적에 비추어 볼 때 보통의 해고보다는 넓게 인정되나, 이 경우에도 객관적으로 합리적인 이유가 존재하여 사회통념상 상당하다고 인정되어야 할 것입니다(대법 2003다5955, 대법 2002다62432).

가. 개 념

시용이란 확정적인 근로계약 체결전에 시험적으로 고용하는 기간을 두는 제도로서, 시용을 전제로 한 계약을 시용계약이라 하고, 이 기간 중의 근로관계를 시용근로관계라고 합니다. '시용'은 해당 근로자의 자질, 능력 등 그 일에 대한 적격성 여부를 결정하는 단계이므로, 업무수행능력, 근무태도 등을 기준으로 적격성여부를 판단함에 있어 객관적이고 합리적인 이유가 존재하여야 하고 그것이 사회통념상 상당성이 인정되어야 할 것입니다.

확정적인 근로계약 체결전의 고용관계라는 점에서는 채용내정과 동일하나, 시용기간 중에는 현실적으로 사용종속관계하에서 실질적인 노동이 제공된다는 점에서는 채용내정과 차이가 있습니다.

나. 시용의 법적 성격

시용계약은 시용기간 중에 근로자와 사용자사이의 사용종속관계가 인정된다는 점에서 채용내정과 구별되고 시용계약은 근로계약이라고 보는 것이 통설적 견해입니다.

다. 시용기간의 시기(始期)·결정·연장

시용기간은 근로자로서 적격성을 판정하는 기간으로서 그 기간을 반드시 정해야 하는데, 만약 기간을 특정하지 않고 '사원으로 적합하다고 인정할 때 본채용한다'라는 등 추상적인 기간은 시용으로 인정될 수 없습니다.

시용기간의 시기(始期)는 사용자의 지휘·감독하에 있을 때부터로, 시용계약을 7월 1일에 체결하였지만 1개월간 자택대기를 하다가 8월 1일부터 출근을 했다면 8월 1일이 시용기간의 개시로 봅니다.

시용기간은 몇 개월로 할 것인지에 대하여 근로기준법상 특별한 규정이 없지만, 시용계약은 불완전한 계약형태로서 근로자를 상당기간 동안 신분이 불확실한 상태로 두는 것은 민법 제103조에 규정한 선량한 풍속, 기타 사회질서에 위반한 사항으로 볼 수 있으며, 시용기간이 적격성 판단에 필요한 기간을 초과한다고 사회통념상 인정되는 경우에는 무효라고 볼 수 있을 것입니다.

적정한 시용기간에 대하여 견해가 나뉘는데, 근로기준법 제35조와 동법 시행령 제16조에서 수습일로부터 3개월 이내인 수습근로자를 해고예고 적용제외대상으로 규정하고 있는 것을 감안할 때, 시용기간이 3개월을 초과하는 경우에는 특별한 사정이 없는 한 합리성이 없다고 보는 것이 통설적 견해입니다.

시용기간을 사용자가 일방적으로 연장하는 것은 원칙적으로 인정되지 않지만, ㈎ 근로자의 동의가 있는 경우, ㈏ 시용계약체결당시 예견할 수 없는 사정, 예를 들어 장기질병, 사용자의 예기치 않은 휴업, 근무성적 평가에 중대한 의혹이 있는 경우, ㈐ 근로자에게 재기회를 주는 경우, ㈑ 기타 취업규칙 등에 구체적인 연장기준이 있는 경우 등 근로자에게 불이익하지 않는 경우에는 인정된다고 보아야 할 것입니다. 시용기간은 근속기간에 포함되어야 함은 당연하다 할 것입니다.

라. 본채용의 거부

① 의 의 : 시용에 있어 본채용 거부는 사용자에게 유보된 해약권을 행사하는 것으로 일반적인 해고와는 성질이 다릅니다. 하지만 본채용을 거부하기 위해서는 정당한 사유가 있어야 하고, 취업규칙상 징계절차를 준용하지 않는다는 규정이 있지 않는 한 사회통념상 상당성이 인정되는 절차를 거치는 것이 바람직하다고 할 것입니다.

② 정당한 사유의 판단기준·범위 : 시용근로자에 대한 본채용 거부사유는 향후 맡게 될 임무에의 적격성 판단에 기초를 두어야 하고 명확하고 객관적·합리적인 이유가 있어 사회통념상 상당하다고 인정되어야 합니다. 이러한 기준에 대하여 취업규칙에 명시하거나 취업규칙에 근거규정을 둔 후 기업에서 따라 기준을 세워 원용할 수 있도록 해야 할 것입니다. 기준내용은 업무의 적격성 판단을 위한 것이어야 하므로 정규직 근로자의 업무수행 또는 해고사유를 기초로 하여 가·감(加·減)하는 방법으로 설정할 수 있을 것입니다. 정당성의 범위에 대하여는 견해가 나뉘는데, 시용근로자에 대한 본채용 거부의 정당한 사유의 범위를 정규직 근로자에 대한 해고의 정당한 사유보다 넓게 보아야 한다는 견해와 시용계약의 여러 가지 조건 중 특정기능의 구비 등은 해지권유보부(解止權留保附)에서 비롯된 당연한 거부요건으로 보고 기타 일반적 적격성에 대해서는 정규직 근로자보다 요건을 넓게 볼 이유가 없는 것이므로 정당성의 범위를 넓게 볼 수 없다는 견해가 있습니다. 위 견해 중 시용근로자에 대한 본채용 거부의 정당한 사유의 범위를 정규직 근로자에 대한 해고의 정당한 사유보다 넓게 보지 않는다면 구태여 시용시간을 인정할 필요가 없으므로 시용에 있어서는 정당한 사유의 범위를 넓게 보아야 한다는 견해가 다수견해입니다.

③ 본채용 거부 절차 : 시용근로자의 본채용을 거부하는 경우 실질적으로 해고에 해당하므로 해고예고를 해야 하는지가 문제되는데, 근로기준법 제35조는 「수습사용중 인 자」를 해고예고예외대상으로 명시하고, 동법 시행령 제16조는 그 대상을 3개월 미만으로 제한하고 있습니다. 시용근로자는 근로기준법 제35조의 「수습사용중인 자」의 범위에 포함되므로 시용근로자로서 3개월 이상인 자에 대하여만 해고예고 관련조항이 적용되고 3개월 미만자에 대하여는 적용되지 않는다고 보아야 합

니다. 또한 취업규칙상의 징계절차를 거쳐야 하는지가 문제되는데, 시용근로자를 해고(본채용 거부)할 때는 취업규칙 등에 정해진 징계절차에 반드시 구속될 필요는 없으며 사용자의 재량권이 허용된다는 견해가 있기는 하지만 취업규칙에 본채용 거부 기준을 명시한 상태에서 징계절차를 거치지 않는다는 취지의 규정이 명시되어 있는 것이 바람직하다 할 것입니다.

④ 기타 근로기준법상의 모든 근로조건은 정규직 근로자와 똑같이 적용됩니다. 최저임금법시행령 제3조에서 '수습사용중에 있는 자로서 수습사용한날부터 3월이내인 자에 대해서는 최저임금법상의 최저임금액에서 100분의 10을 감한 금액을 당해 근로자의 시간급 최저임금액으로 한다'라는 규정에 의해 임금에 대해 차이를 두는 등 법정기준이상 근로조건에 대해서는 차등을 둘 수 있음은 물론입니다.

Q 근로계약에 시용기간을 명시하지 아니한 경우 시용기간 만료를 이유로 본채용을 거부할 수 있나요?

입사당시 근로계약을 작성할 때 근로계약서에 시용기간에 대하여 아무런 규정이 없었는데, 3개월이 지난 후에 취업규칙에 관련규정이 있다면서 본채용을 거부한다면서 회사를 그만두라고 합니다. 아무런 통보나 계약서상에 관련내용이 없어도 시용기간의 만료를 이유로 본채용을 거부할 수 있는 건가요?

A 근로계약서상에 시용에 관해 명시하거나 설명하지 않았다면 시용기간을 적용할 수 없는 정규직 근로자로 보아야 합니다.

취업규칙 중 시용기간의 적용에 관한 규정이 있지만 '회사는 필요한 경우 3개월 이내의 시용기간을 둘 수 있다'라고 규정하고 있어 근로자에 대한 시용기간의 적용을 선택적 사항으로 규정하고 있으므로, 근로자를 신규 채용하는 경우에는 그 근로자에 대하여 시용기간을 적용할 것인가의 여부를 근로계약에 명시하여야 했음에도 근로계약을 체결할 당시 근로계약서상에 시용기간이 적용된다는 규정을 명시하지 않았으므로 시용근로자가 아닌 정식직원으로 채용된 근로자라고 보아야 합니다(대법 90다4914).

따라서 시용기간 만료에 의한 본채용거부가 아닌 정규직 근로자를 해고하는 경우와 마찬가지로 정당한 해고사유가 있어야 하고 소명의 기회부여 등 징계절차를 거쳐야 할 뿐만 아니라 해고예고, 서면통지의무를 준수하여 해고를 해야 할 것입니다.

위 사례와 유사한 재결례를 보면, 사용자가 근로자를 채용하면서 시용에 관한 기준, 내용, 기간 등을 고지한 사실이 없음에도 시용기간이 만료되었음을 이유로 본채용을 거부하였고, 사용자가 근로자를 관리소장으로 부적격하다고 적시한 해고사유 또한 객관성과 합리성이 없어 사회적 상당성이 인정되는 해고사유가 부존재할 뿐만 아니라 해고절차상에도 하자가 있는 등 시용기간 만료로 인한 본채용 거부는 인사권을 남용한 부당해고라고 판단하였습니다(중노위 98부해431).

Q 수습과 시용의 차이점?

인사팀에서 근무하는데요, 수습과 시용이 같은 말인지 다른 것인지 혼동이 돼서요, 수습과 시용의 차이점에 대하여 설명 부탁드립니다.

A 수습과 시용은 다른 개념으로 기간만료 및 해지에 따른 법률효과도 차이가 있습니다.

'수습'은 확정적 근로계약의 체결 후에 근로자의 업무수행능력 등을 키워주기 위한 제도적 기간으로 근로계약과 별도로 수습계약이 존재하는 것이 아니고 근로계약의 일부분입니다. 이에 반해 '시용'은 확정적인 근로계약 체결 전에 시험적으로 고용하는 기간을 두는 제도로서 근로자와의 합의로 근로계약과는 별도의 시용계약을 체결한다는 차이가 있습니다. 즉, '수습'은 근로계약의 일부분이지만 '시용'은 근로계약과는 별도의 계약이고, '수습'은 근로계약과 함께 체결(약정)되는 것이 일반적이지만 '시용'은 근로계약 체결전에 별도로 체결한다는 점이 근본적으로 다른 점입니다.

그 대상자도 수습은 무경력자를 대상으로 하지만, 시용은 유경력자와 무경력자 모두를 대상으로 하며, 수습은 정식직원과의 급여차이가 없다면 근로계약에 명시하지 않아도 무방하지만 시용은 취업규칙에 관련규정이 없거나 선택적 요건으로 규정하고 있는 경우에는 근로계약에 반드시 시용기간을 명시해야 시용계약이 체결된 것으로 보아 인정받을 수 있습니다.

수습은 근로계약의 일부분이기 때문에 기간이 만료되면 자동적으로 정식직원이 되는 것이지만 시용은 시용기간이 만료되면 사용자가 본채용여부를 결정한 후 확정적인 근로계약을 체결합니다.

이처럼 수습과 시용은 개념부터 차이가 있고 대상자, 인정요건, 기간만료후의 법률효과 등에서도 큰 차이가 있음을 알아야 할 것입니다.

Q 시용기간은 사용자가 임의로 연장할 수 있는 건가요?

시용기간을 3개월로 해서 시용계약을 체결하고 근무했는데, 3개월이 지나자 시용기간이 연장되었다고 합니다. 시용기간은 회사에서 일방적으로 연장할 수 있는 건가요?

A 근로자의 동의를 받거나 최소한 통보를 해야 시용기간을 연장할 수 있습니다.

시용기간의 연장은 근로자의 법적 지위에 중대한 영향을 미치고, 근로계약의 중요한 일부를 이루는 사항이므로 최소한 시용기간의 연장은 그에 대하여 근로자가 동의하거나 근로자에게 통보되어야 그 효력이 있다 할 것입니다(서울행법 2006구합20655).

시용기간의 연장은 취업규칙 등에서 시용기간 연장사유와 기간 등을 명시하고 있지 않는 한 사용자가 일방적으로 연장할 수 없는 것이 원칙입니다. 다만 본채용을 거부할 수 있는 사유에 해당하는 경우나 기간을 연장해야 할 특별한 사유가 있고 근로자의 동의가 있는 경우에는 예외적으로 시용기간을 연장할 수 있을 것입니다.

Q 시용기간중 해고되었다가 시용기간만료후 원직복직한 경우 근로자는 시용근로자인지, 아니면 정규직원이 되는 건가요?

시용기간(3개월)중에서 1개월 경과했을 때 해고되었는데 부당해고구제신청을 해서 3개월이 지난 뒤에 원직복직했어요. 시용기간은 지났지만 회사측은 시용기간이 중단된 것뿐이었으니까 시용기간이 아직도 2개월이 남았다고 하면서 시용근로자라고 하네요. 회사측 주장이 맞는 건가요?

A 시용기간이 경과한 이상 본채용이 된 것으로 간주하여 정규직원이 되었다고 보아야 합니다.

사용자가 시용기간 중에 근로자를 부당하게 해고한 경우 노동위원회 또는 법원의 판결로 원직복직하게 되었을 때 근로자는 시용근로자로 복직하는 것인지, 아니면 정규직원으로 복직하는 것인지에 관하여 견해가 나뉘고 있는데, 시용기간이 경과하였으므로 본채용이 된 것으로 간주하여 정규직원으로 복직하는 것이라는 견해와 시용기간이 잠시 중단되었던 것이므로 시용기간의 잔여기간이 붙은 시용계약상의 지위, 즉 시용근로자로 복직하는 것이라는 견해가 있습니다.

시용계약을 '해약권유보 근로계약설'로 보는 것이 다수설·판례이므로 이에 따라 해약권의 행사없이 시용기간이 경과한 이상 본채용이 되었다고 보아야 하므로 정규직원으로 복직하는 것이라는 견해가 합당하다고 보입니다.

따라서 노동위원회에 부당해고구제신청을 하여 시용기간이 만료한 뒤에 부당해고로 인정되어 원직복직한 경우 시용기간중에 해고된 것이라 할지라도 원직복직시 시용근로자로 복직하는 것이 아니라 정규직원으로 복직하는 것으로 보는 것이 맞다고 사료됩니다.

Q 시용계약 종료통보할 때에도 징계위원회의 의결절차를 거쳐야 하는지요?

시용기간(3개월)이 만료되어 계약종료통보를 하려고 합니다. 시용기간만료로 인한 본채용거부도 해고에 해당한다고 들었는데, 그렇다면 이런 경우에도 징계위원회의 의결을 거쳐야 하는지요?

A 시용기간 만료로 인한 시용계약종료통보는 징계위원회 의결을 거치지 않아도 무방합니다.

시용기간 중에 있는 근로자를 해고하거나 시용기간 만료시 본계약의 체결을 거부하는 것은 사용자에게 유보된 해약권의 행사로서, 당해 근로자의 업무능력, 자질, 인품, 성실성 등 업무적격성을 관찰·판단하려는 시용제도의 취지·목적에 비추어 볼 때 보통의 해고보다는 넓게 인정되나, 이 경우에도 객관적으로 합리적인 이유가 존재하여 사회통념상 상당하다고 인정되어야 합니다.

하지만 시용기간 만료시 본계약의 체결을 거부하는 것은 사용자에게 유보된 해약권의 행사로서 일반적인 징계해고와는 성질을 달리하므로 시용계약 종료통보를 함에 있어 취업규칙에 따라 적법하게 구성된 징계위원회의 의결을 거치지 않았다 하더라도 이는 시용계약 종료통보의 적법 여부와는 무관하다고 보아야 합니다(서울행법 2011구합17714, 서울고법 2004누23638).

Q 시용기간중의 해고나 본채용거부의 경우는 보통의 해고보다 그 사유를 넓게 보아도 상관없는지요?

시용기간중에 경미한 사고, 그리고 1일 무단결근을 이유로 해고를 한다고 합니다. 경미한 사고는 취업규칙 징계사유에 규정자체가 없고요, 무단결근도 5일 이상할 경우 징계할 수 있다고 규정되어 있습니다. 그런데도 이런 이유로 해고를 할 수 있는 건가요?

A **시용기간중의 해고는 보통의 해고보다 폭넓게 인정되므로, 취업규칙상 징계사유에 미치지 못하더라도 해고가 가능합니다.**

시용기간 중에 있는 근로자를 해고하거나 시용기간 만료시 본계약의 체결을 거부하는 것은 사용자에게 유보된 해약권의 행사로서, 당해 근로자의 업무능력, 자질, 인품, 성실성 등 업무적격성을 관찰·판단하려는 시용제도의 취지·목적에 비추어 볼 때 보통의 해고보다는 넓게 인정됩니다(서울행법 2011구합17714).

일정기간의 시용기간을 설정하는 취지는 그 기간 동안 업무에 대한 적성, 노동능력 등을 정확히 판단하여 근로자의 계속 고용여부를 결정하고, 적격성을 결하였다고 인정되면 신속·간편하게 기업에서 배제코자 하는 데 있다 할 것이므로, 시용기간을 설정한 취지에 비추어 그 적격성 등의 판단에 있어 사용자에게 취업규칙 등에 정한 해고사유나 해고절차에 반드시 구속되지 아니하고 그 재량 행사의 범위를 현저히 일탈하거나 자의적인 것이 아닌 한 그 재량·판단권은 넓게 보아야 할 것입니다(중노위 92부해181).

심화학습 **시용근로자의 해고·본채용거부가 정당하다고 판정된 사례**

① 시용기간 중에 있는 학원강사에 대해 학원생 및 학부모의 불만 등을 사유로 계약해지를 한 것은 정당하다(중노위 2008부해148).

② 시용기간 중에 근무지 이탈, 근무태도 불량을 이유로 본채용을 거절한 것은 정당하다(중노위 2008부해224).

③ 시용기간 중 상습적인 과속 운행을 하는 운전기사에 대한 본채용 거부는 정당하다(중노위 2010부해190).

④ 시용기간 중 공사계약 해지를 초래하고 업무지시를 수행하지 않는 등의 사유가 있다면 업무수행능력을 고려하여 해고한 것은 정당하다(중노위 2010부해712).

⑤ 시용 근로자에게 팀워크 부족 및 적극적 개선의지 부족, 근무태도 불량을 이유로 한 해고는 정당하다(중노위 2008부해524).

⑥ 시용 근로자에 대한 업무능력, 자질, 인품 등 업무적격성에 대한 공정하고 객관적인 평가결과를 근거로 한 본채용 거부는 합리적인 이유가 존재하므로 정당하다(중노위 2010부해299).
⑦ 시용기간 중의 근로자에 대해 업무상 과실, 조직분위기 저해 등을 사유로 본채용 거부한 것은 정당하다(중노위 2008부해915).
⑧ 시용기간 중 취업활동에 대한 평가결과 정식사원으로의 채용기준에 미달하여 정식사원으로 채용을 거부한 것은 정당한 처분이다(중노위 2010부해902).
⑨ 시용기간 중 무단결근, 무단조퇴, 근무성적 불량 등을 이유로 한 해고는 정당하다(중노위 96부해57).
⑩ 시용기간 중에 3일 간격으로 연속해서 2회 주차장내에서 접촉사고를 낸 사업용자동차 운전자를 해고한 것은 정당하다(중노위 2002부해74).
⑪ 시용근무 중인 근로자가 금융거래 부적격자가 되어 입사서류인 보증보험증권을 제출하지 못한 경우의 해고는 정당하다(중노위 98부해32).
⑫ 버스운전사로 채용된 자가 3개월간의 시용기간 중에 즉심에 회부되어 75일간 운전면허정지처분을 받았다면 해고할 정당한 사유에 해당한다(대법 87다카555).

3. 채용내정

채용내정은 회사가 필요 인력을 미리 확보해 놓기 위해서 일정한 요건이 충족되면 채용한다는 등의 약정을 하는 불확정적인 고용계약을 말하는데, 이러한 불확정성 때문에 해약권이 유보되어있는 근로계약을 체결한 것으로 보는 것이 일반적입니다.

예를 들어 대학교 4학년 여름방학동안 회사에서 근무(연수, 실습)를 하게 한 뒤에 졸업을 하면 정식채용을 하겠다는 약정을 하는 형태가 채용내정의 대표적인 예라고 할 수 있습니다.

이런 채용내정은 회사가 유능한 근로자를 미리 확보하고 졸업을 했다던가 일단 시험이나 전형에 합격된 자를 일정한 기간을 두고 신중히 검토하기 위해서 이용하고 있는 제도입니다.

채용내정은 계약은 체결한 것으로 보지만 '수습'처럼 회사에 출근하여 일을 하는 것이 아니기 때문에 중간에 회사의 사정에 따라 일방적으로 채용내정을 취소하는 등 채용내정자의 법적 지위가 불안할 수 있고, 회사입장에서는 취업규칙 등에 채용내정에 관하여 상세한 규정을 두지 않으면 향후 불필요한 법적 분쟁에 휘말릴 수 있으므로, 채용내정과 관련하여 절차, 채용내정 취소·무효사유, 본채용거부 사유 및 절차 등에 대하여 자세한 규정을 미리 준비해두는 것이 바람직합니다.

가. 개 념

회사가 필요로 하는 노동력을 미리 확보하기 위해 학교졸업예정자에 대하여 일정한 기간이 경과한 후 '졸업'이라는 일정한 요건이 충족되면 채용할 것을 약정하는 것과 같이 불확정적인 고용계약을 채용내정이라고 합니다. 졸업예정자뿐 아니라 해외유학자 또는 중도입사자라 하더라도 논문의 제출, 일정한 프로젝트의 완성 등을 요건으로 채용을 내정하는 계약을 체결할 수 있을 것입니다.

채용내정은 사용종속관계하에서 근로가 제공되지 않는다는 점에서 시용과 구분되는데, 이런 특성 때문에 채용내정 계약을 믿고 타회사에 응모하지 않고 있다가 사용자의 일방적인 의사에 의해 채용내정이 취소되면 1년 이상 취업을 하지 못하는 결과를 가져올 수도 있기 때문에 적절한 보호가 필요하므로, 입법적 해결이 조속히 이뤄져야 합니다.

나. 채용내정의 요건

채용내정은 그 계약형태가 계약당사자에 따라 다양하여 법적 성질에 관하여 일률적으로 논하기는 곤란하기 때문에 채용내정통지의 내용, 의미, 관행 등을 종합적으로 고려하여 판단하여야 할 것입니다.

먼저 채용내정이 되기 위해서는 당사자 간의 계약이 법적 구속력이 있는 것이어야 할 것이고, 일정한 조건인 특정 프로젝트의 완성, 석박사 학위 취득, 졸업, 제반서류 등의 제출 등과 같은 조건이 부과되어 그 조건을 충족하지 못할 경우 채용내정의 효력이 부정되는 효과가 있어야 할 것입니다.

만약 법적 구속력이 없는 계약이라든지 일정한 조건의 부과없이 일정한 기간의 경과 후 당연히 취업하도록 체결된 계약은 채용내정계약에 해당하지 않는 것이고, 일정한 조건의 부과없이 일정한 기간의 경과 후 취업하도록 하는 계약은 확정적인 근로계약으로서 취업하지 않는 기간은 당사자간 합의에 의한 휴업기간 또는 대기기간으로 보아야 할 것입니다.

다. 본채용의 거부 및 취소

① 의 의 : 채용내정에 있어 본채용의 거부 및 취소는 근로기준법 제23조상의 해고로 보는 것이 일반적이므로, 노동위원회에 부당해고구제신청을 하거나 손해배상을 청구할 수 있음은 물론 근로자로서의 지위를 확인하는 소(訴)를 구하는 것도 가능합니다.

② 정당한 사유의 판단기준·범위 : 채용내정은 정당성 여부를 판단함에 있어 사용자가 판단할 수 없는 조건과 판단이 가능한 조건에 따라 판단기준도 다소 차이가 있을 수 밖에 없는데, 본채용의 조건이 졸업, 학위취득 등과 같이 사용자가 판단할 여지가 없는 조건인 경우 객관적 조건의 충족여부가 본채용 여부를 판단하는 기준이 될 것이고, 특정 프로젝트의 완성이나 일정한 경력 등 사용자가 판단할 여지가 있는 조건인 경우에는 명백하고 합리적인 기준이 설정되어 있어야 하며 그로 인한 기준을 충족하고 있는지 여부가 본채용 여부를 판단하는 기준이 될 것입니다. 이외에 본채용의 조건을 충족하였는지 여부를 판단함에 있어 사회통념상 근로자에게 불가피한 사정이 있다고 인정되는 경우에는 조건을 충족하지 못한 것이 본채용 거부의 정당한 사유가 되지 못하지만 정식채용기한 도달전이라 하더라도 고용관계를 유지하지 못할 사정변경이 발생한 경우에는 채용내정을 취소하는 것도 가능하다 할 것입니다. 정당성의 범위에 관하여는 채용내정에 있어 본채용 거부에 대한 정당성의 범위와 정규직 근로자에 대한 해고의 정당성 범위를 동일하게 보아야 한다는 견해와 시용과 마찬가지로 채용내정의 경우에도 정규직 근로자의 경우보다 정당성의 범위를 넓게 해석해야 한다는 견해가 나뉘는데, 후자의 견해가 다수견해입니다.

③ 본채용 거부 절차 : 먼저 채용내정의 취소에 있어서도 근로기준법상의 해고에

고가 필요한가에 대하여 견해가 나뉘는데, 수습근로자와 같은 논리로 이를 부정하는 견해가 있고, 이에 반해 해고예고제도가 반드시 계속근로를 전제로 하는 것이라는 근거가 없으며 채용내정제도의 취지와 목적에 비추어 볼 때 졸업불능의 확정과 같이 특별한 경우 이외에는 해고예고를 해야 한다는 견해가 대립되고 있는데 후자의 견해가 다수견해입니다. 취업규칙 등의 징계절차에 대해서는 채용내정의 특성, 즉 사용자가 판단할 수 없는 조건인 경우에는 충족여부가 명백하고 객관적이라는 점과 사용자의 판단이 가능한 조건인 경우에는 사전에 그 기준을 구체적이고 합리적으로 설정할 것이 요청된다는 점에서 따로 규정이 없다면 징계절차를 따르지 않아도 될 것이지만, 채용내정을 매년 시행하는 회사라면 불필요한 분쟁을 예방하는 차원에서라도 취업규칙 등에 본채용 취소절차 등에 대한 자세한 규정을 명시하는 것이 바람직 할 것입니다.

Q 합격을 통지한 후 일방적으로 채용을 취소해도 되는지요?

A라는 회사에서 계약직으로 일하면서 좀 더 안정적이고 좋은 조건의 회사를 알아보며 타회사에 입사원서를 계속해서 냈어요. 그러던 중 국내 대기업에 속하는 B회사로부터 합격통지서를 받았어요. 그래서 아직 계약기간이 4개월 정도가 남아 있는 A회사에서 사표를 쓰고 나왔어요. 회사를 그만두고 그렇게 3개월이나 기다렸는데 B회사에서 일방적으로 채용을 취소한다는 통지서가 왔어요. 기존의 회사를 그만 두고 3개월이나 기다렸는데 이렇게 무책임하게 일방적으로 채용을 취소해도 되는 건가요?

A 회사 요구사항을 충족하지 못하면 채용내정을 취소할 수 있습니다.

채용내정으로 인하여 근로계약은 성립되었다고 보는 것이 다수의 견해이지만 아직 정식으로 근로계약을 체결하지 않은 상태로 회사는 근로계약의 해약권을 가지고 있다고 봐야 합니다. 따라서 회사가 요구하는 일정한 요건을 충족하지 못하면 회사는 채용을 거부하거나 취소할 수도 있습니다. 그러므로 B회사에서 채용내정을 취소한 사유가 무엇인지를 알아 봐야 합니다. 즉, 회사의 입사 요구조건을 살펴보고 채용내정취소에 대한 정당성여부를 판단해 봐야 한다는 의미입니다. 만약 특별한 사유없이 채용내정을 취소한 것이라면 부당해고에 해당하므로, 노동위원회 또는 법원에 부당해고구제신청 등의 법적 대응을 검토해 볼 수 있을 것입니다.

Q 합격통지서를 받고 일정한 서류를 낸 경우 근로계약은 성립된 것인가요?

채용합격통지를 받고 입사관계서류를 제출하였을 뿐 근로계약을 별도로 체결하지 않았습니다. 회사에서는 추후에 입사일자를 통지해 주겠다고만 합니다. 그런데 솔직히 좀 불안해서요, 저 같은 경우에 근로계약이 성립되었다고 볼 수 있나요? 만약에 성립한 것이라면 언제 근로계약이 성립한 것인가요?

A 근로계약은 성립되었다고 봅니다.

판례는 회사에서 근로자들에게 최종합격통지를 하고 서약서 등 입사관계서류 제출을 요구하여 교부 받았다면 그 서류들을 교부받음과 동시에 근로계약이 성립했다고 보고 있습니다(서울지법 판결).

서울고법(99나41468)은 회사측에서 대학졸업예정자들을 상대로 신입사원을 모집하는 것은 근로계약의 청약의 유인이라 볼 것이고, 회사가 신입사원 채용절차로써 정하고 요구하는 서류전형 및 면접절차에 근로자가 응하는 것은 근로계약의 청약에 해당한다고 보아야 하며, 이에 따라 회사가 서류전형과 면접 및 신체검사를 거친 후 최종합격통지를 한 이른바 채용내정통지는 이로써 근로계약의 승낙의 의사표시를 한 것으로 보아야 할 것이라고 판결하여 근로계약이 성립했다고 보고 있습니다.

대개 사람들이 합격통지서를 받으면 다른 회사에는 더 이상 원서도 내지 않고 또한 다른 회사에 들어 갈수 있음에도 그 회사를 포기하고 무작정 기다리는 것이 일반적인데, 갑자기 일방적으로 정식채용을 거부한다든가 채용내정을 취소하는 것은 정규직 근로자가 해고를 당하는 것처럼 채용내정자에게도 상당한 불이익과 큰 충격이 될 수 있습니다. 따라서 채용내정만으로도 근로계약이 성립한다고 보고 있고, 채용내정을 취소하려면 해고의 제한 절차를 따르게 하는 것이 근로자 보호에 부합한다는 것이 일반적인 견해입니다.

통설과 판례는 채용내정 통지로 근로계약이 성립했다고 보지만 일정한 요건을 구비하지 못하면 회사측에서는 채용내정을 취소할 수도 있다고 보아서 '해약권을 유보한 근로계약설'의 입장을 취하고 있습니다. 즉, 근로계약은 성립된 것이지만 정당한 이유가 있으면 해약할 수도 있다는 것입니다.

Q 일방적인 채용내정의 취소는 부당해고인가요?

저는 이 불황 중에도 4개월 전에 채용합격통지를 받았습니다. 너무나 기뻐서 그동안 마음 편히 여행도 다니고 못 해본 일들을 하면서 지냈습니다. 그런데 얼마 전에 채용내정이 취소되었다는 통지서를 받았습니다. 채용내정 취소 통지서의 내용은 회사 사정상 채용할 수 없게 됐고 향후 여건이 개선되면 채용을 우선해서 고려하겠으니 양해를 바란다는 것이었어요. 4개월의 시간을 어떻게 보상을 받아야 하나요? 이렇게 회사 사정으로 채용내정을 일방적으로 취소하는 것은 해고에 해당하지 않나요?

A 정당한 사유없는 회사측의 일방적인 채용내정취소는 부당해고입니다.

채용내정을 한 뒤에 정식채용을 거부하거나 채용내정을 취소하는 것은 근로기준법 제23조의 해고에 해당하는 것으로 해석할 수 있습니다. 서울지법 판례(98가합20043)는 채용내정취소통지는 실질내용에 있어서 해고에 해당하고, 채용내정취소에 정당한 이유가 없는 한 채용내정취소는 무효라고 판결하고 있고, 서울고법(99나41468)도 현실적으로 노무를 제공하였는지 여부와는 상관 없이 회사가 근로자에 대하여 한 채용내정취소는 실질적으로 해고에 해당한다고 판결하고 있습니다.

채용내정으로 비록 해약권을 유보하고 있다하더라도 근로계약이 성립되었다고 보고 있으므로 채용내정의 취소는 법률상 해고에 해당한다는 것입니다. 따라서 채용내정의 취소가 정당한 해약권의 행사가 아닌 경우 이는 무효인 해고가 됩니다. 따라서 정식채용을 거부하거나 채용내정을 취소하는 것에 대해서 손해배상을 청구할 수도 있고, 채용내정의 취소가 무효라고 주장하여 '근로자 지위확인을 위한 소(訴)'를 제기할 수도 있습니다.

서울지법 판결을 보면, 회사의 요구로 최종합격통지를 받고 입사관계서류를 제출하였다면 그 서류들을 제출함과 동시에 근로계약이 성립했다고 볼 수 있고, 그 이후에 회사측에서 일방적으로 채용내정을 취소하는 것은 부당해고에 해당한다고 판결하고 있습니다.

Q 채용내정을 취소할 수 있는 정당한 사유와 정당성을 판단하는 기준은?

대학교 4학년 2학기 때에 회사에 합격을 하고 졸업을 한 뒤에 입사를 하기로 되어 있었습니다. 이미 취업이 결정된 상태라 2학기에는 학점에 전혀 신경을 쓰지 않았습니다. 그런데 한 과목이 F학점이 나와서 이번에 졸업을 할 수 없게 되었습니다. 설상가상으로 회사에서는 졸업을 하지 못했으므로 채용내정을 취소한다고 하네요. 학점이수를 못해서 졸업을 못하게 된 것이 채용내정 취소사유인가요?

A 채용조건인 졸업을 하지 못하게 되면 그 취소는 정당합니다.

회사입장에서는 정당한 사유가 있다면 채용내정을 취소하거나 정식채용을 거부할 수 있는데, 이렇게 정당한 이유가 있는 경우에는 채용내정 취소가 적법하다고 봐야 합니다.

회사는 일정한 채용조건들을 제시하는데 졸업은 기본적인 요건으로 졸업을 못하게 되었다면 회사의 채용내정 취소는 정당한 사유에 해당합니다.

이외의 채용내정의 정당한 취소사유에 대해서 구체적으로 알아보면, 채용내정 후 건강상태의 악화로 취업불능, 직업적응능력 부족, 경력서나 신상명세서에 중요한 부분의 허위 기재, 채용내정 후 학업성적의 현저한 저하, 졸업의 연기 등이 있습니다.

그리고 정식채용의 거부 또는 취소할 수 있는 사유의 정당성을 판단하는 기준은 다음과 같습니다.

① 채용요건을 충족하였는지 여부,

② 특정 프로젝트의 완성이나 일정한 경력 등 채용내정시 요청된 합리적으로 설정된 기준에 부합하였는지 여부,

③ 사회통념상 채용거부를 할 만한 불가피한 사정이 있는지 여부입니다.

그리고 또 채용내정자가 '일반근로자를 해고할 수 있는 해고사유'에 해당하는 사유가 있다면 그 정당성 여부를 따져 채용 내정을 취소할 수도 있을 것입니다.

Q 채용내정자들에게도 근로기준법 규정이 적용되나요?

최근에 수없이 입사원서를 냈는데 그 중 한 회사로부터 합격통지서를 받았습니다. 그 회사로부터 합격통지서만을 받고 회사에는 출근하지 않고 있는데 다른 회사에 더 이상 입사원서를 내지 않아도 되는지 궁금해서요, 저 같은 경우에도 근로자로 보는 건지, 그리고 근로기준법이 적용되는지요?

A '근로를 전제로 하지 않는 규정'은 채용내정자에게도 그대로 적용됩니다.

채용내정기간 동안 채용내정자는 회사에 나가서 일을 하지 않지만 채용내정에 의해서 근로계약의 효력은 발생하는 것이고 단지 그 효력에 따른 법적 의무, 즉 근로를 제공할 의무를 이행해야 하는 시기가 되지 않았을 뿐이라고 볼 수 있으므로 현실적인 근로제공을 전제로 하지 않는 규정은 채용 내정자들에게도 적용되어야 합니다. 따라서 채용내정자는 근로자로 보아야 합니다.

하지만 무역회사에 다니던 중 이전에 면접을 보았던 화사로부터 합격이 확실하니 근무하는 회사를 퇴사하고 대기하라는 통보와 출근권유를 받고 대기하던 중 갑작스레 채용결정이 취소되었다는 연락을 받은 경우 출근권유를 받았을 뿐 채용시기, 임금 등 근로조건 등에 관하여 회사와 구체적으로 약정한 사실이 없이 단지 임용대기만 하였다면 근로기준법상 근로자로 보기 어렵다(근기 68207-848, 1999. 12.13.)는 행정해석이 있는데 이 경우는 회사와의 구체적인 약정을 하지 않았고 채용합격통지서도 받지 않은 상태이므로 근로자성을 부정하고 있는 것으로 보입니다.

계약기간에 관한 규정, 근로조건의 명시에 관한 규정, 해고 등의 제한에 관한 규정, 해고예고에 관한 규정 등은 근로제공을 전제로 하지 않는 규정이고 균등처우 같은 근로기준법의 총칙에 해당하는 규정도 당연히 근로 제공을 전제로 하지 않는 규정으로 이런 규정들은 채용내정자에게 적용됩니다.

Q 사용자가 정당한 사유 없이 채용내정을 취소한 경우 사용자에게 손해배상을 청구할 수 있나요?

합격통지를 한 뒤에도 A회사는 차일피일 입사일을 미루고만 있습니다. 입사일만을 학수고대하고 있는데 정말 어처구니없는 일이 발생했습니다. A회사에서 부득이한 사정이 생겨서 채용을 취소한다는 통지서가 왔네요. 여태까지 지금의 A회사만을 믿고 다른 회사에서 출근하라고 하는 것도 거절했는데 너무 화가 나고 억울합니다. 지금까지 기다린 기간동안에 해당하는 임금상당액의 손해배상을 청구하려고 하는데 가능한가요?

A 정당한 사유가 없는 경우 채무불이행·불법행위책임이 문제됩니다.

① **쟁점** : 이 사안은 정당한 사유없이 채용내정을 취소한 사용자(회사)를 상대로 손해배상청구를 할 수 있는지, 손해배상청구가 가능하다면 그 법적 근거는 무엇인지가 쟁점입니다.

② **법적 근거** : 근로기준법은 이런 채용내정취소나 해고 등의 경우 손해배상을

할 수 있는 관련규정을 두고 있지 아니하므로 민법규정으로 해결할 수 밖에 없습니다. 민법상 관련 규정은 다음과 같습니다.

> **민법 제390조 【채무불이행과 손해배상】** 채무자가 채무의 내용에 좇은 이행을 하지 아니한 때에는 채권자는 손해배상을 청구할 수 있다.
>
> **민법 제750조 【불법행위의 내용】** 고의 또는 과실로 인한 위법행위로 타인에게 손해를 가한 자는 그 손해를 배상할 책임이 있다.

③ 사안해결의 개괄적 접근 : 채용내정의 취소가 정당하기 위해서는 채용내정의 취지나 목적에 비추어 객관적이고 합리적인 사유가 있어야 하는데, 사용자가 채용내정을 통지한 후에 정당한 사유 없이 채용내정을 취소한 때에는 불법행위가 성립하여 근로자에 대해 이에 따른 손해배상책임을 져야 한다는 판례가 있습니다. 사용자의 자의적인 채용내정 취소에 대하여는 기대권의 침해로 인한 불법행위(고의 또는 과실로 인한 위법행위로 타인에게 손해를 가하는 행위)가 성립하고 또한 채무불이행이 성립하여 근로자는 손해배상청구권을 행사할 수 있습니다. 따라서 사용자는 채무불이행책임(민법 제390조)과 불법행위책임(민법 제750조)을 지게 되고 채용내정자는 선택적으로 또는 경합하여 이 두 책임을 사용자에게 물을 수 있습니다.

④ 사안해결의 구체적 접근 1. 채무불이행과 손해배상(민법 제390조) : 채용내정은 '해약권유보부 근로계약'으로 보는 것이 일반적이고, 이미 체결된 계약의 내용을 일방적으로 해지함으로써 이행하지 않는 것은 '채무불이행'에 해당합니다.

민법 제390조(채무불이행과 손해배상) '채무자가 채무의 내용에 좇은 이행을 하지 아니한 때에는 채권자는 손해배상을 청구할 수 있다. 그러나 채무자의 고의나 과실없이 이행할 수 없게 된 때에는 그러하지 아니하다'라는 규정 중에서 '채무의 내용에 좇은 이행을 하지 아니한 것'이 곧 채무불이행을 의미합니다.

채무불이행의 유형에는 1)이행지체(이행할 수 있었음에도 일정 시기(이행기)에 이행하지 아니한 것), 2)이행불능(계약이 성립(채권채무의 성립)한 후 이행이 불가능하게 된 것), 3)불완전이행(채무를 이행하였으나 불완전하게 이행한 것-학설상 이견있음)이 있습니다.

위와 같이 채무자(사용자)가 채무를 불이행한 경우 채권자(근로자)가 채무자(사용자)에게 할 수 있는 법률적 제재·강제행위가 무엇인지를 검토해 보면, 1)이행강제(민법 제389조), 2)지체로 입은 손해배상(민법 제390조), 3)전보배상(민법 제395조), 4)이행지체중에 생긴 손해배상(민법 제392조), 5)계약해제(민법 제544~545조)가 있습니다.

채권자(근로자)는 정당한 이유없이 해약권유보부 근로계약(채용내정)을 일방적으로 취소함으로써 발생한 손해를 입증하여 채무자(사용자)에게 그 손해의 배상을 청구할 수 있습니다.

⑤ 사안해결의 구체적 접근 2. 불법행위와 손해배상(민법 제750조) : 고의 또는 과실로 인한 위법행위로 타인에게 손해가 발생한 경우, 즉 불법행위가 있었다면 피해자(채용내정자)는 가해자(사용자)에 대하여 손해배상청구권이라는 '채권'이 발생합니다.

민법은 채권의 4대 발생원인을 1)계약(근로계약 포함하여 14종의 계약), 2)불법행위, 3)사무관리, 4)부당이득으로 규정하고 있는데, 계약에 의한 채무를 불이행하여 발생한 채권(손해배상청구권)에 대하여는 이미 위에서 설명한 바와 같고, 불법행위로 인하여 발생한 채권(손해배상청구권)에 대하여는 ⑤에서 설명하고 있는 것입니다.

민법 제394조는 '손해배상의 방법'에 대하여 '다른 의사표시가 없으면 손해는 금전으로 배상한다'라고 규정하여 손해배상을 원상회복으로 해달라는 의사표시가 없으면 금전배상으로 하도록 규정하고 있습니다. 즉, 불법행위로 인한 손해배상의 방법은 1)원상회복, 2)금전배상 2가지가 있는 것입니다(민법 763조에서 민법 제394조를 준용하도록 하고 있음).

민법은 불법행위로 인한 손해배상부분에서는 채부불이행으로 인한 손해배상과는 달리 특별히 '정신상 손해에 대한 배상(=위자료)'을 규정하고 있어 일반인들사이에서는 '불법행위로 인한 손해배상청구소송'이 '위자료청구소송'으로 불리기도 합니다.

결국 손해배상의 범위는 재산적 손해와 정신적 손해로 구분할 수 있고, 그 범위는 '통상의 손해'와 '특별한 사정으로 인한 손해'라는 두 기준에 의해 결정된다고 보면 됩니다.

참고로, 불법행위에 의한 손해배상청구권은 양도가 가능하고 상속도 가능하다는 것이 통설과 판례의 입장입니다.

민법 제496조는 '채무가 고의의 불법행위로 인한 것인 때에는 그 채무자는 상계로 채권자에게 대항하지 못한다'라고 규정하여 상계를 금지하고 있는데, 그 이유는 채권자(피해자)가 채무자(가해자)에게 채권액만큼 고의로 가해를 하는 상황을 방지하기 위한 규정입니다.

Q 채용내정취소로 인한 손해배상액은 어느 정도 되나요?

채용합격통지를 받고 3개월 정도 기다렸는데 채용내정이 취소되었습니다. 정말 억울해서 회사를 상대로 손해배상을 청구하려고 합니다. 채용내정은 되었지만 실질적으로 근무를 하지 않았잖아요, 그럼에도 임금전액을 손해배상액으로 청구할 수 있는 건가요? 아니면 사용자의 귀책사유로 휴업을 하면 임금의 70%를 휴업수당으로 받을 수 있다고 하던데, 휴업수당처럼 임금의 70%에 해당하는 임금을 청구할 수 있는 건가요?

A 근로자가 채용시 받을 수 있는 임금의 50%를 받을 수 있습니다.

서울지법 판결(2002나40400)에서 회사는 사업전망 등을 고려해 적정한 인원만 채용 내정하고 발표해야 할 주의의무가 있는 만큼 채용내정된 근로자가 정식채용을 기다리다가 다른 취업기회를 포기하게 된 손해를 배상할 책임이 있다고 하면서 근로자가 채용되었을 경우 받을 수 있었던 임금의 50%를 그 근로자가 기다린 기간만큼 계산해서 지급하라고 판시하고 있습니다.

하지만 서울지법에서 제시한 임금의 50%가 확답이 될 수는 없고 회사와 채용내정자가 협의해서 결정할 수도 있는 문제이고 다른 계산 방법으로 손해배상액을 산정할 수도 있습니다. 즉, 위의 서울지법 판례는 채용내정자가 청구할 수 있는 손해배상액의 산출 기준을 제시한 예시라고 보면 될 것입니다.

채용내정(계약)은 근로계약으로 볼 수 있고 다만 사용자의 귀책사유에 의해 근로제공을 하지 않을 뿐이므로 근로기준법 제46조(휴업수당)를 유추적용하는 것도 고려해야 한다는 것이 개인적인 생각입니다.

동법 제46조는 사용자의 귀책사유로 휴업하는 경우에 사용자는 휴업기간 동안 그 근로자에게 평균임금의 100분의 70 이상의 수당을 지급하여야 한다라고 규정하고 있으므로, 이 규정을 유추적용하여 채용내정기간동안 평균임금의 70%에 상당하는 금액을 임금으로 지급하는 것도 합당한 방법이라 생각됩니다. 참고로, 동법 109조는 제46조를 위반한 경우 3년 이하의 징역, 2천만 원 이하의 벌금에 처한다라고 규정하고 있고, 제2항에서는 반의사불법죄를 규정하고 있습니다.

Q 채용내정을 취소할 때 '해고예고'를 해야 하나요? 그리고 근로기준법상의 해고제한 규정이 적용되나요?

채용내정자도 근로자로 보고 있고 근로를 전제로 하지 않는 규정은 채용내정자에게도 적용된다고 알고 있는데요, 그렇다면 해고에 대한 제한규정도 채용내정자에게 적용되겠네요? 만약에 적용된다고 가정을 한다면 채용내정자에게도 해고예고를 하든가 해고예고수당을 지급해야 하는지요?

A 해고제한 규정은 적용되지만 해고예고(수당)는 견해가 나뉩니다.

근로기준법상 해고제한 규정은 근로를 전제로 하지 않는 규정에 해당하므로 채용내정의 취소절차에도 그대로 적용된다고 보면 됩니다. 그런데 채용내정자에게 해고예고를 해야 되는가에 대해서는 견해가 나뉘고 있습니다.

해고예고제도가 반드시 계속근로를 전제로 하는 것이라는 근거가 없으며 채용내정의 취지와 목적에 비추어 볼 때 채용내정자에게도 해고예고를 인정해야 한다는 견해와 근로기준법 제35조제5호에서 '수습 사용한 날로부터 3월 이내인 수습근로자'에게는 해고예고를 하지 않을 수 있다고 규정하고 있는데 채용내정자를 수습중인 근로자보다 두텁게 보호하는 것은 형평의 원칙상 맞지 않기 때문에 채용내정자에게 해고예고를 적용하지 않는 것이 옳다고 보는 견해로 나뉘고 있습니다.

서울고법 판례(99나41055)는 근로기준법 제35조제3호 및 제5호는, 월급근로자로서 6개월이 되지 못한 자 및 수습사용중인 근로자에 대하여 같은 법 제26조의 해고예고에 관한 규정을 배제하고 있는 바, 근로관계가 성립한 날을 기준으로 채용내정을 취소한 날은 수습기간 중이라고 보아야 하고 또한 근로관계가 효력을 발생한 날로부터 6개월이 경과한 것도 아니므로 해고예고수당에 관한 규정이 적용될 여지가 없다는 입장을 보이고 있습니다.

Q 채용내정자도 임금청구권을 행사할 수 있나요?

저는 채용합격 통지서를 받고 3개월 이상 기다리고 있습니다. 그래서 경제적인 어려움을 겪고 있습니다. 사용자가 자신의 귀책사유로 휴업을 하면 사용자는 근로자에게 70%에 해당하는 휴업수당을 지급하고 있는 규정을 유추해 보면 채용내정자도 사용자의 책임으로 정식채용이 미뤄지는 것이므로 당연히 임금을 청구할 수 있지 않을까요? 채용내정과 동시에 근로계약이 성립하는 것이라면 근로자로서의 권리인 채용내정기간 동안에 해당하는 임금청구권을 행사하는 것이 당연하지 않냐는 거죠?

A 채용내정자도 임금청구권을 행사할 수 있습니다.

손해배상청구권의 발생원인은 여러가지가 있는데, 채용내정의 임의적 취소로 인해 채용내정자는 불법행위로 인한 손해배상청구권(민법 제750조)과 성실의무위반(채무불이행)으로 인한 손해배상청구권(민법 제390조)을 행사할 수 있습니다. 이 두 청구권은 경합하는 것이므로 선택적으로 청구하든 둘 다 청구하든 채용내정자의 재량입니다.

위의 2가지 청구권 중에서 채무불이행으로 인한 손해배상청구권을 임금청구권이라고 볼 수 있습니다.

임금청구권은 채용내정의 취소와는 관계없이 당연히 발생하는 권리이자 강행규정에 기반한 청구권이므로, 사전에 채용내정을 취소하더라도 소(訴)를 제기하지 않겠다고 합의를 했거나 위자료를 청구하지 않겠다고 합의를 했다 하더라도 그러한 합의는 강행법규 위반으로 무효이고 그 기간 동안의 임금청구권을 포기한 것으로 볼 수 없으므로 채용내정기간 동안의 임금을 청구할 수 있습니다.

채용내정은 '해약권유보부 근로계약'으로 보는 것이 일반적이므로 채용내정으로 인하여 근로계약이 체결되었다고 보아야 하고 근로계약이 체결되었다는 것은 근로자는 근로제공의 채무가 발생한 것이고 사용자는 임금지급채무가 발생한 것이라는 해석이 가능합니다.

근로자는 사용자의 귀책사유로 인하여 근로제공의 채무를 이행할 없게 된 것이지만 사용자는 본인의 귀책사유로 근로제공의 채무를 수령지체한 것이므로 임금지급채무를 불이행한 책임을 면할 수 없을 것입니다. 즉, 사용자는 (임금지급)채무불이행책임을 져야 한다는 것입니다.

취 업 규 칙

근로기준법 제93조 소정의 취업규칙이라 함은 복무규율과 임금 등 근로조건에 관한 준칙의 내용을 담고 있으면 그 명칭을 불문하는 것으로서, 사용자는 같은 사업장에 소속된 모든 근로자에 대하여 일률적으로 적용되는 하나의 취업규칙만을 작성하여야 하는 것은 아니고, 근로자의 근로조건, 근로형태, 직종 등의 특수성에 따라 근로자 일부에 적용되는 별도의 취업규칙을 작성할 수 있으며, 이 경우 여러 개의 취업규칙을 합한 것이 근로기준법 제93조 소정의 1개의 취업규칙으로 되는 것입니다(대법 95누15698, 대법 2006다83246). 근로기준법 제93조는 상시 10명 이상의 근로자를 사용하는 사용자는 다음 각 호의 사항에 관한 취업규칙을 작성하여 고용노동부장관에게 신고하여야 하고, 이를 변경하는 경우에도 또한 고용노동부장관에게 신고하여야 한다고 규정하고 있습니다.

1. 취업규칙의 의의

취업규칙은 노동관계법령과 함께 개별적 근로관계를 규율하는 중요한 규범으로, 사용자가 근로계약의 내용이 되는 사항을 일방적으로 정하는 것이 일반적이어서 보통거래약관과 유사한 성질을 가진다고 볼 수 있는 바, 근로자의 근로조건과 복무

규율 등에 관한 통일적인 준칙(근로계약서 등)으로 볼 수 있는 경우에는 그 명칭과 상관없이 취업규칙으로 볼 수 있는 반면에 취업규칙에 규정되어 있더라도 근로조건을 직접 규율하는 내용이 아니고 기업경영차원에서 근로자들의 적정한 운용과 배치를 위한 기준에 관한 규정은 취업규칙으로 보기는 어렵습니다.

취업규칙은 근로관계의 주된 내용을 정하는 것임에도 사용자에 의하여 일방적으로 작성된다는 점에서 근로자의 권리가 침해될 수 있기 때문에 근로기준법은 취업규칙의 작성·변경과정과 내용에 대하여 법적 규제를 가하고 있으며, 사용자의 신고의무, 근로감독관의 심사, 노동부장관의 취업규칙 변경명령권을 인정하고 있는 것입니다(근로기준과-1118, 2009.04.24.).

2. 취업규칙의 법적 성질

취업규칙의 구속력은 노사의 계약에 의해 구속력이 생기는 것인지, 아니면 근로기준법에 의해 법적 구속력이 수여된 것인지 등에 대하여 견해의 대립이 있는데, 노사의 (근로)계약에 의해 법적 구속력이 발생한 것이라고 보는 '계약설', 법에 의해 법적 구속력이 수여된 것이라고 보는 법규범설이 있습니다. 판례는 법규범설을 취하고 있는 것으로 보입니다.

3. 취업규칙의 작성과 신고

가. 사용자의 취업규칙 작성·신고의무

상시 10명 이상의 근로자를 사용하는 사용자는 법 제93조 각 호의 사항에 관한 취업규칙을 작성하여 「근로기준법 시행규칙」 별지 제15호 서식에 따라 노동부장관에게 신고하여야 합니다. 이를 이행하지 아니할 경우 500만원 이하의 과태료가 부과될 수 있습니다(근로기준법 제93조, 제116조제1항제2호).

취업규칙은 반드시 사업장의 모든 근로자에 대하여 일제히 적용되도록 작성되어야 하는 것은 아니고 당해 사업장에서 근로자 직종의 특수성에 따라 근로자 일부에 적용되는 별도의 취업규칙을 정할 수 있으며, 이 경우 서로 다른 2개의 취업규칙을 합한 것을 법 제93조 소정의 1개의 취업규칙으로 보아야 합니다(대법 91다30828, 1992.02.28.).

나. 취업규칙의 기재사항

1. 업무의 시작과 종료 시각, 휴게시간, 휴일, 휴가 및 교대 근로에 관한 사항
2. 임금의 결정·계산·지급 방법, 임금의 산정기간·지급시기 및 승급(昇給)에 관한 사항
3. 가족수당의 계산·지급 방법에 관한 사항
4. 퇴직에 관한 사항
5. 「근로자퇴직급여 보장법」 제4조에 따라 설정된 퇴직급여, 상여 및 최저임금에 관한 사항(2012.2.1 개정)
6. 근로자의 식비, 작업 용품 등의 부담에 관한 사항
7. 근로자를 위한 교육시설에 관한 사항
8. 출산전후휴가·육아휴직 등 근로자의 모성 보호 및 일·가정 양립 지원에 관한 사항(2012.2.1 개정)
9. 안전과 보건에 관한 사항

9의2. 근로자의 성별·연령 또는 신체적 조건 등의 특성에 따른 사업장 환경의 개선에 관한 사항(2008.3.28 신설)

10. 업무상과 업무 외의 재해부조(災害扶助)에 관한 사항
11. 표창과 제재에 관한 사항
12. 그 밖에 해당 사업 또는 사업장의 근로자 전체에 적용될 사항

근로기준법 제93조는 위 각 호의 사항들 모두가 취업규칙에 반드시 기재되어야 하는 것처럼 규정하고 있으나, 위 각 호에는 근로자 보호를 위하여 반드시 정해지고 시행되어야 할 법정 근로조건에 관한 사항뿐만 아니라 사용자의 경영판단이나 사업장의 특성, 또는 노사합의에 의하여 시행여부가 결정되는 임의적 근로조건에 관한 사항도 다수 포함되어 있다고 보아야 합니다.

임의적 근로조건에 관한 사항이 법 제93조의 취업규칙 기재사항으로 규정되어 있다고 하여 사용자에게 그 시행을 강제할 수 없고, 시행되고 있지 않은 임의적 근로조건에 대하여 형식적으로 취업규칙에 기재할 것을 요구하는 것도 타당하지 않으므로, 법 제93조 각 호 중 임의적 근로조건에 관한 사항은 해당 사업장에서 이를 시행하고 있을 경우에만 취업규칙의 필요적 기재사항으로 볼 수 있습니다.

※ 임의적 근로조건에 관한 사항

교대근로에 관한 사항(1호), 승급에 관한 사항(2호), 가족수당에 관한 사항(3호), 근로자의 식비·작업 용품에 관한 사항(6호), 상여금에 관한 사항(5호), 근로자의 교육시설에 관한 사항(7호), 근로자의 성별·연령 또는 신체적 조건 등의 특성에 따른 사업장 환경 개선에 관한 사항(9의2호), 업무 외의 재해부조에 관한 사항(10호), 표창에 관한 사항(11호)

일반적으로 근로기준법 제93조 각 호 중 임금, 근로시간, 휴게시간, 휴일 등 법정 근로조건에 관한 사항은 취업규칙에 반드시 기재하여야 하지만(절대적·필요적 기재사항), 교대근로, 가족수당, 식비 등 임의적 근로조건은 해당 사업(장)에서 이를 시행하는 경우에만 기재할 필요(상대적·필요적 기재사항)가 있다고 보고 있습니다(근로기준과-1118, 2009.04.24.).

4. 취업규칙 기재사항 미비와 신고의무 위반

가. 취업규칙 기재사항이 미비되어 있는 경우

취업규칙에 반드시 기재되어야 할 사항 중 일부가 기재되어 있지 않거나 흠결이 있는 경우 사용자에 대한 과태료 부과는 별론으로 하고(법 제116조제1항제2호), 당해 취업규칙의 효력은 인정되며, 기재되지 않은 부분에 대해서는 근로기준법령, 단체협약, 근로계약 등에 정한 조건에 따라야 할 것입니다.

참고로, 외근노동조합원의 징수업무처리에 관하여 필요한 사항을 규정한 징수업무처리규정이 근로조건에 관한 사항을 규정하고 있다면 근로기준법 제93조에 정한 기재사항 중 일부가 기재되어 있지 아니하더라도 취업규칙으로서의 효력이 있다고 보아야 할 것이며, 기재되지 않은 부분에 대해서는 근로기준법, 단체협약, 근로계약 등에서 정하고 있는 규정을 따라야 할 것입니다(근기 01254-8835, 1991.06.21.).

나. 취업규칙 신고의무를 위반한 경우

취업규칙 신고의무규정은 취업규칙에 대한 감독 행정상 필요에 의한 단속규정이므로 당해 취업규칙이 실제로 근로자들의 근로조건을 규율하여 왔다면, 사용자에 대한 과태료 부과(법 제116조제1항제2호)는 별론으로 하고, 법령, 단체협약에 위배되지 않는 범위에서 위 취업규칙의 효력은 인정됩니다(근로기준과-1118, 2009.04.24.).

동법의 신고의무규정은 일반적으로 취업규칙에 대한 감독 행정상 필요에 의한 것이며 효력요건이 아닌 것으로 해석하고 있으므로 동 징수업무처리 규정의 내용이 법령 또는 단체협약에 위반되지 않는 경우에는 비록 신고절차를 이행치 아니하였더라도 형사상의 책임은 별론으로 하고 취업규칙으로서의 효력을 부인하여서는 아니될 것입니다(근기 01254-8835, 1991.06.21.).

5. 취업규칙의 변경·신고

가. 사용자의 취업규칙 변경·신고의무

사용자는 취업규칙 변경시 근로자의 과반수를 대표하는 노동조합 또는 근로자 과반수의 의견을 청취(불이익변경시에는 동의)하였음을 증명하는 서면을 첨부하여 「근로기준법 시행규칙」 별지 제15호 서식에 따라 노동부장관에게 신고하여야 하고, 이를 이행하지 아니할 경우 500만원 이하의 과태료가 부과됩니다(근로기준법 제93조, 제116조제1항제2호).

나. 취업규칙의 변경절차(불이익변경이 아닌 경우)

사용자는 취업규칙의 작성·변경에 관하여 해당 사업 또는 사업장에 근로자의 과반수로 조직된 노동조합이 있는 경우에는 그 노동조합, 그러한 노동조합이 없는 경우에는 근로자의 과반수(이하 "근로자 과반수"이라 함)의 의견을 들어야 합니다(근로기준법 제94조 본문).

이 경우 근로자 과반수의 의견을 듣는 것으로 족하고 사용자에게 협의 또는 합의할 의무가 있는 것은 아니므로, 사용자가 근로자 과반수의 반대의견을 수용하지 않더라도 의견청취 의무 위반은 아닙니다.

사용자가 의견청취 의무를 위반하였을 경우 500만원 이하의 벌금(법 제114조제1호)에 처해지기는 하지만 사용자가 의견청취의 내용에 구속되지 않는다는 점에서 단속규정이라고 보아야 할 것이므로 변경된 취업규칙의 효력은 인정된다고 보아야 합니다.

이 부분에 대하여 판례는 '단체협약으로 취업규칙의 작성·변경에 관하여 노동조합의 동의를 받아야 한다고 규정하고 있더라도 불이익변경의 경우를 제외하고는 노동조합의 동의를 받지 않았다 하여 변경된 취업규칙의 효력을 부정할 수 없다'고 판시함으로써 의견청취절차를 거치지 않았다 하더라도 취업규칙의 효력을 인정하고 있습니다(대법 98두6647, 대법 94누3001).

※ 근로자 과반수의 의미

근로자의 과반수 여부를 판단할 때 근로자의 범위는 '근로기준법상의 근로자'에서 '근로기준법상의 사용자'와 '사용자를 위하여 행위하는 자'를 제외한 수를 의미합니다. 예를 들어 전체 임직원이 100명인 사업장에서 대표이사 및 이사, 전무와 상무, 인사팀장 등 12명을 제외한 88명이 근로자이고 이 중에서 근로자의 과반수는 45명입니다.

다. 취업규칙의 불이익변경 절차

(1) 불이익변경의 의미

취업규칙의 불이익변경이란 취업규칙의 변경이 근로자가 종전에 가지고 있던 기득의 권리나 이익을 박탈하여 근로조건을 낮추거나 복무규율을 강화하는 것을 의미하는 것으로, 불이익변경 판단의 기준시점은 '취업규칙의 변경이 이루어진 시점'입니다(대법 96다1726).

취업규칙의 변경이 일부 근로자에게 유리하고 일부 근로자에게 불리하여 근로자 상호간에 유·불리에 따른 이익이 충돌하는 경우에는 전체적으로 보아 근로자에게 불리한 것으로 보아야 하고(대법 93다1893), 일부 내용이 근로자에게 불리할지라도 다른 요소가 유리하게 변경된 경우에는 그 대가관계나 연계성이 있는 여러 상황을 종합적으로 고려하여 개정조항의 유·불리를 판단하여야 할 것입니다(대법 84다카414).

(2) 취업규칙의 불이익변경 절차

사용자는 취업규칙의 불이익변경시 해당 사업 또는 사업장에 근로자의 과반수로 조직된 노동조합이 있는 경우에는 그 노동조합, 그러한 노동조합이 없는 경우에는 근로자의 과반수의 동의를 받아야 합니다(동법 제94조 본문).

'노동조합의 동의'는 법령이나 단체협약 또는 노동조합의 규약 등에 의하여 조합장의 대표권이 제한되었다고 볼 만한 특별한 사정이 없는 한 조합장이 노동조합을 대표하여 동의하면 되는 것이지 노동조합 소속 근로자의 과반수의 동의를 받아야 하는 것은 아니라는 것이 판례의 입장입니다(대법 99다45376).

노동조합이 없을 경우 근로자의 회의방식에 의한 과반수의 동의를 요하는데, 반드시 노동조합의 모든 조합원이나 한 사업 또는 사업장의 모든 근로자가 일시에 한 자리에 집합하여 회의를 개최하여야 하는 것은 아니고, 사업 또는 사업장의 기구별 또는 단위 부서별로 사용자 측의 개입이나 간섭이 배제된 상태에서 조합원 또는 근로자간에 의견을 교환하여 찬반의견을 집약한 후 이를 전체적으로 취합하는 방식이나(대법 2002다23185, 대법 2001다18322), 노동조합의 총회나 대의원대회 또는 근로자들로부터 취업규칙의 변경에 대한 동의권한을 위임받은 자들이 동의여부를 결정하는 방식도 허용됩니다(대법 91다25055, 대법 92다39778, 대법 93다17898).

취업규칙의 불이익변경시 사용자가 동의의무를 위반하였을 경우 500만원 이하의 벌금(법 제114조제1호)에 처해지고, 당해 취업규칙 전체가 무효가 되는 것은 아니지만, 동의 없이 불이익하게 변경된 부분은 종전 취업규칙의 적용을 받던 기존 근로자에게 효력이 없게 되어 변경 전의 취업규칙이 그대로 적용됩니다.

이 때 위 취업규칙의 불이익변경에 동의한 근로자에게는 변경된 취업규칙이 적용되는 것인지가 문제되는데, 개별 근로자에게 취업규칙 변경의 효력이 발생하지 않습니다(대법 91다38174). 하지만 변경(동의절차없이 변경된 취업규칙) 이후 신규로 입사한 근로자에게는 변경된 취업규칙의 효력이 인정됨을 알아 두어야 합니다(대법 91다45156 등).

※ 취업규칙의 불이익변경인지 여부에 관한 판례 및 행정해석

㉠ 불이익변경으로 본 경우

ⓐ 퇴직금 지급률의 변화에 따라 그와 대가관계나 연계성이 있는 기초임금이 변동하는 경우(대법 96다1726, 대법 99다9370).

ⓑ 직제 변경으로 인해 전체적으로 근로자의 직급이 하향 조정되어 임금 등 기존의 근로 조건이 직접적으로 저하되는 등과 같이 실질적으로 인사·급여 규정 등 취업규칙을 불이익하게 변경하는 것과 같은 것으로 볼 수 있는 경우(근로조건지도과-1153, 2008.04.29.).

ⓒ 취업규칙으로 볼 수 있는 「인사규정(또는 직급규정)」을 개정하여 일정 직위(예 : 소속장급)를 담당할 수 있는 직무등급(A1, A2, B1, B2)에 그보다 연봉액이 낮은 새로운 등급(Ba)을 추가하여 기존의 직무등급에 소속된 근로자를 신설된 등급으로 배치할 수 있도록 정하고, 실제로도 특정한 근로자가 회사측이 정한 일정한 사유(업적부진, 능력부족 등)에 해당한다는 이유만으로 구체적인 징계절차 등이 없이 해당 신설 직무등급으로 발령하여 결과적으로 임금이 삭감된 경우(근로기준팀-750, 2006.02.16.).

ⓓ 근로자의 정년울 단축하는 경우(대법 94다30638), 단축된 정년을 신규 입사자에 대해서만 적용하는 경과규정을 삭제하여 기존 근로자의 정년이 단축되는 결과를 가져온 경우(대법 93다46841), 근로기준팀-194, 2006.01.10.).

ⓔ 일반정년제를 정하여 시행하고 있는 사업장에서 직급정년제를 추가로 도입하는 경우(근기 68207-1571, 2001.05.16.).

ⓕ 사용자가 일방적으로 취업규칙에 해당한다고 볼 수 있는 내규에 규정된 관리사무소장의 근무가능 상한 연령을 65세에서 63세로 저하시키는 경우(근로기준과

-4310, 2004.08.17.).

ⓖ 직종별 근무형태를 새로이 정하여 통상근무를 하여 온 특정 직종 근로자를 교대제근무자로 변경하는 경우(근기 68207-935, 2003.07.23.).

ⓗ 개인업적 평가에 따른 상여금 차등지급(PLUS-SUM방식)으로 변경하는 경우(근기 68207-2775, 2002.08.20.).

㉡ 불이익변경으로 보지 않은 경우

ⓐ 포괄적·추상적으로 규정되어 있던 개정 전 인사규정의 징계사유와 징계종류를 세목화하여 상세히 규정한 경우(대법 98두6647, 1999.06.22.).

ⓑ 정년을 55세에서 58세로 3년 연장하되, 연장된 기간 중 임금을 정년 당시의 70% 수준으로 지급하는 것과 같이 정년이 연장된 기간에 한하여 임금수준을 종전보다 저하시키는 경우(근기 68207-2163, 2002.06.08.).

ⓒ 취업규칙의 하나인 인사규정 중 해직사유 및 임용자격제한사유에 관한 보완 및 변경이 사회통례상 합리성이 있다고 인정되는 경우(대법 87다카2853, 1988.05.10.).

ⓓ 누진제 퇴직금 지급규정이 비누진제로 변경되었으나, 동 취업규칙 변경에 임금인상, 근로시간의 단축 등 근로자에게 유리한 부분도 포함되어 있는 경우(대법 84다카414, 1984.11.13.).

ⓔ 사용자가 경영상의 이유 등으로 법정근로시간을 초과하는 연장근로를 축소 또는 폐지하는 경우(근기68207-286, 2003.03.13.).

ⓕ 교대제 근로형태를 3조 3교대제에서 4조 3교대제로 변경하는 경우, 실근로시간의 단축으로 연장근로가 줄게 되어 기존 3조 3교대제하에서 지급받던 연장근로수당이 감소하게 되나, 소정근로시간이 단축되고, 소정의 근로에 대한 기존의 임금은 감소되지 않는 경우(근기 68207-1732, 1994.11.04.).

라. 불이익변경에 사회적 합리성이 있는 경우

취업규칙의 불이익 변경시 근로자 과반수의 집단적 동의를 받도록 한 것은 사용자의 일방적인 변경을 방지하고 근로자의 기득권을 보호하려는 것이지만 실제에 있어서는 경영악화 등 여러 가지 사정상 취업규칙의 변경이 반드시 필요하고 그 내용도 합리적임이 인정되는데도 근로자 과반수의 동의를 받지 못하여 사용자의 경영권이 과도하게 침해되고 기업경영에 장애가 되는 경우가 있을 수 있습니다.

이러한 경영상의 문제점을 고려하여 판례는 취업규칙의 불이익변경에 해당하더라도 그 변경에 "사회통념상 합리성"이 인정되는 경우에는 근로자 과반수의 동의가 없다고 하더라도 취업규칙 변경의 효력이 인정된다고 하면서 사회통념상 합리성의 유무는 ① 취업규칙의 변경에 의하여 근로자가 입게 되는 불이익의 정도, ② 사용자측의 변경 필요성의 내용과 정도, ③ 변경 후의 취업규칙 내용의 상당성, ④ 대상조치 등을 포함한 다른 근로조건의 개선상황, ⑤ 노동조합 등과의 교섭 경위 및 노동조합이나 다른 근로자의 대응, ⑥ 동종 사항에 관한 국내의 일반적인 상황 등을 종합적으로 고려하여 판단하여야 할 것이라고 판시하고 있습니다(대법 99다70846, 2001.01.05.).

대법원은 초기에는 사회통념상 합리성이 인정되면 불이익변경이 아니라는 취지로 판시하였으나(대법 78다1046, 대법 87다카2853 등), 현재에는 근로자에게 불이익하게 변경된 취업규칙은 원칙적으로 근로자의 동의를 요하지만 사회통념상 합리성이 인정되는 범위 내에서 근로자의 동의 없이도 그 취업규칙의 변경이 유효하다는 취지로 판시하고 있습니다.

사용자가 근로자 과반수의 동의를 받기 위하여 최선의 노력을 하였으나 이해관계의 충돌로 근로자 과반수의 동의를 받지 못하였거나 동의를 받는 것이 어려운 사정이 있는 경우 등을 사용자가 입증한다면 취업규칙 변경의 효력을 인정하고 동의규정 위반에 관한 벌칙규정(법 제114조제1호)을 적용하지 아니한다는 것입니다.

※ 사회통념상 합리성에 관한 판례

㉠ 정년제의 신설

종전에 없었던 55세 정년 규정을 새로 신설한 경우 '정년을 위와 같이 만55세까지로 정한 것이 사회의 일반 통례에서 벗어난 불합리한 제도라고 볼 수 없는 것이므로, 위 정년제의 신설이 근로자의 기존 근로조건상의 기득권을 침해하는 근로조건 변경이라고 단정할 수는 없다'(대법 78다1046)는 판례가 있으나, 이미 55세에

달한 근로자가 다수 있다는 점, 동종의 업계(운수회사)에 비추어 볼 때 55세 정년이 통례가 아닌 점 등을 이유로 불이익변경이라 할 것이고 따라서 근로자의 과반수의 동의가 없으므로 무효라고 본 판례도 있습니다(대법 96다2507).

㉡ 면직사유 등의 신설

취업규칙 인사규정 중 해직사유인 '금고 이상의 형의 집행을 받게 되었을 때'에 '금고 이상의 형의 선고유예를 받고 그 선고유예기간 중에 있는 자'를 추가하여 변경·규정한 것은 공익법인의 목적을 수행함에 있어서 미비된 규정을 단지 정비·보완하였음에 불과하여 사회통념상 합리성이 인정된다고 판시하였습니다(대법 87다카2853).

이에 반해 '무계출 또는 부득이한 사유가 없는 결근이 7일을 초과한 경우 자동퇴직한다'는 조항을 근로자 측의 동의도 없이 새로이 취업규칙에 규정하는 것은 사용자의 일방적인 사실인정만으로 자연면직이 된다는 것으로 불합리하고 근로자에게 불이익한 근로조건이므로, 사회통념상 합리성이 있는 것으로 보기 어렵다고 판시한 판례도 있습니다(대법 88다카4277).

㉢ 국영기업체의 운영개선을 위한 퇴직금급여액의 하향조정

정부투자기관 같은 사업장에서 퇴직금 등 취업규칙상 근로조건의 하향조정이 '정부의 재정압박', '일반공무원 급여수준과의 형평' 등을 이유로 한 정부의 조정방침에 따라 이루어졌다 하더라도 이러한 것이 근로자집단의 동의를 받지 않아도 될 만한 사회통념상의 합리성이 있다고 볼 수는 없다고 보는 것이 판례의 일반적인 입장입니다(대법 89다카24780, 92다32357, 92다49324, 93다1893, 92다45490, 94다25322 등).

이에 반해 연구원의 특별상여금 등을 퇴직금 산정 기준 급여에서 제외한 급여규정을 신설한 데 대하여, 퇴직금 지급 누진율이 지나치게 높아 특별상여금 등을 퇴직금 산정 기준 급여에서 제외하더라도 근로기준법에 의하여 산정된 퇴직금 액수를 훨씬 초과하며, 매년 기본급 인상 등의 대상조치가 있었던 점 등을 들어 위 규정의 신설에 있어 사회통념상 합리성이 있다고 본 판례도 있습니다(대법 2001다16722).

㉣ 근로조건의 통일을 위한 퇴직금규정의 변경

타 계열회사와 동일한 근로조건을 정하기 위하여 취업규칙을 근로자에게 불이익하게 변경한 경우에 퇴직금 산정의 기초임금의 범위에서 일부를 제외하더라도 근로기준법에 의하여 산정된 퇴직금 액수를 훨씬 초과하고 같은 계열회사들도 그와 동일한 보수규정을 두고 있다는 사정만으로는 그 개정에 근로자집단의 동의를 받지 않아도 될 만한 사회통념상의 합리성이 있다고 보기 어렵다고 판시한 판례가 있습니다(대법 99다45376).

하지만 회사합병이나 영업양도 등의 기업변동에 따라 종래 수 개의 사업장에서 달리 적용되고 있던 퇴직금 규정을 하나로 통일시키기 위해 근로자들의 동의 없이 그 중 일부 사업장 근로자들에게 불이익한 내용으로 변경한 사안에서, 그와 더불어 정년 연장(10년), 호봉조정을 통한 임금 인상, 퇴직금 산정의 기준임금 증가 등이 함께 이루어진 사정 등을 비추어 볼 때 사회통념상의 합리성이 있었다고 봄이 상당하다고 본 판례도 있습니다(대법 99다70846).

㉤ 경영위기 상황에서 직위 하향조정 변경

IMF 사태로 인해 고객인 중소기업들의 연쇄부도로 경영위기에 봉착한 은행에서 당초 부점장 경력자 중 정년에 임박한 직원에 한정하던 '후선배치인력 관리기준' 설정에 있어서 그 대상을 확대하여 일반직원 중 정년예정자도 실적 부진자 등과 함께 후선 배치한다는 내용을 담고 있어서 불이익한 변경이라고 하더라도, 제반 경영환경 등 업무상 필요성 및 그 정도, 당시 후선배치에 따라 근로자에게 급여삭감 등의 실질적 불이익은 없었던 점 등을 종합하면 사회통념상 합리성이 있었다고 봄이 상당하다고 판시하였습니다(서울고법 2005나109761).

마. 의견청취·동의의 주체

(1) 일부 근로자에게만 취업규칙 변경이 되는 경우

산업현장이 세분화·전문화됨에 따라 하나의 사업(장)에서도 직종이나 업무의 특수성 등 경영상 필요에 의하여 근로자를 집단별로 구분하여 근로조건을 달리하거나 별도의 취업규칙을 작성하는 예가 늘어나고 있는데, 만약 사용자가 노무관리가 별개로 이루어지고 있는 일정 근로자 집단만을 적용대상으로 하는 취업규칙 변경을 할 경우에도 법 제94조 법문 그대로 전체 근로자 과반수 대표 노동조합 내지 전체 근로자 과반수의 의견청취·동의를 받도록 한다면, 사실상 취업규칙의 변경에 이해관계가 없는 다수 근로자의 집단적 의사에 의하여 실질적으로 이해관계가 있는 소수 근로자(적용 대상이 되는 근로자집단)의 의사가 무시되거나 반영되지 못하는 불합리한 경우가 발생할 수도 있습니다.

따라서 ① 사업장 내 근로자가 여러 집단으로 구분되어, 근로자 집단별로 적용되는 근로조건이나 취업규칙이 달라 노무관리가 별개로 이루어지고 있고, ② 취업규칙 변경이 일정 근로자집단만을 대상으로 하고 있는 경우라면 사용자가 취업규칙을 변경함에 있어 전체 근로자가 아닌 "취업규칙 변경 대상이 되는 근로자집단"의 의견청취·동의를 받도록 하는 것이 취업규칙 변경에 있어 사용자의 자의적인 근로조건 변경을 막고 이해관계의 의견을 최대한 반영할 수 있도록 한 입법취지에 부합한다고 보여집니다.

※ 관련 판례 및 행정해석

ⓐ 취업규칙은 모든 근로자가 아닌 직종에 따른 일부 근로자를 대상으로 하여서도 작성될 수 있으므로 일부 근로자만을 규율하고 있는 사규 등도 취업규칙으로 볼 수 있다는 것이지, 취업규칙 변경시 이에 영향을 받지 않는 근로자집단까지 포함하여 모든 근로자의 의견청취·동의를 받아야 한다는 의미로 볼 수 없다(대법 91다30828).

ⓑ 하나의 사업 내에 정규직 근로자와 비정규직 근로자에게 각각 별도로 적용되는 취업규칙이 있다 하더라도 그 전체를 합한 것을 1개 취업규칙으로 볼 수 있으므로, 그 중 정규직 근로자에게만 적용되는 취업규칙을 변경한 경우라도 전체 근로자 과반수 이상의 동의를 받아야 한다는 기존의 행정해석(근기 68207-1276, 2003.10.27.)은 폐지되었고, 변경된 취업규칙이 과장급 직원에 대해서만 적용되고 과장급 직원이 노동조합에 가입할 수 없다면 동 노동조합이 과장급 근로자에 대해 대표권을 행사할 수 있는 지위에 있지 못하므로 노동조합이 아닌 불이익 변경을 적용받는 근로자의 과반수의 동의가 필요하고, 당해 노동조합의 의견을 청취하면 될

것으로 사료된다는 입장으로 행정해석이 변경되었다고 볼 수 있습니다(근로기준팀 -2022, 근기 68207-4087).

ⓒ 사원과 노무원으로 이원화된 퇴직금 규정이 불리하게 개정된 경우 압도적 다수인 노무원이 퇴직금 개정안에 동의하였다 하더라도 그 개정 취업규칙은 노무원에게만 효력이 있을 뿐 개정에 동의하지 않은 사원에게는 효력이 없다고 본 판례(대법 90다카19647)가 있는데, 이에 대하여 전체 근로자의 동의와 사원측 동의를 동시에 요구한 것으로 보아야 한다는 견해와 적용대상 근로자의 동의를 요구한 것으로 보아야 한다는 견해가 나뉘고 있습니다.

ⓓ 종전 취업규칙의 적용을 받던 근로자 과반수를 대표하는 노동조합의 동의를 얻었으면 적법·유효하다는 판례(대법 2007다85997)와, 근로자집단별로 근로조건을 달리 정하고 있는 경우 근로자 전원의 과반수가 아니라 그 취업규칙 중 변경되는 부분의 적용을 받던 근로자집단만을 기준으로 한 과반수의 동의를 받아야 한다는 판례(부산고법 2007나1319)도 있습니다.

(2) 당해 사업장이 산별노조에 가입되어 있는 경우

근로기준법 제94조에서 취업규칙의 의견청취·동의주체로 인정하고 있는 근로자 과반수 대표 노동조합은 기업별 단위노조이든 산업별 단위노조이든 관계없지만 설립신고 된 노동조합을 의미합니다. 따라서 지부·분회 등 설립신고 되지 않은 산하조직은 단위노조가 취업규칙 변경에 대한 권한을 산하조직에 위임하지 않은 이상 원칙적으로 취업규칙 변경시 의견청취·동의주체가 될 수 없습니다.

그러나 판례가 독자적인 규약 및 집행기관을 가지고 독립된 조직체로서 활동하는 지부에 대하여 독자적인 단체교섭권 및 단체협약권이 있음을 인정하고 있다는 점(대법 2000도4299) 및 당해 사업장의 사정을 가장 잘 아는 지부·분회가 취업규칙 변경시 의견청취·동의 주체가 되는 것이 타당하다는 점을 고려할 때, 해당 사업장의 지부나 분회가 설립신고가 되어 있지 않거나 단위노조로부터 취업규칙 변경에 관한 권한을 위임받지 못하였더라도 독자적인 규약과 집행기관을 가지고 독립된 조직체로서 활동을 하고 있다면 위 지부·분회를 취업규칙 변경시 의견청취·동의 주체로 인정할 수 있을 것입니다.

※ 관련 판례 및 행정해석

ⓐ 지부가 독자적인 규약 및 집행기관을 가지고 독립된 조직체로서 활동을 하는 경우 당해 조직이나 그 조합원에 고유한 사항에 대하여는 독자적으로 단체교섭하고 단체협약을 체결할 수 있고 이는 노조법 시행령 제7조에 따라 설립신고를 하였는지 여부에 영향을 받지 않는다(대법 2000도4299).

ⓑ 산별노조의 분회가 운영규정과 집행기관을 가지는 등 독자성이 인정되는 경우라면 본조의 별도 위임절차 없이 사용자와 교섭하고 협약을 체결할 수 있을 것이며, 이렇게 체결된 단체협약이 기존 근로조건보다 불리하게 변경되었다 하여 그 효력을 부인할 수는 없다(노사관계법제과-1201, 2008.11.25.).

6. 단체협약과 취업규칙, 근로계약 등과의 관계

가. 취업규칙과 근로계약과의 관계

근로기준법 제93조 소정의 기준에는 채용에 관한 기준(입사 전의 경력에 대응한 등급 부여를 정하고 있는 인사규정은 사용자가 부여할 등급에 속할 근로자를 채용함에 있어 입사 전의 경력으로 어느 정도를 요구한다는 취지의 채용에 관한 기준)은 포함되지 아니한다(대법 92다1995, 1992.08.14.)고 하여 근로계약에 관한 부분과 취업규칙에 관한 부분을 구분함과 동시에 근로기준법 제97조는 '취업규칙에 정한 기준에 미달하는 근로조건을 정한 근로계약은 그 부분에 관하여 무효로 하고, 이 경우에 있어서 무효로 된 부분은 취업규칙이 정한 기준에 의한다.'고 규정하고 있어 취업규칙이 근로계약보다 상위규범적 성격을 갖는다는 점을 법에서 확인하고 있습니다.

나. 취업규칙과 단체협약과의 관계

근로기준법 제96조는 취업규칙은 단체협약과 어긋나서는 아니되고 고용노동부장관은 단체협약에 어긋나는 취업규칙에 대하여 변경을 명할 수 있다고 규정하고 있어 단체협약이 취업규칙보다 상위규범적 성격을 갖고 있음을 명시하고 있습니다.

하지만 취업규칙과 단체협약은 상호보완적 성격을 갖기 때문에 단체협약에 규정이 없거나 단체협약에 반하지 않는 새로운 규정을 둘 수 있을 뿐만 아니라 동 규정을 근거로 단체협약에 우선하여 적용할 수도 있습니다(대법 92다48697 참조).

다. 취업규칙과 기타 법령과의 관계

근로기준법 제96조는 취업규칙은 법령에 어긋나서는 아니되고 고용노동부장관은 법령에 어긋나는 취업규칙에 대하여 변경을 명할 수 있다고 규정하고 있습니다. 모든 노동관계법에는 '유리한 조건 우선의 원칙'이 적용되므로 법령에 비하여 취업규칙이 유리한 경우에는 취업규칙의 규정이 우선 적용됩니다(90다카15939 참조).

Q **[4인이하 사업장의 취업규칙에 근로기준법 제97조 적용가능여부]**

4인 이하 사업장에서 취업규칙을 작성하여 적용하고 있는데요, 취업규칙의 유리한 규정을 근거로 근로계약서상의 불리한 규정을 무효라고 주장할 수 있나요?

A **상시 4인 이하의 근로자를 사용하는 사업장은 동법 제9장의 취업규칙에 관한 규정이 적용되지 않으므로, 동법 97조를 적용하여 근로계약서상의 불리한 조건을 무효화시킬 수는 없습니다[행정해석].**

상시 4인 이하 사업장의 사업주가 취업규칙을 작성하여 적용하고 있는 경우 근로계약의 내용이 취업규칙에서 정하는 기준보다 하회한다면 근로자는 유리한 취업규칙상의 근로조건을 이유로 이미 체결한 근로계약의 내용을 무효라고 주장할 수 있는지의 문제로, 상시 4인 이하의 근로자를 사용하는 사업(장)은 동법 제9장의 취업규칙에 관한 규정이 적용되지 않으므로 사용자가 임의로 취업규칙을 작성·적용하더라도 동법 제97조의 효력을 인정하기는 어렵다는 것이 행정해석의 입장입니다(근로기준팀-2046, 2005.12.28.).

근로기준법 제97조 【위반의 효력】 취업규칙에서 정한 기준에 미달하는 근로조건을 정한 근로계약은 그 부분에 관하여는 무효로 한다. 이 경우 무효로 된 부분은 취업규칙에 정한 기준에 따른다.

Q [취업규칙 불이익변경시 동의주체인 근로자의 범위]

취업규칙을 불이익하게 변경하는 경우 근로자 과반수(근로자과반수로 조직된 노동조합)의 동의를 받아야 하는데, 이 경우 근로자의 범위는?

A **[판례와 다수학설]은 사용자성을 갖는 관리감독의 지위에 있는 자도 불이익변경의 동의주체인 근로자의 범위에 포함된다는 입장이고, [행정해석]은 제외된다는 입장으로 견해차이가 있습니다.**

① 사례의 쟁점 : 이 사안은 취업규칙 불이익변경시 동의주체인 근로자의 범위에 '사용자성을 갖는 관리감독의 지위에 있는 자'도 포함되는지, 아니면 제외되는지가 쟁점입니다.

② 판례와 다수학설 : 취업규칙을 불이익하게 변경하려면 종전 취업규칙의 적용을 받고 있던 근로자 집단의 집단적 의사결정방법(회의방식)에 의한 과반수의 동의를 요하는데, 여기서 말하는 근로자 과반수라 함은 기존 취업규칙의 적용을 받는 근로자 집단의 과반수를 뜻하고, 근로자 과반수로 조직된 노동조합이란 기존 취업규칙의 적용을 받고 있던 근로자 중 조합원 자격유무를 불문한 전체 근로자의 과반수로 조직된 노동조합을 의미한다고 하여 '사용자성을 갖는 관리감독의 지위에 있는 자'도 근로자의 범위에 포함된다는 입장입니다(대법 2009다49377, 2009.11.12.).

③ 행정해석 : 근로자의 과반수란 근로기준법 제2조제1항제1호의 근로자에 해당하는 자 중에서 동법 제2조제1항제2호의 사용자에 해당하는 자를 제외한 자의 과반수를 의미한다고 하여 '사용자성을 갖는 관리감독의 지위에 있는 자'는 근로자의 범위에서 제외된다는 입장입니다(근로기준과-6634, 2004.12.10.).

④ **행정해석의 문제점 및 결론** : '사용자성을 갖는 관리감독의 지위에 있는 자'는 임원의 정년단축 등 직접적인 이해관계에 있는 근로조건의 불이익변경에 대한 동의주체에서 제외되는 불합리한 결과가 초래되는 점, 관리감독직을 제외하면 전체 근로자 과반수에 미치지 못하는 노동조합이 동의주체가 될 수 있는 문제점이 내재되어 있는 점, 관리감독직을 제외하면 전체 근로자의 과반수에 미치지 못하는 근로자의 동의만 받고도 불이익변경이 가능해질 수도 있다는 점 등의 문제점을 감안하면, 취업규칙 불이익변경 동의주체는 종전 취업규칙의 적용을 받고 있던 근로자 중 정규직, 비정규직, 직종, 직위, 직급, 조합원 자격유무를 불문하고 근로자의 범위에 포함되어야 한다고 판단됩니다.

Q 상시 10인 미만 사업장에 취업규칙이 있는 경우 불이익변경시 동의를 받아야 하는지? 법 제97조가 적용되는지요?

저희 회사는 10인 미만 사업장인데도 취업규칙이 있습니다. 취업규칙을 변경하려면 근로자들의 동의를 받아야 하는지요? 그리고 법 제97조가 적용되는지요?

A 취업규칙의 불이익변경시 근로기준법 제94조의 규정에 의한 근로자의 동의를 얻어야 효력이 있고, 법 제97조는 5인 이상 사업장에만 적용된다고 해석됩니다.

10인 미만의 사업장의 취업규칙에 관한 종전 행정해석은 ㉠ "6명의 근로자를 사용하고 있는 경우 … 취업규칙을 작성하고 동 취업규칙으로 근로조건의 전부 또는 일부를 규율하고 있다면 근로조건의 저하를 초래하는 취업규칙의 불이익변경을 위해서는 근로자의 동의를 얻어야 하는 바 …"(근기 68207-1980, 2001.06.19.) ㉡ "상시 10인 미만의 사용자는 취업규칙의 작성·신고의무가 없으나 실제로 취업규칙을 통하여 근로조건의 전부 또는 일부를 규율하고 있고, 그와 같이 취업규칙을 통해 근로조건을 정하는데 대하여 노사당사자가 합의하였다면 그 취업규칙의 내용은 근로계약의 내용으로 되며, … 불이익변경시 근로자과반수의 동의를 얻은 경우 당해 사업장의 전체 근로자에게 효력이 있는 것임"(근기 68207-1495, 2003.11.08.)

이라는 입장이었으나, 변경 후의 행정해석(근로기준팀-2046, 2005.12.28.)은 "상시 10인 미만의 근로자를 사용하는 사용자는 취업규칙의 작성·신고의무가 없으나 실제로 취업규칙을 통하여 근로조건의 전부 또는 일부를 규율하고 있다면, 근로조건의 저하를 초래하는 취업규칙의 불이익변경시 근로기준법 제94조의 규정에 의한 근로자의 동의를 얻어야 효력이 있는 것임. 다만, 상시 4인 이하의 근로자를 사용하는 사업(장)은 동법 제9장의 취업규칙에 관한 규정이 적용되지 않으므로 사용자가 임의로 취업규칙을 작성·운영하더라도 동법 제97조의 효력을 인정하기 어렵다고 사료됨."이라는 입장으로 변경되었습니다.

이 변경된 행정해석을 살펴보면, 우선 5인이상 사업장과 5인미만 사업장으로 구분하여 5인 미만 사업장은 동법 제9장의 취업규칙에 관한 규정 자체가 적용배제되므로 동법 제97조(취업규칙에 정한 기준에 미달하는 근로조건을 정한 근로계약은 그 부분에 관하여 무효로 하고, 이 경우에 있어서 무효로 된 부분은 취업규칙이 정한 기준에 의한다)는 적용되지 않는다고 보았습니다.

하지만 취업규칙의 불이익변경시 근로자의 동의를 얻어야 효력이 발생한다는 것은 10인 미만 사업장에도 그대로 적용된다고 보고 있는 것으로 판단됩니다.

Q 10인 이상 사업장인데도 취업규칙을 작성하여 고용노동부에 신고하지 않으면 어떻게 되나요?

저희 회사는 근로자수가 약 15명 정도 되는데요, 아직 취업규칙이 없습니다. 10인 이상 사업장은 취업규칙을 작성하여 노동부에 신고해야 한다고 알고 있는데요, 만약 10인 이상 사업장임에도 취업규칙을 노동부에 신고하지 않으면 어떻게 되나요? 형사처벌을 받나요?

A 10인 이상 사업장임에도 고용노동부에 취업규칙을 신고하지 않으면 과태료처분을 받을 수 있습니다.

근로기준법 제93조는 상시 10명 이상의 근로자를 사용하는 사용자는 취업규칙을 작성하여 고용노동부장관에게 신고하여야 한다고 규정하고 있어 사용자에게 취업규칙 작성·신고의무를 부과하고 있는데, 이를 위반한 경우 500만원 이하의 과태료처분을 받을 수 있습니다(동법 116조제2호).

참고로, 과태료처분은 행정처분으로 벌금형인 형벌과는 차이가 있음을 알아두시기 바랍니다. 예를 들어 근로계약서를 서면으로 작성하지 않은 경우에는 500만원 이하의 벌금형이지만 취업규칙을 작성하여 신고하지 않은 경우에는 500만원이하의 과태료처분입니다.

Q 취업규칙 등에 "질병이나 부상외의 사유로 인한 지각·조퇴 및 외출은 누계 8시간을 연가 1일로 계산한다"라는 규정을 두는 것은 근로기준법에 위반되는 것 아닌가요?

취업규칙에 '지각, 조퇴, 외출을 몇회 이상하면 결근 1일로 취급한다'는 규정은 법위반이라고 알고 있는데요, '질병이나 부상외의 사유로 인한 지각·조퇴 및 외출은 누계 8시간을 연가 1일로 계산한다'라는 규정 또한 법위반 아닌가요?

A 취업규칙에 '질병이나 부상외의 사유로 인한 지각·조퇴 및 외출은 누계 8시간을 연차 1일로 계산한다'라는 규정을 두는 것은 근로기준법에 위반되는 규정은 아닙니다.

① **쟁점** : 이 사안은 지각, 조퇴, 외출시간을 합한 시간이 8시간을 초과하는 경우 이 8시간에 대하여 연차휴가로 대체하는 것이 가능한지가 쟁점으로, 지각이나 조퇴가 몇회 이상이면 1일 결근으로 본다는 규정은 주휴일과 연차휴가출근율에 영향을 미치므로 법취지에 반한다고 하는데, 이 사안에는 적용되지 않는지도 쟁점으로 보입니다.

② **지각, 조퇴, 외출에 대한 원칙적 업무처리방법** : 근로자가 지각을 하거나 조퇴, 외출을 하는 경우 무노동무임금의 원칙상 해당 시간에 대한 임금을 공제하는 것이 원칙적인 업무처리방법입니다. 하지만 지나친 원칙적인 업무처리는 직원들의 불만을 야기시킬 수 있으므로 이런 경우 취업규칙 등에 연차로 대체한다고 규정하는 것은 현명한 업무처리방식이라 판단됩니다.

③ **관련행정해석** : 지각·조퇴·외출 등의 사유로 소정근로일의 근로시간 전부를 근로하지 못하였다 하더라도 소정근로일을 단위로 그날에 출근하여 근로를 제공하였다면 이를 결근으로 처리할 수 없는 것이므로 단체협약·취업규칙 등에 지각, 조퇴, 외출을 몇회 이상하면 결근 1일로 취급한다고 규정하고, 일정횟수 이상의 지각·조퇴·외출시 결근 1일로 취급하여 주휴일, 연차유급휴가 등에 영향을 미치게 하는 것은 근로기준법 취지에 비추어 타당하지 않습니다.

다만 단체협약 또는 취업규칙 등에서 "질병이나 부상외의 사유로 인한 지각·조퇴 및 외출은 누계 8시간을 연가 1일로 계산한다"라는 규정을 두는 것은 당해 사업장 근로자의 인사·복무관리 차원에서의 노사간 특약으로 볼 수 있으며, 해당자가 부여받을 수 있는 연가일수에서 공제하는 것이므로 근로기준법에 위반된다고 볼 수 없습니다(근기 68207-157, 2000.01.22.).

④ **'결근'처리와 '연가'처리의 비교** : '결근'처리는 해당 시간에 대하여 임금을 공제한다는 것이고, 연가처리는 해당 시간에 대하여 연차휴가라는 제도를 활용하게끔 배려하는 것으로, 그 업무처리의 운영방식에서 큰 차이가 있을 뿐만 아니라 결근처리는 주휴일이나 연차휴가출근율에까지 부정적인 영향을 미치게 하지만 연가처리는 기존의 권리(제도)를 활용하게 하는 긍정적인 영향을 미친다는 점에서 큰 차이가 있습니다.

⑤ **결론** : 취업규칙상의 "질병이나 부상외의 사유로 인한 지각·조퇴 및 외출은 누계 8시간을 연가 1일로 계산한다"라는 규정은 법위반의 문제가 없을 뿐만 아니라 근로자들의 불만까지 해소할 수 있는 현명한 업무처리의 운영방법이라 할 수 있습니다.

Q 취업규칙에 퇴근후 1시간(휴게시간)을 근로시간으로 인정한다는 규정이 있다면 퇴근후 1시간에 대하여도 연장근로수당을 줘야 하나요?

휴게시간이 근로시간으로 인정되면서 1일 근무시간은 휴게시간을 포함하여 8시간을 근무하는 경우, 예전 퇴근시간(18:00)보다 퇴근시간(17:00)이 1시간 빨라졌을 때 연장근로수당 산정을 17:00부터 하는 것이 맞는지요, 아니면 18:00부터 하는 것이 맞는지요?

A **연장근로수당은 취업규칙상의 규정과는 상관없이 실근로시간이 1일 8시간, 1주 40시간을 초과하는 시간에 대하여 산정하는 것이 맞습니다.**

① **쟁점** : 이 사안은 휴게시간을 근로시간으로 인정한다는 취업규칙상의 규정이 있는 경우 그 휴게시간에 대하여도 연장근로수당을 지급해야 하는지, 만약 1일 8시간, 1주 40시간을 초과하는 경우 그 휴게시간에 대하여 연장수당을 지급하지 않아도 법위반은 아닌지가 쟁점입니다.

② **관련행정해석** : 취업규칙 등에 휴게시간을 근로시간으로 인정하는 경우에는 근로시간에 포함될 수는 있으나, 근로기준법상 연장근로라 함은 같은 법 제50조의 규정에 의한 법정근로시간(1일 8시간, 1주 40시간)을 초과하는 시간을 말하며, 근로시간은 휴게시간을 제한 실근로시간을 의미하므로 취업규칙 등에 단순히 휴게시간을 근로시간으로 인정한다고 규정한 것만으로는 같은 법 제56조에 의한 연장근로수당 산정기초가 되는 기준근로시간에 휴게시간이 포함된다고 할 수는 없을 것입니다(근로개선정책과-2215, 2013.04.09.).

③ **같은 취지의 행정해석** : 주중에 법정 공휴일이 있어 1일 휴무를 하였고 그 주 토요일에 근무를 한 경우 1주간의 실근로시간이 40시간을 초과하지 않는다면 휴무일인 토요일에 근무한 시간에 대하여 연장근로수당을 지급할 법적 의무가 있는 것은 아니라는 행정해석이 있습니다. 즉 근로기준법 제56조의 연장근로수당은 실근로시간이 1일 8시간, 1주 40시간을 초과하는 경우에만 지급되는 것이기 때문으로, 휴게시간을 근로시간으로 인정했다하더라도 실근로시간은 아니므로 연장근로수당의 지급대상시간에 해당하지 않는다는 것입니다.

④ **결론** : 근로기준법 제56조의 연장근로수당은 실제로 근무한 시간이 1일 8시간, 1주 40시간을 초과하는 경우에만 지급되는 것으로, 휴게시간이나 법정 공휴일(유급휴일)과 같이 유급인지, 무급인지와는 상관없이 실제로 근무한 시간을 기준으로 적용하는 것이므로, 휴게시간을 근로시간으로 인정하는 취업규칙상의 규정이 있더라도 동법 제56조의 연장근로수당의 지급대상은 아닙니다.

Q 취업규칙이 근로자들의 동의없이 불이익하게 변경된 경우 불이익하게 변경된 조항은 기존 근로자들에게도 적용되는 건가요? 그리고 신규입사자에게는 적용되는 건가요?

근로자들이 대부분 여름휴가를 간 사이에 회사측에서 취업규칙을 개정했다고 합니다. 이렇게 불이익하게 개정된 취업규칙이 저희들에게도 그대로 적용되는 건가요? 그리고 신규입사자들에게도 그대로 적용되는 것인지요?

A 기존근로자들에게는 적용되지 않고 신규근로자에게는 불이익하게 개정된 조항이 적용됩니다.

취업규칙의 작성·변경에 관한 권한은 원칙적으로 사용자에게 있으므로 사용자는 그 의사에 따라 취업규칙을 작성·변경할 수 있으나, 다만 그것이 근로조건을 근로자에게 불이익하게 변경하는 것일 때에는 종전 근로조건 또는 취업규칙 적용을 받고 있던 근로자의 집단적 의사결정방법에 의한 동의를 요하고, 이러한 집단적 의사결정방법에 의한 동의를 얻지 못한 취업규칙의 변경은 사회통념상 합리성이 있다고 인정될 만한 것이 아닌 한 효력이 없습니다(대법 93다14493).

사용자가 취업규칙에서 정한 근로조건을 근로자에게 불리하게 변경함에 있어서 근로자의 동의를 얻지 않은 경우에 그 변경으로 기득이익이 침해되는 기존의 근로자에 대한 관계에서는 변경의 효력이 미치지 않게 되어 종전 취업규칙의 효력이 그대로 유지되지만, 변경 후에 변경된 취업규칙에 따른 근로조건을 수용하고 근로관계를 갖게 된 근로자에 대한 근로관계에서는 당연히 변경된 취업규칙이 적용되어야 하고, 기득이익의 침해라는 효력배제 사유가 없는 변경 후의 취업 근로자에 대해서까지 변경의 효력을 부인하여 종전 취업규칙이 적용되어야 한다고 볼 근거가 없다고 할 것입니다(대법 91다45165, 대법 94다30638).

또한 사용자가 근로자에게 불리하게 취업규칙을 변경함에 있어 근로자의 집단적 의사결정방법에 의한 동의를 얻지 아니하였다고 하더라도 취업규칙의 작성·변경권이 사용자에게 있는 이상 현행의 법규적 효력을 가진 취업규칙은 변경된 취업규칙이고 다만, 기득이익이 침해되는 기존 근로자에 대하여는 종전의 취업규칙이 적용된다는 판례(대법 95다32631)와 취업규칙이 근로자의 동의없이 불이익하게 변경된 경우, 그 변경 후에 입사한 근로자는 변경된 취업규칙이 적용된다는 판례(대법 96다3241)가 있습니다.

※ 불이익 변경에 해당하는 경우

① 임금피크제를 도입한 경우(근기 68207-890, 2003.07.16.)

② 정년제도를 개정하여 정년을 단축한 경우(근기 01254-1434, 1993.07.01.)

- 경과규정을 두어 단축된 정년을 신규입사자에게만 적용하는 경우는 불이익 변경에 해당하지 않음.

③ 무기계약을 기간의 정함이 있는 계약으로 변경한 경우(근로기준과-5027, 2004.09.20.)

④ 회사의 인사규정을 개정하여 같은 직위를 담당할 수 있는 직무등급을 신설하되 신설된 직무등급에 대하여는 종전의 직무등급 중 연봉액이 가장 낮은 직무등급보다 더 낮은 연봉액을 책정하고, 회사측이 정한 일정한 사유(업적부진, 능력부족 등)에 해당한다고 판단된 특정한 근로자에 대하여 구체적인 징계절차 등이 없이 해당 신설 직무등급으로 발령하여 결과적으로 직급 강등 및 임금 삭감(약 14%)이 된 경우(근로기준팀-750, 2006.02.16.)

⑤ 통상근무를 교대제 근무로 변경하는 경우(근기 68207-935, 2003.07.23.)

Q 근로자의 과반수로 조직된 노동조합이 있는 경우 취업규칙의 변경 시 노동조합위원장의 의견 또는 동의를 받으면 되나요? 조합원 과반수의 의견·동의를 받아야 하는 건가요?

저희 회사는 근로자과반수로 조직된 노동조합이 있는데요, 취업규칙을 불이익하게 변경하는 경우 조합장의 동의를 받으면 되는 건가요? 아니면 조합원 과반수의 동의를 얻어야 하는 건가요?

A **노동조합위원장의 동의만 받으면 됩니다.**

근로자 과반수로 조직된 노동조합이 있는 회사에서 취업규칙을 근로자에게 불리하게 개정하는 경우에는 그에 대한 노동조합의 동의를 얻어야 하고, 이 경우 노동조합의 동의는 법령이나 단체협약 또는 노동조합의 규약 등에 의하여 조합장(위원장)의 대표권이 제한되었다고 볼만한 특별한 사정이 없는 한 조합장(위원장)이 노동조합을 대표하여 동의하면 되는 것이지 노동조합 소속 근로자의 과반수의 동의를 추가로 또는 별도로 얻어야 하는 것은 아닙니다(대법 2002다65097).

Q **복수노조가 있는 경우 누구의 동의를 받아야 하나요?**

저희 회사는 이번에 취업규칙을 변경하려고 하는데요, 노조가 2개 있는데 2개의 노조 모두에게 동의를 받아야 하는 것인가요?

A **전체근로자의 과반수로 조직된 노조의 의견 또는 동의를 받으면 됩니다.**

복수의 노조와 임금 등 근로조건에 관하여 단체협약을 체결하고 있다하더라도 전체 근로자에게 적용되는 취업규칙이 있는 경우, 동 취업규칙 변경시에는 그 중 전체근로자의 과반수로 조직된 노동조합이 있다면 동 노조의 의견을 듣거나 동의를 얻으면 될 것입니다(근기 68207-1276, 2003.10.27.).

Q **노동조합 또는 근로자과반수의 의견을 받지 아니한 경우 그 취업규칙은 무효인가요?**

저희 회사는 근로자과반수로 조직된 노동조합이 있는데요, 회사에서 취업규칙을 변경하면서 노동조합의 의견청취절차를 거치지 않았습니다. 이럴 경우 그 취업규칙은 무효아닌가요?

A **불이익변경이 아닌 한 의견청취절차를 거치지 않았다고 하여 당연무효가 되는 것은 아닙니다.**

근로기준법 제94조제1항의 규정에 의하면 사용자는 취업규칙의 작성 또는 변경에 관하여 당해 사업장에 근로자의 과반수로 조직된 노동조합이 있는 경우에는 그 노동조합, 근로자의 과반수로 조직된 노동조합이 없는 경우에는 근로자의 과반수의 의견을 들어야 한다고 되어 있는 바, 이는 근로자의 의견을 존중하여 취업규칙의 작성 또는 변경에 이를 반영시키기 위한 것으로서 위 의견청취 절차규정 자체는 훈시규정에 불과하고 효력규정이 아니므로 이를 거치지 않았다고 하여 그 취업규칙이 무효로 되지는 않습니다.

그러나 그 취업규칙의 작성 또는 변경이 근로자가 가지고 있는 기득의 권리나 이익을 박탈하여 불이익한 근로조건을 부과하는 내용일 때에는 종전 근로조건 또는 취업규칙의 적용을 받고 있던 근로자집단의 집단의사결정방법에 의한 동의를 요하고 이러한 동의가 없이 작성, 변경된 취업규칙은 무효라고 보아야 할 것입니다. 다만, 근로조건의 변경이 근로자의 동의를 받지 않아도 사회통례상 합리성이 있다고 인정될 만한 것일 때에는 위와 같은 근로자의 동의가 없어도 그 변경은 유효하다고 보는 것이 타당하다 할 것입니다(대법 78다1046, 대법 88다카4277).

Q **취업규칙 불이익변경시 근로자 대표의 동의를 받으면 효력이 있다고 볼 수 있나요?**

저희 회사는 노조가 없어요. 취업규칙을 불이익하게 변경하려면 근로자과반수의 동의를 받아야 하는 것으로 아는데요, 대신 근로자 대표의 동의만 받아도 되는지요?

A **근로자 대표의 동의만으로는 불이익변경절차를 이행했다고 볼 수 없습니다.**

취업규칙을 불이익하게 변경하는 경우에는 당해 사업 또는 사업장에 근로자의 과반수로 조직된 노동조합이 있을 경우에는 그 노동조합, 근로자의 과반수로 조직된 노동조합이 없을 경우에는 근로자 과반수의 동의를 받아야 하며, 근로자대표의 동의만으로는 불이익변경의 절차를 이행한 것으로 볼 수 없다고 사료됩니다(근기 68207-1087, 2003.08.26.).

Q 연장근로의 축소, 1일 근무시간을 연장하면서 근무일수를 단축하는 경우 취업규칙의 불이익변경에 해당하나요?

저희 회사는 이번에 근무시간을 대대적으로 정비를 하는데요, 연장근로시간을 줄일 뿐만 아니라 1일 소정근로시간을 연장하면서 근무일수를 줄이는데, 이럴 경우 근로조건을 불이익하게 변경하는 것이 되는 건가요?

A 연장근로를 축소 또는 폐지하는 것과 1일 소정근로시간을 연장하면서 근무일수를 단축하는 것은 불이익한 변경으로 보기 어렵습니다.

사용자가 경영상의 이유 등으로 법정근로시간을 초과하는 연장근로를 축소 또는 폐지하는 것은 근로조건의 불이익변경에 해당하지 않으므로 그에 따른 취업규칙 변경시 근로기준법 제94조 단서에 의해 근로자의 집단적 동의를 얻을 필요가 없고 의견만 청취하면 될 것으로 사료되며, 사용자가 기왕에 실시하던 연장근로를 폐지하겠다는 의사표시를 분명히 하고 노무수령 거부 등 실제 연장근로를 시키지 않았다면 연장근로수당을 지급할 필요가 없다고 사료됩니다(근기 68207-286, 2003. 03.13.).

그리고 총 소정근로시간은 유지하면서 1일 소정근로시간을 20분 연장하여 7시간 20분으로 하면서 토요일을 휴무로 하는 것은 변경된 1일 근로시간이 법정근로시간 이내로서 변경폭이 크지 않고 근무일수를 축소하는 것이므로 다른 사정이 없는 한 근로자에게 불이익한 취업규칙 변경으로 보기는 어렵다고 사료되며, 따라서 근로기준법 제94조에 의한 의견청취로써 개정할 수 있을 것으로 사료됩니다(근기 68207-3019, 2002.10.07.).

Q 일부 근로자들의 휴가 중 취업규칙이 제정되었다면 불리한 규정의 시정을 요구할 수 있나요?

저희 회사는 취업규칙이 없었는데요, 일부 근로자들이 휴가간 사이에 취업규칙을 제정하여 일부 근로자들의 의견만 청취하여 노동부에 신고를 했더라구요, 이럴 때 취업규칙이 불리하더라도 그냥 따라야 하는 건가요?

A 다른 근로자들이나 사용자측을 상대로 그 시정을 요구할 수 있습니다(판례의 입장).

일부 근로자가 휴가 등으로 출근하지 아니한 상황에서 취업규칙이 제정되었다면 그 근로자는 이에 동의한 다른 근로자들에게 취업규칙의 내용과 동의과정을 물어 확인할 수 있다 할 것이고, 만약 그 취업규칙의 내용이 제대로 알려지지 않은 상태에서 근로자들에게 불리하게 작성되었을 경우에는 다른 근로자들이나 사용자측을 상대로 그 시정을 위해 노력하는 행위도 상당한 범위 내에서 허용된다 할 것입니다(서울행법 2002구합38245).

하지만 동 판례에서 제시한 '시정을 위해 노력하는 행위'를 어떻게 해석할 것인지에 대하여 재고해 볼 필요가 있다고 봅니다.

사실상 이미 제정된 취업규칙의 시정을 요구할 권리가 근로자들에게 있는지 의문이고, 더욱이 취업규칙의 법적 성질을 법규범설(수권설)로 보고 있는 판례가 이미 제정된 취업규칙의 시정을 요구하는 것이 상당한 범위내에서 허용된다고 보는 것은 문제의 여지가 있다고 봅니다.

실무적으로 근로자들이 취업규칙의 내용을 시정할 수 있는 실질적인 방법은 노동조합을 설립하여 취업규칙의 상위규범인 단체협약을 통하여 시정하는 것이 그나마 현실적인 방법이라 생각됩니다.

Q 고용노동부에 진정하여 그 결과 사용자의 명예를 훼손한 경우를 취업규칙상 징계사유로 규정할 수 있는지? 고용노동부에 진정한 것을 회사(사용자)의 명예를 훼손한 것으로 보아 징계할 수 있는지요?

저희 회사에서 이번에 취업규칙을 변경하려고 하는데요, 근로자가 근로기준법을 위반한 것을 이유로 사용자를 노동부에 진정하여 그 결과 회사(사용자)의 명예를 훼손한 경우 징계할 수 있다는 규정을 취업규칙에 규정했더라구요, 이게 가능한 건가요? 그리고 실제로 이를 이유로 징계할 수도 있는 건가요?

A 노동부에 진정하는 것을 이유로 징계할 수도 없고 취업규칙상에 징계사유로도 규정할 수 없습니다.

근로자가 사용자측의 근로기준법 위반행위로 인하여 그 권리를 침해받을 때 이를 시정하기 위해 감독기관(고용노동부, 노동위원회)에 진정하는 것은 근로자의 정당한 권한행사라고 할 것이고 그 결과 사용자의 명예가 손상된다고 하더라도 이를 징계사유로 삼을 수 없다 할 것입니다(서울행법 2002구합38245).

근로기준법 제104조제1항은 '근로자는 사업장에서 동법을 위반한 사실이 있으면 그 사실을 고용노동부장관이나 근로감독관에게 통보할 수 있다'라고 규정하고 있고, 제2항은 이를 이유로 근로자에게 해고나 그 밖에 불리한 처우를 하지 못한다고 규정하고 있으며, 이를 위반할 경우 2년 이하의 징역 또는 1천만 원 이하의 벌금에 처한다(동법 제110조)고 규정하고 있습니다.

따라서 근로자가 정당한 권한행사를 하는 것을 이유로 취업규칙상에 징계사유로 규정하는 것은 법령에 근거한 정당한 권한행사를 저해하는 것으로, 특히 노동관계법은 대부분의 조항이 강행규정이므로 취업규칙상의 해당 징계규정은 무효라고 할 것입니다.

Q 취업규칙의 불이익한 변경의 경우 개인적으로 동의한 근로자에게는 적용되나요?

취업규칙을 불이익하게 변경할 경우 근로자과반수의 동의를 받아야 한다고 알고 있는데요, 만약 근로자들의 동의없이 개인적으로 동의를 했다면 그 개별적으로 동의한 근로자에게는 변경규정이 적용되는 건가요?

A 근로자들의 동의없이 불이익하게 변경된 취업규칙은 개인적으로 동의한 근로자에게도 효력이 없습니다.

사용자가 취업규칙에 규정된 근로조건의 내용을 근로자에게 불이익하게 변경하는 경우에는 그 변경이 사회통념상 합리성이 있다고 인정되지 않는 한 취업규칙의 적용을 받고 있던 근로자들의 집단적 의사결정방법에 의한 동의를 얻어야 하고, 그 동의는 근로자 과반수로 조직된 노동조합이 있는 경우에는 근로들의 자주적인 의견의 집약에 의한 과반수의 동의를 의미하는 것으로서 위와 같은 방법에 의한 동의가 없는 한 취업규칙 변경은 효력이 없고, 이는 그러한 취업규칙의 변경에 대하여 개인적으로 동의한 근로자에 대하여도 마찬가지입니다(대법 91다38174).

하지만 위와 같이 동의절차를 거치지 않고 불이익하게 변경된 취업규칙의 내용이 기존 근로자들에게는 적용되지 않지만 신규 입사자들에게는 적용된다는 것에는 이견이 없습니다.

Q 사업주가 취업규칙 주지의무를 이행하지 않아도 취업규칙은 효력이 있나요?

취업규칙을 사업장에 게시 또는 비치하지 않아 근로자들에게 주지시키지 않았다면 취업규칙의 효력에도 영향이 있어야 되는 것 아닌가요?

A 취업규칙 주지의무의 불이행시 500만원 이하의 과태료처분은 받을 수 있지만 취업규칙의 효력이 없어지는 것은 아닙니다.

근로기준법 제14조제1항은 '사용자는 취업규칙을 근로자가 자유롭게 열람할 수 있는 장소에 항상 게시하거나 갖추어 두어 근로자에게 널리 알려야 한다'라고 규정하고 있고, 이를 위반한 경우 500만원이하의 과태료에 처해질 수 있습니다(동법 제116조).

취업규칙을 주지시키는 방법은 여러 가지가 있는데, 가장 확실한 방법은 근로자들에게 직접 설명을 하는 것이고, 이외에도 사무실에 비치하거나 사내통신망 등에 게시함으로써 항상 열람이 가능하도록 한다면 주지시켰다고 할 수 있을 것입니다.

만약 사용자가 이 주지의무를 이행하지 않았다면 500만원이하의 과태료 처분을 받을 수 있는데, 이 주지의무를 불이행하였다고하여 취업규칙의 효력이 없거나 무효로 되지는 않는다는 것이 판례의 입장입니다.

참고로, 사무실에 비치된 컴퓨터를 통해 회사의 취업규칙을 쉽게 접근할 수 있을 정도였다면 취업규칙 열람신청에 대해 별도의 조치를 취하지 않았다 해도 사용자가 취업규칙 게시·비치 의무에 위반하였다고 단정짓기는 어렵다는 것이 판례(대법 2000두10151, 2001.04.10.)의 입장입니다.

Q 노사협의회에서 취업규칙 규정을 변경하기로 합의한 경우 그 취업규칙 규정의 효력은?

저희 회사 노사협의회에서 취업규칙의 불리한 규정을 변경하기로 합의했거든요. 그런데 아직도 취업규칙이 변경되지 않았어요. 노사협의회에서 변경하기로 합의까지 했으니까 이 취업규칙의 규정은 자동으로 폐기되어야 하는 건 아닌지요?

A 노사협의회 합의만으로 취업규칙에 규정된 근로조건의 효력에 영향을 미치지 않습니다.

근로기준법은 상시 10인 이상의 근로자를 사용하는 사용자에게 근로자의 근로조건의 기준 등을 정한 취업규칙을 작성·신고토록 의무화하고 있으며, '근로자참여및협력증진에관한법률'은 노사협의회에서 노사공동의 이익증진 등을 도모하기 위해 노·사가 협의하고 합의된 사항을 성실히 이행토록 규정하고 있는 바, 취업규칙에 규정된 사항과 노사협의회법상 노사협의회의 합의사항은 그 성질이 별개의 사항으로서 각각 별도의 효력이 있는 것입니다. 따라서 노사협의회 합의사항이 노동조합법상의 단체협약이 아니라면 근로기준법상의 취업규칙에 우선할 수는 없습니다(근기 68207-1625, 1994.10.14.).

노가협의회에서 취업규칙의 규정을 변경하기로 합의한 후 합의사항을 이행하지 아니한 경우 '근로자참여및협력증진에관한법률'상 합의사항 불이행에 대하여 벌칙조항이 적용되는 것은 별론으로 하고 노사협의회 합의만으로 취업규칙에 규정된 근로조건의 효력에 영향을 미치지 않습니다.

Q 합병·영업양도로 근로자들이 포괄승계된 경우 종전 회사의 취업규칙은 어떻게 되는 건가요?

저희 회사는 A라는 회사와 합병되었어요. 그런데 A회사보다 예전의 저희 근로조건이 더 좋아요. 우리들은 종전의 취업규칙이 그대로 적용되었으면 좋겠는데, 가능한 건가요?

A A회사와 근로조건을 단일화하는 합의가 없었다면 종전 회사의 취업규칙이 그대로 적용됩니다.

근로자를 포괄승계한 경우에는 종전의 근로계약상의 지위가 그대로 승계되는 것이므로 포괄승계 당시 또는 포괄승계후 연차유급휴가에 관해 통합된 취업규칙(인사규정 및 직원보수규정 포함)의 제정 또는 변경을 통하여 근로자들의 근로관계 내용을 단일화하기로 변경·조정하는 새로운 합의가 없는 한 해당 근로자들이 적용받았던 기존 회사의 종전 취업규칙 내용이 그대로 적용됩니다(근기 68207-3230, 2000.10.19.).

위에서 언급했듯이 '통합된 취업규칙의 제정 또는 변경을 통하여 근로자들의 근로관계내용을 단일화하기로 변경·조정하는 새로운 합의가 없는 경우'에 한하여 종전 취업규칙이 그대로 적용된다는 것임을 유의해야 합니다.

만약 "B회사의 기존 제규정을 대신하여 A회사의 인사규정, 보수규정, 퇴직금 규정 등 조합소정의 규정에 의한 근로조건에 따라 하등의 이의제기 없이 종전과 다름 없이 성실히 맡은 바 업무를 수행할 것을 동의하고 이를 서약한다"는 내용의 각서에 서명하여 제출하였다면, 동 각서의 취지는 근로기준법 제94조에서 규정한 취업규칙의 불이익한 변경에 대하여 동의하는 취지로 볼 수 있으므로, A회사의 인사규정과 직원보수규정을 당해 동의서에 근거하여 개정하였다면 근로관계가 승계된 근로자에 대하여도 A회사의 개정된 제 규정을 적용할 수 있을 것입니다.

따라서 A회사에 새로 출근한 이후 서류에 서명한 적이 있는지, 그 내용은 어떤 내용인지를 확인해야 할 것이고, 만약 위와 같은 서류에 서명하여 제출했다면 종전 회사의 취업규칙이 그대로 적용되기는 힘들 것입니다.

일반적인 실무사례로 유추하여 보건대, 합병에 의하든 영업양도에 의하든 포괄승계된 근로자들이 있고, 그 근로자들의 근무조건이 현 회사의 근무조건보다 유리하다면 이 A라는 회사에서 제일 먼저 해결해야 할 문제는 근무조건의 단일화·통합화이고, 그렇다면 위와 같은 내용의 각서를 근로자들로부터 받았을 가능성이 높고, 이미 B회사의 취업규칙은 적법한 변경절차를 거쳐 개정되었을 개연성이 매우 높으며, 그래서 B회사의 근로자들에게 종전 취업규칙이 적용될 가능성은 낮다고 보여집니다.

비정규직보호법
(기간제·단시간근로자·파견직·일용직)

2006.11.30. 비정규직보호법이 국회를 통과했는데, 여기서 비정규직보호법이란 '기간제및단시간근로자보호등에관한법률', '파견근로자보호등에관한법률', 노동위원회법을 일컫습니다. 다음에서 비정규직보호법에 대하여 살펴보도록 하겠습니다.

1. 기간제·단시간근로자 보호법

가. '기간제및단시간근로자보호등에관한법률'

(1) 동 법률의 입법취지

동 법률은 기간제근로자 및 단시간근로자에 대한 불합리한 차별을 시정하고 기간제근로자 및 단시간근로자의 근로조건 보호를 강화함으로써 노동시장의 건전한 발전에 이바지함을 목적으로 2006.11.30. 입법되었습니다.

(2) 기간제근로자와 단시간근로자의 정의

기간제근로자는 동법률 제2조제1호에서 '기간의 정함이 있는 근로계약을 체결한 근로자'라고 정의하고 있고, 단시간근로자는 근로기준법 제2조제1항제8호에서 '1

주 동안의 소정근로시간이 그 사업장에서 같은 종류의 업무에 종사하는 통상근로자의 1주 동안의 소정근로시간에 비해 짧은 근로자'라고 정의하고 있습니다.

(3) 동 법률의 적용범위

동 법률은 상시 5인 이상의 근로자를 사용하는 모든 사업 또는 사업장에 적용되고, 국가 및 지방자치단체의 기관에 대하여는 상시 사용하는 근로자의 수에 관계없이 적용됩니다.

(4) 동 법률의 적용시기

동 법률의 적용시기와 적용범위를 정함에 있어 상시 근로자수를 산정할 때 사용자가 직접 고용하고 있는 근로자(일용직·단시간·기간제·외국인 등)를 포함하되, 사용자가 직접 고용하지 않은 근로자(파견·용역·도급 등)는 제외됩니다.

※ 동 법률 부칙 (2006.12.21. 법률 제8072호)

- 상시 300인 이상의 근로자를 사용하는 사업 또는 사업장 : 2007년 7월 1일
- 국가 및 지방자치단체의 기관, 「정부산하기관 관리기본법」 제3조의 규정에 따른 정부산하기관, 「정부투자기관 관리기본법」 제2조의 규정에 따른 정부투자기관, 「지방공기업법」 제49조 및 동법 제76조의 규정에 따른 지방공사 및 지방공단, 「정부출연연구기관 등의 설립·운영 및 육성에 관한 법률」 제2조 및 「과학기술분야 정부출연연구기관 등의 설립·운영 및 육성에 관한 법률」 제2조의 규정에 따른 정부출연연구기관 및 연구회, 「국립대학병원 설치법」에 따른 대학병원 : 2007년 7월 1일
- 상시 100인 이상 300인 미만의 근로자를 사용하는 사업 또는 사업장 : 2008년 7월 1일
- 상시 100인 미만의 근로자를 사용하는 사업 또는 사업장 : 2009년 7월 1일

(5) 동 법률의 주요내용

㉠ 근로조건의 서면명시의무

> 기간제 및 단시간근로자 보호 등에 관한 법률 제17조 【근로조건의 서면명시】 사용자는 기간제근로자 또는 단시간근로자와 근로계약을 체결하는 때에는 다음 각 호의 모든 사항을 서면으로 명시하여야 한다.
> 1. 근로계약기간에 관한 사항
> 2. 근로시간·휴게에 관한 사항
> 3. 임금의 구성항목·계산방법 및 지불방법에 관한 사항
> 4. 휴일·휴가에 관한 사항
> 5. 취업의 장소와 종사하여야 할 업무에 관한 사항
> 6. 근로일 및 근로일별 근로시간(단시간근로자에 한함)

사용자가 동 법률 제17조의 규정을 위반하여 근로조건을 서면으로 명시하지 아니한 경우에는 500만원 이하의 과태료(동법률 제24조) 처분을 받을 수 있습니다.

㉡ 기간제근로자의 사용기간

> 기간제 및 단시간근로자 보호 등에 관한 법률 제4조 【기간제근로자의 사용】 ① 사용자는 2년을 초과하지 아니하는 범위 안에서(기간제 근로계약의 반복갱신 등의 경우에는 그 계속근로한 총기간이 2년을 초과하지 아니하는 범위 안에서) 기간제근로자를 사용할 수 있다. 다만, 다음 각 호의 어느 하나에 해당하는 경우에는 2년을 초과하여 기간제근로자로 사용할 수 있다.
> 1. 사업의 완료 또는 특정한 업무의 완성에 필요한 기간을 정한 경우
> 2. 휴직·파견 등으로 결원이 발생하여 당해 근로자가 복귀할 때까지 그 업무를 대신할 필요가 있는 경우
> 3. 근로자가 학업, 직업훈련 등을 이수함에 따라 그 이수에 필요한 기간을 정한 경우
> 4. 「고령자고용촉진법」 제2조제1호의 고령자와 근로계약을 체결하는 경우
> 5. 전문적 지식·기술의 활용이 필요한 경우와 정부의 복지정책·실업대책 등에 따라 일자리를 제공하는 경우로서 대통령령이 정하는 경우

6. 그밖에 제1호 내지 제5호에 준하는 합리적인 사유가 있는 경우로서 대통령령이 정하는 경우

② 사용자가 제1항 단서의 사유가 없거나 소멸되었음에도 불구하고 2년을 초과하여 기간제근로자로 사용하는 경우에는 그 기간제근로자는 기간의 정함이 없는 근로계약을 체결한 근로자로 본다.

동법률 부칙 제1조제2항(근로계약기간에 관한 적용례) 제4조의 규정은 이 법 시행 후 근로계약이 체결·갱신되거나 기존의 근로계약기간을 연장하는 경우부터 적용한다.

ⓒ 차별적 처우의 금지

"차별적 처우"라 함은 임금 그 밖의 근로조건 등에 있어서 합리적인 이유 없이 불리하게 처우하는 것을 말합니다(동법률 제2조). 동법률은 사용자는 기간제근로자(단시간근로자)임을 이유로 당해 사업 또는 사업장에서 동종 또는 유사한 업무에 종사하는 기간의 정함이 없는 근로계약을 체결한 근로자(통상근로자)에 비하여 차별적 처우를 하여서는 아니된다(동법률 제8조제1항, 제2항)고 규정하고 있습니다.

동 법률 제8조(차별적 처우의 금지)를 위반하는 경우 노동위원회 또는 법원은 해당 근로자의 차별시정신청을 받아 사실관계를 바탕으로 조사한 후 차별적 처우가 인정된다면 사업주가 이를 시정(차별적 처우의 금지, 근로조건의 개선, 적절한 금전 보상 등)하도록 명령할 수 있으며, 확정된 시정명령을 사업주가 정당한 이유 없이 이행하지 않는 경우 최대 1억원의 과태료가 부과됩니다. 노동위원회 또는 법원의 시정명령을 이행하지 않아 과태료가 부과되었음에도 사업주가 정규직과 비정규직간 발생한 임금차액분을 지급하지 않을 경우 해당 근로자는 노동위원회 또는 법원의 판결문을 근거로 민사소송을 제기할 수 있음을 당연합니다(비정규직대책팀-3017, 2007.07.26.).

(6) 2014.9.19.시행되는 주요개정내용

㉠ 단시간근로자의 연장근로에 대한 가산수당 지급의무(동법 제6조제3항)

개정법 이전에는 단시간근로자의 소정근로시간이 5시간인 경우 2시간의 연장근로를 하더라도 법정근로시간(8시간) 이내이므로 가산수당을 지급할 법적 의무가 없었지만, 개정법에서는 소정근로시간(5시간)을 초과하는 2시간의 연장근로에 대하여 가산수당을 지급하도록 강제하고 있습니다.

㉡ 확정된 시정명령의 효력확대(동법 제15조의3)

근로자(기간제·단시간·파견직)가 노동위원회에 차별적 처우의 시정신청을 하여 시정명령이 확정된 경우 동일한 사용자의 사업장에서 동일한 조건에 있는 근로자(기간제·단시간·파견직) 전체에게도 시정명령의 효력이 미칠 수 있게 되었습니다. 물론 고용노동부장관의 차별시정요구가 있어야 하지만, 개정법에 의해 시정명령의 효력이 다른 근로자에게까지 미치게 되었다는 점에서 의의가 크다고 생각됩니다.

㉢ 징벌적 성격의 배상명령제도 도입(동법 제13조제2항)

개정법 이전에는 차별시정명령이 확정된 경우 근로자에게는 임금 및 근로조건의 보상 또는 원상회복 수준의 경제적 이익만이 있었으나, 개정법에서는 사용자의 차별적 처우에 명백한 고의가 인정되거나 차별적 처우가 반복되는 경우에는 손해액을 기준으로 3배를 넘지 아니하는 범위내에서 배상을 명령할 수 있도록 하였습니다.

㉣ 취업규칙·단체협약 등의 제도개선 명령제도 도입(동법 제13조제1항)

노동위원회의 조정·중재 또는 시정명령에 '취업규칙·단체협약 등의 제도개선 명령'도 포함시킬 수 있도록 명시함으로써 사업장 전체의 제도를 개선할 여지를 만들었습니다. 이 제도를 쉽게 표현하면 노동위원회의 '취업규칙·단체협약 변경명령권'으로, 고용노동부의 개입없이 노동위원회가 직접 사업장의 취업규칙·단체협약의 변경을 명령할 수 있다는 점에서 획기적이라 할 수 있습니다.

Q [비정규직보호법상 서면명시의무의 내용]
근로계약서상에 "취업규칙에 준한다"라고 규정하고 취업규칙을 주지시킨 경우 서면명시의무를 다한 것으로 볼 수 있나요?

A **근로계약서상에 "취업규칙에 준한다"라고 규정하고 취업규칙을 주지시켰다면 서면명시의무를 다한 것으로 볼 수 있습니다.**

근로기준법 또는 기간제 및 단시간근로자 보호 등에 관한 법률은 사용자의 근로계약 서면명시의무를 규정하고 있으나, 설명의무는 규정하지 않고 있어 서면명시 방법에는 제한이 없습니다. 따라서 근로계약 체결시 서면명시방법에 있어 근로계약서상에 "취업규칙에 준한다"라고 규정하고 취업규칙을 주지시키는 경우 서면명시한 것으로 보고 있습니다(비정규직대책팀-3018, 2007.07.26.).

Q **외국인근로자에게도 비정규직보호법이 적용되나요?**

저희 회사에는 외국인 근로자들이 많이 있는데요, 이 외국인 근로자에게도 비정규직보호법이 적용되는 건가요?

A **외국인 근로자에게 사용기간(2년)에 관한 규정은 적용되지 않고 차별적 처우 금지규정은 적용됩니다.**

기·단·법 제2조제1항은 "기간제근로자라 함은 기간의 정함이 있는 근로계약을 체결한 근로자를 말한다"고 규정하고 있는 바, 기간을 정한 사유·기간의 장단·명칭 등에 관계없이 근로계약에 기간을 정하여 고용된 근로자를 말하므로 고용허가제로 입사한 외국인 근로자의 경우도 기간제근로자로 간주되어 기간제법이 적용된다고 볼 수 있습니다.

다만, 같은 법 시행령 제3조제3항제1호는 "다른 법령에서 기간제근로자의 사용기간을 법 제4조제1항과 달리 정하거나 별도의 기간을 정하여 근로계약을 체결할 수 있도록 한 경우" 기간제근로자 사용기간 제한의 예외를 인정하고 있으며, 외국인 근로자는 「외국인근로자의 고용 등에 관한 법률(이하 외국인고용법) 제18조의 규정에 의거 취업기간이 "입국한 날부터 3년"으로 제한되므로 기간제법에 의한 사용기간 제한의 예외로 인정된다 할 것입니다.

하지만 외국인 근로자에 대해서는 외국인고용법 제22조(차별금지)에 의하여 "외국인근로자라는 이유로 부당한 차별적 처우"가 금지됨은 물론, 기·단·법 제8조(차별적 처우의 금지)의 규정에 따라 "당해 사업 또는 사업장에서 동종 또는 유사한 업무에 종사하는 기간의 정함이 없는 근로계약을 체결한 근로자에 비하여" 임금 그 밖의 근로조건 등에서 합리적인 이유가 없는 불리한 처우가 금지된다 할 것입니다(비정규직대책팀-2618, 2007.07.02.).

Q **[해외지사에서 채용한 근로자의 비정규직보호법 적용여부]**
한국기업의 해외지사에서 채용한 해외근무 근로자(한국인 등)도 비정규직보호법(기·단·법)이 적용되나요?

A **해외지사에서 채용한 근로자는 동법이 적용되지 않는 것이 원칙이지만, 국내에서 인사관리 및 주요 근로조건을 결정하는 경우에는 동법이 적용됩니다.**

국제법 질서에 있어서 각국의 법령은 그 영역내의 모든 사람에게 적용될 수 있을 뿐이고 다른 국가의 영역 내에서까지 적용·집행될 수 없다는 속지주의 법리가 일반적으로 승인되고 있으므로 국가간의 조약이나 협약에 의하여 속인주의를 인정하는 특별한 규정이 없는 한 우리나라의 기·단·법은 국외에 소재하는 사업 또는 사업장에 적용될 수 없습니다. 즉, 해외현지법인은 소재국에서 법인격을 부여받은 권리주체로서 국내법이 적용되지 아니하므로 국내회사가 현지에 독립한 법인을 설립하고 동 사업장에서 한국인 등을 고용하였을 경우에는 기·단·법이 적용되지 아니한다고 보아야 할 것입니다.

그러나, 국내 파견회사가 해외현지법인에 근로자를 파견하거나, 현지에서 채용한 근로자에 대한 인사 및 노무관리 등을 관장하고 근로자의 보수 및 주요 근로조건 등을 결정하고 있는 경우에는 현지에서 채용한 근로자 또한 국내 회사와 함께 기간제법의 적용을 받는다고 보아야 할 것입니다(비정규직대책팀-1122, 2007.04.09.).

Q 기간제근로자가 무기계약직으로 전환하는 것을 거부하는 경우에는 어떻게 해야 하나요?

저희 회사에서 2년을 근무한 기간제근로자가 있어서 이번에 무기계약직으로 전환하자고 하니까 싫다고 합니다. 이럴 때는 어떻게 해야 하나요?

A 무기계약근로자로 전환되는 것을 반대하는 경우에도 기간제법에 따라 기간의 정함이 없는 근로계약을 체결한 근로자로 간주됩니다.

기·단·법 제4조제2항의 규정에 의하면 사용자가 2년을 초과하여 기간제근로자를 사용하는 경우, 동 2년을 초과한 시점부터 기간의 정함이 없는 근로계약을 체결한 것으로 보도록 하고 있습니다. 단, 동법률 제4조제1항 단서의 각호에서 정하고 있거나 대통령령으로 정하는 경우에는 당해 계약기간이 2년을 초과하고 이에 따라 동 근로자의 계속 고용기간이 2년을 넘는 경우에도 기간의 정함이 없는 근로계약을 체결한 것으로 보지 않도록 예외규정을 두고 있습니다.

위 사례와 같이 기간제근로자를 계속 고용한 기간이 2년을 넘어 무기계약근로자로 전환하려고 하는데, 기간제근로자가 반대하는 경우 어떻게 처리해야 하는지가 문제됩니다. 이런 경우에도 기·단·법에 따라 동 근로자는 기간의 정함이 없는 근로계약을 체결한 근로자로 간주됩니다(비정규직대책팀-1248, 2007.04.17.).

Q [2개 공사현장에서 3년을 근무한 경우 정규직전환이 가능한지]

A건설회사의 2개 공사현장에서 각각 기간의 정함이 있는 근로계약(각 1년 6개월)을 체결하여 총 3년을 근로한 경우 기간의 정함이 없는 근로계약으로 전환될 수 있나요?

제가 알기로는 기간제로 2년을 넘게 한 회사에서 근무하면 정규직이 된다고 알고 있는데요, 지역은 다르지만 한 건설사에서 시행하는 공사현장에서 1년 6개월씩 총 3년을 근무했으니까 저도 정규직이 되는 것 아닌가요?

A **건설공사현장은 기간제법 제4조제1항 단서 제1호에 따른 예외규정에 해당하는 사업으로, 기간의 정함이 없는 근로계약을 체결한 것으로 보지 않습니다.**

기·단·법 제4조제2항의 규정에 의하면 사용자가 2년을 초과하여 기간제근로자를 사용하는 경우, 동 2년을 초과한 시점부터 기간의 정함이 없는 근로계약을 체결한 것으로 보도록 하고 있지만, 동법률 제4조제1항 단서의 제1호에 따른 '사업의 완료 또는 특정한 업무의 완성에 필요한 기간을 정한 경우'에 해당하는 사업(장)은 기간제근로자의 계약기간을 그 사업이 완료되는 때까지로 정할 수 있도록 하면서, 당해 계약기간이 2년을 초과하고 이에 따라 동 근로자의 계속 고용기간이 2년을 넘는 경우에도 기간의 정함이 없는 근로계약을 체결한 것으로 보지 않도록 예외규정을 두고 있습니다.

즉, 건설공사현장은 기간제법 제4조제1항 단서 제1호에 따른 예외규정에 해당하는 사업으로 볼 수 있어 비록 3년을 계속 근무하였더라도 기간의 정함이 없는 근로계약을 체결한 것으로 보지 않습니다(비정규직대책팀-558, 2007.02.21.).

Q [고령자는 2년이상 기간제로 사용할 수 있는지]

만 58세 이상의 고령자를 2년 초과하여 근무시킨 경우 무기계약근로자로 간주되는지요?

저희 회사는 58세의 고령자를 2년전에 채용하여 근무시키고 있는데요, 고령자도 2년이상 계속 근무시키면 무기계약직으로 되는 건가요?

A **고령자(만 55세 이상자)에 대해서는 2년의 기간을 초과하여 기간제근로자로 사용할 수 있습니다.**

기·단·법 제4조제1항의 규정에 의하면 사용자는 「고령자고용촉진법」 제2조제1호의 규정에 의한 고령자(만 55세 이상자)에 대해서는 2년의 기간을 초과하여 기간제근로자로 사용할 수 있으므로, 2007.7.1. 이후 사용자는 사용기간 제한 없이 만 58세 이상의 근로자를 기간제근로자로 사용할 수 있습니다(비정규직대책팀-589, 2007.02.22.).

Q **[단시간근로자도 기간제근로자의 범위에 포함되는지]**

사례 1. '단시간'근로자(A)로 2년이상 근무하면 '기간의 정함이 없는 근로계약을 체결한 근로자'로 보는지 여부

사례 2. '단시간'근로자(B)로 계약기간 1년동안 근무한 후 '기간제'근로자로 계약기간 1년과 6개월, 1년 6개월 근무했다면 '기간의 정함이 없는 근로계약을 체결한 근로자'로 보는지 여부

A **[행정해석]은 단시간근로자도 기간의 정함이 있는 근로계약을 체결한 경우라면 기간제근로자의 범위에 포함된다는 견해이고, [법원]은 단시간근로자로 근무한 기간은 기간제법 제4조제2항의 '2년'에 포함되지 않는다는 입장입니다.**

① 사례의 쟁점 : 이 사안은 단시간근로자로 근무한 기간도 기간제법 제4조제2항의 '2년'에 포함되는지의 문제가 쟁점입니다. 만약 단시간근로자로 근무한 기간도 위 2년에 포함된다면 사례2에서 B는 2년 6개월을 근무한 것이 되기 때문에 이미 '기간의 정함이 없는 근로계약을 체결한 근로자'로 봐야 합니다.

② 행정해석의 입장 : 기간제근로자라 함은 기간의 정함이 있는 근로계약을 체결한 근로자를 말하는 바, 단시간근로자도 기간의 정함이 있는 근로계약을 체결한 경우라면 기간제근로자의 범위에 포함되는 것이며, 2년을 초과하였다면 기간의 정함이 없는 근로계약을 체결한 것으로 봅니다.

단시간근로자의 사용기간이 2년을 초과하여 무기계약자로 전환된다는 의미는 매번 반복·갱신 체결하던 단시간근로계약을 반복하지 않더라도 앞으로는 단시간근로자로서 기간의 정함이 없는 근로계약을 체결한 것으로 보기 때문에 고용안정의 보호를 받을 수 있게 된다는 것을 의미합니다(비정규직대책팀-1582).

③ **판례의 입장** : 대법원은 시간제근로자의 근로관계가 종료된 이후 근로조건이 다른 상근계약직으로 근무한 경우 기간제법 제4조제2항의 '2년'에는 단시간근로자로 근무한 기간은 포함되지 않으므로 기간의 정함이 없는 근로계약을 체결한 근로자로 볼 수 없다고 판시하였습니다(대법 2013다2672, 2014.11.27.).

판례의 논리는 기간제법시행령 제3조제3항제6호 1주동안의 소정근로시간이 뚜렷하게 짧은 단시간근로자를 사용하는 경우에는 2년을 초과하여 사용할 수 있다는 조항을 근거로 들었습니다.

④ **결론** : 「근로기준법」에 따른 4주간을 평균하여 1주의 소정근로시간이 15시간 미만인 단시간근로자의 경우에는 판례의 논리처럼 동법 시행령 제3조제3항에 따라 사용기간 제한 규정을 적용하지 않아도 무방할 것이나, 모든 단시간근로자의 근무기간에 대하여 동법 시행령 제3조제3항을 적용하는 것은 부당하다고 판단됩니다.

위 두 사례에서는 단지 단시간근로자라고 하였을 뿐 1주간의 근로기간이 몇시간인지에 대한 언급이 없어 단언할 수는 없지만 기간제법의 취지를 감안할 때 1주간의 소정근로시간이 15시간 미만의 단시간근로자만 2년을 초과하여 사용할 수 있게 하는 것이 합당하다고 봅니다.

⑤ **단시간근로자가 무기계약자로 된 경우 차별처우금지규정의 적용여부(행정해석)** : 사용자는 단시간근로자임을 이유로 통상근로자에 비하여 합리적인 이유 없이 불리하게 처우할 수 없도록 규정하고 있는 바, 단시간근로자가 비록 무기계약자로 전환되었다 하더라도 단시간근로의 고용형태는 그대로 유지되는 것이므로, 이 부분에 대해서는 기간제법 제8조에 따른 차별적 처우 금지 관련 규정 적용이 배제되는 것은 아닙니다. 무기계약직근로자가 되었다하더라도 단시간근로자이기 때문에 차별처우 금지규정이 적용되는 것입니다.

즉, 사용자는 단시간근로자라는 이유로 통상근로자에 비하여 임금 등의 근로조건에 대하여 차별하여서는 안된다는 것입니다(비정규직대책팀-1582, 2007.05.07.).

[무기계약직도 차별시정신청을 할 수 있는지 여부]

Q 비정규직이 무기계약근로자로 전환된 이후에도 차별시정을 신청할 수 있는지요?

저는 기간제로 있다가 2년이 지나 무기계근로자가 되었습니다. 그런데 임금차별이 여전합니다. 저같은 무기계약근로자도 차별시정신청을 할 수 있나요?

A 무기계약직은 기간제보호법의 적용대상이 아니기 때문에 기간제보호법상의 차별시정신청을 할 수 없지만, 판례는 근로기준법 제6조의 균등처우 규정위반을 이유로 차별에 다른 임금차액을 청구할 수 있다고 보았습니다.

① 무기계약직은 기간제보호법상 차별시정신청을 할 수 있는지 여부 : 기간제보호법상 차별시정신청을 할 수 있는 대상은 기간제, 단시간근로자, 파견직으로 한정하고 있으므로 무기계약직은 기간제보호법상의 차별시정신청을 할 수 없습니다.

② '무기계약직'은 근로기준법 제6조(균등처우)의 '사회적 신분'에 해당하는지 : 서울남부지법(2014가합3515)은 채용절차, 임금체계, 보직의 부여 및 직급승진가능성 등에 있어서 차이가 있는 고용형태 내지 근로형태는 근로기준법 제6조에서 말하는 '사회적 신분'에 해당하고, 이들이 일반직 근로자들과 업무내용과 범위, 업무의 양이나 난이도, 기여도 등에 있어서 차이가 있다고 볼 수 없음에도 불구하고 수당의 지급을 달리하는 것은 근로기준법 제6조의 균등처우 규정을 위반하여 무효라고 판결하였습니다.

③무기계약직을 사회적 신분에 해당한다고 본 판결에 문제는 없는지 : 대법원(2013다1051)은 계약직에서 일반직으로 전환된 근로자와 공개시험으로 임용된 근로자는 본질적으로 동일한 비교집단에 속한다고 볼 수 없다고 판단한 바 있고, 사용자가 정할 수 있는 영역에 속하는 고용형태를 선천적으로 정해지거나 회사가 관여할 수 없는 사항인 '사회적 신분'에 포함시킨 것은 문제의 소지가 있다고 판결로 향후 상급심의 판결을 주목해야 할 것입니다.

Q 정년퇴직 후 촉탁근로계약을 체결한 근로자들도 비교 대상 근로자에 비하여 불리하게 처우한 경우 차별시정신청을 할 수 있나요?

저는 정년퇴직후에 이른바 촉탁직으로 채용되어 일을 하고 있습니다. 똑같은 일을 동일한 장소에서 하는데 임금이 엄청나게 차이가 납니다. 저같은 경우에도 차별시정신청을 할 수 있나요?

A 기간제, 단시간근로자, 파견직 이외는 차별시정신청을 할 수 없습니다.

고령자(만55세이상)는 사용기간(2년) 제한에도 제외되고 촉탁직의 경우에는 차별시정신청을 할 수 없습니다.

① **쟁점** : 이 사안은 촉탁직도 1년단위로 채용되는 기간제근로자이므로 기간제법이 적용되어야 하는 것 아닌지, 특히 임금 등 근로조건의 차별에 대하여 시정신청을 할 수 있는지가 쟁점입니다.

② **관련 판례** : 기간제법 제2조제3호는 차별적 처우를 '임금 그 밖의 근로조건 등에서 합리적인 이유없이 불리하게 처우하는 것'으로 정의하고 있습니다. 여기서 '불리한 처우'란 사용자가 임금 그 밖의 근로조건 등에서 기간제 근로자와 비교 대상 근로자를 다르게 처우함으로써 기간제 근로자에게 발생하는 불이익 전반을 의미하고, '합리적인 이유가 없는 경우'란 기간제 근로자를 달리 처우할 필요성이 인정되지 않거나, 달리 처우할 필요성이 인정되는 경우에도 그 방법·정도 등이 적정하지 않은 경우를 의미합니다. 그리고 합리적인 이유가 있는지는 개별 사안에서 문제가 된 불리한 처우의 내용 및 사용자가 불리한 처우의 사유로 삼은 사정을 기준으로 기간제 근로자의 고용형태, 업무의 내용과 범위·권한·책임, 임금 그 밖의 근로조건 등의 결정요소 등을 종합적으로 고려하여 판단하여야 합니다.

정년퇴직한 후 계약기간 1년인 촉탁근로계약을 체결하고 비교 대상 근로자들과 동일한 사업장에서 동종의 업무인 환경미화(가로청소) 업무를 수행하였음에도, 회사는 적은 임금을 지급하고 각종 수당 등을 지급하지 아니하는 등 불리한 처우를 한 것으로 보이기는 하나, 촉탁직에 대한 불리한 처우는 촉탁직 근로자들을 달리 처우할 필요성이 인정되고 그 방법 및 정도 역시 적정한 것으로 보여 그 불리한 처우에 합리적 이유가 있는 것으로 판단되는바, 기간제법 제8조제1항과 동법 제2조제3호 소정의 '차별적 처우'에 해당하지 아니합니다(서울행법 2012구합30738, 2013. 03.21.).

③ **같은 취지의 행정해석** : 기·단·법 제4조제1항의 규정에 의하면 사용자는 「고령자고용촉진법」 제2조제1호의 규정에 의한 고령자(만 55세 이상자)에 대해서는 2년의 기간을 초과하여 기간제근로자로 사용할 수 있으므로 2007.7.1. 이후 사용자는 사용기간 제한없이 만 58세 이상의 근로자를 기간제근로자로 사용할 수 있습니다(비정규직대책팀-589, 2007.02.22.).

④ **결론** : 고령자(만55세 이상)와 촉탁직의 경우 정년퇴직 이후 정부의 고령자고용촉진정책을 따르는 차원에서 법적 의무가 없음에도 채용하는 형태로, 고령자와 촉탁직에 대하여도 기·단·법을 적용하면 오히려 채용을 회피하는 결과를 초래할 수 있으므로, 기간(2년)제한규정이나 차별시정신청규정 등은 고령자와 촉탁직에 대하여는 적용하지 않는 것이 기·단·법의 입법취지에도 부합한다 할 것입니다.

Q 차별적 처우 금지규정을 위반할 경우 사용자에 대하여 민사소송(정규직근로자와의 임금차액분)도 제기할 수 있나요?

제가 알기로는 사업주가 차별적 시정명령을 이행하지 않으면 과태료를 부과할 수 있다고 하던데요, 이 시정명령을 근거로 민사소송도 할 수 있나요?

A 정규직과 비정규직간 발생한 임금차액분에 대하여 민사소송을 제기할 수 있습니다.

기·단·법 제8조(차별적 처우의 금지)를 위반하는 경우 노동위원회 또는 법원은 해당 근로자의 차별시정신청을 받아 사실관계를 바탕으로 조사한 후 차별적 처우가 인정된다면 사업주가 이를 시정(차별적 처우의 금지, 근로조건의 개선, 적절한 금전 보상 등)하도록 명령할 수 있으며, 확정된 시정명령을 사업주가 정당한 이유없이 이행하지 않는 경우 최대 1억원의 과태료를 부과할 수 있습니다.

노동위원회 또는 법원의 시정명령에도 불구하고 정규직과 비정규직간 발생한 임금차액분을 사업주가 지급하지 않을 경우, 해당 근로자는 사업주를 상대로 민사소송을 제기할 수 있을 것입니다(비정규직대책팀-3017, 2007.07.26.).

Q 유치원 기간제 교사도 2년이 넘으면 무기계약근로자로 전환되는 건가요?

유치원 기간제교사로 근무한지 2년이 넘었어요. 저도 기간의 정함이 없는 정규직으로 될 수 있는 건가요?

A 유치원 기간제 교사는 「교육공무원법」·「사립학교법」·「사립학교교직원연금법」 등의 법령이 우선 적용되어 기간제법이 적용되지 않습니다.

기간제법 제4조제1항 단서의 제6호에 따른 '그 밖에 제1호 내지 제5호에 준하는 합리적인 사유가 있는 경우로서 대통령령이 정하는 경우'에는 당해 계약기간이 2년을 초과하고 이에 따라 동 근로자의 계속 고용기간이 2년을 넘는 경우에도 기간의 정함이 없는 근로계약을 체결한 것으로 보지 않도록 예외규정을 두고 있고, 이에 동법 시행령 제3조제3항에서는 ① 다른 법령에 의하여 사용기간을 법 제4조제1항과 달리 정하고 있는 경우, ② 군사적 전문성의 활용이 요구되는 업무에 종사하는 경우, ③ 「고등교육법」 제14조에 따른 조교의 업무에 종사하는 경우, ④ 「근로기준법」에 따른 4주간을 평균하여 1주의 소정근로시간이 15시간 미만인 단시간근로자 등으로 구분하여 그 예외사항을 규정하고 있습니다.

유치원 기간제 교사의 경우는 「교육공무원법」·「사립학교법」·「사립학교교직원연금법」 등의 법령에서 사용 기간을 기간제법 제4조제1항과 달리 정하고 있으므로 기간제법에 따른 사용기간 제한 규정과 관련하여 다른 법령의 규정이 우선 적용된다고 할 것입니다(비정규직대책팀-2838, 2007.07.13.).

참고로, 「사립학교법」의 적용을 받는 기간제 교사(외국인 교사 포함), 근로기준법」에 따른 4주간을 평균하여 1주의 소정근로시간이 15시간 미만인 단시간근로자에 대하여는 사용기간 제한 규정의 적용이 배제되고, 「고등교육법」 제14조에 따른 조교의 업무에 종사하는 경우에도 '기간제근로자 사용기간 제한의 예외'에 해당되어 적용이 배제됩니다.

※ 사용기간(2년) 제한규정의 적용예외 해당자

① 박사학위(외국에서 수여받은 박사학위를 포함한다)를 소지하고 해당 분야에 종사하는 경우(미술학 석사(M.F.A.) 등 석사학위를 소지하고 해당 분야에 종사하는 경우는 이에 해당되지 않음)

② 사립학교법의 적용을 받는 기간제 교사(외국인 교사, 유치원기간제교사)

③「고등교육법」 제14조에 따른 조교의 업무에 종사하는 경우

④「고등교육법」, 「교육공무원임용령」, 「사립학교법」 등 다른 법령에서 별도의 사용기간을 정하고 있는 경우

⑤「통계법」 제22조에 따라 고시한 한국표준직업분류의 대분류 0과 대분류 1직업에 종사하는 자의 「소득세법」 제20조제1항에 따른 근로소득(최근 2년간의 연평균근로소득을 말한다)이 노동부장관이 최근 조사한 임금구조기본통계의 한국표준직업분류 대분류 1 직업에 종사하는 자의 근로소득 상위 25%에 해당하는 경우

⑥「근로기준법」에 따른 4주간을 평균하여 1주의 소정근로시간이 15시간 미만인 단시간근로자의 경우

Q [기간제근로자의 근로계약 갱신기대권]

기간제근로자도 '근로계약의 갱신기대권'을 주장할 수 있나요?

'기간제및단시간근로자보호등에관한법률' 제4조제2항은 2년을 초과하여 기간제근로자로 사용하는 경우에는 기간의 정함이 없는 근로계약을 체결한 근로자로 본다고 규정하고 있음에도 갱신기대권을 인정하여 기간만료로 인한 근로계약해지를 해고로 볼 수도 있나요?

A **기존 판례는 기간제법 제4조제2항을 강행규정으로 보아 갱신기대권을 부정하였으나, 최근 판례는 강행규정성을 부정하고 갱신기대권을 인정하고 있습니다.**

① **사례의 쟁점** : 이 사안은 기간제근로자의 계약기간이 2년 도달시 계약기간만료에 의한 계약해지를 통지한 경우 기간제법 제4조제2항을 적용하여 정당한 계약해지로 볼 것인지, 아니면 계약기간이 있음에도 갱신기대권을 인정하여 부당해고로 볼 것인지가 쟁점입니다.

② **기간제법 시행(2007.7.1.)전의 판례** : 근로계약 당사자 사이에 일정한 요건이 충족되면 근로계약이 갱신된다는 신뢰관계가 형성되어 있어 근로자에게 그에 따라 근로계약이 갱신될 수 있으리라는 정당한 기대권이 인정되는 경우에는 사용자가 이에 위반하여 부당하게 근로계약의 갱신을 거절하는 것은 부당해고와 마찬가지로 아무런 효력이 없고, 이 경우 기간만료 후의 근로관계는 종전의 근로계약이 갱신된 것과 동일하다고 할 것이다(대법 2007두1729).

③ **기간제법 시행(2007.7.1.)후의 판례** : 기간제법의 입법취지 등에 비추어 볼 때 동법률 제4조제2항은 강행규정으로 봄이 타당하고, 기간제법 시행 이후에는 사용자는 원칙적으로 기간제 근로계약을 2년의 기간 내에서 계약기간을 자유롭게 정할 수 있음은 물론 동일한 내용으로 반복하여 체결할 수도 있지만 총 사용기간이 2년을 초과하는 때에는 해당 기간제근로자에게 근로계약기간의 정함이 없는 근로자로서의 지위가 인정되므로, 기간제법 시행 이후에 신규로 체결되는 기간제 근로계약은 근로관계가 2년의 기간 내에 종료될 것이 예정되어 있는 반면 근로자에게 총 사용기간이 2년을 초과하는 재계약이 체결될 수 있으리라는 기대권이 인정될 수 없다고 봄이 타당하다(서울고법 2011누9821, 2011.08.18.).

④ **갱신기대권을 인정한 최근판례** : 정규직 채용 전 검증기간의 필요성에 따라 기간제로 채용된 점, 기간제도 정규직과 동일한 업무를 수행하고 회사측에서 특별한 사정이 없는 한 정규직으로 채용될 것이라는 말을 지속적으로 해온 점, 실제로 기간제 모두가 정규직으로 전환된 점, 기간제 전원에게 인사평가 및 인사위원회 개최와 같은 정규직 전환의 기회사 제공된 점, 정규직 전환을 위해 계약만료일 1개월

전에 인사평가를 실시한 점 등을 종합해 보면, 정당한 인사평가를 거쳐 정규직으로 전환될 수 있으리라는 기대권이 인정된다(서울고법 2013누53679 2014.11.06.).

⑤ **평석** : 기간제법(2007.7.1.) 시행 이후 기간제근로자는 기간제법 제4조제2항에 의해 계약갱신기대권을 주장할 수 없었음에도 최근 기간제근로자에게도 갱신기대권을 인정한 판례는 주목할만합니다.

이 판례는 기간제법 제4조제2항을 강행규정으로 보던 기존 판례의 입장을 변경한 것으로, 위 ④와 같은 사유가 있는 경우에는 기간제근로자에게도 갱신기대권이 인정된다는 것으로, 법규에 대한 획일적인 해석을 탈피한 진보적인 판례라고 평가할 수 있을 것입니다.

Q [기간제근로자의 정규직전환기대권]

기간제근로자도 '정규직전환기대권'을 주장할 수 있나요?

저희 회사는 계약기간 2년이 종료되기 3개월 전에 인사평가 등을 거쳐 정규직 전환여부를 결정합니다. 이는 채용 당시 명시되었던 내용으로, 대부분의 계약직들이 정규직으로 전환되는데, 저는 특별한 이유없이 계약기간 만료로 인한 근로계약 해지가 통보되었습니다. 저같은 경우 정규직으로 채용해달라고 주장할 수 없는 건가요?

A **계약기간 만료후 인사평가 등을 거쳐 정규직전환을 조건으로 채용된 계약직에게는 정규직전환기대권이 인정된다는 것이 대법원의 판결내용입니다.**

① **사례의 쟁점** : 이 사안은 기간제근로자에게도 정규직 전환에 대한 정당한 기대권이 있는지가 쟁점입니다.

② **정규직전환기대권을 인정한 대법원 판례(대법 2014두45765, 2016.11.10.)** : 대법원은 기간만료 예정자 전원에 대하여 정규직전환을 위한 인사평가를 실시하는 점, 기간제도 정규직과 동일한 업무를 수행하여 온 점, 이전에도 대부분의 기간제가 정규직으로 전환되었던 점, 인사평가에서 우수한 평점을 받았던 점 등을 종합하여 판단하건대 기간제근로자의 갱신기대권 또는 정규직 전환에 대한 기대권이 인

정된다면서 기간만료에 의한 근로계약 해지통보는 정당한 이유가 없어 무효라고 판단하였습니다.

③ **결론** : 위 대법원 판결은 기간제보호법 시행 전은 물론 시행 후에 신규로 기간제 근로계약을 체결한 경우에도 갱신기대권이 형성될 수 있다는 점을 분명히 한 판결이고, 일정한 경우 기간제근로자에게 정규직 전환에 대한 정당한 기대권이 있다는 점을 명시적으로 판시한 최초의 판결이라는 점에서 그 의미가 있습니다.

Q 단시간근로자(알바)를 할 때에도 근로계약서를 써야 하는 것 아닌가요?

저는 대학교에 막 들어간 새내기인데요, 아르바이트를 시작하면서 근로계약서를 쓰자고 했더니 사장님이 이상한 눈으로 보더라구요. 원래 근로계약서를 쓰는 게 맞는 거잖아요. 혹시 '알바'라 할지라도 근로계약서를 써야 한다라고 사장님께 주장할 법적 근거는 없나요? 그리고 근로계약서를 작성하지 않으면 무슨 불이익이 있는지요?

A ① 단시간근로자의 근로계약서에 대한 규정이 있습니다.

근로기준법시행령 제9조제1항 별표 '단시간근로자의 근로조건결정기준 등에 관한 사항'에는 1. 사용자가 단시간근로자를 고용할 경우에는 임금·근로시간 기타의 근로조건을 명확히 기재한 근로계약서를 작성하여 근로자에게 교부하여야 한다라는 규정을 명시하고 있습니다.

또한 사용자는 근로계약 체결시에 근로자에 대하여 임금·근로시간 기타의 근로조건을 명시하여야 하고, 특히 임금의 구성항목·계산방법 및 지불방법에 관한 사항은 서면으로 명시하여야 한다고 하고 있습니다(근로기준법 §24, 동법 시행령 §8). 이를 위반할 경우 500만원 이하의 벌금에 처해집니다(동법 §115).

② 동 법률 제17조는 근로조건의 서면명시의무를 규정하고 있습니다.

'기간제및단시간근로자보호등에관한법률' 제17조는 사용자는 기간제 근로자 또는 단시간 근로자와 근로계약을 체결하는 때 근로조건을 서면으로 명시하여야 한다고 규정하고 있으므로, 사업주는 근로계약서를 작성하여야 합니다. 이를 위반할 경우 500만원이하의 과태료처분을 받을 수 있습니다.

동 법률과 근로기준법은 근로조건의 서면명시의무는 규정하고 있지만 근로조건을 설명할 의무는 규정하고 있지 않으므로 근로계약서상에 '근로조건은 취업규칙에 의한다'라는 규정을 두고는 취업규칙을 보여주며 숙지하도록 했다면 동 조를 위반했다고 할 수 없습니다.

③ 근로계약서는 법적 분쟁을 예방하기 위한 필수적 문서입니다.

근로기준법상 근로계약이 작성 및 교부의무는 별론으로 하고, 근로계약은 사용자와 근로자가 문서로 작성하여 서명, 날인한 경우만 유효한 것은 아니며 구두로 근로계약을 체결해도 그 효력을 부인할 수는 없습니다. 하지만 구두로 근로계약을 체결하면 장래에 분쟁이 발생할 소지가 있으므로 이런 다툼의 여지를 사전에 예방하기 위해서는 중요사항을 기재한 근로계약을 체결하는 것이 좋습니다.

그러나 실제로 대부분의 단시간 근로자가 임금과 근무시간에 대해서 법적 보호를 받을 수 있는 근로계약서를 작성하지 않고 있는데, 아무리 단시간 일을 하는 아르바이트라 하더라도 법률문제가 생길 수 있으므로 계약서를 작성해 놓는 것이 바람직합니다.

만약에 근로계약서를 작성하지 않은 상태에서 아르바이트를 했는데, 사용자가 그 근로자를 채용한 사실이 없다고 하면서 임금을 지급하지 않으면 근로자는 스스로 자신이 그 회사에서 일을 했고 임금이 체불되어 있다는 사실을 입증해야 하므로 큰 어려움을 겪을 수도 있습니다.

반대로, 알바생에게 구두로 시급 6,030원을 주기로 하고 일을 시켰는데 그 알바생이 6개월 정도 근무하고 퇴사해서는 사장님이 시급 6,500원을 주기로 약속하고도 실제로는 시급 6,030원으로 계산하여 임금을 지급했으므로 임금체불이라고 주장하면 사용자는 시급이 6,030원이라는 사실을 입증해야 하는 곤경에 빠질 수도 있다는 것입니다.

Q 단시간근로자(알바)도 주휴일이 있나요?

대학교 신입생인 저는 패스트푸드점에서 시간제로 아르바이트를 하고 있어요. 그런데 토요일이나 일요일도 없고 임시 공휴일은 물론 빨간 날도 없이 일을 하는데 너무 힘들어요. 원래 아르바이트생에게는 일요일도 없는 건가요?

A 1주 근로시간이 15시간 이상인 단시간근로자(아르바이트, 파트타임제)의 경우 주휴일이 있습니다.

임금체계가 시급제·일급제·월급제이든, 근로형태가 일용직·임시직·계약직·정규직이든 사용자와의 관계에서 지휘, 명령을 받으며 근로를 제공하고 그에 대한 임금을 지급받는 자라면 근로기준법상 근로자에 해당하고, 근로자라면 당연히 주휴일이 있습니다.

주휴일제도는 1인 이상의 근로자를 고용하는 모든 사업장에 적용되는 법적 강제제도이므로(근로기준법 §54), 아르바이트 등 임시직근로자에게도 의무적으로 적용됩니다. 따라서 사업주가 근로자들에게 주휴일을 부여하지 않았다면 2년 이하의 징역 또는 1,000만원 이하의 벌금에 처해질 수 있습니다(동법 §110①).

만약에 주휴일을 부여해야 함에도 업무의 특성상 주휴일에 쉬게 하지 않고 일을 시켰다면 휴일근로가산수당을 별도로 지급하도록 되어 있습니다(동법 §56). 하지만 1주간 소정 근로시간이 15시간이 되지 않는 근로자는 퇴직금, 주휴일, 연차휴가에 관한 근로기준법 규정은 적용되지 않습니다(근로기준법 §18③, 퇴직급여보장법 §4①).

즉, 평균 1주 근로시간이 15시간 미만인 경우에는 주휴일, 연차휴가, 퇴직금 규정 등을 제외하고 나머지 근로기준법 규정만 적용되고, 1주 근로시간이 15시간 이상이면 통상의 근로자에 비례하여 근로기준법에서 정한 각종의 근로조건을 모두 적용하도록 하고 있다는 뜻입니다.

그런데 사용자가 1주 15시간 미만을 일하는 아르바이트생에게도 주휴일을 준다고 해도 상관은 없습니다. 왜냐하면 근로기준법은 근로조건의 최하한선을 규정하고 있는 것이므로 근로계약이나 취업규칙에서 더 유리한 조건으로 정했다면 근로기준법 규정과 상관없이 더 유리한 조건을 적용할 수 있기 때문입니다.

Q 단시간근로자의 경우 주휴일에 쉬면 임금은 받을 수 없나요?

저는 대학생인데요, 알바를 하고 있습니다. 저희 회사는 화요일에 일이 없어서 쉬고 있습니다. 회사의 과장님은 주휴일을 주는 것이지만 무노동무임금의 원칙에 따라 임금은 지급하지 않는 것이 원칙이라고 하네요. 그러면 직장생활을 하는 근로자들의 월급은 일요일을 제외한 임금인가요? 제가 언뜻 듣기에는 일요일은 유급휴일이라고 하던데, 유급휴일이면 일요일에 일하지 않고 쉬어도 임금을 받을 수 있는 것 아닌가요? 그러니까 일요일에 쉬어도 월급은 그대로 똑같이 지급되는 것 아니냐는 거죠?

A 단시간근로자(알바)도 1주간 개근했다면 주휴일은 유급이므로, 주휴수당(임금)을 받을 수 있습니다.

사용자는 단시간 근로자(아르바이트)에 대해서도 유급으로 주휴일을 줘야 하는데(근로기준법 §55), 유급주휴일은 1주간의 소정근로일수를 개근한 자에게 주는 것입니다(동법 시행령 §25). 하지만 패스트푸드점처럼 주말에 더 바쁜 사업의 경우에는 부득이하게 주휴일을 주지 못할 수도 있는데, 이럴 경우에는 주휴일근로수당을 별도로 지급해야 합니다(주40시간을 초과하는 경우 연장근로수당까지 별도로 지급해야 함을 참조하기 바랍니다).

따라서 주휴일에 쉬지 않고 일을 하면 휴일근로수당을 별도로 받을 수 있으므로 근로한 대가(100%), 유급으로 인정되는 8시간분 임금(100%)과 휴일근로가산수당(50%)을 더 받을 수 있습니다. 그리고 주휴일은 반드시 일요일에 줄 필요는 없습니다. 1주일 중에서 1일을 휴일로 주면 주휴일을 준 것이 됩니다.

Q **주휴일근로수당은 어떻게 계산하는지요?**

저는 주유소에서 일을 합니다. 주유소는 휴일에 더 바쁘기 때문에 일요일 없이 일을 하고 있습니다. 일요일에 일을 하면 휴일근로수당을 더 받아야 한다고 얼마 전 TV에서 봤는데, 주휴일에 쉬지 않고 일을 하는 경우 얼마를 더 받아야 되는 건지요? 계산 방식이 별도로 있는 건지요?

A **유급인 주휴일에 일을 하면 일급의 250%(주휴일 유급분 100%+근로의 대가 100%+휴일가산수당 50%) 받을 수 있습니다.**

주휴일에 대해 지급하는 임금을 일급 통상임금이라고 하는데, 일급 통상임금은 시간급에 4주 평균 1일 소정근로시간을 곱해서 산출을 합니다.

4주 평균 1일 소정근로시간은 4주간의 소정근로시간을 4주간의 총일수로 나누면 됩니다. 예를 들어 하루 6시간씩 일한다고 하면 시간급 5,500원에 소정근로시간 6시간을 곱하면 일급 통상임금을 구할 수 있습니다. 일요일 날 쉬더라도 33,000원의 일급 통상임금을 받을 수 있는 셈입니다. 그런데 일요일에 쉬지 않고 일을 했다면 원래 유급으로 지급하기로 했던 33,000원(100%)과 근로의 대가인 33,000원(100%), 그리고 휴일에 일을 했으니 휴일근로수당 16,500원(50%)의 총합 82,500원(250%)을 받을 수 있습니다(근로기준법 § 55).

만약 월, 수, 금요일 3일만 각 6시간씩 아르바이트를 한다고 가정할 경우 주휴수당은 다음과 같이 계산하면 됩니다.

※ 주휴수당 : 5,500원(시간급)×(18시간×4주÷24일)=16,500원

그런데 1주일에 3일만 근무하는 경우 주휴일을 언제 며칠을 줘야 하는지가 문제되는데, 휴무일 중 1일은 유급으로 주고 나머지 휴무일은 무급으로 부여하면 됩니다.

이렇게 근로자가 휴일근로를 하거나 연장근로, 야간근로를 함에도 불구하고 통상임금 50%의 가산수당을 지급하지 않는 사업주는 3년 이하의 징역 또는 2,000만원 이하의 벌금에 처해집니다(동법 § 109①). 하지만 근로자가 사업주의 처벌을 원하지 않는 경우에는 처벌되지 않습니다(반의사불벌죄, 동법 § 109②).

Q 단시간근로자(아르바이트)은 초과근로수당(O.T)을 받을 수 없나요?

PC방에서 시간당 6,000원을 받고 아르바이트를 하고 있는데요, 사장님이 12시에는 교대를 해줘야 하는데 제시간에 오는 적이 거의 없어요. 그래서 매일 1~2시간은 더 일을 했는데 월급을 더 주겠지하고 그냥 일을 했어요. 그런데 월급날에 연장근로한 부분에 대해 추가 계산해서 월급을 주지 않는 거예요. 아르바이트는 연장근로수당(O.T)을 받을 수 없나요?

A 기간제법의 개정에 따라 단시간근로자의 연장근로에 대하여 가산수당을 지급해야 하므로, 연장근로를 했다면 연장근로에 대한 임금(가산수당)은 당연히 청구할 수 있습니다.

단시간 근로자가 초과근로를 했다하더라도 총근로시간이 법정근로시간인 1일에 8시간을 초과하지 않거나 1주에 40시간을 초과하지 않았다면 사용자가 가산임금을 지급해야 할 법적 의무는 없었으나, 기간제법 개정에 의해 소정근로시간을 초과하는 연장근로에 대하여는 가산수당을 지급하도록 강제하고 있습니다.

따라서 단시간근로자가 1일 6시간만 근무하기로 했지만 매일 연장근로를 2시간씩 했다면 연장근로가산수당을 청구할 수 있습니다.

Q 야간근로수당을 별도로 청구할 수 있나요?

PC방에서 일한다고 문의 드렸던 알바생인데요, 연장근로수당과 야간근로수당은 다르다고 하던데, 맞나요? 야간근로수당은 저처럼 밤10시 이후에 일하는 알바들에게 적용되는 수당이라고 들었는데, 저도 밤 10시 이후에 대하여는 야간근로수당을 청구할 수 있는 건가요?

A 연장근로로 밤 10시를 넘겨 일을 했다면 야간근로수당을 별도로 청구할 수 있습니다.

PC방에서 12시까지 일을 한다면 10시부터 12시까지는 야간근로수당을 별도로 청구할 수 있습니다. 연장근로수당내에 야간근로수당이 포함되는 것이 아니라 밤 10시부터 다음날 오전 6시까지 일을 하면 야간근로라고 해서 별도로 야간근로수당을 청구할 수 있는 것입니다.

Q 아르바이트 할 때 일하는 도중 휴게시간은 유급인지요?

저는 복학 준비를 하고 있는 예비역으로, 택배회사에서 짐을 차에 싣는 아르바이트를 하고 있습니다. 그런데 일급을 계산할 때 점심시간과 휴식시간은 포함하지 않고 계산하여 일급을 지급합니다. 휴식시간은 원래 무급인가요?

A 휴게시간은 무급이 원칙입니다.

휴게시간이란 대기시간, 식사시간 등 명칭이 어떠하든 간에 근로자가 사용자의 지휘·감독으로부터 벗어나 자유로이 사용할 수 있는 시간을 말하는 것으로, 실제로 근로가 이루어지지 않는 시간이기 때문에 무급이 원칙입니다.

노사간의 별도의 계약이나 협정을 통해 휴게시간을 유급으로 하기로 했다면 휴게시간도 계산해서 임금을 지급해야 하지만 노사간에 별도의 협약을 정하지 않았다면 휴게시간은 무급으로 처리하는 것이 원칙이고, 휴게시간을 무급으로 처리하더라도 위법한 것은 아닙니다.

점심시간도 마찬가지입니다. 일반 회사에서도 오전 9시에 출근해서 오후 6시에 퇴근을 해도 8시간 근무했다고 하는 것은 점심시간 1시간을 근무시간에서 휴게시간으로 제했기 때문입니다.

휴게시간이 무급이라는 법적 근거는 근로기준법시행령 제38조에서 '휴게시간을 제외한 근로시간을 말한다'라는 명시적 규정입니다.

Q 10일 이상 일을 하지 않고 그만두면 정말 임금을 못 받나요?

후배가 커피숍에서 아르바이트를 10일 정도 하다가 너무 힘이 들어 그만두겠다고 사장에게 말을 했더니 사장이 10일 이상 일을 하지 않으면 월급을 주지 않는 것이 법원칙이라고 하더라구요. 커피숍 사장이 하는 말이 10일 이상 일을 하지 않고 그만두면 임금을 지급하지 않아도 된다고 근로기준법에 나와 있다고 했다는데 정말 그런가요?

A 단 1시간이라도 일을 했다면 임금을 청구할 수 있습니다.

10일 이하를 근무하면 임금을 주지 않아도 된다라는 규정은 근로기준법 어디에도 없습니다. 근로자는 단 한 시간을 일했다 하더라도 해당 근로에 대한 임금을 청구할 수 있는 것이 법상 원칙입니다. 10일 이상 일하지 않으면 돈을 안준다고 하는 그 사장의 말은 전혀 근거가 없고 혹시나 아르바이트생이 사장과 그런 합의를 했다고 해도 그 합의는 무효이므로 10일분에 해당하는 임금을 정당하게 청구할 수 있습니다. 만약 그 사장님이 임금을 지급하지 않으면 노동부에 진정을 하면 되고 그래도 임금을 지급하지 않는다면 임금지급규정(근로기준법 §43)과 14일 이내에 금품을 청산해야 한다는 규정(동법 §36)을 위반한 것으로 3년 이하의 징역 또는 3,000만 원 이하의 벌금에 처해집니다(동법 §109).

Q 단시간 근로자(알바)의 연차휴가는 어떻게 산정하나요?

저는 하루에 4시간씩 월요일~토요일까지 아르바이트를 합니다. 제가 알기로는 1주간의 평균 근로시간이 15시간 이상이면 연차휴가를 사용할 수 있다고 들었는데, 제가 알고 있는 것이 맞나요? 만약에 맞는다면 며칠의 연차휴가를 사용할 수 있는 건가요?

A **1주 소정근로시간이 15시간 이상이면 연차휴가를 사용할 수 있고, 연차휴가는 44시간을 사용할 수 있습니다.**

근로기준법은 단시간근로자의 근로조건을 통상근로자의 근로시간을 기준으로 산정한 비율에 따라 결정되어야 한다라고 규정하고 있습니다. 이 규정을 근거로 단시간근로자의 연차휴가를 산정하는 산식을 다음과 같이 규정하고 있습니다(근로기준법시행령 별표 1의2).

※ 통상근로자의 연차휴가일수×(단시간근로자의 소정근로시간/통상근로자의 소정근로시간)×8시간

위의 산식에 의하여 연차휴가시간수를 계산해 보면, 통상근로자의 연차휴가일수(15일)×[단시간근로자의 소정근로시간(24시간)/통상근로자의 소정근로시간(40시간)]×8시간=72시간입니다(1시간 미만은 1시간으로 간주, 단시간근로자의 1주간 소정근로시간이 불규칙한 경우에는 4주간의 소정근로시간을 평균한 시간으로 함).

72시간의 연차휴가시간에서 월, 화, 수 3일을 휴가로 사용하였다면 12시간을 사용한 것이므로 72시간에서 12시간을 공제한 60시간이 잔여 연차휴가시간수입니다.

그런데 위와 같이 연차휴가를 사용하는 것이라면 연차휴가를 18일(72시간) 사용할 수 있다는 것인데, 이는 통상근로자(15일)보다 많은 연차휴가를 사용할 수 있다는 불합리한 결과가 야기되므로, 단시간근로자의 휴가사용일수가 통상근로자의 휴가일수를 초과하는 경우에는 그 초과된 일수에 해당하는 휴가시간에 대하여는 휴가를 부여하지 않을 수 있습니다.

또 다른 예를 들어 보면, 1주간 1일 8시간씩 3일(월, 수, 금)을 근무하는 근로자의 경우에 위의 산식에 의하면, 연차휴가시간은 72시간입니다. 만약 월, 수 2일을 휴가로 사용하였다면 16시간을 사용한 것이므로, 72시간에서 16시간을 공제한 56시간이 잔여 연차휴가시간입니다. 동 예에서는 연차휴가를 9일(72시간/8시간) 사용할 수 있고 사용하지 않은 휴가일에 대하여는 연차휴가근로수당(미사용휴가시간×시간급 임금)을 지급하면 됩니다.

미사용한 연유급휴가시간(1일 단위로 사용할 수 없게 된 잔여휴가시간 포함)이 있는 경우에는 시간급임금을 기초로 연차휴가근로수당(미사용휴가시간×시간급 임금)을 지급하면 됩니다(근기 68207-3373, 2002.12.17.).

Q 단시간근로자(아르바이트)도 퇴직금이 있나요?

저는 편의점에서 1년 넘게 아르바이트를 했습니다. 일반인들은 대부분 편의점에서 아르바이트를 하는데 무슨 퇴직금이냐고 합니다. 그런데 어떤 사업장이든 1년을 넘게 일을 하면 퇴직금을 받을 수 있다는 소리를 들었는데, 저 같은 경우에도 퇴직금을 받을 수 있나요?

A 1주 평균 15시간 이상, 1년 이상 근무했다면 퇴직금을 받을 권리가 있습니다.

당연히 아르바이트, 즉 단시간 근로자들도 퇴직금을 받을 권리가 있습니다. 다만 퇴직금을 받으려면 1년 이상 근무를 해야 하고, 일주일에 적어도 평균 15시간 이상은 일을 해야 한다는 규정이 있습니다. 왜냐하면 주평균 근로시간이 15시간 미만인 단시간 근로자에게는 퇴직금, 주휴일, 연차휴가규정의 적용이 배제되고 있기 때문입니다. 근로자가 퇴직금의 수급요건을 갖추고 있음에도 퇴직금을 지급하지 않는 사업주는 2년 이하의 징역 또는 1,000만원 이하의 벌금에 처해질 수 있습니다.

참고로, 퇴직금의 법적 지급요건 중에 하나인 사업(장)내에 상시근로자수가 1인 이상이어야 한다는 의미는 일용직이든 아르바이트이든 고용형태와 무관하고, 1주간의 평균 근로시간이 15시간 미만인 근로자도 상시근로자수에 포함시켜야 하는 것으로 해석하는 것이 바람직하다 사료됩니다. 따라서 상시근로자수가 1인 이상이 되지 아니하면 퇴직금 지급의무는 없는 것입니다.

Q 단시간근로자(아르바이트)를 하다가 다쳐도 산재처리가 되나요?

저는 대형 할인매장에서 하역작업을 하는 아르바이트를 하고 있습니다. 지하 창고에서 매장으로 물품을 나르는 일인데요, 지하 창고에서 일을 하다가 쌓아둔 박스가 무너지면서 다쳤습니다. 저 같은 아르바이트생도 산재가 적용되나요?

A **① 일용직이든 단시간근로자든 업무수행 중에 업무로 인해 부상 또는 질병을 얻었다면 산재처리가 인정됩니다.**

사고(부상)를 당한 경우에는 업무수행 중이어야 한다는 요건이 엄격하게 적용되지만 질병의 경우 최근에는 업무기인성의 범위를 폭넓게 인정하고 있어 출퇴근중이나 퇴근 후라도 요건을 충족하면 산재로 인정되고 있습니다. 산재보험은 1인 이상의 근로자를 채용하여 사용하는 모든 사업장은 가입이 의무화되어 있고, 가입의무는 사업주에게 있으며 산재보험료의 납부의무도 사업주에게 있습니다. 따라서 산재보험에 가입되어 있지 않은 사업장에서 근무하던 근로자가 사고로 다치더라도 근로자는 산재신청을 하면 됩니다. 그러면 근로복지공단에서 당해 근로자에게 산재보험급여를 지급합니다.

② 상시근로자 1인 이상 사업장은 산재보험을 가입해야 할 법적 의무가 있습니다.

산재보험은 채용 근로자별로 가입하는 것이 아니라 사업장 단위로 가입하는 것이므로, 사정이 안되면 우선은 근로자 2~3명을 대상으로 하여 산재보험을 가입하면 됩니다. 그러면 다른 직원이나 아르바이트가 일을 하다가 다쳐도 산재처리를 할 수 있고, 2018.7.1부터는 상시 1인 미만의 사업장도 산재보험이 적용됩니다.

1인 이상의 근로자를 사용하는 사업주는 산재보험을 가입하여야 할 법적 의무가 있는데, 이를 지키지 않고 사업을 하다가 근로자가 다치기라도 하면 사업주는 1인 이상의 근로자를 채용한 시점을 기준으로 3년까지 소급 가입된 산재보험료(가산금, 연체료)를 부담하게 됨과 동시에 근로복지공단에서 근로자에게 지급한 보험급여의 50%를 '급여징수금'이라는 명목으로 강제로 납부해야 합니다.

말 그대로 산재보험도 '보험'이므로, 사업을 시작하였다면 반드시 산재보험에 가입하여야 합니다. 만약에 산재보험을 가입하지 않은 상태에서 불의의 사고로 근로자가 사업장에서 사망하였다면 사업주는 급여징수금(산재근로자에게 지급된 산재보험료의 50%)을 납부해야 합니다.

뿐만 아니라 산재보험료를 체납하고 있는 중에 산재사고가 발생하면 근로자에게 지급된 산재보험료의 10%에 해당하는 금액을 급여징수금이라는 명목으로 강제납부해야 하므로 산재사고가 발생할 위험이 높은 사업장은 산재보험료를 기한내에 납부해야 불이익을 받지 않습니다.

Q **단시간 근로자는 '겸업'이 금지되나요?**

하루에 4시간(오전) 정도의 근무를 하는 아르바이트를 하고 있어서 오후에는 시간적으로 여유가 있습니다. 그래서 오후에도 비슷한 업종에서 4시간 정도를 더 일하고 있습니다. 그런데 회사에서 이 사실을 알고 징계해고를 했습니다. 이 징계해고가 정당한 것인가요?

A **회사 사규에서 규정하고 있고 정당한 사유가 있다면 정당한 징계해고입니다.**

단시간 근로자는 근무시간이 짧기 때문에 퇴근후에 충분히 다른 일을 추가로 할 수 있고 또한 개인 사업체를 운영할 수도 있습니다. 이에 대하여 노무제공에 지장을 주지 않는다면 겸업을 인정해야 한다는 견해와 재충전을 위한 휴식시간에 다른 일을 하는 것은 부당하므로 겸업을 부정해야 한다는 견해로 대립하고 있습니다. 겸업은 동종 업종간에 재무상의 비밀과 제조기술의 비밀, 정책기술상의 비밀유지에 문제가 있을 수 있으므로, 취업규칙 등 사규에 이를 징계대상으로 규정하고 있고, 이중취업으로 인하여 사용자에 대한 근로제공의무와 성실의무를 성실히 이행하지 못하면서 반복적인 지각과 근무태만 등으로 근로계약을 더 이상 유지할 수 없을 정도의 근로자의 귀책사유가 있는 경우에는 겸업을 이유로 징계해고 하였더라도 그 정당성을 인정받을 수 있을 것입니다.

Q **(재택)단시간근로자 - 집에서 일을 하는 경우에도 똑같이 보호를 받을 수 있는 건가요?**

저는 '텔레마케터'로 회사와 합의하여 집에서 일을 하고 있어요. 회사에서 주기적으로 감독을 나오고 업무량도 일정량을 정해서 그 업무량을 마쳐야 일을 그만합니다. 저와 같이 이런 형태로 집에서 일하는 사람들도 근로자라고 봐야 하나요? 만약에 근로자라면 일반 근로자들처럼 똑같이 보호를 받을 수 있는 건가요?

A 가내근로의 경우 근로시간 간주제도를 적용하여 근로시간을 산정하여 임금을 지불합니다.

재택근무는 근로형태의 하나이므로, 재택근무자의 근로자성을 부인할 수는 없습니다. 그런데 집에서 일을 하는 경우 근로시간을 몇 시간으로 책정을 해야 하느냐입니다. 그래서 재택근무를 하는 근로자들은 일반적으로 근로시간 간주제도를 적용하여 근로시간을 산정하고 이에 따라 임금이 지급됩니다. 이 정도 일정량의 업무량이나 업무의 특성을 고려하면 어느 정도의 근무시간이 필요한가는 대략 가늠할 수 있고 그러면 이에 따라 근로를 했다고 간주해 주는 것입니다.

근로시간 간주제도의 도입을 위해서는 사용자는 근로자 대표(근로자의 과반수를 대표하는 노동조합)와 대상업무, 근로한 것으로 간주하는 시간, 업무수행에 관한 구체적 지시를 배제한다는 내용 등에 대하여 합의를 하여야 합니다.

이외에도 재택근무자를 근로자로 볼 것인가를 판단하는 기준은 여러 가지가 있는데, 여기에 해당해야만 근로자성을 인정합니다.

가내근로나 통신근로도 근무 형태중의 하나에 불과하므로, 근로기준법의 보호규정들이 적용됨은 당연합니다.

5인 이상 사업장의 경우 연차휴가나 휴일, 연장근로에 대한 가산임금을 청구할 수 있을 뿐만 아니라 상시근로자수가 1인 이상인 사업장이고 주 15시간 이상을 근무를 1년 이상 했다면 퇴직금도 받을 수 있습니다.

2. 파견근로자 보호법

가. 파견근로자보호등에관한법률

(1) 동 법률의 입법취지

동 법률은 근로자파견사업의 적정한 운영을 기하고 파견근로자의 근로조건 등에 관한 기준을 확립함으로써 파견근로자의 고용안정과 복지증진에 이바지하고 인력수급을 원활하게 함을 목적으로 입법화되었습니다.

(2) 근로자파견과 파견사업주, 사용사업주의 정의

"근로자파견"이라 함은 파견사업주가 근로자를 고용한 후 그 고용관계를 유지하면서 근로자파견계약의 내용에 따라 사용사업주의 지휘·명령을 받아 사용사업주를 위한 근로에 종사하게 하는 것을 말하는데, 여기서 "파견사업주"라 함은 근로자파견사업을 행하는 자를 말하고, "사용사업주"라 함은 근로자파견계약에 의하여 파견근로자를 사용하는 자를 말하며, "파견근로자"라 함은 파견사업주가 고용한 근로자로서 근로자파견의 대상이 되는 자를 말합니다.

참고로, "근로자파견계약"이라 함은 파견사업주와 사용사업주간에 근로자파견을 약정하는 계약을 말하는 것으로, 파견사업주와 파견근로자가 체결한 근로계약과는 차이가 있습니다. 그리고 동법률 제26조에 따르면 파견근로자는 파견사업주에게 근로자파견계약의 내용 중 파견대가에 관한 내역서의 제시를 요구할 수 있으며, 파견사업주는 지체 없이 그 내역을 서면으로 제시하여야 한다는 규정이 있음을 알아두시기 바랍니다.

(3) 동 법률의 주요내용

㉠ 근로자파견사업의 대상 및 금지업무

근로자파견사업은 제조업의 직접생산공정업무를 제외하고 전문지식·기술·경험 또는 업무의 성질 등을 고려하여 적합하다고 판단되는 업무로서 대통령령이 정하는 업무를 대상으로 하고, 동 사업을 행할 수 없는 업무는 다음과 같습니다.

1. 건설공사현장에서 이루어지는 업무
2. 「항만운송사업법」 제3조제1호, 「한국철도공사법」 제9조제1항제1호, 「농수산물 유통 및 가격안정에 관한 법률」 제40조, 「화물유통촉진법」 제2조제2호·제10호의 규정에 따른 하역업무로서 「직업안정법」 제33조의 규정에 따라 근로자공급사업 허가를 받은 지역의 업무
3. 「선원법」 제3조의 규정에 따른 선원의 업무
4. 「산업안전보건법」 제28조의 규정에 따른 유해하거나 위험한 업무
5. 그 밖에 근로자 보호 등의 이유로 근로자파견사업의 대상으로는 적절하지 못하다고 인정하여 대통령령이 정하는 업무

※ **대통령령으로 정하는 금지업무** : ① 「진폐의 예방과 진폐근로자의 보호 등에 관한 법률」 제2조제3호에 따른 분진작업을 하는 업무, ② 「산업안전보건법」 제44조에 따른 건강관리수첩의 교부대상 업무, ③ 「의료법」 제2조에 따른 의료인의 업무 및 같은 법 제80조에 따른 간호조무사의 업무, ④ 「의료기사 등에 관한 법률」 제3조에 따른 의료기사의 업무, ⑤ 「여객자동차 운수사업법」 제2조제3호에 따른 여객자동차운송사업의 운전업무, ⑥ 「화물자동차 운수사업법」 제2조제3호에 따른 화물자동차운송사업의 운전업무

㉡ 파견기간(동법률 제6조의2)

종전 파견법 제6조제3항에 따르면 사용사업주가 2년을 초과하여 계속적으로 파견근로자를 사용하는 경우에는 파견근로자가 명시적인 반대의사를 표시하는 경우를 제외하고는 2년의 기간이 만료된 날의 다음 날부터 파견근로자를 고용한 것으로 보도록 규정(고용의제)하고 있었습니다.

이후 파견법 제6조의2제1항에 따르면 근로자파견대상 금지업무를 제외하고는 사용사업주가 2년을 초과하여 계속적으로 파견근로자를 사용하는 경우에는 당해 파견근로자를 직접 고용하도록 규정(고용의무)하고 있어 파견근로자를 2년을 초과하여 사용한 경우 고용의제→고용의무로 개정되면서 그 제재는 약화되었다고 볼 수 있습니다.

※ 관련사례 : 파견근로자의 사용기간이 2년이 경과한 후 기간제근로자로 채용할 수 있는지?

동법률 제6조의2제1항에 따르면 근로자파견대상 금지업무를 제외하고는 사용사업주가 2년을 초과하여 계속적으로 파견근로자를 사용하는 경우에는 당해 파견근로자를 직접 고용하도록 의무를 부과하고 있습니다. 이러한 직접 고용의무 규정은 같은 법 부칙 제2항에 따라 동 법률의 시행일(2007.7.1.) 이전에 체결된 계약이라 하더라도 시행일 이후에 총 파견기간이 2년을 초과하게 되면 발생됩니다.

동법률에서는 사용사업주에게 직접 고용의무만 부과하고 있을 뿐 고용형태에 대해서는 달리 규정하고 있지 아니하므로 노사 당사자간의 합의로 기간제근로계약을 맺을 수도 있을 것으로 사료됩니다. 다만, 입법취지에 비추어 볼 때 기간제 근로계약을 체결하는 것이 당해 파견근로자의 사용기간, 종사했던 업무의 상시성 여부, 그간 동종 근로자의 채용관행 등 구체적 사실관계를 고려해 볼 때 사용사업주가 직접 고용의무를 단순히 면하기 위한 절차에 지나지 않는 것으로 판단되는 때에는 직접 고용의무를 이행하지 않은 것으로 볼 수도 있을 것입니다(비정규직대책팀-1952, 2007.05.28.).

ⓒ 차별적 처우의 금지

동법률 제21조에 의하면 파견사업주와 사용사업주는 파견근로자임을 이유로 사용사업주의 사업 내의 동종 또는 유사한 업무를 수행하는 근로자에 비하여 파견근로자에게 차별적 처우를 하여서는 아니되며, 여기서 '차별적 처우'라 함은 임금 그 밖의 근로조건 등에 있어서 합리적인 이유 없이 불리하게 처우하는 것을 말합니다. 이러한 '차별적 처우 금지' 관련 규정은 사업장의 규모에 따라 단계적으로 시행(공공부문 및 300인 이상은 2007.7.1부터, 100인 이상 300인 미만은 2008.7.1부터, 100인 미만은 2009.7.1부터)됩니다. 여기서 '차별적 처우 금지' 영역에 포함되는 근로조건 등의 범위는 근로기준법, 취업규칙 또는 근로계약 등에 의한 근로조건으로서 임금, 근로시간, 휴일, 휴가, 안전·보건 및 재해보상 등이 포함(파견근로자로서 사용사업주의 사업장에 편입되어 근로를 제공하는 데에 따른 근로조건 등이 차별처우가 금지되는 영역)된다 할 것입니다(비정규직대책팀-2414, 2007.06.26.).

심화학습 도급계약과 '근로자파견계약'의 관계 [현대자동차 불법파견관련 판례(서울중앙지법)]

1. 문제의 쟁점

자동차제조사와 사내협력업체가 체결한 도급계약은 적법한 도급계약인지, 아니면 도급으로 위장한 '근로자파견계약'인지가 논란의 중심에 있고, 만약 당해 도급계약이 근로자파견계약이라면 차별처우에 대하여 손해배상청구를 할 수 있는지가 논란의 쟁점이 되고 있다.

2. 도급계약이 근로자파견계약에 해당하는지 여부

① 도급금액(기성금) 산정상의 문제

자동차제조사와 사내협력사간의 도급계약상에는 매월 기성금(도급금액)을 지급하는 것으로 되어 있지만, 기성금의 산정방식은 일의 결과에 따른 도급금액이 아니라 사내협력사 소속 근로자들의 근로시간수에 따라 변동적으로 지급된 것으로 보이므로, 기성금은 일의 완성보다는 노동력제공 자체에 대한 대가로 봄이 상당하여 계약의 목적이 근로자의 노동력 제공 그 자체에 있었다고 판단된다. 따라서 적법한 도급계약으로 보기 어렵다.

② 자동차제조사에 실질적인 지휘·감독권이 있었는지 여부

자동차제조사는 여러 형태로 사내협력사 근로자들에 대한 작업방식을 지시했고, 사내협력사는 그와 다른 방식으로 작업을 수행할 수 있는 독자적인 권한이 없었으므로, 사내협력사의 현장관리인 등이 근로자들에게 구체적인 지휘·명령권을 행사했다하더라도 이는 도급인(자동차제조사)이 결정한 사항을 전달한 것에 불과하거나 그러한 지휘·명령이 도급인 등에 의해 통제되어 있는 것에 불과하다. 자동차제조사가 사내협력사 소속 근로자에 대하여 작업장소, 작업속도, 작업내용에 대한 실질적인 지휘·감독권을 행사한 점을 감안하면 자동차제조사의 작업지시는 도급을 위한 지시권의 한계를 넘은 것으로 보인다. 따라서 양 당사자간의 도급계약은 적법한 도급으로 보기 어렵다.

③ 사내협력사는 도급업무를 완성할 수 있는 기술이나 설비 등을 갖추고 있었는지 여부

사내협력사의 업무는 수급인으로서의 전문적인 기술이 요구되지 않았을 뿐만

아니라 실제로 고유기술이나 자본 등이 투입되지 않았고, 오로지 당해 자동차제조사만을 상대로 사업을 영위했으며, 자동차제조사가 제공하는 사무실 외에는 별도의 사무실을 가지고 있지 않아 사내협력사가 고유하고 특화된 업무를 도급받았다고 보기도 어렵다.

④ 소결

위와 같은 사항들을 감안하건대, 자동차제조사와 사내협력사간에 체결된 도급계약은 실질적으로 근로자파견계약에 해당한다.

3. 파견근로자보호법상 직접고용의무의 법적 성격

자동차제조사와 사내협력사간의 도급계약은 실질적으로 근로자파견계약에 해당한다고 판단함에 따라 사내협력사 소속 근로자들에게는 파견근로자보호법이 적용된다.

① 직접고용의무규정의 법적 성격

파견근로자가 파견근로자보호법상의 직접고용의무규정을 근거로 사용자에게 요구할 수 있는 권리는 그 의무의 내용인 고용의 의사표시를 구할 수 있는 청구권이지 근로자의 일방적인 의사표시에 의해 근로계약관계가 성립되는 형성권이라고 할 수는 없다.

② 직접고용의무규정의 법적 성격에 대한 판례

파견근로자보호법 제6조의2제1항의 직접고용의무규정은 단순히 사용사업주가 고용의무를 위반할 경우 공법상 제재의 행정벌(과태료)만 부담하는 행정상 의무조항에 불과하다고 보기 어렵고, 사용사업주는 위 규정에 따라 파견근로자에 대하여 고용의무를 부담하며, 그와 직접적인 사법상의 이해관계를 갖는 파견근로자로서는 사용사업주에 대하여 고용의무의 이행을 청구할 수 있는 사법상의 청구권을 가진다고 봄이 상당하다고 보아 판례는 직접고용의무규정에 청구권적 성격을 부여했다.

4. 직접고용의무 발생 전·후의 손해배상청구권에 대한 법적 근거

① 직접고용의무 발생 前-불법행위로 인한 손해배상청구권

파견기간이 2년이 경과하지 않으면 직접고용의무는 발생하지 않지만, 동종 또는 유사한 업무에 종사하는 사내협력사 근로자들이 자동차제조사의 근로자들보다 적은 임금을 받아 온 것은 차별금지규정을 위반하는 불법행위에 해당하므로, 파

견근로자는 2년이 경과하기 전에는 사용사업주에게 '불법행위로 인한 손해배상청구권'을 행사할 수 있다.

② 직접고용의무 발생 後-채무불이행으로 인한 손해배상청구권

파견기간이 2년을 경과하면 사용사업주에게는 '직접고용의무'라는 채무가 발생한다. 파견근로자는 사용사업주에게 이 채무(직접고용의무)를 불이행한 것에 대하여 손해배상청구권을 행사할 수 있다.

5. 결론-동 판례(서울중앙지법 2014.9.18선고)의 의의

동 판례(2010가합112481, 2012가합70567 등)는 자동차제조사와 사내협력사 간의 도급계약을 근로자파견계약을 보았다는 점에서 그 의의가 크다고 할 것이고, 파견근로자보호법 제6조의2제1항의 직접고용의무규정에 청구권적 성격을 부여했다는 점, 그리고 직접고용의무 발생 전후의 손해배상청구에 대한 법적 근거를 제시했다는 점에서도 주목할만한 판결로, 향후 상급심 판결에 기대를 모을 수 밖에 없다.

Q 제조공정에서는 근로자파견이 절대 안되는 건가요?

제조현장에서는 파견근로자를 절대로 사용할 수 없는 것인지요? 조금의 예외적인 사항도 없나요?

A 제조공정에서는 원칙적으로 근로자파견이 허용되지 않지만 예외적인 경우에 한하여 근로자파견이 가능한 경우도 있습니다.

파견법 제5조제1항 및 제2항에 따라 제조업의 직접생산공정업무는 원칙적으로 근로자파견대상업무에서 제외됩니다. 하지만 생산공정에서도 출산·질병·부상 등으로 결원이 생긴 경우 또는 일시적·간헐적으로 인력을 확보하여야 할 필요가 있는 경우에 한하여 파견근로자를 사용하는 것이 허용됩니다(비정규직대책팀-2928, 2007.07.19.).

Q 포장작업만을 독립하여 도급으로 운영하는 것이 가능한가요?

포장작업만을 도급으로 주는 것도 가능한 것인지 문의하오니 답변부탁드립니다.

A 포장작업만을 "도급"으로 운영하는 것은 가능합니다.

도급은 「민법」 제664조에서 규정하고 있는 것으로서, 그 대상에 제한을 두고 있지 않으므로 포장작업만을 "도급"으로 운영하는 것도 가능합니다.

다만, 이 경우에도 원사업자와 하도급업체 간의 계약의 명칭, 형식 등(도급계약이든, 파견계약이든)에도 불구하고 원사업자가 하도급업체 근로자에 대하여 업무상 지휘·명령권을 행사하는 등 그 실질이 파견법 제2조제1호의 '근로자파견'에 해당하는 경우(「'근로자파견'의 판단기준에 관한 지침」, 비정규직대책팀-1303 참조)라면, 이에 대해서는 파견법을 적용하여 불법파견 여부를 판단·처리하여야 할 것입니다(비정규직대책팀-3174, 2007.08.07.).

Q 대형할인마트내 '물품 판매원'의 업무가 파견대상업무에 해당하나요?

대형마트의 물품판매원도 파견근로자로 사용할 수 있는 건가요?

A 백화점·대형할인마트 직영매장의 '종합소매판매원(51201)'에 해당하는 경우에는 파견법상의 근로자파견이 허용되지 않습니다.

'대형할인마트내의 물품판매원'은 소매업체에서 일반소비자에게 상품을 판매하는 자로서, 한국표준직업분류(통계청 고시 제2000-2호)의 '소매업체 판매종사자'(512)에 속하는 것으로 보이는 바, 파견대상업무를 규정하고 있는 파견법시행령 별표 1에는 동 직업분류의 '소매업체 판매 종사자'(512) 중에서 '종합 소매판매원'(51201), '음식료품 및 담배 소매판매원'(51202), '의복, 신발 및 관련제품 소매판매원'(51203), '가정용 기기, 가구 및 장비 소매판매원'(51204), '서적, 문구 및 사무, 정밀기기 소매판매원' (51205)에 대해서는 파견을 허용하지 않고, '주유원'(51206), '기타 소매업체 판매원'(51209)의 업무에 대해서는 파견을 허용하고 있습니다.

대형할인마트내 물품판매원이 수퍼마켓, 편의점 등과 같이 각종 상품을 종합적으로 소매하는 자에 해당하는 경우에는 동 직업분류의 '종합소매판매원(51201)'에 해당되어 파견이 허용되지 않는 바, 백화점이나 대형할인마트 등의 경우에도 물품의 구매, 판매 및 재고 등 경영관리가 백화점·대형할인마트의 독자적인 책임아래 이루어지는 매장(직영매장)으로서 '종합소매판매원(51201)'에 해당하는 경우에는 파견법상의 근로자파견이 허용되지 않습니다.

다만, 백화점 또는 대형할인마트의 경우에도 ① 특정업체와 계약을 맺고 마진율만큼 수수료를 받는 매장으로서, 상품판매 등 거래에 대한 장부관리와 판매직원의 복무관리는 백화점·대형할인마트에서 수행하지만 상품에 대한 소유, 판매수익, 재고책임 및 판매직원의 임금지급 등은 특정업체에서 수행하는 매장(특정매입매장), ② 임대보증금을 받고 임대한 매장으로 물품의 구매, 판매, 재고관리 등이 임차한 매장의 영업주 책임 아래 이루어지는 매장(임대1), ③ 임대보증금과 매월 매출액의 일정 비율만큼 수수료를 받고 임대한 매장으로 판매관리는 백화점·대형할인마트에서 이루어지나 구매 및 재고관리 등은 임차한 매장의 영업주 책임 아래 운영되는 매장(임대2)의 경우에는 각 판매되는 상품에 따라 위 직업분류의 51202~52109에 해당할 수 있으며, 이 중 51202~51205에 해당하지 않는 상품(51206, 51209)의 경우에는 파견법상 근로자파견이 허용됩니다(비정규직대책팀-3048, 2007.07.30.).

Q 특정업무에 파견근로자를 2년간 사용 후 1년의 공백기간을 거쳐 동일 근로자를 파견근로자로 다시 사용할 수 있나요?

파견근로자로 2년 근무하고 퇴사하였는데, 1년쯤 지나서 재입사한 경우 다시 파견해도 문제없나요?

A 파견기간(2년)을 면탈 내지 회피하려는 목적이 없다면 가능합니다.

파견법 제6조제2항에서 정하고 있는 파견기간을 면탈 내지 회피하려는 목적이 없는 경우에는 동 규정의 위반이라고 볼 수 없을 것입니다.

그러나, 해당 사용업체에서 파견근로자의 직접 고용의무를 회피하기 위한 수단으로 위와 같은 유사한 방법으로 재 파견이 반복되고 있는지 등에 대해서는 당해 파견근로자의 구직활동 내역, 다른 회사의 근무경력, 사용업체의 새로운 파견근로 사유 발생여부, 파견이 단절된 기간 등을 종합적으로 고려하여 직접 고용의무가 발생되는지에 대하여 추가적인 검토가 필요할 것입니다(비정규직대책팀-1195, 2007. 04.13.).

만약 파견기간 2년이 경과하면 발생하는 직접고용의무를 면탈하려는 목적으로 다른 파견현장에 1년 동안 보냈다가 다시 동일 현장으로 파견을 보내는 것이라면 이는 동법 위반입니다.

Q '고용의제'와 '고용의무'의 차이는?

저는 파견직 근로자인데요, 이번 비정규직보호법안 중에서 근로자파견법의 고용의제조항이 고용의무조항으로 개정된다고 하던데, 무슨 차이가 있는 건가요?

A 고용의제는 기간의 경과로 고용된 것으로 보는 것이고, 고용의무는 기간 경과 후에 고용해야 할 의무가 발생한 것을 의미합니다.

'파견근로자보호등에관한법률' 제6조제3항은 사용사업주가 2년을 초과하여 계속적으로 파견근로자를 사용하는 경우에는 2년의 기간이 만료된 날의 다음 날부터 파견근로자를 고용한 것으로 본다라고 규정하여 '고용의제' 조항을 두고 있었습니다. 그런데 이 규정을 고용의무조항으로 개정하였습니다.

'고용의제'는 기간의 경과로 이미 고용된 것으로 간주되는 것으로, 사용자나 근로자의 선택사항이 아니라는 것입니다. 그래서 사용사업주가 당해 근로자의 계속

고용을 거부하는 경우 이는 사용자가 이미 성립되어 있는 근로관계를 일방적으로 해지하는 것이 되어 부당해고문제가 발생하게 됩니다. 만약 부당해고라고 판정이 되면 원직복직 및 임금상당액(해고기간동안의 미지급임금)을 지급해야 하며, 이를 위반할 경우 이행강제금처분을 받을 수 있습니다.

'고용의무'는 기간의 경과로 당해 근로자를 고용해야 하는 의무가 발생한 것이므로, 아직 근로관계가 성립한 것은 아닙니다. 따라서 사용사업주가 계속고용을 거부하더라도 부당해고문제는 발생하지 않고 다만 고용의무 위반에 대한 제재를 받을 뿐입니다.

Q 파견기간 2년이 경과하여 직접고용하는 경우 기간제로 채용해도 무방한가요?

파견기간 2년이 되면 직접고용해야 한다고 알고 있습니다. 여기서 직접고용이라하면 정규직(무기계약직)을 말하는 것인지요? 아니면 기간제로 채용해도 상관없는지요?

A 노사 당사자간의 합의로 무기계약이든 기간제근로계약이든 선택하여 체결할 수 있습니다.

파견법 제6조의2제1항에 따르면 근로자파견대상 금지업무를 제외하고는 사용사업주가 2년을 초과하여 계속적으로 파견근로자를 사용하는 경우에는 당해 파견근로자를 직접 고용하도록 의무를 부과하고 있고, 이러한 직접 고용의무 규정은 같은 법 부칙 제2항에 따라 동 법률의 시행일(2007.7.1.) 이전에 체결된 계약이라 하더라도 시행일 이후에 총 파견기간이 2년을 초과하게 되면 발생됩니다.

동법률에서는 사용사업주에게 직접 고용의무만 부과하고 있을 뿐 고용형태에 대해서는 달리 규정하고 있지 아니하므로 노사 당사자간의 합의로 무기계약 또는 기간제근로계약을 맺을 수도 있을 것입니다.

다만, 입법취지에 비추어 볼 때 기간제 근로계약을 체결하는 것이 당해 파견근로자의 사용기간, 종사했던 업무의 상시성 여부, 그간 동종 근로자의 채용관행 등 구체적 사실관계를 고려해 볼 때 사용사업주가 직접 고용의무를 단순히 면하기 위한 절차에 지나지 않는 것으로 판단되는 때에는 직접 고용의무를 이행하지 않은 것으로 판단할 여지도 있음을 알아두어야 할 것입니다(비정규직대책팀-1952, 2007.05.28.).

Q 복리후생제도가 차별적 처우 금지영역에 포함되는 것인지요?

파견근로자와 본사 근로자간에 큰 차이가 있는 부분이 바로 복리후생부분인데요, 이 부분에 대하여 차별시정신청을 할 수 있는지 궁금해서요.

A 종합적인 고려가 있어야 할 사안으로, 복리후생제도는 차별적 처우금지의 범위에 포함하기에는 아직 어렵다는 것이 사견입니다.

차별적 처우 금지 영역에 포함되는 근로조건 등의 범위는 근로기준법, 취업규칙 또는 근로계약 등에 의한 근로조건으로서 임금, 근로시간, 휴일, 휴가, 안전·보건 및 재해보상 등이 포함된다 할 것입니다. 일반적으로 파견근로자의 경우에는 고용관계와 사용관계가 분리되는 고용형태의 특수성으로 인하여 차별적 처우 금지영역의 범위가 기간제·단시간근로자와는 다르기 때문에 파견근로자로서 사용사업주의 사업장에 편입되어 근로를 제공하는 데에 따른 근로조건 등이 차별처우가 금지되는 영역에 포함된다 할 것입니다.

따라서 경조사비, 자녀학자금 지원, 건강검진비 지원 등 복리후생제도를 차별적 처우 금지영역에 포함시킬 수 있는지 여부 등에 대해서는 동 복리후생제도가 사용종속관계 성립을 전제로 지급되는 것인지 또는 파견근로자가 사용사업주의 사업장 편입에 따라 수혜가 가능한 것인지 여부, 사용사업주와 파견사업주 간에 맺은 근로자파견계약의 내용 등 구체적인 사실관계 등을 종합적으로 고려하여 판단하여야 할 것입니다. 아직까지 이 부분에 대한 명시규정이 없기 때문에 향후 이 문제에 대한 노동위원회의 판정이나 법원의 판례가 축적되어 그에 따른 판단기준이 형성된 이후에 명확한 판단이 가능할 것이라 판단됩니다(비정규직대책팀-2425, 2007.06.26.).

3. 일용근로자 보호규정

노동관계법은 특별히 일용근로자를 보호하는 별도의 법률을 두고 있지는 않습니다. 하지만 일용근로자가 계속근로를 하여 1주 개근을 하면 근로기준법 제55조에 의해 주휴일을 부여해야 하고, 1개월 개근을 하면 근로기준법 제60조제2항에 의해 1일의 연차휴가를 부여해야 하며, 1년을 개근하면 근로기준법 제60조제1항에 의해 15일의 연차휴가를 부여해야 할 뿐만 아니라 근로자퇴직급여보장법 제8조에 의해 1년에 대하여 30일분 이상의 평균임금을 지급해야 합니다.

위와 같이 일용근로자를 보호하는 별도의 법률이 존재하지 않는 이유는 일용근로자도 일반근로자와 동일하게 노동관계법을 적용해야 하기 때문이라고 판단됩니다.

일용근로자의 보호문제에서 가장 중요한 것은 고용안정문제이고, 이 문제는 일용근로자에게는 해고문제가 발생하지 않는지가 쟁점일 것입니다.

일용근로자의 해고문제는 근로기준법 제35조제1호를 면밀히 검토하면 그 해답을 찾을 수 있을 것이라 판단되는데, 동법 제35조제1호는 '일용근로자로서 3개월을 계속 근무하지 아니한 자'에 대하여는 해고예고를 하지 않아도 된다고 규정하고 있는 점을 감안하면, 일용근로자가 3개월 이상 계속 근무했다면 정당한 이유없이 해고할 수 없다는 결론에 도달합니다. 즉, 일용근로자라도 3개월 이상 계속하여 근로를 시켰다면 해고의 정당성 여부는 별론으로 하더라도 해고문제는 발생한다는 것입니다.

기타 일용근로자 보호규정에 대하여는 다음에서 사례별로 살펴보도록 하겠습니다.

Q 일용직도 퇴직금을 받을 수 있나요?

큰 공사현장에서 일용근로자로 1년을 넘게 일을 계속해 왔는데 공사현장소장은 공사가 종료될 때 일용직은 퇴직금제도 자체가 적용되지 않는다고 합니다. 정말 일용직은 1년을 넘게 일을 해도 퇴직금을 받을 수 없나요?

A 근로관계의 중단이 없었다면 상용근로자로 보아 퇴직금을 지급합니다.

일용 근로자라고 하더라도 사실상 근로관계가 중단되지 않고 계속된 경우에는 상용근로자로 보아 퇴직금을 지급하여야 하는 것이므로(대법 93다26168), 1년에 13일 정도만 결근하고 1년 이상 계속 근로한 경우에는 사실상 상용근로자로서 당연히 퇴직금 지급대상자라는 판례가 있습니다(대법 96다24699).

또한 명목상 일일고용으로 채용되었으나 임금은 월별로 지급받고 2개월마다 2~3일씩 해고된 후 다시 채용한 경우에도 상용 근로자로 보아(대법 74다1625) 퇴직금 지급대상자로 보고 있습니다. 따라서 1년을 거의 쉬지 않고 같은 공사 현장에서 일을 했다면 퇴직금을 청구할 수 있습니다. 물론 퇴직금은 상시근로자수가 1인 이상의 근로자가 일하는 사업장에서 1주일에 적어도 15시간 이상씩 1년 이상 계속 근무를 해야 받을 수 있습니다. 또한 건설일용근로자는 법정퇴직금 외에 '퇴직공제금'도 받을 수 있으므로 이에 대하여도 알아보시는 것이 좋을 듯합니다.

Q 퇴직금을 일당 임금 속에 포함해서 이미 지급했다면?

일용직 근로자로 1년을 넘게 일을 해왔는데 퇴직금을 청구하니까 이미 일당 속에 포함시켜 지급했다고 합니다. 퇴직금은 퇴직을 할 때 청구하는 것으로 알고 있는데, 회사는 일당 속에 포함해서 지급했다고 하지만 저희 일용직 근로자들은 이 사실을 전혀 알지 못하고 있었는데 이런 경우에도 퇴직금을 지급한 것으로서 효력이 있는 건가요?

A 일당 속에 포함되어 지급된 퇴직금은 퇴직금으로서 효력이 없습니다.

근로기준법은 사용자에 대하여 퇴직하는 근로자에게 반드시 퇴직금을 지급할 수 있는 제도를 마련할 것을 규정하고 있고, 퇴직금이란 퇴직이라는 근로관계의 종료를 요건으로 하여 비로소 발생하는 것으로 근로계약이 존속하는 한 퇴직금 지급의무는 발생할 여지가 없습니다(대법 95다19256). 따라서 매일 지급받는 일당 임금 속에 퇴직금이란 명목으로 일정한 금원을 지급하였다고 하여도 그것이 사용자가 일방적으로 지급한 것이라면 근로기준법에서 정하는 퇴직금지급으로서의 효력은 없습니다(대법 96다24699).

일용직의 경우에도 대부분 주급이나 월급형태로 임금을 지급하는 것이 일반적인데, 일용직의 임금대장을 별도로 작성하는 사업주는 거의 없는 것이 현실입니다. 이렇게 임금대장도 없고 근로자의 개별적인 퇴직금중간정산요구서도 없는 경우라면, 이미 임금 속에 퇴직금이 포함되어 지급되었다고 주장하더라도 이는 퇴직금을 지급했다고 인정받기는 힘들 것으로 사료됩니다. 따라서 퇴직금 지급요건인 상시 근로자수가 1인 이상인 사업장에서 고용형태를 불문하고 1년 이상 근무를 했다면 회사의 주장과는 상관없이 별도로 퇴직금을 청구할 수 있습니다.

Q 일용근로자도 공민권 행사에 필요한 시간을 청구할 수 있나요?

일당제로 임금을 받는 건설현장에 근무하는 일용직 노동자의 경우 투표에 참가하려면 하루 일당을 포기해야 합니다. 일을 하다가 잠깐 투표를 하고 오겠다는 요구를 받아 주지도 않을 뿐만 아니라 그런 요구를 할 분위기가 못됩니다. 건설현장 일용직 노동자들도 투표같은 참정권을 행사하기 위해서 사용자에게 청구할 수 있는 건가요?

A 일용직 근로자도 공민권행사를 청구할 수 있습니다.

근로기준법 제10조는 근로자가 근로시간 중에 선거권 기타 공민권의 행사에 필요한 시간을 청구하는 경우에 거부하지 못하도록 하고 있으며 다만, 권리행사에 지장이 없는 한 청구한 시각을 변경할 수 있도록 규정하고 있습니다. 건설현장 일용근로자나 백화점 등에서 일하는 일용직 근로자의 경우에도 근로관계가 유지되고 있다면 당연히 동법 제10조에 의해 투표에 필요한 시간을 청구할 수 있으며, 이를 수용하지 않는 사용자는 근로기준법을 위반하는 것으로 진정 등을 제기할 수 있습니다(근기 68207-2159, 2002.06.08.). 다만, 사용자는 공민권행사에 필요한 시간을 부여할 때 반드시 유급으로 해야 하는 법적의무가 있는 것은 아닙니다.

Q 일용근로자의 경우에도 근로자의 날을 유급휴일로 부여해야 하나요?

저는 건설현장에서 일용직으로 일하고 있습니다. 하루 단위로 일을 하는 일용직도 근로자의 날 같은 법정휴일에는 유급으로 쉴 수 있나요?

A 근로계약이 계속 유지되고 있다면 유급휴일을 줘야 합니다.

근로계약 기간이 종료하지 않아 근로관계가 유지되고 있다면 당연히 근로자의 날이 유급휴일로 될 수 있는 것이지만 일일단위로 근로계약이 체결되는 일용근로자의 경우 원칙적으로 유급휴일 부여문제가 발생하지 않습니다. 하지만 근로계약을 반복갱신하여 일정기간을 계속하여 근로를 해 온 경우라면 그 기간내에 포함된 근로자의 날에 대해서는 유급휴일을 부여해야 합니다(근기 68207-2508, 2001.08.06.).

Q [일당속에 모든 수당이 포함되는지, 이는 법위반이 아닌지]

일당속에는 휴일근로수당과 휴가수당이 포함되어 있나요?

일당속에 각종 수당을 포함하는 것은 법위반은 아닌가요?

A 일당 속에는 통상임금 외의 휴일근무수당, 휴가수당 등 모든 수당도 포함된 것으로 보아도 무방하다는 견해(판례)와 법위반이라는 견해(행정해석)가 나뉘고 있습니다.

① 일당의 개념 : 판례(대법 62다912, 1963.02.21.)는 일당을 통상임금에 모든 수당을 가산하여 거기서 원천세를 공제한 실제의 수입을 가리키는 것이라고 보았습니다.

② **일당속에는 모든 수당이 포함되어 있는지** : 판례(대법 85다카2473)는 일당에는 근로에 대한 통상임금 외의 휴일근무수당, 휴가수당 등 모든 수당도 포함된 것으로 보고 있습니다.

③ **일당속에 연차수당을 포함하여 지급하는 것이 법위반인지**

ⓐ **법위반으로 보는 견해**

일당은 근본적으로 하루의 근로에 대한 대가로 발생할 수 있는 내역을 포함하여 지급할 수 있는 것으로서 연차휴가수당을 포함하여 지급할 수 없고 이러한 것이 근로기준법에 위배되므로(근기 68207-1696, 2000.6.2, 근기 68207-1844, 2000.6.16.), 일당 속에 연차유급휴가수당을 포함하여 지급하는 근로계약을 체결하였다 하더라도 근로자에게 연차휴가수당을 지급하였다고 볼 수 없으므로 실제 휴가를 사용하지 않고 근로를 제공한 것에 대한 연차유급휴가근로수당을 추가로 지급하여야 할 것입니다(근로기준과-3118, 2004.06.23.).

ⓑ **법위반이 아니라는 견해**

포괄적으로 근로자와의 합의에 의하여 기본급 및 주차·연차·휴일근로·연장근로 등 제 수당을 미리 합산한 근로계약을 체결하여 임금을 정하고 지불하였다면, 그 금액이 실제근로에 대한 근로기준법 규정에 따라 계산한 금액보다 근로자에게 불이익이 없는 한 별도 휴가·휴일·연장근로수당을 지급할 의무는 발생하지 않는다는 입장입니다(근기 01254-14431, 1988.09.20.).

또한 연차휴가수당이 법에서 정한 기간을 근로하였을 때 비로소 발생하는 것이라 할지라도 당사자 사이에 미리 그러한 소정기간의 근로를 전제로 하여 연차휴가수당을 일당임금이나 매월 일정액에 포함하여 지급하는 것이 불가능한 것이 아니며, 포괄임금제란 각종 수당의 지급방법에 관한 것으로서 근로자의 연차휴가권의 행사 여부와는 관계가 없으므로 포괄임금제가 근로자의 연차휴가권을 박탈하는 것이라고 할 수 없다는 판례(대법 96다24699, 1998.03.24.)도 있습니다.

④ **결론** : 근로자와의 합의에 의해 미리 각종 수당을 포함하기로 근로계약을 체결하고 지급한 임금이 최저임금 이상이라면 법위반이 아니라고 보는 것이 일반적인 실무처리인 것으로 보입니다.

Q [일당속에 주휴수당을 포함한다는 근로계약이 유효한지]

일당 속에는 주휴수당을 포함하여 근로계약을 체결하면 주휴수당을 지급하지 않아도 되나요?

A **순수 일용근로자는 사실상 불가능하지만, 일정기간 고용이 예정된 일용직 근로자의 경우에는 주휴수당을 미리 임금에 포함하여 지급하는 것은 가능하다는 것이 고용노동부의 입장입니다.**

일용근로자에 대해 주휴수당을 미리 임금에 포함할 수 있는지에 대해서는 1일 단위로 근로관계가 단절되어 계속고용이 보장되지 않는 순수 일용근로자의 경우에는 주휴수당을 미리 임금에 포함할 수 없을 것이나, 일정기간 사용이 예정된 경우라면 근로기간 중 사용자가 소정근로일의 근무를 전제로 지급되는 주휴수당을 미리 임금에 포함하여 지급하는 것은 가능하다는 것이 고용노동부 행정해석(근로개선정책과-2617, 2012.05.14.)의 입장입니다.

Q **일용근로자가 악천후로 쉬는 경우 휴업수당을 받을 수 있나요?**

건설일용근로자에게도 근로기준법상의 여러 규정이 적용되는지 궁금합니다. 일반 사업장에서는 사용자의 귀책사유로 휴업을 하면 휴업수당을 지급하는데, 건설일용근로자도 비나 눈이 너무 많이 와서 건설현장이 공사를 할 수 없게 되면 휴업수당을 받을 수 있나요?

A **일용근로자에게도 근로기준법이 적용되지만, 악천후로 쉬는 경우에는 휴업수당을 받을 수 없습니다.**

건설일용근로자들에게도 근로기준법의 규정이 그대로 적용되므로 임금의 지급방법도 통화불, 직접불, 전액불, 정기불의 원칙이 그대로 적용되고, 사용자의 귀책사유로 휴업을 하는 경우 근로를 제공하였을 경우 받기로 한 금액의 70/100을 근로자에게 지급하는 것도 똑같이 적용됩니다.

하지만 악천후로 공사를 할 수 없는 경우는 사용자의 귀책사유로 인한 휴업수당 지급사유에 해당하지 않으므로 휴업수당을 받을 수는 없고 이미 일을 한 근로시간에 대하여만 임금을 받을 수 있습니다.

또한 건설현장에서도 임금대장 등을 작성하도록 하고 있는데 임금대장을 작성할 때에는 성명, 주민번호, 기능 및 자격, 고용연월일, 종사업무 등을 반드시 기재하도록 행정지도를 강화하고 있습니다. 물론 사용기간이 30일 미만인 건설일용근로자에 대해서는 '근로자명부'를 작성하지 않을 수 있습니다.

Q [일용직에게도 주휴일 및 주휴일수당을 지급해야 하는지]
일용근로자에게도 주휴일, 주휴일수당을 줘야 하나요?

A **소정근로일수 대신 실근로일수를 기준으로 하여 1주일에 6일을 개근하였으면 주휴일을 부여해야 하고, 주휴수당을 포함하여 임금을 지급받기로 사전에 약정했다면 미지급해도 된다는 입장입니다.**

① 일용직에게도 주휴일을 부여해야 하는지 : 주휴일제도의 취지상 일용근로자가 계속적으로 근로하는 경우 소정근로일수 대신 실근로일수를 기준으로 하여 1주일에 6일을 개근하였으면 주휴일을 부여해야 하고, 임금과는 별도로 주휴수당을 지급해야 합니다(근기 68207-424).

② 일당속에 주휴수당을 포함하여 임금을 받기로 한 약정이 유효한지 : ⓐ 1일 단위로 근로관계가 단절되어 계속고용이 보장되지 않는 순수 일용근로자의 경우 : 주휴수당을 미리 임금에 포함하여 지급할 수 없는 것이 원칙입니다. ⓑ 일정기간 사용이 예정된 일용근로자의 경우 : 근로기간 중 사용자가 소정근로일의 근무를 전제로 지급되는 주휴수당을 미리 임금에 포함하여 지급하는 것은 가능하다고 보는 행정해석(근로개선정책과-2617, 2012.05.14.)이 있고, 소정기간의 근로를 전제로 하여 주휴수당을 일당임금이나 매월 일정액에 포함하여 지급하는 것이 불가능한 것이 아니라고 본 판례(대법 96다24699, 1998.03.24.)도 있습니다. 또한 일용근로자

의 경우 주휴수당을 포함하여 임금을 지급받기로 사전에 약정할 수 있다는 취지의 행정해석(근기 68207-424)도 있습니다.

③ **결론** : 소정기간 동안 근로가 예정되어 있는 일용근로자의 경우에는 소정기간의 근로를 전제로 하여 주휴수당을 일당속에 포함하여 지급하는 것은 가능하다고 보는 것이 일반적인 실무처리인 것으로 보입니다.

Q 주5일제를 채택한 건설공사사업장의 휴일처리를 어떻게 해요?

2004년 7월 1일부터는 대기업부터 순차적으로 주5일제를 시행하므로 대기업이나 대규모 건설회사 소속의 일용직인 저희들도 주5일제를 따라야 한다네요. 저희 같은 일용직은 주 5일제를 시행하면 휴일은 2일 모두가 유급인가요? 아니면 2일 모두 무급인가요?

A 주5일제의 경우 1일은 유급, 1일은 무급입니다.

주5일제를 채택한 사업장에서 일용근로자가 주5일을 계속 근로한 경우에는 1일은 유급휴일이고 1일은 무급휴일입니다. 하지만 노사가 합의하여 또는 사업주가 취업규칙 등에 토요일도 유급으로 규정할 수 있는데, 이런 경우에는 2일 모두가 유급이 될 수도 있습니다. 물론 토요일에 근무를 하지 않는데도 유급으로 처리하는 것은 '무노동무임금의 원칙'에 반한다는 의견도 있기는 하지만 노사의 자율적 협상으로 정한 사항이라면 이를 존중해 줘야 한다고 봅니다.

Q 일용직에게도 해고 문제는 발생할 수 있나요?

저는 회사에 일용직으로 일하고 있습니다. 그런데 회사에서 갑자기 내일부터 나오지 말라고 합니다. 일용직은 말 그대로 일일 계약으로 근무를 하는 것이니까 이런 경우에 회사가 그만두라고 하면 아무런 대응도 하지 못하고 그만둬야 하나요? 일용직의 경우는 해고문제가 생길 수 없나요?

A **일용직이라도 계속근로가 인정되면 해고문제가 발생할 수 있습니다.**

일용직은 원칙적으로는 1일 단위로 근로계약을 체결하므로 당일 근로가 종료되면 계약이 해지되어 해고문제는 발생하지 않습니다. 하지만 근로기준법 제35조에 보면 일용근로자로 3월을 계속 근로하지 아니한 자에게는 해고예고를 하지 않아도 된다고 규정하고 있는 것으로 보아, 이 규정을 유추해 보건대, 근로계약을 계속적이고 반복적으로 갱신하여 왔다면 계속근로로 보아 해고문제가 발생할 수 있다고 볼 수 있습니다.

따라서 일용직이지만 상당한 기간동안 회사에서 근무를 하였다면, 회사측에서 정당한 사유없이 그만두라고 하고 별다른 절차도 거치지 않았다면 3개월 이내에 노동위원회에 부당해고구제신청을 해서 판단을 받아 보는 것이 바람직합니다.

Q **일용근로자에게도 산재는 적용되나요?**

일용직으로 건설현장에서 일을 하다가 며칠되지도 않아 다쳤습니다. 일용직이다 보니 병원에 있는 것도 부담되고 당장 생활비가 문제됩니다. 그래서 산재에 대해서 알아 보다 보니 저희 건설현장은 규모가 작아서 산재보험도 들지 않았다고 하네요. 일용직에다 회사는 산재보험도 들지 않았는데 저 같은 경우에도 산재보험의 혜택을 받을 수 있는 건가요?

A **일용근로자에게도 산재가 그대로 적용됩니다.**

산재보험은 원칙적으로 건설일용근로자에게도 적용됩니다. 건설공사 중 총공사 금액이 2천만 원 이상인 경우 근무하던 중에 업무상 재해를 당하였다면 고용기간에 관계없이(일을 시작한 첫날에 다쳤더라도 산재보험이 적용됨) 산재보험이 적용됩니다. 즉, 총공사 금액이 2천만원 미만인 경우에는 산재가 적용되지 않는다는 것을 유의해야 합니다. 하지만 2천만원 미만의 공사라고 하더라도 착공전에 미리 산재보험에 임의로 가입하면 산재보험의 혜택을 받을 수 있습니다.

이렇듯 2005년 이전까지는 총공사금액이 2,000만원 이하의 공사현장에서 일을 하던 일용직근로자는 산재보험의 혜택을 받지 못했는데, 이런 맹점을 보완하기 위해서 2005년부터는 2,000만원 이하의 공사를 주관하는 사업주가 건설·전기면허를 가지고 있는 경우 일괄적용하여 산재보험이 적용되도록 하고 있습니다.

추가로 건축은 100㎡, 대수선은 200㎡를 초과하여야만 산재보험의 혜택을 받을 수 있습니다. 즉, 건축과 대수선의 경우에는 공사금액이 2천만원(부가세 별도)을 넘어야 하고 공사면적이 건축은 100㎡, 대수선은 200㎡를 초과하여야 하지만, 건축과 대수선이외의 공사는 공사금액이 2천만원만 넘으면 산재보험이 적용된다는 것입니다. 건설사나 사업주가 산재보험에 가입하지 않았다하더라도 근로자는 이와는 전혀 상관없이 산재보험의 혜택을 받을 수 있다는 것도 알아둬야 할 사항입니다.

Q 업무상 재해로 인한 요양기간중에 근로계약기간이 종료되면?

공사기간(3개월)동안 일을 하기로 하고 그 기간으로 근로계약을 체결하였습니다. 그런데 공사가 거의 마무리될 때 부상을 입어 병원에 입원을 하게 되었습니다. 산재로 인정은 받아 지금은 치료를 받고 있지만 곧 근로계약기간이 끝납니다. 만약에 근로계약기간이 종료되면 산재보험처리도 끝나서 치료를 받을 수 없는 건지요?

A 근로계약기간이 만료되어도 산재처리는 됩니다.

근로계약기간과 산재로 인정된 요양기간과는 별개라고 생각하시면 됩니다. 업무상 부상 또는 질병이 완쾌될 때까지는 근로계약이 종료되어도 산재처리가 됩니다.

근로계약기간이 종료되면 휴업급여는 청구할 수 없는 것이 원칙지만 요양이 승인된 일수만큼은 휴업급여를 받을 수 있습니다. 장해가 남으면 장해급여를 청구할 수 있음은 당연합니다.

요양승인기간동안은 근로계약의 종료와는 관계없이 산재보험이 적용된다는 의미입니다. 한 가지 알아둬야 할 것은 요양기간과 요양종결일로부터 30일간은 해고금지기간으로 사업주는 이 기간 동안은 해고할 수 없다는 것입니다.

Q 일용직이 산재를 당한 경우 '평균임금'은 어떻게 구하나요?

저는 일용직으로 건설현장에서 일을 하다가 다쳐서 산재신청을 한 상태인데요, 산재보험급여는 평균임금으로 지급한다고 하네요. 저 같은 일용직은 평균임금을 어떻게 구하나요?

A 일용직의 평균임금은 '일당×일용계수(0.73%)'입니다.

일용직의 평균임금을 구하기 위해서는 우선 정확한 일당을 구해야 합니다. 하루에 몇 시간을 일을 했느냐에 따라 평균임금의 기초가 되는 일당이 달라지는데, 왜냐하면 근로기준법에 따라 8시간을 기준으로 하여 일당을 산출해야 하기 때문입니다. 만약에 하루에 8시간 일을 하고 일당을 10만원을 받았다면 '100,000원×0.73=73,000원'이 평균임금이 됩니다.

하지만 하루에 10시간을 일을 하고 일당으로 10만원을 받았다고 하면 8시간분의 일당을 먼저 구해야 합니다. 100,000원×8/11=72,727원(일당)으로, '72,727원×0.73=53,090원'이 평균임금으로, 8시간 일을 한 경우와 평균임금이 2만원정도 차이가 납니다.

평균임금에서의 2만원 차이는 산재보상금 총액으로 보면 몇 백만 원에서 몇 천만원의 차이가 생기므로 상당한 격차를 보입니다.

위에서 '8/11'은 8시간에 해당하는 일당을 구하기 위한 것으로, 10시간 일을 했다고 가정했는데 왜 '11시간'으로 나누었냐고 의문을 가질 수 있을 것입니다.

이는 근로기준법 제55조에 의하여 시간외 근로에 대하여는 50%를 가산해야 하므로, 시간외 근로 2시간에 대하여 50%를 가산하여 11시간이 된 것입니다.

Q 일용근로자도 실업급여를 받을 수 있나요?

일용근로자도 2004년부터는 실업급여를 받을 수 있다던데, 정말 일용직도 실업급여를 신청할 수 있나요?

A 일용근로자도 실업급여를 받을 수 있습니다.

일용근로자도 실업급여를 신청해서 실업급여를 받을 수 있게 되었습니다. 일용직의 실업급여 청구는 약간 차이가 있습니다.

일용근로자는 월 평균 근로일수가 21일인데, 월 평균 근로일수가 10일 미만으로 감소하는 시점에 실업급여를 신청할 수 있습니다. 즉, 일용근로자가 수급자격신청일 이전 1월간의 근로일수가 10일 미만이어야 합니다. 물론 이외에도 실업급여를 받기 위한 요건을 갖춰야 함은 당연합니다. 이런 실업급여 수급요건 중에 실직 전 18개월 동안 고용보험적용사업장에서 근무한 기간이 180일 이상이어야 한다는 요건이 있습니다. 그런데 일용근로자가 고용보험기간인 180일 중에 다른 사업장에서 자발적으로 이직한 사실이 있는 경우에는 새로 옮긴 사업장에서 일용근로자로 90일 이상 근로를 해야만 실업급여를 신청할 수 있다는 요건을 추가하고 있습니다. 이것은 일용근로자도 실업급여를 받을 수 있게 되면서 피보험기간인 180일이 거의 다 됐거나 180일이 넘은 근로자가 월 평균 근로일수가 10일이 안되는 공사현장으로 자발적으로 옮겨서 실업급여를 곧바로 받으려고 하는 사람이 있을 수 있으므로 이런 부작용을 방지하기 위해서 새로 옮긴 사업장에서 일용근로자로 90일 이상을 근로해야 된다는 요건을 추가한 것입니다.

Q 일용직근로자에게도 해고예고를 해야 하는 것 아닌가요?

저는 건설현장에서 일용직으로 5개월 정도 계속 근무를 했는데요, 현장소장이 갑자기 그만나오라고 합니다. 일용직은 그렇게해도 상관없다면서요. 정말로 일용직에게는 해고예고를 하지 않아도 되는 건가요?

A 3개월 이상 계속 근무했다면 일용직이라하더라도 해고예고를 해야 한다고 판단됩니다.

근로기준법 제35조(예고해고의 적용 예외) 제1호는 '일용근로자로서 3개월을 계속 근무하지 아니한 자'에게는 해고예고를 하지 않아도 된다고 규정하고 있습니다. 이 규정을 반대해석하면 일용근로자로서 3개월 이상을 계속 근무한 경우에는 해고예고를 해야 한다는 해석이 가능하므로, 일용직근로자라 하더라도 3개월 이상을 계속 근무했다면 해고예고를 하는 것이 맞다고 판단됩니다.

공사기간이 종료된 것도 아니고 기존의 업무가 완성된 것도 아님에도 갑자기 일용직의 출근을 거부하는 경우라면, 해당 일용직에게도 해고예고제도를 적용할 실질적인 이익이 있다고 보아야 하므로, 3개월 이상 근무한 일용직에 대하여는 해고예고제도를 적용하는 것이 바람직하다 할 것입니다.

2015.12.23. 6개월 미만의 월급근로자에 대하여 해고예고를 하지 않아도 된다는 규정이 위헌판결을 받은 점을 감안하면, 해고예고제도의 적용범위는 폭넓게 해석하는 것이 시대적 상황에 맞다고 판단됩니다.

CEO · 인사 담당자를 위한 업무처리의 지침서

노동법 실무 사례집

제 2 장

임금제도와 체당금에 관한 실무사례

통상임금과 평균임금

임금이란 근로자가 근로를 한 것에 대한 대가로 사용자가 지급하는 금품으로, 통상임금과 평균임금이 있고 그 구성요소는 각각 다릅니다. 이와 같은 임금에 대하여 자세히 알고 있어야 불이익을 당하지 않으므로 평소에 조금만 관심을 갖는다면 자신의 권리를 꼼꼼히 챙길 수 있을 것입니다.

통상임금은 연장근로수당이나 휴일근로수당, 연차휴가수당, 해고예고수당 등 각종 수당을 계산하는 기초가 되는 임금이므로, 근로자 본인의 통상임금이 얼마인가를 알고 있어야 되겠죠. 그리고 평균임금은 퇴직금이나 산재보상금, 휴업수당, 연차수당을 계산하는 기초가 되는 임금입니다. 특히 퇴직금 같은 경우는 평균임금이 조금만 차이가 나도 퇴직금총액은 상당히 많은 차이가 나기 때문에 평균임금이 무엇이고 어떻게 산정을 하는지에 대하여 대략이나마 알고 있는 것이 좋습니다.

혹자는 임금을 왜 통상임금과 평균임금으로 구분하는지 궁금해하는데, 임금을 구분하는 이유는 사용자와 근로자에 대한 배려때문으로, 사용자는 임금이 비용이고, 근로자는 임금이 수입이어서 사용자입장에서는 비용지출이 적으면 좋을 것이고 근로자입장에서는 수입이 많으면 좋을 것이므로, 양 당사자를 배려하는 차원에서 산출금액이 적은 통상임금과 산출금액이 많은 평균임금을 병행하여 사용하고 있는 것입니다.

Q [근로기준법 제2조제2항의 적용문제]

근로기준법 제2조제2항 "평균임금이 통상임금보다 적으면 그 통상임금액을 평균임금으로 한다"는 규정은 '고정급'만 지급하는 경우에도 적용되는지요?

우리 회사는 연장이 전혀 없다보니 기본급 200만원만 받습니다. 그런데 이번에 퇴사하게 되어 퇴직금을 계산하는데요, 계산해보니 평균임금보다 통상임금이 더 많더라구요. 법에는 통상임금이 많으면 통상임금을 평균임금으로 한다는 규정이 있는데, 이럴 때 통상임금으로 퇴직금을 계산해도 되나요?

A **매월 고정급 200만원을 받는 경우 통상임금이 평균임금보다 클 수밖에 없는데, 이런 경우에도 근로기준법 제2조제2항에 의해 통상임금을 평균임금으로 보고 퇴직금 등을 산정합니다.**

① 사례의 쟁점 : 이 사안은 매월 고정급 200만원을 받아온 경우 통상임금이 평균임금을 상회하는데, 이런 경우에도 통상임금을 평균임금으로 보아 퇴직금 등을 산정하는 것이 맞는지가 쟁점입니다.

② 행정해석의 입장 : 매월 200만원의 고정급이 연장근로수당 등 법정수당을 적법하게 지급하여 근로기준법에 위반되지 아니하고, 단체협약·취업규칙·근로계약 등에 약정된 임금지급의무를 전부 이행한 후 지급된 경우라면 위 200만원의 고정급을 기준으로 「근로기준법」 제2조제1항제6호에 따라 산정한 평균임금이 같은 법 시행령 제6조제3항의 규정에 따라 산정된 일급 통상임금(월급 금액으로 정한 임금은 월의 통상임금산정 기준시간 수로 나눈 금액에 1일의 소정근로 시간 수를 곱한 금액)보다 적다면 일급 통상임금을 평균임금으로 보아 퇴직금을 산정하여야 할 것으로 사료됨(근로개선정책과-4026, 2012.08.06.).

③ 평균임금이 통상임금보다 적을 수 밖에 없는 이유 : 평균임금은 3개월 동안 받은 임금을 휴무일도 포함한 일수로 나눠 평균을 낸 것이고, 통상임금은 1개월의 임금을 휴무일은 제외한 소정근로일수로만 나눈 것이기 때문에 고정급인 경우 구조적으로 평균임금이 통상임금보다 적을 수 밖에 없습니다.

④ **실무적 접근** : 고정급 200만원인 경우 평균임금은 600만원(3개월 임금)/92일 =65,217원39전, 통상시급은 200만원/209시간=9,569원37전, 일급 통상임금은 9,569원37전×8시간=76,554원96전으로, 산식과 같이 통상임금이 평균임금보다 11,337원57전 많습니다. 즉 법문과 같이 평균임금이 통상임금액보다 적은 경우에 해당합니다.

⑤ **결론** : 근로기준법 제2조제2항의 법문에 충실한 해석을 한다면, 위와 같은 경우에도 동법조항을 적용하여 통상임금을 평균임금으로 보고 퇴직금 등을 산정하는 것이 맞다고 판단됩니다.

Q 근로시간이 단축되고 임금은 삭감되지 않은 경우 노사간 "통상임금은 상승하지 않는다"라는 특약이 있는 경우 통상임금의 산정은 어떻게 해야 하나요?

1일 근로시간을 8시간에서 7시간 30분으로 단축하면서 임금은 삭감하지 않았고, 대신 노사는 "통상임금은 상승하지 않는다"는 특약을 한 경우 통상임금은 예전대로 하면 되는 것인지요? 아니면 특약이 있더라도 법규정대로 통상임금을 다시 산정해야 하는 지요?

A 노사의 특약과는 상관없이 근로기준법에서 정한 기준에 따라 산정해야 합니다.

① **쟁점** : 이 사안은 노사간에 통상임금은 인상되지 않는다는 특약이 있는 경우 통상임금의 산정은 법에 따라야 하는지, 아니면 노사간의 특약에 따라야 하는지가 쟁점입니다.

② **관련행정해석과 유사판례** : 근로기준법 제15조제1항의 규정에 따라 이 법에서 정하는 기준에 미치지 못하는 근로조건을 정한 근로계약은 그 부분에 한해 무효로 하고, 같은 법 같은 조 제2항의 규정에 따라 무효로 된 부분은 이 법에서 정한 기준에 따라야 합니다. 근로시간이 단축되고 임금은 삭감되지 않은 경우 노사간 "통상임금은 상승하지 않는다"라는 특약이 있더라도 통상임금은 근로기준법에서 정한

기준에 따라 산정해야 합니다(근로개선정책과-1773(2013.3.19.).

③ **유사판례** : 성질상 근로기준법 소정의 통상임금에 산입될 수당을 통상임금에서 제외하기로 하는 노사간의 합의는 근로기준법 제15조제1항 법이 정하는 기준에 달하지 못하는 근로조건을 정한 계약으로서 무효입니다(서울중앙지법 2011가단394320, 2012.12.10.).

④ **편면적 강행규정** : 근로기준법 대부분의 규정은 편면적 강행규정이므로 노사간의 특약에 의해 근로기준법의 적용을 배제하더라도 그 특약은 효력이 없습니다. 예를 들어 노사간의 특약으로 퇴직금은 없는 것으로 한다라고 약정을 했더라도 이 특약은 무효이고 사용자는 근로자에게 퇴직금을 지급해야 합니다.

⑤ **결론** : 근로기준법 제15조가 적용되어 무효로 되는 것은 동법에 이미 정해진 근로조건이 있는 경우에 한하고, 근로기준법에 아무런 규정이 없는 부분에 대하여는 노사간의 특약이 효력이 있음을 알아두시기 바랍니다.

Q 통상임금과 평균임금의 차이는 무엇인가요?

퇴직금은 평균임금으로 계산한다고 하고 해고예고수당은 통상임금으로 계산한다고 하던데, 통상임금과 평균임금의 차이는 무엇인가요?

A 통상임금과 평균임금의 차이는 다음과 같습니다.

통상임금이라 함은 근로기준법시행령 제6조의 규정에 의거 근로자에게 정기적·일률적으로 소정근로에 대하여 지급하기로 정하여진 시간급, 일급, 주급, 월급 금액을 말합니다.

통상임금의 범위에 포함되기 위해서는 ㈎ 근로에 대한 대가성, ㈏ 1임금산정기간 내 정기적·일률적으로 지급될 것을 모두 충족하여야 합니다.

소정근로시간 또는 법정근로시간에 대하여 지급하기로 정해졌거나(기본급), 담당업무나 직책의 경중 등에 따라 미리 정하여진 지급조건에 의해 1임금산정기간내의 소정근로시간 또는 법정근로시간에 대하여 정기적·일률적으로 지급되는 임금 및 수당(직책직무수당 등)은 통상임금의 범위에 포함됩니다.

통상임금은 소정 근로시간에 대하여 그 대가로 일률적, 고정적, 정기적으로 지급되는 임금을 말하는 것이므로, 소정(所定)근로시간 외에 연장, 휴일근로 등의 대가로 받는 임금은 통상임금에 포함되지 않습니다.

시설관리수당(임금 68207-506, 2003.06.30.), 복지수당(임금 68207-730, 2002.10.04.)도 정기적·일률적으로 지급되는 경우에는 통상임금의 범위에 포함될 수 있습니다.

평균임금은 평균임금을 산정해야 할 사유가 발생했을 때 그 시점부터 소급하여 3개월분의 임금을 합한 것을 그 기간의 역일(일수)로 나눈 금액을 평균임금이라고 합니다. 평균임금을 산정하기 위해서는 3개월분의 임금을 합산해야 하는데, 이 때 '임금'은 통상임금과 소정근로시간에 대한 근로의 대가가 아닌 연장근로수당과 휴일근로수당 등을 합한 임금을 말합니다. 따라서 특별한 사유가 없는한 통상임금보다는 평균임금이 상회할 것입니다.

하지만 연장근로를 전혀 하지 않고 개인적인 사유로 결근이나 무급휴가를 간 경우에는 평균임금을 산정하기 위한 '임금'은 감소할 것이지만 이 임금을 나누는 역일수는 감소하지 않기 때문에 평균임금이 오히려 통상임금보다 하회할 수도 있습니다.

이럴 경우에 통상임금보다도 하회하는 평균임금으로 퇴직금, 산재보상금 등을 지급하는 것은 근로자의 기본생활보호측면이나 형평성면에서도 불합리하므로, 이렇게 특별한 사정이 있는 경우에는 통상임금이 평균임금을 대신할 수 있는데, 이렇듯 통상임금은 최저한의 임금보장이라는 성격을 갖는 임금이라고 보면 될 것입니다.

최근 통상임금과 평균임금을 단일화하여 '표준임금'으로 임금체계를 단일화하자는 견해가 제기되고 있는데, '표준임금'으로의 임금체계 단일화는 통상임금의 범위가 확대됨에 따라 연장근로나 휴일근로에 대한 가산(할증)임금이 상승하여 기업의 부담이 증가할 뿐만 아니라 평균임금의 범위가 축소되기 때문에 퇴직금이나 산재보상금 등이 감소하게 되므로 근로자가 불의의 손해를 입게 된다는 부작용의 일면이 예측됩니다. 따라서 임금체계의 혼란을 최소화하고 기업뿐만 아니라 근로자의 손해를 극소화시키는 방안을 신중히 검토해야 할 것입니다.

Q **체력단련비, 교통보조비, 명절휴가비 등 복리후생적 성격이 강한 수당도 통상임금에 포함되는 건가요?**

고용노동부의 행정해석은 복리후생적 성격이 짙은 체력단련비 같은 것들은 평균임금이라고 하고 있는데, 체력단련비, 교통보조비, 명절휴가비 이런 것들은 평균임금인가요? 통상임금인가요?

A **체력단련비, 명절휴가비, 교통보조비 등도 정기적·일률적으로 지급되는 고정적인 임금이라면 통상임금으로 보는 것이 판례의 경향입니다.**

고용노동부의 행정해석은 전근로자에게 정기적·일률적으로 지급되는 통근수당, 차량유지비, 사택수당, 월동연료수당, 김장수당, 가족수당, 교육수당, 급식비 등을 평균임금이라고 보고 있으나, 판례는 각종 수당의 명칭과는 관계없이 전근로자에게 정기적·일률적으로 지급되는 고정적인 임금(수당)은 통상임금에 해당한다는 입장을 보이고 있습니다.

매년 1회 일정시기에 전직원에게 지급하는 체력단련비, 월동보조비(대법 94다19501), 모든 환경미화원들에게 매월 정액으로 지급한 교통보조비, 급량비, 위생수당, 위험수당과 일정한 기준에 따라 정기적·고정적으로 지급한 기말수당, 정근수당, 체력단련비, 명절휴가비, 가계보조비(대법 2011다22061 ; 울산지법 2005가단8384), 모든 근로자들에게 지급된 출퇴근보조비, 효도제례비, 연말특별소통장려금(대법 2006다11388), 전근로자에게 일정액으로 지급한 식대보조비(대법 93다9620), 단체협약에 따라 매년 일정시기에 각 지급조건을 충족하는 근로자들에게 정기적·일률적으로 일정액으로 지급한 휴가비, 귀성여비, 선물비(인천지법 2011가합6096), 동일직종 전근로자에게 정기적·일률적·고정적으로 지급된 복지수당(부산고법 96구2583), 전직원에게 정기적·일률적으로 지급된 효도휴가비, 월동보조비, 교통보조비(서울지법 2001가단299945), 근무성적과 무관하게 매월 일정하게 지급된 가계보조비, 명절휴가비(수원지법 2008가단120633)는 통상임금에 해당한다는 것이 판례의 입장입니다.

판례는 통상임금에 해당하기 위해서는 '소정근로 또는 총근로의 대상(對償)으로 근로자에게 지급되는 금품으로서, 그것이 정기적·일률적으로 지급되는 고정적인 임금에 속하여야 한다'라는 것을 기본입장(대법 2003다10650, 대법 97다28421)으로 하고, 통상임금의 요건인 '일률성'에 대하여 '모든 근로자에게 지급되는 것뿐만 아니라 일정한 조건 또는 기준에 달한 모든 근로자에게 지급되는 것도 포함되며, 일정한 조건은 고정적인 조건이어야 한다(대법 2006다1307)'라고 하면서 '고정적인 조건(고정성)'을 엄격하게 해석하여 정기상여금은 고정적인 임금이라고 할 수 없어 통상임금의 범위에 포함되지 않는다는 입장이었으나, 최근 판례(대법 2010다91046)에서는 '상여금을 재직기간에 비례하여 지급하겠다는 것이라면, 그 지급여부 및 지급액이 근로자의 실제 근무성적 등에 따라 좌우되는 것이라 할 수 없고, 오히려 그 금액이 확정된 것이어서 정기적·일률적으로 지급되는 고정적인 임금인 통상임금에 해당한다고 볼 여지가 있다'고 판단하여 통상임금의 요건인 '고정성'을 완화하여 판결함으로써 상당한 사회적 파장을 일으키고 있습니다.

Q 평균임금을 기준으로 계산하는 것은 어떤 것들이 있나요?

퇴직금을 청구하려고 하는데, 1년분의 퇴직금이 평균임금의 30일분이라고 하네요. 퇴직금이외에 평균임금을 기준으로 계산하는 것은 또 무엇이 있나요?

A 퇴직금, 산재보상금 등을 평균임금으로 산정합니다.

퇴직금은 평균임금을 기준으로 계산을 합니다. 따라서 퇴직금을 계산하려면 우선 평균임금을 계산해야 되겠죠. 퇴직금뿐만이 아니라 휴업수당, 연차휴가수당, 그리고 재해보상(휴업급여/장해급여/유족급여/장의비 등), 감급제재의 제한도 평균임금을 기준으로 합니다.

Q 통상임금을 기준으로 계산하는 것은?

회사에서 그만두라고 합니다. 사실 저도 회사에 정이 떨어져서 더 이상 일하고 싶지 않아서 그만두려고 합니다. 제가 듣기에는 해고수당이라는 것이 있다던데 얼마정도나 받을 수 있고, 무엇을 기준으로 구하면 되나요?

A 해고수당, 연장수당, 연차수당 등을 통상임금으로 계산합니다.

해고예고수당은 통상임금으로 계산을 하고, 통상임금의 30일분 이상을 해고수당으로 지급하도록 규정하고 있습니다. 이외에도 연장, 야간, 휴일가산수당과 연차휴가수당도 통상임금을 기준으로 계산을 합니다. 연차휴가수당은 회사의 규정이나 노사의 합의가 있다면 통상임금 또는 평균임금을 기준으로 해서 구하기도 합니다.

Q 통상임금에 산입될 수당을 통상임금에서 제외하기로 합의하여 통상시급을 산정하는 것이 가능한가요?

저희 회사는 연봉계약을 체결할 때 통상임금을 미리 정합니다. 그리고 그 통상임금으로 통상시급을 산정하여 연장근로수당과 연월차수당 등을 지급합니다. 제가 알기로는 근로의 대가로 매월 정기적, 일률적으로 지급되는 수당은 통상임금에 포함된다고 알고 있는데요, 노사가 합의하면 이런 수당들을 통상임금에서 제하고 통상시급을 구할 수도 있는 건가요?

A 통상임금에 산입될 수당을 통상임금에서 제외하기로 한 합의는 법의 기준에 달하지 못하는 근로조건을 정한 계약으로 무효입니다.

통상임금은 근로조건의 기준을 마련하기 위하여 법이 정한 도구개념이므로, 사용자와 근로자가 그 의미나 범위 등에 관하여 단체협약 등으로 따로 합의할 수 있는 성질의 것이 아닙니다(서울고법 2013나1551, 2014.11.26.). 비록 사용자와 근로자가 근로계약이나 연봉계약을 체결할 때 합의하에 통상임금을 정하였다고 하더라도 이는 근로기준법 제22조제1항에서 정한 법이 정한 기준에 달하지 못하는 근로조건을 정한 계약으로서 무효라고 보아야 할 것입니다.

따라서 이렇게 노사가 임의로 정한 통상임금을 기초로 각종 법정수당을 산정하는 것은 근로기준법에 반하는 것입니다(대법 2005가합2053).

소정근로시간의 대가로 매월 정기적이고 일률적으로 지급되는 임금은 통상임금의 범위에 포함되므로 이 통상임금을 산정기초로 하여 연장·야간·휴일수당 및 연차수당을 산정하여야 합니다.

Q **[결근, 쟁의행위 참가 등 근로미제공시 임금공제여부]**

월급제도 결근을 하거나 쟁의행위에 참가했다면 임금(통상시급×8시간)을 공제하는 것이 맞나요?

저는 월급제로 일하고 있는데요, 결근을 하거나 쟁의행위에 참가하여 근무를 하지 않으면 월급에서 일당을 공제한다고 합니다. 월급제는 결근여부나 쟁의행위 참가여부와는 상관없이 정액의 월급을 줘야 하는 것 아닌가요?

A **월급제라도 결근, 쟁의행위 참가 등으로 근로를 제공하지 않았다면 무노동무임금의 원칙에 의하여 임금을 공제하는 것이 맞습니다.**

① **무노동무임금 원칙의 의의** : 파업기간중 근로자의 제공되지 않은 노무에 대해서는 사용자의 임금지급의무가 없다는 것이므로, 임금지급의 방식이 일급제 또는 월급제인가에 따라 동 원칙의 적용여부가 결정되는 것은 아닙니다.

② **무단결근시 임금공제여부** : 월급제라 하더라도 노무가 제공되지 않은 일수에 대해서는 임금지급 의무가 없는 것으로 보아야 하므로, 무단결근을 한 일수에 대하여는 임금을 공제해야 합니다(조정 68140-182, 임금 32240-2022).

③ **쟁의행위 참가시 임금공제여부** : 근로자가 쟁의행위에 참가하는 경우 쟁의행위 중에는 근로제공 의무 등 주된 권리 의무가 정지되므로, 근로의 대가인 임금청구권은 발생되지 않습니다(대법 96다5346, 1996.10.05.). 따라서 매월 근로일수에

상관없이 일정액의 임금을 지급하는 임금제도(월급제 등)를 시행하는 사업장의 경우에도 쟁의행위기간에 대한 임금공제가 가능합니다(임금근로시간정책팀-3123, 2006.10.24.).

Q 식대보조비(식비)는 통상임금인가요?

저희 회사는 중식비보조금으로 매월 20만 원씩을 지급하고 있습니다. 직급에 따라 약간 차이는 있는 것 같은데, 최소한 월 20만 원 이상씩은 모두 받고 있습니다. 최근 직원들 사이에서 이 식대보조금을 통상임금에 포함시켜야 하는 것 아니냐는 문제가 제기되고 있습니다. 이런 경우 식대보조금을 통상임금에 포함해야 하는 것인지, 그리고 통상임금에 포함하면 저희 근로자들에게 어떤 이익이 있는 것인지요?

A 식대보조금이 전직원에게 매월 정기적, 일률적으로 지급되어 왔다면 통상임금입니다.

단체협약, 취업규칙 등에 지급조건이 명시되어 계속하여 매월 정기적, 일률적으로 지급되는 식대보조금은 임금에 해당합니다(근기 01254-8358, 서울고법 96나22190, 대법 2001도1186). 뿐만 아니라 판례(대법 93다8924)는 식대가 정기적, 일률적으로 지급된 경우 통상임금에 포함된다고 판시하고 있습니다.

물론 식대가 통상임금에 포함되는지 여부에 대하여는 약간의 이견이 있으나, 수당의 명칭을 불문하고 소정근로의 대가로 매월 정기적, 일률적으로 지급되는 임금은 통상임금에 해당한다고 보는 것이 일반적이므로, 위의 사례에서는 식대를 통상임금에 산입해도 큰 무리는 없어 보입니다. 통상임금을 기준으로 통상시급을 산정하므로, 식대를 통상임금에 포함하면 그만큼 통상시급이 인상될 것이고, 그러면 통상시급을 산정기초로 하는 연장·야간·휴일수당 및 연차수당 또한 인상되므로, 근로자의 임금이 상승하는 효과가 발생할 것입니다.

Q 통상임금이 소급인상된 경우 연장·야간·휴일수당의 추가분을 청구할 수 있나요?

저희 회사는 임금협상을 하면 대부분 3개월 이상이 소요되는데, 대신 임금인상분에 대하여 소급적용을 해주고 있습니다. 만약에 통상임금이 인상되었다면, 이 통상임금을 산정기초로 하는 연장·야간·휴일수당의 인상분을 추가로 청구할 수 있는 건가요?

A 기본급의 소급인상에 따라 영향을 받는 수당은 재산정하여 지급하는 것이 원칙이므로, 추가분을 청구할 수 있습니다.

임금교섭이 타결되지 않은 상태에서 기존 임금이 지급되어 왔지만 임금협약이 체결됨에 따라 소급하여 확정되는 것으로 볼 수 있는 경우에는 별도의 사정이 없는 한 기본급의 소급인상에 따라 영향을 받는 연장·야간·휴일근로가산수당 같은 임금항목들은 다시 산정하여 미달하는 부분에 대하여는 지급하는 것이 원칙입니다(근기 68207-1887). 참고로 고용보험에서 지급하는 출산전후휴가급여를 지급받은 후 임금협상이 타결되어 인금인상이 소급적용 되었다면, 관할 고용센터에 증빙자료(사업주 확인을 받은 임금대장 및 임금협정서 등)를 첨부하여 신청하면 임금인상분을 추가로 지급받을 수 있을 것입니다(여성고용과-136, 2004.01.27.).

Q [임금의 반납·삭감·동결에 관한 절차 및 효과]

회사사정으로 임금을 반납·삭감·동결할 때 근로자의 동의를 받아야 하는지, 반납·삭감·동결된 임금은 평균임금을 산정할 때 포함하여 산정하는 것이 맞는지요?

A 임금의 반납은 개별근로자의 동의가 필요하고 평균임금 산정에도 포함되지만, 임금의 삭감·동결은 집단적 의사결정방식으로도 가능하고 평균임금 산정에도 포함되지 않습니다.

① 임금반납의 의미와 절차, 그리고 평균임금 산입여부

❶ 반납의 의미 : 기왕의 근로에 대하여 발생된 임금 또는 향후 근로에 대해 발생할 임금의 일부에 대한 청구권을 포기하기로 약정하고 회사에 반납하는 것을 말합니다.

❷ 개별적 동의 필요여부 : 임금반납은 적법하게 발생한 임금청구권의 포기로써 적법 절차에 의한 임금반납은 가능(다만, 퇴직금 청구권을 사전에 포기하는 것은 무효)하며, 임금의 반납은 권리포기에 해당되어 집단적 의사결정 방식에 따랐다 하더라도 개별 근로자의 자유의사에 기초할 때만 유효하므로 개별근로자의 동의가 필요합니다(근기 68207-843, 1999.12.13.).

❸ 향후 반환책임 유무 : 임금반납분은 근로자의 소득으로 귀속되었다가 자진 반납한 것으로서 당사자간의 특약이 없는 한 향후 반환책임은 없습니다.

❹ 반납임금의 평균임금 포함여부 : 임금반납액에 대한 반환청구권은 없다 하더라도 반납한 임금은 일단 근로자의 소득으로 귀속되었다가 근로자가 자진하여 반납한 것으로 보는 것이 상당할 것이므로 근로자의 일실수입 및 일실퇴직금 산정의 기초가 되는 평균임금에 포함되고, 반납분이 세무당국에 근로소득으로 신고되지 아니하였더라도 평균임금에 포함됩니다(대법 99다39531, 2001.04.10.).

② 임금삭감의 의미와 절차, 그리고 평균임금 산입여부

❶ 삭감의 의미 : 장래 일정시점 이후부터 현재와 동일한 내용의 근로제공에 대해 종전보다 임금을 낮추어 지급하는 것을 말합니다.

❷ 개별적 동의 필요여부 : 임금삭감은 장래 일정시점 이후부터 종전보다 임금을 낮추어 지급하는 것으로서 노사가 자율적으로 결정할 사항이며, 집단적 의사결정 방식에 의해 단체협약이나 취업규칙 변경절차에 따라 결정이 가능하며, 반드시 개별 근로자의 동의를 받아야 하는 것은 아닙니다.

❸ 삭감이 제한되는 범위 : 삭감수준은 최저임금 수준 이하로 삭감할 수 없으며, 근로기준법에서 정하고 있는 법정수당에 대해서는 법정기준 미만으로 삭감할 수 없습니다.

❹ 삭감임금의 평균임금 포함여부 : 임금삭감액은 근로자의 임금채권으로 볼 수

없어 평균임금을 산정하는 임금총액에 포함되지 않는 것이 원칙입니다. 하지만 삭감전의 임금으로 평균임금을 산정하기로 당사자간의 약정이 있다면 삭감전의 금액으로 퇴직금을 산정해야 합니다.

③ 임금동결의 의미와 절차, 그리고 평균임금 산입여부

❶ **동결의 의미** : 임금을 인상하지 않고 현재의 임금수준을 장래에도 계속 지급하는 것으로, 임금동결은 임금을 인상하지 않고 현재의 임금수준을 장래에도 계속 유지시키는 것으로써 노사가 자율적으로 결정할 사항입니다.

❷ **개별적 동의 필요여부** : 임금동결은 집단적 의사결정 방식에 의해 단체협약이나 취업규칙 변경절차에 따라 결정이 가능하며, 반드시 개별 근로자의 동의를 받아야 하는 것은 아닙니다.

❸ **호봉승급을 정지하는 적법절차** : 취업규칙에 정기 호봉승급이 명시적으로 규정된 경우에는 근로조건 불이익 변경에 해당하는 적법한 절차에 의해 정기 호봉승급을 중지할 수 있으며, 단체협약으로 정하고 있는 경우에는 단체협약 갱신, 노동조합과 별도의 협약 등을 통해 호봉승급을 유효하게 중지할 수 있습니다.

❹ **동결임금의 평균임금 포함여부** : 호봉승급정지로 인한 임금감액분은 근로자의 임금채권으로 볼 수 없어 평균임금에 포함되지 않습니다.

Q 계산착오로 과지급된 임금을 다음 달 임금에서 공제할 수 있나요?

저희 회사 경리가 직원의 임금을 계산착오로 과지급했습니다. 그래서 다음 달 임금에서 공제하려고 하는데, 그게 근로기준법 위반이라고 하는데 맞나요?

A 계산착오로 인한 경우에는 상계처리해도 무방합니다.

임금은 직접 근로자에게 전액을 지급하여야 하는 것(근로기준법 제43조제1항)이므로, 사용자가 근로자에 대하여 가지는 채권 또는 불법행위나 채무불이행으로 인한 손해배상청구권을 가지고 일방적으로 근로자의 임금채권과 상계를 하지 못하는 것이 원칙이지만, 계산의 착오 등으로 임금이 초과 지급되었을 때 그 행사의 시기가 초과 지급된 시기와 임금의 정산, 조정의 실질을 잃지 않을 만큼 합리적으로 밀접되어 있고 금액과 방법이 미리 예고되는 등 근로자의 경제생활의 안정을 해할 염려가 없는 경우나 근로자가 퇴직한 후에 그 재직 중 지급되지 아니한 임금이나 퇴직금을 청구할 경우에는, 사용자가 초과 지급된 임금의 반환청구권을 자동채권으로 하여 상계하는 것은 허용되므로, 근로자가 일정기간 동안의 미지급 시간외수당, 휴일근로수당, 월차휴가수당 등 법정수당을 청구하는 경우에 사용자가 같은 기간 동안 법정수당의 초과 지급 부분이 있음을 이유로 상계나 충당을 주장하는 것도 허용됩니다(대법 97다14200, 1998.06.26.).

심화학습 소급인상된 임금에 대한 청구권 행사여부

① 쟁점 : 임금협상은 대체로 장기간 지속되고 임금인상이 결정된 뒤에 최초의 임금협상개시일로 소급적용하여 임금인상분을 추가지급하는 것이 일반적입니다. 따라서 임금협상기간 또는 결정일 이후 퇴사자의 임금(인상분)청구권 문제가 발생됩니다.

② 임금협상 진행 중의 퇴사자에게도 소급인상분을 지급해야 하는지 여부 : 임금인상이 결정되기 이전에 퇴직한 근로자에게는 새로이 체결된 단체협약이나 개정된 보수규정의 효력이 미치지 못하므로, 퇴사한 근로자는 소급인상된 임금에 대하여 청구권을 행사할 수 없습니다(임금 32240-9468, 1989.06.26.). 단, 단체협약 등에 지급규정이 있다면 그에 따라 지급해야 합니다.

③ 임금인상 결정일 이후 지급일 이전 퇴사자에게 인상분을 지급해야 하는지 : 퇴직일 이전에 임금인상이 결정되었다면 퇴직 이후라도 인상된 임금이 지급되어야 하므로, 개인별 인상액이 퇴사 후에 결정되어 지급되었다 하더라도 퇴사자 재직시의 동일부서에 근무하고 있는 동종근로자에 준해서 인상분을 지급해야 합니다(근기 01254-13307, 1988.08.31.).

④ 임금협상기간 중 퇴직금중간정산을 받은 경우 소급인상된 임금으로 다시 평균임금을 산정하여 퇴직금 부족분을 추가로 지급하여야 하는지 여부 : 퇴직금중간정산은 근로자의 요구에 의하여 사용자의 승낙이라는 명시적 의사표시가 있을 때 퇴직금 중간정산의 합의가 성립되어 이미 법률효과가 완성되었으므로, 평균임금을 다시 산정하여 지급할 의무는 없습니다(임금 68207-523, 2002.07.24.).

⑤ 임금소급인상 시 연차수당, 연장수당 등도 인상분을 청구할 수 있는지 : 기본급의 인상이 결정되었다면 기본급의 소급인상에 따라 영향을 받는 연장·야간·휴일근로가산수당, 연차수당 같은 임금항목들, 심지어 고용센터에서 지급되는 출산전후휴가급여에 대하여도 다시 산정하여 미달하는 부분에 대하여는 추가지급하는 것이 원칙입니다(근기 68207-1887).

⑥ 산재요양 중 임금이 인상된 경우 평균임금 재산정 여부 : 업무상 재해일 후에 임금이 소급 인상된 경우, 임금 소급 인상 시점 다음달부터 근로자의 평균임금을 증액하여 휴업급여액을 산정하여야 합니다(대법 2005두2018, 2006.09.22.).

연차수당과 연장·야간·휴일근로수당

1. 연차수당

가. 연차수당의 법적 근거

근로기준법 제60조는 연차유급휴가에 대하여 제1항~7항까지 규정하고 있고, 제5항에서는 연차유급휴가수당에 대하여 규정하고 있습니다.

연차수당이란 연차휴가기간에 대하여 지급되는 '연차유급휴가수당'과 연차휴가를 사용하지 않고 근로를 제공한 경우 미사용 휴가일수에 대하여 지급되는 '연차유급휴가근로수당'을 통칭하는 말입니다.

'연차유급휴가수당'은 근로자가 1년간 80% 이상 출근한 경우 15일의 유급휴가가 발생하는데, 이 연차휴가기간동안 유급으로 지급되는 수당으로, 연차휴가를 주기 전 또는 직후의 임금지불일에 지급합니다.

'연차유급휴가근로수당'은 근로자가 이미 발생한 연차휴가를 사용하지 않고 근로를 할 경우에 그 근로의 대가로 지급하는 수당을 말합니다.

나. 연차수당이 평균임금에 포함되는지 여부

평균임금은 근로기준법 제2조제6호 규정에 따라 이를 산정해야 할 사유가 발생한 날 이전 3월간에 그 근로자에 대하여 지급된 임금의 총액을 그 기간의 총일수로 나누어 계산하는 것이나, 연차휴가근로수당은 매달 지급되는 임금이 아니라는 점을 감안하여 1년분의 연차휴가근로수당을 근로월별로 균등하게 산입하여야 하므로, 퇴직근로자의 평균임금 산정기준인 임금총액에는 퇴직일(평균임금 산정사유 발생일) 전일에 이미 발생되어 있는 1년분의 연차휴가중 미사용 연차휴가일수가 확정되어 연차휴가근로수당으로 대체 지급될 금액의 3/12을 산입하여야 할 것입니다(근기 68207-2422, 1993.11.22.).

즉, 평균임금에 포함된다는 것은 퇴직금을 산정할 경우 연차수당도 위와 같은 방식으로 산입된다는 것을 의미합니다.

다. 연차수당의 소멸시효

연차휴가수당청구권은 연차유급휴가청구권이 소멸되는 시점(연차휴가청구권의 소멸시효(1년) 완성 또는 퇴직)에 발생하며, 휴가청구권이 소멸된 시점의 다음 달의 임금지급일(대부분 매년 1월)에 지급되는 것이 일반적입니다. 동 수당도 임금에 해당하므로 동 수당청구권은 근로기준법 제49조에 의해 3년간 행사하지 아니하면 시효로 소멸함을 유의해야 합니다.

라. 기타 관련문제

기타 연차휴가의 가산문제, 계속근로기간이 1년미만인 자와 1년간 80%미만 출근한 자에 대한 연차문제, 연차휴가의 청구시기문제 등은 연차휴가부분에서 자세히 설명되어 있으니 그 부분을 참조하시기 바랍니다.

Q 12월 31일 퇴사한 경우에도 연차수당을 지급해야 하나요?

2006년 12월 31일 퇴사하는 직원이 있는데, 연차수당을 줘야 하는지 아니면 지급하지 않아도 되는지 궁금해서요. 그 직원은 최근에 규정이 바뀌어서 12월 말일까지 근무해도 연차수당을 줘야 한다고 주장하고 있습니다. 어떻게 해야 하나요? 관련근거 규정이 무엇인지도 알려주셨으면 합니다.

A **연차수당을 지급해야 합니다(행정해석과 판례).**

2006년 12월 31일까지 근무를 하고 퇴사를 하는 경우 연차휴가근로수당을 지급해야 하느냐에 대하여 이전에는 판례와 노동부행정해석의 견해가 나뉘었으나 현재는 같은 입장을 보이고 있습니다.

행정해석은 1년간 개근 또는 9할(개정법은 80%) 이상 출근하였다하더라도 1년 근로 후 퇴직함으로써 휴가를 사용할 날이 하루도 없게 되는 경우에는 연차유급휴가청구권이 발생하지 아니하고 연차유급휴가근로수당 지급문제도 발생하지 아니한다는 입장이었으나(근기 68207-2140, 2000.07.18.), 이후 행정해석을 변경하여 판례의 입장을 따르고 있습니다. 판례(대법 2003다48549·48556, 2005.05.27.)는 근로자가 일단 연차유급휴가권을 취득한 후에 연차유급휴가를 사용하기 전에 퇴직 등의 사유로 근로관계가 종료된 경우, 근로관계의 존속을 전제로 하는 연차휴가를 사용할 권리는 소멸한다 할지라도 근로관계의 존속을 전제로 하지 않는 연차휴가수당을 청구할 권리는 그대로 잔존하는 것이어서, 근로자는 근로관계 종료시까지 사용하지 못한 연차휴가일수 전부에 상응하는 연차휴가수당을 사용자에게 청구할 수 있다고 하고 있습니다. 따라서 12월 31일까지만 근무하고 퇴사하더라도 연차휴가수당을 지급하여야 합니다.

Q [근속기간이 1년 미만인 경우 연차수당의 청구가능여부]

9개월 5일 근무하고 퇴사한 경우에도 연차수당을 받을 수 있나요?

저는 입사한지 9개월이 좀 넘었어요. 부득이한 사유로 퇴사하게 되었는데요, 이런 경우에도 연차수당을 받을 수 있나요?

A **재직기간동안 연차휴가를 사용하지 않았다면 법 제60조제2항에 의해 9일분의 연차수당을 받을 수 있습니다.**

근로기준법 제60조제2항은 '사용자는 계속하여 근로한 기간이 1년 미만인 근로자에게 1개월 개근시 1일의 유급휴가를 주어야 한다'라고 규정하고 있고, 이 규정에 의해 근속기간이 1년 미만인 근로자도 개근한 월(月)에 대하여 1일의 유급휴가를 사용할 수 있는데, 재직기간 9개월 동안 개근했고 연차휴가를 사용하지 않고 퇴사했다면 연차휴가미사용수당 9일분을 청구하여 받을 수 있습니다.

만약 9개월의 근속기간동안 4일의 휴가를 사용했다면 5일분의 연차휴가미사용수당을 청구할 수 있습니다.

참고로, 동 규정에 따라 개근한 월에 대하여 1일의 연차휴가를 부여하는 것은 계속근로기간이 1년 미만인 근로자에 한하여 적용되는 것이므로, 입사 2년차인 근로자가 당해 2년차에 9개월을 근무하고 퇴사하더라도 2년차 9개월에 대하여는 연차휴가가 발생하지 않는다는 점을 유의해야 합니다.

2018.5.29.부터는 1년차에 개근한 월마다 발생한 연차휴가를 사용하면 다음 해에 발생하는 15일의 연차휴가에서 사용한 일수만큼 제한다는 규정이 삭제(개정법 시행)됨에 따라 결과적으로 1년 미만자의 경우 1년차에 11일의 연차휴가가 추가로 발생하게 되었습니다.

Q **1년간의 근속기간 중 80% 미만으로 출근하면 연차휴가(수당)는 단 1일(분)도 발생하지 않는 건가요? 그리고 2년차에 8개월만 근무하고 퇴사한 경우에도 연차휴가 8일이 발생하나요?**

저는 입사 2년차인데요, 2년차에 병가휴직으로 실제 출근한 기간은 6개월정도밖에 되지 않아요. 저같은 경우에는 1년간 80% 이상 출근하지 않았기 때문에 연차휴가가 발생하지 않고 따라서 연차휴가수당도 받을 수 없다고 하던데 사실인가요? 그리고 2년차에 8개월만 근무하고 퇴사하는 경우에도 연차휴가 8일이 발생하는 것 아닌가요?

A **① 2012.8.2부터 1년간 출근일이 80% 미만이라도 개근한 월(月)에는 연차휴가가 발생하고 이를 사용하지 않았다면 연차수당을 받을 수 있습니다.**

근로기준법 제60조제2항은 '사용자는 1년간 80% 미만 출근한 근로자에게 1개월 개근시 1일의 유급휴가를 주어야 한다'라고 규정하고 있고, 이 규정에 의해 1년 동안의 출근일수가 80%에 미치지 못하더라도 개근한 월이 있다면 그 월수만큼 유급휴가가 발생하고, 이 유급휴가를 사용하지 않았다면 휴가청구권이 소멸한 때로부터 연차휴가근로수당을 청구하여 받을 수 있습니다. 예를 들어 1년간 6개월만 출근했는데 이 중에서 5개월은 개근을 했다면 5일의 연차휴가가 발생한다는 것을 의미합니다. 단, 이 규정은 2012.8.2부터 시행된 것임을 알아두기 바랍니다.

② 2년차에 1년을 근무하지 않았다면 연차휴가는 발생하지 않습니다.

2년차에 '80%미만 출근자에게 1개월 개근시 1일의 유급휴가를 주어야 한다'는 규정의 전제조건은 1년을 기준으로 80%미만을 출근하였다는 것이므로, 1년 동안 재직(근무)해야 한다는 전제조건을 충족하지 못하면 연차휴가는 발생하지 않습니다.

Q **연차수당을 평균임금에 산입하는 방식은?**

저는 인사담당자인데요, 퇴직금을 계산해야 하는데, 그러려면 평균임금을 산정해야 하잖아요. 연차수당도 평균임금에 넣어야 하는지요? 평균임금에 산입해야 한다면 어떤 방식으로 넣어야 하는지요?

A **퇴직시 연차유급휴가 미사용수당으로 대체 지급된 전년도 수당액의 3/12에 해당하는 금액을 평균임금 산정기준 임금에 산입합니다.**

퇴직하는 근로자의 연차수당을 평균임금에 산입하는 방식은 평균임금 산정사유가 발생한날(퇴직일) 이전 전전년도에 80% 이상 개근하여 발생한 1년분의 연차유급휴가 중 미사용 연차일수로 확정되어 전년도에 연차유급휴가 미사용수당으로 지급된 수당액의 3/12에 해당하는 금액을 평균임금 산정기준 임금에 산입하면 됩니다.

연차휴가수당액의 3/12에 해당하는 금액만을 산입하는 이유는 평균임금은 3월간에 그 근로자에 대하여 지급된 임금의 총액을 그 기간의 총일수로 나누어 계산하는 것이나, 연차휴가수당은 매월 지급되는 임금이 아니라는 점을 감안하여 1년분의 연차휴가근로수당을 근로월별로 균등하게 3개월분만 산입하는 것입니다(임금 68207-173, 1999.11.01.).

Q 퇴직하면서 비로소 발생하는 연차휴가미사용수당은 평균임금에 산입되지 않나요?

2013.5.1. 퇴사하면서 지난 해에 개근하여 발생한 연차휴가 중 미사용한 휴가에 대한 수당을 받게 되었는데요, 이 수당의 3/12에 해당하는 금액을 평균임금에 산입해서 퇴직금을 산정하는 것으로 아는데, 아닌가요?

A 퇴사하는 2013년에 비로소 발생하는 연차휴가미사용수당을 평균임금에 산입하는 것이 아니라 2011년도에 개근하여 발생한 연차휴가를 2012년도에 사용하지 않아 2013년 1월에 수령한 연차수당을 산입하는 것입니다.

퇴직으로 인해 비로소 지급사유가 발생한 연차유급미사용수당은 퇴직전년도 출근율에 의하여 퇴직년도에 발생한 연차유급휴가를 미사용하고 퇴직함으로써 비로소 지급사유가 발생한 것으로, 평균임금의 정의상 산정사유 발생일 이전에 그 근로자에 대하여 지급된 임금이 아니므로, 퇴직금 산정을 위한 평균임금 산정 기준임금에 포함되지 아니합니다.

퇴직하기 전에 이미 발생한 연차유급휴가미사용수당, 즉 퇴직 전전년도 출근율에 의하여 퇴직 전년도에 발생한 연차유급휴가 중 미사용하고 근로한 일수에 대한 연차유급휴가미사용수당액의 3/12을 퇴직금 산정을 위한 평균임금 산정 기준임금에 포함시키는 것이 맞습니다(임금근로시간정책팀-2820, 2006.09.21.).

Q 연차수당은 언제 받는 것인가요?

우리 회사는 매년 규칙적으로 연차수당을 주는 것이 아니라 주는 시기가 달라서 그러는데요, 연차수당은 언제 받는 것이 맞는지 알고 싶습니다.

A **연차유급휴가수당은 연차휴가를 사용할 때, 연차유급휴가미사용수당은 취업규칙 등으로 연차유급휴가청구권이 소멸된 날 이후 첫 임금 지급일에 지급하는 것으로 규정하여도 근로기준법 위반으로 볼 수 없습니다.**

'연차유급휴가수당'은 해당 근로자가 연차유급휴가를 사용할 경우 연차유급휴가수당을 지급하는데, 그 지급시기는 연차유급휴가를 주기 전 또는 준 직후의 임금지불일에 지급하여야 합니다. 연차유급휴가수당의 범위는 취업규칙이나 그 밖의 정하는 바에 의한 통상임금 또는 평균임금으로 지급하여야 합니다.

'연차유급휴가미사용수당'은 근로자가 전전년도 근로의 대가로 발생한 연차유급휴가를 전년도에 사용하지 아니하고 근로를 제공한 경우 연차유급휴가청구권이 소멸된 다음날에 '연차유급휴가미사용수당청구권'이 발생하는데, 연차유급휴가미사용수당은 취업규칙 등으로 연차유급휴가청구권이 소멸된 날 이후 첫 임금 지급일에 지급하는 것으로 규정하여도 근로기준법 위반으로 볼 수 없습니다. 이 경우 전년도에 사용하지 않고 근로를 제공한 연차유급휴가일수에 대하여 취업규칙이나 그 밖의 정하는 바에 의하여 통상임금 또는 평균임금을 지급하여야 합니다.

퇴직근로자의 경우 퇴직 전년도 출근율에 의하여 퇴직연도에 발생한 연차유급휴가청구권이 근로관계가 종료됨에 따라 발생하며, 이 경우 사용자는 퇴직연도의 휴가사용가능일수에 상관없이 미사용한 연차휴가일수에 대하여 퇴직일로부터 14일 이내에 취업규칙이나 그 밖의 정하는 바에 의한 통상임금 또는 평균임금을 지급하여야 합니다.

참고로, 연차유급휴가 산정 기산일은 개별근로자의 입사일 등 실제로 근로제공을 개시한 날이 되는 것이 원칙이나, 노무관리의 편의상 단체협약·취업규칙 등에 의하여 전 근로자에 대하여 일률적으로 회계년도를 기준으로 연차유급휴가를 산정하는 경우 '연차유급휴가미사용수당청구권'은 연차유급휴가 사용 가능년도 다음해의 첫날 발생합니다(임금근로시간정책팀-2820, 2006.09.21.).

Q 노사합의로 연차휴가미사용수당을 이월하여 대신 휴가로 사용하게 할 수도 있나요?

2011년에 발생한 연차휴가를 2012년에 미사용한 휴가일수가 10일인 경우 이 10일분의 수당을 이월하여 2013년도 사용하게 해도 괜찮나요? 결국 2012년에 발생한 16일과 합하면 2013년에 26일의 휴가를 사용하게 되는데, 이것도 가능한가요?

A 노사합의시 미사용 연차유급휴가에 대한 금전보상 대신 이월하여 사용토록 합의하는 것은 무방합니다.

2011년도 개근율에 의해 산정된 휴가를 2012년도에 사용 소진키로 하였음에도 모두 소진하지 못한 경우 2013년으로 이월하여 사용하도록 함으로서 사실상 2013년도는 휴가가 25일을 초과할 수도 있는데, 노사 당사자간의 합의가 있다면 미사용 연차유급휴가에 대한 금전보상 대신 이월하여 사용토록 합의하는 것은 무방합니다(근로조건지도과-1047, 2009.02.20.).

Q 연차휴가기간 중에 근로자가 임의로 근로를 제공한 경우에도 '연차휴가미사용수당'을 줘야 하나요?

우리 회사는 8월초에 전체로 연차휴가를 4일 주는데요, 그때 관리부 직원이 본인이 일이 있다고 출근해서 근무를 했답니다. 그리고는 나중에 회사측에 연차휴가미사용수당을 청구했는데요, 이런 경우 정말로 수당을 줘야 하는 것인지요? 사장님이 알아 보라고 해서요, 답변부탁드립니다.

A 연차휴가 기간 중 근로자가 임의로 근로를 제공한 경우에는 사용자의 노무수령여부로 판단하여야 합니다. 따라서 사용자가 근로제공을 거부했음에도 근로자가 임의로 근로를 제공했다면 수당을 지급할 의무는 없습니다.

사용자의 귀책사유가 없더라도 연차유급휴가를 미사용한 경우에는 당해 미사용휴가에 대하여는 단체협약 등에서 정한 바에 따라 법정기준 이상의 휴가수당을 지급하여야 하고, 연차유급휴가의 사용은 근로자의 의사에 반하여 강제로 실시할 수 없는 것이 원칙입니다.

연차유급휴가기간 중 근로자가 임의로 근로를 제공하는데 대하여는 사용자가 근로자의 노무제공을 수령할 것인지 여부에 대한 문제로서 사용자가 명백한 근로제공 거부의사를 밝혔는지 여부로 판단할 사항이라 생각됩니다.

만약 사용자가 근로제공 거부의사를 명백히 하였음에도 근로자가 임의로 근로를 제공했다면 사용자는 그 근로자에게 연차휴가미사용수당을 지급할 의무는 없다고 판단됩니다.

하지만 사용자가 근로제공 거부의사를 명확히 하지 않았음에도 단지 "근로자의 자의로 사용하지 않은 휴가의 경우에는 보상하지 않는다"는 휴가규정을 근거로 수당을 지급하지 않는 것은 근로기준법에서 정한 기준 이하의 내용은 무효가 되므로 사용자는 최소한 통상임금은 지급하여야 하는 문제가 발생할 수 있습니다(근기 68207-709, 1994.04.27.).

Q [연차수당을 미지급할 경우 형사처벌되는지]

사업주가 연차수당을 지급하지 않을 경우 형사고소할 수 법적 근거는 무엇인가요?

A 연차수당 미지급에 대한 형사처벌의 법적 근거는 근로기준법 제43조제1항입니다.

① **법적 근거** : 근로기준법 제43조제1항은 통화지급의 원칙, 전액지급의 원칙, 직접 지불의 원칙을 규정하고 있고, 제2항은 월 1회 이상 정기급 원칙을 규정하고 있는데, 이를 위반하면 3년 이하의 징역 또는 2천만원 이하의 벌금에 처해집니다.

② **임금체불시 적용 법조항** : 월 1회 이상 지급하는 임금의 일부 또는 전부를 지급기일에 지급하지 못한 경우 근로기준법 제43조제1항과 제2항 위반죄가 동시에

성립하고, 상여금과 연차수당 등 월 1회 이상 지급하지 않는 임금을 지급하지 않은 경우 전액지급의 원칙을 위반한 것으로 근로기준법 제43조제1항 위반죄만 적용됩니다.

③ **대법원의 판단** : 하급심은 연차수당은 매월 1회 이상 일정한 날을 정해 지급하는 것이 아니므로 비록 종래 지급하던 날에 지급하지 않았더라도 범죄가 되지 않는다고 보아 무죄를 선고한 반면, 대법원은 동 사건에 법 제43조제2항을 적용한 것은 법률적용의 착오로 보아 법 제43조제1항을 적용하여 임금전액을 지급했는지를 심리·판단했어야 한다고 파기환송함으로써 월 1회 이상 지급하지 않는 임금의 미지급에 대하여는 법 제43조제1항을 적용해야 한다고 판단했습니다(대법 2013도7896, 2017.07.11.).

2. 연장·야간·휴일근로수당

가. 연장·야간·휴일근로수당의 법적 근거

근로기준법 제56조는 연장근로와 야간근로(22시~06시) 또는 휴일근로에 대하여는 통상임금의 100분의 50이상을 가산하여 지급하여야 한다라고 규정하고 있습니다.

나. 연장근로수당의 범위

근로기준법 제50조는 1주 40시간을 초과하거나 1일 8시간을 초과하는 근로시간에 대하여는 통상임금의 100분의 50이상을 가산한 연장근로수당을 지급하도록 강제하고 있고, 동법 제53조에서는 1주간에 12시간 이상의 연장근로를 제한하고 있습니다. 하지만 동법 제53조를 위반하는 것과는 별론으로 하고 1주간에 12시간 이상의 연장근로에 대하여도 연장근로수당을 지급해야 함은 당연합니다.

1일 8시간을 초과하는 근로시간에 대하여 연장근로수당을 지급하는 것에 대하여는 이견이 없으나, 1주 40시간을 초과하는 근로시간에 대하여 연장근로수당을 지급해야 하는지에 대하여는 논란의 여지가 있습니다.

예를 들어, 월요일~금요일까지 8시간씩 근무하고 주휴일(일요일)에도 근로하였다면 1주 40시간을 초과하는 것이므로 이 부분에 대하여 휴일근로수당은 당연히 지급되는 것이고, 추가로 연장근로수당도 중첩적으로 지급해야 하는 것이 합당한 것 아니냐는 견해인데, 이 견해가 최근 판례의 입장입니다. 이러한 판례의 견해를 수용하여 최근 입법발의가 되었으므로 조만간 입법화될 것으로 예상됩니다.

다. 야간근로수당의 범위

근로기준법은 밤 10시부터 새벽 6시까지 근로하는 경우에는 반드시 통상임금의 100분의 50이상을 가산하여 지급하도록 강제하고 있습니다. 위 시간에 근무하는 경우라면 야간교대제근무자이든 어떤 경우에도 야간근로수당을 지급해야 하고, 연장근로를 밤 10시 이후까지 하였다면 연장근로수당과 별도로 야간근로수당을 중첩적으로 지급해야 합니다.

만약에 월요일~금요일까지 8시간씩 근무를 하고 일요일에 오전 9시부터 자정(24시)까지 13시간(휴게시간 2시간 제외)을 근무했다면, 유급휴일분으로 지급되는 8시간, 실근무시간 13시간, 휴일근로가산분 4시간, 연장근로가산분 2.5시간(고용노동부 입장), 야간근로가산분 1시간 총 28.5시간분을 지급하면 됩니다. 이것을 각 수당별로 구분해보면, 통상임금 8시간, 휴일근로 및 가산수당 12시간, 연장근로 및 가산수당 7.5시간(고용노동부 입장), 야간근로수당 1시간 총 28.5시간입니다(근기 01254-6030, 1987.04.14., 근기 01254-9786, 1987.06.17.).

위와 같이 야간근로수당은 밤 10시~06시 사이에 근무를 했다면 연장근로수당과 휴일근로수당과 중첩적으로 지급되어야 합니다(근기 125-7513, 1970.08.10.).

라. 휴일근로수당의 범위

근로기준법 제56조에 따라 휴일근로수당으로 통상임금의 100분의 50 이상을 가산하여 지급하여야 하는 휴일근로는, 동조가 '제45조의 규정에 의한 휴일근로'라고 규정하지 아니하고 단지 '휴일근로('주휴일'이 아니라 '휴일'이라고 규정)'라고만 규정하고 있는 점, 연장시간근로 및 야간근로와 함께 휴일근로를 규정하고 있는 점 등의 취지로 미루어 볼 때, 단순히 근로기준법 제55조 소정의 주휴일제도의 원칙을 유지하기 위한 것만이 아니라, 주휴일이 아닌 법정공휴일이라도 사용자의 필요에 따라 부득이 근로를 하게 된 경우에는 근로자가 근로할 의무가 있는 날에 근로를 한 경우보다는 더 큰 대가가 지급되어야 보상된다는 점을 고려한 것이라고 해석되므로, 동법 제45조 소정의 주휴일근로뿐만 아니라 단체협약이나 취업규칙에 의하여 휴일로 정하여진 법정공휴일 등의 근로도 가리키는 것이라고 보는 것이 상당합니다(대법 90다14089, 1991.05.14.).

따라서 단체협약이나 취업규칙에 의하여 휴일로 정하지 않았다면 무급휴일로 봄이 상당하고 그 무급휴일에 근무를 했다하더라도 별도로 휴일근로수당을 지급하지 않아도 무방합니다.

휴일에 12시간을 근무하여 4시간의 연장근로를 하는 경우 12시간 전부에 대하여 휴일근로가산수당을 지급해야 하는지 아니면 8시간에 대하여만 휴일근로수당이 지급되는지에 대하여 논란의 여지가 있는데, 4시간의 연장근로시간에 대해서는 휴일근로수당이 가산지급되지 않고, 휴일근로수당은 8시간분에 대하여만 지급하는 것이 합당합니다(근기 01254-6150, 1987.04.15.).

Q [주휴일(일요일) 근무時 연장·휴일수당 중복지급 여부]

주휴일에 근무하는 경우 '휴일근로수당'외에 '연장근로수당'을 별도로 지급하는 것이 맞는지요?

월요일부터 금요일까지 근무하고 토요일과 일요일에도 근무를 했습니다. 일요일에는 휴일근로수당을 지급하는데, 일요일에 근무하면 휴일수당외에 연장수당도 줘야 하는 것 아닌가 해서요.

A **2018.2.27. 근로기준법 개정에서 법 제56조제2항을 신설하여 8시간 이내는 50%, 8시간 초과는 100% 가산규정을 명문화함으로써 기존 고용노동부 입장을 재확인하였습니다.**

① **쟁점** : 이 사안은 주휴일(일요일)에 근무하는 경우 이미 주40시간을 초과한

것이 되므로 휴일수당 외에 연장수당도 추가로 지급해야 하는 것이 법해석상 맞는 것인지가 쟁점이었는데, 2018.2.27. 개정으로 휴일수당만 지급하도록 명문화하여 논란의 여지는 없어졌습니다.

② **행정해석의 입장** : 고용노동부 행정해석은 주휴일을 제외한 5일의 근무일 동안 12시간의 연장근로를 실시한 후에, 다시 토요일과 일요일에 휴일근로를 실시하더라도 근로기준법 제53조제1항의 규정에 위반되지 않는 것인지에 대한 답변에서 '주40시간제가 적용되는 사업장에서 주5일근무를 채택하여 운영하는 경우 노사 당사자간에 주휴일을 제외한 나머지 일(日)에 대하여 휴일로 한다는 명시적인 약정이 있는 경우라면 그날에 근로한 것은 휴일근로에 해당되므로 같은 법 제53조제1항에 의한 연장근로시간에는 포함되지 않는다고 보았고, 다만, 휴일에 1일 법정근로시간인 8시간을 초과하는 경우에는 그 초과된 시간에 대하여는 휴일근로가산수당외에 연장근로수당도 지급해야 하며 이 경우 초과된 시간은 같은 법 제53조제1항에 의한 연장근로시간에 포함된다고 보았습니다(임금근로시간정책팀-528, 2005.11.22. ; 근기 68207-2855, 2000.09.19.).

결국 고용노동부는 휴일에 근무하는 시간은 주40시간을 초과하더라도 연장근로로 보지 않는다는 입장입니다.

③ **하급심 판례의 입장** : 법원은 근로기준법은 휴일근로시간을 연장근로시간에서 제외한다는 규정을 두고 있지 아니하고, 연장근로와 휴일근로는 그 입법취지를 각각 달리하고 있으며, 동법 제53조제1항의 '1주간에 12시간을 한도로 40시간(법 제50조)을 연장할 수 있다'는 명문규정의 해석상 1주 40시간을 초과하는 시간은 연장근로시간임을 쉽게 알 수 있으므로, 주휴일에 근무하는 시간을 주40시간을 초과하는 연장근로시간으로 보아 휴일근로수당외에 추가로 연장근로수당을 지급해야 한다는 입장이었습니다(서울고법 2009나74153 등 다수판례).

④ **대법원(2011다112391, 2018.6.21.)의 입장** : 대법원은 휴일근로시간은 근로기준법상 1주 기준근로시간인 40시간 및 1주간 연장근로제한시간인 12시간에 포함되지 않는다고 봄이 타당하므로, 휴일근로에 따른 가산임금과 연장근로에 따른 가산임금은 중복하여 지급할 수 없다고 판시하여 하급심의 판결을 뒤집었습니다.

④ **2018.2.27. 근로기준법 개정에서 명문화** : 개정법은 근로기준법 제56조제2항을

신설하여 8시간 이내의 휴일근로는 통상임금의 50%가산, 8시간 초과하는 휴일근로는 통상임금의 100%가산한다고 명문화함으로써 고용노동부 행정해석의 입장을 취하면서 법률적 분쟁의 소지를 없앴습니다.

Q 주중에 휴일이 있어서 토요일에 근무했음에도 1주 40시간미만을 근무했다면 연장근로수당을 안줘도 되는 건가요?

이번 주 수요일이 광복절이어서 쉬었고, 토요일에 연장근로를 하였는데 회사에서는 토요일에 8시간 일한 부분에 대하여 연장근로수당을 지급하지 않아도 된다고 합니다. 이게 사실인가요?

A 주중 휴일은 실근로시간에 포함되지 아니하므로 연장근로수당을 지급하지 않더라도 법위반은 아닙니다.

근로기준법 제50조에 규정한 1주 40시간 및 1일 8시간은 법정기준 근로시간을 말합니다. 다만, 근로기준법 제53조제1항에 의하면 당사자간의 합의가 있는 경우에는 1주간에 12시간을 한도로 제50조의 근로시간을 연장할 수 있으며, 동법 제56조에 의거 사용자는 제53조의 규정에 의하여 연장된 시간의 근로에 대하여는 통상임금의 100분의 50 이상을 가산하여 지급하여야 합니다.

따라서 월요일부터 금요일까지 8시간을 근로하는 근무체제 하에서 토요일에 8시간을 근로하여 당해 1주간에 총 48시간을 근로하였다면 1주 40시간을 초과하여 연장근로한 8시간분에 대하여는 연장근로수당을 지급해야 합니다.

다만, 주중에 휴일 또는 휴가가 있어 근로를 제공하지 아니한 경우 그러한 휴일 또는 휴가기간은 실근로시간에 포함되지 아니하므로, 특정 주의 토요일에 8시간을 근로하였다고 하더라도 주중에 휴일 또는 휴가기간이 있어 당해 1주간의 총 근로시간이 40시간을 초과하지 않은 경우에는, 당해 토요일에 행해진 8시간 근로에 대하여는 연장근로수당을 지급하지 않더라도 근로기준법 위반문제는 발생하지 아니합니다.

다만, 노사당사자간 특약으로 특정요일(예 : 토요일)에 근무할 경우 연장근로수당을 지급한다고 규정하고 있다면 이런 경우에는 노사당사자는 그에 따라야 할 것입니다(근기 68207-2990, 2000.09.28.).

Q **[주휴일 근무시 연장·휴일·야간근로수당 산정실무]**

일요일에 13시간을 근무했을 경우 연장근로, 휴일근로, 야간근로수당은 각각 얼마씩 받을 수 있나요?

월요일부터 금요일까지 8시간씩 근무를 하고, 토요일은 휴무를 했고, 일요일날 갑자기 업무량이 생겨서 아침 9시부터 밤 12시까지 작업을 했어요. 이 날 실제근무시간은 13시간(15시간-휴게시간 2시간)인데요, 제가 받을 수 있는 추가적인 수당(시간분)은 얼마인가요?

A **이 사안은 ① 연장·휴일·야간수당 모두를 중첩적으로 지급해야 하는지, ② 휴일근로수당은 8시간만을 기준으로 지급되는 것인지, ③ 휴일근로 8시간에 대하여 휴일근로수당 외에 연장근로수당도 추가로 청구할 수 있는지의 문제가 혼재되어 있는 사안입니다.**

① 연장·휴일·야간수당 중복지급 : 주유급휴일분으로 지급되는 8시간, 실근무시간 13시간, 휴일근로가산분 6.5시간, 연장근로가산분 2.5시간(고용노동부 입장), 야간근로가산분 1시간, 총 31시간분을 청구할 수 있습니다. 즉, 연장근로수당과 휴일근로수당, 야간근로수당을 중복하여 청구할 수 있다는 의미입니다(근기 01254-6030, 근기 01254-9786, 근기 125-7513).

여기서 견해의 대립이 있는 부분이 연장근로가산분의 문제인데, 고용노동부는 위와 같은 경우 연장근로는 총 5시간(13시간-8시간)으로 보아 연장근로가산분을 2.5시간으로 보지만, 판례는 휴일근로(8시간)도 주40시간을 초과한 것이므로 연장근로를 총 13시간으로 보아 연장근로가산분을 6.5시간으로 보고 있습니다. 그래서 추가로 지급되는 수당(가산분)에서 4시간분의 차이가 발생합니다.

② 휴일근로수당은 8시간만을 기준으로 산정하는 것인지, 아니면 실제근무시간인 13시간을 기준으로 하는 것인지의 문제 : 휴일근로수당은 8시간만을 기준으로 한다

는 것은 이전 행정해석(근기 01254-6150)의 입장이고, 변경된 현재 행정해석에 의하면, 실근무시간을 기준으로 산정해야 하므로 휴일근로가산수당으로 6.5시간분(13시간의 50%)이 지급되어야 합니다(임금근로시간정책팀-528).

③ **휴일근로 8시간에 대하여 연장근로수당도 청구할 수 있는지** : 휴일근로시간이 주40시간을 초과하는 경우 휴일근로수당 이외에 연장근로수당도 지급해야 한다는 서울고법의 판결 6건이 현재 대법원에 계류상태에 있으므로, 판례의 입장으로 상세히 산정해 보면, 통상임금(주휴일유급분) 8시간, 실근로시간 13시간, 휴일근로가산수당 6.5시간, 연장근로가산수당 6.5시간, 야간근로수당 1시간, 총 35시간입니다. 주휴일에 근무한 실제근무시간 13시간 전체를 연장근로라고 볼 경우 수당은 4시간분(8시간에 대한 연장근로가산분)이 차이가 납니다.

④ **결론** : 위의 통상임금 8시간분(주휴일유급분)은 주휴일의 근무여부와 상관없이 지급되는 것인 만큼 이 8시간을 제외하고, 주휴일에 13시간을 근무한 대가로 지급받는 추가분은 판례에 의하면 27시간분, 행정해석에 의하면 23시간분입니다.

Q [연장근로와 야간근로가 중복되는 경우 가산수당 산정법]

연장근로, 야간근로가산수당은 어떻게 계산하나요?

저는 밤 11시까지 남아서 일을 하는 경우가 많은데요, 저같은 경우 연장수당과 야간수당을 받을 수 있는지, 가산수당은 어떻게 계산하는 것인지요?

A **1일 8시간을 초과하는 근무시간과 밤 10시 이후의 근무시간에 대하여 통상임금의 50%를 가산한 연장근로가산수당과 야간근로가산수당을 중복하여 받을 수 있습니다.**

근로기준법 제56조에서 연장, 야간, 휴일 근로에 대한 가산 수당은 통상임금의 50%에 해당하는 금액을 지급한다라고 규정하고 있습니다.

연장근로가산수당은 연장근로를 한 시간에 대하여 당연히 받는 임금, 연장근로에 대한 가산수당인 통상임금의 50%를 합한 금액입니다. 그리고 밤 10시부터 새벽 6시까지 일을 한 경우에는 야간근로가산수당을 별도로 청구할 수 있습니다.

따라서 밤 11시까지 일을 하니까 5시간에 대한 근로수당과 50% 가산수당(2.5시간에 해당하는 금액), 그리고 밤 10시부터 11시까지는 야간근로수당을 별도로 청구할 수 있으므로 50%의 야간수당(30분에 해당하는 금액)을 청구할 수 있습니다.

만약에 사업주가 연장근로와 야간근로에 대하여 가산수당(통상임금의 50%)을 지급하지 않는 경우 사업주는 3년 이하의 징역 또는 2,000만 원 이하의 벌금에 처해질 수 있는데, 동 조항은 반의사불벌죄로 근로자가 사업주의 처벌을 원하지 않는다면 사업주는 처벌을 면할 수 있습니다(근로기준법 §112).

Q 휴일에 일을 하는 경우 얼마를 수당으로 청구해야 하나요?

저는 패스트푸드점에서 아르바이트를 하고 있는데 일요일도 없이 일을 해야 합니다. 일요일에 일을 하면 휴일근로수당을 받을 수 있다고 하던데 얼마를 더 받을 수 있는 건가요?

A 유급휴일과 무급휴일에 따라 다릅니다.

휴일 근로를 할 경우에는 그 휴일이 유급휴일인지 무급휴일인지에 따라 계산에 약간 차이가 있습니다.

유급휴일에 근무한 경우는 유급휴일에 원래 지급되는 임금 100%, 당해 휴일날에 근로한 대가인 임금 100%, 그리고 휴일근로가산수당 통상임금 50%, 이렇게 통상임금의 250%를 받을 수 있습니다.

무급휴일에 근무한 경우에는 당해 휴일날에 근로한 대가로 통상임금 100%, 휴일근로 가산수당인 통상임금 50%, 이렇게 통상임금의 150%만 받을 수 있습니다.

주휴일은 법으로 규정하고 있는 유급휴일이므로, 일요일에 근무를 했다면 원래 받는 일급의 250%를 청구할 수 있습니다. 그리고 일요일이라 해도 대부분 연장근로를 하므로 연장근로수당에 대해서는 200%를 청구할 수 있습니다.

왜냐하면 연장근로부분에 대하여는 유급휴일에 당연히 지급되는 임금이 8시간만

예정하고 있으므로 8시간이 넘는 근로시간에 대하여는 당연 유급임금이 지급되지 않기 때문입니다. 대신 시간외 근로수당 50%가 있으므로 휴일근로수당 50%+근로의 대가 100%를 합산하여 200%를 청구할 수 있는 것입니다.

Q 유급 휴일인 토요일에 근무를 하면 휴일수당은 어떻게 계산하나요?

이번 주 토요일이 우리 회사 창립기념일로 유급휴일로 규정되어 있어요. 그런데 토요일은 4시간만을 근무를 하는데 휴일수당도 4시간분만 계산해서 청구할 수 있는 건가요?

A 토요일이라도 8시간을 기준으로 휴일근로가산수당만을 산정하면 됩니다.

이 사안은 주44시간제에서 주40시간제로 되면서 토요일 8시간 근무시 4시간 근로에 8시간 임금을 지급하고 4시간은 연장근로수당을 지급하고 있기 때문에 토요일과 공휴일이 중복되었을 때에는 휴일수당 8시간에 100%, 4시간 근로에 대한 8시간 임금 150%, 4시간은 휴일연장으로 인정해야 정상적인 지급방법(휴일수당 8시간+휴일근로수당12시간+휴일연장근로시간 6시간=계 26시간)인지에 관한 문제로 보입니다.

토요일이 유급휴일인 경우 4시간만 근무한다고 하더라도 휴일근로수당 지급액은 1일 8시간을 기준으로 계산해야 합니다. 또 1일 4시간 근무일에 연차 휴가를 사용했을 경우에도 1일 8시간을 기준으로 계산해야 합니다.

주당 44시간의 소정 근로시간 하에서 소정근로시간을 1주일 중 5일은 8시간으로 하고, 1일(토요일)은 4시간으로 하되, 8시간분의 임금을 지급하고 있는 경우에 유급휴일(창립기념일)인 토요일에 8시간의 근무를 하였다면 유급으로 당연히 지급되는 임금(1일분 유급휴일수당 8시간분)과 휴일근로 8시간에 따른 임금 및 가산수당(8시간분 임금의 150%)을 지급하면 되고, 별도의 휴일연장근로수당을 추가로 지급할 필요는 없습니다. 다만, 별도의 연장근로수당 지급 여부는 당사자간의 약정에 따르면 될 것입니다(근기 68207-351, 2003.03.26.).

Q 회사와 근로자대표가 합의하여 연장근로수당 미지급에 합의했다면?

회사가 어렵다는 이유로 근로자 대표와 회사가 연장근로 수당을 지급하지 않기로 합의를 했습니다. 이렇게 합의서를 제출했다면 연장근로수당을 청구할 수 없는 건가요?

A 연장근로수당 미지급에 대한 합의는 무효입니다.

근로기준법상 연장근로수당의 지급의무는 강행규정이므로, 연장근로수당을 받지 않기로 당사자간에 합의를 했다하더라도 효력이 없는 것으로 무효입니다. 따라서 합의서의 제출여부와 상관없이 연장수당을 청구하여 받을 수 있습니다.

또한 모든 근로자에게 일률적으로 일정한 연장근로수당을 지급하기로 협정하여 운영한다고 단체협약으로 규정(포괄임금산정제)하고 있더라도 실제로 근로한 근로시간이 단체협약상에 협정된 연장근로시간을 초과하는 때에는 그 차액에 해당하는 연장 근로수당을 별도로 청구할 수 있습니다.

근로자가 연장근로를 한 경우 사용자는 통상임금의 100분의 50 이상을 가산하여 연장근로수당을 지급하여야 함에도(근로기준법 §55) 연장근로수당을 지급하지 않을 경우 사용자는 3년 이하의 징역 또는 2,000만 원 이하의 벌금형에 처해질 수 있습니다(동법 §112).

하지만 근로자(피해자)의 명시한 의사에 반하여 공소를 제기할 수는 없으므로(반의사불벌죄 2005.3.31. 신설, 동법 §112), 근로자가 사용자의 처벌을 원하지 않으면 형사처벌되지 않습니다.

참고로, 개정법에서 사용자는 근로자 대표와의 서면합의에 의하여 연장근로, 야간근로, 휴일근로에 대하여 지급되는 임금에 갈음하여 휴가를 부여할 수 있도록 하고 있으므로, 이를 적극 활용하는 것도 노사 모두에게 바람직하다고 봅니다.

Q 일직이나 숙직을 서는 경우에도 연장수당이나 휴일, 야간수당을 줘야 하는 것 아닌가요?

우리 회사는 한달에 한번정도 돌아가면서 숙직을 서는데요, 혹시 있을 비상사태를 대비하여 대기하면서 전화를 받는 일입니다. 이런 경우에도 휴일에 숙직을 서거나 밤을 세는 경우에는 휴일근로수당이나 야간근로수당을 받을 수 있는건 아닌가요?

A 단순히 숙직실에서 대기하거나 전화만 받는 것이라면 전형적인 일·숙직근로에 해당하여 연장·야간·휴일근로수당을 받을 수 없습니다.

일반적으로 「일·숙직근로」라 함은 일과 후에 업무를 종료하고 정기적 순찰, 전화와 문서의 수수, 기타 비상사태 발생 등에 대비하여 시설내에서 대기하거나 전화착신하여 자택에서 대기하는 경우로서 이러한 업무는 원래 근로계약에 부수되는 의무로 이행되어야 하는 것이어서 정상근무에 준하는 임금을 지급할 필요는 없으며, 연장·야간·휴일근로수당 등이 지급되어야 하는 것은 아닙니다.

다만, 일·숙직시간 중에 수행하는 업무의 노동 강도가 본래의 업무와 유사하거나 상당히 높은 유사 일·숙직근로에 대하여는 통상의 근로에 준하여 근로기준법 상의 가산임금(연장·야간·휴일근로수당)을 지급하여야 합니다(임금근로시간정책팀-2974, 2006.10.10.).

판례(서울동부지법 2012가합104180, 2013.08.13.)도 일반적으로 일·숙직이라 함은 정기적 순찰, 전화와 문서의 수수, 기타 비상사태발생 등에 대비하여 시설 내에서 대기하고 있는 것으로서 그 자체의 노동의 밀도가 낮고 감시·단속적 노동인 경우가 대부분이어서 이러한 업무는 관행적으로 정상적인 업무로 취급되지 아니하여 별도의 근로계약을 필요로 하지 아니하며 원래의 계약에 부수되는 의무로 이행되어야 하는 것으로서 정상근무에 준하는 임금을 지급할 필요가 없고, 야간·연장·휴일근로수당 등이 지급되어야 하는 것도 아니라는 입장입니다.

Q **['휴가'도 법 제56조상의 '휴일'에 포함되는지 여부]**

연차휴가기간에 근무한 경우에도 휴일근로가산수당을 받을 수 있나요?

저희 회사는 여름휴가를 연차휴가로 대체하고 있는데요, 부득이 이 기간에 근무를 하게 되었는데, 이럴 경우에도 휴일근로수당을 받을 수 있는 건가요?

A **연차휴가도 근로기준법 제56조의 휴일에 포함되는지에 대하여는 연차휴가도 휴일에 포함된다는 견해(판례)와 휴가와 휴일은 별개라고 보는 견해(행정해석)가 나뉘고 있습니다.**

① 연차휴가도 법 제56조의 휴일에 포함된다고 보는 견해 : 근로기준법 제56조(연장·야간·휴일근로에 대한 가산임금)는 근로자의 건강과 휴식을 보장하기 위한 1일 8시간 노동원칙, 주간노동원칙, 주휴일제, 연차휴가제 등의 기준을 벗어난 근로에 대하여 할증임금을 지급하려는 제도로서, 연차휴가를 사용하지 아니하고 근무한 경우를 주휴일 등 고정적인 휴일에 근무한 경우와 달리 취급하여야 할 특별한 이유나 합리적인 근거를 찾아 볼 수 없는 만큼 위 동법 제56조의 휴일근로에는 연차휴가에 의한 휴일도 포함된다고 보는 견해입니다(서울고법 89나49241, 1990.04.11.).

② 휴일과 휴가는 별개의 제도로 휴가는 휴일(제56조)에 포함되지 않는다고 보는 견해 : 근로기준법 제56조에 따라 휴일근로가산수당을 받을 수 있는 날은 주휴일 및 근로자의 날 제정에 관한 법률에 의한 근로자의 날과 기타 회사의 취업규칙이나 단체협약 등에서 정하고 있는 휴일을 말하는 것이며 휴일과 휴가는 각각 별개의 것이므로 연차유급휴가나 생리휴가를 사용하지 아니하고 근로한 경우라 할지라도 동법 제56조에 의한 휴일근로가산수당을 받을 수 없다고 보는 견해(근기 01254-13592, 근기 1455-25553, 근기 01254-1110)입니다.

③ 결론 : 휴가와 휴일은 그 취지상 별개의 제도로, 휴가를 동법 제56조상의 휴일에 포함시키는 것은 부적절하다고 판단되므로, 연차휴가기간에 근무하였더라도 별도의 휴일근로가산수당을 청구할 수 없다고 사료됩니다.

Q 감시적·단속적 근로자도 '야간근로수당'을 받을 수 없는 건가요?

저희같은 2교대제 경비는 노동부에 감시적·단속적 근로자라고 승인을 받으면 연장수당이나 휴일수당을 지급하지 않아도 된다면서 야간수당도 지급하지 않아도 법 위반이 아니라고 하는데 사실인가요?

A 감시적·단속적 근로자는 연장수당과 휴일수당은 받을 수 없지만 야간근로수당은 받을 수 있습니다.

① **쟁점** : 이 사안은 근로기준법 제63조제3호에 "감시 또는 단속적으로 근로에 종사하는 자로서 사용자가 고용노동부장관의 승인을 얻은자"는 제4장과 제5장에서 정한 근로시간, 휴게와 휴일에 관한 규정은 적용하지 아니한다고 명시되어 있는데, 이 규정에 의해 야간근로수당도 지급하지 않아도 되는지의 문제입니다.

② **법적 근거 및 법 규정의 의미** : 근로기준법 제63조제3호에 해당하는 감시, 단속적 근로자로서 노동부장관의 적용제외 승인을 얻은 경우에는 동법 제4장과 제5장에서 정한 근로시간, 휴게와 휴일에 관한 규정은 적용하지 않고 있습니다.

즉, 동법 동조에 의해 적용되지 않는 규정은 근로시간과 휴게시간, 휴일근로에 관한 것으로, 1일 8시간으로 제한한 근로시간에 관한 규정을 적용제외하고 있으므로 당연히 연장근로(수당)에 관한 문제는 발생하지 않을 것이고, 휴게시간을 부여하지 않거나 휴일근로를 시켜도 휴게시간만큼의 임금을 지급해야 한다든지, 휴일근로수당을 지급해야 한다든지 하는 법적 문제는 발생하지 않는다는 것을 의미합니다.

③ **판례·행정해석의 입장** : 감시 또는 단속적 근로자에 대하여 근로기준법상 규정에 의해 고용노동부장관의 인가를 받은 경우에는 같은 법에서 정한 근로시간, 휴게 및 휴일에 관한 규정이 적용되지 않게 되어, 원칙적으로 사용자는 근로자에게 동법 제56조에 의한 시간외(연장)근로가산수당 및 휴일근로가산수당을 지급할 의무가 없다는 것이 판례(대법 96다30571, 1996.11.22.)와 행정해석(근기 01254-947, 근기 68207-3172, 2001.09.20.)의 입장입니다.

④ **야간근로수당도 적용제외되는지** : 야간근로(22:00~익일 06:00)에 대하여는 적용을 제외한다는 규정이 어디에도 존재하지 않으므로 2교대 경비의 야간근로시간에 대하여는 동법 제56조에 의한 가산수당이 지급되어야 합니다. 만약 2교대 경비업무를 하는 근로자에게 야간근로수당을 지급하지 않는다면 근로기준법 제56조 위반으로 3년 이하의 징역 또는 2천만원 이하의 벌금에 처해질 수 있습니다(근로기준법 제109조).

⑤ **'근로자의 날'도 적용제외되는지** : 고용노동부의 승인을 받은 감시적·단속적 근로자는 '휴일에 관한 규정'이 적용되지 않지만, 근로자의 날은 별도의 법률로 보장하고 있는 휴일이기 때문에 근로기준법에 의해 적용제외되지 않으므로, 근로자의 날에 근무했다면 감시적·단속적 근로자로 승인을 받았더라도 휴일근로가산수당을 지급해야 한다는 점을 유의해야 합니다.

Q 지방출장을 갈 경우 출장지까지의 왕복 이동이 휴일이나 야간 등 근무시간 이외의 시간에 이루어질 경우 휴일·연장·야간근로수당을 청구할 수 있는지요?

우리 회사는 지방으로 출장을 가는 경우가 자주 있는데요, 출장지까지 이동을 낮에 하면 좋은데 항상 근무시간이 끝난 다음에 하라고 합니다. 이렇게 근무시간이 끝난 다음에 이동하는 경우, 또는 끝나고 휴일에 이동하거나 밤에 이동하는 경우 휴일·연장·야간근로수당을 청구할 수 있는지요?

A 사용자의 지시에 의해 야간 또는 휴일에 출장업무를 수행하는 것이 명백한 경우에는 야간수당 또는 휴일수당을 청구할 수 있습니다.

출장근무 등 사업장 밖에서 근로하는 경우에 있어서의 근로시간 산정에 관하여는 근로기준법 제58조제1항 및 제2항에서 특례를 규정하고 있는데, '그 업무를 수행하기 위하여 통상적으로 소정근로시간을 초과하여 근로할 필요가 있는 경우에는 그 업무의 수행에 통상 필요한 시간을 근로한 것으로 본다'라는 동조의 단서규정의 취지로 볼 때 사용자의 지시에 의해 야간 또는 휴일에 출장업무를 수행하는 것이 명확한 때에는 야간근로 또는 휴일근로로 볼 수 있으므로, 동법 제56조에 의해 야간근로수당 또는 휴일근로수당을 지급하여야 할 것입니다(근기 68207-2650, 2002.08.05.).

그리고 근로자가 출장목적을 수행하기 위해 이동하는 왕복시간이 서류, 귀중품 등을 운반하거나 물품감시 등의 특수한 업무수행이 동반되어 자유로이 시간을 사용할 수 없는 상태라면 이 기간은 사용자의 지배하에 있다 할 수 있어 근로시간으로 보아야 할 것이므로, 자동차 운전원이 사업장 이외에서 출장목적을 수행하기 위하여 휴일에 출장지까지 자동차를 운행한 경우에는 운전 그 자체가 운전근로자의 본연의 업무이고 또한 운행하는 시간에는 자유로운 휴게, 휴식이 주어지지 않는다 할 것이므로 근로기준법 제56조상의 휴일의 근로로 보아야 한다는 행정해석(근기 01254-546, 1992.04.11.)이 있습니다.

하지만 단순히 야간 또는 휴일에 이동하는 때, 취업규칙 등에 별도의 규정이 없고 사용자의 특별한 지시 없이 단순히 다음 목적지로 이동하기 위해 근로자가 임의로 휴일 또는 야간에 이동하는 때에는 근로기준법 제56조의 할증임금 대상인 '야간근로' 또는 '휴일근로'로 보기 어렵다는 입장입니다(근기 68207-2955, 2002.09.25.).

또한 출장업무를 위한 단순한 이동에 불과한 경우에는 단체협약이나 취업규칙 등에 특단의 규정이 없고 사용자의 특별한 지시가 없는 한 이를 근로로 인정하기는 곤란하며, 비록 휴일에 이동을 행한다 하더라도 휴일근로가 행해졌다고 할 수 없다는 행정해석(근기 01254-546, 1992.04.11.)이 있습니다.

Q **'합숙연수교육시간'에 대하여도 연장 및 야간수당을 줘야 하나요?**

저희 회사는 매년 전 직원 합숙연수교육을 실시하는데요, 이 때 연수교육시간에 대하여도 연장수당과 야간수당을 지급해야 하는지요?

A **특약이 없는 한 연장·야간수당을 지급할 의무는 없습니다.**

근로시간 종료후 또는 휴일에 사용자 책임하에 작업안전, 작업능률 등 생산성 향상을 위하여 근로자에게 의무적으로 소집, 실시하는 교육은 근로시간으로 인정되나, 1박 2일 또는 2박 3일의 합숙전체연수교육은 정상근무시의 근로와는 달리 생산성 향상에만 목적이 있는 것이 아니고 자기개발 목적 등 복합적인 목적에서 시행하는 것으로서, 취업규칙이나 단체협약 등 노사간에 별도의 특약이 없는 한 근로기준법 제56조에 의한 시간외 연장근로수당 및 야간근로수당은 해당되지 않습니다(근기 01254-554, 1989.01.10.). 따라서 합숙기간 중 8시간 초과시간과 야간 22:00~06:00까지의 시간에 대하여 별도의 수당을 지급할 의무는 없습니다.

또한 같은 취지의 행정해석은 합숙교육이 사용자의 지시·명령에 의해 강제되는 경우에도 정상적인 근무와 달리 근로자들의 장기간 업무공백에 따른 업무 복귀시 적응훈련 및 업무능력에 향상, 근로자의 자기개발 등 복합적인 목적으로 실시하는 경우에는 정상근로와는 동일하게 볼 수 없으므로 근로기준법 제56조에 의한 연장근로수당 지급의무가 당연히 발생한다고 보기는 어렵다고 보았습니다(근기 68207-214, 2002.02.24.).

상여금과 휴업수당

1. 상여금

가. 상여금의 법적 근거

근로기준법 시행령 제23조는 "법 제42조제2항 단서에서 '임시로 지급하는 임금, 수당 기타 이에 준하는 것 또는 대통령령이 정하는 임금'이라 함은 다음 각 호의 것을 말한다"고 하면서 제3호에서 "1월을 초과하는 기간에 걸친 사유에 의하여 산정되는 장려금, 능률수당 또는 상여금"을 규정하고 있을 뿐 상여금에 관한 다른 규정은 없습니다.

나. 명절에 지급하는 떡값도 상여금에 해당하는지

상여금의 개념은 상대적이어서 반드시 '상여금'이라는 명칭이외에 '떡값'이라는 명목으로 주기적으로 계속 지급하여 그것이 관행이 되어 있거나 근로자들의 기대가능성을 충분히 예견할 수 있다면 '떡값'도 상여금의 범위에 포함되는 임금에 해당됩니다.

다. 상여금의 지급근거

상여금의 지급여부, 지급대상, 지급률 등은 법에는 규정이 없기 때문에 사업장의 단체협약, 취업규칙 등의 규정에 의하여 결정됩니다.

① **단체협약·취업규칙 등에 상여금 지급규정이 있는 경우** : 상여금 지급규정이 있는 경우라면 원칙적으로 그 규정에 따르면 될 것입니다.

② **단체협약·취업규칙 등에 상여금 지급규정이 없는 경우** : 상여금 지급규정이 없는 경우에는 상여금의 지급 등을 권리로서 청구할 수 있는 관행이 성립되어 있는지 여부(떡값형식으로 설과 추석 때마다 계속하여 지급하는 관례) 등을 종합적으로 판단하여 결정하여야 합니다.

Q [평균임금 산정시 상여금을 산입하는 산정실무]

상여금은 평균임금을 계산할 때 어떻게 산입하는 건가요?

저희 회사는 상여금을 1년에 설과 추석 2번 지급하는데요, 제가 7월에 퇴사하게 되어 평균임금을 계산해야 합니다. 평균임금의 산정기간인 3개월(5월~7월) 동안에는 상여금을 받은 적이 없는데요, 이런 경우에도 상여금을 평균임금에 산입하는 것이 맞나요? 맞다면 어떤 방식으로 산입을 해야 하는지요?

A **'1년분의 상여금총액×3/12'로 산정한 금액을 평균임금에 산입하면 됩니다.**

평균임금이라 함은 이를 산정하여야 할 사유가 발생한 날 이전 3월간에 그 근로자에 대하여 지급된 임금의 총액을 그 기간의 총 일수로 나눈 금액으로, 상여금의 경우에도 미리 지급조건 등이 명시되어 있거나 관례로서 계속 지급되어 온 것이 인정되는 경우에는 평균임금에 산입되는 임금에 해당합니다.

상여금은 사유발생일 전 3월간에 지급되었는지 여부와 관계없이 사유발생일 전 12개월 중에 지급받은 전액을 12개월로 나누어 3개월분을 평균임금의 계산에 포함시키면 됩니다(임금 68207-513, 2003.07.01.).

Q [고정상여금은 통상임금에 해당하는지]

매월 정기적으로 지급되는 '상여금'은 통상임금인가요?

저희 회사는 상여금을 매월 지급하고 있는데요, 이렇게 매월 지급하는 상여금은 통상임금에 포함되어 연장수당 계산할 때 반영된다고 들었습니다. 매월 지급되는 상여금은 통상임금에 포함되는지요? 포함되면 어떤 효과가 있는건가요?

A **정기적·일률적·고정적으로 지급되는 상여금은 일부 예외적인 경우를 제외하고 통상임금에 해당하고(대법원), 통상임금에 포함되면 통상시급으로 산정하는 연장수당 등도 인상될 수 밖에 없습니다.**

통상임금이라 함은 근로자에게 정기적·일률적으로 소정근로 또는 총근로에 대하여 지급하기로 정하여진 시간급금액·일급금액·주급금액·월급금액 또는 도급금액을 말하며(근로기준법시행령 §6), 통상임금의 범위에 포함되기 위해서는 ㈎ 근로에 대한 대가성, ㈏ 정기적·일률적인 지급, ㈐ 1임금 산정기간(1개월)내의 소정근로에 대하여 지급하기로 정하여진 것을 모두 충족하여야 한다는 것이 예전 고용노동부의 입장(임금 68207-207, 2002.03.29.)이었습니다.

하지만 대법원은 '전직원에게 일률적으로 매년 일정 시기에 월기본급에 대한 일정액을 지급하였다면 이는 소정근로 또는 총근로에 대하여 지급하기로 한 금품으로서, 정기적·일률적으로 지급되는 고정적인 임금이라 할 것이므로 통상임금에 속한다'(대법 94다19501)라고 하여 기존과는 달리 고정적·일률적으로 지급되는 고정상여금도 통상임금에 포함될 여지가 있다는 입장입니다(대법 95다56767, 95다2227, 2003다40859).

극히 예외적으로 상여금을 재직 중인 자에 한하여 지급한다는 규정이나 관례가 있는 경우라면 통상임금에 해당하지 않는다고 판결한 내용도 알아두어야 할 것입니다.

일부 판례에서는 매월 지급되는 상여금 외에 분기마다 지급하든가 매년 일정 시기에 지급하는 상여금까지도 일정 주기마다 고정적으로 지급되는 임금이므로 통상임금에 포함될 여지가 있다고 하고 있고, 향후 상여금을 통상임금으로 보는 경향의 판례가 다수 판시될 것일 뿐만 아니라 고용노동부도 상여금이 통상임금에 해당한다는 지침을 내놓고 있으므로, 향후 상여금에 대한 노사간의 신중한 협의가 필요할 것입니다.

Q **[상여금지급일 이전 퇴사자도 상여금 받을 수 있는지]**

상여금 지급일 이전에 퇴사時 상여금을 받을 수 있나요?

저희 회사는 1년에 4번(3월, 6월, 9월, 12월) 상여금을 100%씩 지급해요. 부득이 8월말에 퇴사하게 되었는데, 9월말에 지급되는 상여금 받을 수 있나요?

A **단체협약·취업규칙에 규정이 있으면 그에 따르고, 규정이 없더라도 지급했던 사례나 지급관행이 있다면 받을 수 있습니다.**

① **쟁점** : 상여금 지급에 관하여는 근로기준법에 규정된 사항이 없으므로, 상여금 지급여부의 판단은 단체협약·취업규칙 등에 지급규정이 있는지, 지급규정이 없다면 지급관행이 정립되어 있는지에 따라 결정됩니다.

② 상여금지급일 이전 퇴사자에게도 상여금을 지급해야 하는 경우

❶ 상여금 지급률, 지급시기 등이 단체협약·취업규칙 등에 정해져 있고, 지급일 현재 재직 중인 자에 한하여 지급한다는 규정이 없으며, 매년 일정시기에 일정률의 상여금을 지급하여 온 경우

❷ 단체협약·취업규칙 등에 상여금에 관한 지급규정은 없지만 계속하여 상여금을 지급해왔고, 지급일 이전 퇴사자에게도 지급해온 관행이 정립되어 있는 경우

③ 상여금지급일 이전 퇴사자에게는 상여금을 지급하지 않아도 되는 경우

❶ 단체협약·취업규칙 등에 "상여금은 지급일 현재 재직중에 있는 자에 한한다"는 등의 명문규정이 있는 경우(근기 68207-1667)

❷ 단체협약·취업규칙 등에 상여금에 관한 지급규정이 없고 또한 지급일 이전 퇴사자에게 지급해온 관행도 없는 경우

④ **결론** : 근로기준법은 상여금에 관한 규정을 두고 있지 않기 때문에 상여금을 받을 수 있는지의 판단은 취업규칙·단체협약상의 규정을 면밀히 검토해보아야 하

는데, 상여금 지급규정이 있고 별다른 예외조항이 없는 경우와 지급규정은 없지만 지급관행이 정립되어 있는 경우에는 지급일 이전 퇴사자도 상여금을 받을 수 있습니다.

Q **[직종 등에 따른 상여금의 차등지급이 법위반이 아닌지]**

상여금을 직급(직종)·근로형태에 따라 차등지급할 수 있나요?

저희 회사는 사무직과 생산직의 상여금 지급율이 다릅니다. 이렇게 상여금을 차등지급하는 것은 근로기준법상의 균등처우규정(§5)에 반하는 것이 아닌가요?

A **직급(직종) 등에 따른 상여금 지급율을 차등하는 것은 근로기준법위반이 아닙니다.**

상여금에 관하여는 근로기준법에서 따로 정하고 있는 규정이 없으므로, 당해 사업장의 단체협약이나 취업규칙 등에 의거하여 '직급이나 직위 또는 근로형태 등에 따라' 상여금 지급률을 달리 정하였다 하더라도 이는 근로기준법 제5조에 규정한 균등처우 위반으로 볼 수 없고(근기 68207-2145, 1999.09.01.), 단체협약이나 취업규칙상의 일정한 지급기준, 조건 등에 따라 상여금이 개별 근로자에게 차등지급된다 하더라도 이는 근로기준법 위반이라 볼 수 없습니다(근기 68207-1997, 1993.09.14.).

상여금을 포함한 급여수준에 차이를 둔 것은 고용형태의 특성, 채용조건, 업무의 범위·권한·책임, 그 밖에 직무, 능력, 학력, 근속연수 등 임금 및 근로조건의 결정요소의 차이 등에 기인한 것으로 보이므로, 합리적인 이유가 있는 차별로 법위반으로 볼 수 없습니다(서울행법 2011구합8857, 2012.01.12.).

Q **[근무성적에 따른 상여금 '감액지급'이 가능한지]**

근무성적에 따라 상여금을 감액지급 할 수도 있나요?

저희 회사는 근무성적에 따라 상여금을 차등지급하고 있어요. 상여금도 임금인데, 상여금을 마음대로 감액하여 지급하는 것은 법위반 아닌가요?

A **취업규칙·단체협약 등에 감액지급규정이 있다면 상여금을 감액지급하더라도 법위반이라고 단정할 수는 없습니다.**

상여금의 지급에 대하여는 근로기준법상 별도의 정함이 없으므로, 상여금의 지급여부, 지급시기, 지급률, 지급제한사유 및 감액률 등은 당해 사업장의 단체협약이나 취업규칙 등이 정하는 바에 따라야 합니다. 따라서 근무성적 등을 감안하여 취업규칙·단체협약 등에서 일정한 지급제한규정을 두고, 이 규정에 따라 상여금을 감액하여 지급하는 것은 근로기준법을 위반한 것이라고 볼 수는 없습니다(임금 32240-20781, 1989.12.14.).

Q [산재로 요양 중인 경우에도 상여금을 받을 수 있는지]

업무상 재해로 요양중인 근로자도 상여금을 받을 수 있나요?

저는 회사에서 일을 하다가 산재로 요양중인데요, 저희 회사는 이 달이 상여금이 나오는 달입니다. 산재로 요양하는 기간은 출근한 것으로 보니까 회사에 상여금을 청구하여 받을 수 있는 것 아닌가요?

A **별도의 규정이 없다면 요양기간 중이라도 별도로 상여금을 청구하여 받을 수 없습니다.**

상여금 지급에 관하여는 근로기준법에 특별한 규정이 없기 때문에 업무상 재해로 요양 중인 근로자에 대한 상여금 지급여부에 관하여는 단체협약·취업규칙 등에 별도로 정한 바가 있다면 이에 따라야 합니다. 만약에 이런 규정이 없다면 업무상 재해로 인하여 요양 중인 근로자에게 상여금을 지급하지 않아도 무방합니다. 왜냐하면 업무상 재해로 요양중인 근로자에게는 평균임금의 70%에 해당하는 휴업급여가 지급되는데, 평균임금을 산정하는 기초임금에는 상여금이 포함되는 것이 일반적이므로, 휴업급여 속에는 이미 상여금이 포함되어 있는 것이기 때문입니다.

따라서 요양 중인 근로자에게 별도의 상여금을 지급하는 것은 상여금을 이중으로 지급하는 결과가 되는 것이므로, 사용자는 원칙적으로 상여금을 별도로 지급해야 할 법적 의무는 없습니다(근기 68207-1921, 1995.11.29.).

Q [육아휴직기간·출산전후휴가기간 중 상여금 지급여부]

육아휴직기간이나 출산전후휴가기간 중에 상여금 지급일이 있다면 상여금을 받을 수 있나요?

저는 회사에서 일을 하다가 산재로 요양중인데요, 저희 회사는 이 달이 상여금이 나오는 달입니다. 산재로 요양하는 기간은 출근한 것으로 보니까 회사에 상여금을 청구하여 받을 수 있는 것 아닌가요?

A **단체협약·취업규칙에 별도의 규정이 없다면 육아휴직기간과 출산전후휴가기간 중 최종 30일은 상여금을 지급하지 않아도 됩니다.**

① 육아휴직기간 중 상여금 지급여부 : 상여금이 일정기간동안 근로한 대가(출근성적)로 지급되고 육아휴직기간이 그 기간의 일부 또는 전부 포함되어 있는 경우 상여금 지급의 일부 또는 전부를 지급하지 않는다 하더라도 남녀고용평등법 위반이라 할 수 없습니다(근정 68240-285, 1998.08.17.).

참고로, 상여금 지급과 관련하여 상여금산정기준을 총 근속년수로 정할 때, 예를 들어 근속기간이 6개월 이상이면 70%, 1년 이상이면 100% 지급한다는 규정이 있는 경우 육아휴직기간을 이에 포함하여야 합니다.

② 출산전후휴가기간 최종 30일에 대하여 상여금 지급해야 하는지 : 근로기준법 제74조제4항은 '출산전후후가 90일 중 60일은 유급으로 한다'고 규정하고 있어 단체협약·취업규칙 등에 별도의 규정이 없다면 최종 30일분의 급여 및 상여금은 무급처리해도 법위반이라고 볼 수 없습니다(여원 68240-40, 2002.01.24.).

2. 휴업수당

가. 휴업수당의 법적 근거

근로기준법 제46조는 사용자의 귀책사유로 휴업하는 경우에는 휴업기간 동안 평균임금의 100분의 70이상의 수당을 지급하여야 한다고 규정하고 있습니다.

① 평균임금의 70%가 통상임금을 초과하는 경우 : 통상임금을 휴업수당으로 지급

할 수 있도록 하고 있는데(동법 제46조제1항 단서), 그 이유는 정상적인 근로를 제공한 근로자보다 휴업을 한 근로자의 임금이 상회하는 불합리한 결과를 초래할 뿐만아니라 근로자간의 형평성에도 반하기 때문입니다.

② **휴업수당의 지급예외** : 부득이한 사유로 사업을 계속하는 것이 불가능하여 노동위원회의 승인을 받은 경우에는 평균임금의 70%에 못미치는 휴업수당을 지급하거나 지급하지 아니할 수 있습니다(동법 제46조제2항).

나. '휴업'의 의미와 '사용자의 귀책사유'의 범위

(1) 동법상 '휴업'의 의미

휴업이란 근로자가 근로계약상의 근로제공의무 이행의사를 분명히 하였음에도 그 의사에 반하여 취업이 거부되거나 불가능하게 된 경우를 의미(대법 90다18999)합니다.

① **특정 근로자에 대한 취업거부도 휴업에 해당하는지** : 동법상의 휴업은 사업장 전체의 휴업뿐만아니라 사업장 일부의 휴업도 포함하며, 특정 근로자에 대한 취업거부도 휴업에 해당합니다.

② **시간단위 휴업도 포함되는지** : 동법상의 휴업은 1일 단위의 휴업만을 의미하는 것이 아니라 시간단위의 휴업도 포함(근기68207-148)됩니다.

③ **부당해고, 부당징계(대기발령,출근정지)로 취업이 거부된 경우도 휴업에 해당하는지** : 판례(대법 90다18999)는 부당해고, 부당징계로 취업이 거부된 경우에도 휴업의 범위에 포함으로써 중간수입을 공제할 때 동법 제46조를 근거로 공제범위의 최저선을 평균임금의 70%로 제한하고 있습니다.

(2) 사용자의 귀책사유의 범위

사용자의 귀책사유는 사용자의 세력(지배)범위내에서 발생한 경영장애까지 포함(근로기준과-387, 2009.2.13.)한다고 보아 민법 제538조상의 '채권자의 귀책있는 사유', 즉 고의 또는 과실과는 다른 판단기준을 두고 있습니다.

이에 관하여 다수의 학설은 세력범위설(지배영역설)을 취하고 있고, 법원(판례)과 고용노동부(행정해석)도 대체로 세력범위설을 취하는 판단을 하고 있습니다.

① 불가항력적인 사유·부득이한 사유와 사용자의 귀책사유와의 관계

불가항력적인 사유와 부득이한 사유도 사용자의 귀책사유에 포함되는지에 대하여 검토해보면, 역병, 전쟁, 지진 등 천재지변 기타 사용자의 지배영역 외의 불가항력적인 사유는 사용자의 귀책사유에 포함되지 않는다는 것이 일반적인 견해이고, 부득이한 사유로 사업계속이 불가능한 경우는 사용자의 귀책사유가 있는 경우를 전제로 한다고 보고 있습니다.

② 사용자의 귀책사유로 보지 않은 판례와 행정해석

사용자의 귀책사유로 보지 않았다는 것은 사용자의 지배영역 외의 불가항력적인 사유·부득이한 사유로 보았다는 것을 의미하는 것으로, 홍수 등의 수재 또는 제3자의 방화로 인한 휴업(근로기준과-2855, 2004.6.9), 정전으로 인한 휴업(법무811-6509), 폭설로 통근버스 운행불가능으로 인한 휴업(해지125-12623), 제3자에 의한 출근방해로 인한 휴업(근로기준과-2855) 등이 있습니다.

③ 폭설로 통근버스의 운행이 중단된 경우와 공장이 붕괴된 경우의 차이

고용노동부(행정해석)는 폭설로 통근버스 운행이 불가능한 경우는 사용자의 귀책사유를 부정하여 휴업수당의 지급의무가 없다고 판단하였지만, 노동위원회는 폭설로 공장이 붕괴된 경우에는 예방대책미흡을 이유로 '사용자의 귀책사유'를 인정하면서 '부득이한 사유'를 부정함으로써 휴업수당을 지급할 의무가 있다고 판단하였습니다.

다. 휴업수당의 감액지급 요건과 감액수준

① 휴업수당 감액지급 요건

사용자에게 귀책사유가 있더라도 1)부득이한 사유로 사업을 계속하는 것이 불가능한 경우 2)노동위원회의 승인을 받은 경우 휴업수당(70%)에 못미치는 금액을 지급할 수 있도록 하고 있어 휴업수당의 감액지급을 위해서는 위 2가지 요건을 충족해야 합니다.

② 부득이한 사유를 인정한 예와 부정한 예

휴업수당 감액지급의 실질적 요건인 '부득이한 사유'는 사용자의 세력범위(지배영역)에 속하지 않는 거래처 상황, 금융시장 및 경제상황 등 기업 외적 사유로 인한 것인지, 그리고 사용자가 최선의 주의의무를 다했음에도 피할 수 없는 사유로 인한 것인지를 주요 판단기준으로 삼고 있습니다.

예를 들어, 불법쟁의행위로 작업이 중단되어 조업이 불가능한 경우(대법 99두4280, 2000.11.24.)에는 부득이한 사유를 인정했지만, 정밀검사소홀로 인하여 휴업한 경우와 예방대책미흡으로 화재·붕괴 등으로 휴업한 경우에는 부득이한 사유를 부정했습니다.

③ 노동위원회의 승인을 받으면 휴업수당 전액을 지급하지 않아도 되는지

근로기준법 제46조제2항은 사용자의 휴업수당 지급의무 예외를 정하고 있는 것이며 그러한 예외의 경우에 휴업수당 지불의 하한이 별도로 정해져 있지 않은 이상 사정에 따라서는 사용자가 휴업수당을 전액 지불하지 않는 것도 가능하다는 것이 대법원 판례(대법 99두4280)입니다.

하지만 노동위원회의 승인을 받지 못하면 휴업수당을 감액하여 지급하거나 전액 지급의무를 면할 수는 없습니다.

④ 부득이한 사유의 입증책임

부득이한 사유로 인하여 휴업하였다는 입증책임은 휴업수당 지급의무를 면하려는 사용자에게 있습니다.

Q [사망사고로 인한 작업중지기간에 휴업수당 받을 수 있는지]

원도급자A 소속 근로자의 사망으로 현장 전체에 작업중지가 결정되어 원도급자B 소속 근로자들도 휴업을 해야 하는 경우 원도급자B 소속 근로자들은 휴업수당을 청구할 수 있나요?

A 고용노동부의 작업중지명령은 사용자의 세력범위를 벗어난 불가항력적인 사유로 볼 수 없어 휴업수당을 청구할 수 있습니다.

① **작업중지명령이 불가항력적인 사유에 해당하는지** : 발주자로부터 하나의 현장에서 A는 건축공사를, B는 플랜트공사를 수행하고 있던 중 A소속 근로자의 사망사건이 발생하여 고용노동부가 작업중지명령을 내려 B업체도 불가항력적으로 공사를 수행할 수 없게 된 경우, 현장 전체에 대한 작업중지명령은 현장 전체에서 발생할 수 있는 유사사고 위험 등으로부터 근로자를 보호하기 위한 조치이므로 사용자의 세력범위를 벗어난 불가항력적인 사유로 볼 수 없습니다.

② **휴업수당을 청구할 수 있는지** : 사용자의 귀책사유는 고의·과실 이외에도 사용자의 세력범위 안에서 발생한 경영장애까지 넓게 포함하고 있으므로, 위 사안은 사용자의 귀책사유로 휴업하는 경우에 해당하여 휴업수당(평균임금의 70%)을 청구할 수 있습니다.

포괄임금산정제

포괄임금제에 의한 임금지급계약은 사용자가 근로계약을 체결함에 있어서 근로자에 대하여 기본임금을 결정하고 이를 기초로 제 수당을 가산하여 지급함이 원칙이라 할 것이나, 근로시간, 근로형태와 업무의 성질 등을 참작하여 계산의 편의와 직원의 근무의욕을 고취하는 뜻에서 기본임금을 미리 산정하지 아니한 채 제 수당을 합한 금액을 월급여액이나 일당임금으로 정하거나 매월 일정액을 제 수당으로 지급하는 내용의 (임금지급)계약을 말합니다(대법 2004다66995·67004).

일반적으로 포괄임금제란 근로계약 체결시 근로의 형태나 업무 성질상 법정 기준 근로 시간을 초과한 연장·야간·휴일 근로 등이 당연히 예정돼 있는 경우나 계산의 편의를 위해 노사 당사자간 약정으로 연장·야간·휴일 근로 등을 미리 정한 후 매월 일정액의 제수당을 기본 임금에 포함해 지급하는 것을 말합니다(근로조건지도과-3072, 2008.08.06.).

이러한 포괄임금제를 도입하기 위해서는 단체협약·취업규칙 등에 그 근거가 있거나 개별 근로자의 동의가 있어야 하며, 포괄임금제로 지급되는 고정급이 당해 근로자의 실제 근로 시간에 따른 법정 연장·야간·휴일 근로 수당보다 적을 때는 그 차액을 추가로 지급해야 하는 등 근로자에게 불이익이 없고, 제반 사정상 정당하다고 인정되는 경우에 한해 그 유효성이 인정된다 할 것입니다(근로조건지도과

-3072, 2008.08.06.).

포괄임금제가 유효하기 위해서는 ㈎ 근로시간, 근로형태와 업무의 성질을 참작하여, ㈏ 근로자의 승낙 하에 기본임금을 미리 산정하지 아니한 채 시간외근로 등에 대한 제수당을 합한 금액을 월급여액이나 일당임금으로 정하거나 매월 일정액을 제수당으로 지급하는 내용의 계약을 체결하고, ㈐ 근로자에게 불이익이 없고, 제반사정에 비추어 정당하다고 인정될 때에 유효하다고 볼 수 있습니다.

다만, 연·월차유급휴가에 대하여는 미사용 연·월차유급휴가보상금을 월급여액 속에 포함하여 미리 지급하는 근로계약을 체결하는 것은 그 수당을 지급한 이후에도 해당 근로자가 연·월차휴가를 사용할 수 있도록 허용하는 경우에만 인정될 수 있을 것이며, 휴가 사용을 허용하지 아니하는 경우에는 근로기준법상 근로자에게 인정된 연·월차휴가를 청구·사용할 권리를 제한하는 것이 되어 인정될 수 없다고 사료됩니다(근로기준과-7485, 2004.10.19.).

포괄임금제의 유효요건에 대해서는 근로기준법상 달리 규정된 바가 없으므로, 위에서 제시한 유효요건을 참고하여 각 사업장별로 취업규칙, 근로계약 등의 내용, 근무형태, 근로자의 실근로시간, 그간의 관행 등을 종합적으로 고려하여 판단하여야 할 것입니다(근로기준과-2734, 2010.12.16.).

포괄임금계약의 효력을 제한하는 판례(대전지법 2005가단42764)가 있는데, 그 판결요지를 살펴보면, ㈎ 용역회사의 임금 지급의 편의와 이익 확보를 위한 목적 이외 다른 필요성이 없는 점, ㈏ 회사가 제시하는 조건으로 근로계약을 체결하지 않으면 근로자들을 자동적으로 해고되는 상황에서 계약을 체결하게 된 점, ㈐ 포괄임금계약은 근로기준법에 정한 법정수당제도를 잠탈할 위험이 있어 이를 엄격히 보아야 하고, 포괄임금계약에 대하여 법률적으로 근거규정이 없다는 점, ㈑ 이러한 형태의 근로계약을 용인할 경우 파견근로자보호등에관한법률에 정한 근로자파견대상업무의 제한규정을 도급계약의 형태로 회피하는 소위 불법파견을 조장하고 온존시키는 결과에 이를 것이라는 점을 근거로 이와 같은 포괄임금계약은 무효라고 판단하여야 한다는 것이 판례요지입니다(대전지법 2005가단42764).

위 판례처럼 포괄임금계약에 대한 법률적 근거규정도 없음에도 포괄임금계약을 폭넓게 인정해주는 것은 근로자보호측면에서 부정적인 결과를 초래할 수 있으므로,

포괄임금계약은 제한적인 범위내에서 인정해주는 것이 바람직하다 할 것입니다.

Q 월의 총일수(31일 또는 30일 등)에 따라 연장근로시간이 달라져 실제 계산한 월의 제 수당과 매월 평균하여 지급하는 제수당간에 차액이 발생한다면 그 차액을 추가로 청구할 수 있나요?

저희 회사는 포괄임금계약을 체결했는데요, 월 근무일수가 31일인 월에는 연장근로수당이 실제 연장근무시간보다 적은 수당을 지급합니다. 이런 경우 추가로 연장수당을 줘야 하는 것 아닌가요?

A 유효한 포괄임금지급계약을 체결했다면 평균연장수당과 차이가 있더라도 추가로 연장수당을 청구할 수는 없습니다.

사용자는 근로계약을 체결함에 있어서 근로자에 대하여 기본임금을 결정하고 이를 기초로 제 수당을 가산하여 지급함이 원칙이나, 근로시간, 근로형태와 업무의 성질 등을 참작하거나 계산의 편의 등을 위하여 기본임금을 미리 산정하지 아니한 채 제 수당을 합한 금액을 월 급여액으로 정하는 내용의 이른바 포괄임금제에 의한 임금지급계약을 체결한 경우에 그것이 근로자에게 불이익이 없고 제반 사정에 비추어 정당하다고 인정될 때에는 이를 무효라고 할 수 없습니다(판례, 행정해석의 일관된 입장).

예를 들어, 교대제로 운영되는 경우 사용자와 근로자사이에 매월 고정적으로 발생하는 연장·야간·휴일근로에 대해 제수당을 계산하여 포괄임금으로 산정하여 월 평균으로 지급하기로 한 것으로 포괄임금제 근로계약을 체결하였다면, 이러한 경우 실 근로시간과 비교하여 근로자에게 불이익이 없다면 월의 총일수(31일 또는 30일 등)에 따라 연장근로시간이 달라져 실제 계산한 월의 제 수당과 매월 평균하여 지급하는 제수당간에 차액이 발생한다 하더라도 그 차액을 추가로 지급할 의무가 있다고 보기는 어려울 것으로 보입니다(임금근로시간정책팀-2534, 2006.09.01.).

Q 1일 24시간 격일제근무자와 포괄임금계약을 체결한 경우 통상임금 산정방법

감시적·단속적 업무로서 격일제 근무(24시간 근무, 24시간 휴무)에 종사하는 근로자의 경우 감시·단속적 근로에 해당되지만 노동부장관의 인가를 받지 아니하고 포괄임금제 형태의 임금지급방식을 채택하고 있는 경우에 있어서 시간급통상임금을 산정하는 방법 좀 알려주세요.

A 연간단위의 근로시간(연장·야간·휴일근로 포함) 및 주휴시간(유급처리)과 연장·야간·휴일근로에 따른 가산수당 지급분을 시간으로 환산하여 이를 합산한 후 12개월로 나누어 산정된 월 통상임금 산정기준시간으로 나누면 됩니다.

감시적·단속적 업무로서 격일제 근무(24시간 근무, 24시간 휴무)에 종사함으로써 같은 법 제63조제3호의 규정에 의한 감시·단속적 근로에 해당되나, 노동부장관의 인가를 받지 아니하고 포괄임금제 형태의 임금지급방식을 채택하고 있는 경우에 있어서 시간급통상임금을 산정하는 방법은 월 단위 법정 제수당이 포함된 포괄임금제 형태의 임금액에 같은 법 제50조의 규정에 의한 법정기준시간을 기준으로 연간단위의 근로시간(연장·야간·휴일근로 포함) 및 주휴시간(유급처리)과 연장·야간·휴일근로에 따른 가산수당 지급분을 시간으로 환산하여 이를 합산한 후 12개월로 나누어 산정된 월 통상임금 산정기준시간으로 나누게 되면 시간급통상임금이 됩니다.

예를 들어, 1일 24시간 격일제근무자가 1일 실근로시간이 21시간이고, 휴게시간이 3시간[08:00~09:00(조식), 12:00~13:00(중식), 18:00~19:00(석식)]인 경우에 있어서 연·월 통상임금산정기준시간 산정방법을 알아보면,

※ 1일 연장근로시간 : 13시간

※ 1일 야간근로시간 : 8시간

※ 주휴일을 1주내의 특정일로 고정

〈통상임금산정기준시간〉

구분	시간	통상임금산정기준시간 산출내역		
		연간 총 근로시간수	산출내역	비고
실근로시간	1일21시간	3,833	21시간×(365일÷2)	격일근무
주휴시간	1주8시간	417	8시간×(365일÷7)	주휴 유급처리
연장근로가산수당 (시간환산)	1일13시간	1,186	13시간×(365일÷2)×0.5	격일근무
야간근로가산수당 (시간환산)	1일8시간	730	8시간×(365일÷2)×0.5	격일근무
휴일근로가산수당 (시간환산)	2주당21시간	273	21시간×(365일÷14)×0.5	2주당 주휴 1일근무
계		6,440		

※ 월통상임금산정기준시간=536시간(6,440시간÷12개월)

※ 다만, 사업장의 근로시간이나 휴게시간 등이 상기 기준과 달리할 경우에는 그에 따라 계산하여야 함

따라서 포괄임금제 형태의 월급금액에 유급처리되는 주휴수당 및 연장·야간·휴일근로수당이 포함되어 있는 경우라면 동 월급금액에 상기 월통상임금산정 기준시간수로 나누어 시간급금액을 산정한 후 당해 년도 시간급 최저임금액과 비교하여 최저임금법 위반여부를 판단하여야 할 것입니다(임금 68207-836, 2002.11.13.).

Q 포괄임금에 연차수당이 포함되어 있는 경우 연차휴가를 청구할 수 없는지요? 연차휴가를 사용하지 않고 근무를 한 경우 추가로 연차수당을 청구할 수 있는지요?

포괄임금계약을 체결하면서 연차수당을 포함하였는데, 이렇게 연차수당을 미리 받은 경우 연차휴가를 청구하여 사용할 수 없는 것인지요? 만약에 연차휴가를 사용하지 않고 근무를 했다면 이 경우 연차수당을 별도로 청구할 수 없는 건지요?

A 포괄임금에 연차수당이 포함되어 있더라도 연차휴가를 청구하여 사용할 수 있지만, 추가로 연차수당을 청구할 수는 없습니다.

사용자가 포괄임금제를 주장하며 연차유급휴가를 주지 않는 경우가 있는데, 근로계약을 체결함에 있어서 근로의 형태나 업무의 성질상 법정근로시간을 초과한 연장·야간·휴일근로 등을 포함하여 약정하고, 임금계산의 편의를 위하여 노사 당사자간에 약정한 근로시간 등에 대해 임금 및 수당으로 환산하여 미리 고정적으로 지급하는 일명 '포괄임금제'는 근로자에게 불리함이 없고 제반사정에 비추어 정당한 경우에는 가능하다고 할 것인바, 이때, 연차유급휴가는 월급여액에 수당으로 포함하여 미리 지급한 경우라도 해당 근로자가 연차휴가를 청구하면 사용할 수 있도록 허용하여야 하며, 만약 휴가 사용을 허용하지 아니하면 법상 근로자에게 인정되는 연차휴가의 사용 권리를 제한하는 것이 되어 위법하다고 할 것입니다(임금근로시간정책팀-3012, 2007.09.28.). 하지만 근로계약 당시 연차휴가를 사용하지 않는 것을 전제로 연차휴가수당을 월정액의 임금에 포함시켜 근로계약(포괄임금계약)을 체결했다면 당해 근로자가 설사 연차휴가를 사용하지 않았다 하더라도 그 수당을 별도로 청구할 수 없는 것입니다.

아파트 관리사무소의 경비원들이 공동주택의 관리를 영업으로 하는 용역회사에 입사할 당시 회사측과 근로계약 체결시 24시간씩 격일근무를 하고, 기본급을 따로 정하고 실제 근로일수, 근로시간에 의한 제수당을 계산하여 임금을 지급받는 것이 아니라 회사측이 정한 일정금액을 월 급여액으로 지급받기로 하는 내용의 근로계약을 체결한 점에 비추어 볼 때, 회사의 취업규칙상 최저임금 보장규정의 취지는 아파트 경비원들에 대한 관계에 있어서는 기본급을 노동부고시의 최저임금수준으로 지급한다는 의미가 아니라 제수당을 포함한 총급여액을 노동부고시 최저임금수준으로 지급한다는 의미입니다(대법 92다33398).

경비직근로자가 포괄산정임금제하에서 연차휴가 미사용시 연차휴가 수당지급청구권이 없다는 대법원 판례(92다33398)가 있는데, 경비직근로자의 경우 근로계약 당시 연차휴가를 사용하지 않는 것을 전제로 연차휴가수당을 월정액의 임금에 포함시켜 근로계약을 체결했다면 당해 근로자가 설사 연차휴가를 사용하지 않았다

하더라도 그 수당(연차휴가수당)을 별도로 청구할 수 없다(대법 92다33398)고 판시하고 있습니다.

이에 반하여 연차수당을 포함한 포괄임금제 근로계약에서 연차휴가수당의 포함 여부에 관하여는 무효라는 판례(수원지법 2007나17199)가 있는데, 이 판례의 판결 요지를 살펴보면,

포괄임금제도가 인정되는 취지는 실근로시간의 측정이 어려운 근로형태이거나 계산의 편의 등 필요성이 있는 경우 당사자의 계약을 존중하려는 데 그 목적이 있는 것이나, 근로자들의 연차휴가일수를 측정하는 것이 어렵지 않고 그에 따른 수당을 계산하는 것 역시 어렵지 않으며, 근로기준법상 휴일이나 휴가는 임금을 지급하는 것이 그 목적이 아니라 실질적으로 휴식을 향유할 수 있게 함에 그 목적이 있는 것임에도 불구하고, 사전에 휴일, 휴가를 박탈하고 대신 수당의 형식으로 포괄임금제에 포함하는 것은 휴일, 휴가를 보장하려는 법 취지에도 벗어난 것이라 할 것이어서, 연차휴가수당의 경우 포괄임금제도의 목적 범위 이내에서 허용될 수 있는 근로조건으로 보기 힘든 점, 또한 회사가 근로자들에게 연차휴가를 언제든지 사용하도록 보장하였다는 자료가 없고, 이를 보장하였다고 하더라도 근로자가 휴가를 사용한 경우나 사용하지 않는 경우 똑같은 임금을 받게 되는 모순이 발생되고 이미 선지급 받은 수당 때문에 근로자의 휴가청구가 실질적으로 제약을 받음으로써 휴가제도 자체가 무의미해질 수 있는 점, 근로자들은 근로기준법에서 정한 기준에 따른 연차수당과 위 포괄임금제 근로계약에서 정한 연차수당과의 차액만을 청구하고 있는 점, 근로자들이 회사와 포괄임금제 근로계약을 체결함에 있어서 연차휴가를 포기하고 대신 연차휴가수당을 지급받기로 하는 내용의 합의를 하였다고 보기 어려운 점 등에 비추어 보면, 근로자들이 회사와의 사이에 체결한 포괄임금제 근로계약은 근로기준법에서 정한 연차휴가수당보다 적은 금액으로 합의되어 있고, 연차휴가수당에 관하여 당사자 사이에 합의가 이루어지지 않아 근로자들에게 불이익하다고 할 것이므로, 근로자들이 회사와 체결한 포괄임금제 근로계약은 연차휴가수당의 포함 여부에 관하여 무효라고 할 것이다(수원지법 2007나17199)라고 판결하고 있습니다.

Q 포괄임금속에 퇴직금도 포함하여 지급하는 것도 상관없나요?

저희 회사 취업규칙에는 매월 지급하는 임금에 퇴직금도 포함된 것이라는 취지의 규정이 있습니다. 사장님은 취업규칙에 이런 규정이 있으니까 퇴직금은 별도로 지급할 필요가 없다고 합니다. 이 말이 사실인가요?

A 포괄임금속에 포함된 퇴직금은 퇴직금지급의 효력이 없습니다.

근무 계속 중에 지급되는 제수당과는 달리 '퇴직금'이란 사용자가 계속적인 근로관계의 종료를 사유로 퇴직 근로자에 대하여 지급하는 금원으로서, 사용자의 퇴직금 지급의무는 근로계약이 존속하는 한 발생할 여지가 없고 근로계약이 종료되는 때에야 비로소 그 지급의무가 발생하는 후불적 임금이므로, 상용근로자의 지위에 있는 자로서는 퇴직일에 회사에 대하여 퇴직금의 지급을 구할 수 있고, 회사 또한 그 퇴직 당시에야 비로소 그 지급의무가 발생함에도 취업규칙에 매월 지급하는 임금에 퇴직금도 포함된 것이라는 취지로 규정하였다면, 이는 근로자가 사용자로부터 그 퇴직 이전에 매일 매일 퇴직금을 미리 지급받는 결과가 되고, 따라서 그 취업규칙 조항은 퇴직금 지급에 관한 근로기준법 제28조의 입법 취지에 반하여 그 효력을 인정할 수 없습니다(서울지법 96나13575).

대전지법 판례(2005가단42764)도 같은 취지의 판결을 하고 있는데, ㈎ 퇴직금 근로계약이 존속하는 동안에는 원칙적으로 퇴직금 지급의무는 발생할 여지가 없는 것이므로, 설령 회사가 근로자와 사이에 매월 지급하는 임금이나 매년 일정기에 지급되는 돈 속에 퇴직금이란 명목을 포함하기로 약정하고 이를 지급하였다고 하여도 그것은 구 근로기준법 제34조제1항에서 정하는 퇴직금 지급으로서의 효력은 없을 뿐만 아니라, ㈏ 퇴직금 채권이 발생하기에 앞서 사전에 그 전부 또는 일부를 포기하는 것 역시 허용되지 아니하므로 최종 퇴직시 발생하는 퇴직금청구권을 사전에 포기하는 약정은 구 근로기준법 제34조제1항에 위반되어 무효라고 판단되는 점, ㈐ 퇴직금의 중간정산으로서 유효한지에 관하여는, 근로자의 요구가 있는 경우에는 근로자가 퇴직하기 전에 당해 근로자가 계속 근로한 기간에 대한 퇴직금을 미리 정산하여 지급하는 것이 중간정산이므로 이는 이미 경과한 기간에 대하여 가능한 것인데 이 사건에서는 그러한 의미의 중간정산을 인정하지 않는 것이 합당하다는 판결을 하고 있습니다(대전지법 2005가단42764).

Q 입사당시 포괄임금에 대하여 별도의 설명을 하지 않았어도 포괄임금지급계약이 유효한 것인가요?

저가 회사에 입사하고 근로계약을 체결할 때 포괄임금이라는 별도의 설명이 없었어요. 나중에 제가 서명한 근로계약서를 보니까 포괄임금이라는 문구가 있긴 하더라구요. 이런 경우에도 포괄임금계약이 유효하다고 봐야 하나요?

A 재직기간동안 별다른 이의제기 없이 월급여를 수령해왔다면 포괄임금계약이 체결되었다고 볼 수 있습니다.

회사가 입사 당시 명시적으로 포괄임금제에 대한 설명을 하지 않았다고 하더라도, 근로자들이 재직기간동안 별다른 이의제기 없이 위와 같은 방식에 따라 지급되는 월급여를 수령해왔다면 포괄임금계약이 체결되었다고 할 것입니다.

업무특성상 연장 및 야간근무가 당연히 예상되는 업무인지 여부, 동종 업종에서 지급하는 시급과 비교했을 때 시급이 동종 업종의 일반적 시급 또는 최저임금보다 상회하는지 여부, 재직기간동안 별다른 이의제기 없이 포괄임금과 같은 방식에 따라 지급되는 월급여를 수령해왔는지 여부 등에 비추어 보면, 비록 회사가 근로자들의 입사 당시 명시적으로 포괄임금제에 대한 설명을 하지 않았다고 하더라도, 회사와 이 사건 근로자들 사이에는 야간근로수당을 합한 금액을 월 급여액이나 일당 임금으로 정하여 지급하는 내용의 포괄임금계약이 체결되었다고 할 것이고, 그 포괄임금약정이 근로자들에게 불리하다거나 제반 사정에 비추어 부당하다고 볼 만한 자료가 없으므로, 위 약정은 유효하다고 할 것입니다(수원지법 2007노4706).

Q 포괄임금에는 주휴일근로수당도 포함되어 있다고 볼 수 있는 건가요?

제가 회사에 입사할 때 월고정급을 받기로 한 포괄임금계약을 했는데요, 주휴일에도 근무를 하였는데, 회사측은 포괄임금속에 주휴수당도 포함되어 있는 것이라고 하면서 주휴수당을 별도로 지급하지 않는다고 합니다. 회사측 설명이 맞는 말인지요?

A 포괄임금에 주휴일근로수당이 포함되었다고 보기 어렵습니다.

월 소정근무일을 만근할 경우 고정적으로 임금 일정금액을 받기로 포괄임금제를 취하고 있다 하더라도 주휴일근로수당이란 1주간의 소정 근로일수를 만근한 근로자에 한하여 주휴일이 인정되는 것이고, 동 주휴일에 근로를 한 근로자에 한하여 50%의 할증된 주휴일근로수당이 인정되는 변동성 수당이므로 노사 당사자가 별도의 주휴일근로시간의 범위를 한정시키지 않은 이상 동 고정급여속에 휴일근로수당이 포함되었다고 보기는 어렵다고 판단됩니다(중노위 2001단협2).

Q 포괄임금제는 근로시간 수와 상관없이 일정액을 법정수당으로 지급하는 건가요?

우리 회사는 포괄임금계약을 체결했는데요, 근로시간수와 상관없이 일정액의 법정수당을 주는 것이 포괄임금계약이라고 하네요. 회사측 설명이 맞는 말인지요?

A 근로시간 수와 상관없이 일정액을 법정수당으로 지급하는 포괄임금제는 허용될 수 없습니다.

감시·단속적 근로 등과 같이 근로시간의 산정이 어려운 경우가 아니라면 달리 근로기준법상의 근로시간에 관한 규정을 그대로 적용할 수 없다고 볼 만한 특별한 사정이 없는 한 근로기준법상의 근로시간에 따른 임금지급의 원칙이 적용되어야 할 것이므로, 이러한 경우에도 근로시간 수에 상관없이 일정액을 법정수당으로 지급하는 내용의 포괄임금제 방식의 임금 지급계약을 체결하는 것은 그것이 근로기준법이 정한 근로시간에 관한 규제를 위반하는 이상 허용될 수 없습니다.

근로기준법 제15조에서는 근로기준법에 정한 기준에 미치지 못하는 근로조건을 정한 근로계약은 그 부분에 한하여 무효로 하면서(근로기준법의 강행성) 그 무효로 된 부분은 근로기준법이 정한 기준에 의하도록 정하고 있으므로(근로기준법의 보충성), 근로시간의 산정이 어려운 등의 사정이 없음에도 포괄임금제 방식으로 약정된 경우 그 포괄임금에 포함된 정액의 법정수당이 근로기준법이 정한 기준에 따라 산정된 법정수당에 미달하는 때에는 그에 해당하는 포괄임금제에 의한 임금 지급계약 부분은 근로자에게 불이익하여 무효라 할 것이고, 사용자는 근로기준법의 강행성과 보충성 원칙에 의해 근로자에게 그 미달되는 법정수당을 지급할 의무가 있습니다(대법 2008다6052).

소액체당금제도와 체당금제도

체당금은 기업의 도산 등으로 퇴직한 근로자가 임금·휴업수당 또는 퇴직금을 못받을 경우 국가가 임금지급 능력이 없는 사업주를 대신해 일정범위(최종 3개월분의 임금·휴업수당 또는 최종 3년간의 퇴직금)내에서 지급하는 금품을 말합니다.

고용노동부는 체당금 조력지원제도를 신설하여 국선노무사를 선임하여 10명 미만의 영세 사업장에서 일하던 근로자가 노무사 선임 수수료를 부담하지 않고 체당금을 신청할 수 있도록 지원하고 있습니다.

다만, 10명 미만 사업장이더라도 전체 사업장의 월평균 보수가 250만 원 이상인 경우에는 조력 지원이 제외되고, 조력지원 공인노무사는 체당금 신청 근로자에게 수수료 청구를 할 수 없으나, 체당금 총지급액이 1,020만 원 초과한 경우에는 수령액의 2%내에서 해당 근로자로부터 수수료를 직접 받을 수도 있습니다.

체당금을 신청하고자 하는 근로자는 법률상 도산 또는 사실상 도산을 인정을 받게 될 사업장이 소재하는 고용노동청의 근로개선지도과를 방분하여 신정하면 되고, 고용노동부가 공인노무사를 추천하여 체당금 신청을 진행하게 도와줍니다.

Q [소액체당금제도]

소액체당금제도가 뭐에요?

2015년 7월에 소액체당금제도가 시행됐다는데, 이건 일반체당금제도와 다른건가요?

A **일반체당금은 회사가 도산한 경우에만 받을 수 있지만, 소액체당금은 회사가 도산하지 않은 경우에도 법원의 확정판결문만 있으면 400만원까지 받을 수 있는 제도입니다.**

① 소액체당금 제도의 의의

소액체당금 제도는 기존의 체당금 제도 중에서 '도산 등 사실인정 절차'를 생략하고, 체불확정과 법원의 확정판결을 받으면 상한선 400만원까지 체당금을 먼저 근로복지공단이 지급하게 하는 제도로, 2015.7.1.부터 시행됩니다.

이 제도는 회사가 사실상 도산의 경우 체당금의 지급이 대부분 3개월~6개월 정도 지연된다는 문제점을 보완하여 퇴직근로자의 최저생계를 보장하려는데 그 취지가 있습니다.

② 소액체당금을 받을 수 있는 요건

ⓐ 6개월이상 사업이 가동된 기업에서 퇴직하였을 것(기존 체당금제도와 동일)

ⓑ 퇴직일로부터 2년 이내(기존 체당금제도는 '도산 등 신청'은 퇴직 후 1년이내)에 체불임금에 관한 소송을 제기하여 확정판결 등을 받을 것.

※ 여기서 확정판결은 민사집행법에 따른 확정된 종국판결, 확정된 지급명령, 소송상 화해, 청구의 인낙 등 확정판결과 같은 효력을 가지는 것, 민사조정법에 따른 성립된 조정, 확립된 조정을 갈음하는 결정, 소액사건심판법에 따른 확정된 이행권고결정 등을 말합니다.

③ 소액체당금을 지급청구하는 절차

소액체당금을 받으려면 확정판결 등을 받은 근로자가 판결일로부터 1년 이내에 근로복지공단(지역본부, 지사)에 소액체당금 지급청구서를 제출하면 최대 400만원까지 소액체당금을 받을 수 있습니다.

④ 필요서류

ⓐ 체불금품확인원(고용노동청 발급)을 첨부하여 관할 법원에 임금체불에 관한 소송을 제기해야 하고, ⓑ 법원의 판결문을 송달받은 후 1년 이내에 ⓒ 소액체당금신청서를 작성하여 관할 근로복지공단에 제출하면 됩니다.

위 절차를 공인노무사 또는 법률구조공단에 위임하려면 ㉠ 법률구조신청서, ㉡ 위임장, ㉢ 근로자 인감증명서와 도장, ㉣ 법인인 경우 법인등기부등본과 고용노동부에서 발급받은 임금체불확인원이 필요합니다.

Q [상속인을 상대로 한 집행권원도 소액체당금 요건중 '확정판결 등'에 해당하는지]

사업주가 사망하여 상속인을 상대로 집행권원을 확보한 경우에도 소액체당금 요건에 충족되나요?

A 사업주가 사망한 경우 상속인을 상대로 한 집행권원도 소액체당금 지급사유로 인정됩니다.

소액체당금은 임금채권보장법 제7조제1항제4호에 따라 "사업주가 근로자에게 임금 등을 지급하라는 판결, 명령, 조정 또는 결정 등이 있는 경우"에 사업주를 대신하여 근로자의 미지급 임금 등을 지급하는 제도로, 개인사업주가 사망한 경우라도 상속인을 상대로 집행권원(재판과 재판에 준하는 효력을 가진 조서(인낙,화해, 조정조서,공정증서 등))을 확보하였다면 민법 제1005조에 따라 피상속인(개인사업주)의 임금지급채무는 상속인에게 포괄적으로 승계되므로 상속인을 상대로 확보한 집행권원도 소액체당금 지급사유로 인정됩니다.

상속인이 한정승인 또는 상속포기를 하여 소액체당금 지급 후 국가의 대위권행사에 제약이 발생한다 하더라도 이러한 사유로 소액체당금 지급사유를 제한할 수 없기 때문에 집행권원 인정여부에는 아무런 영향이 없습니다.

Q 회사가 망해서 퇴직을 했는데 밀린 월급이 있다면 어떻게 해야 하나요?

얼마 전에 회사가 더 이상 운영하기 힘들다고 해서 모든 근로자들이 퇴사를 했습니다. 그런데 대부분의 근로자들이 받지 못한 임금이 있습니다. 회사가 망했으니 어디 가서 하소연할 때도 없고 받지 못한 월급은 받을 방법이 없나요?

A 국가에서 밀린 임금을 대신 지급해주는 '체당금'제도가 있습니다.

근로기준법 제38조에는 임금채권우선변제제도가 규정되어 있지만 이 제도는 사업주가 재산이 없거나 변제능력이 부족한 경우에는 변제가 제대로 되지 못하고 있고, 변제를 받기 위해서는 법원에 소송하고 경매절차에 참가해야 하므로 체불 임금을 받기 위해서는 상당히 오랜 시간을 기다려야 하는 문제점이 있습니다.

이런 불합리한 점을 개선하기 위해서 중소기업이 망하여 근로자들이 임금과 퇴직금 등을 받지 못하는 경우 국가가 임금채권보장기금에서 일정범위의 체불임금과 퇴직금을 지급하고 나중에 사업주에 대해 임금과 퇴직금에 대한 청구권을 대위하여 행사하도록 하는 임금채권보장제도를 운영하고 있습니다. 이것을 '체당금'이라고 하는데, 이 체당금에 의해서 일정 범위(최종 3개월분의 임금, 3년분의 퇴직금)의 임금을 보장받을 수 있습니다.

Q 체당금을 받으려면 어떤 요건을 갖춰야 하나요?

회사가 어려워 임금이 계속 체불되어 회사를 그만두었습니다. 그런데 얼마 뒤에 그 회사가 문을 닫았다고 하네요. 망한 회사에서 못 받은 임금이 있으면 국가에서 지급하는 임금이 있다고 들었는데 그 지급요건은 까다롭나요?

A 근로자의 요건과 사용자의 요건을 모두 갖춰야 합니다.

체당금을 받기 위해서는 일정한 요건을 갖춰야 하는데, 사업주도 일정한 요건을 갖춰야 할 뿐만 아니라 근로자도 체당금 청구요건을 갖춰야 합니다.

임금이나 퇴직금이 체불되어 있는 근로자는 문을 닫은 회사에서 퇴직을 한 근로자여야 하는데, 파산선고, 화의개시결정, 정리절차개시결정, 도산 등 사실인정의 신청일로부터 소급하여 1년 전이 되는 날부터 그 신청일(퇴직기준일)로부터 추급해서 2년 이내에 그 해당 회사에서 퇴직한 근로자들만이 체당금을 받을 수 있습니다(=재판상 도산 신청일 또는 사실상 도산 신청일의 1년이전부터 3년이내에 퇴직하였을 것).

즉, 체당금의 지급대상이 되는 근로자는 퇴직기준일(신청일)의 1년 전부터 3년 이내에 퇴직한 근로자입니다. 그리고 퇴직한 회사가 체당금지급사유인 파산선고 등을 받았거나 도산 등 사실인정을 받았어야 함은 당연한 조건입니다.

사업주는 ㈎ 산업재해보상보험에 가입하면 별도의 절차없이 자동적으로 임금채권보장법이 적용되므로 산업재해보상보험에 당연적용사업에 해당하는 사업주여야 하고, ㈏ 임금채권보장법의 적용대상이 된 후 6개월 이상 사업을 행해야 하며, ㈐ 그 회사가 '재판상 도산'이나 '도산 등 사실인정'을 받아야 합니다.

재판상 도산이란 파산선고, 화의개시결정, 정리절차개시결정, 법원의 직권파산선고가 해당되고, 사실상 도산의 경우에는 상시근로자수가 300인 이하여야 하고, 사업이 폐지되거나 폐지과정에 있어야 합니다. 사업이 폐지되거나 폐지과정에 있다는 것은 생산 및 영업활동이 중단된 상태에서 주된 업무시설이 압류 또는 가압류되거나 채무변제를 위해 양도된 경우(경매신청중인 경우 포함), 사업의 인허가, 등록 등이 취소 또는 말소된 경우, 주된 생산, 영업활동이 1월 이상 중단된 경우를 말합니다. 또한 사실상 도산으로 인정을 받기 위해서는 사업주가 임금 등을 지급할 능력이 없거나 지급이 현저히 곤란해야 하는데, 임금 등을 지급할 능력이 없거나 지급이 현저히 곤란한 경우란 도산 등 사실인정일 현재 사업주가 1월 이상 행방불명인 경우, 사업주의 재산을 환가하거나 회수하는데 도산 등 사실인정의 신청일로부터 3월 이상 걸릴 것으로 인정되는 경우를 말합니다.

위와 같이 체당금을 청구하기 위해서는 사업주의 요건과 근로자의 요건 모두를 갖춰야 가능함을 알아두셔야 합니다.

Q 체당금을 청구하려면 '재판상 도산'이나 '도산 등 사실인정'을 받아야 한다던데?

체당금을 청구하려고 하는데, 우선 노동부에서 '도산 등 사실인정'을 받아야 한다고 하네요. 사실상 도상과 재판상 도산은 다른 것인가요? 그리고 '도산 등 사실인정'은 어떻게 받는 것인지 대충이라도 설명 좀 부탁드립니다.

A '재판상 도산'과 '도산 등 사실인정'은 다릅니다.

재판상 도산이란 파산법에 의한 파산선고, 화의법에 의한 화의개시결정, 회사정리법에 의한 정리절차개시결정을 말하는 것으로, 법원의 선고 또는 결정에 의하여 확인되는 것이므로 이 선고문이나 결정문을 첨부하여 체당금을 청구하면 됩니다.

하지만 재판상 도산은 아니고 사실상 도산이라고 판단되는 경우(예 : 재판상 도산을 받기 위해 화의개시를 신청했는데 기각된 경우)에는 고용노동부에 신청하여 회사가 사실상 도산이라는 것을 인정받아야 하는데, 이를 '도산 등 사실인정' 신청이라고 합니다.

회사가 사실상 업무를 중단하고 생산활동을 전혀 하지 않고 있다면 당해 사업장에서 퇴직한 근로자가 퇴직한 다음날부터 1년 이내에 도산등사실인정신청서를 고용노동부 관할지청에 제출하면 됩니다. 그러면 담당 감독관이 사업주가 산재보험의 적용사업의 사업주인지, 사업주가 당해 사업을 6개월 이상 운영했는지, 그리고 상시 사용하는 근로자의 수가 300인 이하인지, 신청자가 당해 회사에서 퇴직한 근로자인지를 확인합니다. 또한 사업이 폐지되었거나 폐지과정에 있는지, 그리고 사업주가 임금 등을 지급할 능력이 없거나 지급이 현저히 곤란한지를 확인하여 '도산 등 사실인정' 여부를 결정하게 됩니다.

참고로, 노동부 관할지청에서 사실상 도산상태에 있다고 인정을 하는 사업주는 상시근로자수가 300인 이하인 중소기업규모의 인정대상사업주입니다.

도산등사실인정신청서의 처리기한은 원칙적으로 신청서를 접수한 날로부터 30일이므로 처리결과는 30일 이내에 서면으로 통보해주지만 재판상 도산이 신청중에 있거나 사실관계의 조사 등으로 시간이 더 필요한 경우에는 30일의 범위 내에서 1회에 한하여 처리기한을 연장할 수 있습니다.

Q 체당금 청구절차는 어떻게 되나요?

저희 회사가 이번에 재판상 도산이 되어서 체당금을 청구하려고 하는데, 대략적인 절차가 어떻게 되나요?

A 고용노동부관할지청 민원실에 체당금지급청구서를 접수하면 됩니다.

체당금지급청구서를 퇴직당시의 사업장을 관할하는 고용노동부관할지청 민원실에 접수하면 됩니다. 체당금지급청구서에는 '근로복지공단 ○○지역본부장 귀하'로 되어 있는데, 이는 노동부관할지청에서 확인사항을 확인하고 확인통지서와 함께 근로복지공단으로 송부하기 때문입니다. 체당금지급신청서를 제출할 때에는 확인신청서를 함께 제출해야 합니다.

근로감독관이 확인사항을 확인한 후에 확인통지서 사본과 함께 체당금지급청구서를 근로복지공단에 송부하면 근로복지공단에서 신청인의 개인통장으로 체당금을 입금해 줍니다.

Q 체당금은 얼마나 받을 수 있는 건가요?

저를 비롯하여 몇 명이 이번에 체당금을 신청했는데, 체당금이 어느 정도 나오는지 알고 싶어서요. 저는 참고로 36세이고 4개월분의 임금이 체불되어 있고 퇴직금도 받지 못한 상태입니다.

A **30세~40세의 경우 임금(3개월분)·퇴직금(3년분)은 260만 원씩 총 1,560만 원입니다.**

체당금은 퇴직당시의 연령을 기준으로 하여 월 상한액을 규정하고 있는데, 30세 미만은 180만원, 30세 이상 40세 미만은 260만원, 40세 이상 50세 미만은 300만원, 50세 이상 60세 미만은 280만원, 60세 이상은 210만원을 받을 수 있습니다. 이 금액은 1개월분의 임금, 1년분의 퇴직금을 말하는 것으로, 최우선으로 보장되는 것은 3개월분의 임금과 3년분의 퇴직금입니다.

만약에 퇴직일 이전 회사사정으로 휴업을 하였다면 위의 1개월분의 임금보다 적은 휴업수당이 지급되는데, 30세 미만은 126만원, 30세~40세 미만은 182만원, 40세~50세 미만은 210만원, 50세 이상 60세 미만은 196만원, 60세 이상은 147만원의 휴업수당이 지급됩니다.

따라서 36세인 경우 260만원×3개월=780만원(임금), 260만원×3년=780만원(퇴직금), 총합계 1,560만원을 받을 수 있습니다.

만약 위의 예에서 1개월은 휴업을 했다고 가정을 하면, 260만원×2개월=520만원, 182만원×1개월=182만원, 따라서 702만원(임금)+780만원(퇴직금)=1,482만원을 받을 수 있습니다.

퇴직당시 연령 / 체당금 종류	30세 미만	30세 이상 40세 미만	40세 이상 50세 미만	50세 이상 60세 미만	60세 이상
임금·퇴직금	180	260	300	280	210
휴업수당	126	182	210	196	147

Q **체불임금이 최저임금에 미달하는 경우 체당금은 얼마 받을 수 있나요?**

저는 회사 사람들과 체당금을 청구하고 있는데, 저희들 임금이 대부분 최저임금에 미달한다는 사실을 알게 되었습니다. 이럴 경우에는 체당금을 얼마로 청구해야 하나요? 최저임금보다 하회하는 체불액으로 체당금을 청구해야 하는지요? 아니면 최저임금액으로 체당금을 청구해야 하는 것인지요?

A **최저임금액으로 체당금을 청구하면 됩니다.**

체당금으로 지급되는 최종 3월분의 임금중 각1월분의 임금이 최저임금법상의 최저임금액보다 적은 경우에는 체당금 청구인이 최저임금 적용제외대상이 아닌 한 최저임금액을 기초로 하여 체당금을 산정, 청구하여야 합니다.

그 이유는 사용자는 최저임금의 적용을 받는 근로자에게 최저임금 이상의 임금을 지급해야 하는데, 만약에 최저임금액에 미달하는 임금을 정한 근로계약을 체결하였다면 그 부분에 한하여 무효로 하며, 무효로 된 부분은 최저임금법상의 최저임금액을 적용해야 하기 때문입니다(임금 68207-360, 1999.12.27.).

Q **하나의 사업장에서 두 번 퇴사한 경우 체당금을 두 번 받을 수 있는 건가요?**

저는 같은 회사에 1년정도 근무하다가 임금이 체불되어서 퇴사했는데, 특별히 다른 직장도 구하기 어려워서 재입사를 해서 3개월 정도 근무를 했는데도 계속 체불하여 퇴사를 했는데, 회사가 도산이 된 경우 저는 체당금을 두 번 받을 수 있는 건가요?

A **체당금 지급기간내에 두 번 퇴직한 경우에는 각각의 사유중 근로자에게 유리한 기간을 선택하여 체당금을 받을 수 있습니다.**

한 사업장에서 근무하던 근로자가 퇴직하였다가 동일한 사업장에 재입사하였을 경우에도 임금채권보상법상 체당금 지급요건을 모두 충족하고 있다면 당해 근로자의 체당금청구권을 제한할 수는 없지만 임금채권보장제도는 도산기업에서 퇴직한 근로자들의 최소한의 생활안정에 기여하고자 도입되었는 바, 체당금은 체불액 전액이 아니라 일정한 상한액의 범위내에서 지급하고 있으며 체당금으로 지급받지 못한 부분에 대해서는 여전히 근로기준법등 관련법령에 의해 보호를 받을 수 있습니다.

따라서 제도의 도입취지, 체당금 지급액 등을 고려할 때 동일 사업에 있어서 동일인을 이중으로 보호할 수는 없으므로, 근로자가 동일 사업장에서 체당금 지급기간내에 두 번 퇴직한 경우에는 각각의 사유중 근로자에게 유리한 기간을 선택하여 체당금을 신청하여 받을 수 있습니다(임금 68207-691, 2001.10.08.).

Q 도산신청일에 해고무효판결을 받았다면 해고자도 체당금을 청구할 수 있는 건가요?

저는 11개월전에 해고되었는데, 부당해구구제신청을 통해 행정소송을 하여 해고무효판결을 받았습니다. 그런데 그 날 그 회사가 도산신청을 한 날이더라구요. 저도 체당금을 신청할 자격이 있는 것인지요?

A 해고처분이 무효인 경우에는 그동안 근로계약관계가 유효하게 계속되어 있었던 것으로 되므로, 체당금을 신청할 수 있습니다.

근로자에 대한 해고처분이 무효인 경우에는 그동안 근로계약관계가 유효하게 계속되어 있었던 것으로 되어 여전히 근로자로서의 지위를 유지한 것으로 되고, 근로자가 해고기간 동안 근로를 제공하지 못한 것은 부당한 해고를 한 사용자의 귀책사유로 말미암은 것이므로 근로자는 민법 제538조제1항에 따라 계속 근로하였을 경우에 그 반대급부로 받을 수 있는 임금 전부의 지급을 구할 수 있으며, 여기서 지급을 구할 수 있는 임금은 근로기준법 제2조에서 규정하는 임금을 의미한다. 따라서 임금채권보장법시행령 제7조에서 규정하는 '노동부장관의 도산 등 사실인정의 신청일의 1년 전이 되는 날' 전에 해고된 근로자라고 하더라도 그 해고처분이 무효인 경우에는 그동안 근로계약관계가 유효하게 계속되어 있었던 것으로 되므로, 체당금 지급대상 근로자로서 구 임금채권보장법 제7조에 의하여 사업주로부터 지급받지 못한 임금 등을 체당금으로 지급받을 수 있습니다(서울고법 2011.10.20.).

위 판례와 유사한 판례(부산지법 2009구합2932)의 전문요지를 살펴보면, 노동위원회의 구제명령은 사용자에 대하여 이에 복종해야 할 공법상의 의무를 부담시킬 뿐 직접 노사간의 사법상 법률관계를 발생 또는 변경시키는 것은 아니지만, 해고처분을 받은 근로자가 별도의 임금청구소송을 제기하여 승소판결이 확정되었으며, 이 판결은 해고가 무효여서 여전히 근로자로서의 지위를 가지고 있음을 전제로 해고 이후 복직시까지의 임금의 지급을 명하는 것이라면, 비록 현실적인 복직조치가 없었다 하더라도 위 근로자는 사용자와 적법 유효한 근로관계에 있다고 보아야 할 것입니다.

회사의 해고처분 후 노동위원회가 구제명령을 하고, 해고처분을 받은 근로자가 제기한 별도의 임금청구소송에서 해고처분이 무효이기 때문에 해고처분을 받은 근로자가 여전히 근로자로서의 지위를 가지고 있음을 전제로 해고 이후 복직시까지의 임금의 지급을 명하는 내용의 승소판결이 확정된 경우라면, 그 근로자는 비록 현실적인 복직조치가 없었다 하더라도 사용자와 적법 유효한 근로관계에 있다고 보아야 하므로 임금채권보장법 소정의 체당금 지급대상이 되는 근로자에 해당하고, 그 근로자가 현실적으로 지급받지 못한 금품은 체당금 지급대상이 되는 임금에 해당합니다.

Q 불법체류근로자가 은행계좌개설이 불가능한 경우 체당금을 현금으로 받을 수 있나요?

불법체류 외국인근로자들이 여권 및 외국인등록증이 없고, 여권의 유효기간이 만료하여 은행계좌번호 개설이 불가능할 경우 체당금을 현금으로 지급받을 수 있는지 여부와 현금으로 지급받을 수 있다면 그 방법에 대하여 알려주세요.

A 체당금 지급결정을 의뢰한 지사장이 수임인이 되어 지사 명의의 계좌로 체당금을 수령받은 후, 지사장 또는 행정복지팀장 및 이해관계자의 입회 아래 수령확인서에 이서하게 한 후, 근로자에게 현금으로 체당금을 지급할 수 있습니다.

불법체류자인 근로자가 은행계좌개설이 불가능하고 가족에 의한 위임수령과 본인의 계좌로의 해외송금 모두 불가할 경우에라도 규정에 의해 체당금 현금지급이 원칙적으로 불가하기는 하나, 보험급여 및 반환금 등 지급업무처리규정 제 4조제5항에 의하면 "기금지출직원은 정보통신장애 그 밖의 불가피한 사유로 제3항의 규정에 따른 방법으로 지급할 수 없는 경우에는 「국고금관리법」 시행령 제30조에 의거 국고수표에 의한 직접지급 등의 방법으로 지출할 수 있다"라고 국고금의 현금지급에 대한 예외 규정을 두고 있고, 임금채권보장법의 제정목적 등에 비추어 본다면 근로자의 생활안정차원에서 체당금은 마땅히 지급되어야 할 것입니다. 이러한 맥락에서 외국인 근로자 본인 계좌로의 입금이 도저히 불가한 경우에는 체당금 지급결정을 의뢰한 지사장이 수임인이 되어 지사 명의의 계좌로 체당금을 수령받은 후, 지사장 또는 행정복지팀장 및 이해관계자(해당 근로자, 수임 노무사 등)의 입회 아래 수령확인서에 이서하게 한 후, 근로자에게 현금으로 체당금을 지급할 수 있을 것입니다. 임금채권보장법상 체당금의 지급목적이 체불근로자의 생활안정에 있는 점을 고려할 때 현금으로 체당금을 지급하는 것이 합당하다고 판단됩니다(퇴직급여보장팀-4789, 2006.12.08.).

Q 상여금의 지급대상기간이 구체적으로 명시되지 않은 경우에 최종 3월분의 임금의 범위에 포함시켜야 할 상여금은 어떻게 산정하는 건가요?

회사의 단체협약상 상여금의 연간지급률은 500%로 정하면서 구정, 여름휴가, 추석, 김장, 연말에 각 100%씩 지급하기로 지급시기만 정해져 있을 뿐 상여금의 지급대상기간이 구체적으로 명시되지 않은 경우에 최종 3월분의 임금의 범위에 포함시켜야 할 상여금 산정방법 좀 알려주세요.

A 연간 미지급액을 미지급월수로 균등분할하여 체당금 지급대상 각 월(최종 3월)의 미지급 임금에 포함하여 체당금을 산정하면 됩니다.

취업규칙 등에 지급조건·금액·지급시기가 정해져 있거나 전 근로자에게 관례적으로 지급하여 사회통념상 근로자가 당연히 지급받을 수 있다는 기대를 갖게 되는 경우에는 근로의 대상인 임금으로 보아 체당금 지급대상에 포함됩니다.

상여금에 대한 체당금의 산정은 단체협약 등에 상여금 지급대상 근로기간이 정해져 있거나 상여금 지급일에 재직하는 근로자에게 지급한다고 명시되어 있는 경우에는 그에 따라 체당금을 산출할 수 있을 것이나, 지급대상 근로기간이 불분명한 경우에는 아래와 같은 방식으로 연간 미지급액을 미지급월수로 균등분할하여 체당금 지급대상 각 월(최종 3월)의 미지급 임금에 포함하여 체당금을 산정하는 것이 타당할 것입니다(임금 68207-290, 2003.04.17.).

※ 각 월의 미지급 상여금액(률)=연간 미지급 상여금액(률)/12월×(1-연간 상여금 기지급률)

※ 연간 상여금 기지급률=연간 상여금 기지급액(률)/연간상여금 지급예정액(률)

Q 사업주로부터 임금 대신 채권을 양도받은 경우(유체동산을 점유개정에 의한 방법으로 양도 하였을 경우)에도 체당금을 청구할 수 있나요?

저희 근로자들이 사업주로부터 임금채권 대신에 채권(약속어음 등)을 양도받은 경우 저희들의 사업주에 대한 기존 임금채권은 소멸하는 것인지요? 아니면 양도받은 채권에 대하여 현실적인 만족이 있을 때까지 기존 임금채권이 계속 존속하는 것인지요? 만약 저희 근로자들의 임금채권이 존재하는 것이라면 체당금도 청구할 수 있는 것인지요?

A 임금채권이 소멸하였다고 볼 만한 사정이 없는 경우에는 당연히 근로자들은 체당금을 지급받을 권리가 있습니다.

기존 채무와 관련하여 어음·수표가 지급된 경우 그 어음·수표의 지급이 기존 채무의 변제에 갈음하여 지급된 것인지 아니면 기존 채무의 변제를 담보하기 위하여 지급된 것인지 여부는 원칙적으로 당사자 사이의 약정에 의하여 결정되는 것으로서, 사업주로부터 임금채권 대신에 약속어음을 양도받았다 하더라도 당사자 사이에 기존 임금채권을 소멸시킨다는 특별한 약정 또는 그렇게 볼만한 특별한 사정이 없다면 이는 임금지급을 위한 것이거나 담보를 위한 것으로 보아야 할 것이므로 임금채무는 여전히 소멸하지 않는다고 보아야 할 것입니다.

위와 같이 임금채권이 소멸하였다고 볼 만한 사정이 없는 경우에는 당연히 근로자들은 체당금을 지급받을 권리가 있고, 근로자에게 체당금을 지급한 경우에는 사용자에 대해 근로자들이 가지고 있는 임금청구권을 대위행사할 수 있습니다.

만약 임금채무의 존속으로 근로자들에게 체당금을 지급하는 경우라면, 노동부장관은 근로자들이 임금채권의 지급을 담보하기 위하여 사용자로부터 양도받은 사용자의 채권(약속어음)을 취득하게 되므로, 체당금 지급시 약속어음을 양도받은 채권을 행사(임금청구권 대위행사)하기 위하여 필요한 관련 서류 등을 근로자들로부터 교부받은 다음에 체당금을 지급하여야 할 것입니다(임금 68220-842, 1998.12.16.).

도산 등 사실인정을 받은 사업주가 근로자 대표에게 유체동산을 점유개정에 의한 방법(가압류도 한 상태임)으로 양도 하였을 경우 체불임금의 지급으로 보아 근로자들은 체당금 청구를 할 수 없는지에 대한 문제가 제기되었는데, 근로기준법 제43조의 규정에 의거 임금은 법령 또는 단체협약에 특별한 규정이 있는 경우를 제외하고는 강제통용력이 있는 통화로 지급하여야 하며, 현물급여는 근로자의 자유를 구속하고 실질적 임금확보에 지장을 초래한다는 점에서 허용되지 않는 것이 원칙입니다. 따라서 근로자들이 유체동산을 현금화하여 임금을 수령하지 못하였다면 임금이 체불된 것으로서 체당금 지급요건에 해당되므로, 근로자들은 체당금을 신청할 수 있습니다(임금 68230-631, 2002.08.23.).

이와 유사한 사안으로, 하청업체에서 퇴직한 근로자가 사업주로부터 미지급공사대금에 대한 채권을 양도받은 경우 체당금을 신청할 수 있는지에 대한 고용노동부의 입장은 사업주로부터 미지급공사대금에 대한 채권을 양도받았다 하더라도, 그 효력 여부와 상관없이 체불임금에 해당하는 금액만큼 변제받았다고 보기는 어려우므로, 근로자는 공사대금 채권양도와 별개로 임금채권이 존재하는 것이기 때문에 체당금을 신청할 수 있을 것입니다(임금 68220-115, 2001.02.26., 대법 97다5060 판결 참조).

Q 법원 조정당시 체불임금 일부를 포기하였는데, 이후 회사가 도산하여 체당금을 신청할 때 포기한 임금에 대하여는 체당금신청을 할 수 없는 것인지요?

학원의 강사들이 자력이 있는 명의자만을 상대로 민사소송을 제기하였는데, 법원에서 청구금액 중 일부는 포기하고, 일부를 명의자가 강사들에게 지급하기로 조정이 성립되었고, 조정당시 담당판사가 명의자에게 전적인 책임이 있다고 보기 어렵다는 설명도 있고 해서 강사들이 일부를 포기했는데, 이 포기한 금액은 체당금으로 청구할 수 없나요?

A 법원 조정에서 임금일부를 포기해서 화해가 성립했다면 포기금액에 대하여는 체당금을 청구할 수 없습니다.

"채권의 포기"는 민법 제506조 규정의 "채권의 면제"에 해당하는 것으로 체불임금에 대해 포기를 하였다면 동 채권은 소멸한다 할 것이므로 체당금을 지급받을 수 없습니다(퇴직급여보장팀-624, 2005.11.08.).

최저임금제도

1. 최저임금제의 개념과 연혁

가. 최저임금제의 개념

최저임금제란 국가가 노·사간의 임금결정과정에 개입하여 임금의 최저수준을 정하고, 사용자에게 이 수준 이상의 임금을 지급하도록 법으로 강제함으로써 저임금 근로자를 보호하는 제도를 말합니다.

나. 최저임금제의 법적 근거

헌법 제32조제1항에 국가는 법률이 정하는 바에 의하여 최저임금제를 시행하여야 한다고 규정하고 있는데, 최저임금제는 이 헌법상의 규정에 그 근거를 두고 있습니다.

다. 최저임금제의 연혁

우리나라는 1953년 「근로기준법」을 제정하면서 제34조와 제35조에 최저임금제를 시행할 수 있는 근거를 두었으나, 당시 경제적 상황 등에 의해 이 규정을 시행하지 않다가 1986.12.31. 「최저임금법」을 제정·공포하고 1988.1.1.부터 최저임금제를 시행하였습니다.

2. 최저임금제의 목적

최저임금제는 근로자에 대하여 임금의 최저수준을 보장하여 근로자의 생활안정과 노동력의 질적향상을 꾀함으로써 국민경제의 건전한 발전에 이바지하게 함을 목적으로 합니다(최저임금법 제1조).

3. 최저임금제의 적용

최저임금제는 근로자를 사용하는 모든 사업 또는 사업장(2000.11.24.)에 적용되는 것이 원칙입니다. 단, 동거의 친족만을 사용하는 사업과 가사사용인, 선원법에 의한 선원 및 선원을 사용하는 선박의 소유자는 제외됩니다.

4. 최저임금법 위반할 경우 법적 문제

사업주가 근로자를 채용하여 근로케 한 뒤 최저임금액보다 적은 금액을 지급할 경우 3년 이하의 징역 또는 2천만 원 이하의 벌금형(병과가능)의 형사처벌을 받을 수 있습니다. 뿐만 아니라 최저임금액 등 최저임금 내용을 근로자들에게 고지(게시)하지 아니할 경우 100만원 이하의 과태료 부과처분을 받을 수 있습니다.

5. 2018년, 2019년도 최저임금액

2019년도 8,350원, 2018년도 7,530원, 2017년도 최저임금 6,470원, 2016년도 6,030원, 2015년도 5,580원, 2014년도 5,210원, 2013년도 4,860원, 2012년도 4,580원, 2011년도 4,320원, 2010년도 4,110원, 2009년도 4,000원, 2008년도 3,770원, 2007년 3,480원.

최저임금제가 모든 사업장에 적용된 시기는 2002년 9월부터이고, 그 이전에는 상시 근로자수 10인 이상의 사업장에만 한정적으로 적용되었습니다.

Q ['최저임금 산입범위'에 관한 최저임금법 개정내용]

최저임금의 산입범위에 대한 개정내용의 구체적인 내용은 무엇인가요?

A **최저임금 산입범위에 관한 주요내용은 매월 지급되는 정기상여금과 복리후생비의 경우 최저임금 월 환산액 25%, 7%를 초과하는 부분은 최저임금에 산입하여 최저임금을 산정한다는 내용입니다.**

① 최저임금 산입범위에 관한 개정법의 시행일 : 최저임금 산입범위에 관한 개정법은 2018.5.28. 본회의 통과, 2019.1.1.부터 시행됩니다.

② 개정법의 주요내용 : 매월 지급되는 정기상여금과 복리후생비의 경우 최저임금 월 환산액 25%, 7%를 초과하는 부분은 최저임금에 산입하여 최저임금을 산정한다는 것으로, 매년 산입범위를 점차 확대하는데 정기상여금·복리후생비를 각각 2019년 25%·7%, 2020년 20%·5%, 2021년 15%·3%, 2022년 10%·2%, 2023년 5%·1%를 초과하는 부분은 최저임금에 산입한다는 것입니다.

사용자가 개정법에 따라 산입되는 임금을 포함시키기 위해서 1개월을 초과하는 주기로 지급되는 임금을 총액의 변동없이 매월 지급하는 것으로 취업규칙을 변경할 경우 과반수 노동조합 또는 과반수 근로자의 의견을 들어야 한다는 취업규칙 변경절차의 특례규정을 두고 의견을 듣지 않으면 500만원 이하의 벌금에 처하도록 규정하였습니다.

③ 실무사례 : 기본급 157만원, 정기상여금 40만원, 복리후생비 11만원을 받는 근로자의 경우 2019년 최저임금이 10% 인상되어 기본급이 173만원이 되면, 정기상여금의 경우 월 환산액의 25%가 432,500원(=173만원×25%)이므로 40만원 초과하므로 최저임금에 산입되는 금액은 없으며, 복리후생비의 경우 월 환산액의 7%가 121,100원(=173만원×7%)이므로 11만원을 초과하므로 최저임금액에 산입되는 금액은 없습니다.

Q [‘부가세환급금’은 최저임금의 적용을 위한 임금에 산입되는지]
임금협정에 의해 기존 상여금 등을 삭감하고 “부가세환급금”을 “급여”에 포함 후 매월 정기적으로 지급한 “부가세환급금은 최저임금의 적용을 위한 임금에 산입되는지요?

A **단체협약에 근거를 두고 매월 정기적·일률적·고정적으로 지급한 수당이라면 최저임금의 적용을 위한 임금에 산입됩니다.**

① 최저임금의 적용을 위한 임금에 산입되는지 여부를 판단하는 기준 : 사업주가 근로자에게 지급하는 금품이 최저임금의 적용을 위한 임금에 산입되는지는 그 금품의 재원 또는 명칭만을 이유로 판단하여서는 아니 되고, 근로계약·취업규칙·단체협약의 내용 및 근무형태, 지급관행 등을 살펴 그 금품지급 의무 발생이 근로제공과 직접 또는 밀접히 관련되었는지, 은혜적·호의적 금품인지, 실비 변상적 또는 복리후생적 금품인지 등 임금인지를 우선 판단하고, 해당 임금항목이 최저임금의 적용요건을 충족하는지를 추가적으로 판단하여야 할 것입니다.

② ‘부가세환급금’이 최저임금의 적용을 위한 임금에 산입되는지의 판단 : ‘부가세환급금’은 비록 그 재원이나 명칭에도 불구하고 단체협약에 근거를 두고 매월 정기적·일률적으로 지급한 수당으로서 평균임금에 산입하였을 뿐 아니라 경감세액 환급 규모에 따라 감안하여 정산하지 않고 고정적으로 지급한 점 등 제반 사정을 종합 고려할 때, 사용자에게 지급의무가 부여된 임금으로서 최저임금의 적용을 위한 임금에 산입된다고 사료됩니다(임금복지과-1766, 2010.11.16.).

Q [주휴시간은 최저임금 산정을 위한 소정근로시간에 포함되는지]
소정근로시간 외에 유급으로 처리되는 주휴시간은 최저임금 산정을 위한 소정근로시간에 포함되지 않는다는 판례가 있는데 맞는지요?

A **고용노동부·최저임금위원회는 주휴시간을 최저임금 산정을 위한 근로시간수에 산입되는 시간으로 보지만, 법원은 산입되지 않는다는 입장입니다.**

① 고용노동부와 최저임금위원회의 '소정근로시간수'에 대한 해석

최저임금 산정을 위한 소정근로시간수의 의미에 대하여 고용노동부와 최저임금위원회는 [소정근로시간+소정근로시간외에 유급으로 처리되는 시간]으로 보아 '통상임금 산정기준 근로시간수'와 동일하게 보고 있습니다.

고용노동부와 최저임금위원회는 유급으로 처리되는 주휴시간 등을 최저임금 산정 기준금액에 포함하는 근거에 대한 정확한 설명은 하지 않고 있으나, 현재까지 고용노동부는 최저임금 산정을 위한 근로시간수에 주휴시간을 포함하고 있습니다.

② 법원의 해석

법원은 최저임금법시행령 제5조제1항은 최저임금 적용을 위한 임금의 환산방식에 대하여 정해진 임금을 '소정근로시간 수'로 나눈 금액으로 정의하고 있으므로, '통상임금산정기준 근로시간수'로 최저임금을 환산하면 안된다는 입장입니다.

통상임금은 '통상임금 산정기준시간수'로 산정하고, 최저임금은 '소정근로시간 수'로 산정해야 하고, '통상임금산정 기준근로시간 수'는 [소정근로시간+소정근로시간외에 유급으로 처리되는 시간]을 의미하기 때문에 '소정근로시간 수'와 엄연히 구분되는 개념이므로, 최저임금을 산정하기 위한 기준시간에는 '소정근로시간 외에 유급으로 처리되는 시간'은 포함시켜서는 안된다는 입장입니다(대법 2006다64245, 2007.1.11, 서울서부지원 2014가소80300, 2016.2.16.).

③ 통상임금과 최저임금을 구분하는 이유(법원의 입장)

통상임금은 시간외수당 등을 산정하기 위한 기준임금에 불과하므로 실제 근로제공여부와 관계없이 통상적으로 받게 되는 임금의 수액에 중점을 두고 있지만, 최저임금은 소정근로시간에 근로를 제공할 경우 그 대가로 사용자가 근로자에게 지급해야 할 임금의 최저수준을 의미하는 것이어서 본질적으로 근로를 제공하지 않으나 유급으로 처리하는 주휴시간 등이 포함될 수 없는 것입니다. 그리하여 통상임금은 근로기준법에서, 최저임금은 최저임금법에서 구분하여 규정하고 있는 것입니다.

④ **결론** : 법원의 입장대로 주휴시간을 최저임금 산정을 위한 기준시간에 산입하지 않게 되면 현재 최저임금으로 지급하고 있는 대부분의 중소기업은 최저임금법을 위반하고 있는 것이 되고 향후 상당한 파장이 예상되는 쟁점이 될 것이라 사료됩니다.

Q [최저임금에 산입되는 임금과 산입되지 않는 임금의 구분]

최저임금에 산입되는 임금과 산입되지 않는 임금 구분은 어떻게 하나요?

A **매월 1회이상 정기적·일률적으로 지급되는 임금은 최저임금에 산입되고, 그 이외의 임금은 산입되지 않습니다.**

① **최저임금에 산입되는 임금** : 매월 1회 이상 정기적·일률적으로 지급되는 임금인 기본급, 직무수당, 직책수당, 기술수당, 면허수당, 생산장려수당 등은 최저임금에 산입되는 임금입니다.

② **최저임금에 산입되지 않는 임금** : ❶ 매월 1회 이상 정기적으로 지급하는 임금외의 임금(1개월을 초과하는 기간에 걸친 사유에 따라 지급하는 상여금 등), ❷ 소정근로시간 또는 소정의 근로일에 대하여 지급하는 임금외의 임금(연장·야간·휴일근로수당 등), ❸ 생활보조 또는 복리후생을 위한 임금(가족수당, 급식수당, 주택수당, 통근수당 등)은 최저임금에 산입되지 않는 임금입니다.

Q [택시운전기사의 최저임금 적용여부]

택시운전기사에게도 최저임금이 적용되나요?

택시기사의 경우 월급이 최저임금에 위반되는지 여부는 어떻게 따지는 건가요? 그리고 퇴직금은 기본급만으로 평균임금을 산정해서 계산한다는데 맞는지요?

A **2012.7.1.부터는 전지역 택시기사의 최저임금 위반여부는 기본급만을 대상으로 판단하고, 퇴직금 산정시 기본급만으로 산정된 평균임금이 최저임금보다 낮으면 최저임금으로 퇴직금을 계산해야 합니다.**

① **사례의 쟁점** : 이 사안은 택시기사의 최저임금 위반여부는 기본급과 초과운송수입금을 합한 금액을 기준으로 하는지, 그리고 퇴직금을 계산할 때 기본급만으로 평균임금을 산정하여 계산하는 것이 맞는지가 쟁점입니다.

② **택시기사의 최저임금 위반여부 판단**

㉠ **법적 근거** : 최저임금법 제6조제5항은 일반택시운송사업에서 운전업무에 종사하는 자의 최저임금에 산입되는 범위는 생산고에 따른 임금(초과운송수입금)을 제외한 대통령령으로 정하는 임금(단체협약, 취업규칙, 근로계약에 정해진 지급조건과 지급률에 따라 매월 1회이상 지급하는 임금)으로 한다고 규정하고 있고, 부칙에 의해 특별시·광역시는 2009.7.1, 제주도 및 시지역은 2010.7.1, 그 외의 지역은 2012.7.1.부터 적용된다고 규정하고 있습니다.

㉡ **위 법조항 해설** : 최저임금법 제6조제5항 시행 이전에는 생산고에 따른 임금(초과운송수입금)과 기본급을 합한 금액으로 최저임금 위반여부를 판단하였지만, 위 시행일 이후에는 생산고에 따른 임금(초과운송수입금)을 제외한 기본급만으로 최저임금 위반여부를 판단한다는 것으로, 이것은 택시기사는 소정근로시간에 상응하는 임금을 받을 권리가 있다는 것이고, 사업주는 소정근로시간에 상응하는 임금을 지급할 의무가 있다는 것을 의미합니다.

③ **평균임금이 최저임금액보다 적은 경우** : 대부분의 택시회사 기사는 임금 이외에 '초과운송수입금'이 있다는 이유로 기사들에게 기본급 4~60만원 정도 수준만을 지급하고 있고, 퇴사할 때 이 기본급으로 평균임금을 산정하여 퇴직금을 계산하기 때문에 10년을 근무하고 퇴사하는 경우에도 퇴직금이 300만원 정도에 머무는 불합리한 결과를 낳고 있습니다.

따라서 이런 경우에는 평균임금이 아닌 최저임금액으로 퇴직금을 산정하여 지급하여야 한다는 것이 판례(대법 2012다70388)의 입장입니다.

④ **대법원 판례** : 일반택시운송사업을 영위하는 사용자는 최저임금법 제6조제5항 시행일 이후 퇴직한 근로자가 위 조항에서 정한 최저임금에 미달하는 임금을 받

아 왔던 경우에는 퇴직일 이전 3개월 동안 위 근로자에게 실제로 지급된 임금뿐만 아니라 위 조항에 따라 당연히 지급되어야 할 임금 중 지급되지 아니한 금액이 포함된 평균임금을 기초로 산정한 퇴직금을 지급할 의무가 있다고 할 것이다(대법 2012다70388).

⑤ **택시운수사업자의 합리적 임금설계의 필요성** : 운수업은 근로자대표와 서면합의에 의해 주12시간을 초과하여 연장근로를 하게 하거나 휴게시간(근로기준법 제54조)을 변경할 수 있을 뿐(동법 제59조), 최저임금을 상회하는 기본급과 연장·야간근로수당을 지급해야 하므로, 위와 같은 문제점들을 해결할 수 있는 합리적인 임금설계를 위해 전문가의 자문을 받는 것이 바람직합니다.

Q **[식대·기숙사비 공제로 최저임금에 미달하게 된 경우 최저임금법 위반인지]**
사업주가 기본급은 최저임금 이상으로 결정하고 급여총액에서 식대 또는 기숙사비를 공제함에 따라 실수령액을 최저임금 미만으로 지급한 경우 최저임금법 위반인가요?

A **당사자간의 계약에 따라 식대·기숙사비를 유상으로 제공키로 결정한 후 임금을 지급할 때 이러한 금품(식대·기숙사비)을 공제하는 경우라면 최저임금법 위반은 아닙니다.**

① **쟁점** : 이 사안은 식대와 기숙사비를 급여총액에서 공제했을 때 최저임금에 미달하는 경우 어떤 경우는 최저임금법 위반이고, 어떤 경우에는 최저임금법 위반이 아닌지가 쟁점입니다.

② **최저임금의 적용을 위한 임금에 산입되는 임금의 범위** : 최저임금법 제6조제4항 및 같은법 시행규칙 제2조 별표 2의 "최저임금의 적용을 위한 임금에 산입되는 임금의 범위"에 포함되기 위해서는 사용자가 근로의 대상으로 미리 정하여진 지급조건과 지급율에 따라 소정근로일에 대하여 매월 1회이상 정기적·일률적으로 지급하는 임금 또는 수당이어야 할 것입니다.

③ **임금구성항목에 식대·기숙사비가 포함된 경우** : 근로자와 사용자가 동등한 지

위에서 자유의사에 의하여 결정한 임금에 생활보조적·복리후생적 성격의 금품인 식대 및 기숙사비가 포함된 경우라면, 즉 식대·기숙사비가 포함된 임금총액이 최저임금 이상이었지만 여기에서 식대·기숙사비를 공제했을 때 최저임금에 미달하게 된 경우라면 식대·기숙사비를 제외한 임금을 대상으로 시간급으로 환산한 다음 최저임금 미달여부를 판단하여야 합니다.

식대·기숙사비 등 생활보조적·복리후생적 성격의 금품을 근로자가 선택할 여지 없이 사용자가 유상으로 제공하면서 그 비용을 임금에서 일괄 공제하는 경우라면 이는 최저임금 산입에 포함되지 않는 금품을 미리 임금에 산입시켜 그 공제가 예정되어 있었던 것으로 볼 수 있을 것이므로, 이러한 금품(식대, 기숙사비)을 제외한 금액을 대상으로 최저임금에 미달하는지 여부를 판단하여야 합니다(임금 6807-196, 2000.06.29.).

④ **임금구성항목에 식대·기숙사비가 포함되지 않은 경우** : 임금총액에 식대·기숙사비가 포함되지 않은 채 당사자간의 계약에 따라 식대·기숙사비를 유상으로 제공키로 결정한 후 임금지급시 이를 공제하는 경우라면 최저임금법상으로는 공제전의 임금을 대상으로 최저임금 미달여부를 판단하여야 할 것입니다.

다만, 이것이 근로기준법 제42조제1항 단서조항의 임금전액불 지불원칙에 위반하는지 여부는 별론으로 다툼이 있을 것입니다.

⑤ **결론** : 급여총액에 식대·기숙사비에 포함되어 있지 않고, 노사 당사자가 식대와 기숙사비를 유상으로 제공하는 계약이 체결된 상태에서 임금을 지급할 때 식대와 기숙사비를 공제하는 경우라면, 식대와 기숙사비를 공제한 후 최저임금에 미달하더라도 이는 최저임금법 위반으로 보기 어려울 것입니다.

Q **[최저임금미달시 연장·야간근로가산수당도 최저임금을 기초로 추가 지급해야 하는지 여부]**

최저임금에 미달할 경우 연장·야간근로에 대한 기본임금은 최저임금 이상으로 지급해야 하고, 연장·야간근로가산수당도 최저임금을 기초로 지급하여야 하는 것 아닌가요?

A **연장·야간근로에 대한 기본임금은 최저임금 이상 지급하여야 하지만, 연장·야간근로의 가산임금은 최저임금을 기초로 지급할 필요는 없습니다.**

① **쟁점** : 이 사안은 최저임금에 미달하는 경우 연장·야간근로수당도 최저임금에 기초하여 새로이 산정한 금액으로 지급해야 하는지가 쟁점입니다.

② **가산임금의 지급근거는 근로기준법 제56조상의 통상임금** : 연장근로와 야간근로에 대해서는 근로기준법 제56조의 규정에 따라 통상임금의 100분의 50 이상을 가산하여 지급하여야 한다고 규정하고 있는 점을 감안하면, 연장 및 야간근로의 가산임금에 대해서는 시급으로 정한 통상임금을 기초로 지급해야 할 것입니다. 통상임금과 최저임금은 구분되는 개념이고, 가산임금은 통상임금으로 지급하도록 규정하고 있으므로 비록 최저임금에 미달되더라도 가산임금은 통상임금(통상시급)으로 지급되는 것이 합당하다고 판단됩니다.

③ **연장·야간근로에 대한 기본임금은 최저임금으로 지급해야 하는지 여부** : 최저임금에 미달하는 경우 연장 및 야간근로에 대한 기본임금은 최저임금 이상으로 지급하여야 하므로, 최저임금으로 재산정하여 연장·야간근로에 대한 기본임금을 지급해야 할 것입니다.

④ **결론** : 연장 및 야간근로에 대한 '기본임금'은 최저임금 이상으로 지급하여야 하지만, 연장 및 야간근로의 '가산임금'에 대해서는 시급으로 정한 통상임금이 최저임금에 미달한다하여 최저임금을 기초로 지급하여야 할 필요는 없다고 사료됩니다(근로개선정책과-3589, 2011.10.14.).

Q **[근로자의 동의없이 휴게시간을 부여함으로써 최저임금위반을 면할 수 있는지]**

경비(감시적 근로자)에게 최저임금을 이유로 근로자의 동의없이 일방적으로 휴게시간을 부여하여 월 임금을 감액하는 경우 최저임금법 위반 아닌가요?

A **감시적 근로자에게 최저임금을 이유로 근로자의 동의없이 일방적으로 휴게시간을 부여하여 월 임금을 감액하는 경우에는 최저임금법 제6조제2항 위반입니다.**

① **쟁점** : 이 사안은 최저임금의 인상에 따라 기존 임금이 최저임금에 미달하는 것을 회피하기 위해 임의로 휴게시간을 부여하는 것이 가능한지가 쟁점입니다.

② **관련규정** : 최저임금법 제6조제2항의 규정에 따라 사용자는 이 법에 따른 최저임금을 이유로 종전의 임금수준을 낮추어서는 아니 되며, 근로기준법 제63조의 규정에 따라 감시 또는 단속적으로 근로에 종사하는 자로서 고용노동부장관의 승인을 받은 자에게는 같은 법 제5장에서 정한 근로시간, 휴게와 휴일에 관한 규정을 적용하지 아니합니다.

위 규정에 의하면, 고용노동부장관의 승인을 받은 감시적 근로자에게는 휴게시간이 적용되지 않음에도 일방적으로 휴게시간을 부여한 것은 최저임금 위반을 회피하기 위한 악의적 의도를 의심할 수 밖에 없는 상황이므로 최저임금법 위반이라고 판단됩니다.

③ **결론** : 휴게시간을 부여하지 않아도 되는 (고용노동부장관의 승인을 받은)감시적 근로자에게 최저임금을 이유로 근로자의 동의없이 일방적으로 휴게시간을 부여하여 월 임금을 감액하는 경우에는 최저임금법 제6조제2항에 위반된다고 보아야 할 것입니다(근로개선정책과-1511, 2012.02.28.).

Q **[요양보호사 처우개선비의 최저임금 산입여부]**
요양보호사의 처우개선비는 최저임금에 산입되지 않는 임금으로 봐야 하나요?

A **요양보호사의 처우개선비는 최저임금에 산입되지 않는 임금입니다.(근로개선정책과-426, 법제처 16-0058)**

① **쟁점** : 이 사안은 요양보호사에게 지급되는 처우개선비가 최저임금에 산입되는 임금인지가 쟁점입니다.

② **관련 행정해석** : 처우개선비는 근로시간에 비례하여 산정되고 있으나 소정 근로시간이 아닌 총 근로시간 160시간(연장·야간근로시간 포함)에 대하여 지급되고 있으므로 최저임금법 시행규칙 제2조 [별표 1]의 소정근로시간에 대하여 지급하는 임금 외의 임금에 해당하고, 그 지급 목적 및 취지가 근로자의 열악한 근무환경을 개선하기 위하여 별도로 지급되고 있으므로 근로자의 복리후생을 위한 성질인 점 등을 종합적으로 고려하면 요양보호사의 처우개선비는 최저임금에 산입되지 않는 임금으로 봄이 타당할 것으로 사료됩니다(근로개선정책과-426, 2015.01.15.).

③ **결론** : 처우개선비는 소정근로시간이 아니라 총근로시간에 대하여 지급되는 것이므로 최저임금에 산입되지 않는다고 보는 것이 타당합니다.

Q [최저임금으로 소급인상하는 경우 퇴직자에게도 적용되는지 여부]

최저임금에 맞춰 임금을 소급인상할 경우 소급기간중에 퇴직한 자에 대하여도 최저임금을 적용하여 추가 지급하여야 하나요?

저희 회사는 매년 3월 1일자로 임금을 인상조정하면서 그해 1월분부터 소급하여 지급하고 있는데, 그해 1, 2월중에 퇴직한 자중 최저임금 미달자가 있으면 추가 지급하여야 하는지요?

A **최저임금에 맞춰 임금을 소급인상할 경우 소급기간 중 퇴직자에 대하여도 최저임금을 적용해야 합니다.**

① **쟁점** : 이 사안은 최저임금에 맞춰 임금을 소급인상할 경우 소급기간중 퇴직자에 대하여 최저임금을 적용하여 추가 지급해야 하는지가 쟁점입니다.

② **관련 행정해석** : 현행 최저임금법 제8조 및 제10조제2항의 규정에 의하여 최저임금은 매년 결정되어 익년도 1월 1일부터 효력을 발생하며, 같은법 제6조제1항 및 제3항의 규정에 의하여 사용자는 동 기간중 근로자에 대하여 최저임금액 이상의 임금을 지급하여야 함은 물론 근로자에게는 당연히 최저임금액 상당의 임금청구권이 발생하도록 규정되어 있습니다(임금 32240-8157, 1991.06.07.).

③ **최저임금에 맞춰 임금을 소급인상한 것이 아닌 경우에도 퇴직자에게 소급적용되**

는지 여부 : 최저임금에 맞춰 임금을 소급인상한 경우라면 최저임금법에 의해 퇴직자에게도 소급적용하는 것이 맞지만, 최저임금과 무관한 임금소급인상의 경우에도 퇴직자에게 소급적용되는지가 문제되는데, 최저임금과 무관한 임금소급인상의 경우에는 최저임금법이 적용되지 않기 때문에 퇴직자에게까지는 소급인상이 되지 않는다고 사료됩니다.

④ 결론 : 최저임금에 맞춰 임금을 소급인상한 경우라면 최저임금법에 의해 퇴직자에게도 소급적용하여 최저임금 미달액을 추가 지급하는 것이 맞습니다.

Q [최저임금에 미달하는 경우 체당금 산정방법]
임금이 최저임금에 미달하는 경우 체당금은 최저임금으로 산정하는 것이 맞나요?

A **임금이 최저임금에 미달하는 경우 체당금은 최저임금으로 산정해야 합니다.**

① 쟁점 : 이 사안은 임금이 최저임금에 미달하는 경우 체당금도 최저임금으로 산정해야 하는지가 쟁점입니다.

② 관련 행정해석 : 최종 3월분의 임금중 각 1월분의 임금이 최저임금법 제8조 및 제10조의 규정에 따라 매년 노동부장관이 결정하여 고시하는 최저임금액보다 적은 경우에는 체당금 청구인이 최저임금 적용제외대상이 아닌 한 최저임금액을 기초로 하여 체당금을 산정합니다.

이는 최저임금법 제6조의 규정에 의거 사용자는 최저임금의 적용을 받는 근로자에게 최저임금 이상의 임금을 지급해야 하고, 최저임금의 적용을 받는 근로자와 사용자사이에 최저임금액에 미달하는 임금을 정한 근로계약은 그 부분에 한하여 무효로 하며, 무효로된 부분은 최저임금법에 의하여 정한 최저임금액을 지급하기로 정한 것으로 보기 때문입니다(임금 68207-360, 1999.12.27.).

③ 결론 : 최저임금에 미달하는 임금을 받다가 회사가 도산한 경우라면 체당금을 산정할 때는 최저임금으로 산정하여 체당금을 지급하는 것이 맞다고 판단됩니다.

임금과 관련된 제도와 연봉제

1. 임금채권의 소멸시효

임금채권의 소멸시효, 체불된 임금에 대하여 언제까지 법적으로 청구할 있는지에 대한 검토가 필요할 것인데, 먼저 근로기준법 49조는 '임금채권은 3년간 행사하지 아니하면 시효로 소멸한다'라고 규정하고 있어 임금채권이 발생한 날로부터 3년간 사업주에게 밀린 임금을 달라고 하지 않으면 임금채권은 소멸됩니다.

단, 소멸시효를 중단시킬 수 있는 몇 가지 사유가 있는데, 이는 민법 168조에서 규정하고 있습니다. 동법은 ㈎ 청구, ㈏ 압류 또는 가압류, ㈐ 승인 3가지 유형의 경우 소멸시효가 중단된다고 규정하고 있습니다.

시효중단사유 중에서 지급각서(지급유예합의, ○월 ○일까지 ○○원을 지급하겠다는 내용)를 작성한 경우 이를 민법 제168조 '승인'에 해당한다고 볼 수 있는지가 문제될 수 있는데, 지급유예합의란 사용자(채무자)와 근로자(채권자)가 임금의 추후 지급에 대하여 합의를 하는 것으로, 이는 채무자(사용자)가 자신의 채무를 인정하고 채무 지급일을 연기해달라고 요청한 것이므로 채무의 승인으로 간주할 수 있을 것이라 판단됩니다.

시효중단 사유로서의 '승인'은 채무자(사용자)가 채권자(근로자)에게 권리(임금채권)가 있음을 인식하고 채무변제를 하겠다는 약속을 함으로써 성립하는 것이므로, (체불임금)지급각서 또한 채무자(사용자)가 본인의 채무를 인정한 것으로, 시효 중단사유로서의 '승인'으로 볼 수 있을 것이라 판단됩니다.

Q [임금채권의 소멸시효와 시효중단사유]

체불된 임금에 대하여 일정 기간이 지나면 청구할 수 없다던데, 몇 년이 지나면 청구할 수 없는 건가요? 그 기간이 지나면 청구할 수 있는 방법은 정말 없는 건가요?

A **임금채권은 3년간 행사하지 않으면 소멸하고, 소멸시효를 중단할 수 있는 방법은 (재판상)청구, (가)압류, 승인 3가지입니다.**

① **소멸시효의 의의** : 소멸시효(消滅時效)는 권리자가 권리행사를 할 수 있음에도 불구하고 일정기간 동안 권리를 행사하지 않는 경우 그 권리가 실효되게 하는 제도를 말합니다. 그렇다면 임금채권의 소멸시효, 즉 체불된 임금에 대하여 언제까지 법적으로 청구할 있는지에 대한 검토가 필요할 것인데, 먼저 근로기준법 49조는 '임금채권은 3년간 행사하지 아니하면 시효로 소멸한다'라고 규정하고 있어 임금채권이 발생한 날로부터 3년간 사업주에게 체불임금을 청구, 압류, 승인을 받지 않으면 임금채권은 소멸됩니다.

② **소멸시효의 중단사유** : 소멸시효를 중단시킬 수 있는 몇 가지 사유가 있는데, 이는 민법 168조에서 규정하고 있습니다. 민법은 ㈎ 청구, ㈏ 압류 또는 가압류, ㈐ 승인 3가지 유형의 경우 소멸시효가 중단된다고 규정하고 있습니다.

㉠ **청구** : 여기서 '청구'라 함은 재판상 청구, 파산절차 참가, 지급명령, 화해를 위한 소환 내지 임의출석, 최고 등을 말하는 것으로, 가장 일반적인 것이 재판상 청구인데, 재판상 청구를 소멸시효 중단사유로 규정한 것은 권리자가 자신의 권리에 대하여 訴를 제기함으로써 적극적으로 권리를 행사하였기 때문으로, 재판상 청구는 이행의 소, 확인의 소, 형성의 소, 재심의 소, 반소를 제기하는 경우 등이며, 소의 제기시부터 소멸시효가 중단되면서 시효는

처음부터 새로이 기산됩니다.

※ **응소(應訴)도 재판상 청구에 포함되어 시효중단효과가 있는지** : 대법원(1993.12.21, 92다47861 전원합의체)은 “대한민국 민법 제168조제1호, 제170조제1항에서 시효중단사유의 하나로 규정하고 있는 재판상의 청구라 함은, 통상적으로는 권리자가 원고로서 시효를 주장하는 자를 피고로 하여 소송물인 권리를 소의 형식으로 주장하는 경우를 가리키지만, 이와 반대로 시효를 주장하는 자가 원고가 되어 소를 제기한 데 대하여 피고로서 응소하여 그 소송에서 적극적으로 권리를 주장하고 그것이 받아들여진 경우도 마찬가지로 이에 포함되는 것으로 해석함이 타당하다”고 판시하여 응소(應訴)도 시효중단사유로 인정하였습니다. → 민법 제170조(재판상의 청구와 시효중단) ① 재판상의 청구는 소송의 각하, 기각 또는 취하의 경우에는 시효중단의 효력이 없다.

ⓛ **압류 또는 가압류** : 민법 제168조 시효중단사유의 하나인 ‘압류 또는 가압류’에는 ‘가처분’도 포함됩니다.

※ **가압류에 대하여 채권자가 그 집행을 취소한 경우 시효중단의 효력** : 근로자가 2014.1.1. 발생한 임금채권의 보전을 위하여 채무자(사용자)의 금전채권에 대하여 2015.12.20. 가압류를 했다가 2017.1.20. 그 집행을 취소하였다면 근로자의 사용자(채무자)에 대한 임금채권의 시효는 소멸되었는지 여부가 쟁점인데, 민법 제175조는 가압류가 ‘권리자의 청구에 의하여 취소된 때에는’ 소멸시효 중단의 효력이 없다고 규정하고 있고, 가압류의 집행 후에 행하여진 채권자의 집행취소 또는 집행해제의 신청은 실질적으로 집행신청의 취하에 해당하므로 이는 가압류 자체의 신청을 취하하는 것과 마찬가지로 그에게 권리행사의 의사가 없음을 객관적으로 표명하는 행위로서 위 법 규정에 의하여 시효중단의 효력이 소멸한다고 봄이 상당합니다. 따라서 2015.1.20. 가압류에 의한 시효중단은 소급하여 소멸하므로, 근로자의 사용자에 대한 임금채권의 시효는 2016.12.31. 이미 소멸하였다고 볼 수 있습니다.

ⓒ **승인** : 민법 제168조제3호에 규정된 소멸시효 중단사유인 ‘승인’은 시효이

익을 받을 당사자(=시효가 완성되면 채무가 없어지는 자)인 채무자가 그 시효의 완성으로 권리를 상실하게 될 자(=시효가 완성되면 채권이 없어지는 자)에 대하여 채무의 존재를 인정하고 표시함으로써 성립합니다.

※ 시효완성 전에 채무의 일부를 변제한 경우 그 액수에 관하여 다툼이 없는 한 채무승인으로서의 효력이 있어 시효중단의 효과가 발생하고, 시효가 완성된 이후임에도 채무를 승인한 때에는 그 액수에 관하여 다툼이 없는 한 시효완성의 사실을 알고도 그 이익을 포기한 것으로 추정됩니다.

㉣ **최고** : 채권자가 채무자에 대하여 채무의 이행을 촉구하는 최고는 6개월 이내에 재판상의 청구, 파산절차참가, 화해를 위한 소환, 임의출석, 압류 또는 가압류, 가처분을 한 경우 최고일로 소급하여 시효중단의 효력이 발생합니다(민법 제174조). 채무이행을 최고받은 채무자가 그 이행의무의 존부 등에 대하여 조사를 해 볼 필요가 있다는 이유로 채권자에 대하여 그 이행의 유예를 구한 경우에는 채권자가 그 회답을 받을 때까지는 최고의 효력이 계속된다고 보아야 하고, 따라서 같은 조 소정의 6월의 기간은 채권자가 채무자로부터 회답을 받은 때로부터 기산되는 것이라고 해석하여야 한다(대법 94다24336, 1995.05.12.).

※ **지급각서 또는 지급유예합의도 승인으로 보아 시효가 중단되는지 여부** : 지급각서는 채무자(사용자)가 채권자(근로자)의 권리(임금채권)를 인정하고 채무변제를 하겠다는 약속을 서면으로 하는 것이고, 지급유예합의란 사용자(채무자)와 근로자(채권자)가 임금의 추후 지급에 대하여 합의를 하는 것으로, 민법 제168조 시효중단사유로서의 '승인'으로 볼 수 있을 것입니다.

③ 시효가 중단된 채권의 시효의 기산점

위에서 설명한 소멸시효 중단사유(청구, 압류 또는 가압류, 승인)에 의해 소멸시효가 중단되면 시효는 처음부터 새로이 기산됩니다.

예를 들어, 2015.1.1. 퇴사한 근로자가 재직 중에 받지 못한 임금에 대하여 2017.12.31.까지 청구하지 않으면 더 이상 임금을 청구할 수 없다는 것인데, 만약 2017.12.1.(소멸시효를 1개월 남겨둔 날) 사업주에 체불임금을 달라고 소송을 제기했다면, 소송의 제기는 재판상의 청구에 해당하여 소멸시효가 중단되고, 2017.12.1.부터 3년의 시효가 새로이 기산되어 2020.11.30.까지 시효가 연장된다고 보면 됩니다.

2. 금품청산의무와 지연이자

근로기준법 제36조는 사용자는 근로자가 퇴직한 경우 14일 이내에 임금 등 일체의 금품을 지급하여야 하고 이를 위반하면 3년 이하의 징역 또는 2천만원 이하의 벌금에 처해집니다.

동법 제37조는 사용자가 14일 이내에 지급하지 아니한 경우 그 다음 날부터 연 20%의 지연이자를 지급하여야 한다고 규정하고 있습니다.

Q [합의로 금품청산일을 연기時 지연이자 지급여부]

사례 1. 퇴사후 체불된 임금을 6개월후에 지급하기로 합의하였다면 6개월동안의 지연이자는 청구할 수 없는지, 합의한 경우 제36조 위반문제는 없는지요?

사례 2. 재직중에는 체불된 임금에 대한 지연이자를 청구할 수 없나요?

A **금품청산일을 연기하는 합의를 했다면 제36조 법위반문제는 없지만 지연이자는 청구할 수 있고, 재직중에는 체불된 임금에 대한 지연이자를 청구할 수 없습니다.**

① 사례의 쟁점 : 이 사안은 근로기준법 제36조 단서에 의해 퇴사후의 금품청산일을 합의하에 연기한 경우 법위반문제는 없는지, 합의와 상관없이 지연이자는 청구할 수 있는지, 그리고 체불임금에 대한 지연이자의 청구는 퇴사자만이 청구할 수 있는 것인지가 쟁점입니다.

② 당사자간의 합의에 의해 지급일을 연기한 경우 지연이자의 청구가능여부 : 근로기준법시행령 제12조에 의해 동법 제36조 단서에 따른 기일연장은 3개월 이내로

제한되어 있었으나, 대법원 판례(98도1759, 1998.10.15.)에 의해 기일연장의 제한이 없어졌습니다. 따라서 노사 당사자가 체불임금을 1년 후에 지급하는 것에 합의하는 것도 유효하게 됨에 따라 이 연장기간에 대한 지연이자의 청구가 가능한지가 문제됩니다. 근로기준법 제37조는 '지급사유가 발생한 날부터 14일 이내에 지급하지 아니한 경우 그 다음 날부터 지급하는 날까지의 지연일수에 대하여 연20%의 지연이자를 지급하여야 한다'고 규정하고 있고, 동법 시행령 제18조는 별도로 지연이자율 적용제외사유를 규정하고 있으므로, 동 적용제외사유에 해당하지 않는 한 당사자간의 합의만으로 동법 제37조에 따른 지연이자 지급의무를 면할 수는 없습니다(근로기준과-3981, 2005.07.28.).

③ 당사자간의 합의에 의해 지급일을 연기한 경우 법위반 여부 : 근로자가 퇴사한 날로부터 14일 이내에 임금 등을 청산하지 않으면 14일이 경과함과 동시에 근로기준법 제36조를 위반한 것이 되어 3년 이하의 징역 또는 2천만원 이하의 벌금형의 처벌을 받을 수 있는데, 동법 제36조 단서에 의해 지급일을 연기하는 합의를 했다면 근로기준법 위반문제는 발생하지 않습니다.

④ '재직중'에는 체불임금·퇴직금에 대한 지연이자를 청구할 수 없는지 : 근로기준법이 사망 또는 퇴사의 사유발생일로부터 14일 이내에 금품을 지급하지 않는 경우 연20%의 지연이자를 물도록 정하고 있는 것은 근로자가 체불로 은행 등에서 생계유지를 위한 자금을 대출받는데 지출한 비용 등을 보전하기 위한 것이어서 근로자가 사망 또는 퇴직한 경우가 아닌 '재직중'인 근로자에게는 해당사항이 없습니다(김천지원 2011가합2459).

Q 근로자가 퇴사한 날로부터 14일 이내에 임금을 지급해야 하는데, 지급일을 연장한다는 합의는 기간의 제한이 없는 건가요?

회사를 퇴사하면서 사장님이 마지막달 임금은 6개월 후에 지급한다는 합의서에 서명을 했어요. 그때는 아무 생각없이 서명을 하긴 했지만 지금 당장 돈이 필요하기도 하고, 지급기일 연장은 3개월을 넘길 수 없다는 법규정이 있다는 얘기를 들어서 정확한 답변을 듣기 위해 문의를 합니다.

A 임금 등의 청산기일의 연장합의는 유효하고, 기일연장을 3월 이내로 제한하는 근로기준법시행령은 삭제되었습니다.

① **사례의 쟁점** : 이 사례는 근로기준법 제36조 단서규정에 의한 청산기일의 연장에는 기간의 제한이 없는지, 청산기일을 6개월이나 1년 후로 연기해도 그 합의는 효력이 있는 것인지가 쟁점입니다.

② **청산기일의 연장은 3개월로 제한되어 있는지 여부** : 근로기준법시행령 제12조는 동법 제36조 단서에 따른 기일연장은 3개월 이내로 한다고 규정하고 있었으나, 대법원 판례(98도1759, 1998.10.15.)에 의해 삭제되었습니다.

대법원은 근로기준법 제36조 단서에서 임금·퇴직금 청산기일의 연장합의의 한도에 관하여 아무런 제한을 두고 있지 아니함에도 불구하고, 동법 시행령 제12조에 의하여 동법 제30조 단서에 따른 기일연장을 3월 이내로 제한한 것은 동법 시행령 제12조가 동법 제30조 단서의 내용을 변경하고 동법 제109조와 결합하여 형사처벌의 대상을 확장하는 결과가 된다 할 것인바, 이와 같이 법률이 정한 형사처벌의 대상을 확장하는 내용의 법규는 법률이나 법률의 구체적 위임에 의한 명령 등에 의하지 않으면 아니된다고 할 것이므로, 결국 모법의 위임에 의하지 아니한 동법 시행령 제12조는 죄형법정주의의 원칙에 위배되고 위임입법의 한계를 벗어난 것으로서 무효라고 판결하였습니다.

③ **청산기일을 장기간 연기해도 그 효력은 유효한지 여부** : 근로기준법 제36조 단서는 청산기일의 연장합의의 한도에 관하여 아무런 제한을 두고 있지 아니하므로, 사용자와 근로자가 임의로 청산기일의 연장에 관하여 합의하였다면 그 연장기일의 장단과 상관없이 유효하다고 판단됩니다.

④ **사업주가 주의해야 할 사항** : 근로자가 퇴사한 날로부터 14일 이내에 임금 등을 청산하지 않으면 14일이 경과함과 동시에 근로기준법 제36조를 위반한 것이 되어 3년 이하의 징역 또는 2천만원 이하의 벌금에 처해질 수 있습니다. 설사 퇴사일로부터 15일째 되는 날에 임금 등을 청산(지급)했다해도 동법 제36조를 위반한 것이 되어 근로자가 형사고소하면 처벌의 대상이 될 수 있음을 유의해야 합니다. 따라서 회사의 임금지급일이 14일 이후에 있는 등 기타의 사정이 있어 14일 이내에

지급하지 못할 사정이 있다면 근로자와 청산기일을 연장하는 합의서를 작성해두는 것이 바람직합니다.

Q **임금체불액에 대하여 '지연이자'도 청구할 수 있다던데 정말인가요?**

저희 회사는 여러 가지 핑계로 임금을 체불하고 있어요. 저도 사장 말에 속아 벌써 1년이 넘도록 체불임금을 받지 못하고 있습니다. 그런데 최근 신문에 반가운 기사가 보이더군요. 앞으로는 체불임금에 대하여 지연이자를 받을 수 있다고 하던데 사실인가요?

A **체불액의 20%에 해당하는 지연이자를 받을 수 있습니다.**

근로기준법 제37조제1항은 임금 및 퇴직금의 전부 또는 일부를 그 지급사유가 발생한 날부터 14일 이내에 지급하지 아니하는 경우 그 다음 날부터 지급하는 날까지의 지연일수에 대하여 연 100분의 40 이내의 범위에서 「은행법」에 의한 금융기관이 적용하는 연체금리 등 경제여건을 감안하여 대통령령이 정하는 이율(연 100분의 20 ; 시행령 §13)에 의한 지연이자를 지급하여야 한다(2005.3.31. 신설)라고 규정하고 있습니다.

하지만 천재·사변 그 밖의 ㈎ 「임금채권보장법시행령」 제4조 각 호의 어느 하나에 해당하는 경우, ㈏ 「파산법」, 「예산회계법」, 「지방자치법」 등 법령상의 제약에 의하여 임금 및 퇴직금 지급에 충당할 자금의 확보가 곤란한 경우, ㈐ 지급이 지연되고 있는 임금 및 퇴직금의 전부 또는 일부의 존부에 관한 사항에 대하여 법원이나 노동위원회에서 다투는 것이 상당하다고 인정되는 경우 기타 이에 준하는 사유에 해당하는 경우에는 지연이자를 청구할 수 없도록 예외규정을 두고 있습니다(시행령 §13의2). 그렇다면 체불된 임금 및 퇴직금(중간정산액)은 모두 연20%의 지연이자를 받을 수 있는지에 대하여도 검토해 볼 필요가 있을 것입니다.

김천지원 민사부(2011가합2459)는 '근로기준법이 퇴직금의 발생일로부터 14일

이내에 퇴직금을 지급하지 않는 경우 연20%의 지연이자를 물도록 정하고 있는 것은 근로자가 체불로 은행 등에서 생계유지를 위한 자금을 대출받는데 지출한 비용 등을 보전하기 위한 것이어서 근로자가 사망 또는 퇴직한 경우가 아닌 재직중인 근로자에게는 해당사항이 없다'라고 판시하여 고용승계과정에서 발생한 퇴직금중간정산금의 지연손해이자는 근로기준법이 정한 연 20%의 적용을 받지 못한다고 하고 있습니다. 즉, 영업양도 등의 이유로 퇴직금이 발생했더라도 해당 근로자가 계속하여 재직중이라면 당해 퇴직금에 대하여 연 20%의 지연이자를 청구할 수는 없다는 것을 의미합니다.

Q 월급 150만 원에 대하여는 '압류'를 할 수 없다는 게 무슨 말인가요?

저는 지금 월급근로자인데, 제 월급에서 1/2은 압류가 되고 있습니다. 그런데 최근에 월급압류에 대한 압류금액이 바뀌어서 150만 원까지는 압류할 수 없다고 하던데, 맞나요? 맞다면 자세한 내용을 알려 주세요?

A 300만 원 미만의 월급자는 150만 원 이상의 금액에 대하여만 압류할 수 있습니다.

민사집행법(2005.01.27, 법률 제7358호)은 제246조제1항제4호 단서를 2011.4.5. 개정하여 근로자의 급여 중 최저생계비에 해당하는 금액인 150만 원에 대하여는 압류를 할 수 없도록 규정하였습니다(2011.7.6 시행).

민사집행법은 크게 3가지로 나눠서 압류금지금액을 규정하고 있습니다.

① 150만 원 이상 300만 원 미만 : 150만원을 제한 금액에 대하여 압류가능

② 300만 원 이상 600만 원 미만 : 1/2금액에 대한 압류가능

③ 600만 원 이상 : 300만 원+[(임금1/2-300만 원)×1/2]이 계산법으로 압류금지금액 산정

예를 들어 설명해 보면, 월급 180만 원을 받고 있는 채무자는 월급 중 최저생계비 150만 원(압류금지금액)을 뺀 30만 원만을 압류할 수 있는 것이고, 월급이 400

만 원인 채무자는 200만 원을 제외한 200만 원만 압류할 수 있는 것입니다.

그리고 월급 1,000만 원을 받고 있는 채무자는[300만 원+(500만 원-300만 원)×1/2]의 공식에 의하여 최저생계비 400만 원(압류금지금액)을 제외한 600만 원만을 압류할 수 있습니다. 즉, 근로자는 400만 원을 임금으로 받을 수 있다는 것을 의미합니다.

※ 특별법에 의한 압류금지 채권

1) 공무원(32조), 군인(7조) 연금법에 의한 권리
2) 고용보험법(29조)에 의한 실업급여권
3) 국가유공자 등 예우등법(19조)에 의한 보상금
4) 사립학교교직원연금법(40조)에 의한 권리
5) 국민연금법(54조)상 각종 급여를 받을 권리
6) 근로기준법(89조)에 의한 보상청구권
7) 산업재해보상보험법(55조)에 의한 보험금
8) 자배법(32조)상의 보험금청구권, 보상청구권
9) 국민기초생활보장법(35~36조)상 수급권
10) 선원보험법(28조)상의 재해보상 등에 관한 권리
11) 국민건강보험법(54조)상의 보험급여 권리
12) 선원법(124조)상의 재해 보상 등에 관한 권리
13) 형사보상법(22조)상의 보상청구권
14) 국배법(4조)상의 생명 등 침해로 인한 국가배상권(다만, 상해 등을 치료한 의료인이 피해자에 대한 치료비청구권에 기한 압류는 가능)
15) 노인복지법(17조)상의 수급권
16) 모, 부자복지법(27조)상의 금품 수급권
17) 국가보조금 등

Q 물품대금(공사대금)에 대한 채권양도계약

저는 하청(B)소속 근로자인데요, 원청(A)으로부터 공사대금을 받지 못해 임금을 줄 수 없으니 원청에 대한 공사대금채권을 근로자들에게 양도해준다고 합니다. 이게 가능한 것인가요? 가능하다면 채권양도계약을 체결해도 될까요?

A 임금채권에 대한 채권양도계약은 원칙은 무효이지만 임금지급을 위한 계약이라면 가능합니다.

근로기준법 제43조제1항에 의해 임금은 통화로 직접 근로자에게 전액을 지급하여야 하므로, 사용자가 근로자의 임금지급에 갈음하여 사용자가 제3자에 대하여 가지는 채권을 근로자에게 양도하기로 하는 약정은 전부 무효임이 원칙입니다.

그러나 당사자 쌍방이 위와 같은 무효를 알았더라면 임금의 지급에 갈음하는 것이 아니라 지급을 위하여 채권을 양도하는 것을 의욕하였을 것이라고 인정될 때에는 무효행위 전환의 법리(민법 제138조)에 따라 그 채권양도계약은 '임금의 지급을 위한' 계약으로서 효력을 가질 수 있습니다(대법 2011다101308, 2012.03.29.).

즉, 채권양도계약이 '임금지급에 갈음하는 것'으로 체결되었다면 사용자(B)의 임금채무는 소멸하고 근로자가 (A)로부터 공사대금을 전부 받지 못하더라도 그 손해를 근로자가 감수해야 하지만, 채권양도계약이 '임금지급을 위한 것'으로 체결되었다면 근로자가 (A)로부터 공사대금채권을 추심하여 자신의 임금을 전부 받을 때까지 사용자(B)의 임금채무는 계속 남아 있는 것입니다.

그래서 채권양도계약은 근로기준법 제43조제1항에 반하여 무효이지만, 그 채권양도계약이 '임금지급을 위한 것'으로 체결되었다면 근로자에게 전혀 불리하지 않으므로 효력이 있다고 보는 것입니다.

※ **무효행위의 전환(민법 제138조)** : 법률행위가 무효일지라도 다른 법률행위의 요건을 구비하고 있으며 당사자가 무효임을 알거나 알았더라면 그 다른 법률행위를 하였을 것으로 의욕하였을 것이라는 가정적 의사가 인정되는 때 다른 법률행위의 효력을 인정하는 것을 말한다.

Q 국세징수법상 압류재산 매각대금 배분시까지 배분요구를 하지 않은 임금채권자는 임금을 받을 방법은 없나요?

회사가 국세 등을 납부하지 못해서 공매가 진행됐는데요, 고용노동부에서 임금채권은 확정했지만 배분요구를 하지 못했습니다. 법에 보면 국세보다 임금이 우선한다는 규정이 있는데, 임금채권을 받을 수 있는 방법은 없나요?

A 후순위권리자를 상대로 부당이득반환청구를 할 수 있습니다.

국세기본법 제35조제1항제5호에 따라 국세 또는 가산금에 우선하는 임금채권이 국세징수법상 압류재산 매각대금의 분배대상에 포함되면, 체납처분절차를 주관하는 기관은 임금채권자에게 배분할 금액을 직권으로 확정하여 배분계산서를 작성하여야 하고, 임금채권자가 체납처분의 청산절차에서 압류재산의 매각대금을 배분할 때까지 배분요구를 하지 아니하여 그에게 배분되어야 할 돈이 후순위 채권자에게 배분되었다면, 임금채권자는 후순위 권리자를 상대로 부당이득의 반환을 청구할 수 있습니다(대법 97다43253, 대법 2002다64254, 대법 2005다27935).

이는 근로기준법 제38조(임금채권의 우선변제) ① 임금, 재해보상금, 그 밖에 근로 관계로 인한 채권은 사용자의 총재산에 대하여 질권(質權)·저당권 또는 「동산·채권 등의 담보에 관한 법률」에 따른 담보권에 따라 담보된 채권 외에는 조세·공과금 및 다른 채권에 우선하여 변제되어야 한다. 다만, 질권 또는 저당권에 우선하는 조세·공과금에 대하여는 그러하지 아니한다(2010.6.10 개정 ; 2012.6.11시행 ; 동산·채권 등의 담보에 관한 법률)라는 규정에 근거합니다.

Q 임금채권자가 경매개시전에 가압류했는데, 배당종기일을 놓친 경우 보호책은?

저는 임금이 체불되어 고용노동부에 진정해서 임금체불확인원을 발급받아 회사 부동산에 가압류를 해왔는데, 나중에 알고 보니 그 부동산이 경매가 되어 이미 배당종기일이 지났더라구요, 배당종기일이 지나면 받을 수 있는 방법이 없는 건가요? 그리고 가압류를 하면 경매절차 때 경매기일 등을 통지해줘야 하는 것 아닌가요?

A **가압류권자는 통지의무가 있는 이해관계인이 아니고, 가압류권자는 배당종기일이 아닌 배당표 확정전까지 배당을 요구하여 배당받을 수 있으며, 그러함에도 배당을 받지 못했다면 후순위권리자를 상대로 부당이득반환청구를 할 수 있습니다.**

법원은 경매기일과 경락기일을 이해관계인에게 통지하여야 하는바(민사소송법 제617조제2항), 여기서 이해관계인이라 함은 압류채권자와 집행력 있는 정본에 의하여 배당을 요구한 채권자, 채무자 및 소유자, 등기부에 기입된 부동산 위의 권리자, 부동산 위의 권리자로서 그 권리를 증명한 자(같은 법 제607조)를 말하는 것이고, 경매절차에 관하여 사실상의 이해관계를 가진 자라 하더라도 위 조항에서 열거한 자에 해당하지 아니한 경우에는 경매절차에 있어서의 이해관계인이라고 할 수 없으므로, 가압류를 한 자는 위 조항에서 말하는 이해관계인이라고 할 수 없어 통지의무는 없다 할 것입니다(대법 98다53240, 대법 2002다52312).

근로기준법에 의하여 우선변제청구권을 갖는 임금채권자라고 하더라도 임의경매절차에서 배당요구의 종기까지 배당요구를 하여야만 우선배당을 받을 수 있는 것이 원칙이나, 경매절차개시 전의 부동산 가압류권자는 배당요구를 하지 않았더라도 당연히 배당요구를 한 것과 동일하게 취급하여 설사 그가 별도로 채권계산서를 제출하지 아니하였다 하여도 배당에서 제외하여서는 아니되므로, 민사집행절차의 안정성을 보장하여야 하는 절차법적 요청과 근로자의 임금채권을 보호하여야 하는 실체법적 요청을 형량하여 보면 근로기준법상 우선변제권이 있는 임금채권자가 경매절차개시 전에 경매 목적 부동산을 가압류한 경우에는 배당요구의 종기까지 우선권 있는 임금채권임을 소명하지 않았다고 하더라도 배당표가 확정되기 전까지 그 가압류의 청구채권이 우선변제권 있는 임금채권임을 소명하면 우선배당을 받을 수 있다 할 것이고(대법 2002다4870 판결 등 참조), 한편 근로기준법상 우선변제권이 있는 임금채권자가 경매절차개시 전에 경매 목적 부동산을 가압류하고 배당표가 확정되기 전까지 그 가압류의 청구채권이 우선변제권 있는 임금채권임을 소명하였음에도 경매법원이 임금채권자에게 우선배당을 하지 아니한 채 후순위 채권자에게 배당하는 것으로 배당표를 작성하고 그 배당표가 그대로 확정된 경우에는 배당을 받아야 할 자가 배당을 받지 못하고 배당을 받지 못할 자가 배당을 받은 것으로서 배당에 관하여 이의를 한 여부 또는 형식상 배당절차가 확정되었는가의 여부에 관계없이 배당을 받지 못한 임금채권자는 배당을 받은 후순위 채권자를 상대로 부당이득반환청구권을 갖는다 할 것입니다(대법 86다카2949, 대법 2002다52312, 대법 2005다34391).

3. 연봉제

연봉제는 임금지급 형태의 한 방식으로, 근로자 개인의 업무능력을 평가하고 평가 결과를 가지고 임금액수를 1년 단위로 결정하는 성과 및 능력 중심형의 임금결정제도를 말합니다.

연봉제는 개인의 성과를 기초로 임금액을 결정하기 때문에 근로자 개인에게 강한 동기부여를 제공하여 결과적으로 회사의 성과를 극대화하여 경영목표를 달성하는데 순기능으로 작용할 수 있습니다.

다만, 우리나라 노동관계법은 어디에도 연봉제에 관한 규정은 두고 있지 않다는 점입니다. 우리나라 근로기준법은 시급, 일급, 주급, 월급에 대하여만 규정하고 있을 뿐 연봉에 대하여는 규정 자체가 없습니다.

즉, 연봉제는 단지 임금지급형태의 한 방식에 불과하므로 연봉제를 도입했다 해도 퇴직금, 연장수당, 연차수당 등 모든 노동관계법이 그대로 적용된다는 점을 알아 두어야 합니다.

Q 연봉제에 대한 노동법 관련규정은 어디에 있나요?

저희 회사에서 연봉제를 도입하려고 하는데, 제가 도입에 따른 실무적인 처리를 해야 합니다. 연봉제에 법규정을 살펴보려고 하는데 노동법에서 연봉제에 관한 법규정을 찾을 수가 없네요. 근로기준법이나 노동법에 연봉제에 대한 규정은 어디에 있나요?

A 노동법에 연봉제에 관한 규정은 없습니다.

근로기준법 등 노동관계법규 어디에도 연봉제에 관한 규정은 존재하지 않습니다. 연봉제는 임금액 결정방식과 지급형태를 능력중심형으로 개선한 것이라고 생각하면 됩니다.

따라서 연봉제를 실시하더라도 근로기준법상의 임금지급방법에 관한 규정은 그대로 적용되므로 한달에 한번씩 정기적으로 임금을 지급하지 않으면 근로기준법 위반입니다. 대개 총연봉액을 14등분을 하든가 16등분을 하든가 해서 매월 1/14이나 1/16을 지급하고 나머지는 반기(2/14)별로 또는 분기(4/16)별로 상여금을 지급하는 형태로 운영됩니다.

Q 연봉제를 도입해도 노동법규정은 그대로 적용되는 건가요?

사장님이 연봉제를 실시하면 기존에 적용되어 왔던 근로기준법 규정을 적용하지 않아도 된다고 하시면서 임금을 분기마다 지급하겠다고 합니다. 그래도 근로기준법에 저촉되지 않는다고 하시는데, 정말 그런가요?

A 연봉제를 시행해도 근로기준법 등은 그대로 적용됩니다.

연봉제는 임금을 지급하는 여러 형태 중에서 한 가지 형태일 뿐이므로, 연봉제를 도입하여 시행한다고 하여 근로기준법이나 기타 노동관계법규의 적용이 배제되는 것은 아닙니다. 근로기준법 제43조는 통화로 지급해야 한다는 통화불의 원칙, 직접 근로자에게 지급해야 된다는 직접불의원칙, 전액을 지급해야 한다는 전액불의 원칙, 매월 1회 이상 일정한 기일을 정하여 지급해야 한다는 월 1회 일정기일지불의 원칙을 규정하고 있으므로 분기마다 임금을 지급하는 것은 근로기준법 제42조를 위반하는 것입니다.

따라서 연봉제를 시행한다고 하더라도 근로기준법상의 임금지급원칙에 따라 연봉액을 12등분 이상으로 분할하여 최소 매월 1회 이상 일정기일에 근로자에게 임금을 지급해야 합니다.

이외에도 근로자가 퇴직을 하는 경우에는 계속근로연수 1년에 대해 30일분 이상의 평균임금을 퇴직금으로 지급해야 하고, 연봉액속에 이미 포함되어 있는 기본연장근로시간보다 추가하여 연장근로를 하였다면 통상임금의 50% 이상을 가산한 연장근로수당을 지급해야 합니다.

그리고 당사자 간에 합의가 있어야만 1주 12시간한도에서 연장근로가 가능할 뿐만 아니라 연봉제를 시행한다고 해도 근로자를 정당한 이유없이 해고할 수 없고, 해고는 서면으로 통지해야 하며, 30일전에 해고예고를 해야 하는 등 모든 노동관계법 규정을 연봉제 시행과 상관없이 준수하여야 합니다.

따라서 우리나라 임금체계 하에서는 연봉제를 도입하여 시행하는 것은 큰 의미가 없다고 판단되므로, 연봉제와 관련한 법률문제들은 더 이상 게재하지 않도록 하겠습니다.

CEO · 인사 담당자를 위한 업무처리의 지침서

노동법 실무 사례집

제 3 장

근로시간에 관한 실무사례

법정근로시간·소정근로시간

1. 근로시간의 의의

근로시간이란 근로계약에 의하여 사용자의 지휘·감독하에서 정해진 업무와 그 업무와 관련된 일련의 행위를 하는 실근로시간으로, 근로시간 중간에 있는 휴게시간은 근로시간에서 제외되지만 사용자의 지휘·감독하에서 근무를 기다리는 대기시간은 근로시간에 포함됩니다.

우선 총근로시간이 정해지고 시업시간과 종업시간이 특정되어야 임금(시급)산정이 가능해지므로, 근로계약서와 취업규칙에서 시업시간과 종업시간이 명시되어야 함은 당연하고, 그래서 근로기준법 제93조제1호는 취업규칙에 '업무의 시작과 종료시각'을 반드시 기재하도록 하고 있습니다.

가. 법정근로시간과 소정근로시간, 월소정근로시간

(1) 법정근로시간

법정근로시간은 근로기준법에 규정된 근로시간을 말하는 것으로, 법정근로시간은 연장근로가산수당을 지급하는 기준시간으로서의 역할을 한다고 보면 될 것이고,

법정근로시간을 초과하여 연장근로를 시킬 수 없다는 상한선을 정한 것은 아닙니다.

법정근로시간은 일반근로자의 근로시간, 연소자의 근로시간, 유해위험작업에서의 근로시간으로 구분하여 규정하고 있습니다.

ⓐ 일반근로자의 근로시간은 근로기준법 제50조제1항에서 '1주간의 근로시간은 휴게시간을 제외하고 40시간을 초과할 수 없다'라고 규정하고 있고 제2항은 '1일의 근로시간은 휴게시간을 제외하고 8시간을 초과할 수 없다'라고 규정하고 있습니다.

ⓑ 연소자의 근로시간은 근로기준법 제69조에서 '15세이상 18세미만인자의 근로시간은 1일에 7시간, 1주일에 40시간을 초과하지 못한다'라고 규정하고 있습니다.

ⓒ 유해위험작업에서의 근로시간에 대하여는 산업안전보건법 제46조에서 1일 6시간, 1주 36시간을 초과할 수 없다라고 규정하고 있습니다.

(2) 소정근로시간

'소정근로시간'에 대한 정의규정은 근로기준법 제2조제1항제7호에서 정의하고 있는데, "소정(所定)근로시간"이란 제50조, 제69조 본문 또는 「산업안전보건법」 제46조에 따른 근로시간의 범위에서 근로자와 사용자 사이에 정한 근로시간을 말한다라고 규정하고 있습니다. 즉, 법정근로시간의 범위내에서 노사가 정한 근로시간을 의미합니다.

※ 관련사례 : 지각·조퇴로 1주 32시간 근무한 경우 1일 소정근로시간의 산정방법 (주휴일수당 산정방법)

위 사례와 관련하여 첫째, 일주일간의 지각 또는 조퇴시간을 합산하여 8시간이 되면 1일 결근으로 간주하여 유급휴일수당을 지급하지 않아도 되는지에 대하여는 근로기준법 제55조 및 동법 시행령 제30조에 따르면 사용자는 1주일을 개근한 근로자에 대하여는 1일의 유급휴일을 주어야 하는바, 이 때, '개근'이란 근로제공의 의무가 있는 소정근로일에 결근하지 않는 것을 의미합니다.

따라서, 1주일간의 지각 또는 조퇴시간을 합산하여 8시간이 되더라도, 지각 또는 조퇴는 결근이 아니므로, 1일을 결근처리하여 개근일수에 영향을 줄 수는 없다고 사료됩니다. 즉, 주휴수당은 지급해야 한다는 것입니다.

둘째, 지각·조퇴시간을 제하고 근무한 시간이 32시간인 경우, 일일소정근로시간 8시간에 대한 유급휴일수당이 아니라 6.4시간(32시간/40시간×8시간)에 대한 유급휴일수당을 지급할 수 있는지에 대하여는 근로기준법 제55조 및 동법 시행령 제30조에 따르면 사용자는 1주간의 소정근로일수를 개근한 근로자에 대하여 1주일에 평균 1회 이상의 유급휴일을 주어야 하며, 동 휴일에 대한 수당은 정상근로일의 소정근로시간을 기준으로 산정하면 될 것입니다.

따라서 1일 소정근로시간이 8시간인 경우 그 주의 실근로시간에 관계없이 소정근로시간 8시간에 대한 유급휴일수당이 지급되어야 할 것으로 사료됩니다(근로기준과-5560, 2009.12.23.).

(3) 월소정근로시간

법정근로시간이 1일 8시간, 1주 40시간이기 때문에 1일 소정근로시간이 몇시간이냐에 대하여 1일 소정근로시간이 8시간이라는 설, 44/6시간이라는 설, 52/7시간이라는 설 등의 견해차가 있었는데, 이와 같은 1일 소정근로시간에 대한 논란을 없애기 위해 1일 단위의 소정근로시간은 8시간을 원칙으로 하고 「월소정근로시간」 계산시에만 평균개념을 도입하여 '52/7시간=52시간/7일'으로 산정하도록 하였고, 또한 월의 소정근로일수에 대해서도 얼마로 계산하느냐를 두고 '30일', '365/12일' 중 어느 것으로 할 것이냐에 대해 다툼이 있었으나 「월소정근로시간」 계산시에는 평균개념을 도입하여 '365/12일=365일/12개월'로 산정하도록 고용노동부 지침에 규정하고 있습니다(근기 68207-862, 1994.05.27.).

결과적으로 「월소정근로시간」은 소정근로시간에 주휴일 등 유급처리되는 시간을 포함한 시간을 의미하는 것이고, 「통상임금 산정기준시간」과 같은 의미로 보아야 할 것입니다.

※ 월~금(5일) 8시간근무, 토 4시간근무, 일 유급인 경우 월소정근로시간수

① 방법 : [(44시간+주휴 8)×52주+8시간]÷12월=226시간(임금 32240-3195, 1990.03.18.)

② 방법 : (44+8)시간/7일×365일/12월≒226시간(근기 68207-865, 1994.05.27.)

※ 월~금(5일) 8시간근무, 일요일 유급인 경우 월소정근로시간수

① 방법 : [(40시간+주휴 8)×52주+8시간]÷12월=209시간(임금 32240-3195, 1990.03.18.)

② 방법 : (40+8)시간/7일×365일/12월≒209시간(근기 68207-865, 1994.05.27.)

위 ①, ②방법 중 어느 방법을 선택하든 상관없고 「월소정근로시간」을 계산할 때 1일 소정근로시간은 '48(52)/7일'로 하고 월소정근로시간은 '365/12'로 하도록 한 행정해석(근기 68207-862, 1994.05.27.)이 설명한 방법은 ②방법입니다.

나. 대기시간의 근로시간 포함여부

판례(대법 2006다41990, 2006.11.23.)는 근로기준법상의 근로시간이라 함은 근로자가 사용자의 지휘·감독 아래 근로계약상의 근로를 제공하는 시간을 말하는바, 근로자가 작업시간의 도중에 현실로 작업에 종사하지 않은 대기시간이나 휴식·수면시간 등이라 하더라도 그것이 휴게시간으로서 근로자에게 자유로운 이용이 보장된 것이 아니고 실질적으로 사용자의 지휘·감독하에 놓여있는 시간이라면 이는 근로시간에 포함된다고 할 것이다라고 하여 종전부터 대기시간은 근로시간에 포함된다는 입장이었습니다.

이러한 판례의 입장을 수용하여 2012.2.1. 입법화되었고, 근로기준법 제50조제3항은 근로시간을 산정함에 있어 작업을 위하여 근로자가 사용자의 지휘·감독 아래에 있는 대기시간 등은 근로시간으로 본다라고 규정하고 있습니다.

다. 입·출갱시간

구 근로기준법은 '갱내근로'를 유해위험작업으로 분류하여 1일 법정근로시간을 6시간으로 제한하여 입·출갱시간은 근로시간에 포함되지 않는다고 규정하고 있었으나, 이후 갱내근로(탄광 등 지하작업)가 유해위험작업에서 제외되어 1일 법정근로시간이 8시간으로 일반화되면서 입·출갱시간이 근로시간에 포함되게 되었습니다.

(1) 단체협약이 갱내근로자의 1일 근로시간을 6시간으로 규정하고 있는 경우

구 근로기준법 제43조 및 동법 시행령 제27조제2항이 삭제된 후에도 판례는 단체협약 등이 갱내근로자의 1일 근로시간을 6시간으로 규정하고 있다면 구 근로기준법령의 취지에 따라 입·출갱에 소요된 시간은 근로시간에 포함되지 않는다고 판시하였습니다.

(2) 입·출갱보안관리직원의 경우

취업규칙 및 단체협약 등에 입·출갱 소요시간에 대하여 별도의 정함이 없고, 광산안전규정에서 갱내보안관리직원의 업무수행내용을 정하고 있는데, 이중 '입·퇴갱시 인차관리'가 업무수행내용에 포함되어 있으며, 입·퇴갱시 발생한 인차사고 등에 대한 관리책임을 갱내보안관리직원이 부담한다면 이러한 갱내보안관리직원의 경우에는 입·출갱 소요시간이 근로시간에 포함된다고 볼 수 있을 것입니다(근로기준과-1665, 2005.03.23.).

라. 교육·훈련시간

(1) 교육·훈련시간을 근로시간으로 보는 경우

① 근로시간 종료후 또는 휴일에 사용자 책임하에 작업안전, 작업능률 등 생산성 향상을 위하여 근로자에게 의무적으로 소집, 실시하는 교육시간(근기 01254-554, 1989.01.10.)

② 정유생산공장의 전기안전사고를 미연에 방지하고 기타 작업 수행상의 응급대처능력을 향상시키기 위한 '전기시설운전교육시간'(근기 68207-1482, 1998.07.13.)

③ 사용자의 지시에 의한 근로자에 대한 주의 및 작업에 관한 교육시간(법무 811-11278, 1978.05.31.)

④ 근로자의 업무에 관련된 교육시간(근기 01254-18899, 1987.11.28.)

⑤ 업무와 관련이 있고 전근로자에 대한 의무적인 교양교육(근기 01254-1137, 1988.01.25.)

근로기준법상 근로시간이라 함은 사용자의 지휘·감독 아래 있는 시간 즉, 경제적 목적에 사용했느냐와 관계없이 노동력을 사용자의 처분 아래 둔 실 구속시간을 의미하므로, 교육(교양)시간에 대하여 임금을 지급해야 할지 여부는 해당 시간을 근로시간으로 볼 수 있는지에 따라 달라질 수 있습니다.

교육(교양)시간이 근로시간에 포함되기 위해서는 사용자가 근로시간 중에 '생산성 향상' 등 직무와 관련한 교육·훈련을 실시하거나, 근로시간 종료 후 또는 휴일에 근로자를 소집하여 의무적으로 교육·훈련을 실시하는 경우라고 보고 있습니다(근기 68207-1482, 1998.07.13.).

따라서 교양(교육)시간에 임금을 지급해야 하는지에 대하여는 동 교육(교양) 시간이 '생산성 향상' 등 직무 관련성이 있는지 여부와 근로자가 거부할 수 없는 의무적 사항인지 여부 등을 고려하여 종합적으로 판단하여야 할 것으로 사료됩니다(근로기준과-2993, 2009.08.14.).

(2) 교육·훈련시간을 근로시간으로 보지 않는 경우

① 운전면허증소지자가 받는 소양교육시간(근기 01254-14835)

② 참석여부가 근로자 개인의 자유의사인 교양교육시간

(3) 교육·훈련시간의 근로시간 여부에 관한 판단기준

ⓐ 교육·훈련시간이 '생산성 향상' 등 직무 관련성이 있는지 여부, ⓑ 근로자가 거부할 수 없는 의무적 사항인지 여부 등을 종합적으로 감안하여 판단합니다.

Q [근로시간을 축소하는 근로기준법 개정(2018.2.27.)]

근로시간을 축소하는 개정법이 2018.2.27. 통과됐다고 들었는데, 아무리 봐도 모르겠어요. 설명 좀 해주세요.

A **근로기준법 제2조제1항제7호를 신설하여 근로시간을 축소하는 개정을 하였습니다.**

① **근로기준법 제2조제1항제7호 신설조항** : 개정법은 법 제2조제1항제7호를 신설하여 "1주란 휴일을 포함한 7일을 말한다"라고 명시하였습니다.

② **기존의 법해석** : 위와 같이 1주가 휴일을 포함한 7일이라는 명확한 개념이 명시되어 있지 않았을 때에는 근로기준법 제53조상의 1주간 12시간 한도의 연장근로는 휴일근로를 포함하지 않는 것으로 해석하였습니다. 그래서 토요일이 휴일인 사업장은 월~금요일 40시간 + 월~금요일까지 12시간의 연장근로 + 토요일 8시간 휴일근로 + 일요일 8시간 휴일근로 = 68시간, 총 68시간의 근로가 가능하다고 해석했습니다. 이 논란은 법 제53조의 1주간이 휴일근로도 포함하는 것인지 아닌지에서 비롯된 것이었는데, 개정법에서 이에 대하여 법 제53조의 1주는 휴일을 포함한 7일을 말한다고 명시함으로써 논란의 여지를 없앤 것입니다.

③ **개정법의 효과** : "1주란 휴일을 포함한 7일을 말한다"라고 명시함으로써 향후부터는 1주일에 연장근로를 총 12시간 이상을 할 수 없게 되었고, 결국 실질적인 1주간의 근로시간이 68시간(연장근로 12시간+휴일근로 16시간)에서 52시간(연장근로 12시간)으로 축소된 것입니다.

④ **기업규모별 시행시기의 차등** : 국가 및 지자체, 공공기관, 300인 이상의 사업장은 2018.7.1.부터, 50인 이상 300인 미만의 사업장은 2020.1.1.부터, 5인 이상 50인 미만의 사업장은 2021.7.1.부터 1주간 연장근로가 12시간으로 제한됩니다.

참고로, 근로시간 및 휴게시간의 특례업종에서 제외된 21개 업종 중 300인 이상의 사업장은 2019.7.1.부터 적용됩니다.

Q **[근로시간 및 휴게시간 특례적용 사업장 축소(2018.2.27.개정)]**
주 12시간을 초과하여 연장근로를 하게 하거나 휴게시간을 변경할 수 있는 사업장이 축소되었다는데, 대상 사업은 무엇인가요?

A **근로시간 및 휴게시간 특례사업장은 21개 업종에서 5개 업종으로 대폭 축소되었습니다.**

① **근로기준법 제59조의 내용** : 다음 각호에 해당하는 사업에 대하여 사용자가

근로자대표와 서면으로 합의한 경우에는 주 12시간을 초과하여 연장근로를 하게 하거나 휴게시간을 변경할 수 있다.

② **21개 업종에서 5개 업종으로 축소** : 근로시간 및 휴게시간 특례적용 사업장은 1. 육상운송 및 파이프라인운송업(노선여객자동차운송사업은 제외), 2. 수상운송업, 3. 항공운송업, 4. 기타 운송관련서비스업, 5. 보건업입니다.

③ **휴식시간 확보의무** : 동법 제59조제2항은 근로일 종료 후 다음 근로일 개시 전까지 근로자에게 연속하여 11시간 이상의 휴식시간을 주어야 한다고 규정하고 있습니다.

Q **아침체조시간(조기출근시간)은 근로시간인가요?**

저희 회사는 매일 30분씩 일찍 출근해서 아침체조를 합니다. 매일 30분씩 일찍 출근하는 시간도 근로시간으로 봐서 임금을 줘야하는 것 아닌가요?

A **참석여부에 강제성이 있는지, 불참시 제재가 있는지 등을 감안하여 근로시간에 해당하는지를 판단하여야 할 사안입니다.**

아침체조시간이 근로자에게 자율성이 부여되어 불참으로 인한 불이익이 없고, 실제로 오전 8시를 넘겨 20~30분 정도 지각을 하여도 8시 출근으로 인정해주고 있는 경우라면 달리 볼 사정이 없는 한 오전 7시 45분부터 시작되는 아침체조시간을 사용자의 지휘·감독 아래 있는 시간으로 볼 수는 없다는 행정해석(근로개선정책과-994, 2011.04.26.)을 참고로 검토해 보면, 아침체조의 참석여부에 강제성이 있는지, 불참시 제재가 있는지 등을 감안하여 근로시간에 해당하는지를 판단하여야 할 것입니다.

만약 아침체조시간에 반드시 참석하도록 하는 사용자의 지시가 있었고, 불참시에는 임금을 삭감하거나 제재를 가한다면 이는 근로시간으로 보아 임금을 지불해야 합니다.

Q 야간근무자의 '취침시간'은 근로시간으로 볼 수 있나요?

저는 야간근무자인데요, 새벽1시부터 새벽5시까지는 업무량이 없어서 취침을 합니다. 물론 취침을 하기는 하지만 회사에 묶여있는 것이고 잠도 편하게 잘 수 없는 상황 등을 감안하면 근로시간으로 보아서 임금을 줘야 하는 것 아닌가요?

A 새벽1시~5시를 휴게시간으로 규정하고 있는지, 실제로 아무런 간섭없이 취침시간이 확보되는지를 검토하여 판단해야 합니다.

이 사안은 크게 2가지로 구분할 수 있는데, 취업규칙 등에 작업량이 없는 시간(새벽1시~5시)을 정하여 휴게시간이라고 명시하고 있는 경우와 휴게시간이라고 명시된 규정없이 관례적으로 취침을 한 경우입니다.

① **사규 등에 작업이 없는 시간을 정하여 휴게시간이라고 명시하고 있는 경우** : 단체협약·취업규칙·근로계약 등에서 시업시각(출근시간)과 종업시각(퇴근시간)을 정하고 작업량이 없는 시간(새벽1시~5시)을 별도로 정하여 "취침시간으로서 휴게시간으로 본다"고 규정하면서 실제로 취침시간을 부여하였다면 동 취침시간은 근로시간으로 볼 수 없습니다. 다만 단체협약·취업규칙·근로계약 등에서 취침시간의 일부 또는 전부에 대하여 근로시간에 포함한다는 특약이 있는 경우에는 그에 따르면 될 것입니다(근기 68207-2917, 2000.09.25.).

② **휴게시간으로 명시된 규정없이 일부는 취침을 하고 일부는 일을 하는 경우** : 단체협약·취업규칙·근로계약 등 어디에도 4시간(새벽1시~5시)을 휴게시간으로 명시한 규정이 없고 취침을 하는 것은 맞지만 간혹 일을 하는 경우가 있다면 이는 근로시간으로 볼 여지가 있다고 판단됩니다. 근로시간으로 인정되면 임금을 청구할 수 있다는 것을 의미합니다.

Q 출장, 외근시간은 근로시간으로 봐야 되는 거죠?

저는 출장과 외근업무가 많은 편입니다. 그런데 사실 출장이나 외근을 하다보면 저녁 6시에 바로 끝나는 것이 아니라 일이 늦게 끝날 때가 많습니다. 이렇게 늦게까지 일을 하는 경우 근로시간으로 인정해줘야 하는 것 아닌가요?

A 별도의 노사합의가 없는 한 '소정근로시간'만 근로시간으로 인정을 받을 수 있으므로, 초과근무에 대한 명확한 서면합의가 필요합니다.

근로기준법은 출장 등의 사유로 근로시간의 전부 또는 일부를 사업장 밖에서 근로하여 근로시간을 산정하기 어려운 때에는 소정근로시간을 근로한 것으로 보며(근로기준법 제58조제1항 본문), 다만 소정근로시간을 초과하여 근로할 필요가 있는 경우에는 그 업무의 수행에 통상 필요한 시간을 근로시간으로 봅니다(근로기준법 제58조제1항 단서). 만약 당해 업무에 관하여 근로자대표와의 서면합의가 있는 때에는 그 합의에서 정하는 시간을 그 업무의 수행에 통상 필요한 시간으로 봅니다(동법 제58조제2항).

즉, 출장 등 사업장 밖의 근로는 그 성격상 근로시간에 대해 사용자의 직접적이고 구체적인 통제가 이루어지기 어려워 정확한 근로시간 산정이 곤란하므로, 통상적인 소정근로시간을 초과하여 근로하는 경우를 제외하고는 소정근로시간을 근로한 것으로 보며, 통상적으로 소정근로시간을 초과하는 경우에도 사용자와 근로자대표가 서면합의로 정한 때에는 그 정한 시간을 근로한 것으로 본다는 것입니다(근기 68207-3345, 2002.12.12.).

따라서 근로기준법 제58조제1항 단서에 의하면 업무 수행에 통상 필요한 시간이 소정근로시간을 초과하는 경우 동법 제58조제2항에 의한 노사 서면합의가 없는 한 그 업무의 수행에 통상 필요한 시간을 근로시간으로 본다는 것인데, 사실상 실무적으로 소정근로시간을 초과하는 시간에 대하여 근로시간으로 인정해주는 경우는 매우 드문 것이 현실입니다.

이런 이유로 업무 수행에 통상 필요한 시간이 소정근로시간을 초과하는 경우에는 사전에 사용자와 서면합의(일정시간을 연장근로로 인정해준다는 합의)를 하여 분쟁을 예방하는 것이 바람직합니다.

참고로, 출장에 있어 통상 필요한 시간을 산정할 경우 출장지로의 이동에 필요한 시간은 근로시간에 포함시키는 것이 원칙이나 출퇴근에 갈음하여 출장지로 출근 또는 출장지에서 퇴근하는 경우는 제외할 수 있을 것입니다. 다만, 장거리 출장의 경우 사업장이 소재하는 지역에서 출장지가 소재하는 지역까지의 이동시간은 근로시간에 포함시키는 것이 타당하다고 사료됩니다(근기 68207-1909, 2001.06.14.).

Q 1일 소정근로시간이 6시간 40분인 경우 '월소정근로시간수'는 몇시간인가요?

저희 회사는 하루에 6시간 40분씩 월요일~토요일까지 근무를 합니다. 이런 경우 '월소정근로시간수(월통상임금산정기준시간수)'는 몇시간으로 해야 하나요?

A '월소정근로시간수'는 203시간으로, 203시간으로 하여도 209시간보다 적어 근로자에게 유리하므로 법위반은 아닙니다.

소정근로시간이라 함은 단체협약이나 취업규칙 또는 회사규정(사규), 근로계약 당사자간의 합의 등 합리적인 방법에 의하여 정해진 시간을 의미하는 것으로 위에서 언급한 바와 같이 1일 6시간 40분을 기준으로 영 제6조 "통상임금"에 정한 바에 따라 [{주40시간+주휴일 : 6시간 40분=소정기준시간)×년간 주일수 : 52주}+잔여일수 1일에 대한 소정기준근로시간 : 6시간 40분]÷년간월수 12개월로 산정한 '월소정근로시간수(월통상임금산정기준시간수)'는 203시간입니다.

이 사례에서는 1일 소정근로시간이 6시간 40분이므로 주휴수당도 6시간 40분에 해당하는 금액으로 산정해야 하는 점을 유의해야 합니다(근로기준과-4615, 2005.09.07.).

주40시간제가 적용되는 사업장은 '월소정근로시간수(월통상임금산정기준시간수)'는 달리 정하는 바가 없다면 209시간으로 보는 것이 일반적인데, 만약 노사가 합의하여 '월소정근로시간수(월통상임금산정기준시간수)'를 200시간 또는 190시간

으로 하여도 이는 근로자의 통상임금을 인상시키는 효과가 있어 근로자에게 불리하지 않으므로 법위반으로 볼 수 없습니다.

Q 주40시간제에서 토요일 휴무를 하는 경우 '월소정근로시간수'를 산정할 때 토요일 휴무일은 제외하는 건가요?

저희 회사는 주40시간제인데요, 토요일에 휴무를 합니다. '월소정근로시간수(월통상임금산정기준시간수)'를 산정하려고 하는데 토요일 휴무일은 제외해야 하는 건가요?

A 별도의 약정이 없다면 휴무일로서 '월통상임금산정기준시간'에 포함되지 않습니다.

주40시간제를 도입하면서 주5일 근무를 노사간에 합의하였고, 쉬는 토요일에 대해서 별도의 약정이 없었다면 이는 원칙적으로 휴무일로서 '월통상임금산정기준시간'에 포함되지 않습니다. 또한 쉬는 토요일을 무급으로 명시했을 경우에도 '월통상임금산정기준시간'에 포함되지 않습니다. 단, 쉬는 토요일을 유급으로 정한 경우에는 유급처리되는 시간을 '월통상임금산정기준시간'에 포함하여야 할 것입니다(근로기준과-2170, 2005.04.15.).

※ 월~금(5일) 8시간근무, 토 휴무일, 일 유급인 경우 월소정근로시간수(40+8)시간/7일×365일/12월 ≒ 209시간(근기 68207-865, 1994.05.27.)

Q 주5일제에서 토요일을 유급처리하는 경우 '월 통상시급 산정기준시간수'는?

저희 회사는 조만간 주5일제를 실시하게 되는데, 토요일은 유급으로 한다고 합니다. 그래서 '월통상시급산정기준시간수'를 몇 시간으로 해야 하는지에 관하여 논쟁이 벌어지고 있습니다. 저희 회사의 경우 '월통상시급산정기준시간수'는 몇시간으로 하는 것이 맞나요?

A ‘월통상시급산정기준시간수’는 243시간입니다.

근로기준법시행령 제6조제2항제3호에는 ‘주의 통상임금산정기준시간수’를 ‘법 제20조의 규정에 의한 주의 소정근로시간과 소정근로시간 외의 유급처리되는 시간을 합산한 시간’으로 규정하고 있고, 제4호에는「월급금액으로 정하여진 임금에 대하여는 그 금액을 월의 통상임금산정기준시간수(주의 통상임금 산정기준시간에 1년간의 평균 주 수를 곱한 시간을 12로 나눈 시간)」로 나눈 금액으로 규정하고 있습니다.

1주 40시간제를 실시하는 사업장에서 근로제공의무가 없는 토요일 8시간을 유급처리하는 경우에 월급금액을 시간급금액으로 계산할 때 ‘월통상시급산정기준시간수’는 243시간으로 하면 되고, 토요일이 무급인 경우에는 ‘월통상시급산정기준시간수’는 209시간으로 하면 됩니다. 계산 산식은 다음과 같습니다.

① **주5일제에서 토요일이 유급인 경우** : (주40시간+주휴8시간+토요일8시간)×52주+8시간÷12개월=243시간

② **주5일제에서 토요일이 무급인 경우** : (주40시간+주휴8시간)×52주+8시간÷12개월=209시간

③ **주44시간제의 경우** : (주44시간+주휴8시간)×52주+8시간÷12개월=226시간

이와는 달리 노사간에 단체협약으로 월 240시간(8시간×30일)으로 정하는 것도 근로자에게 불리하지 아니하므로 무방하다 할 것입니다(근로기준과-2883, 2004. 06.11.).

연장·휴일·야간근로시간

1. 연장·휴일·야간근로의 개념

가. 연장근로의 개념과 연장근로의 제한규정

연장근로라 함은 근로기준법상 법정근로시간을 초과하는 근로를 말하는 것으로, 1주 40시간을 초과하거나 1일 8시간을 초과하는 근로시간을 말합니다. 이것은 1일 8시간을 초과하면 1주 40시간을 초과하지 않더라도 연장근로에 해당하고 1일 8시간을 초과하지 않더라도 1주 40시간을 초과하면 연장근로에 해당한다는 것을 의미합니다.

연장근로는 1주 12시간의 한도내에서 당사자의 '합의'에 의해 가능하다는 제한규정(근로기준법 제53조)을 두고 있고 있을 뿐만 아니라 이외에도 임신중인 여성근로자에 대하여는 연장근로를 시키지 못한다는 규정(동법 제74조제5항), 출산후 1년이 경과되지 아니한 여성근로자는 1일 2시간, 1주 6시간, 1년에 150시간을 초과하는 시간외근로를 시키지 못한다는 규정(동법 제71조), 연소자(15세이상 18세미만)의 경우 1일 1시간, 1주 6시간을 한도는 연장근로를 시킬 수 있다는 규정(동법 제69조)을 두고 있습니다.

나. 휴일근로의 개념과 휴일근로의 제한규정

휴일근로라 함은 근로기준법 제55조의 주휴일과 취업규칙, 단체협약 등에 유급으로 정한 휴일에 하는 근로를 말하는 것으로, 대법원 판례도 근로기준법 제56조에 따라 휴일근로수당으로 통상임금의 100분의 50 이상을 가산하여 지급하여야 하는 휴일근로는, 동조가 '제55조의 규정에 의한 휴일근로'라고 규정하지 아니하고 '휴일근로'라고만 규정하고 있는 점, 연장시간근로 및 야간근로와 함께 휴일근로를 규정하고 있는 점 등의 취지로 미루어 볼 때, 단순히 근로기준법 제55조 소정의 주휴일제도의 원칙을 유지하기 위한 것만이 아니라, 주휴일이 아닌 법정공휴일이라도 사용자의 필요에 따라 부득이 근로를 하게 된 경우에는 근로자가 근로할 의무가 있는 날에 근로를 한 경우보다는 더 큰 대가가 지급되어야 보상된다는 점을 고려한 것이라고 해석되므로, 동법 제55조 소정의 주휴일근로뿐만 아니라 단체협약이나 취업규칙에 의하여 휴일로 정하여진 법정공휴일 등의 근로도 가리키는 것이라고 보는 것이 상당하다(대법 90다14089, 1991.05.14.)고 보고 있습니다.

근로기준법 제70조는 18세 이상의 여성을 휴일에 근로시키기 위해서는 그 근로자의 동의를 받도록 하고 있고, 임산부는 휴일에 근로를 시키지 못하도록 원칙을 정하고 예외적으로 산후 1년이 지나지 아니한 여성의 동의가 있는 경우와 임신중의 여성이 명시적으로 청구하는 경우로서 고용노동부장관의 인가를 받은 경우에만 휴일근로를 시킬 수 있다고 제한규정을 두고 있으며, 18세 미만자의 경우는 동의를 받은 경우에 휴일근로를 시킬 수 있다고 규정하고 있습니다.

다. 야간근로의 개념과 야간근로의 제한규정

야간근로라 함은 오후 10시부터 오전 6시까지의 시간에 근로하는 것을 말하는 것으로, 이 시간에 근로한 경우 법정근로시간 또는 소정근로시간 이내의 근로라 하더라도 반드시 가산임금(통상임금이 100분의 50이상)이 지급되어야 합니다.

근로기준법 제70조는 18세 이상의 여성을 야간에 근로시키기 위해서는 그 근로자의 동의를 받도록 하고 있고, 임산부는 야간에 근로를 시키지 못하도록 원칙을 정하고 예외적으로 산후 1년이 지나지 아니한 여성의 동의가 있는 경우와 임신중의 여성이 명시적으로 청구하는 경우로서 고용노동부장관의 인가를 받은 경우에만 야간근로를 시킬 수 있다고 제한규정을 두고 있으며, 18세 미만자의 경우는 동의를 받은 경우에 야간근로를 시킬 수 있다고 제한규정을 두고 있습니다.

※ '합의(合意)'와 '동의(同意)'의 차이점

근로기준법 제53조와 제69조는 연장근로는 당사자간의 합의가 필요하다고 규정하고 있고, 동법 제70조는 야간근로와 휴일근로의 경우 근로자의 동의를 받아야 한다고 규정하고 있는데, 합의와 동의는 어떤 차이점이 있는지에 대하여 살펴 볼 필요가 있을 것입니다.

합의는 '서로 다른 둘 이상의 의사표시 주체 사이의 의사가 내용에 있어 완전히 합치하는 것'을 의미하고, 동의는 '타인의 법률행위에 대하여 허락 또는 인정하는 당사자 일방의 의사표시'를 의미합니다.

합의는 전체 근로자의 근로조건에 영향을 미치는 사항에 대한 의견조율절차이고, 동의는 개별 근로자의 근로조건에 관한 사항에 대한 개인적인 의사표시의 표명절차라고 보면 될 것입니다. 따라서 합의는 전체 근로자의 근로조건에 영향을 미치는 사항이기 때문에 단체협약이나 취업규칙 등에 의해 근로자 대표와 사용자간의 집단적인 합의가 가능(대법 93누5796)하지만, 동의는 개별 근로자의 근로조건에 영향을 미치는 사항이기 때문에 집단적인 동의는 사실상 불가능하고 개별적인 동의가 있어야 합니다.

2. 연장·휴일·야간근로의 가산임금

가. 연장·휴일·야간근로에 대한 가산임금의 법적 근거

근로기준법 제56조는 연장·야간·휴일근로에 대하여 통상임금이 100분의 50이상을 가산한 가산임금을 지급해야 한다고 규정하고 있습니다.

나. 근로시간·휴일 적용제외사업의 가산임금 지급여부

근로기준법 제63조에 의해 근로시간과 휴게, 휴일에 관한 규정이 적용되지 않는 농림사업, 축산·양잠·수산사업, 감시적·단속적 근로자로 고용노동부장관의 승인을 받은 경우에는 연장근로와 휴일근로에 대한 가산임금을 지급하지 않아도 되지만 야간근로에 대하여는 가산임금을 반드시 지급해야 하며, 소정근로시간 이내의 근로인 경우에도 야간근로일 경우에는 가산임금을 지급해야 합니다.

'소정근로시간 이내의 근로'라 함은 일반근로자의 근로시간은 8시간이지만 야간근무자는 밤12시부터 새벽6시까지 6시간만 근로하는 경우처럼 1일 근로시간이 소정근로시간인 8시간 미만인 경우를 말하는 것으로, 이런 경우에도 6시간에 대하여는 야간근로가산수당을 추가로 지급해야 한다는 것을 의미합니다.

다. 연장·휴일·야간근로가 중복되는 경우 가산임금 지급방법

행정해석 변경전에는 유급휴일에 1일기준 근로시간을 초과근로한 경우 당해 근로에 대한 대가 100%와 시간외 근로에 대한 할증 50% 합계 150%를 지급(야간근로시 야간근로수당 50% 추가지급)하였으나, 행정해석 변경후에는 유급휴일에 1일기준 근로시간을 초과근로한 경우 당해 근로에 대한 대가 100%와 시간외 근로에 대한 할증 50% 및 휴일근로수당 50% 합계 200%를 지급(야간근로시 야간근로수당 50%추가지급)하도록 하고 있습니다.

즉, 변경전에는 유급휴일에 1일 기준근로시간(8시간)을 초과하여 근로한 경우 휴일근로수당 50%를 지급하지 않았으나, 변경후에는 1일 기준근로시간(8시간) 초과근로에 대해서도 휴일근로수당 50%를 지급하도록 하였다는 것입니다(근기 01254-1099, 1993.05.31.).

연장·휴일·야간근로가 중복되는 경우 연장근로가산수당과 휴일근로가산수당, 야간근로가산수당 모두를 중첩적으로 지급해야 한다는 점을 유의해야 합니다(대법 90다6545 참조).

1993.5.31. 행정해석이 입장을 변경한 것은 1991.3.22. 대법원 판례(90다6545)의 영향을 받은 것으로 대법원은 다음과 같은 논거로 근로기준법 제56조를 해석하였습니다.

시간외 근로수당과 휴일근로수당의 액수를 산정함에 있어 시간외 근로수당으로서 정상 근로일수와 휴일 근로일수를 통한 모든 시간외 근로시간에 대해 시간급 통상임금의 150%를 산정하고, 휴일근로수당으로서 휴일의 소정 근로 8시간에 대한 시간급 통상임금의 150%에다가 휴일 겸 시간외 근로시간에 대한 시간급 통상임금의 50%를 다시 할증가산하는 방식으로 계산하였는 바, 휴일근로나 시간외 근로가 중복되는 경우에 있어서는 각각 소정의 가산임금이 지급되어야 하는 것은 소론과 같지만 위와 같은 계산방식은 휴일근로와 시간외 근로가 중복되는 부분에 대하여 휴일근로에 대한 가산임금과 시간외 근로에 대한 가산임금을 각각 가산하여 산정한 것임이 명백하므로 구 근로기준법 제46조(현 56조)에 관한 법리오해의 위법이 있다 할 수 없다(대법 90다6545, 1991.03.22.)라고 판시하였습니다.

3. 연장근로와 휴일근로, 야간근로의 관계

연장근로와 야간근로의 관계, 휴일근로와 야간근로의 관계는 논란의 여지없이 연장근로와 휴일근로와는 무관하게 야간근로에 대하여는 반드시 야간근로가산수당을 별도로 지급하여야 한다는데 이견이 없습니다. 하지만 연장근로와 휴일근로의 관계에 있어 휴일근로와 연장근로가 중복되는 유급주휴일의 경우에는 견해가 나뉩니다.

가. 휴일근로와 연장근로의 관계

휴일근로와 연장근로의 관계에 있어서 논점은 휴일근로시간을 별도의 연장근로시간으로도 볼 수 있어 중첩적으로 인정되는 것인지, 아니면 휴일근로시간과 연장근로시간은 양립할 수 없는 별개의 문제인지에 대한 것으로, 전자는 긍정설, 후자는 부정설로 그 논거는 다음과 같습니다.

(1) 긍정설

근로기준법 제50조제1항은 '1주간의 근로시간은 휴게시간을 제외하고 40시간을 초과할 수 없다'라고 규정하고 있고, 동법 제53조제1항은 '당사자간에 합의하면 1

주간에 12시간을 한도로 제50조의 근로시간을 연장할 수 있다'라고 규정하고 있으며, 제56조는 '연장근로에 대하여는 통상임금의 100분의 50 이상을 가산하여 지급하여야 한다'라고 규정하고 있는 바, 근로기준법은 휴일근로시간을 연장근로시간에서 제외한다는 규정을 두고 있지 아니하고, 연장근로와 휴일근로는 그 입법취지를 각각 달리하고 있으며, 동법 제53조제1항의 '1주간에 12시간을 한도로 40시간(법 제50조)을 연장할 수 있다'는 명문규정의 해석상 1주 40시간을 초과하는 시간은 연장근로시간임을 쉽게 알 수 있으므로, 주휴일에 근무하는 시간을 주40시간을 초과하는 연장근로시간으로 보아 휴일근로수당외에 추가로 연장근로수당을 지급해야 한다는 견해입니다. 긍정설은 다수의 판례가 지지하는 견해입니다(서울고법 2009나74153, 대구지법서부지원 2010가합1143, 수원지법안양지원 2009가합4317, 2010가합4900·2011가단24614, 대구지법김천지원 2010가단24614)

(2) 부정설

근로기준법 제50조제1항은 '1주간의 근로시간은 휴게시간을 제외하고 40시간을 초과할 수 없다'라고 규정하고 있고, 동법 제55조에서는 1일의 유급주휴일을 규정하고 있는 바, 근로기준법상 1주는 '근로일'과 '주휴일'로 구성되어 있는 것이고 40시간을 초과할 수 없는 1주간은 1주의 구성요소 중 '근로일'에 한정되는 것이라는 견해입니다. 즉, '1주간 40시간'이란 '주휴일'을 제외한 '근로일'만을 대상으로 하는 시간수이고, 동법 제53조의 연장근로시간은 휴일을 제외한 근로일에 대한 연장근로의 상한을 규정하고 있는 것이므로 휴일근로수당외에 별도의 연장근로수당을 지급할 필요는 없는 견해입니다.

행정해석(근기 68207-2855, 2000.09.19.)도 부정설의 입장으로, 근로기준법 제50조의 규정에 의한 1주 40시간, 1일 8시간의 근로시간한도는 원칙적으로 1주간 또는 1일의 법정기준 근로시간을 의미하는 것으로, 동법 제53조의 "1주간에 12시간을 한도로 제50조의 근로시간을 연장할 수 있다"는 규정에서의 연장근로시간에는 휴일근로시간이 포함되지 아니하므로 1주 6일 근무체제 하에서 일요일을 근로기준법 제55조의 휴일로 규정하였고 월요일부터 토요일까지 10시간 연장근로를 하고 주휴일인 일요일에 9시간 근로를 하였다면 근로기준법 위반문제는 발생하지 않는다고 하여 휴일근로는 연장근로와 별개의 문제라고 보고 있습니다.

부정설에 대하여 부연설명을 하자면, 동법 제50조제1항은 '1주간의 근로시간은 주휴일과 휴게시간을 제외하고 40시간을 초과할 수 없다'라고 규정하는 것이 정확한 표현이지만, 동법 제55조에서 주휴일에 대하여 별도로 규정하고 있을 뿐만 아니라 동법 제56조에서는 연장근로와 더불어 휴일근로에 대한 가산임금규정도 별도로 각각 규정하고 있어 그 제도적 취지가 다른 것임을 분명히 하였기 때문에 동법 제50조제1항에서 '주휴일'이라는 문구를 넣지 않은 것일 뿐 입법자는 휴일근로시간과 연장근로시간은 양립할 수 없는 별개의 제도라는 점을 이미 법규정을 통해 충분히 그 의도를 밝혔으므로 휴일근로수당외에 별도의 연장근로수당을 지급할 필요는 없다는 것이 부정설의 입장입니다.

4. 법내연장근로와 연장근로의 한도

가. 법내연장근로

법내연장근로라 함은 법정근로시간과 소정근로시간이 일치하지 않는 사업장에서 소정근로시간은 초과하지만 법정근로시간은 초과하지 않는 범위내에서 근로하는 시간을 말합니다. 예를 들어 1주 소정근로시간이 35시간인 사업장에서 5시간을 초과하여 1주 40시간을 근로한 경우 이 5시간의 연장근로를 법내연장근로하고 하는 것입니다.

근로기준법은 1일 8시간, 1주 40시간을 초과하는 경우에만 연장근로가산수당을 지급하도록 규정하고 있으므로, 법내연장근로는 법상 연장근로로 보지 않기 때문에 연장근로가산수당 또한 지급할 필요가 없습니다.

근로기준법 제56조에 규정한 시간외 근로라 함은 동법 제50조의 1일 8시간, 동법 제69조의 1일 7시간, 산업안전보건법 제46조의 1일 6시간을 초과하여 연장된 시간의 근로를 말하는 것으로 위 시간 이내에서 소정근로시간보다 연장된 근로시간에 대하여는 동법 제56조에서 정한 시간외 근로수당을 지급치 아니하여도 무방할 것입니다(근기 01254-3951, 1989.03.14.).

판례(대법 94다18553, 1995.06.29.)도 토요일을 제외한 평일의 근무시간이 1시간 단축되어 7시간인 동절기에 있어서의 초과근로시간에 평일의 7시간을 초과한 근무시간 부분이 포함되어 있는 경우, 그 중 1일 8시간, 1주 40시간을 초과하지 않는 부분은 같은 법 제50조 소정의 법정기준근로시간 범위 내의 근로시간이므로, 이 부분의 근로는 이른바 법내초과근로에 유사하여 할증임금이 지급되는 같은 법 제56조 소정의 시간외근로에는 해당하지 않고, 따라서 취업규칙 등에서 법내초과근로 등에 대하여도 같은 법 제56조 소정의 할증임금을 지급하도록 특별히 규정하지 아니한 이상 이 부분 근로에 대하여는 할증임금을 지급할 필요가 없다는 입장입니다.

※ **예외적 법규정(기·단·법 제6조제3항)** : 단시간근로자에 대하여 소정근로시간을 초과하여 근로하게 한 경우 가산임금을 지급하도록 강제하고 있는데, 이는 법내연장근로에 대하여도 가산임금을 지급하다록 한 규정으로 해석되므로 유의해야 한다.

나. 연장근로의 한도

(1) 1일 연장근로의 한도

1일 연장근로의 한도에 대하여는 근로기준법 제69조에서 연소자의 경우 당사자간 합의하면 1일 1시간을 한도로 연장할 수 있다고 규정하고 있고, 동법 71조는 산후 1년이 경과하지 아니한 여성의 경우 1일 2시간을 초과하는 시간외 근로를 시키지 못한다고 규정하고 있습니다.

성인근로자의 연장근로한도를 규정하고 있는 근로기준법 제53조는 당사자간 합의하면 1주 12시간을 한도로 연장할 수 있다라고 규정하고 있을 뿐 1일 연장근로의 한도에 대하여는 규정하고 있지 않으므로, 1일 연장근로의 한도는 없는 것으로 볼 수 있을 것입니다.

판례와 행정해석(근기 01254-13641, 1990.09.27.)도 근로기준법 제53조는 1일 연장근로한도시간을 규정하지 않고 있으므로 노사합의만 있다면 1주일에 12시간을 넘지 않는 범위 내에서 1일 2시간을 초과하여 연장근로를 하더라도 근로기준법에 위반되지 않는다는 입장입니다(대법 96다29892, 1997.07.25.).

따라서 순수한 법해석에 의하면 1주간의 연장근로가 12시간을 초과하지 않으면 되므로 1일 12시간까지도 연장근로를 시킬 수 있다는 해석이 가능해집니다. 1주간에 오직 1일만 연장근로를 시킬 경우에는 1일 연장근로한도규정이 없으므로 연장근로를 12시간까지도 시킬 수 있다는 논리입니다(근기 01254-1135).

(2) 1주 연장근로의 한도

근로기준법 제53조는 당사자간 합의하면 1주 12시간을 한도로 연장할 수 있다고 규정하고 있고, 동법 제69조는 연소자의 경우 당사자간 합의하면 1주 6시간을 한도로 연장할 수 있다고 규정하고 있으며, 동법 71조는 산후 1년이 경과하지 아니한 여성의 경우 1주 6시간을 초과하는 시간외 근로를 시키지 못한다고 규정하고 있습니다.

(3) 특별한 사정이 있는 경우 1주 12시간 한도를 초과할 수 있는지 여부

근로기준법 제53조제3항은 '사용자는 특별한 사정이 있으면 고용노동부장관의 인가와 근로자의 동의를 받아 제1항과 제2항의 근로시간을 연장할 수 있다. 다만, 사태가 급박하여 고용노동부장관의 인가를 받을 시간이 없는 경우에는 사후에 지체 없이 승인을 받아야 한다'라고 규정하고 있어 고용노동부장관의 인가와 근로자의 동의를 받으면 1주 12시간의 연장근로를 초과하는 연장근로를 시킬 수 있다고 명시하고 있습니다.

동법 동조 제4항은 고용노동부장관은 제3항에 따른 근로시간의 연장이 부적당하다고 인정하면 그 후 연장시간에 상당하는 휴게시간이나 휴일을 줄 것을 명할 수 있다라고 하여 12시간을 초과는 연장근로에 대하여는 일정한 제한을 두고 있습니다.

위 제3항의 '특별한 사정'이란 사업장에 재난관리법상의 재난 또는 이에 준하는 사고가 발생하여 연장근로가 불가피한 경우를 말하는 것으로, 전체 근로자들의 근로조건에 관한 사항이 아니므로 노동조합이나 근로자대표와의 '합의'만으로는 12시간 연장근로를 초과하는 연장근로를 시킬 수 없고 근로자 개개인의 '동의'를 얻어야 가능할 것입니다.

5. 연장근로의 사전합의

가. 연장근로에 관한 합의의 방식

① **연장근로에 관한 합의의 원칙** : 근로기준법 제53조제1항은 8시간근로제에 따른 기준근로시간을 규정하면서 아울러 8시간근로제에 대한 예외의 하나로 당사자의 합의에 의한 연장근로를 허용하고 있는바, 여기서 당사자간의 합의라 함은 원칙적으로 사용자와 근로자와의 개별적 합의를 의미합니다(대법 93누5796).

② **합의의 예외적 방식** : 개별 근로자와의 연장근로에 관한 합의는 근로계약 등으로 미리 약정하는 것도 가능하고, 개별 근로자의 연장근로에 관한 합의권을 박탈하거나 제한하지 아니하는 범위에서는 단체협약에 의한 합의도 가능합니다(대법 94다19288, 대법 93누5796).

따라서 개별 근로자의 연장근로에 관한 합의권을 박탈하거나 제한하지 않는다면 취업규칙에 연장근로에 대한 사전합의사항을 명시하는 것도 가능할 것입니다.

③ **연장근로를 할 때마다 합의를 해야 하는지** : 개별 근로자와의 연장근로에 관한 합의는 연장근로를 할 때마다 그때그때 할 필요는 없고 근로계약, 취업규칙, 단체협약 등으로 미리 약정하는 것도 가능합니다(대법 98다54960).

나. 연장근로에 관한 합의의 효력

① **일정한 기간을 정하여 합의한 경우** : 연장근로에 관하여 합의한 기간 중에는 동 합의가 그 효력을 유지하고, 기간이 만료되면 다시 연장근로에 관한 합의를 해야 할 것입니다.

② **특별히 기간을 정하지 아니한 경우** : 기간의 정함이 없는 근로계약 등으로 연장근로에 관한 합의를 함에 있어 특별히 기간을 정하지 아니한 경우에는 매년 당사자가 근로계약 등을 새로이 갱신하여야 하는 것은 아니므로 근로자가 위 근로계약을 해지하지 아니한 이상 연장근로에 관한 합의의 효력은 그대로 유효하다고 보아야 합니다(대법 94다19228, 1995.02.10.).

③ **연장근로에 대한 근로자의 예견가능성 보장** : 연장근로는 근로자의 건강에 위

협이 되고 생활의 불안정을 증가시키는 것이므로 이를 엄격히 해석할 필요가 있고 연장근로가 원래 업무상의 예측하기 어려운 수요 등에 대응하기 위하여 예외적으로 인정된 것임을 고려하면, 근로자의 합의권을 실질적으로 보장하기 위해서는 연장근로에 대한 근로자의 예견가능성이 보장되어야 할 것인데, 근로자가 연장근로를 예측할 수 없을 정도라면 근로기준법의 정신에 반하여 개별근로자의 연장근로에 대한 합의권을 박탈한 것으로 봄이 상당합니다(서울지법 2008가합7066, 2009. 01.21.). 따라서 연장근로에 대한 근로자의 예견가능성이 보장되지 않는다면 그 합의(연장근로에 관한 합의)는 무효로 보아야 할 것입니다.

다. 연장근로에 관한 합의사항을 위반할 경우 법적 효과

① **채무불이행책임(계약위반에 대한 책임)** : 단체협약, 취업규칙, 근로계약으로 정한 바에 따라 노사 당사자가 연장근로시간을 구체적으로 정하여 합의한 후 근로자가 정당한 사유없이 개별적 또는 집단적으로 동 연장근로를 거부하는 경우에는 사용자에 대한 계약을 위반한 것이므로, 채무불이행책임을 져야 합니다(근기 01254-450, 1990.01.12.). 즉 사용자가 위 계약(연장근로에 관한 합의)을 근거로 근로자에게 채무불이행에 의한 손해배상청구를 할 수도 있다는 것입니다.

② **징계처분** : 근로자가 정당한 사유없이 합의사항을 거부하는 것은 정당한 지시 위반, 사내질서 문란 등 취업규칙과 단체협약상의 징계사유에 해당할 수 있으므로, 해당 근로자를 정하는 바에 따라 징계처분할 수도 있을 것입니다.

③ **형법상 업무방해죄 성립** : 연장근로가 당사자의 합의에 의하여 이루어진 경우 근로자들을 선동하여 통상적으로 해오던 연장근로를 집단적으로 거부하도록 함으로써 회사업무의 정상운영을 방해하였다면 이는 쟁의행위로 보아야 하고, 쟁의행위는 근로자가 소극적으로 노무제공을 거부하거나 정지하는 행위만이 아니라 적극적으로 그 주장을 관철하기 위하여 업무의 정상적인 운영을 저해하는 행위까지 포함하는 것이므로, 쟁의행위의 본질상 사용자의 정상업무가 저해되는 경우가 있음은 부득이한 것으로서 사용자는 이를 수인할 의무가 있으나, 이러한 근로자의 쟁의행위가 정당성의 한계를 벗어날 때에는 근로자는 업무방해죄 등 형사상 책임을 면

할 수 없습니다(대법 95도2970, 1996.02.27.).

④ '노동조합및노동관계조정법' 제41조제1항 위반 : 통상적인 연장근로의 집단적 거부는 쟁의행위이므로 위 법을 준수하여 쟁의행위를 해야 함에도 이를 위반하였다면 '노동조합및노동관계조정법' 제41조제1항을 위반한 것이 됩니다.

라. 노동조합과 합의없이 개별 조합원의 동의만으로 연장근로를 실시한 경우

① 사안 : 단체협약에 "전사 또는 점별로 연장근무를 할 필요가 있을 경우 조합과 합의하여 실시한다"라는 규정이 있음에도 개별 조합원의 동의만을 받고 연장근무를 실시한 사안으로, 법적 문제에 대하여 살펴보겠습니다.

② '노동조합및노동관계조정법' 제92조제2호 위반 : 사용자가 단체협약 규정의 이행과 관련하여 노동조합과 합의하지 아니하고 개별 조합원과의 동의에 의하여 전 사업장 또는 점포별로 연장근무를 실시한 경우 이와 같은 합의과정에서 노동조합의 권리남용 등 달리 볼 사정이 없는 한 단체협약을 위반한 사실이 인정됩니다. 연장근로시간과 그 실시절차에 관한 사항은 '노동조합및노동관계조정법' 제92조제2호 소정의 "근로 및 휴게시간, 휴일, 휴가에 관한 사항"에 해당한다고 봄이 타당하므로, 동법 제92조에 의해 1천만원 이하의 벌금에 처해질 수 있습니다.

※ 관련사례 : 근로기준법 제53조제3항과 동법 제59조의 차이점

(1) 근로기준법 제53조제3항과 동법 제59조의 규정

근로기준법 제53조제3항은 사용자는 특별한 사정이 있으면 고용노동부장관의 인가와 근로자의 동의를 받아 1주 12시간의 연장근로를 연장할 수 있다라고 규정하고 있고, 동법 제59조는 운수업,금융보험업,영화제작,교육조사사업,광고업,접객업 등의 사업에 대하여 사용자가 근로자대표와 서면 합의를 한 경우에는 1주(週) 12시간의 연장근로를 초과하여 연장근로를 하게 할 수 있다고 규정하고 있습니다.

(2) 근로기준법 제53조제3항과 동법 제59조의 차이

근로기준법 제53조제3항은 근로자의 '동의'를 받도록 하고 있으나, 동법 제59조는 근로자대표와의 서면'합의'를 하도록 규정하고 있습니다.

(3) '동의'와 '합의'라는 다른 규정을 둔 이유

근로기준법 제53조제3항은 특별한 사정이 있는 경우이므로 개별 근로자가 연장근로를 할 것인지를 판단해야 하는 개별 근로조건에 관한 사항이기 때문에 개별 근로자의 동의를 받도록 규정한 것이고, 동법 제59조는 전체 업종의 연장근로(12시간의 연장근로를 초과하는 연장근로)를 허용할 것인지를 결정해야 하는 전체 근로조건에 관한 사항이기 때문에 근로자대표와 서면합의를 하도록 규정한 것입니다.

Q **[30인 미만의 영세사업장에도 2021.7.1.부터 곧바로 적용되는지]**
근로시간을 축소하는 개정법이 2018.2.27. 통과되어 2021.7. 1.부터는 연장근로를 일요일까지 포함하여 12시간 이상을 시킬 수 없다던데 유예기간은 없나요?

A **근로기준법 제53조제3항을 신설하여 30인 미만의 사업장은 근로자 대표와의 서면합의에 의해 연장근로 12시간을 초과하여 추가로 8시간의 범위 내에서 연장근로를 시킬 수 있도록 하고 있습니다.**

① 근로기준법 제53조제3항 신설조항 : 개정법은 법 제53조제3항을 신설하여 30인 미만의 사업장은 근로자 대표와의 서면합의에 의해 연장근로 12시간을 초과하여 추가로 8시간 범위 내에서 연장근로가 가능하도록 규정하고 있습니다.

② 1년 6개월의 유예기간 : 5인 이상~50인 미만의 사업장은 2021.7.1.부터 근로시간 축소(1주 연장근로 12시간 제한)조항이 적용됩니다. 이에 50인 미만의 사업장 중에서 30미만의 사업장은 2021.7.1.부터 곧바로 적용되지 않고 1년 6개월 유예기간을 두어 2023.1.1.부터 적용됩니다.

Q 지각출근, 파업으로 법정근로시간(8시간) 미달시 종업시간 이후의 근로를 연장근로로 보아야 하는지요?

저는 인사총무팀 소속인데요, 저희 회사는 08:00~17:00까지 근무가 원칙이고 17:00이후의 근로에 대하여는 연장수당을 지급하고 있어요. 한 직원이 11:00에 출근(3시간 지각)하여 19:00까지 근무를 했다면 이 날 총근무시간은 점심시간을 제외하고 7시간 인데, 17:00이후 2시간에 대하여 연장근로로 보아야 하는지요?

A 시업·종업시간이 정해져 있다면 지각출근으로 8시간 미만의 근무를 했더라도 종업시간 이후의 근로는 연장근로로 보아야 합니다. 하지만 적법한 부분파업으로 8시간 미만 근무시는 연장근로로 보지 않습니다.

① **쟁점** : 이 사안의 쟁점은 근로의 시업시간과 종업시간이 정해져있는 사업장에서 지각을 한 근로자가 종업시간 이후까지 근로를 했음에도 법정근로시간 8시간 미만인 경우 종업시간이후의 근로를 연장근로로 보아야 하는지, 지각으로 인하여 근무하지 못한 시간에 대한 임금을 제하는 것은 별론으로 하고 별도의 연장근로수당을 지급해야 하는지입니다.

② **행정해석의 입장** : 근로기준법 제56조는 법정근로시간을 초과하여 근로하는 경우 그 초과된 근로시간에 대하여 연장근로수당을 지급하여야 한다고 규정하고 있는 바, 시업시간이 정해져 있음에도 근로자가 이를 준수하지 않고 지각을 하는 경우, 당사자간에 당일의 시업 및 종업시간을 변경하지 않았다면 회사의 입장에서는 지각으로 인하여 근로를 제공하지 못한 시간에 대한 임금을 공제할 수 있고, 또한 단체협약이나 취입규칙 등에서 규정한 바에 따라 근무성적 불량 등에 대한 제재조치를 취할 수는 있음은 별론으로 하고 종업시간 이후에 근로한 시간에 대하여는 연장근로수당을 지급하여야 한다는 것이 고용노동부 행정해석의 입장입니다(근기 68207-3181, 2000.10.13.).

③ **관련사례** : 근무시간을 1일 9시간(08:00~18:00)로 정하고 17시부터 18시까지 근무한 시간에 대해서는 고정연장근로수당으로 2시간(실 근로 분 1시간+추가분 1시간)을 지급하기로 합의한 사업장에서 노동조합이 13시부터 17시까지 4시간 부

분 파업을 실시한 후 17:00부터 18시까지는 정상 조업을 실시함으로써 연장근로 1시간을 포함하여 시업·종업시각을 정한 경우에도 근로시간 도중에 부분파업으로 인하여 실근로시간이 법정근로시간을 초과하지 않는다면 17:00~18:00 사이의 근로 또는 18:00 이후의 근로에 대하여 동법 제56조에 의한 연장근로가산임금을 지급할 의무는 없다고 하여 위 지각출근으로 인한 경우와는 외형적으로 상반되는 입장의 행정해석(근기 68207-2776, 2002.08.21.)이 있습니다.

④ **사견** : 본 사안은 지각출근과 부분파업으로 인하여 실근로시간이 법정근로시간을 초과하지 않은 경우 종업시간 이후의 근로를 연장근로로 보아야 하는지에 대한 문제로, 두 사례가 유사한 것 같지만 상세히 살펴보면 개별적 제재(징계)의 가능 여부와 관련하여서는 미세한 차이점이 있는 바, 지각출근이나 부분파업 모두 그에 상응하는 시간에 대하여 임금을 공제할 수 있다는 것은 공통된 문제이지만 개별적으로 제재(징계)를 할 수 있는지에 대하여는 분명한 차이가 있습니다.

지각출근의 경우에는 근무성적 불량 등으로 취업규칙 등을 근거로 징계를 할 수 있지만, 부분파업의 경우에는 파업을 이유로 징계를 할 수는 없으므로, 지각출근의 경우 지각시간에 대하여 임금을 공제하고 근무성적 불량을 이유로 징계를 함과 동시에 종업시간 이후의 근로에 대하여도 연장근로로 보지 않아 연장근로가산수당도 지급하지 않는다면 이는 이중처벌의 문제가 야기될 여지가 충분하다고 보여집니다. 이런 차이 때문에 지각출근의 경우에는 종업시간 이후의 근로에 대하여 연장근로로 보아 가산임금을 지급하는 해석을 하고 있는 반면, 부분파업의 경우에는 종업시간 이후의 근로에 대하여도 연장근로로 보지 않아 가산임금을 지급하지 않아도 된다는 해석을 한 것이라 생각됩니다.

Q 주중 휴일 등으로 1주 총근로시간이 40시간 미만인 경우 연장근로로 보나요?

주중에 휴일이 있어서 토요일에 연장근로를 했는데도 주40시간이 되지 않는다고 토요일에 근무한 4시간은 연장근로가 아니라고 하네요. 회사측 얘기가 맞는 얘기인가요?

A 주중의 휴일은 실근로시간에 포함되지 아니하므로 주40시간을 초과하지 않는다면 토요일 근무한 4시간은 연장근로에 해당하지 않습니다.

월요일부터 금요일까지 8시간을 근로하는 주40시간 근무체제 하에서 토요일에 4시간을 근로하여 당해 1주간에 총 44시간을 근로하였다면, 1주 40시간을 초과하여 연장 근로한 4시간분에 대하여는 연장근로수당을 지급해야 하지만, 주중에 휴일 또는 휴가가 있어 근로를 제공하지 아니한 경우 그러한 휴일 또는 휴가기간은 실근로시간에 포함되지 아니하므로 특정주의 토요일에 4시간을 근로하였다고 하더라도 주중에 휴일 또는 휴가기간이 있어 당해 1주간의 총 근로시간이 40시간을 초과하지 않은 경우에는, 당해 토요일에 행해진 4시간 근로는 연장근로에 해당하지 않아 연장근로수당을 지급하지 않더라도 근로기준법 위반문제는 발생하지 않습니다(근기 68207-2990, 2000.09.28.).

Q 야간근무자가 주간에 예비군훈련을 받고 야간에 근무를 했다면 야간에 한 근로는 연장근로 아닌가요?

저는 야간근무자인데요, 예비군훈련이 나와서 하루 종일 예비군훈련을 받고 저녁때 회사에 출근을 했어요. 예비군훈련은 국가에서 주관하는 것이니까 유급일테고, 그렇다면 훈련시간도 準근로시간이라고 볼 수 있으니까 야간에 하는 근무시간은 연장근로로 봐야하는 것 아닌가요?

A 예비군훈련은 국민의 의무를 이행한 것으로 근로의 제공은 아니므로 야간에 근무했더라도 연장근로로 볼 수 없습니다.

야간근무자가 근로시간이 아닌 주간에 향토예비군의 훈련을 받은 것은 국민의 의무를 이행한 것으로 근로의 제공은 아닌 것인 바, 주간에 예비군훈련을 받고 야간에 근로를 하였다 하더라도 근로기준법 제56조에 의한 연장근로수당을 지급받을 수 없습니다(근기 1451-5497, 1983.03.03.).

Q 철야작업으로 다음날까지 근무를 한 경우 다음날 근로는 연장근로로 봐야 하는 것 아닌가요?

저희 회사는 바쁠 때는 철야작업을 할 때가 종종 있습니다. 이렇게 철야작업을 하고 잠시 쉬고 다음 날 근무를 계속할 때도 있습니다. 이럴 때는 다음 날 근로시간은 연장근로로 봐야 하는 것 아닌가요?

A 철야작업으로 익일까지 근무한 경우 다음날 시업시간까지는 연장근로로 보지만 다음날 시업시간 이후의 근로는 연장근로로 보지 않습니다.

① **쟁점** : 이 사안의 쟁점은 연장근로가 다음날까지 계속된 경우 익일의 근로시간을 연장근로로 볼 수 있는지의 문제로, 이 문제를 세분하여 다시 주간근무자와 야간근로자로 구분한 뒤 다음날 시업시간 전까지 근무를 했는지, 아니면 다음날 시업시간 이후에도 근무하여 종업시간까지 근무했는지 등을 검토해야 할 것입니다.

② **주간근무자가 다음날 09:00까지 근무한 경우** : 시업시간이 09:00이고 종업시간이 18:00인 사업장에서 철야작업을 하고 다음날 09:00까지 작업을 한 경우에는 18:00이후부터 다음날 09:00까지의 근로시간(휴게시간 제외)은 연장근로로 보아 가산임금(50%)을 지급해야 하고, 22:00~06:00까지는 야간근로수당을 별도로 지급해야 합니다. 근로기준법 제56조의 규정에 의한 연장시간근로가 역일을 달리하여 익일에 미치는 경우 취업규칙 등에 1일 근로시간에 대한 시업 및 종업시간이 규정이 있더라도 계속되는 연장근로는 1근무로 취급하여 시업시간이 속하는 날의 근로의 연속으로 보아야 합니다(근기 01254-20752, 1989.12.14.).

③ **주간근무자가 철야작업후 다음날 18:00까지 근무한 경우** : 주간근무자가 09:00부터 근로를 시작하여 철야작업을 하고 다음날에도 계속 근로하여 18:00까지 근무한 경우 다음날 09:00까지는 위 ②의 사안과 똑같고, 다만 다음날 09:00~18:00까지의 근로를 연장근로로 볼 것인지, 아니면 당초 근로제공 의무가 있는 소정근로로 볼 것인지가 문제되는데, 다음날 09:00~18:00까지의 근로는 당초 근로제공 의무가 있는 소정근로이므로 이를 전일의 근로의 연장으로는 볼 수 없다는 것이 행정해석(근기 68027-402, 2003.03.31.)의 입장입니다.

④ **주휴일에 근로를 개시하여 철야근무하고 그 익일의 기본소정근로시간을 마친 후에 퇴근한 경우** : 이 경우는 소정근로 시업시간 전까지의 근로가 연장근로뿐만 아니라 휴일근로에도 해당하느냐가 쟁점입니다. 그 익일의 소정근로 시업시각 전까지에 대하여는 전일(휴일)의 근로의 연장으로 보아 근로기준법 제56조에 의한 휴일근로수당(연장 및 야간근로에 해당되는 경우 동조에 의한 연장·야간근로수당은 각각 별도 산정)을 지급하여야 하며, 월요일 시업시각 이후의 근로는 이를 휴일근로와 연장근로로 볼 수 없다는 것이 행정해석(근기 68207-402, 2003.03.31.)입니다.

⑤ **야간근무자가 다음날 09:00까지 근무하고 주간근무자와 교대한 경우** : 22:00에 출근하여 다음날 07:00까지 근무하는 야간근무자가 09:00까지 근로를 했다면 07:00~09:00까지 2시간은 당연히 연장근로에 해당합니다. 야간근무자에게 22:00~06:00까지 야간근로수당을 지급해야 함은 당연합니다.

⑥ **야간근무자가 다음날 종업시간인 18:00까지 근무한 경우** : 야간근무자는 07:00가 종업시간임에도 18:00까지 근무를 한 것이므로 이 시간은 연장근로로 보아야 합니다.

⑦ **야간근무자가 다음날 24:00까지 근무한 경우** : 야간근무자의 소정근로 시업시간인 22:00까지는 연장근로로 보지만 소정근로의 시업시간 이후의 시간에 대하여는 연장근로로 보지 않습니다. 따라서 익일 시업시간인 22:00에서 24:00까지의 2시간은 연장근로로 보지 않는다는 것입니다.

Q 연장근로에 대하여 합의한 후, 일방적으로 연장근로를 거부하는 경우 근로자에게 책임을 물을 수는 없나요?

저희 회사는 기본적으로 연장근로를 할 수 밖에 없어서 노사가 연장근로에 대하여 합의했는데요, 몇몇 근로자들이 일방적으로 연장근로를 거부합니다. 이 근로자들에게 책임을 물을 수는 없는지요?

A 채무불이행으로 인한 손해배상청구가 가능할 뿐만 아니라 취업규칙상의 징계도 가능하다고 판단됩니다.

① **쟁점** : 이 사안은 노사의 연장근로합의가 계약으로서 효력이 유지되는지, 노사의 연장근로합의를 이행하지 않는 경우 이에 대하여 책임을 물을 수 없는지, 그리고 제재(징계)를 가할 수는 없는지에 대한 것이 쟁점으로 보입니다.

② **노사의 연장근로합의가 계약으로서 효력이 유지되는지 여부** : 근로기준법은 당사자간의 합의에 의한 연장근로(동법 제53조)를 허용하고 있는 바, 여기서 당사자간의 합의라 함은 원칙적으로 사용자와 근로자와의 개별적 합의를 의미한다 할 것이고, 이와 같은 개별근로자와의 연장근로에 관한 합의는 연장근로를 할 때마다 그때 그때 할 필요는 없고 근로계약 등으로 미리 이를 약정하는 것도 가능합니다. 또한 이때의 연장근로계약에서 특별히 기간을 정하지 아니한 경우에도 그 근로계약은 기간의 약정이 없는 것으로서 이와 같은 경우 매년 당사자가 근로계약을 새로이 갱신하여야 하는 것은 아니므로 근로자가 위 근로계약을 해지하지 아니한 이상 연장근로에 관한 합의의 효력은 그대로 유효합니다(대법 94다19228, 1995.02.10.).

③ **채무불이행과 손해배상(민법 제390조)** : 노사의 연장근로합의도 일종의 계약에 해당한다고 볼 수 있고, 이 계약사항을 일방적으로 거부하는 것은 '채무불이행'에 해당합니다. 노동법은 채무불이행에 대하여 규정하고 있지 아니하므로 이 문제는 민법의 규정에 따라 해결해야 할 것입니다.

민법 제390조(채무불이행과 손해배상)는 '채무자가 채무의 내용에 좇은 이행을 하지 아니한 때에는 채권자는 손해배상을 청구할 수 있다. 그러나 채무자의 고의나 과실없이 이행할 수 없게 된 때에는 그러하지 아니하다'라고 규정하고 있습니다. 이 규정에서 '채무의 내용에 좇은 이행을 하지 아니한 때'가 곧 채무불이행을 의미합니다.

채무불이행의 유형에는 이행지체와 이행불능, 불완전이행(학설상 이견있음)이 있는데, 이행지체는 이행할 수 있었음에도 일정 시기(이행기)에 이행하지 아니한 것을 말하고, 이행불능은 계약이 성립(채권채무의 성립)한 후 이행이 불가능하게 된 것을 말하며, 불완전이행은 채무를 이행하였으나 불완전하게 이행한 것을 말합니다.

이 채무불이행의 유형 중에 '연장근로계약을 이행(거부)하지 아니한 것'은 이행지체에 해당하므로, 여기에서는 이행지체의 효과, 즉 이행지체를 하였을 경우 채권자(사용자)가 채무자(근로자)에게 할 수 있는 법률적 제재·강제행위가 무엇인지를 검토해 보도록 하겠습니다.

이행지체의 효과는 1)이행강제(민법 제389조), 2)지체로 입은 손해배상(민법 제390조), 3)전보배상(민법 제395조), 4)이행지체중에 생긴 손해배상(민법 제392조), 5)계약해제(민법 제544~545조)가 있는데, 근로(노무)의 제공은 그 성질상 이행을 강제할 방법이 없고 계약해제는 해고와 그 성격이 같으므로 민법보다는 근로기준법(제23조, 해고 등의 제한)이 우선 적용되어야 하므로 동 사안에 해당하는 이행지체의 효과는 손해배상문제만이 논의되어야 할 것입니다.

채권자(사용자)는 연장근로에 관한 합의(계약)사항을 이행(거부)하지 아니한 경우 채무이행(근로의 제공)을 지체함으로써 발생케 한 손해를 입증하여 채무자(근로자)에게 그 배상을 청구할 수 있을 것입니다.

행정해석(근기 01254-450, 1990.01.12.)도 단체협약, 취업규칙, 근로계약으로 정한 바에 따라 노사 당사자가 연장근로시간을 구체적으로 정하여 합의한 후 근로자가 정당한 사유없이 개별적 또는 집단적으로 동 연장근로를 거부하는 경우에는 사용자에 대한 계약위반이 발생한다고 본 예가 있습니다.

④ **취업규칙상의 징계규정 적용** : 단체협약, 취업규칙, 근로계약으로 정한 바에 따라 노사 당사자가 연장근로시간을 구체적으로 정하여 합의한 후 근로자가 정당한 사유없이 개별적 또는 집단적으로 동 연장근로를 거부하는 경우 취업규칙 등에 정한 바에 따라 근로자에게 정당한 절차에 의한 조치도 취할 수 있습니다(근기 01254-450, 1990.01.12.).

판례(대법 96다29892) 또한 노사가 토요일 연장근로와 일요일 휴일근로에 대하여 합의하였음에도 회사의 주된 업무로서 회사의 존립자체와 직결되어 있는 연장 및 휴일근로의 근무거부행위는 사회통념상 고용계약을 계속시킬 수 없을 정도로 근로자에게 책임이 있는 사유에 해당한다 할 것이므로 회사가 다른 근로자들과는 달리 징계의 종류 중 가장 무거운 해고를 선택하여 징계한 것은 정당하고, 이를 가리켜 징계재량권을 남용한 것으로는 볼 수 없다고 하여 합의된 연장근로를 이행하지 아니하는 경우 징계처분을 할 수 있다고 보고 있습니다.

⑤ **결론** : 근로기준법은 민법의 특별법적 성격을 가지므로 근로기준법에 규정되

어 있는 사항은 근로기준법이 우선하여 적용되지만 근로기준법상에 규정이 없는 부분(채무불이행과 손해배상, 사직, 사용자의 귀책사유로 인한 이행불능 등)은 민법을 준용할 수 밖에 없는 바, 회사입장에서는 민법규정도 숙지하고 있어야 할 것입니다.

Q 연장근로의 상한(1주 12시간)을 초과하더라도 당사자가 합의했다면 처벌되지 않는거죠?

저희 회사는 노사가 합의해서 연장근로를 1주에 15시간씩 합니다. 이렇게 노사가 합의하면 1주 12시간을 초과하여 연장근로를 해도 처벌되지는 않죠?

A 근로기준법 제53조는 강행규정으로 노사가 합의를 했다하더라도 처벌될 수 있습니다.

연장근로의 제한에 대하여 규정한 근로기준법 제53조제1항은 강행규정으로서 노사당사자가 합의하더라도 이를 위반할 경우에는 동법상의 처벌을 받을 수 있습니다(근로기준과-161, 2004.01.07.).

참고로, 근로기준법 제110조는 동법 제53조제1항을 위반한 경우 2년 이하의 징역 또는 1천만원 이하의 벌금에 처한다고 규정하고 있습니다.

Q 철야연장근무를 했다고 다음날 대체휴식을 준 경우 이 휴식시간에 대하여도 임금을 줘야 하는 것 아닌가요?

회사에서 급한 일이 있다고 해서 철야연장을 하고 다음 날 9시까지 근무를 했어요. 그리고 힘들테니 집에 가서 쉬라고 하더라구요. 회사일을 하기 위해 철야연장을 했으니까 다음날 비록 쉬었지만 임금은 줘야 하는 것 아닌가요?

A 특별한 규정이 없다면 대체휴식시간은 무급이 원칙이지만 주휴일로 대체하거나 결근으로 처리할 수 없습니다.

철야연장을 하고 익일 09:00이후 대체휴식을 부여한 경우 임금지급 여부에 관하여는 단체협약이나 취업규칙 등에 특별히 정한 바가 있으면 그에 따르면 됩니다.

하지만 회사 사규 등에 철야근무후 대체휴식시간의 유무급에 관하여 특별한 규정이 없다면 사용자가 철야근무로 인한 심신의 피로를 회복시켜 주기 위해 대체휴식을 부여한 경우 특별한 사정이 없는 한 이는 무급으로 부여한 것으로 볼 수 있고, 근로자가 이에 따라 출근하지 아니한 경우 철야근무에 따른 무급 대체휴식에 동의한 것으로 볼 수 있습니다. 다만, 이 대체휴식을 근로기준법 제55조에 의한 주휴일로 할 수는 없으며, 결근으로 처리할 수도 없습니다.

사용자가 대체휴식을 부여했음에도 근로자가 근로를 제공했다면 사용자는 이에 대한 임금을 지급해야 함은 당연합니다(근기 68207-2500, 2001.08.02.).

Q [15세 이상 18세 미만자의 근로시간 단축 개정(2018.2.27.)]

근로시간을 축소하는 개정법이 2018.2.27. 통과됐다는데요, 연소자 근로시간은 몇 시간으로 줄었나요?

A **15세 이상 18세 미만자의 근로시간은 1주 35시간, 1주 연장근로는 5시간으로 제한됩니다.**

① 근로기준법 제69조 개정내용 : 15세 이상 18세 미만자의 근로시간은 1주 40시간에서 35시간으로, 1주 6시간의 연장근로에서 1주 5시간 한도로 개정되었습니다.

참고로, 당사자 사이의 합의에 따라 1일 1시간, 1주 5시간을 한도로 연장할 수 있다고 규정하고 있고, 1주 35시간을 초과하여 근로시킨 경우 2년 이하의 징역 또는 1천만원 이하의 벌금에 처해질 수 있습니다.

② 시행일 : 다른 개정조항은 유예기간 등 별도의 부칙규정을 두고 있으나, 연소자 근로시간 개정에 대하여는 별도의 부칙규정이 없으므로 2018.7.1.부터 시행되는 것으로 보아야 할 것입니다.

Q 임산부·18세미만자의 야간근로·휴일근로 인가요건은 무엇인가요?

근로기준법 제70조제2항을 보면 고용노동부장관의 인가를 받으면 임산부와 18세 미만자도 야간근로와 휴일근로를 시킬 수 있다고 하는데, 그 인가요건은 무엇인가요?

A 임산부와 18세미만자의 야간·휴일근로 인가요건은 근로감독관집무규정에서 규정하고 있습니다.

① **쟁점** : 근로기준법 제70조제2항은 사용자는 임산부와 18세 미만자를 오후 10시부터 오전 6시까지의 시간 및 휴일에 근로시키지 못한다. 다만, 1) 18세 미만자의 동의가 있는 경우, 2) 산후 1년이 지나지 아니한 여성의 동의가 있는 경우, 3) 임신 중의 여성이 명시적으로 청구하는 경우로서 고용노동부장관의 인가를 받으면 야간근로 및 휴일근로를 시킬 수 있다고 규정하고 있습니다. 이 때 일정한 인가기준이 있을 것인데, 이 인가기준에 대한 규정이 있는지가 쟁점입니다.

② **근로감독관집무규정 제71조**

제1항 「근로기준법」 제70조제2항에 따른 임산부 및 18세미만인 자의 야업·휴일근로 인가대상은 「근로기준법」 제69조 및 제71조의 근로시간의 준수가 가능하다고 인정되고 다음 각 호의 어느 하나에 해당하는 사유의 야업 또는 휴일근로에 한한다.

1. 교대제 실시로 인하여 야업이 불가피할 것
2. 운송·방송 등 일상생활에 필수적인 공익사업에 해당하여 야업 또는 휴일근로가 불가피할 것
3. 업종의 특성상 야간에 가동(영업)하지 아니하면 사업의 계속적인 영위가 곤란하여 야업이 불가피할 것
4. 일시적인 주문량 증가 등으로 야업 또는 휴일근로가 불가피할 것
5. 그 밖에 위 각 호의 어느 하나에 준하는 사유가 발생할 것

제2항 임산부 및 18세 미만인 자에 대한 야업·휴일근로인가는 「근로기준법시행규칙」 별지 제12호서식에 인가종류, 근로자의 성명, 생년월일, 근무부서 및 업무,

인가기간 등을 표시한 "인가자 현황"을 첨부하여 발급하여야 한다.

③ **동의·명시적 청구와 인가** : 임산부 및 18세 미만자에 대하여 야간근로 및 휴일근로를 시키기 위해서는 18세 미만자와 산후 1년이 지나지 아니한 여성은 '동의'를 받고 고용노동부장관의 인가를 받도록 하고 있고, 임신 중의 여성에게는 '야간근로 및 휴일근로 청구서'와 인가를 받도록 하여 그 요건을 강화하고 있습니다.

Q 임산부·18세미만자의 야간근로·휴일근로 인가신청을 하기전에 근로자대표와 성실한 협의를 하도록 규정하고 있는데, 반드시 이 절차를 거쳐야 하는 건가요?

저희 업장에는 18세미만자를 채용하고 있는데, 부득이 야간근로와 휴일근로를 시켜야 합니다. 인가신청을 하기 전에 근로자대표와 협의를 하도록 하고 있는데요, 이 절차는 반드시 거쳐야 하는 것인지요?

A 근로자대표와의 협의절차는 반드시 거쳐야 하지만 의견이 일치해야 하는 것은 아니고 협의를 거쳤다는 사실만으로 절차상 하자는 없습니다.

① **쟁점** : 이 사안은 근로기준법 제70조제3항에 사용자는 제2항의 경우 고용노동부장관의 인가를 받기 전에 근로자의 건강 및 모성 보호를 위하여 그 시행 여부와 방법 등에 관하여 그 사업 또는 사업장의 근로자대표와 성실하게 협의하여야 한다라는 규정이 있는데, 이 규정의 의미는 근로자대표와의 협의를 반드시 하여야 하는지, 여기서 협의란 당사자간 합의를 의미하는 것인지, 의견일치가 안되었을 경우에도 협의절차는 효력이 있는지 등이 쟁점입니다.

② **인가신청을 위한 필요적 절차인지 여부** : 고용노동청에 18세미만자의 야간근로 및 휴일근로 인가를 신청할 때 근로자대표와의 협의절차를 반드시 거쳐야 하는지의 문제로, 근로기준법 제70조제3항은 '협의하여야 한다'라고 규정하여 의무규정임을 명시하고 있으므로 근로자대표와의 협의절차는 필요적 절차입니다.

③ **'협의'의 의미가 당사자간 '합의'를 의미하는 것인지** : 근로기준법 시행규칙 제12조(야간 또는 휴일근로의 인가) 제1항은 '사용자는 법 제70조제2항 단서에 따라

임산부나 18세 미만인 자에게 야간근로나 휴일근로를 시키려면 별지 제11호서식의 야간 또는 휴일근로 인가 신청서에 그 근로자의 동의서 또는 청구서와 법 제70조제3항에 따른 근로자대표와 협의한 결과를 기록한 사본을 첨부하여 관할 지방노동관서의 장에게 제출하여야 한다'라고 규정하고 있으므로, '근로자대표와 협의한 결과를 기록한 사본'을 제출하면 되는 것으로, 이외의 불필요한 서류(합의서 등)를 제출할 필요는 없습니다. 즉, 협의한 결과만을 제출하면 되고 당사자간 합의가 있어야 하는 것은 아닙니다.

④ **당사자간 의견이 일치하지 않아도 '협의'의 효력은 있는 것인지** : 인가신청시에 협의한 결과를 기록한 사본만 첨부하여 제출하면 되므로 당사자간 의견이 일치하지 않아도 협의에 대한 절차상의 하자는 없는 것으로 보아 '협의'에 대한 효력은 유지된다고 보아야 합니다.

⑤ **근로자대표 선정방법** : 동법 제70조제3항은 근로자대표와 성실한 협의를 거치도록 하고 있을 뿐 근로자대표의 선정방법에 대하여 별도로 규정한 바 없으므로 근로기준법 제24조제3항(경영상 이유에 의한 해고절차에서 근로자대표 선출방법)을 준용하여 처리하면 될 것입니다.

그리고 근로자대표는 당해 사업장의 18세 미만자 중에서 선출하는 것이 아니라 전체근로자의 과반수가 지지하는 자이어야 합니다. 일부 사업장은 근로자대표를 사용자가 임의로 선정하는 경우가 있는데 근로자대표의 정당성 여부는 인가청에서 필요적 확인사항이므로 적법한 절차에 의해 근로자대표를 선출하여야 할 것입니다.

⑥ **인가기간** : 인가기간에 대하여도 별도로 규정한 바 없는데 일반적으로 1년 이내의 범위내에서 사업장에서 요청하는 기간을 승인하도록 하고 있습니다. 만약 연소자가 1년이내에 18세가 도래하는 경우 도래일 전까지 승인하도록 하고 있습니다.

Q 유·사산의 경우에도 야간근로 및 휴일근로, 연장근로가 제한되나요?

임신중의 여성이 유산 또는 사산한 경우에도 임산부와 같이 야간근로, 휴일근로, 연장근로를 함에 있어 제한을 받나요?

A **임신 4개월이후 유산·사산의 경우 산후 1년이 경과하지 아니한 때에는 야간근로 및 휴일근로, 연장근로가 제한됩니다.**

근로기준법상 '산(産)'의 개념은 정상적인 만기출산 뿐만 아니라 임신 4개월 이후에 발생하는 유·사산의 경우까지 포함되고, 산후 1년이 경과되지 아니한 여성에 대하여는 출산으로 인하여 손상된 모체의 회복을 위하여 원칙적으로 야간 및 휴일근로를 시키지 못하지만 예외적으로 본인의 동의 및 노동부장관의 인가를 얻은 경우에만 가능하며, 1일에 2시간, 1주일에 6시간, 1년에 150시간을 초과하는 시간외근무(연장근로)는 시키지 못하도록 규정하고 있습니다(근로기준법 제70조제2항, 제71조).

따라서 임신 4개월 이후에 발생하는 유·사산의 경우에도 산후 1년이 경과되지 아니한 경우에는 야간근로 및 휴일근로, 시간외근로(연장근로)가 제한된다고 보아야 합니다(여성고용과-3007, 2004.12.24.).

유연적 변형 근로시간제
(탄력적·선택적·간주·재량적 근로시간제)

1. 탄력적 근로시간제

가. 탄력적 근로시간제의 의의

(1) 탄력적 근로시간제의 개념

탄력적 근로시간제는 일정한 기준기간(2주, 3개월, 1년 등)을 설정하고 특정일이나 특정주, 특정월의 업무량 변화에 따라 근로시간을 탄력적으로 조정할 수 있게 함과 동시에 기준기간을 평균하여 법정근로시간을 초과하지 않으면 별도의 연장근로수당을 지급하지 않아도 되는 제도로서 사업장의 입장에서는 인건비(연장근로수당)를 절감할 수 있다는 장점이 있고, 근로자 입장에서는 업무량이 많을 때는 연장근로를 하고 업무량이 적을 때는 휴일 또는 휴식시간을 늘려 일과 삶의 조화를 도모하고자 도입된 근로시간제도입니다.

(2) 탄력적 근로시간제의 법적 근거(근로기준법 제51조)

[제1항] 사용자는 취업규칙(취업규칙에 준하는 것을 포함한다)에서 정하는 바에 따라 2주 이내의 일정한 단위기간을 평균하여 1주 간의 근로시간이 제50조제1항의

근로시간을 초과하지 아니하는 범위에서 특정한 주에 제50조제1항의 근로시간을, 특정한 날에 제50조제2항의 근로시간을 초과하여 근로하게 할 수 있다. 다만, 특정한 주의 근로시간은 48시간을 초과할 수 없다.

[제2항] 사용자는 근로자대표와의 서면 합의에 따라 다음 각 호의 사항을 정하면 3개월 이내의 단위기간을 평균하여 1주 간의 근로시간이 제50조제1항의 근로시간을 초과하지 아니하는 범위에서 특정한 주에 제50조제1항의 근로시간을, 특정한 날에 제50조제2항의 근로시간을 초과하여 근로하게 할 수 있다. 다만, 특정한 주의 근로시간은 52시간을, 특정한 날의 근로시간은 12시간을 초과할 수 없다.

1. 대상 근로자의 범위
2. 단위기간(3개월 이내의 일정한 기간으로 정하여야 한다)
3. 단위기간의 근로일과 그 근로일별 근로시간
4. 그 밖에 대통령령으로 정하는 사항(서면합의의 유효기간)

[제3항] 제1항과 제2항은 15세 이상 18세 미만의 근로자와 임신 중인 여성 근로자에 대하여는 적용하지 아니한다.

[제4항] 사용자는 제1항 및 제2항에 따라 근로자를 근로시킬 경우에는 기존의 임금 수준이 낮아지지 아니하도록 임금보전방안(賃金補塡方案)을 강구하여야 한다.

(3) 탄력적근로시간제의 단위기간을 확대해야 한다는 주장의 논거

2주 단위 탄력적근로시간제의 제정취지는 주44시간제에서 토요일 격주휴무제(1주 48시간, 1주 40시간)운영에 적합하다는 이유로 도입한 대표적인 근로시간제인데, 단위기간을 2주로 한정함으로써 업무량 사이클이 2주보다 긴 주기로 변화하는 경우에는 활용이 불가능할 뿐만 아니라 특정주의 근로시간을 48시간으로 한정함으로써 주40시간제에서는 1주 6일(48시간) 근무시 다른 1주는 4일(32시간) 근무하는 형태로만 격주휴무제 운영이 가능하여 제도상의 한계가 있습니다.

3개월 단위 탄력적근로시간제는 단위기간을 3개월로 한정함으로써 계절적 요인 등으로 분기별로 업무량의 변동이 있는 업무(빙과류 등 계절관련 제조업, 항공사 등 운송업, 콘도 등 숙박시설 운영업)에는 활용이 불가능하다는 단점이 있습니다.

나. 2주단위 탄력적 근로시간제

(1) 개 념

2주이내의 단위기간을 정하여 그 단위기간을 평균하여 특정주의 근로시간이 48시간을 초과하지 않는 범위내에서 1일 8시간을, 1주 40시간을 초과하여 근로시켜도 연장근로수당을 지급하지 않아도 되는 근로시간제를 말합니다.

2주단위 탄력적근로시간제는 일반적으로 토요일 격주휴무제에 활용되는 근로시간제로, 특정주의 근로시간은 48시간을 초과할 수 없다고 규정하고 있지만, 1일 근로시간의 한도에 대하여는 별도의 규정을 두고 있지 않으므로 1일 최대근로시간은 법논리상 20시간까지 가능합니다.

(2) 실시요건

① **취업규칙 등에 규정할 것** : 근로기준법 제51조제1항은 '취업규칙에서 정하는 바에 따라'라고 규정하여 동 근로시간제를 시행하기 위해서는 취업규칙에 동 제도에 대하여 규정할 것을 그 실시요건으로 하고 있습니다.

노동조합이 있는 사업장의 경우에는 취업규칙의 개정만으로는 동 근로시간제의 시행이 어렵고 단체협약도 개정해야 그 실시가 가능할 것이고, 취업규칙이 없는 10인 미만의 사업장의 경우는 취업규칙에 준하는 운영규정을 별도로 두면 될 것입니다.

② **근로자 과반수의 의견절차를 거칠 것** : 취업규칙을 변경할 때 근로자 과반수의 의견절차를 거치게 되어 있고, 불이익하게 변경할 때 근로자 과반수의 동의를 얻도록 규정(근로기준법 제94조)하고 있으므로, 2주단위의 탄력적근로시간제가 불이익 변경이 아니라면 근로자 과반수의 의견절차를 거쳐야 할 것입니다.

③ **적용대상근로자의 범위를 지정할 것(임의적 요건)** : 2주단위 탄력적근로시간제는 적용대상근로자의 일부를 지정할 수도 있고, 전체근로자를 적용대상으로 할 수도 있어 제한규정이 없으나, 적용대상을 명확히 하는 것이 바람직할 것입니다.

④ **유효기간을 명시할 것(임의적 요건)** : 2주단위 탄력적근로시간제는 유효기간을 명시하도록 하는 규정이 없기 때문에 유효기간을 규정하지 않은 경우 기간의 제한

없이 실시할 수 있으나, 유효기간 또한 명확히 하는 것이 바람직합니다.

⑤ **단위기간의 근로일과 그 근로일별 근로시간의 명시여부** : 3개월단위 탄력적근로시간제와 달리 2주단위 탄력적근로시간제는 근로일과 근로일별 근로시간을 명시하도록 하는 규정이 없으나, 근로일과 근로일별 근로시간에 대하여도 명시하는 것이 바람직할 것입니다.

다. 3개월단위 탄력적근로시간제

(1) 개 념

3개월의 단위기간을 정하여 그 단위기간을 평균하여 특정주의 근로시간은 52시간을, 특정일의 근로시간은 12시간을 초과하지 않는 범위내에서 1일 8시간을, 1주 40시간을 초과하여 근로시켜도 연장근로수당을 지급하지 않아도 되는 근로시간제를 말합니다.

(2) 실시요건

① **노사간 서면합의를 할 것** : 근로기준법 제51조제2항은 '근로자대표와의 서면합의에 따라'라고 규정하여 동 근로시간제를 시행하기 위해서는 노사간의 서면합의를 그 실시요건으로 하고 있습니다. 노사간의 합의는 사용자와 근로자대표가 반드시 서면으로 작성하여 서명·날인하여야 하고, 개별적인 근로자의 동의를 받을 필요는 없습니다. 근로자 과반수로 조직된 노동조합이 있는 경우에는 위원장과의 서면합의로도 가능할 것이라 사료됩니다.

② **서면합의의 내용** : 1호 : 대상 근로자의 범위, 2호 : 단위기간(3개월 이내의 일정한 기긴으로 정하어야 한다), 3호 : 단위기간의 근로일과 그 근로일별 근로시간, 4호 : 그 밖에 대통령령으로 정하는 사항(서면합의의 유효기간-시행령 제28조)

2주단위 탄력적근로시간제는 대상근로자의 범위, 근로일과 그 근로일별 근로시간, 유효기간의 명시가 임의적 요건이지만 3개월단위 탄력적근로시간제는 필요적 요건입니다.

라. 탄력적근로시간제의 적용제외

근로기준법 제51조제3항은 2주단위 3개워단위 탄력적근로시간제는 15세 이상 18세 미만의 근로자와 임신 중인 여성 근로자에 대하여는 적용하지 아니한다고 규정하고 있어 위 대상자에게는 적용을 제외하고 있습니다.

근로기준법 제71조는 산후 1년이 지나지 아니한 여성은 1일 2시간, 1주 6시간, 1년 150시간을 초과하는 시간외근로를 시키지 못한다고 규정하여 '산후 1년이 지나지 아니한 여성'에 대하여 탄력적근로시간제를 적용할 수는 있지만 1일 2시간, 1주 6시간의 범위내에서만 연장근로를 시킬 수 있습니다.

마. 임금보전방안

근로기준법 제51조제4항은 사용자는 탄력적근로시간제로 근로자를 근로시킬 경우에는 기존의 임금 수준이 낮아지지 아니하도록 임금보전방안(賃金補塡方案)을 강구하여야 한다라고 규정하고 있고, 동법 시행령 제28조제2항은 고용노동부장관은 법 제51조제4항에 따른 임금보전방안을 강구하게 하기 위하여 필요한 경우에는 사용자에게 그 보전방안의 내용을 제출하도록 명하거나 직접 확인할 수 있다라고 규정하고 있습니다.

하지만 위 규정들을 위반하였을 경우 이에 대한 벌칙규정이 없어 위 규정들은 단지 훈시규정에 불과할 뿐이므로 그 실효성에 의문이 가지 않을 수 없습니다.

Q 노사협의회의 근로자위원이 탄력적근로시간제 시행과 관련하여 근로자대표로 서면합의를 할 수 있나요?

저희 회사는 3개월 이내의 탄력적 근로시간제를 시행하려고 하는데요, 근로자대표와 서면합의를 꼭 해야 한다고 해서 노사협의회 근로자위원과 서면합의를 하려고 하는데 가능한지요?

A 노동조합이 없는 경우 당해 사업장에 설치된 노사협의회의 근로자위원을 근로자대표로 볼 수 있습니다.

탄력적 근로시간제를 도입하는 경우 사용자와 서면 합의할 수 있는 근로자 대표는 사업장에 근로자 과반수로 조직된 노동조합이 있는 경우에는 그 노동조합, 근로자의 과반수로 조직된 노동조합이 없는 경우 근로자의 과반수를 대표하는 자를 말합니다. 만약, 근로자과반수로 조직된 노동조합이 없는 경우 당해 사업 또는 사업장에 '근로자참여및협력증진에관한법률'에 의한 노사협의회가 설치되어 있으면 그 근로자위원을 근로자 대표로 볼 수 있습니다. 노사협의회 근로자위원이 대표권을 행사하는 방법(서면합의방법)은 노사협의회의 근로자 위원들이 정한 대표권 행사 방법(1인의 근로자위원에 대표권을 위임하여 서면 합의하는 방안, 근로자위원 전원이 서면 합의하는 방안 등)에 따르면 됩니다. 다만, 사용자가 일방적으로 일부근로자 위원과만 서면합의하는 경우에는 법적 효력이 발생하지 않음을 유의해야 합니다(근기 68207-92, 2001.01.09.).

Q 개별 근로자 과반수의 동의를 얻으면 3개월이내 탄력적 근로시간제를 시행할 수 있는 건가요?

저희 회사는 3개월 이내의 탄력적 근로시간제를 시행하려고 합니다. 그런데 근로자과반수가 안되는 노동조합이 반대를 해서요, 개별 근로자의 과반수의 동의를 받았어요. 이렇게 해도 시행할 수 있는 건가요?

A 개별 근로자 과반수의 동의를 얻었더라도 법적 요건을 충족한 것은 아닙니다.

근로기준법 제51조제2항에 의한 3개월 이내 단위의 탄력적 근로시간제를 도입하려면 근로자 대표와의 서면 합의를 법적 요건으로 하고 있는바, 사용자와 서면합의 할 수 있는 근로자 대표는 "그 사업 또는 사업장에 근로자 과반수로 조직된 노동조합이 있는 경우에는 그 노동조합, 근로자의 과반수로 조직된 노동조합이 없는 경우에는 근로자의 과반수를 대표하는 자"를 말합니다. 따라서 3개월 이내 단위 탄력적 근로시간제를 도입하면서 근로자 대표와의 서면 합의가 아닌 대상 근로자 과반수의 개별적 서면 동의를 받는 경우에는 법적 요건을 충족하지 못한 것으로 보아야 할 것입니다(근로조건지도과-1167, 2008.04.29.).

Q 2주단위 탄력적 근로시간제를 근로자대표와 서면합의로 실시해도 상관없나요?

제가 알기로는 2주단위 탄력적 근로시간제는 취업규칙에 규정하도록 하고 있는 것으로 아는데요, 취업규칙에 규정하지 않고 근로자대표와 서면합의를 하고 시행해도 상관없나요?

A 근로자대표와의 서면합의가 있을 경우 취업규칙의 규정이 없더라도 2주단위 탄력적 근로시간제를 실시할 수 있습니다.

근로기준법 제50조제1항은 사용자가 취업규칙으로 '2주(이내) 단위의 탄력적 근로시간제'를 도입할 수 있도록 규정하고 있고, 동법 동조 제2항은 사용자가 근로자대표와의 서면합의에 의하여 '3월(이내) 탄력적 근로시간제'는 단위기간의 상한을 3월로 제한할 뿐 반드시 2주를 초과하는 단위기간을 정하도록 하고 있지는 않으므로 사용자는 근로자대표와의 서면합의가 있을 경우 취업규칙의 규정이 없더라도 2주를 단위기간으로 하여 탄력적 근로시간제를 실시할 수 있다고 사료됩니다(근기 68207-1584, 2003.12.09.).

참고로, '3월 단위의 탄력적 근로시간제'에 관하여 사용자와 합의할 수 있는 근로자대표는 당해 사업(장)에 근로자의 과반수로 조직된 노동조합이 있는 경우에는 그 노동조합, 근로자의 과반수로 조직된 노동조합이 없을 경우에는 근로자의 과반수를 대표하는 자를 의미한다고 할 것인 바, 이 때 근로자의 과반수를 대표하는 자는 근로자들의 집단적 의사결정방식에 의하여 선출된 자 또는 '근로자참여및협력증진에관한법률'에 의거 선출된 노사협의회의 근로자위원이 이에 해당됩니다(근기 68207-735, 1997.06.05.).

Q **3개월 이내의 탄력적 근로시간제는 그 단위기간이 반드시 2주 이상이어야 하는지요?**

3개월단위 탄력적 근로시간제를 시행할 때 그 단위기간은 반드시 2주가 넘어야 하는 지요? 만약 단위기간을 2주로 해도 상관없다면 법적용은 근로기준법 제51조 제1항이 적용되는 건가요? 아니면 제2항이 적용되는 건가요?

A **3개월이내 탄력적근로시간제의 단위기간은 반드시 2주이상 3개월이내일 필요는 없습니다.**

① **쟁점** : 이 사안은 단위기간에 관한 질문으로, 3개월 이내의 탄력적근로시간제의 경우 2주 이내의 탄력적근로시간제에 관한 별도 규정이 있으므로 단위기간이 반드시 2주 이상이어야 하는지, 단위기간을 2주로 정하여 근로자대표와 서면합의를 했다면 동법 제51조제2항이 적용되는지 등이 쟁점입니다.

② **단위기간이 반드시 2주 이상이어야 하는지 여부** : 탄력적 근로시간제를 규정하고 있는 근로기준법 제50조에서 제1항에 의한 2주 이내의 단위기간을 정한 경우와 제2항에 의한 3월 이내의 단위기간을 정한 경우는 각각 별개의 것으로 보아야 하므로, 3월 이내의 단위기간을 정하고 동조 제2항에 의한 다른 요건도 모두 갖춘 경우라면 동조 제2항에 의한 탄력적 근로시간제를 도입한 것으로 볼 수 있으며, 그 단위기간이 반드시 2주 이상 3월 이내일 필요는 없습니다.

③ **3개월이내의 탄력적근로시간제에서 단위기간을 2주 이내로 정할 수 있는지** : 3개월 이내의 탄력적 근로시간제는 단위기간의 상한을 3개월로 제한할 뿐 반드시 2주를 초과하는 단위기간을 정하도록 하고 있지는 않으므로 단위기간을 2주 이내로 정할 수 있을 것입니다.

④ **단위기간을 2주 이내로 정한 경우 적용되는 법조항은 제2항인지** : 3개월이내의 탄력적근로시간제에서 그 단위기간을 2주 이내의 기간으로 정하더라도 동조 제2항에 의해 규율되기 때문에 특정일의 근로시간은 12시간을 초과할 수 없을 것입니다(근기 68207-1542, 2001.05.12.).

Q 탄력적근로시간제 도입의 경우 특정일의 근로시간은 기본근로 1일 8시간에 1주 연장가능한 12시간을 합하여 20시간까지 연장근로가 가능한가요?

A 특정1일에 연장근로(1주 12시간)를 포함하여 20시간까지 근로가 가능하다는 해석이 도출될 수 있습니다.

근로기준법 제51조제2항에 의하면 3개월 단위 탄력적근로시간제를 도입하는 경우 3월간의 단위기간을 평균하여 1주간의 근로시간이 40시간을 초과하지 아니하는 범위내에서 특정주의 근로시간은 52시간을, 특정일의 근로시간은 12시간을 초과할 수 없다고 규정하고 있습니다.

또한 근로기준법 제53조제2항에 의하면 "당사자간의 합의가 있는 경우에는 1주간에 12시간을 한도로 제51조의 근로시간을 연장할 수 있다"고 규정하고 있으나 1일의 연장근로에 대하여는 별도로 규정하고 있지 않습니다.

따라서 3개월 단위 탄력적근로시간제하에서 1주간의 최장근로시간은 64시간(52시간+12시간)이 될 수 있습니다. 다만 동 제도하에서 1일의 연장근로시간은 제한하고 있지 아니하므로 1주간의 근로시간을 특정 1일에 연장근로할 수 있다는 해석은 가능하므로 3개월 단위 탄력적근로시간제를 도입한 사업장에서 소정근로시간을 8시간으로 정한 특정 1일에 연장근로(1주 12시간)를 실시한다면 특정 1일은 연장근로시간을 포함하여 20시간(8시간+12시간)까지 근로가 가능합니다(근기 68207-1039, 2000.05.29.).

탄력적근로시간제는 법정근로시간을 일정한 조건하에 변형할 수 있도록 법률로 인정하는 제도이므로 3개월간의 단위기간을 평균하여 1주간의 근로시간이 40시간을 초과하지 아니하는 범위내에서 특정주에 40시간, 특정일에 8시간을 넘어 근로하더라도 초과된 부분은 시간외근로에 해당하지 않는 제도입니다.

다만 특정일·특정주에 정하여진 소정근로시간(예 : A일 10시간, A주 50시간)을 초과하여 근로(예 : A일 22시간, A주 62시간)한 경우 그 초과된 근로시간(예 : 12

시간)은 연장근로로서 할증임금 지급대상이 되며, 동 근로시간중 일부 또는 전부가 야간 및 휴일근로에 해당될 경우에는 별도의 할증임금을 지급해야 할 것입니다(근기 68207-1039, 2000.05.29.).

Q 근로기준법 제51조제1항, 제2항과 근로기준법 제53조제2항과의 관계

탄력적 근로시간제(동법 제51조제1항, 제2항)와 연장근로의 제한규정(동법 제53조제2항)의 관계를 명확히 할 필요가 있어 이를 정리해보고자 합니다.

A 탄력적 근로시간제(동법 제51조제1항, 제2항)와 연장근로의 제한규정(동법 제53조제2항)의 관계

① **쟁점** : 탄력적 근로시간제하에서의 1주·1일의 근로시간 한도와 1주 12시간의 연장근로 한도의 관계는 어떻게 되는지에 대한 것으로, 2주단위와 3개월단위로 구분한 뒤 각각의 1주 최장가능근로시간과 1일 최장가능근로시간에 대하여 살펴보고, 연장근로수당을 지급해야 하는 시간과 지급하지 않아도 되는 시간에 대하여도 살펴보도록 하겠습니다.

② **2주단위 탄력적근로시간제와 연장근로시간의 한도**

ⓐ **2주단위 탄력적근로시간제의 1주 최장가능근로시간** : 동법 제51조제1항은 특정한 주의 근로시간은 48시간을 초과할 수 없다고 규정하고 있고, 동법 제53조제2항은 당사자간에 합의하면 1주간에 12시간을 한도로 제51조의 근로시간을 연장할 수 있다고 규정하고 있으므로, 1주 법정최고한도는 60시간(48시간+12시간)으로, 이 중에서 40시간을 초과하지만 탄력적근로시간제에 의한 8시간에 대하여는 연장근로수당을 지급하지 않아도 되지만 동법 제53조제2항에 의한 12시간에 대하여는 연장근로가산수당을 지급해야 합니다.

ⓑ **2주단위 탄력적근로시간제의 1일 최장가능근로시간** : 동법 제51조제1항은 특정일의 근로시간 한도에 대한 규정이 없고, 동법 제53조제2항 또한 1일 한도에 관한 규정이 없으므로, 1일 기본근로시간(8시간)을 근무하는 날의 최장근로시간은

20시간(8시간+12시간)으로, 12시간에 대하여는 연장근로수당을 지급해야 합니다.

ⓒ 2주단위 탄력적근로시간제에 의해 1일 16시간을 근무하는 경우 : 2주단위 탄력적근로시간제에 의해 첫째주는 월~목요일까지 32시간을 근무하고 둘째주는 금요일에 16시간을 근무해도 평균 주40시간을 초과하지 않으므로 금요일 9시간~16시간까지 8시간에 대하여는 연장근로수당을 지급하지 않아도 될 것인데, 이 때 동법 제53조제2항에 의해 연장근로를 12시간 하는 것이 가능한지가 문제됩니다.

동법 제51조제1항과 제53조제2항은 모두 1일 근로시간 한도에 대한 규정을 두고 있지 않고 있다는 점과 익일까지 계속하여 근무하는 경우 1일근무로 본다는 행정해석의 입장을 고려하면 특정일에 익일을 달리하여 28시간의 연속근로도 가능하다는 해석이 도출됩니다. 물론 16시간을 초과하는 부분에 대하여는 연장근로수당을 지급해야 하고, 야간근로시간에 해당하면 16시간 초과여부와 상관없이 야간근로수당을 지급해야 함은 당연합니다.

③ 3개월단위 탄력적근로시간제와 연장근로시간의 한도

ⓐ 3개월단위 탄력적근로시간제의 1주 최장가능근로시간 : 동법 제51조제2항은 특정한 주의 근로시간은 52시간을, 특정한 날의 근로시간은 12시간을 초과할 수 없다고 규정하고 있고, 동법 제53조제2항은 당사자간에 합의하면 1주간에 12시간을 한도로 제51조의 근로시간을 연장할 수 있다고 규정하고 있으므로, 1주 최장가능근로시간은 64시간(52시간+12시간)이고, 이 중에서 탄력적근로시간제의 의한 12시간(52시간-40시간)에 대하여는 연장근로수당을 지급하지 않아도 되지만 52시간을 초과하는 12시간에 대하여는 연장근로수당을 지급해야 합니다.

ⓑ 3개월단위 탄력적근로시간제의 1일 최장가능근로시간 : 동법 제53조제2항은 1일 근로시간 한도에 대한 규정을 두고 있지 않지만 동법 제51조제2항은 특정한 날의 근로시간은 12시간을 초과할 수 없다고 규정하고 있으므로, 3개월단위 탄력적근로시간제에서는 1일 12시간을 초과할 수 없지만 동법 제53조제2항에 의해 12시간의 연장근로가 가능합니다. 따라서 1일 최장가능근로시간은 24시간(12시간+12시간)이고, 이 중에서 탄력적근로시간제에 의한 4시간(12시간-8시간)에 대하여는 연장근로수당을 지급하지 않아도 무방하지만 1일 12시간을 초과하는 12시간에 대하여는 연장근로수당을 지급해야 합니다.

④ 1일 근로시간의 한도에 대한 미규정(제51조제1항)이 입법적 미비인지 : 2주단위 탄력적근로시간제를 규정하고 있는 동법 제51조제1항은 동조 제2항(특정일 12시간)과는 달리 1일 한도규정을 두고 있지 않는데, 이것은 입법적 미비에서 비롯된 것이 아니라 3개월단위와 달리 2주단위에 대하여 1일 한도를 규정하지 않음으로써 실제로 2주에 하루정도는 24시간(최장 28시간)이상 연장근로를 가능하게 하려는 의도가 있었던 것은 아닌지하는 생각이 듭니다.

결과적으로 3개월단위는 특정일의 한도를 12시간으로 제한하여 연장근로를 최대로 하더라도 1일 근로시간이 24시간으로 제한되지만 2주단위는 특정일의 한도를 규정하지 않음으로써 최대 28시간까지 가능하나, 2주단위는 1일 근로시간 한도에 대하여 규정하지 않아도 단위기간이 짧기 때문에 1일 16시간을 근무하는 경우에는 1일밖에 할 수 없고, 1일 12시간을 근무하는 경우에도 2일밖에 할 수 없어 자연적인 제한이 가능하기 때문입니다.

Q 탄력적근로시간제의 적용대상 근로자를 개별적으로 정하고 동의까지 받아야 하는 건가요?

저희 회사는 탄력적 근로시간제를 시행하려고 하는데요, 적용대상인 근로자를 개별적으로 정하고 그 근로자들에게 개별적인 동의를 받아야 하는 건지요?

A 적용대상 근로자를 반드시 개별적으로 정할 필요는 없고 집단적으로 정해도 되고, 개별 근로자의 동의까지 받을 필요는 없습니다.

근로기준법 제51조는 사용자는 취업규칙 또는 근로자 대표와의 서면합의를 통하여 탄력적 근로시간제를 도입할 수 있도록 규정하고 있으나, 탄력적 근로시간제의 적용대상에 관하여는 '대상근로자'의 범위를 정하여야 한다고 규정하고 있을 뿐 그 구체적인 방법에 대하여는 달리 정한 바가 없습니다.

따라서 사업장의 행정적 필요에 의해 통일적으로 규정해도 무방하므로 사업장에서 근로조건을 통일적으로 정할 필요성 등을 감안할 때 탄력적 근로시간제 실시 '대상근로자'를 반드시 개별 근로자로 정하여야 하는 것은 아니라고 할 것이며, 사용자는 기업의 필요나 업무의 특성에 따라 동 규정의 적용 대상 근로자의 범위를 직종·근로형태 등을 기준으로 집단적으로 정할 수 있다고 할 것입니다.

또한 특정 직종이나 근로형태에 속하는 자를 탄력적 근로시간제 실시 대상으로 정하였다면, 달리 볼 사정이 없는 한 해당 직종 또는 근로형태에 속하는 근로자는 본인의 동의 여부에 관계없이 탄력적 근로시간제의 적용 대상자가 된다고 할 것이며, 아울러, 배치전환이나 근무명령으로 같은 직종 또는 근로형태에 속하게 된 자도 별도의 동의여부와 관계없이 함께 적용된다고 보아야 할 것입니다(근로기준팀-1418, 2006.03.29.).

Q 교대제 근로의 경우에도 탄력적근로시간제를 적용하는 것이 가능한가요?

이번에 저희 회사에서 교대제 근로에 대하여 탄력적근로시간제를 시행하려고 하는데요, 1주 40시간을 초과하지 않지만 1일 근로시간이 15시간 정도 됩니다. 이런 경우에도 탄력적 근로시간제를 시행하는데 문제없나요?

A 특정주에 48시간을 초과하지 않고 2주 평균 40시간을 초과하지 않는다면 2주단위 탄력적근로시간제는 가능하지만, 근무일의 근로시간이 일정하게 15시간이라면 특정일의 근로시간이 12시간을 초과하므로 3개월 단위 탄력적근로시간제는 적법하지 않습니다.

근로기준법 제51조제1항에 의한 2주이내의 탄력적근로시간제라면 취업규칙 등에 탄력적 근로시간제를 도입한다는 취지를 명확히 해야 하고, 2주이내의 단위기간을 설정해야 할 것인데, 일별 근무시간이 15시간이지만 2주 단위기간을 평균하여 주당 근로시간이 40시간을 초과하지 않고, 특정주의 근로시간이 48시간을 초과하지 아니하다면 탄력적 근로시간제의 시행이 가능합니다. 다만, 탄력적 근로시간제를 도입하기 위해 취업규칙을 변경할 경우 근로기준법 제94조에 의한 적법한 변경절차를 거쳐야 하며(근기 68207-681, 1997.05.23.), 제51조제4항에 의해 기존의 임금수준이 저하되지 아니하도록 임금보전 방안을 강구해야 할 것입니다.

하지만 위와 같은 사례의 경우에 제51조제2항에 의해 3개월이내의 탄력적 근로시간제를 시행하려고 하는 경우 근로자대표와의 서면합의 등 다른 요건을 모두 갖추었다 하더라도 1일 근로시간이 15시간이기 때문에 특정일의 근로시간이 12시간을 초과하고 있으므로 적법한 탄력적 근로시간제의 시행은 어려울 것으로 판단됩니다(근기 68207-1874, 2001.06.12.).

2. 선택적 근로시간제

가. 선택적 근로시간제의 의의

(1) 선택적 근로시간제의 개념

선택적 근로시간제는 1개월 이내의 정산기간을 정한 뒤 평균적으로 주40시간을 초과하지 않는 범위내에서 출퇴근시간이나 1일 근로시간을 근로자가 자율적으로 정할 수 있는 근로시간제로, 선택적 근로시간제는 미리 정해진 근로시간에는 의무적으로 근무해야 하는 시간이 있는지, 없는지에 따라 구분할 수 있는데, 사업장의 현실상 근로시간대를 전적으로 근로자의 결정에 맡기는 것은 사실상 어렵다고 보여집니다. 일반적으로 시업시간만 근로자의 결정에 맡기는 '출퇴근자율제'는 출근시간을 결정하면 8시간 근무후 퇴근하는 것이므로 퇴근시간은 자동적으로 결정되고, 1일 8시간을, 1주 40시간을 초과하면 연장근로수당을 지급해야 한다는 점에서 선택적근로시간제와 구별됩니다.

(2) 선택적 근로시간제의 법적 근거(근로기준법 제52조)

사용자는 취업규칙(취업규칙에 준하는 것을 포함한다)에 따라 업무의 시작 및 종료 시각을 근로자의 결정에 맡기기로 한 근로자에 대하여 근로자대표와의 서면 합의에 따라 다음 각 호의 사항을 정하면 1개월 이내의 정산기간을 평균하여 1주간의 근로시간이 제50조제1항의 근로시간을 초과하지 아니하는 범위에서 1주 간에 제50조제1항의 근로시간을, 1일에 제50조제2항의 근로시간을 초과하여 근로하게 할 수 있다.

1. 대상 근로자의 범위(15세 이상 18세 미만의 근로자는 제외한다)
2. 정산기간(1개월 이내의 일정한 기간으로 정하여야 한다)
3. 정산기간의 총 근로시간
4. 반드시 근로하여야 할 시간대를 정하는 경우에는 그 시작 및 종료 시각
5. 근로자가 그의 결정에 따라 근로할 수 있는 시간대를 정하는 경우에는 그 시작 및 종료 시각
6. 그 밖에 대통령령으로 정하는 사항

나. 실시요건

(1) 취업규칙 등에 규정할 것

근로기준법 제52조는 '취업규칙에서 정하는 바에 따라'라고 규정하여 동 근로시간제를 시행하기 위해서는 취업규칙에 동 제도에 대하여 규정할 것을 그 실시요건으로 하고 있습니다.

노동조합이 있는 사업장의 경우에는 취업규칙의 개정만으로는 동 근로시간제의 시행하는 것보다 노동조합과 협의하여 단체협약도 개정하고 실시하는 것이 바람직할 것입니다. 취업규칙이 없는 10인 미만의 사업장의 경우는 취업규칙에 준하는 운영규정을 별도로 두면 됩니다.

(2) 근로자 과반수의 의견절차를 거칠 것

취업규칙을 변경할 때 근로자 과반수의 의견절차를 거치게 되어 있고, 불이익하게 변경할 때 근로자 과반수의 동의를 얻도록 규정(근로기준법 제94조)하고 있으므로, 선택적근로시간제는 취업규칙의 불이익변경이 아니므로 근로자 과반수의 의견청취절차를 거쳐야 합니다.

(3) 노사간 서면합의를 할 것

근로기준법 제52조는 '근로자대표와의 서면합의에 따라'라고 규정하여 동 근로시간제를 시행하기 위해서는 노사간의 서면합의를 그 실시요건으로 하고 있는데,

노사간의 합의는 사용자와 근로자대표가 반드시 서면으로 작성하여 서명·날인하여야 합니다.

(4) 서면합의의 내용

① 대상 근로자의 범위(15세 이상 18세 미만의 근로자 제외)
② 정산기간(1개월 이내의 일정한 기간)
③ 정산기간의 총 근로시간
④ 반드시 근로하여야 할 시간대를 정하는 경우에는 그 시작 및 종료 시각
⑤ 근로자가 그의 결정에 따라 근로할 수 있는 시간대를 정하는 경우에는 그 시작 및 종료 시각
⑥ 표준근로시간(노사가 정한 1일 근로시간-유급휴가 등 계산기준)

다. 선택적 근로시간제와 관련된 문제

(1) 정산기간의 총근로시간을 초과하는 근로시간은 연장근로인지 여부

이 경우는 노사가 합의한 정산기간의 총근로시간을 초과근로한 경우로, 노사가 이 초과근로에 대하여 근로시간으로 보기로 합의를 하지 않았다면 이는 근로자가 임의로 한 근로이기 때문에 근로시간으로 인정받지 못할 수도 있습니다. '근로시간'으로 인정받지 못한다면 연장근로에의 해당여부는 논의의 실익조차 없을 것입니다.

(2) 선택적 근로시간대에 주휴일이 포함되어 있지 않음에도 휴일근로를 한 경우

이 경우는 휴일근로로 인정받아 휴일근로수당을 받을 수 있는지의 문제로, 선택적 근로시간대에 주휴일이 포함되어 있지 않음에도 사용자의 지시나 명시적·묵시적 동의없이 주휴일에 근로하였다면 휴일근로로 인정받지 못할 수도 있습니다.

(3) 근로자의 결정으로 근로할 수 있는 시간대에 야간근로를 포함한 경우

이 경우는 근로자가 그의 결정으로 근로할 수 있는 시간대를 정함에 있어 야간근

로를 포함하였을 때 야간근로수당을 받을 수 있는지의 문제로, 사용자의 사전요청이나 명시적·묵시적 동의가 없었다면 야간근로로 인정받지 못하여 야간근로수당을 지급받지 못할 수도 있습니다.

(4) '정산기간의 총근로시간'을 정하는 방법

정산기간의 총근로시간은 노사가 서면합의로 정하여야 하고, 총근로시간을 정할 때 근로일별 근로시간, 1주간의 근로시간을 미리 정할 수는 없으며 정산기간 전체를 대상으로 한 총근로시간만을 정하여야 합니다.

(5) '표준근로시간'을 정하는 방법

표준근로시간이란 유급휴가나 유급휴일에 지급되는 임금의 산정기초가 되는 근로시간으로, 사용자와 근로자대표가 합의하여 서면으로 1일의 근로시간으로 정하도록 하고 있습니다(동법 시행령 제29조).

유급휴가나 유급휴일에 지급되는 시급은 노사가 서면합의로 정한 1일의 근로시간인 표준근로시간에 상응하는 시급으로, 표준근로시간은 정산기간의 총근로시간을 정산기간의 근무일수로 나눈 1일 평균근로시간으로 하는 것이 일반적입니다.

Q '근로자대표와의 서면합의'에 대하여 자세한 설명을 부탁드립니다.

이번에 저희 회사는 선택적 근로시간제를 도입하려고 하는데요, '근로자대표와의 서면합의'라는 규정의 의미를 잘 몰라서요, 여기서 근로자의 범위, 선정방법, 대표권행사방법, 서면합의의 효력 등에 대하여 자세한 설명 좀 해주세요.

A 근로자 대표를 선출하는 근로자의 범위, 근로자 대표의 선정단위 및 선정방법, 근로자 대표의 대표권 행사방법, 서면합의서의 효력 등에 대한 행정해석의 입장은 다음과 같습니다.

① **쟁점** : 근로기준법은 사용자가 근로시간제도의 변경을 하고자 하는 경우 등에 있어 일정한 사항에 대하여 근로자 대표와 서면합의를 하도록 규정하고 있는데, 이 경우 근로자 대표는 "당해 사업 또는 사업장에 근로자의 과반수로 조직된 노동조합이 있는 경우에는 그 노동조합, 근로자의 과반수로 조직된 노동조합이 없는 경우에는 근로자의 과반수를 대표하는 자"를 의미합니다. 그러나 동 규정만으로 근로자 대표를 선출하는 근로자의 범위, 근로자 대표의 선정단위 및 선정방법, 근로자 대표의 대표권 행사방법, 서면합의서의 효력 등이 명확하지 않아 이에 관련한 문제에 대한 명확한 해석 기준을 제시하여 법 해석과 운영을 둘러싼 혼선을 예방하고자 함에 있습니다.

② **관련 법조항** : 근로자대표와 서면합의를 해야 하는 경우는 i) 제51조 3월 단위로 탄력적 근로시간제의 도입과 관련사항, ii) 제52조 선택적 근로시간제의 도입과 관련한 사항, iii) 제58조제2항 사업장 밖 근로에 있어 통상적으로 소정근로시간을 초과하여 근로가 필요한 경우의 근로에 통상 필요한 시간, iv) 제58조제3항 재량근로에 있어 근로시간으로 간주하는 시간, v) 제59조 운수업 등 특수업종에 있어 연장근로 및 휴게시간의 특례에 관한 사항입니다.

③ 근로자의 범위 및 근로자 대표의 선정단위

ⓐ 근로자 대표를 선출하는 근로자의 범위

근로자 대표를 선출하는 근로자의 범위 즉, 노동조합이 근로자의 과반수를 조직하고 있는지 여부를 판단함에 있어 근로자의 범위와 근로자 대표를 선출함에 있어 투표에 참여하는 근로자 범위는 다음과 같이 산정합니다.

※ 근로자대표를 선출하는 근로자의 범위

근로자대표를 선출하는 근로자의 범위는 근기법상 근로자에서 근기법상 사용자를 제외하면 되는 것으로, 설사 이중적 지위를 갖는 자들이 근로자로서 향후 합의내용의 적용을 받더라도 노사의 서면 합의과정에서는 사용자를 위하여 행위하는 자로 볼 수 있기 때문입니다.

ⓑ 근로자 대표의 선정단위

근로자 대표는 당해 사업 또는 사업장 단위로 선정되어야 하므로, 하나의 사업이 수개의 사업장으로 구성되어 있는 경우 근로시간제도를 사업단위로 도입하고자 하면 근로자 대표는 사업단위로 선정하고, 또는 일부 사업장에만 도입하고자 하면 사업장단위로 선정해야 합니다.

동일사업 또는 사업장내의 일부 부서에만 적용하고자 하더라도 근로자대표는 반드시 사업 또는 사업장 단위로 선정하여야 하고, 근로자 대표를 선정하는 범위는 반드시 노동조합의 조직범위, 노사협의회의 구성단위와 일치할 필요는 없습니다.

④ 근로자대표의 선정방법

ⓐ 근로자 과반수로 조직된 노동조합이 있는 경우

노동조합이 근로자의 과반수를 조직하고 있는지 여부는 사업단위로 도입하는 경우는 사업단위에서, 사업장단위로 도입하는 경우는 사업장단위에서 판단해야 합니다. 노동조합이 근로자 과반수를 조직하고 있으며 근로자 대표는 당연히 노동조합의 대표자 또는 노동조합으로부터 대표권을 위임받은 자(예 : 노동조합지부장)가 됩니다.

ⓑ 노동조합이 근로자 과반수를 조직하지 못하고 있는 경우

노동조합이 근로자의 과반수를 조직하지 못하고 있는 경우에는 근로자의 과반수를 대표하는 자를 선정하여야 하는데, 이 경우 선정방법에는 특별한 제한이 없으며, 근로시간제도에 대한 대표권을 행사한다는 것을 근로자에게 주지시킨 상태에서 근로자의 의사를 모으는 적당한 방법이면 됩니다. 따라서 반드시 직접 투표에 의하지 않아도 되고, 1인의 대표는 물론 복수의 근로자 대표를 선정하는 것도 가능하며, 근로시간제도를 도입하고자 하는 사업 또는 사업장단위에 '근로자참여및협력증진에관한법률'에 의한 노사협의회가 설치되어 있으면 그 근로자위원을 근로자 대표로 볼 수 있습니다. 다만, 구법에 의해 근로자 과반수를 조직하고 있지 못한 노동조합이 근로자위원을 위촉한 경우는 근로자 대표로 볼 수 없습니다.

⑤ 근로자 대표의 대표권 행사방법

ⓐ 노동조합이 대표권을 행사하는 경우

노동조합의 대표자 또는 노동조합으로부터 대표권을 위임받은 자가 대표권을 행사하고, 서면합의는 단체협약의 부수(별도)협약으로 체결하거나, 단체협약과는 별개의 서면합의서로 작성할 수 있을 것입니다.

ⓑ 노사협의회 근로자 위원이 대표권을 행사하는 경우

서면합의의 방식은 노사협의회의 근로자위원들이 정한 대표권 행사방법에 따르면 되는데, 1인의 대표자를 선출하거나 당해 사안에 한하여 1인의 근로자위원에 대표권을 위임하거나 또는 별도의 의사결정방법을 설정하거나(예를 들어 과반수 이상의 찬성, 2/3 이상의 찬성 등) 근로자위원 전원이 서면합의에 참여하는 등의 모든 방법이 가능할 것입니다. 따라서 사용자가 일방적으로 일부 근로자위원과만 서면합의하는 경우에는 법적 효력이 발생하지 않습니다.

ⓒ 새로이 근로자 대표를 선정하는 경우

1인의 근로자 대표가 선정된 경우는 선정된 대표가 대표권을 행사하면 되고, 복수의 근로자 대표가 선정되는 경우는 노사협의회 근로자 위원이 대표권을 행사하는 방법에 준하여 대표권을 행사하면 될 것입니다.

⑥ 서면합의서의 효력

ⓐ 단체협약의 별도(부속)협약의 형식으로 체결하는 경우

노동조합의 대표자 또는 노동조합으로부터 위임을 받은 자와 단체협약의 별도(부속)협약의 형식으로 체결하는 경우에는 단체협약의 효력을 개폐하는 효력이 발생하나, 노동조합으로부터 위임을 받은 자가 단체협약의 별도(부속)협약이 아닌 단순한 서면합의 형식으로 체결하는 경우에는 기존 단체협약의 개정 효력을 인정할 수 없을 것입니다.

ⓑ 노사협의회 근로자 위원과의 서면합의 형식으로 체결하는 경우

노사협의회 근로자위원과의 서면합의는 단체협약을 개폐하는 효력은 발생하지 않으므로, 단체협약에 배치되는 경우 단체협약의 적용을 받는 근로자에게도 적용하려면 별도로 단체협약의 개정 절차를 밟아야 합니다. 단, 단체협약의 적용을 받지 않는 근로자에게는 서면합의만으로도 적용 가능합니다.

취업규칙과 관련해서는 반드시 기존 취업규칙의 변경이 없어도 적용이 가능하지만 근로조건 규정의 통일성을 기하기 위해 기존 취업규칙을 변경하는 것이 바람직할 것입니다. 이 때 취업규칙을 변경하는 경우 별도의 취업규칙 변경절차(근로자 대표 또는 근로자 과반수의 의견청취 또는 동의)는 거치지 않아도 됩니다.

ⓒ 새로이 선출된 근로자 대표와 서면합의하는 경우

이 경우는 '노사협의회 근로자위원과의 서면합의하는 경우'와 동일한 경우라고

볼 수 있으므로 노사협의회 근로자위원과의 서면합의 효력에 준하여 판단하면 될 것입니다.

⑦ 기타 노사협의회에서 근로시간과 관련하여 의결하는 경우

'근로자참여및협력증진에관한법률'은 노사협의회에서 '작업 및 휴게시간의 운용'에 관한 사항을 협의하거나 의결할 수 있도록 하고 있습니다(제20조제1항제7호). 이 경우 노사협의회의 의결만으로 탄력적·선택적 근로시간제를 도입할 수 있는지의 여부와 의결된 사항에 대한 법적 효력이 문제가 됩니다.

탄력적·선택적 근로시간제의 도입과 관련한 사항 등 근로기준법상 사용자가 근로자 대표와의 서면합의를 하도록 한 규정은 동 제도의 도입을 위한 기본적인 법적 요건이므로 노사협의회의 의결만으로는 도입이 불가하다고 판단되는 바, 탄력적·선택적 근로시간제 도입 등에 관한 사항을 노사협의회에서 의결하더라도 별도로 서면합의서를 작성하거나 취업규칙을 변경하여야 그 효력이 인정될 것입니다(근기 68207-735, 1997.06.05.).

Q 선택적 근로시간제에서 연장근로에 해당하는 경우에 대하여 자세한 설명을 부탁드립니다.

이번에 저희 회사는 선택적 근로시간제를 도입하려고 하는데요, '산정기간의 총 근로시간'과 연장근로의 관계에 대하여 자세히 좀 알고 싶어서요, 자세한 설명 좀 해주세요.

A '산정기간의 총근로시간'과 연장근로와의 관계는 법정근로시간을 기준으로 구분하여 판단합니다.

① **쟁점** : 이 사안은 산정기간의 총근로시간이 법정근로시간을 초과하는지, 미달하는지에 따라 연장근로시간이 어떻게 되는지에 대한 질문으로, 다음에서 구체적인 사례별로 검토해 보도록 합니다.

② **'산정기간의 총근로시간'이 법정근로시간을 초과하는 경우** : 예를 들어 총근로시간이 215시간이고 법정근로시간이 209시간인 경우 209시간을 초과하는 6시간

은 연장근로에 해당하는데, 이 연장근로에 대하여는 별도의 합의가 필요없고 선택적근로시간제를 시행하기 위한 근로자대표와의 서면합의에 연장근로의 합의까지 포함된 것으로 보아야 할 것입니다. 만약 대상근로자가 총근로시간은 215시간으로 정했으나 실제로 근로한 시간은 209시간이라면 총근로시간을 준수하지 않은 것에 대한 책임문제는 별론으로 하고 사용자는 법정 근로시간을 초과하는 6시간에 대하여 연장근로가산수당을 지급해야 합니다.

③ **'산정기간의 총근로시간'이 법정근로시간과 같은 경우** : 총근로시간과 법정근로시간이 같다면 209시간을 초과하는 근로시간에 대하여는 노사가 이 초과근로에 대하여 '근로시간'으로 보기로 합의를 해야 하고, '연장근로'에 대하여는 당사자간 합의가 있어야 할 것입니다. 그래야만 초과근로를 근로시간으로 인정받고 법정근로시간을 초과한 시간에 대하여도 연장근로로 인정받을 수 있을 것입니다.

④ **'산정기간의 총근로시간'이 법정근로시간 미만인 경우** : 예를 들어 총근로시간은 200시간이고 법정근로시간은 209시간인 경우 200시간을 초과하는 근로시간에 대하여는 노사간 합의가 있어야만 근로시간으로 인정받을 수 있으나, 200시간을 초과하지만 209시간 이하인 근로시간은 이른바 법내연장근로에 해당하여 연장근로수당을 지급하지 않아도 무방합니다. 물론 209시간을 초과하는 근로시간에 대하여는 노사가 근로시간으로 인정하는 합의가 있었다면 연장근로수당을 지급해야 함은 당연합니다.

⑤ **결론** : 노사간 서면합의로 정한 총근로시간 이외의 근로에 대하여는 근로시간으로 인정받지 못할 수도 있으므로 노사간의 별도 합의가 필요할 뿐만 아니라 총근로시간과 법정근로시간을 동시에 초과하는 근로에 대하여는 당사자간 연장근로에 대한 합의가 전제되어야 함을 유의하시기 바랍니다.

3. 간주근로시간제

가. 간주근로시간제의 의의

간주근로시간제라 함은 외근 등 사업장밖에서 근무하는 관계로 실제로 근로한 시간을 산정하기 어려운 업무에 대하여 일정한 요건하에 일정한 시간을 근로한 것으로 간주해주는 제도를 말합니다.

간주근로시간제는 기존의 근로시간형태를 변형하는 탄력적·선택적 근로시간제와는 달리 단지 근로시간 산정방법을 간이화한 것이라고 보면 될 것입니다.

나. 간주근로시간제의 법적 근거

제58조【근로시간 계산의 특례】제1항, 제2항

① 근로자가 출장이나 그 밖의 사유로 근로시간의 전부 또는 일부를 사업장 밖에서 근로하여 근로시간을 산정하기 어려운 경우에는 소정근로시간을 근로한 것으로 본다. 다만, 그 업무를 수행하기 위하여 통상적으로 소정근로시간을 초과하여 근로할 필요가 있는 경우에는 그 업무의 수행에 통상 필요한 시간을 근로한 것으로 본다.

② 제1항 단서에도 불구하고 그 업무에 관하여 근로자대표와의 서면 합의를 한 경우에는 그 합의에서 정하는 시간을 그 업무의 수행에 통상 필요한 시간으로 본다.

다. 유 형

간주근로시간제는 근로기준법 제58조제1항과 제2항에 근거한 근로시간제로, 동 법조항을 근거로 유형별로 구분해보면 (1) 소정근로시간간주제, (2) 통상적 필요근로시간간주제, (3) 노사합의시간간주제로 구분할 수 있을 것입니다.

(1) 소정근로시간간주제

근로자가 출장이나 그 밖의 사유로 근로시간의 전부 또는 일부를 사업장 밖에서 근로하여 근로시간을 산정하기 어려운 경우 소정근로시간(1일 8시간)을 근로한 것으로 간주하는 근로시간제를 말합니다.

(2) 통상적 필요근로시간간주제

근로자가 출장이나 그 밖의 사유로 근로시간의 전부 또는 일부를 사업장 밖에서 업무를 수행하기 위하여 통상적으로 소정근로시간을 초과하여 근로할 필요가 있는 경우에는 그 업무의 수행에 통상 필요한 시간을 근로한 것으로 간주하는 근로시간제를 말합니다.

(3) 노사합의시간간주제

근로자가 출장이나 그 밖의 사유로 근로시간의 전부 또는 일부를 사업장 밖에서 하는 업무에 관하여 근로자대표와의 서면 합의를 한 경우에는 그 합의에서 정하는 시간을 그 업무의 수행에 통상 필요한 시간으로 간주하는 근로시간제를 말합니다.

동법 제58조제2항의 '근로자대표와의 서면합의'는 탄력적·선택적근로시간제를 준용하여 개별적인 근로자의 동의가 아닌 사용자와 근로자대표가 반드시 서면으로 작성하여 서명·날인하여야 합니다. 서면합의의 내용에 대하여는 별도의 규정이 없으나 적용대상자 및 적용업무, 합의의 유효기간 등에 대하여도 자세히 규정하는 것이 불필요한 분쟁을 예방하기 위한 바람직한 방법일 것입니다.

Q 출장을 위해 일요일에 이동하는 시간도 근로시간으로 간주되는 것 아닌가요?

저는 업무특성상 매주 월요일마다 지방출장을 가는데요, 거리가 너무 멀어서 집에서 출발하면 월요일 아침 9시까지 출장지에 갈 수 없기 때문에 어쩔 수 없이 일요일 저녁때 출장지로 갑니다. 이렇게 휴일에 출장을 위해서 이동하는 시간도 근로시간으로 인정해줘야 하는 것 아닌가요?

A 이동시간이 특수한 업무수행이 동반되어 자유로이 시간을 사용할 수 없는 상태라면 근로시간으로 인정될 수 있지만 사업주의 특별지시가 없었다면 근로시간으로 보기 어렵습니다.

① **쟁점** : 이 사안은 출장을 위해 이동하는 시간, 또는 출장 중 이동하는 시간을 근로시간으로 인정해야 하는지의 문제로, 어떤 경우에 근로시간으로 인정받을 수 있는지가 쟁점입니다.

② 관련 행정해석

ⓐ 사업장 및 출장지가 소재하는 지역간 이동에 통상 소요되는 시간을 포함하여 출장근무 수행에 통상적으로 필요한 시간이 소정근로시간을 초과한 경우라면 그 필요한 시간을 근로한 것으로 보게 되므로 그 시간에 대하여 임금을 지급해야 하는데, 사용자의 지시에 의해 휴일에 출장업무를 수행한 것이 명백한 경우에는 이를 휴일근로로 볼 수 있으나, 단순히 휴일에 이동하는 경우라면 휴일근로를 한 것으로 보기는 어렵다고 사료됩니다(근기 68207-2675, 2002.08.09.).

ⓑ 출장 중 이동시간을 당연히 근로시간으로 볼 수 없다는 취지가 아니라, 취업규칙 등에 별도의 규정이 없고 사용자의 특별한 지시 없이 단순히 다음 목적지로 이동하기 위해 근로자가 임의로 휴일 또는 야간에 이동하였다 하여 이를 근로기준법 제56조의 할증임금 대상인 '야간근로' 또는 '휴일근로'로 보기 어렵다는 취지로 해석함이 타당합니다(근기 68207-2955, 2002.09.25.).

ⓒ 근로기준법상 근로시간은 '사용자의 지휘·명령하에 있는 시간'을 말하며, 실제의 작업시간은 물론 근로자가 그의 노동력을 사용자의 처분 아래 두었으면 그 시간은 근로시간이 된다고 볼 수 있을 것인데, 이에 대하여 판례(대법 92다24509)는 '… 근로시간이라 함은 사용자의 지휘·감독 아래 근로계약상의 근로를 제공하는 시간을 말하는 것으로 … 작업시간 도중에 현실로 작업에 종사하지 않은 대기시간이나 휴식·수면시간이라 하더라도 그것이 휴게시간으로서 근로자에게 자유로운 이용이 보장된 것이 아니고 실질적으로 사용자의 지휘·감독 아래 놓여있는 시간이라면 당연히 근로시간에 포함시켜야 할 것'이라고 하고 있습니다. 야외에서의 방송녹화작업을 위해 '장기 출장업무 수행 중 업무 종료 후 지정된 현지 숙소로 이동하는 시간'이 근로시간인지에 대하여는 먼저 그 시간이 당해 사업(장)의 취업규칙 등에 의무화되어 있는 시간인지 여부로 판단하고, 취업규칙 등에 의무화되어 있지 아니한 경우에는 그 시간이 사용자의 지휘·명령하에 있는 시간 또는 사용자의 처분 아래 있는 시간인지 여부에 따라 판단하여야 할 것인 바, 지정된 숙소로의 이동방법·시간 등에 대해 구속을 받으며, 이동 중에 사용자의 지휘·명령이 있을 경우 언제든지 그것을 이행하여야 할 의무가 있는 시간이라면 근로시간으로 볼 수 있을 것이나, 전체적인 출장 업무 진행에 차질이 없는 범위 내에서 어느 정도 자유로운 이용이 보장되어 있다면 근로시간으로 보기 어렵다고 사료됩니다(근로기준과-5441,

2004.08.07, 근로기준과-4182, 2004.08.12.).

ⓓ 출장근무 등 사업장 밖에서 근로하는 경우에 있어서의 근로시간 산정에 관하여는 근로기준법 제58조제1항 및 제2항에서 특례를 규정하고 있는 바, 동조의 취지로 볼 때 사용자의 지시에 의해 야간 또는 휴일에 출장업무를 수행하는 것이 명확한 때에는 야간, 휴일근로로 볼 수 있으나 단순히 야간 또는 휴일에 이동하는 때에는 야간, 휴일근로를 한 것으로 보기 어렵다고 사료됩니다(근기 68207-2650, 2002.08.05.).

ⓔ 근로자가 출장목적을 수행하기 위해 이동하는 왕복시간이 서류, 귀중품 등을 운반하거나 물품감시 등의 특수한 업무수행이 동반되어 자유로이 시간을 사용할 수 없는 상태라면 이 기간은 사용자의 지배하에 있다 할 것이므로 근로시간으로 보아야 할 것이나 출장업무를 위한 단순한 이동에 불과한 경우에는 단체협약이나 취업규칙 등에 특단의 규정이 없고 사용자의 특별한 지시가 없는 한 이를 근로로 인정하기는 곤란하며, 비록 휴일에 이동을 행한다 하더라도 휴일근로가 행해졌다고 할 수 없습니다. 다만, 자동차 운전원이 사업장 이외에서 출장목적을 수행하기 위하여 휴일에 출장지까지 자동차를 운행한 경우에는 운전 그 자체가 운전근로자의 본연의 업무이고 또한 운행하는 시간에는 자유로운 휴게, 휴식이 주어지지 않는다 할 것이므로 휴일의 근로로 보아야 할 것입니다(근기 01254-546, 1992.04.11.).

ⓕ 출장중인 근로자가 물품감시나 기타 특별한 지시가 없이 단순히 다음 목적지로 이동하기 위한 휴일 또는 야간여행은 야간근로 또는 휴일근로로 보지 아니하여도 무방할 것입니다(근기 01254-9659, 1986.06.14.).

③ 근로시간으로 인정되는 경우

ⓐ 사용자의 지시에 의헤 휴일에 출장업무를 수행한 것이 명백한 경우

ⓑ 취업규칙 등에 근로시간으로 인정한다는 별도의 규정이 있는 경우

ⓒ 이동방법·시간 등에 대해 구속을 받아 자유시간이 없는 경우

ⓓ 물품운반이나 물품감시 등 특수한 업무수행이 동반되어 있는 경우

ⓔ 운전을 업으로 하는 운전원이 휴일에 출장지까지 자동차운행을 하는 경우

④ 결론 : 위에서 살펴본 바와 같이 출장을 위해 이동하는 시간을 근로시간으로 인정받기 위해서는 '③ 근로시간으로 인정되는 경우'에 해당하는 사유가 있어야 하

므로, 먼저 일요일에 출장지로 이동하는 이유가 위 사유에 의한 것인지를 검토해 본 뒤, 해당사유가 있다면 근로시간으로 인정해줄 것을 요청하면 될 것입니다.

이렇게 민감한 문제에 대하여는 동법 제58조제2항에 의해 근로자대표와의 서면합의로 일정한 시간을 '근로시간'으로 인정하는 것이 가장 바람직한 방법일 것이므로 근로자대표나 노동조합에 이에 대한 서면합의를 하도록 요구하는 것이 좋을 듯합니다.

Q 대부분 사업장밖에서 근무하는 근로자(외근업무종사자)의 출근율산정은 어떻게 하나요?

저희 회사는 업무특성상 대부분 사업장밖에서 근무를 하는데요, 그렇다고 사전에 시업시간과 종업시간, 하루 근로시간을 몇시간으로 할 것인지도 정하지 않았습니다. 이럴 경우 연차휴가산정 같이 출근율을 산정할 때 어떻게 해야 하나요?

A 소정근로일과 소정근로시간 등을 정하지 아니한 외근업무종사자의 경우 특별한 사정이 없는 한 출근율 계산시 개근한 것으로 보아야 할 것입니다.

① **쟁점** : 이 사안은 외근종사자의 소정근로일과 소정근로시간을 정하지 않은 경우 연차휴가산정을 위한 출근율은 어떻게 처리해야 하는지, 연차수당을 산정할 경우 통상일급은 어떻게 산정해야 하는지가 쟁점입니다.

② **출근율 산정** : 고용노동부의 행정해석은 근로기준법상 근로자로 볼 수 있는 경우라면 외근업무(예 : 검침원, 수금원 등)의 특성상 소정근로일, 시업 및 종업시각, 소정근로시간 등에 관하여 노사가 사전에 특정하지 않은 경우 특별한 사정이 없는 한 근로기준법 제60조의 연차유급휴가 산정을 위한 출근율 계산시 개근한 것으로 봐야 한다는 입장을 보이고 있습니다(근기 68207-287, 2003.03.13.).

③ **연차수당 산정** : 소정근로일, 시업 및 종업시각, 소정근로시간 등에 관하여 노사가 사전에 특정하지 않았다면 일반적인 근로자에게 통상적으로 적용되는 '월소정근로시간수'로 통상시급(=통상임금/월소정근로시간수)을 산정하여 8시간분을 곱하여 통상일급(1일 연차수당)을 산정하면 될 것입니다.

Q **'외근'업무와 '내근'업무가 혼재하는 경우 근로시간은 어떻게 산정해야 하나요?**

저희 회사는 업무특성상 오전에 내근을 하지만 오후에는 외근을 합니다. 갑자기 일이 생기면 오전에도 외근을 하는 경우도 종종 있습니다. 이런 경우 근로시간을 어떻게 산정해야 하는지요?

A **내근한 근로시간에 외근에 대한 간주근로시간을 합산하여 근로시간을 산정하는 것이 가장 일반적인 방법입니다.**

① **쟁점 :** 이 사안은 외근과 내근이 혼재하는 경우 근로시간을 어떻게 산정해야 하는지가 쟁점입니다. 외근과 내근이 혼재하는 경우 근로시간의 산정방법은 크게 2가지로 구분할 수 있는데, 내용은 다음과 같습니다.

② **소정근로시간간주제 :** 외근과 내근이 혼재하는 경우 소정근로시간을 근로한 것으로 간주하는 것을 말합니다. 외근업무가 많아서 연장근로를 해도 별도의 연장근로수당을 지급할 근거가 없기 때문에 근로자의 근로의욕을 저하시키는 부작용이 생길 우려가 있습니다.

③ **내근근로시간과 간주근로시간 합산제 :** 내근 근로시간을 별도로 산정하고 외근의 경우 근로시간으로 간주한 시간을 합산하는 것을 말하는 것으로, 예를 들어 내근 3시간을 하고 외근 간주근로시간이 6시간인 경우 합 9시간을 근로한 것이 되어 1시간은 연장근로가 되므로 연장근로수당을 지급해야 할 것입니다. 외근의 경우 근로시간으로 간주하는 시간에 대하여는 근로자대표와 서면합의로 명확히 규정하는 것이 바람직할 것입니다.

Q **'외근'업무수행 중 사고가 발생한 경우 어떻게 처리해야 하나요?**

저희 회사는 업무특성상 외근업무를 자주 합니다. 외근 중에 사고를 당한 경우 어떻게 처리해야 하나요?

A **업무수행 중에 발생한 사고라면 근로복지공단에 산재신청(요양급여신청)을 하도록 도와주고 산업재해로 인정될 수 있도록 조력해주면 됩니다.**

① 쟁점 : 이 사안은 외근(출장) 중 사고를 당한 근로자에 대한 업무처리방법에 대한 것으로, 어떻게 처리하는 것이 합리적인 방법인지가 쟁점입니다.

② 외근(출장) 중 사고가 업무상 재해가 되기 위한 요건

ⓐ 사적행위·자해행위·범죄행위로 인한 것이 아닐 것.

ⓑ 사업주의 지배하에 발생한 사고일 것.

ⓒ 사업주의 구체적인 지시를 위반하지 않은 행위일 것.

ⓓ 업무수행중이거나 업무에 기인한 행위일 것.

③ 관련 행정해석 및 판례

ⓐ 근로자가 사업장을 떠나 출장 중인 경우에는 그 용무의 이행 여부나 방법 등에 있어 포괄적으로 사업주가 책임을 지고 있다 할 것이어서, 특별한 사정이 없는 한 출장과정의 전반에 대하여 사업주의 지배하에 있다고 말할 수 있으므로 그 업무수행성을 인정할 수 있고, 나아가 사고성 재해인 경우 통상적으로 업무수행성이 있으면 그 업무기인성도 인정할 수 있다 할 것이다. 그러나 출장 중의 행위가 출장에 당연히 또는 통상 수반하는 범위 내의 행위가 아닌 자의적 행위나 사적 행위에 해당하고, 이와 같은 자의적 행위나 사적 행위에 의해 초래된 재해인 경우에는 업무수행성 내지 업무기인성을 인정할 여지가 없게 되어 업무상 재해로 볼 수 없다 할 것이다(부산고법 2008누518, 2008.06.27.).

ⓑ 섬에서 근무하는 근로자가 출장명령을 받고 출장 전날 일기 불순으로 미리 육지에 있는 자택으로 퇴근하였다가 그 곳에서 통상의 경로를 따라 출장지로 가던 도중 교통사고로 사망한 경우 업무상 재해에 해당한다(서울행법 98구9423, 1998.10.15.).

ⓒ 근로자가 사업장을 떠나 출장 중일 경우에는 그 업무의 수행여부, 수행방법 등에 있어서 포괄적으로 사업주에게 책임을 지고 있다고 할 것이므로, 특별한 사정이 없는 한 일단 출장과정의 전반에 대하여 사업주의 지배하에 있다고 말할 수 있고 따라서 그 업무수행성을 인정할 것이나, 출장에 당연히 또는 통상 수반하는 범

위 내의 행위가 아닌 자의적 행위나 사적 행위일 경우에는 업무수행성을 인정할 수 없고, 따라서 그와 같은 자의적 행위나 사적 행위에 즈음하여 발생한 재해는 업무기인성을 인정할 여지가 없게 되어 업무상 재해로 볼 수 없다(대법 96누13460, 1996.11.22.).

ⓓ 당부 업무상재해인정기준은 출장중 재해에 대하여 "출장중에는 사업주의 지배관리하에 있다고 볼 수 없다 하더라도 업무수행 방법 등에 관하여 포괄적으로 사업주의 명을 받아 일정한 왕복순로 또는 일정한 교통수단을 이용하여 업무를 수행하기 때문에 출장중 행동은 전과정을 통하여 사업주의 고용종속 및 지배관리중에 있는 것으로 보아 업무상 재해로 인정한다"라고 정하여 출장중 행동은 전과정을 통하여 사업주의 고용종속 및 지배관리 중에 있는 것으로 보아 위험성이 있는 도로를 피하여 평소에도 이용한 도로를 이용한 것은 직근도로가 아닌 우회도로를 운행하였다는 점만으로 출장업무에 따른 귀로의 범위를 벗어난 사적인 용무로 운행한 것이라고 볼 수 없다(산심위 92-2207, 1992.10.06.).

ⓔ 출장명령에 의거 조의금 전달 및 공사현장에서 사용할 자재 구입차 업무수행중 정상순로를 이탈하여 발생한 재해는 업무상 재해로 볼 수 없다(산심위 93-988, 1993.09.27.).

ⓖ 출장중 사적인 유희를 위하여 승용차를 운전하다 입은 재해는 업무상 재해라 볼 수 없다(대법 92누11046, 1992.11.24.).

ⓗ 현장 출장근무를 마치고 막걸리를 마신 후 취침했으나 토물에 의한 질식사로 사망하였을 경우 업무상 재해로 보기 어렵다(산심위 89-11, 1989.01.23.).

④ 외근(출장)중 사고가 위 요건에 부합하는 경우 처리방법

ⓐ 산업재해보상보험 (최초)요양급여신청서 접수 : (최초)요양급여신청서에 재해경위 등을 사세히 작성하고, 치료받고 있는 병원 주치의에게 뒷면 소견서를 받아 근로복지공단에 접수하면 됩니다.

ⓑ 근로복지공단의 업무상 재해여부 조사 : 요양급여신청서가 접수되면 근로복지공단 담당자는 외근(출장) 중 사고가 사업주의 지배하에서 업무수행 중에 발생했는지를 조사한 뒤 요양승인 또는 요양불승인 결정을 합니다.

ⓒ 휴업급여 신청 : 업무상 재해로 요양승인 결정이 나면 재해일 다음 날부터

휴업급여를 신청할 수 있습니다.

ⓓ **장해급여 신청** : 사고로 인해 다친 부위가 중하여 장해가 남는 경우에는 요양기간이 종결된 이후 장해보상을 신청할 수 있습니다.

⑤ **산업재해보상보험법상 재해보상과 근로기준법상 재해보상의 관계** : 산업재해보상보험법은 근로기준법의 특별법적 성격을 가지므로, 산재법상 재해보상이 이뤄졌다면 근로기준법상 책임은 면책되므로 산재신청을 하고 근로기준법상 재해보상을 해달라고 고용노동청에 진정도 할 수는 없습니다.

⑥ **산재법상 재해보상과 민법상 손해배상과의 관계** : 산재법상 재해보상이 이뤄졌더라도 산재법상 재해보상은 근로자를 보호한다는 차원에서 무과실책임을 전제로 보상이 되고, 재해자(근로자)의 일실수익도 전혀 고려되지 않았을 뿐만 아니라 노동력상실률에 대하여도 정확한 진단을 받지 않았기 때문에 추가로 민사상 손해배상청구의 소를 제기할 수 있습니다. 민사상 손해배상청구의 소를 제기하면 재해자(근로자)의 사고당시 과실율과 노동력상실율을 정확하게 책정하고 일실수익을 산정한 후 위자료 등을 감안하여 산재법상 보상액을 제하여 손해배상액을 산정합니다.

4. 재량근로시간제

가. 재량근로시간제의 의의

재량근로시간제란 업무의 성질에 비추어 업무수행방법을 근로자의 재량에 위임할 필요가 있는 업무로서, 사용자가 근로자대표와 서면합의로 정한 근로시간을 소정근로시간으로 인정하는 제도입니다(법 제58조제3항).

재량근로시간제는 법정근로시간에 따른 임금 책정이 아니라 근로의 질에 따른 보수를 책정할 수 있는 제도로, 업무의 창의성 발휘에 적합한 근로시간제라 할 수 있습니다.

사용자의 구체적 지시에 따른 업무 수행보다는 근로자의 재량에 의한 업무 수행이 효율적인 연구개발업무, 정보처리시스템 분석, 설계업무, 기사의 취재, 편집업무 등 창의성의 발휘가 필요한 고도의 전문적 업무에 종사하는 자에 대하여 업무수행

방법을 당해 근로자의 재량에 위임하는 제도가 바로 재량근로시간제입니다.

나. 재량근로시간제의 법적 근거

제58조 【근로시간 계산의 특례】 제3항 : 업무의 성질에 비추어 업무 수행 방법을 근로자의 재량에 위임할 필요가 있는 업무로서 대통령령으로 정하는 업무는 사용자가 근로자대표와 서면 합의로 정한 시간을 근로한 것으로 본다. 이 경우 그 서면 합의에는 다음 각 호의 사항을 명시하여야 한다.

1. 대상 업무
2. 사용자가 업무의 수행 수단 및 시간 배분 등에 관하여 근로자에게 구체적인 지시를 하지 아니한다는 내용
3. 근로시간의 산정은 그 서면 합의로 정하는 바에 따른다는 내용

근로기준법시행령 제31조 【재량근로의 대상업무】 법 제58조제3항 전단에서 "대통령령으로 정하는 업무"란 다음 각 호의 어느 하나에 해당하는 업무를 말한다.

1. 신상품 또는 신기술의 연구개발이나 인문사회과학 또는 자연과학분야의 연구 업무
2. 정보처리시스템의 설계 또는 분석 업무
3. 신문, 방송 또는 출판 사업에서의 기사의 취재, 편성 또는 편집 업무
4. 의복·실내장식·공업제품·광고 등의 디자인 또는 고안 업무
5. 방송 프로그램·영화 등의 제작 사업에서의 프로듀서나 감독 업무
6. 그 밖에 고용노동부장관이 정하는 업무

다. 재량근로시간제의 요건

1. 근로자대표와의 서면합의에 의할 것
2. 사용자가 업무의 수행수단 및 시간배분 등에 관하여 근로자에게 구체적인 지시를 하지 아니한다는 내용
3. 근로시간의 산정은 당해 서면합의로 정하는 바에 따른다는 내용

라. 재량근로제의 순효과

재량근로시간제가 서면 합의된 경우에는 서면합의에서 합의된 시간을 근로한 것으로 보므로 예전처럼 업무의 능률이 떨어져도 법정 근로시간을 준수해야 하기 때문에 책상에 앉아 있는 비효율적인 면을 보완할 수 있는데, 이러한 것이 재량근로시간제의 가장 큰 순효과라 할 것입니다.

Q '재량근로시간제'를 노사합의에 의해 시행하는 경우 초과근로에 대하여 법정수당을 청구할 수 있나요?

저희 회사에서 제가 근무하는 부서는 노사합의로 재량근로시간제를 시행하고 있는데요, 서면합의로 정한 근로시간을 초과하여 근로하면 연장수당이나 휴일수당을 받을 수 있나요? 만약 직장상사가 반강제로 일을 하게 한 경우에도 법정수당을 받을 수 없나요?

A 사용자의 근무시간 등에 대한 통제가 없었다면 재량근로시간제하에서는 초과근로에 대한 법정수당을 청구할 없지만, 사용자의 통제가 있었다면 법정 수당을 청구할 수 있습니다.

① **쟁점** : 이 사안은 노사서면합의에 의해 재량근로시간제를 시행하는 경우 서면합의로 정한 근로시간을 초과하여 근로하는 경우 초과근로에 대한 연장수당 등을 청구할 수 있는지, 사용자의 지시나 통제하에 초과근로를 한 경우에도 연장수당 등을 청구할 수 없는지가 쟁점입니다.

② **관련 행정해석** : 근로자 개인의 재량으로 선택한 업무 수행 수단 및 시간 배분 방법으로 인해 서면합의로 정한 근로시간을 초과한 경우에는 법정 근로수당을 청구할 수 없을 것입니다. 다만 서면합의했음에도 사용자가 업무 수행 방법에 대해 구체적인 지시를 하고 출·퇴근 시간을 통제한다면, 이는 재량근로로 볼 수 없으므로 실근로시간에 따라 근로시간을 산정해야 하고 법정 근로시간을 초과한 경우에는 법정 근로수당을 지급해야 할 것입니다(근로개선정책과-6390, 2012.11.28.).

③ **결론** : 노사서면합의한 근로시간을 근로자 임의로 초과하여 근로했다면 초과근로에 대한 법정수당을 청구할 수 없지만, 사용자가 사실상 출퇴근시간을 통제하고 업무수행에 대하여 지휘·감독을 한다면 이는 재량근로시간제를 시행한다고 볼 수 없으므로 초과근로에 대하여 법정수당을 청구할 수 있을 것입니다.

Q '업무보조자'에게도 재량근로시간제를 적용할 수 있나요?

재량근로시간제를 시행할 수 있는 업무가 법에 규정되어 있는 것으로 아는데요, 그 업무에 종사하는 자를 보조하는 직원에 대하여도 재량근로시간제를 적용할 수 있는지요?

A 업무보조자의 업무특성상 당해 업무의 수행방법 등을 재량으로 정할 수 없으므로, 업무보조자에게는 재량근로시간제를 적용할 수 없습니다.

업무를 보조하는 자 등은 당해 업무의 성질상 그 수행방법을 근로자(업무보조자)가 재량으로 정할 수 없기 때문에 설사 당해 업무의 수행수단 및 시간배분의 결정 등에 관하여 구체적인 지시를 하지 않을 것을 노사간의 서면합의로 정했다고 하더라도 재량근로시간제를 업무보조자에게 적용하기는 어려울 것으로 판단됩니다.

감시적·단속적 근로, 일·숙직 근로

1. 감시적·단속적 근로

가. 감시적·단속적 근로의 의의

감시적 근로자란 감시업무를 주 업무로 하며 생태적으로 정신적 육체적 피로가 적은 업무에 종사하는 자로, 경비원, 물품감시원, 수위 등이 그 예라 할 수 있고, 단속적 근로자란 근로가 간헐적·단속적으로 이루어져 휴게시간 또는 대기시간이 많은 업무에 종사하는 자로, 기계수리공, 보일러공, 학교 당직대체요원 등이 그 예입니다(근로기준법시행규칙 제10조제2항·제3항).

근로기준법 제63조제3호의 규정에 의한 감시 또는 단속적으로 근로에 종사하는 자로서 사용자가 고용노동부장관의 승인을 받은 경우에는 동법 제4장(근로시간과 휴식), 제5장(여성과 소년)의 근로시간, 휴게, 휴일에 관한 규정이 배제됩니다.

즉, 고용노동부 장관의 승인을 받은 경우에는 주휴일을 부여하지 않을 수 있고, 연장근로가산수당·휴일근로가산수당을 지급하지 않아도 법위반이 아니라는 것입니다.

나. 감시적·단속적 근로의 법적 근거

(1) 근로기준법 제63조(적용의 제외)

제4장(근로시간과 휴식)과 제5장(여성과 소년)에서 정한 근로시간, 휴게와 휴일에 관한 규정은 다음 각 호의 어느 하나에 해당하는 근로자에 대하여는 적용하지 아니한다.

3. 감시(監視) 또는 단속적(斷續的)으로 근로에 종사하는 자로서 사용자가 고용노동부장관의 승인을 받은 자

(2) 근로기준법 시행규칙 제10조(근로시간 등의 적용제외 승인 신청 등)

제1항 : 사용자는 법 제63조제3호에 따라 감시(監視) 또는 단속적(斷續的)으로 근로에 종사하는 자에 대한 근로시간 등의 적용 제외 승인을 받으려면 별지 제7호 서식의 감시적 또는 단속적 근로종사자에 대한 적용 제외 승인 신청서를 관할 지방고용노동관서의 장에게 제출하여야 한다.

제2항 : 제1항에 따른 승인 대상이 되는 감시적 근로에 종사하는 자는 감시업무를 주 업무로 하며 상태적(狀態的)으로 정신적·육체적 피로가 적은 업무에 종사하는 자로 한다.

제3항 : 제1항에 따른 승인 대상이 되는 단속적으로 근로에 종사하는 자는 근로가 간헐적·단속적으로 이루어져 휴게시간이나 대기시간이 많은 업무에 종사하는 자로 한다.

제4항 : 관할 지방고용노동관서의 장은 제1항에 따른 신청에 대하여 승인을 할 경우에는 별지 제8호서식의 감시적 또는 단속적 근로종사자에 대한 적용 제외 승인서를 내주어야 한다.

(3) 최저임금법 제5조(최저임금액)

제1항 : 최저임금액(최저임금으로 정한 금액을 말한다. 이하 같다)은 시간·일(日)·주(週) 또는 월(月)을 단위로 하여 정한다. 이 경우 일·주 또는 월을 단위로 하

여 최저임금액을 정할 때에는 시간급(時間給)으로도 표시하여야 한다.

제2항 : 다음 각 호의 어느 하나에 해당하는 자에 대하여는 대통령령으로 정하는 바에 따라 제1항에 따른 최저임금액과 다른 금액으로 최저임금액을 정할 수 있다.

2. 「근로기준법」 제63조제3호에 따라 감시(監視) 또는 단속적(斷續的)으로 근로에 종사하는 자로서 사용자가 고용노동부장관의 승인을 받은 자

다. 감시적·단속적 근로자의 승인요건

(1) 근로감독관집무규정 제68조

① 「근로기준법」 제63조제3호 및 같은 법 시행규칙 제10조제2항에 따른 "감시적 근로에 종사하는 자"의 적용제외 승인은 다음 각 호의 기준을 모두 갖춘 때에 한한다.

1. 수위·경비원·물품감시원 또는 계수기감시원 등과 같이 심신의 피로가 적은 노무에 종사하는 경우. 다만, 감시적 업무이기는 하나 잠시도 감시를 소홀히 할 수 없는 고도의 정신적 긴장이 요구되는 경우는 제외한다.
2. 감시적인 업무가 본래의 업무이나 불규칙적으로 단시간동안 타 업무를 수행하는 경우. 다만, 감시적 업무라도 타 업무를 반복하여 수행하거나 겸직하는 경우는 제외한다.
3. 사업주의 지배 하에 있는 1일 근로시간이 12시간 이내인 경우 또는 다음 각 목의 어느 하나에 해당하는 격일제(24시간 교대) 근무의 경우

가. 수면시간 또는 근로자가 자유로이 이용할 수 있는 휴게시간이 8시간 이상 확보되어 있는 경우

나. 가목의 요건이 확보되지 아니하더라도 공동주택(「주택법 시행령」 제2조제1항 및 「건축법 시행령」 별표 1 제2호 가목부터 라목까지 규정하고 있는 아파트, 연립주택, 다세대주택, 기숙사) 경비원에 있어서는 당사자간의 합의가 있고 다음날 24시간의 휴무가 보장되어 있는 경우

② 「근로기준법」 제63조제3호 및 같은 법 시행규칙 제10조제3항에 따른 "단속적 근로에 종사하는 자"의 적용제외 승인은 다음 각 호의 기준을 모두 갖춘 때에

한한다.

1. 평소의 업무는 한가하지만 기계고장 수리 등 돌발적인 사고발생에 대비하여 대기하는 시간이 많은 업무인 경우
2. 실 근로시간이 대기시간의 반 정도 이하인 업무로서 8시간 이내인 경우. 다만, 격일제(24시간 교대) 근무인 경우에는 당사자간의 합의가 있고 다음날 24시간의 휴무가 보장되어야 한다
3. 대기시간에 근로자가 자유로이 이용할 수 있는 수면 또는 휴게시설이 확보되어 있는 경우

③ 제1항 및 제2항의 근로시간은 일정기간(주 또는 월 등)의 평균적 개념으로 산정한다.

라. 근로기준법 제63조의 의미

근로기준법 제63조는 제3호에서 "감시(監視) 또는 단속적(斷續的)으로 근로에 종사하는 자로서 사용자가 고용노동부장관의 승인을 받은 자"는 제4장(근로시간과 휴식)과 제5장(여성과 소년)에서 정한 근로시간, 휴게와 휴일에 관한 규정이 적용되지 않는다고 규정하고 있는데, 이 규정의 의미를 살펴보면 다음과 같습니다.

근로시간과 연장근로시간의 제한규정이 적용되지 않는다는 것으로, 1일 8시간, 1주 40시간을 준수하지 않고 1일 12시간의 연장근로를 시켜도 된다는 것일 뿐만 아니라 1주 52시간을 초과하여 연장근로를 시킬 수 있다는 것을 의미합니다. 또한 휴게시간도 적용되지 않으므로 휴게시간을 별도로 부여하지 않을 수도 있고, 휴일근로를 시켜도 된다는 것을 의미합니다.

마. 감시적·단속적 근로자로 고용노동부장관의 승인을 받지 않은 경우 법적 효력

근로기준법시행규칙 제10조제2항과 제3항의 감시적·단속적 근로자라도 고용노동부장관의 승인을 받지 않았다면 근로기준법 제4장과 제5장이 그대로 적용되므로, 근로시간과 휴일, 휴게시간이 그대로 적용되어 1일 8시간을 초과하거나 1주 40

시간을 초과하는 근로를 한 경우 연장근로가산임금을 지급해야 하고 휴게시간도 근로시간 도중에 반드시 부여해야 할 뿐만 아니라 최저임금도 일반 근로자와 동일하게 적용하여 지급해야 합니다.

Q '감시적·단속적 근로'에 대하여 승인을 받으려면 근로시간이 1일 12시간 미만이어야 하나요?

저희 회사의 대표이사 운전기사를 단속적 근로자로 고용노동부의 승인을 받으려고 했더니 1일 근무시간이 12시간을 초과해서 안된다고 합니다. 이게 무슨 말인가요?

A 근로감독관집무규정 제68조제1항제3호에 의한 승인요건 중에 1일 근로시간이 12시간 이내여야 한다는 규정이 있습니다.

① **쟁점** : 이 사안은 감시적·단속적 근로자로 승인받기 위한 요건에 관한 문제로, 1일 근무시간이 12시간을 초과하면 승인요건을 흠결하는지, 반드시 1일 근무시간이 12시간 이내여야만 하는지가 쟁점입니다.

② 근로감독관집무규정 제68조제1항제3호

3. 사업주의 지배 하에 있는 1일 근로시간이 12시간 이내인 경우 또는 다음 각 목의 어느 하나에 해당하는 격일제(24시간 교대) 근무의 경우
   가. 수면시간 또는 근로자가 자유로이 이용할 수 있는 휴게시간이 8시간 이상 확보되어 있는 경우
   나. 가목의 요건이 확보되지 아니하더라도 공동주택(「주택법 시행령」 제2조제1항 및 「건축법 시행령」 별표 1 제2호 가목부터 라목까지 규정하고 있는 아파트, 연립주택, 다세대주택, 기숙사) 경비원에 있어서는 당사자간의 합의가 있고 다음날 24시간의 휴무가 보장되어 있는 경우

③ **관련 행정해석** : 근로기준법 제63조제3호에 의한 감시적 근로에 대한 승인기준 중 근로시간에 관하여는 고용노동부 근로감독관집무규정 제68조제1항제3호에서 [사업주의 지배하에 있는 1일 근로시간이 12시간 이내인 경우 또는 다음 각목

의 1에 해당하는 격일제(24시간 교대) 근무의 경우]로 하고 있으며, 격일제(24시간 교대) 근무의 경우 [휴게시간이 8시간이상 확보되어 있거나 공동주택 경비원에 있어서는 당사자간의 합의가 있고 다음날 24시간 휴무가 보장되어 있는 경우]로 하고 있습니다.

따라서 격일제(24시간교대) 근무가 아닌 한 사업주의 지배하에 있는 1일 근로시간이 12시간을 초과할 수 없을 것인 바, 여기에서 1일 근로시간이라 함은 격일제(24시간 교대) 근무의 경우와 마찬가지로 사업주 지배하에 구속되어 있는 시간을 말합니다.

동 집무규정 동조 제3항에서 근로시간 산정은 일정기간(주 또는 월 등)의 평균적 개념으로 하도록 하고 있으므로 특정일에 12시간을 초과하더라도 예컨대 주중에 휴일을 부여함으로써 일주일간 평균적인 근로시간이 12시간이내이면 승인받을 수 있을 것입니다(근기 68207-3161, 2001.09.17.).

④ **1일 근로시간을 12시간 이내로 제한하는 이유** : 단속적 근로자의 1일 근로시간을 12시간 이내로 제한하는 이유는 감시적 근로로 승인받게 되면 근로기준법상 휴게시간에 관한 규정이 적용되지 않을 뿐 아니라 근로형태의 특성상 근로시간과 휴게시간의 구분이 쉽지 않으며, 지나치게 긴 휴게시간을 부여함으로써 주휴일 규정도 적용되지 않음을 감안하면 근로자가 사업장에 구속되어 있는 시간이 지나치게 장기화될 소지가 많기 때문입니다(근기 68207-3161).

⑤ **휴게시간 4시간을 제하면 12시간 미만인 경우** : 휴게시간까지 합하면 16시간 정도이지만 휴게시간을 4시간을 제하면 12시간 정도인 경우 승인요건을 충족한 것인지의 문제가 발생할 수 있는데, 만약 휴게시간이 사업주의 지배관리하에서 완전히 벗어나 있고 휴게시간을 자유롭게 이용할 수 있다면 근로시간에서 휴게시간을 제하는 것이 맞고 1일 근로시간이 12시간 이내이어야 한다는 승인요건을 충족한 것이라고 볼 수 있을 것입니다.

근로감독관집무규정에서도 "사업주의 지배 하에 있는 1일 근로시간이 12시간 이내인 경우"라고 규정하고 있듯이 '사업주의 지배하에' 있는 대기시간은 휴게시간으로 볼 수 없으므로 근로시간에서 제하는 것은 맞지 않고 이런 경우에는 승인요건을 충족했다고 볼 수 없을 것입니다.

⑥ **결론** : 단속적 근로자의 적용제외 승인을 받기 위해서는 승인요건을 갖춰야 하므로 근로감독관집무규정을 참조하시면 될 것이고, 1일 근로시간이 12시간 이내라는 것은 일주일간의 평균적인 근로시간이 12시간 이내이어야 한다는 것으로, 적용제외 승인을 받으면 휴게시간이나 휴일을 부과하지 않아도 무방하지만 휴일을 부여하여 1주간의 평균근로시간이 1일 12시간이내가 되도록 하면 승인을 받을 수 있을 것입니다.

Q 취업규칙상에 휴일규정은 '감시적·단속적 근로'로 승인을 받은 근로자에게도 적용해야 하나요?

저희 회사에는 감시적·단속적 근로자로 승인을 받은 근로자들이 있는데요, 이 근로자들에게도 취업규칙상의 휴일규정을 적용해줘야 하는 건가요?

A 특별한 사정이 없는한 감시적·단속적 근로자에게는 취업규칙상의 휴일규정을 적용하지 않아도 됩니다.

① **쟁점** : 이 사안은 감시적·단속적 근로자로 승인을 받으면 근로기준법상 휴일에 관한 규정이 적용되지 않는데, 일반 근로자들에게 적용되는 취업규칙상의 휴일규정을 이 감시적·단속적 근로자에게 적용해야 하는지가 쟁점입니다.

② **관련 행정해석** : 근로기준법 제63조제3호 규정에 의하여 감시·단속적으로 근로에 종사하는 자로서 사용자가 고용노동부장관의 승인을 얻은 근로자에 대하여는 근로기준법 제4장 및 제5장에서 정한 근로시간, 휴게와 휴일에 관한 규정이 적용되지 않습니다.

당해 사업 또는 사업장의 통상의 근로자에게 적용되는 회사의 취업규칙에서 휴일에 관하여 규정하고 있는 경우라도 당해 감시·단속적 근로자에게도 취업규칙상의 휴일규정이 적용된다고 볼 수 있는 특별한 사정이 없는 한, 취업규칙의 휴일규정이 당연히 적용된다고 보기는 어렵다고 사료됩니다.

다만, 근로기준법은 최소한의 근로조건을 정하고 있으므로 감시적·단속적 근로자에 대해서도 당사자가 휴일을 부여하기로 약정하였다면 그 약정에 따라야 할 것입니다(근기 68207-2900, 2002.09.10.).

③ **취업규칙의 관련규정과 근로기준법 제63조의 관계** : 근로기준법 제63조는 일정한 요건을 갖춘 근로자에 대하여 고용노동부장관의 승인을 받은 경우에는 근로기준법 제4장과 제5장의 근로시간, 휴게, 휴일에 관한 규정을 적용하지 아니한다고 규정하고 있는데, 이와 같이 법에 의한 (적용제외)승인절차를 거쳤다는 사실만으로 취업규칙상의 관련규정을 배제하려는 의사가 있었다고 추정할 수 있을 것이고, 취업규칙은 근로기준법보다 하위규범이므로, 동법 제63조에 의한 적용제외 승인절차를 거쳤다면 취업규칙상의 관련규정은 적용되지 않는다고 보는 것이 맞다고 봅니다.

④ **결론** : 법에 근거한 적용제외 승인절차를 거쳤으므로 이에 관한 규정이 취업규칙에 명시되어 있더라도 적용을 하지 않는 것이 맞지만, 불필요한 논란의 여지를 없애기 위해서라도 취업규칙상에 '감시적·단속적 근로자는 휴일규정이 적용되지 않는다'라는 규정예과 같이 적용이 제외되는 부분에 대하여 명확하게 명시하는 것이 바람직하다고 봅니다.

Q '감시적·단속적 근로'로 승인을 받은 근로자의 실근로시간이 달라진 경우 재승인을 받아야 하나요?

저희 회사에 감시적·단속적 근로자로 승인을 받은 근로자가 있는데 이 근로자의 근로시간이 변경될 것 같은데요, 이 근로자에 대한 승인을 다시 받아야 하는지요?

A 근로형태가 변경되어 실근로시간이 달라지거나 24시간 격일제로 변경되는 경우 재승인을 받아야 합니다.

① **쟁점** : 이 사안은 감시적·단속적 근로자로 승인을 받은 뒤에 근로형태나 근로시간이 변경되는 경우 승인을 다시 받아야 하는지가 쟁점입니다.

② **관련 행정해석** : 근로기준법 제63조제3호에 의거 감시·단속적 근로자에 대한 적용제외승인을 받은 근로시간과 현재 실근로시간이 달라서 결과적으로 감시·단속적 근로형태가 아닌 근로형태로 변경되었거나, 당사자 합의가 불필요한 1일 12시간 이하 교대제에서 당사자간 합의가 요구되는 24시간 격일제로 전환되는 경우 등

승인요건에 미달하게 된 경우에는 기존 승인의 효력이 상실되므로 요건을 갖추어 재승인을 받아야 할 것입니다.

근로기준법 제63조는 근로시간, 휴게, 휴일에 관한 규정만 적용제외하고 있으므로, 연장근로 및 휴일근로에 대하여는 동법 제56조에 의한 가산임금은 적용되지 아니하나, 야간근로에 대한 가산임금은 지급되어야 할 것입니다(근로기준과-1445, 2005. 03.10.).

근로감독관집무규정 제48조제3항에 [인·허가이후에 근로형태의 변경이 있거나 인·허가기준에 미달하게 된 때에는 동 인·허가를 취소하여야 한다]고 규정되어 있는 바, 동 규정상 취소사유에 해당하는 경우에는 기존 승인의 효력이 상실된다고 볼 수 있을 것입니다.

감시적·단속적 근로에 있어서 동 규정상의 [근로형태의 변경]이라 함은 감시·단속적 근로형태가 감시·단속적 근로가 아닌 근로형태로 변경되는 것을 말하며, [인·허가기준에 미달]하는 것은 당초 필요하지 아니한 요건이 추후 사정변경으로 요구되는 경우(예컨대, 당사자 합의가 불필요한 1일 12시간 이하 교대제에서 당사자간 합의가 요구되는 24시간 격일제로 전환되는 경우) 등을 말합니다.

24시간 격일제에서 일근제(08:00~17:00)로 변경됨에 따라 더 이상 감시적·단속적 근로가 아닌 경우나 감시·단속적 근로라도 추가적인 요건이 요구되는 경우에는 기존 승인의 효력이 상실될 것이나, 근로형태의 변경없이 단순히 근로시간만 조정되고 기존 승인요건에 추가되는 요건도 없는 경우에는 기존 승인의 효력이 상실된다고 볼 수 없다고 사료됩니다(근기 68207-589, 2002.02.14.).

③ **승인이후 그 요건을 흠결한 경우 승인의 효력** : 근로기준법 제63조에 의해 승인을 받은 뒤 어느 정도의 기간이 경과한 이후 그 요건에 흠결이 생긴 경우 승인의 효력은 상실됩니다. 따라서 기존의 승인요건에 미달하게 되었거나 흠결이 생긴 경우 새로운 근로조건에 대하여 다시 승인을 받아야 합니다.

④ **결론** : 위 질문에서 근로시간이 변경될 것이라고 설명했는데, 근무형태(24시간 격일제로 변경)가 변경되었거나 또는 근무내용(운전기사에서 생산직으로 변경)이 변경된 경우, 기존의 승인의 효력은 상실되므로 다시 승인요건을 갖춰 승인을 받아야 할 것입니다.

Q **'24시간 격일제'로 승인을 받는 경우 휴게시간이 반드시 8시간 이상 확보되어야 하나요?**

저희 회사에서 이번에 24시간 격일제 근로자에 대하여 감시적·단속적 근로자로 승인을 받으려고 하는데, 휴게시간이 8시간 이상 확보되어야 한다고 하더라구요, 만약 휴게시간이 8시간 이상 확보하지 못하면 어떻게 되나요?

A **휴게시간이 8시간 이상 확보가 되지 않더라도 당사자간 합의가 있고 다음날 24시간의 휴무가 보장된다면 될 것입니다.**

① **쟁점** : 이 사안은 24시간 격일제의 경우 휴게시간이 8시간 이상 확보되어야 하는 것이 그 요건 중에 하나인데, 휴게시간을 8시간 이상 확보하지 못한 경우 승인요건을 갖췄다고 볼 수 있는지가 쟁점입니다.

② **근로감독관집무규정 제68조제1항제3호**

3. 사업주의 지배 하에 있는 1일 근로시간이 12시간 이내인 경우 또는 다음 각 목의 어느 하나에 해당하는 격일제(24시간 교대) 근무의 경우

가. 수면시간 또는 근로자가 자유로이 이용할 수 있는 휴게시간이 8시간 이상 확보되어 있는 경우

나. 가목의 요건이 확보되지 아니하더라도 공동주택(「주택법 시행령」 제2조제1항 및 「건축법 시행령」 별표 1 제2호 가목부터 라목까지 규정하고 있는 아파트, 연립주택, 다세대주택, 기숙사) 경비원에 있어서는 당사자간의 합의가 있고 다음날 24시간의 휴무가 보장되어 있는 경우

③ **관련 행정해석** : 감시적·단속적 근로자에 대한 적용제외 승인기준(근로감독관집무규정 제68조)중 근로시간에 대해서는 격일제(24시간 교대) 근무의 경우 공동주택 경비원에 있어서는 휴게시간이 8시간 이상 확보되어 있지 않더라도 당사자간의 합의가 있고 다음날 24시간의 휴무가 보장되면 될 것입니다(근로기준과-1445, 2005.03.10.).

④ **결론** : 위 규정을 보면 "가목의 요건이 확보되지 아니하더라도" 당사자간의 합의가 있고 다음날 24시간의 휴무가 보장되어 있는 경우에는 그 요건을 갖췄다고

보아야 한다는 해석이 가능합니다.

> **Q '파견근로자'를 감시적·단속적 근로자를 승인을 받으려면 파견사업주와 사용사업주 중 누가 승인을 받아야 하는 건가요?**
>
> 저희 회사는 근로자파견회사에요. 그런데 사용회사에서 파견된 근로자를 감시적·단속적 근로자로 승인을 받아달라고 합니다. 이 승인을 파견회사에서 신청을 하는 것인지, 아니면 사용회사에서 하는 것이 맞는지 궁금해서요. 관련규정이 있나요?

A 법상에 직접적인 관련규정은 없지만 '근로시간 등의 적용제외 승인 신청'의 사용자는 사용사업주입니다.

① **쟁점** : 이 사안은 파견근로자에 대하여 근로시간 등의 적용제외 승인 신청을 할 때 신청주체가 파견사업주인지, 아니면 사용사업주인지에 대한 문제로, 이에 관한 관련규정이 있는지가 쟁점입니다.

② **관련 행정해석** : 파견근로자의 경우 근로기준법상 근로시간·휴게·휴일에 관한 규정 및 같은 법 제63조 규정의 적용에 있어서는 '파견근로자보호 등에 관한 법률' 제34조제1항에 따라 사용사업주를 사용자로 보고 있고, 파견대상이 되는 업무에 종사하는 자가 '감시·단속적 근로에 종사하는 자'에 해당되어 승인 요건에 부합되는지 여부도 그 업무를 수행하고 있는 장소에서 판단되어져야 하므로 '근로시간 등의 적용제외 승인 신청'의 사용자는 사용사업주로 보아야 할 것입니다(근로기준과 1557, 2010.6.30.).

③ **근로기준법 적용을 근거로 한 유추해석** : '근로시간 등의 적용제외 승인 신청'의 사용자는 사용사업주라는 명시적인 규정은 없지만 파견사업주와 사용사업주 중 근로기준법상 근로시간·휴게·휴일에 관한 규정은 사용사업주에게 적용되는 규정인 점을 감안하면 이 근로시간 등의 규정을 적용제외하기 위한 승인신청의 주체는 당연히 사업주라고 해석하는 것이 합당할 것입니다.

④ **결론** : 직접적인 관련규정은 없지만 근로기준법상 근로시간·휴게·휴일에 관한 규정이 사용사업주에게 적용되는 규정인 점을 감안하면 감시적·단속적 근로자

로 승인신청을 해야 하는 주체는 사용사업주입니다.

Q 감시적·단속적 근로자로 승인을 받았다면 '근로자의 날'에 근무해도 가산수당을 안줘도 되는게 맞는지요?

저희 회사에는 감시적·단속적 근로자로 승인을 받은 근로자들이 있는데요, 승인을 받으면 근로시간, 휴게, 휴일에 관한 규정이 적용되지 않는다고 알고 있습니다. 그렇다면 근로자의 날도 적용되지 않아 근무해도 가산수당을 지급하지 않아도 되는지요?

A 감시적·단속적 근로자로 승인을 받으면 휴일에 관한 규정이 적용되지 않는 것은 맞지만 근로자의 날은 근로기준법 제63조에 의하여 적용이 배제되는 휴일이 아니므로 근무시 가산임금을 지급해야 합니다.

① **쟁점** : 이 사안은 감시적·단속적 근로자로 승인을 받으면 휴일에 관한 규정이 적용되지 않으므로 '근로자의 날'도 마찬가지로 근무를 해도 가산수당을 지급하지 않아도 무방한지가 쟁점입니다.

② **관련 행정해석** : 근로기준법 제63조에 의하면 감시 또는 단속적 근로자로서 고용노동부의 승인을 얻은 경우에는 같은 법 제4장과 제5장에서 정한 근로시간, 휴게와 휴일에 관한 규정은 적용하지 아니합니다.

그러나 근로자의 날은 "근로자의날제정에관한법률"에 의해 유급휴일로 특정되어 있으므로 근로기준법 제63조에 의하여 적용이 배제되는 휴일에는 포함되지 아니하므로 근로자의 날에 근로를 하였을 경우에는 근로기준법 제56조에 의한 임금을 지급하여야 합니다(근기 68207-930, 1994.06.09.).

③ **근로기준법 제63조에서의 휴일의 범위** : 동법 제63조에 의해 적용이 제외되는 휴일은 '근로기준법 제55조의 주휴일'만을 의미하는 것으로, '근로자의날제정에관한법률상의 유급휴일'이나 취업규칙이나 단체협약상의 유급휴일까지 포함하는 개념의 휴일은 아닙니다.

따라서 '근로시간 등의 적용제외 승인'을 받았음에도 휴일에 관한 규정을 적용한다고 취업규칙이나 단체협약에 규정하고 있다면 감시적·단속적 근로자에 대하여도 휴일에 관한 규정을 적용해야 한다는 것입니다.

④ **결론** : 근로자의 날은 근로기준법 제63조에 의하여 적용이 배제되는 휴일에는 포함되지 아니하므로 근로자의 날에 근로를 하였다면 근로기준법 제56조에 의한 휴일근로가산수당을 지급하여야 합니다.

Q 취업규칙의 휴게시간을 변경하려 할 때 감시적·단속적 근로자에 대하여도 동의를 받아야 하는지요?

이번에 저희 회사측에서 취업규칙의 내용 중에 휴게시간에 대하여 변경을 하려고 하는데요, 감시적·단속적 근로자들에게도 불이익변경으로 보아 동의를 받아야 하는지요?

A 감시적·단속적 근로자로서 승인을 받은 경우 근로시간 및 휴게·휴일에 관한 규정이 적용되지 아니하므로 동의를 받을 대상은 아닙니다.

① **쟁점** : 이 사안은 취업규칙의 근로시간과 휴일, 휴게에 관한 규정을 불이익하게 변경할 때 감시적·단속적 근로자들에 대하여도 동의를 받는 것이 맞는지, 즉 동의를 받아야 할 대상으로 보아야 하는지가 쟁점입니다.

② **적용제외규정을 변경하는 경우 동의대상인지 여부** : 감시적·단속적 근로자로서 적용제외 승인을 받은 자는 동법 제63조에 의거 근로시간 및 휴게·휴일에 관한 규정이 적용되지 아니하므로 취업규칙 중에서 근로시간 및 휴게·휴일에 관한 규정을 변경할 때에는 감시적·단속적 근로자는 동의대상은 아니라고 할 수 있습니다.

③ **감시적·단속적 근로자에게도 동의를 받아야 한다는 견해** : 이 견해는 비록 감시적·단속적 근로자에게는 적용되지 않지만 전체 근로자들에게 불리한 변경의 경우에는 동의대상으로 보아야 한다는 견해가 있는데, 이 견해에 대하여는 반대의견입니다.

왜냐하면 실질적으로 불이익하게 변경된 취업규칙의 적용을 받는 근로자들(일반 근로자들)에게 불이익을 줄 수 있기 때문으로, 예를 들어 일반 근로자가 10명이고 감시적·단속적 근로자가 10명인 사업장에서 근로시간과 휴일, 휴게시간에 관한 규정을 불이익하게 변경하려고 할 때, 일반 근로자는 10명 중 1명만 동의를 했음에도 감시적·단속적 근로자 10명 모두가 동의를 하면 근로자 과반수의 동의를 받았으므로 적법한 변경절차를 거친 것이 되어 실제로는 변경되는 규정의 적용을 받지도 않는 감시적·단속적 근로자들이 일반 근로자들의 근로조건을 불이익하게 변경하게끔 영향을 미치는 부작용이 발생할 여지가 있기 때문으로, 적용을 받지 않는 대상은 동의대상에서 제외하는 것이 바람직하다고 봅니다.

④ **결론** : 변경되는 휴게시간의 적용을 받는 일반 근로자들에 대하여만 동의를 받는 것이 합당하고, 휴게시간의 변경이 불이익한 변경이라면 이 일반 근로자들의 과반수의 동의를 받아 취업규칙을 변경해야 함은 당연합니다.

Q 감시적·단속적 근로자에게도 야간근로수당은 지급해야 하는 것인지요?

감시적·단속적 근로자로 승인을 받으면 근로시간과 휴일에 관한 규정 등 근로기준법 제4장과 제5장이 적용제외된다고 알고 있는데요, 그렇다면 제4장에 있는 야간근로수당은 적용되는지요, 적용되지 않는지요?

A 근로기준법 제63조는 제4장과 제5장에서 정한 근로시간, 휴게와 휴일에 관한 규정을 적용제외한다는 것이므로 야간근로수당은 적용됩니다.

① **쟁점** : 이 사안은 감시적·단속적 근로자로 승인을 받으면 근로기준법 제4장과 제5장이 적용제외되는데, 제4장에 규정되어 있는 야간근로수당도 적용제외되는지에 관한 문제입니다.

② **관련 행정해석** : 근로기준법 제63조제3호에 해당하는 감시, 단속적 근로자로서 노동부장관의 적용제외 승인을 얻은 경우에는 동법 제4장과 제5장에서 정한 근로시간, 휴게와 휴일에 관한 규정은 적용하지 않습니다.

따라서, 법정근로시간을 초과한 연장근로 및 휴일근로에 대해서는 동법 제56조에 의한 가산수당을 지급할 필요가 없으나 야간근로(22:00~익일 06:00)에 대해서는 동법 제56조에 의한 야간근로가산수당이 지급되어야 합니다(근기 68207-3172, 근기 01254-13370, 법무 811-7212, 근기 01254-5549).

③ **근로기준법 제63조 내용의 상세한 검토** : 근로기준법 제63조의 내용을 상세하게 검토해 보면 "제4장과 제5장에서 정한 근로시간, 휴게와 휴일에 관한 규정을 적용제외한다"라고 규정하고 있으므로 연장근로와 휴일근로에 대한 가산수당은 적용되지 않아 지급하지 않아도 무방하지만 '야간근로'를 적용제외한다는 명시규정은 없으므로 야간근로에 대하여는 동법 제56조에 의해 야간근로가산수당을 지급해야 합니다.

④ **야간근로에 관한 규정은 적용제외되지 않는 이유** : 근로자수가 5인 이상인 때에는 야간근로가산수당은 지급(기준 1455.3-10674, 1968.11.15 등 다수)하여야 하는 바, 야간근로에 관한 규정이 적용제외되지 않는 이유는 야간근로는 시간의 길이에 관한 규제가 아니라 시간의 위치에 따른 규제로 보기 때문입니다(임금근로시간정책팀-3848, 2006.12.20.).

⑤ **결론** : 근로기준법 제63조의 승인을 받아 적용이 제외되는 규정은 동법 제4장과 제5장 전체규정이 아니라 '제4장과 제5장에서 정한 근로시간, 휴게와 휴일에 관한 규정'에 한정되는 것이므로 야간근로수당은 적용제외규정이 아님을 알아두어야 합니다.

Q 감시적·단속적 근로자의 최저임금 위반여부는 어떻게 판단하나요? 총근로시간수는 몇시간인가요?

감시적·단속적 근로자가 받는 임금이 최저임금에 위반되는지를 알아보려면 시간급을 알아야 하고, 시간급을 알려면 총근로시간수를 알아야 하는 것으로 아는데요, 이런 것들을 알려면 어떻게 해야 하는지 방법 좀 알려주세요.

A 최저임금 미달여부를 판단하기 위한 시간급 환산은 임금총액을 그 기간의 총근로시간수로 나누면 됩니다.

① **쟁점** : 이 사안은 최저임금에 미달하는지 여부를 판단하기 위한 방법에 관한

문제로, 최저임금 미달여부를 판단하기 위해서는 시간급을 알아야 하고, 시간급을 알기 위해서는 총근로시간수를 알아야 하는데, 그 총근로시간수를 어떻게 산정하는지가 쟁점입니다.

② **감시적·단속 근로자의 시간급 환산을 위한 총근로시간수** : 1일 24시간 근로를 전제로 하는 경우 시간급(임금) 환산을 위한 총근로시간수는 다음과 같습니다. 만약 1일 근로시간 중에 휴게(휴식)시간이 있는 경우에는 이를 제외하고 총 근로시간수를 산정하면 됩니다(임금근로시간정책팀-3848, 2006.12.20.).

※ 1일 : 28시간(24시간+야간근로가산수당환산분 4시간)

※ 1주 : 98.3시간(28시간×365일÷2)÷52주

※ 1월 : 426시간(28시간×365일÷2)÷12개월

③ **최저임금 미달여부 판단** : 임금총액을 위 총근로시간수로 나누면 시간급이 산정되고, 그 시간급이 최저임금을 상회하면 최저임금을 위반한 것이 아니고 최저임금에 미달하면 최저임금에 위반하는 것입니다.

2. 일·숙직 근로

가. 일·숙직 근로의 개념과 관련 쟁점사항

일·숙직 근로라 함은 본래의 근로시간 이외에 야간이나 휴일에 사업장의 안전시설 및 보안 등의 문제로 감시업무를 수행하는 것으로, 이 일직 및 숙직한 시간을 근로기준법상 근로시간으로 보아야 하는지, 근로시간으로 본다면 근로기준법 제56조의 연장,휴일,야간근로수당을 지급해야 하는지 등의 종합적인 검토가 필요합니다.

나. 일·숙직 근로의 법적 근거

일·숙직 근로에 대한 법적 근거가 있는지를 검토해 볼 필요가 있는데, 명시적인 법적 근거는 없고 다만 근로기준법 제50조제2항의 '대기시간 등'을 일숙직 근로의 법적 근거로 볼 수 있는지에 대하여 검토해 볼 필요는 있어 보입니다.

근로기준법 제50조제2항은 “작업을 위하여 근로자가 사용자의 지휘·감독 아래에 있는 대기시간 등은 근로시간으로 본다”라고 규정하고 있는데, 여기서의 대기시간은 ‘작업을 위하여 사용자의 지휘·감독 아래에 있는’ 시간으로 일숙직 근로 중에서도 ‘본래의 업무와 유사한 근로를 병행하는 일숙직 근로’가 여기에 해당할 여지는 있어 보이나 동법 제50조제2항을 법적 근거로 삼기에는 논란의 여지가 있어 고용노동부 행정해석을 그 근거로 삼아 검토해보도록 하겠습니다.

다. 일·숙직 근로자에 대한 노무관리지도지침(근기 01254-3286, 1988.03.04.)

(1) 목 적

사업장 근로자가 본래의 담당업무 이외의 시간에 일·숙직근로를 할 경우 근로기준법 제56조의 규정에 의한 휴일·연장·야간근로로 볼 것인가, 또 그에 따른 법정수당을 가산한 임금을 지급할 것인가에 대한 다툼이 있어 이에 대한 지침을 마련하여 사업장 노무관리지침으로 운영코자 합니다.

(2) 일·숙직근로의 정의

일·숙직근로라 함은 본래 담당업무와 별개의 근로로서 근로의 내용이 사업장시설의 정기적 감시, 긴급문서 또는 전화의 수수 기타 돌발사태 발생을 대비한 준비 등 경미한 내용의 근로를 단속적으로 수행하는 것을 말합니다.

(3) 일·숙직근로의 실태

㉠ 일·숙직근로의 정의에서 말하는 내용의 전형적인 형태의 일·숙직근로.

㉡ 일·숙직근로시간중에 ㉠의 전형적인 일·숙직 업무와 병행하거나 따로 본래의 업무와 같거나 유사한 근로를 계속함으로써 본래의 업무와 명확하게 구분하기 어려운 일·숙직근로.

(4) 노무관리지도지침

㉠ 일반원칙

① 사업장 취업규칙(복무규정, 일·숙직규정 등 내규)이나 사용자의 일반적 지휘·감독권에 근거한 지시(명령), 또는 관행으로 이루어지고 있는 일·숙직은 본래의 업무와는 별도의 부수적 근로계약이 이루어진 것으로 본다.

② 휴일·연장·야간근로라 함은 근로자의 본래의 업무를 휴일이나 기본근로시간 이외의 연장시간 또는 야간에 근로하는 것을 말하므로, 본래의 업무와 다른 일·숙직근로는 휴일·연장·야간근로로 볼 수 없으므로, 이에 따른 본래의 통상임금을 기준으로 한 근로기준법 제56조의 수당지급의 문제는 발생하지 아니한다.

③ 일·숙직근로에 대하여 일정액의 수당을 지급하는 경우에는 그것이 실비변상이라고 할 만한 특별한 사정이 없는 한 이는 일·숙직근로의 대가인 임금으로 본다.

④ 일·숙직을 본래의 업무로 하는 근로자에 대하여는 이 지침의 적용대상에서 제외한다.

㉡ 형태별 노무관리지도지침

① 일·숙직근로실태 ㉠의 경우 "i)"의 일반원칙에 의거 지도하되 일·숙직시간이 장시간인 경우에는 근로기준법 제63조에 의한 적용제외인가를 받도록 지도할 것.

② 일·숙직근로실태 ㉡의 경우에 일·숙직시간중에 수행하는 업무의 노동강도가 경미할 경우에는 일·숙직근로실태 ㉠의 경우와 같이 지도할 것.

③ 일·숙직근로실태 ㉢의 경우라도 노동의 강도가 본래의 업무와 유사하거나 상당히 높을 경우에는 i) 본래의 업무와 별도로 일·숙직수당이 지급되고 있는가를 판단하여 본래의 업무에 상당한 임금이 지급되도록 할 것, ii) 본래의 업무에 대한 임금액에 일·숙직 임금까지 포괄하여 결정되었을 경우에는 별도의 임금 지급문제는 발생하지 아니하나, 근로시간에 관하여는 일반적으로 일·숙직 다음 근무일을 휴무로 하고 있으므로, 이를 감안하여 근로기준법 제63조에 의한 근로시간 및 휴게시간의 특례승인을 얻는 등 합리적인 근로시간 관리가 되도록 할 것.

라. 대법원 판례(대법 90다카13465, 1990.12.26.)

대학병원의 약사의 숙·일직근무의 내용이 통상의 근로에 해당한다고 인정하기 위하여는 숙·일직시의 근무가 통상의 근무시간의 구속으로부터 완전히 벗어난 것인가, 또는 통상의 근무의 태양이 그대로 계속되는 것인가의 여부, 숙·일직근무 중 입원환자 또는 응급환자에 대한 투약을 위한 조제 등의 본래의 업무에 종사하게 되는 빈도 내지 시간의 장단, 숙직근무시 충분한 수면시간이 보장되는지의 여부 등을 충분히 심리하여 숙·일직근무의 태양이 그 내용과 질에 있어서 통상근무의 태양과 마찬가지라고 인정될 때에 한하여 숙·일직근무를 통상의 근로로 보아 이에 대하여 통상임금 및 근로기준법 제56조 소정의 가산임금을 지급하도록 하여야 하고, 숙·일직근무가 전체적으로 보아 근로의 밀도가 낮은 대기성의 단속적 업무에 해당할 경우에는 숙·일직근무 중 실제로 조제 등의 업무에 종사한 시간에 한하여 위 법 소정의 가산임금을 지급하도록 하여야 할 것입니다.

마. 일·숙직 근로와 임금지급문제

① 전형적인 형태의 일·숙직근로(근로의 밀도가 낮은 대기성의 단속적 업무에 해당할 경우) : 근로기준법 제56조의 할증임금이 적용될 여지는 없고 별도로 일정액의 일숙직수당을 지급하는 것이 일반적이고, 일정액의 일숙직수당만을 지급해도 법위반의 문제는 발생할 여지는 없습니다.

② 본래의 업무와 명확하게 구분하기 어려운 일·숙직근로(노동의 강도가 본래의 업무와 유사하거나 상당히 높을 경우) : 기존에 일정액의 일숙직수당을 지급되고 있다면 통상임금과 할증임금(동법 제56조)에서 일숙직수당을 제한 차액만큼 추가로 지급해야 합니다.

③ 전형적인 일·숙직과 본래의 업무가 혼재되어 있는 경우(근로의 밀도가 낮은 대기성의 단속적 업무 중에 본래의 업무를 수행하는 시간이 있는 경우) : 일·숙직근무 중 실제로 본래의 업무에 종사한 시간이 있다면 그 시간에 한하여 동법 소정의 가산임금을 지급하여야 할 것입니다.

Q **'여성근로자'에게 일·숙직을 하게 하려면 고용노동부장관의 인가를 받아야 하나요?**

저희 회사는 여성근로자가 많은 편인데요, 그래서 부득이 여성들도 일숙직을 해야 하는 상황입니다. 그런데 법에 보면 여성에게 야간근로와 휴일근로를 시키려면 동의를, 임산부에게 시키려면 장관의 인가를 받도록 하는 규정이 있잖아요. 일숙직을 하는 경우에도 이 법규정을 적용받나요?

A **전형적인 일숙직의 경우는 동의 및 인가대상이 아니고, 다만 본래의 업무와 유사하거나 노동강도가 높은 일숙직의 경우에는 동의 및 인가대상입니다.**

① **쟁점** : 이 사안은 여성근로자에게 야간근로와 휴일근로를 시키기 위해서는 근로자의 동의를, 연소자와 임산부의 경우에는 동의와 고용노동부장관의 인가를 받아야 하는데, 일숙직도 야간근로와 휴일근로에 해당하여 위 동의와 인가대상으로 보아야 하는지가 쟁점입니다.

② **관련 행정해석** : 야간·휴일근로라 함은 근로자가 본래의 업무를 휴일이나 기본 근로시간 이외에 수행하는 것으로서, 본래의 담당업무와 별개의 업무수행을 위하여 부수적으로 행하는 '전형적인 일·숙직'의 경우에는 인가대상이 아니고, 일·숙직을 하는 경우라면 통상의 업무를 수행하고 노동의 강도가 본래의 업무와 유사하거나 상당히 높은 '유사 일·숙직'의 경우에는 통상근로로서 인가대상이 되는 야간·휴일근로에 해당된다고 판단됩니다(여성고용과-1309, 2004.06.22.).

당·숙직수당은 통상근로와 달리 사업장내 시설이나 장비 등을 유지 보호하기 위해 특별히 근로한데 대한 대가이므로 연장근로 또는 야간근로와는 그 성질이 다른 것입니다(근기 01254-7859, 1987.05.15.).

③ **'전형적인 일·숙직'과 '유사 일·숙직'** : 고용노동부 행정해석은 일·숙직을 '전형적인 일·숙직'과 '유사 일·숙직'으로 구분하여 전자는 통상근로에 해당하지 않는 것으로 판단하여 별도로 일정액의 일숙직수당을 지급해도 무방한 것으로 보고 있고, 후자는 통상근로로 인정하여 동법 제56조의 할증임금도 지급해야 하는 대상으

로 보고 있을 뿐만 아니라 동법 제70조 야간근로와 휴일근로의 동의(여성) 및 인가(연소자와 임산부)대상으로 보고 있습니다.

만약 '전형적인 일·숙직'이라 하더라도 중간 중간에 본래의 업무를 수행한다면 그 시간은 통상근로시간으로 볼 수 있으므로 그 시간에 대하여는 동법 제56조의 할증임금을 지급해야 하고, 동법 제70조의 동의와 인가를 받아야 할 것입니다.

Q 통상근무 전후에 지도근무를 하는 것은 일숙직에 해당하여 연장근로수당을 지급하지 않아도 되는지요?

저희 회사는 운송회사인데요, 저는 1주일에 한번꼴로 통상근무시간 전후하여 1시간 정도씩 노선지도근무를 합니다. 그런데 회사에서는 이 노선지도근무는 일숙직근무와 성질이 같은 것이기 때문에 연장수당을 지급하지 않고 식권으로 줘도 법적으로 문제가 없다고 합니다. 회사측 말이 맞는 건가요?

A 업무내용이 통상근로와 동일시 평가되는 경우에는 일숙직 근로라고 볼 수 없으므로 연장근로수당을 지급해야 합니다.

① **쟁점** : 이 사안은 부정기적으로 수행하는 노선지도근무가 일숙직 근로에 해당하는지, 노선지도근무에 대한 보상으로 식권을 대체지급해도 문제는 없는지, 상당한 기간동안 식권을 수령하면서 아무런 이의를 제기하지 않았기 때문에 묵시적으로 합의했다고 보아 연장근로수당을 지급하지 않아도 되는 것인지 등이 쟁점입니다.

② **관련 판례** : 일반적으로 일·숙직이라 함은 정기적 순찰, 전화와 문서의 수수, 기타 비상사태 발생 등에 대비하여 시설내에서 대기하고 있는 것으로서 그 자체의 노동의 밀도가 낮고 감시·단속적 노동인 경우가 대부분이어서 이러한 업무는 관행적으로 정상적인 업무로 취급되지 아니하여 별도의 근로계약을 필요로 하지 아니하며 원래의 계약에 부수되는 의무로 이행되어야 하는 것으로서 정상근무에 준하는 임금을 지급할 필요가 없고, 야간·연장·휴일근로수당 등이 지급되어야 하는 것도 아니며, 관례적으로 실비변상적 금품이 지급되고 있다는 등의 특징이 있으나, 이러한 감시·단속적인 일·숙직이 아니고 일·숙직시 그 업무의 내용이 본래의 업무

가 연장된 경우는 물론이고 그 내용과 질이 통상의 근로와 마찬가지로 평가되는 경우에는 그러한 초과근무에 대하여는 야간·연장·휴일근로수당 등을 지급하여야 할 것이다.

시내버스 운송사업회사의 총무부장이 부정기적으로 통상근무 전후에 노선지도근무를 한 경우, 이에 따른 근로가 당초부터 근로계약상의 의무로 정하여져 있지 아니할 뿐만 아니라 근로기준법 소정의 법정기준 근로시간을 초과한다면 그 근로의 내용이나 밀도가 평소의 업무에 비해 매우 낮거나 전혀 다른 내용의 근로이고 그에 대한 별도의 상당한 수당지급에 대한 약정이 있는 경우 등의 특별한 사정이 없는 한 그 업무가 그의 평소 관장업무인지 여부에 불문하고 소정의 연장시간근로에 해당한다고 보아야 한다.

회사가 근로자에게 일직근무 및 숙직근무에 대하여는 각 1회당, 노선지도근무에 대하여는 1시간당 일정한 금전이나 식권을 각 지급하여 근로자가 아무런 이의 없이 그 각 금원을 수령하였다고 하더라도 그것만으로 각 연장시간근로 및 휴일근로에 대한 수당을 청구하지 않기로 하는 묵시적 합의가 있었다고 볼 수 없다(대법 93다46254, 1995.01.20.).

③ **노선지도근무를 일숙직 근로로 볼 수 있는지의 문제** : 노선지도근무는 차량을 운전하여 시내버스 노선전체를 운행해야 하는 업무로, 단순히 정기적 순찰, 전화와 문서의 수수, 기타 비상사태 발생 등에 대비하여 시설내에서 대기하는 일숙직 근로와는 그 성질을 달리하는 업무로서 통상근로에 준하여 근로시간으로 보는 것이 맞다고 판단됩니다.

④ **노선지도근무에 대하여 식권을 지급해도 문제없는지의 문제** : 노선지도근무가 통상근로에 준하는 업무라면 이에 대한 대가로 식권을 지급하는 것은 '임금은 통화로 지급하여야 한다'는 근로기준법 제43조제1항에 위반되어 3년 이하의 징역 또는 2천만원 이하의 벌금형에 처해질 수 있습니다(동법 제109조).

⑤ **묵시적 합의로 보아 연장근로수당을 지급하지 않아도 무방한지의 문제** : 상당한 기간동안 식권을 받으면서 이의제기를 하지 않은 것을 연장근로 및 휴일근로에 대한 수당을 청구하지 않기로 하는 묵시적 합의를 했다고 해석하는 것은 부당할 뿐만 아니라 근로기준법 제56조에 반하는 해석입니다.

설사 위와 같은 합의서를 작성했다고 하더라도 이것은 동법 제56조에 반하여 무효이고, 연장근로 및 휴일근로에 대한 수당을 지급하지 않으면 3년 이하의 징역 또는 2천만원 이하의 벌금형에 처해질 수 있습니다(동법 제109조).

Q 일·숙직수당은 임금인가요? 임금이라면 평균임금에 포함되나요?

저희 회사는 1주일 한번 정도씩 일숙직을 서는데요, 일정액의 수당을 임금과는 별도로 지급합니다. 이 수당의 액수가 무시하지 못할 만큼 많습니다. 그런데 회사는 퇴직금 산정할 때 이 일숙직수당을 제외했더라구요. 이 수당도 평균임금에 포함시켜야 하는 것 아닌가요?

A 임시적으로 단순히 실비변상으로 지급된 경우를 제외하고 평균임금에 포함되므로 퇴직금 산정할 때 산입해야 합니다.

① **쟁점** : 이 사안은 일숙직 근로에 대하여 지급하는 일정액의 일숙직수당은 임금에 해당하는지, 임금에 해당한다면 평균임금에 해당하여 퇴직금 산정시 산입하여야 하는지가 쟁점입니다.

② 관련 행정해석 및 판례

ⓐ 평균임금 산정기초에 포함되는 임금의 범위에 대하여는 근로기준법령상 별도의 정함이 없으므로 당해 사업장의 취업규칙이나 단체협약 기타 근로계약에서 근로조건의 하나로서 전근로자에게 일률적으로 지급하도록 명시되어 있거나 관례적으로 지급하는 경우에는 평균임금 산정기초에 포함하여야 할 것인 바, 일·숙직수당이 근로조건의 하나로 취업규칙에 명시되어 있거나 관례적으로 지급하고 있다면 평균임금 산정기초에 포함시켜야 할 것입니다(근기 01254-8357, 1987.05.25.).

ⓑ 일·숙직은 휴일 또는 야간에 출근하여 구내의 순시, 문서나 전화의 수취, 화재 등 비상사태에 대비하는 근로로서 그 형태가 감시적이며, 근로자의 본연의 의무 내용과 다르다는데 그 특이성이 있는 것이며, 따라서 일직 및 숙직수당은 그 지급조건을 별도로 정할 수 있으나 근로의 대가로서 임금임에는 틀림없으며 평균임

금 산정에도 포함되어야 할 것입니다(관리 6850, 1969.06.20.).

ⓒ 일·숙직수당은 일반적으로 통상근로와 다른 특별한 근로에 대한 대가로서 지급되는 것이므로 산재보험료의 산정기초인 임금의 범위에 포함되어야 합니다(징수 01254-13141, 1985.07.18.).

ⓓ 급여규정 등에 의하여 지급되는 일·숙직비는 원칙적으로 평균임금 산정에 산입되나 그 금액 일·숙직비가 그외 임시적으로 단순히 실비변상으로 지급된 경우에 한하여는 평균임금 산정에 산입되지 않습니다(기준 1455.9-1930, 1970.02.26.).

③ **고용노동부 통상임금 판단기준 예시** : 동 판단기준예시 3-⑤에 "취업규칙 등에 미리 지급금액을 정하여 지급하는 일·숙직수당"은 평균임금이라고 명시하고 있습니다.

④ **임시적으로 단순히 실비변상으로 지급되는 일·숙직수당** : 임시적으로 실비변상으로 지급되는 일·숙직수당을 제외하고 일반적으로 지급되는 일·숙직수당은 임금에 해당하고 평균임금의 범위에 포함되므로, 퇴직금을 산정할 때 일·숙직수당을 포함하여 평균임금을 산정하여야 할 것입니다.

Q 근로계약을 체결할 때 일·숙직에 대하여 일정액의 수당을 지급하기로 했다면 본래의 업무를 하더라도 연장수당을 청구할 수는 없는지요?

제가 병원에 입사할 때 병원측에서 일숙직은 불가피하다는 말을 했고 그 대가로 일정액의 수당만을 지급한다고 했어요. 그런데 막상 일숙직을 하다보니 평소때의 업무와 큰 차이가 없더라구요. 이런 경우에는 병원측에 연장수당이나 휴일수당을 청구할 수는 없는 건가요?

A 일숙직할 때 근무내용이 통상근로와 같다면 근로계약 체결시에 고지했다고 하더라도 연장 및 휴일근로수당을 청구할 수 있습니다.

① **쟁점** : 이 사안은 근로계약 체결시에 일숙직근무가 불가피하고 일정액의 수당만을 지급한다는 사실을 고지했다면 연장 및 휴일근로수당을 추가로 청구할 수 없는지가 쟁점입니다.

② 관련 판례

ⓐ 일·숙직 근무는 대개 취업규칙(당직복무규정 등)이나 사용자의 일반적인 지휘·감독권에 근거한 지시 또는 관행으로 이루어지고 있어 이에 대해서는 본래의 업무와는 별도의 부수적 근로계약이 이루어진 것으로 보아야 할 것이므로, 병원에 입사할 당시 자신들의 업무성격상 일·숙직 근무가 필수적이란 사실을 당연히 예정하고 병원이 마련한 취업규칙 및 당직근무예규 등의 규정에 의거하여 일·숙직근무에 대한 대가로 소정의 당직수당만을 지급받게 된다는 것을 충분히 인식하고서 병원과 사이에 근로계약을 체결하였다면, 그 당직근무에 대한 대가로 소정의 당직수당만을 임금으로 지급받을 것을 전제로 하여 본래의 업무와는 별도로 부수적인 근로계약을 체결하였다고 보아야 할 것이고, 당직근무에 대한 대가로 근로계약에 따른 소정의 당직수당을 지급받으면 된다고 할 것이고 달리 위 당직근무가 본래업무의 연장임을 전제로 이에 대해서 시간외, 야간, 휴일근로수당을 청구할 수는 없는 것이라고 할 것이다(서울민사지법 90가합90460, 1992.09.24.).

ⓑ 시내버스 운송사업회사의 총무부장이 부정기적으로 통상근무 전후에 노선지도근무를 한 경우, 이에 따른 근로가 당초부터 근로계약상의 의무로 정하여져 있지 아니할 뿐만 아니라 근로기준법 소정의 법정기준 근로시간을 초과한다면 그 근로의 내용이나 밀도가 평소의 업무에 비해 매우 낮거나 전혀 다른 내용의 근로이고 그에 대한 별도의 상당한 수당지급에 대한 약정이 있는 경우 등의 특별한 사정이 없는 한 그 업무가 그의 평소 관장업무인지 여부에 불문하고 근로기준법 제56조 소정의 연장 및 휴일근로에 해당하여 그에 상응하는 수당을 지급해야 한다(대법93다46254, 1995.01.20.).

③ **근로기준법 제56조가 적용되지 않기 위한 요건** : 첫째, 관련 내용이 근로계약 또는 취업규칙에 규정되어 있고, 둘째, 근로의 내용이 통상근로와 비교하여 현저히 경미하고 단속적이라면 근로기준법 제56조가 적용되지 않습니다.

④ **근로계약 또는 취업규칙 등에 규정되어 있다면 근로내용이 어떠하든 동법 제56조는 적용되지 않는지의 문제** : 일숙직근무와 수당 등에 관한 내용이 취업규칙 등에 규정되어 있더라도 일숙직근무의 내용이 통상근로와 비교하여 유사하거나 근로의 강도가 비슷하다면 동법 제56조는 적용되는 것이 맞다고 판단됩니다.

왜냐하면 근로기준법 제50조는 1일 8시간, 1주 40시간을 초과하지 못하도록 규정하고 있고, 동법 제56조는 연장 및 휴일, 야간근로에 대하여 가산수당을 지급하도록 규정하고 있으며, 동법 제15조는 이 법에서 정하는 근로조건에 미치지 못하는 근로계약은 무효로 하고 있고, 동법 제96조는 취업규칙은 법령과 어긋나서는 안된다고 규정하고 있기 때문입니다.

⑤ **결론** : 근로계약 또는 취업규칙 등에 규정되어 있는지와 상관없이 일숙직근무를 할 때 근로내용의 근로강도가 가장 중요한 판단기준으로, 일숙직근무시 근로강도가 현저히 낮고 근무도 단속적이며, 감시업무나 문서수발이 대부분의 근무내용이라면 동법 제56조가 적용될 여지는 없습니다. 하지만 일숙직시 근로강도가 통상근로와 같다면 취업규칙 등의 규정여부와 상관없이 당연히 동법 제56조를 적용하여 연장근로수당 또는 휴일근로수당을 지급해야 할 것입니다.

교대제 근로

교대제 근로에 관한 상세한 내용은 고용노동부의 [교대제 근로자 근로기준법 적용지침]을 근거로 아래에서 검토해보도록 하겠습니다.

1. 교대제 근로의 의의

가. 교대제 근로의 개념

교대제 근로란 업무의 특성상 계속적인 가동이 필요한 경우 근로자를 둘 이상의 조(組)로 나누어 각각의 시간대에 일정한 주기로 교대근무하는 근로형태를 말합니다.

나. 교대제 근로의 순기능과 역기능

교대때문에 야간에도 사업을 정지할 수 없는 공공서비스 성격의 사업과 철강, 석유정제, 합성화학 등의 사업에서 원료로부터 제품까지의 생산과정이 연속공정으로 진행되어 작업을 중단할 수 없는 업무, 생산설비를 완전 가동시켜서 설비투자에 대한 상각을 짧은 기간에 달성하거나, 기업간 경쟁에서 이기기 위해 조업시간, 영업시간을 길게 해야 하는 사업부문에 필요한 근로형태이지만, 교대제 근로는 야간근로가 포함될 수 밖에 없는 구조이기 때문에 근로자들의 생체리듬에 악영향을 주어

간접적인 사회적 비용을 증대시키는 등 역기능도 고려해야 할 사항이므로 단순히 생산성 증대를 위한 교대제 근로는 지양되어야 할 근로형태 중의 하나입니다.

2. 교대제 근로의 노동법적 고찰

가. 교대제 근로의 유형

교대제 근로는 2조 격일제, 2조 2교대제, 3조 2교대제, 3조 3교대제, 4조 3교대제 등의 형태가 있습니다. 이 교대제 근로의 유형 중에서 4조이상의 교대제(4조 3교대제, 5조 3교대제 등)는 관련 법조항을 준수하면서 연중무휴의 가동이 가능하지만, 3조(3조 2교대제, 3조 3교대제) 형태의 교대제는 휴게시간을 충분히 부여할 경우 근무편성표상으로는 연중무휴의 가동이 가능하기는 하나, 연장근로가 상태화(常態化)되어 법 위반의 소지가 있어 연중무휴의 가동을 위한 교대제로는 적절하지 않습니다. 이에 반해 2조(2조 격일제, 2조 2교대제) 형태의 교대제는 관련 법조항을 준수하면서 연중무휴의 가동을 하는 것은 불가능합니다.

나. 교대제 근로의 노동법적 고찰

(1) 근로계약 체결시 설명의무

교대제 근로는 근로조건의 중요한 부분이므로 근로계약을 체결할 때에 교대제 근로를 근로조건으로 약정하는 경우 근로자에게 근로시간과 교대시간 등에 대하여 설명을 하고 근로자의 동의를 받아야 할 것입니다. 물론 일반적인 근로형태에서 교대제 근로로 변경하거나 새롭게 도입하고자 하는 경우 또한 근로자에게 설명하고 동의를 받아야 함은 당연합니다.

(2) 취업규칙의 필수적 기재사항

근로기준법 제93조는 제1호에서 '교대 근로에 관한 사항'을 필수적으로 기재하여 고용노동부에 신고·변경신고하도록 규정하고 있습니다. 교대제 근로에 관한 사항은 취업규칙의 필수적 기재사항이므로 교대제 근로를 도입할 경우에는 근로자 과반수의 의견을 청취하는 절차를 거쳐야 하고, 일반적인 근로형태에서 교대제 근로로 불이익하게 변경할 경우에는 취업규칙 변경에 대한 일반적인 법원리에 따라 근로자 과반수의 동의를 받아야 합니다.

(3) 주휴일의 법적 부여

교대제 근로형태의 경우에도 근로기준법 제55조의 주휴일은 반드시 부여해야 하므로 1주일에 1회 이상 미리 예측 가능하도록 지정하여 부여하여야 합니다. 주휴일은 0시부터 24시까지 역일(曆日)단위로 주되, 교대제 근로를 위해 불가피한 경우 1주일에 1회 이상 계속하여 24시간의 휴식이 부여되면 주휴일을 부여한 것으로 간주합니다.

(4) 법정기준근로시간

교대제 근로형태의 경우에도 근로기준법 제50조의 법정기준근로시간을 초과할 수 없으므로 휴게시간을 제외하고 1주 40시간, 1일 8시간을 초과할 수 없습니다. 따라서 교대제 근로형태에서 1일 8시간, 1주 40시간을 초과하는 근로시간에 대하여는 연장근로가산수당을 지급해야 합니다. 1일은 역일상 1일로 0시~24시까지이나, 계속 근무가 2역일에 걸친 경우에는 시업시각이 속한 날의 1일 근로로 보아 이 경우에도 연장근로가산수당을 지급해야 합니다.

(5) 연장근로(1주 12시간)의 제한

근로기준법 제53조는 당사자간의 합의로 1주 12시간을 한도로 연장근로가 가능하다고 규정하고 있고, 이 규정은 교대제 근로의 경우에도 그대로 적용되므로 연장근로를 위해서는 당사자간의 합의가 필요할 뿐만 아니라 1주 12시간을 초과할 수 없습니다.

따라서 2조 2교대제의 경우 연중무휴의 가동이 불가능하다고 보는 것은 바로 동 규정(§53)때문입니다.

근로기준법은 연장근로의 제한(§53)에 대한 예외규정들을 두어 임산부 및 연소자를 보호하고 있는데, 임신 중인 여성(§74)에 대하여는 연장근로를 금지하고 있고, 산후 1년 미만의 임산부(§71)는 1일 2시간, 1주 6시간, 1년 150시간으로 동법 제53조의 규정을 강화하여 연장근로를 제한하고 있으며, 18세 미만의 연소근로자(§69)에 대하여도 1일 1시간, 1주 6시간으로 동법 제53조의 규정을 강화하여 연장근로를 제한하고 있습니다.

(6) 휴게시간의 확보 및 연차·생리·출산전후휴가제도의 적용

근로기준법 제54조는 근로시간 4시간에 30분 이상, 8시간에 1시간 이상의 휴게시간을 근로시간 도중에 주어야 한다고 규정하고 있는데, 교대제 근로라 하더라도 동 규정을 그대로 적용해야 합니다.

근로기준법 제60조는 1년간 80퍼센트 이상 출근한 경우 15일의 연차유급휴가를 부여(2년 단위로 1일씩 가산, 25일 한도)한다고 규정하고 있는데, 이 규정 또한 교대제 근로자에게도 그대로 적용해야 합니다.

이외에도 생리휴가(§73), 출산전·후휴가(§74) 등 법정휴가제도는 교대제 근로자에게도 동일하게 적용됨을 알아두어야 합니다.

(7) 야간·휴일근로에 대한 가산임금지급

근로기준법 제56조는 야간근로(오후 10시부터 오전 6시까지 사이의 근로)와 휴일근로에 대하여는 가산임금(통상임금 50% 이상)을 지급하도록 규정하고 있는데, 이 규정은 예외없이 적용되는 규정으로 교대제 근로자에게도 당연히 적용됩니다.

근로기준법은 제70조에서 연소근로자와 임산부의 야간·휴일근로를 제한하기 위해 보호규정을 두고 있는데, 연소근로자의 경우에는 본인의 동의와 고용노동부장관의 인가를 받아야 하고, 임산부의 경우에는 본인의 동의·명시적 청구와 고용노동부장관의 인가를 받도록 하고 있습니다.

(8) 근로시간·휴게시간의 특례사업(§59) 및 근로시간 등의 적용제외(§63)

근로기준법 제59조는 운수업, 광고업, 의료사업 등은 근로자대표와의 서면합의로 1주 12시간의 연장근로를 초과할 수 있고 휴게시간(§54)을 변경할 수 있다고 규정하고 있고, 동법 제63조는 농림사업, 축산, 수산사업, 승인을 받은 감시적·단속적 근로자, 관리감독 및 기밀취급업무 종사자의 경우에는 근로시간에 관한 규정을 적용제외한다고 규정하고 있어 사실상 연장근로의 제한을 두고 있지 않습니다.

동 규정(§59, §63)에 의하면 연장근로의 제한이 없으므로 3조 또는 2조 등 교대조 형태와 상관없이 연중무휴의 가동이 가능하다는 결론에 도달합니다. 뿐만 아니라 동법 제63조에 해당하는 사업은 연장·휴일근로에 대한 가산임금도 지급하지 않고 연장근로와 휴일근로를 제한없이 근로하게 할 수 있다는 불합리한 측면이 있으므로 이에 대한 입법적 고찰이 필요하다고 봅니다.

3. 교대제 근로의 유형별 검토

가. 2조 격일제

(1) 개 념

교대조를 2개조로 나누어 1개조가 24시간 연속근무를 2역일에 걸쳐 반복하여 근무하는 형태로, 오전 7시에 출근하여 익일 오전 7시까지 근무하고 퇴근하는 형태입니다. 우리나라에서 일반적으로 볼 수 있는 2조 격일제의 형태는 아파트 경비업무로 근무편성표는 다음과 같습니다.

〈근무편성표〉

일수 / 교대조	제1일	제2일	제3일	제4일	제5일	제6일	제7일
1조	근무		근무		근무		근무
2조		근무		근무		근무	

※ 근무 : 7시 ~ 다음날 7시까지

(2) 2조격일제와 감시적·단속적 근로의 관계

2조 격일제라하더라도 사실상 1일 24시간동안 계속하여 근무하는 것은 현실적으로나 법적으로 불가능한 교대제로, 2조격일제가 가능하기 위해서는 휴게시간이 상당부분 차지하거나 법상 근로시간이 적용되지 않아야만 가능할 것인데, 감시적·단속적 근로의 승인요건인 근로감독관집무규정 제68조제1항제3호는 휴게시간이 8시간 이상 확보되어 있거나 당사자간의 합의가 있고 다음 날 24시간의 휴무가 보장되어야 한다고 규정하고 있는 점과 근로기준법 제63조는 승인을 받은 감시적·단속적 근로자는 근로시간이 적용제외된다고 규정하고 있는 점을 감안하면, 2조격일제는 현실적으로나 법적으로 감시적·단속적 근로의 경우에만 가능한 교대제 형태라고 볼 수 있을 것입니다.

(3) 1주 7일 계속근무를 위한 근로시간

2조격일제의 형태로 1주 7일 계속 가동을 위해서는 1조는 4일간 근무하면서 1일 최대 11시간(연장 3시간, 휴게 1시간 제외)까지 근무하고, 2조는 3일간 근무하면서 1일 최대 12시간(연장 4시간, 휴게 1.5시간 제외)까지 근무하면 됩니다.

하지만 실제로 아파트 경비업무의 경우 위와 같은 근로시간으로 근무하는 형태는 거의 없고, 위와 같은 근로시간의 설정은 현실적으로 불가능함에도 2조격일제의 근무형태를 가능하게 하는 것은 근로기준법 제63조와 근로감독관집무규정 제68조제1항제3호나목(당사자간의 합의가 있고 다음날 24시간의 휴무가 보장되어 있는 경우-감시적·단속적 근로의 승인요건)의 규정입니다.

실제로 2조격일제의 경비업무는 근로기준법 제53조(1주 12시간 연장근로의 제한)에 반하지만 동법 제63조제3호에 의해 근로시간이 적용제외되기 때문에 가능한 것이고, 동법 제63조가 적용되기 위해서는 감시적·단속적 근로의 승인요건(근로감독관집무규정 제68조제1항제3호)을 충족해야 하기 때문입니다.

(4) 2조격일제가 가능한 사업

위에서 이미 살펴본 바와 같이 제조업과 같은 일반 사업장은 1일 24시간 계속

근무하는 근무편성은 법적으로 불가능합니다. 하지만 근로기준법 제59조는 운수업, 광고업, 의료사업 등은 근로자대표와의 서면합의로 1주 12시간의 연장근로를 초과할 수 있고 휴게시간(§54)을 변경할 수 있다고 규정하고 있고, 동법 제63조는 농림사업, 축산, 수산사업, 승인을 받은 감시적·단속적 근로자, 관리감독 및 기밀취급 업무 종사자의 경우에는 근로시간에 관한 규정을 적용제외한다고 규정하여 2조격일제가 가능한 사업을 열거하고 있습니다.

근로시간 및 휴게시간의 특례 사업(§59) 및 근로시간 등의 적용제외 업무(§63)에 종사하는 근로자는 1일 24시간 계속적인 근무편성이 가능하므로 합법적인 범위 내에서 2조격일제의 운영이 가능합니다.

나. 2조 2교대제

(1) 개 념

〈근무편성표〉 (순환 : 1근무조 → 2근무조 → 1근무조)

일수 / 교대조	제1주		제2주	
	제1일~제5일	제6일~제7일	제8일~제12일	제13일~제14일
1조	1근무조	휴	2근무조	휴
2조	2근무조	휴	1근무조	휴

※ 1근무조 : 08시~20시, 2근무조 : 20시~익일 08시, 휴 : 1일의 휴일, 1일의 휴무일

교대조를 2개로 나누어 2개의 근무조가 1일을 전반기, 후반기로 나누어 근무순번을 1주 또는 2~4주단위로 계속 바꿔가면서 근무하는 형태로, 대부분 주야간으로 구분하여 1주일은 주간조, 1주일은 야간조로 교대하며 근무하는 형태를 말합니다.

(2) 1주 5일 계속근무를 위한 근로시간

1개조의 1일 12시간에서 10시간 24분을 근무하면 1일 연장근로시간이 2시간 24분이 되고 1주(5일) 연장근로시간은 12시간(2시간 24분×5일)이 되어 동법 제53조에 반하지 않습니다. 다만, 이 경우에는 1주 5일 가동방식으로 1일의 휴일과 1일의 휴무일을 일괄 부여해야 합니다.

1일 최대 20시간 48분까지 근무할 수 있는데, 이 경우에는 당사자간의 합의가 있어야 하고 다음 날 24시간의 휴무가 보장되어야 할 것입니다. 이 경우에도 연장근로와 야간근로에 대하여 가산임금을 지급해야 함은 당연합니다.

1일 12시간에서 10시간 24분을 근무한다는 것은 휴게시간이 1시간 36분이라는 것으로, 1일 휴게시간을 1시간 36분 이상 부여하면 법적 범위내에서 문제의 여지는 없습니다. 근로자들의 건강권 침해문제는 별론으로 합니다.

(3) 연소자와 임산부의 2조 2교대제 근로

연소자와 임산부에게도 2조 2교대제의 형태로 근로를 시킬 수 있는지 여부는 근로기준법 제70조가 규정하고 있습니다.

동법 제70조제2항은 18세 미만자의 경우 본인의 동의와 고용노동부장관의 인가를 받아야 하고, 산후 1년이 지나지 않은 여성은 본인의 동의와 장관의 인가를, 임신중의 여성은 본인의 명시적 청구와 장관의 인가를 받아야 한다고 규정하여 연소자와 임산부에게도 보호규정을 두었을 뿐 2조 2교대제의 근무를 시킬 수 있습니다.

다. 3조 2교대제

(1) 개 념

3개의 교대제를 두어 근무형태를 3조로 나누고, 1일 근로를 2근무로 나누어 1일 기준으로 2개조는 근무하고, 1개조는 휴무하는 형태를 취하는 것이 3조 2교대제입니다.

〈1주 5일 가동방식〉 (순환 : 1근무조 → 2근무조 → 휴무조 → 1근무조)

구분	제1주					
	1일	2일	3일	4일	5일	6일~7일
1조	휴	1근	2근	휴	1근	휴
2조	1근	2	휴	1근	2근	휴
3조	2	휴	1근	2근	휴	휴

구분	제2주					
	8일	9일	10일	11일	12일	13일~14일
1조	2근	휴	1근	2근	휴	휴
2조	휴	1근	2근	휴	1근	휴
3조	1근	2근	휴	1근	2근	휴

구분	제3주					
	15일	16일	17일	18일	19일	20일~21일
1조	1근	2근	휴	1근	2근	휴
2조	2근	휴	1근	2근	휴	휴
3조	휴	1근	2근	휴	1근	휴

※ 1근(1근무조) : 0시~8시, 2근(2근무조) : 8시~16시, 휴 : 휴무조, 휴 : 1일의 휴일, 1일의 휴무일

1주 5일 가동방식은 2개조는 3일간 1일 11시간(휴게 1시간 제외)근무하여 1주 33시간, 나머지 1개조는 4일간 1일 11시간(휴게 1시간 제외) 근무하여 1주 44시간 각각 근무하는 형태로, 3주마다 1주에만 44시간을 근무하여 4시간의 연장근로를 하는 것이나, 3주 평균 근로시간은 36.6시간 정도로 주 40시간을 초과하지 않습니다.

1주 5일 가동방식을 탄력적 근로시간제(3개월 이내)로 운영한다면 특정주 52시간, 특정일 12시간 이내에서 연장근로가산임금을 지급하지 않으면서 운영할 수 있기 때문에 이 운영방법을 모색하는 것이 좋을 듯 합니다.

〈1주 7일 가동방식〉 (순환 : 1근무조 → 2근무조 → 휴무조 → 1근무조)

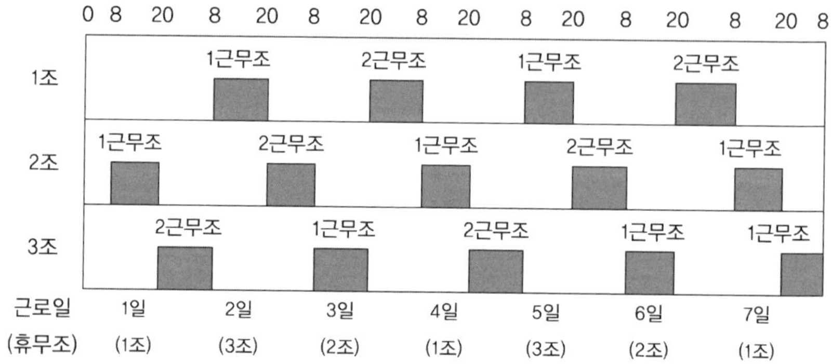

(단위 : 시간)

구분	근로일	실근로시간		휴게시간		연장근로시간	
		1일	1주	1일	1주	1일 기준시간 초과	1주 기준시간 초과
1조	4일	11	44	1	4	3	12
2조	5일	11	55	1	5	3	15
3조	5일	11	55	1	5	3	15

※ 1근무조 : 8시~20시, 2근무조 : 20시~다음날 8시, 휴무조 : 휴무

1주 7일 가동방식은 1개조는 4일간 1일 11시간(휴게 1시간 제외)을 근무하고, 나머지 2개조는 5일간 1일 11시간(휴게 1시간 제외) 근무하는 형태로, 4일간 근무하는 조는 1주 연장근로의 합계가 12시간이나, 나머지 5일 근무하는 2개조는 각각 15시간으로 법 위반의 문제가 발생합니다. 따라서 1주 7일 가동을 위해서는 5일 근무하는 2개조에서 휴게시간 1시간 36분 이상 부여해야 하고, 근로시간을 10.4시간(연장 2.4시간 포함)으로 하여야 법위반의 문제가 발생하지 않습니다. 연장근로의 상태화로 인한 근로자의 건강권 침해문제는 별론으로 합니다.

라. 3조 3교대제

(1) 개 념

3조 3교대제는 3개의 교대조를 두고 1일 근로를 3근무조로 나누어 각 교대조별로 근무조를 적절히 배합하여 운용하는 형태로 1주 5일 가동방식과 1주 7일 가동방식이 있습니다.

〈1주 5일 가동방식〉 (순환 : 1근무조 → 2근무조 → 3근무조 → 1근무조)

구분	제1주		제2주		제3주	
	제1일 ~제5일	제6일 ~제7일	제8일 ~제12일	제13일 ~제14일	제15일 ~제19일	제20일 ~제21일
1조	1근무조	휴	2근무조	휴	3근무조	휴
2조	2근무조	휴	3근무조	휴	1근무조	휴
3조	3근무조	휴	1근무조	휴	2근무조	휴

※ 1근무조 0시~8시, 2근무조 8시~16시, 3근무조 16시~24시, 휴 : 1일의 휴일, 1일의 휴무일

3조 3교대제하에서 1주 5일 가동방식은 각 근무조의 1일 근로시간은 7시간 30분(휴게 30분 제외)으로, 모든 근무조가 1일 7시간 30분, 1주 37시간 30분을 근무하여 연장근로가 없어 법위반의 문제는 발생하지 않으나, 1일의 휴일과 1일의 휴무일을 일괄 부여하므로 1주에 2일은 가동이 불가능한 형태라는 단점이 있습니다.

〈1주 7일 가동방식〉 주6일 근로(순환 : 3조 → 2조 → 1조 → 3조)

구분		1일	2일	3일	4일	5일	6일	7일
1주	1조	0~8(7.5)	0~12(11)	0~8(7.5)	0~12(11)	0~8(7.5)	휴 일(0)	0~8(7.5)
	2조	8~16	12~24	8~16	휴 일	8~16	0~12	8~16
	3조	16~24	휴 일	16~24	12~24	16~24	12~24	16~24
2주	1조	16~24	12~24	16~24	12~24	16~24	휴 일	16~24
	2조	0~8	0~12	0~8	휴 일	0~8	0~12	0~8
	3조	8~16	휴 일	8~16	0~12	8~16	12~24	8~16
3주	1조	8~16	0~12	8~16	12~24	8~16	휴 일	8~16
	2조	16~24	12~24	16~24	휴 일	16~24	0~12	16~24
	3조	0~8	휴 일	0~8	0~12	0~8	12~24	0~8

※ ( )는 법정휴게시간 부여시 실근로시간, 각 조는 1주 52시간 근무
※ 1근무조 0시~8시, 2근무조 8시~16시, 3근무조 16시~24시

3조 3교대제하에서 1주 7일 가동방식 중 주6일 근로형태는 쉬는 조가 없는 날은 각 조가 7시간 30분(휴게 30분 제외)씩 근무하고, 쉬는 조가 있는 날은 2개조가 11시간(휴게 1시간 제외)씩 근무하는 형태입니다.

따라서 각 조의 주당 총근로시간이 52시간(연장 12시간 포함)으로 연장근로가 상태화되어 있어 휴가활용시 법 위반소지가 있고, 또한 연장근로를 하면서 주40시간제를 6일제로 운영하는 것에 근로자가 쉽게 동의하지 않아 연중무휴로 가동하는 것은 적절하지 못한 면이 있습니다.

〈1주 7일 가동방식〉 주5일 근로(순환 : 3조 → 2조 → 1조 → 3조)

구분		1일	2일	3일	4일	5일	6일	7일
1주	1조	0~8(7.5)	0~12(11)	0~12(11)	휴 일(0)	0~12(11)	0~12(11)	휴 일(0)
	2조	8~16	12~24	휴 일	0~12	12~24	휴 일	0~12
	3조	16~24	휴 일	12~24	12~24	휴 일	12~24	12~24

2주	1조 2조 3조	16~24 0~8 8~16	12~24 0~12 휴 일	12~24 휴 일 0~12	휴 일 0~12 12~24	12~24 0~12 휴 일	12~24 휴 일 0~12	휴 일 0~12 12~24
3주	1조 2조 3조	8~16 16~24 0~8	0~12 12~24 휴 일	12~24 휴 일 0~12	휴 일 12~24 0~12	0~12 12~24 휴 일	12~24 휴 일 0~12	휴 일 12~24 0~12

※ (　)는 법정휴게시간 부여시 실근로시간, 각 조는 1주 51.5시간 근무
※ 1조 : 0시~8시, 2조 : 8시~16시, 3조 : 16시~24시, 휴 : 1일의 휴일, 1일의 휴무일

3조 3교대제하에서 1주 7일 가동방식 중 주6일 근로형태는 쉬는 조가 없는 날은 각 조가 7시간 30분(휴게 30분 제외)씩 근무하고, 쉬는 조가 있는 날은 2개조가 11시간(휴게 1시간 제외)씩 근무하는 형태입니다.

따라서 각 조의 주당 총근로시간이 51.5시간(연장 11.5시간 포함)으로 연장근로가 상태화되어 휴가를 사용할 경우 법 위반 소지가 있고, 또한 연중무휴 가동시 근무시간대 간에 간격이 너무 짧거나 휴일이 불규칙하여 근로자 건강보호나 생산성 측면상 바람직하지 않습니다.

마. 4조 3교대제

(1) 개 념

4조 3교대제는 조를 4개조로 나누어 3개조는 3근무조로 나누어 교대 근무하고 1개조는 휴무하는 형태로, 교대제 근로 중에서 가장 바람직한 근무형태라고 할 수 있습니다.

① 3근 1휴 방식(순환 : 1근무조 → 2근무조 → 3근무조 → 1근무조)

3근 1휴 방식은 4조 교대제의 가장 전형적인 형태로 각 교대조가 3일 근무 1일 휴무를 규칙적으로 반복하는 방식으로 휴무 다음날에는 근무조가 전환되는 형태로, 12일을 주기로 9일 근무하고 3일은 쉬는데 휴일은 휴무일 중에 적정한 날을 정하여 휴일로 부여하면 됩니다.

〈근무편성표 ①〉

구분	1일	2일	3일	4일	5일	6일	7일	8일	9일	10일	11일	12일
1조	1근	1근	1근	휴	2근	2근	2근	휴	3근	3근	3근	야휴
2조	휴	2근	2근	2근	휴	3근	3근	3근	야휴	1근	1근	1근
3조	2근	휴	3근	3근	3근	야휴	1근	1근	1근	휴	2근	2근
4조	3근	3근	야휴	1근	1근	1근	휴	2근	2근	2근	휴	3근

〈근무편성표 ②〉

구분	1일	2일	3일	4일	5일	6일	7일	8일	9일	10일	11일	12일
1조	1근	2근	3근	야휴	1근	2근	3근	야휴	1근	2근	3근	야휴
2조	2근	3근	야휴	1근	2근	3근	야휴	1근	2근	3근	야휴	1근
3조	3근	야휴	1근	2근	3근	야휴	1근	2근	3근	야휴	1근	2근
4조	야휴	1근	2근	3근	야휴	1근	2근	3근	야휴	1근	2근	3근

※ 근 : 근무, 휴 : 휴무, 1일 8시간 근무, 야휴 : 야간근로 후의 휴무
※ 1근(1근무조) : 6시~14시, 2근(2근무조) : 14시~22시, 3근(3근무조) : 22시~6시

② 4근 1휴(2 → 1) 방식(순환 : 1근무조 → 2근무조 → 3근무조 → 1근무조)

4근 1휴방식은 각 교대조가 4일 근무하고 1일 휴무한 후 근무조를 변경하고, 4일 근무하고 2일 휴무한 후 다시 근무조를 변경하고, 4일 근무하고 1일 휴무한 후 또다시 근무조를 변경하는 형태로 이를 반복하는 방식입니다.

16일 주기로 12일을 일하고 4일을 쉬는데 그 중 1일은 야간근로 후 휴무를 해야 하고, 휴일은 휴무일 중에 적정한 날을 지정하여 휴일로 부여하면 됩니다.

구분	1일	2일	3일	4일	5일	6일	7일	8일	9일	10일	11일	12일	13일	14일	15일	16일
1조	2근	2근	2근	2근	휴	3근	3근	3근	3근	야휴	휴	1근	1근	1근	1근	휴
2조	휴	3근	3근	3근	3근	야휴	휴	1근	1근	1근	1근	휴	2근	2근	2근	2근
3조	3근	야휴	휴	1근	1근	1근	1근	휴	2근	2근	2근	2근	휴	3근	3근	3근
4조	1근	1근	1근	휴	2근	2근	2근	2근	휴	3근	3근	3근	3근	야휴	휴	1근

※ 근 : 근무, 휴 : 휴무, 1일 8시간 근무, 야휴 : 야간근로 후의 휴무
※ 1근 : 1근무조, 2근 : 2근무조, 3근 : 3근무조

③ 5근 2휴(1 → 2) 방식(순환 : 1근무조 → 2근무조 → 3근무조 → 1근무조)

5근 2휴방식은 각 교대조가 5일 근무하고 2일 휴무한 후 근무조를 변경하고, 5

일 근무하고 1일 휴무한 후 다시 근무조를 변경하고, 또다시 5일 근무하고 2일 휴무한 후 근무조를 변경하는 형태로 이를 반복하는 방식입니다.

20일을 주기로 15일을 근무하고 5일은 쉬는데 그 중 1일은 야간근로 후 휴무해야 하고, 휴일은 휴무일 중에 적정한 날을 지정하여 휴일로 부여하면 됩니다.

구분	1일	2일	3일	4일	5일	6일	7일	8일	9일	10일
1조	3근	3근	3근	3근	3근	야휴	휴	1근	1근	1근
2조	야휴	휴	1근	1근	1근	1근	1근	휴	2근	2근
3조	1근	1근	휴	2근	2근	2근	2근	2근	휴	휴
4조	2근	2근	2근	휴	휴	3근	3근	3근	3근	3근

구분	11일	12일	13일	14일	15일	16일	17일	18일	19일	20일
1조	1근	1근	휴	2근	2근	2근	2근	2근	휴	휴
2조	2근	2근	2근	휴	휴	3근	3근	3근	3근	3근
3조	3근	3근	3근	3근	3근	야휴	휴	1근	1근	1근
4조	야휴	휴	1근	1근	1근	1근	1근	휴	2근	2근

※ 근 : 근무, 휴 : 휴무, 1일 8시간 근무, 야휴 : 야간근로 후의 휴무
※ 1근 : 1근무조, 2근 : 2근무조, 3근 : 3근무조

4조 3교대제는 각조가 모두 1일 8시간, 1주 40시간의 근로를 하여 연장근로에 대한 부담없이 1일 24시간, 1주 7일 가동을 하여 연중무휴의 운영이 가능한 근로형태로 교대제 근로 중에서 가장 바람직한 형태라 할 것입니다.

Q 격일제 근로자가 연차휴가를 1일 사용한 경우 연차휴가를 며칠 사용한 것으로 보는지 자세히 알려주세요.

격일제 근무를 하는 근로자인데요, 근무일 1일을 연차휴가로 사용하겠다고 했더니 그러면 2일의 연차휴가를 사용한 것으로 처리된다는 거예요. 맞는 말인가요?

A 격일제 근로자의 경우는 근무일과 비번일 2일의 휴가를 사용한 것으로 보지만, 격일제 이외의 교대제의 경우 특정한 날만 사용한 것으로 봅니다.

① **쟁점 :** 이 사안은 교대제 근로자가 연차휴가를 사용한 경우 며칠의 연차휴가

를 사용한 것으로 보는지가 쟁점입니다.

② 2조 격일제의 경우 관련 행정해석

ⓐ 격일제 근로의 경우 근무일의 근무를 전제로 다음날에 비번일로 휴무를 하는 것이므로 근무일 1일과 다음날 비번일을 함께 휴무하였다면 2일의 휴가를 사용한 것으로 봅니다. 근로자가 1일의 휴가를 사용한 것으로 처리해줄 것을 요구한 때에는 사용자는 다음날인 비번일에 근무일의 근로시간의 절반에 해당하는 근로(반일근무)를 시킬 수 있습니다. 위와 같이 처리함에 있어서 당사자간 특약이 필요한 것은 아닙니다. 이와 같은 법리로 1근무일의 결근은 2일 결근한 것으로 처리해도 무방할 것입니다(근기 68207-3288, 2001.09.26.).

ⓑ 근로기준법 제60조에 의해 연차유급휴가는 근로자가 청구한 시기에 부여토록 하고 있으므로 해당근무일에 휴가를 청구하면 될 것입니다. 다만, 24시간 격일제 교대제의 경우 24시간 휴무를 전제로 24시간의 근로를 시키는 것이므로 근무일에 휴가를 사용할 경우 1근무일에 대해 이어지는 비번일과 함께 휴가사용일을 2일로 처리해도 근로기준법 위반으로 볼 수 없습니다. 또한, 휴가날짜를 특정하지 않고 기간으로 정한 경우 동 비번일을 특별히 유급휴일로 정하지 않았다면 휴가일수에 포함된다고 사료됩니다(근기 68207-2405, 2001.07.27.).

③ **격일제 이외의 교대제의 경우 관련 행정해석** : 연차휴가는 근로자가 청구하는 시기에 주어야 하므로 근로자가 휴가사용을 청구한 날에 한하여 휴가를 사용한 것으로 보아야 합니다. 따라서 2근무일 1휴무일 형태의 교대제 근로인 경우 휴가사용일을 특정한 경우에는 그 특정한 날에 대해서만 휴가로 처리해야 하며, 연차휴가를 근무일에 1일 사용하고 다음 날 비번일에 함께 휴무했다면 2일의 연차휴가를 사용한 것으로 보는 행정해석(근기 68207-3288, 2001.09.26.)은 격일제 근로자의 경우에만 적용됨을 알려드립니다. 결근여부에 대해서도 위에 준하여 판단하기 바랍니다(근기 68207-3014, 2002.10.07.).

④ **격일제와 기타 교대제의 구분** : 위 행정해석들을 검토해보면, 격일제의 경우에는 근무일에 1일 사용하고 다음 날 비번일에 함께 휴무하면 2일의 연차휴가를 사용한 것으로 보지만, 2근 1휴제의 경우에는 특정한 날에 대해서만 휴가로 처리해야 한다고 보고 있습니다.

⑤ **행정해석(근기 68207-3288)에 대한 설명** : 위 행정해석에서 ⓐ 근무일 1일과 다음날 비번일을 함께 휴무하였다면 2일의 휴가를 사용한 것으로 본다는 것과 ⓑ 1일의 휴가를 사용한 것으로 처리해줄 것을 요구한 때에는 사용자는 다음날인 비번일에 근무일의 근로시간의 절반에 해당하는 근로(반일근무)를 시킬 수 있다고 한 것을 이해하지 못하겠다는 질의가 많아 이에 대한 설명을 하기로 하겠습니다.

24시간 격일제 근무는 매일 12시간씩 근무하는 것과 같은 근무형태라는 전제하에 위 질의를 접근하면 쉽게 이해할 수 있는데, 매일 12시간씩 근무하는 형태에서 교대조를 만들어 24시간 격일제 교대근무로 근무형태를 변경한 것이고, 24시간 근무후에 24시간의 휴무(비번)를 부여하는 것은 24시간을 근무했다는 전제하에 부여되는 것이므로 24시간을 근무하지 않으면 24시간의 휴무(비번)를 부여하지 않아도 됩니다. 즉, 24시간 근무와 24시간 휴무는 하나의 근무형태로 묶여 있는 것으로 구분하여 개별적으로 보아서는 안된다는 것입니다.

만약 24시간 격일제 근로자의 근무일은 1개월에 약 15일인데, 근무일 1일과 비번일 1일, 합 2일이 아니라 근무일 1일만을 휴가로 인정해주는 경우 근무일인 15일에 대하여 휴가를 청구하면 결과적으로 1개월을 휴가로 사용할 수 있게 됨에 따라 일반 근로자와 형평성면에서 문제의 여지가 있을 수 있습니다.

매일 12시간씩 근무하는 형태를 필요에 의해 24시간 격일제로 운영하는 것이므로 휴가부여문제나 결근처리문제는 매일 12시간씩 근무하는 형태를 기준으로 처리하면 됩니다. 그래서 24시간 격일제에서 1일의 휴가를 사용하면 비번일까지 합하여 2일의 휴가를 사용한 것으로 보는 것이고, 1일의 휴가를 사용한 것으로 처리해 달라고 하면 비번일에 12시간을 근무시킬 수 있다고 하는 것입니다.

Q 격일제 근무형태에서 근무일에 연차 1일을 사용하고 비번일에 휴무를 한 경우 비번일을 결근으로 처리하는 것이 맞나요? 결근으로 처리하면 다음 달 연차휴가도 사용할 수 없는 건가요?

저는 격일제로 근무하고 있는데요, 근무일에 연차 1일을 사용하고 다음 날은 비번일이라 출근을 하지 않았습니다. 그런데 회사측은 연차를 2일 사용한 것으로 하듣지, 아니면 비번일에는 12시간을 근무해야 하는데 휴무를 했으니까 결근처리할 수 밖에 없다는데 이 말이 맞는 건가요?

A 격일제에서 근무일 1일만을 연차로 사용하고 비번일에 휴무를 한 경우 결근으로 처리해야 한다는 견해와 결근처리에 반대하는 견해로 나뉩니다.

① **쟁점** : 이 사안은 격일제 근무형태에서 근무일에 연차 1일만을 다음 날 비번일에 휴무를 한 경우 비번일의 휴무를 결근으로 처리하는 것이 맞는지, 결근으로 처리한다면 개근한 것으로 보지 않기 때문에 다음 달 연차도 사용할 수 없는 것인지가 쟁점입니다.

② 관련 행정해석 1

ⓐ 격일제 근무를 하는 사업장에서 단체협약 등으로 월 만근일수(13일)를 정해 이를 기준으로 연차유급휴가를 부여할 경우 연차유급휴가의 부여기준은 1년간 총소정근로일(법령의 범위 내에서 노사 당사자가 근로하기로 정한 날)의 출근율(8할 이상)을 기준으로 부여하며, 소정근로일수를 초과하여 근로를 제공한 날에 대하여는 초과근로수당 지급 등은 별론으로 하고, 연차유급휴가의 부여기준이 되는 출근율 산정일수에는 포함하지 않으므로 월 만근일수(13일)를 초과하여 근로한 날은 소정근로일이 아니므로 이를 제외한 총 소정근로일수의 8할 이상 출근여부에 따라 연차유급휴가를 부여함이 타당할 것입니다(임금근로시간정책팀-2980, 2007.09.21.).

ⓑ 연차유급휴가는 근로일에 부여됨이 원칙이며 연차유급휴가를 사용한 날은 출근율 등을 산정함에 있어 그 성질상 출근한 것으로 보아야 합니다. 따라서 격일제 근로형태 하에서 근무일에 연차 1일을 사용하고 휴무일인 다음날 휴무하였다 하더라도 연차유급휴가 사용일 이외의 소정근로일을 개근하였다면 당해 월은 소정근로일을 개근하였다고 봄이 타당합니다(근기 68207-2410, 2000.08.11.).

③ 관련 행정해석 2

ⓐ 1일 근무(근무일)하고 익일에 휴무(비번일)하는 격일제 근무에 있어서의 비번일은 전날의 근무일에 정상적인 근무가 이루어지는 경우에 인정되는 휴무일로

전날의 정상적인 근무여부와 관계없이 인정되는 휴일과는 그 성격이 다릅니다. 따라서 근무일에 결근한 경우 익일의 비번일을 포함하여, 1일의 결근이 아닌 2일의 결근으로 보는 것은 무방하다고 할 것입니다(근기 68207-880, 1997.07.04.).

ⓑ 격일제 근무형태에서 근무일 1일과 다음날 비번일을 함께 휴무하였다면 2일의 휴가를 사용한 것으로 보므로 1근무일의 결근은 2일 결근한 것으로 처리해도 무방할 것입니다(근기 68207-3288, 2001.09.26.).

ⓒ 연차휴가의 사용은 근로기준법상 출근율 계산시 출근한 것으로 보아야 하는 바, 1근무일을 연차휴가로 사용한 경우 2일의 휴가를 사용한 것으로 한 때에는 나머지 근로일을 만근했으면 만근으로 보아야 하며, 연차 1일만을 사용한 것으로 한 때에는 비번일인 다음날에 반일근무를 한 경우에 만근한 것으로 볼 수 있을 것입니다(근기 68207-3271, 2001.09.24.).

④ **회사측의 견해** : 회사측은 위 행정해석(근기 68207-3288)에서 '1일(근무일)의 휴가를 사용한 것으로 처리해줄 것을 요구한 때에는 사용자는 다음날인 비번일에 근무일의 근로시간의 절반에 해당하는 근로(반일근무)를 시킬 수 있다'라는 내용을 근거로 근무일에만 연차 1일을 사용한 것으로 하면서 비번일에 휴무를 한 경우에는 비번일을 결근처리하는 것이 맞다고 판단한 것으로 보입니다.

⑤ **비번일을 결근처리하는 것에 반대하는 견해** : 이 사안은 행정해석간에도 이견이 있어 논란의 여지가 있는 문제로 반대의견의 논거는 다음과 같습니다.

ⓐ 휴무일(비번일)은 소정근로일이 아닌 점, ⓑ 2일 근무 1일 휴무(비번)형태의 교대제에서 비번일에 휴무를 하더라도 개근으로 보아 주휴일이 발생한다는 판례(대법 90다카11636)가 있는 점, ⓒ 연차휴가를 사용한 날은 출근한 것으로 보는 점, ⓓ 연차휴가 산정을 위한 출근율은 소정근로일수를 기준으로 하는 점, ⓔ 근무일에 결근을 한 것과 연차휴가를 사용한 것과는 분명한 차이가 있는 점 등을 감안해보면, 연차휴가 산정을 위한 출근율에서 비번일의 휴무를 결근으로 처리하는 것은 문제의 여지가 있다는 견해입니다.

⑥ **결근으로 처리해야 한다는 견해** : ⓐ '휴무(일)'의 개념을 '소정근로일에 근로의무를 면제해준 것(날)'으로 보는 것이 일반적이므로 휴무일도 소정근로일에 해당하는 점, ⓑ 연차휴가 산정을 위한 출근율은 소정근로일을 기준으로 하는 점, ⓒ 2

일 근무 1일 휴무(비번)형태의 교대제에서 비번일에 휴무를 하더라도 주휴일이 발생한다는 판례(대법 90다카11636)는 휴무일도 소정근로일이지만 단지 근로의무를 면제해준 것이어서 개근으로 보아 주휴일이 발생하는 것이라고 보는 것인 점, ⓓ 근무일 1일만을 연차로 사용하면서 휴무일(비번일)에 출근하지 않았음에도 이를 결근처리하지 않는 것은 일반 근로자와의 형평성에 반하는 점 등을 감안하면 비번일의 휴무를 결근으로 처리해야 한다는 견해입니다.

⑦ **사견** : 휴무일(비번일)은 원칙상 소정근로일이지만 전날 24시간을 근무한 점을 고려하여 사용자가 근로의무를 면제해준 날로, 전날 24시간을 근무하지 않았다면 다음 날 휴무일로 정하여 근로의무를 면제해줄 어떠한 이유도 없을 것이므로, 근로의무를 면제받지 못한 다음 날 출근하여 근무해야 하는 것이 맞다고 판단됩니다. 근무일 1일만을 연차휴가로 사용하는 경우라면 근로의무를 면제받지 못한 다음 날에는 12시간의 반일근무를 하는 것이 논리적으로도 합당하기 때문에 개인적으로는 결근으로 처리해야 한다는 견해에 찬동합니다.

Q 교대제(격일제) 근무에서도 주휴일이 있나요?

격일제 근무를 하고 있는 근로자인데요, 저희 같은 경우 매일 일하는 것이 아니고 이틀에 한번은 쉬잖아요. 그래도 주휴일은 있는 건가요? 그리고 주휴일은 반드시 일요일에 줘야 하는 건가요?

A 주휴일은 매일 연속적으로 근로하는 경우에 한하여 부여하는 것이 아니고, 반드시 일요일이 아니더라도 유급휴일을 1주일에 1일 이상 부여하면 법위반이 아닙니다.

① **쟁점** : 이 사안은 1주일 동안 매일 근로하지 않는 교대제 근로자에게도 1주일에 평균 1회 이상의 주휴일을 주어야 하는 것인지, 그리고 주휴일은 반드시 일요일에 줘야 하는 것인지가 쟁점입니다.

② **관련 판례 및 행정해석** : 사용자는 근로자에 대하여 1주일에 평균 1회 이상의

유급휴일을 주어야 한다는 근로기준법 제55조는 매일 연속적으로 근로를 제공하는 경우에 한하지 않고, 2일 근무 1일 휴무(비번)를 되풀이하는 이른바 교대제 근무에도 적용됩니다(대법 90다카11636, 1991.07.26.).

주휴일은 반드시 일요일에 줘야 하는 것은 아니고 역일상 1일, 근로형태상 부득이한 경우에는 연속되는 24시간의 휴식을 주면 되는 것이므로, 격일제 형태로 근로한 경우에 1주간에 역일상 1일 또는 연속되는 24시간 이상의 휴무일을 부여하고 그 휴무일중 최소한 1일을 유급처리하는 경우라면 유급주휴일을 부여한 것으로 볼 수 있습니다(근기 68207-690, 2002.02.21.).

③ **결론** : 교대제 근로자의 경우 소위 '비번'이라고 하는 휴무일은 전날 24시간의 근로를 전제로 하는 휴무일뿐 결근으로 볼 수 없고 실근로시간에서 제외되지 않으므로 교대제 근로자에게도 1주에 평균 1회 이상의 유급주휴일을 부여해야 하고, 유급주휴일은 반드시 일요일에 줄 필요는 없습니다.

Q 교대제 근로자(경비)도 연장, 휴일, 야간근로수당을 별도로 받을 수 있나요?

저는 반도체회사에서 24시간 교대로 경비를 보고 있습니다. 그러다 보니 격주로 야간근무를 해야 하고 근무시간도 24시간으로 근로기준법상의 8시간보다 훨씬 초과하고 있습니다. 제가 야간에 근무하는 경우에는 별도로 야간수당을 받을 수 있는 건가요? 그리고 격일로 교대하다보니 휴일에도 근무를 하는 경우가 많은데 이때 휴일근로수당도 받을 수 있는 건가요?

A 야간근로수당은 감시적·단속적 근로자 승인여부와 상관없이 받을 수 있고, 연장·휴일근로수당은 승인여부에 따라 다릅니다.

① **쟁점** : 이 사안은 교대제 근로자인 경비의 경우 연장·휴일·야간근로수당을 추가로 받을 수 있는지, 이러한 수당을 받을 수 없다면 그 이유는 무엇인지가 쟁점입니다.

② **감시적·단속적 근로자로 승인을 받은 경우** : 근로기준법 제63조는 제3호에서

‘감시 또는 단속적으로 근로에 종사하는 자로서 사용자가 고용노동부장관의 승인을 받은 자’는 근로기준법 제4장과 제5장에서 정한 근로시간, 휴게, 휴일에 관한 사항은 적용하지 아니한다라고 규정하고 있습니다.

따라서 사용자가 고용노동부장관으로부터 감시적·단속적 근로자로 승인을 받았다면 근로기준법 제4장과 제5장에서 정한 근로시간, 휴게, 휴일에 관한 사항이 적용되지 않는다는 것으로, 1일 8시간을 준수하지 않아도 되고 1주 40시간을 준수하지 않아도 되며, 1주 12시간의 연장근로에 제한을 받지 않아도 되므로 연장근로가산수당을 지급하지 않아도 될 뿐만 아니라 주휴일에 근로를 시켜도 별도의 휴일근로가산수당을 지급하지 않아도 되고, 휴게시간을 변경할 수도 있습니다.

하지만 야간근로가산수당은 근로시간의 ‘길이’의 문제가 아니라 근로시간의 ‘배치’에 관한 문제이기 때문에 적용제외되지 않으므로 야간근로가산수당은 추가로 지급해야 합니다.

③ **감시적·단속적 근로자로 승인을 받지 않은 경우** : 고용노동부로부터 감시적·단속적 근로자로 승인 받지 않은 경우에는 근로기준법 제63조에 의해 ‘제4장과 제5장에서 정한 근로시간, 휴게, 휴일에 관한 사항’이 적용제외되지 않으므로 근로기준법상의 모든 규정이 적용되어 상시근로자수 5인 이상인 사업장의 경우 야간근로, 연장근로, 휴일근로에 대해서 통상임금의 50%에 해당하는 가산임금을 별도로 지급해야 합니다. 즉, 1일 8시간을, 1주 40시간을 초과하는 근로시간에 대하여 연장근로가산수당을 지급해야 하고, 주휴일에 근로를 시켰다면 휴일근로가산수당을 지급해야 하며, 오후 10시~새벽 6시 사이에 근로를 시켰다면 야간근로가산수당을 지급해야 합니다. 뿐만 아니라 근로시간 4시간에 대하여 30분 이상, 8시간에 대하여 1시간 이상의 휴게시간을 주어야 합니다.

④ **결론** : 감시적·단속적 근로자 승인여부와는 상관없이 야간근로수당을 무조건 지급해야 합니다. 하지만 연장근로가산수당과 휴일근로가산수당은 고용노동부로부터 감시적·단속적 근로자로 승인을 받았다면 근로기준법 제63조에 의해 근로시간과 휴일, 휴게 규정이 적용제외되므로 지급하지 않아도 무방하지만, 감시적·단속적 근로자로 승인을 받지 않았다면 연장·휴일근로가산수당을 지급해야 합니다. 위에서 설명의 편의상 연장·휴일·야간근로수당의 ‘지급’으로 표현하였지만 이는 근로자

입장에서 해석하면 수당을 받을 수 있다는 것을 의미합니다.

그리고 연장·휴일근로가산수당을 지급하지 않아도 되는 법적 근거는 위에서 살펴본 바와 같이 근로기준법 제63조에서 찾으면 될 것입니다.

Q 교대제 근로자가 비번일에 근무하였다면 휴일근로수당을 지급해야 하는 건가요?

저희 회사에는 교대제 근로를 하는 직원들이 있는데요, 회사에 사정이 생겨서 비번일에 근무를 시켰습니다. 이처럼 비번일에 근로를 시키는 경우에도 휴일근로가산수당을 추가로 지급해야 하는지요?

A 휴무일은 처음부터 근로의무가 없는 휴일과는 다른 것으로 휴무일에 근로한 경우에는 휴일근로가산수당을 지급할 의무는 없습니다.

① **쟁점** : 이 사안은 교대제 근무형태하에서 비번일에 근무를 한 근로자에게 휴일근로가산수당을 추가로 지급해야 하는지가 쟁점입니다.

② 관련 행정해석

ⓐ 격일제 근무형태하에서 휴무일은 처음부터 근로의무가 없는 휴일과는 다른 것으로 이러한 휴무일에 근로한 경우는 근로기준법 제56조의 규정이 적용되지 아니합니다. 다만, 노사간의 단체협약으로 휴무일 근로에 대하여 근로기준법상의 최저기준을 상회하는 근로조건을 설정하여 시행할 수 있을 것입니다(근기 1455-22290, 1982.08.12.).

ⓑ 2일을 근무하고 다음 1일은 휴무하기로 약정한 경우 이러한 휴무일은 근로기준법 제56조에 의한 휴일과는 다른 것입니다(법무 811-6225, 1980.03.14.).

ⓒ 교대제 근로자 등에 있어 비번일을 약정휴일로 할지 여부는 당사자가 결정할 문제로, 특별히 정하지 않은 경우는 약정휴일로 볼 수 없다고 사료됩니다(근기 68207-2405, 2001.07.27.).

③ **휴일과 휴무의 구분** : '유급휴일'이라 함은 근로를 제공하였더라면 지급받을 수 있었던 금액을 지급받으면서 근로제공의 의무는 없는 것으로 정하여진 날(근로

기준과-2156, 2004.04.30.)이고, '휴무일'은 '소정근로일에 근로의무를 면제해준 날'로 보는 것이 일반적인 견해입니다. 즉, 애초부터 근로제공의무가 없는 날이 휴일이고, 소정근로일이지만 사용자가 필요적 사유에 의해 근로제공의무를 면제해준 날을 휴무일이라고 합니다.

근로기준법상 유급휴일은 동법 제55조의 주휴일과 근로자의날제정에관한법률(5월 1일은 근로자의 날로 하고 이 날을 근로기준법에 의한 유급휴일로 한다)상의 근로자의 날(5.1.)뿐이므로 취업규칙과 단체협약 등에 특별한 규정이 없는 한 동법 56조에 의해 휴일근로가산수당을 지급해야 하는 유급휴일은 주휴일과 근로자의 날만 해당합니다.

④ **결론** : 교대제 근무형태에서 휴무일(비번일)은 근로기준법상의 유급휴일과는 명확히 구분되는 개념으로, 휴무일에 근무했다하더라도 동법 제56조의 휴일근로가산수당을 지급할 법적 의무는 없습니다.

Q 교대제 근무에서 연차휴가는 어떻게 주는 건가요?

저는 격일제 근무를 하고 있는데요, 연차휴가를 사용할 수 있나요? 연차휴가를 사용하면 개근이 아니므로 다음 달 연차휴가를 갈 수 없다고 하는데 맞는 말인가요?

A 격일제 근로자도 연차휴가를 사용할 수 있고, 연차휴가를 사용해도 휴가 사용일 이외의 소정근로일에 개근했다면 연차휴가를 사용할 수 있습니다.

① **쟁점** : 이 사안은 격일제 근로자도 연차휴가를 사용할 수 있는지, 연차를 하용해도 개근으로 보는지, 연차를 사용할 수 있다면 어떤 형태로 사용하는지가 직접적인 쟁점이고, 근무일 1일만 연차로 사용하고 다음 날인 휴무일에 12시간 근무하지 않은 경우 이를 개근했다고 볼 수 있는지는 간접적인 쟁점입니다.

② **연차휴가의 부여방식에 관한 행정해석** : 24시간 격일제 근로형태 하에서도 당연히 연차휴가를 사용할 수 있는데, 당해 근무일에 12시간만 휴무를 부여한 것은

연차유급휴가를 부여한 것으로 볼 수 없고 연속하여 24시간의 휴식시간을 줘야 합니다(근기 68207-1805, 2002.04.30.).

③ **연차휴가를 사용해도 개근으로 본다는 행정해석** : 격일제 근로형태하에서 근무일에 연차를 사용하고 휴무일인 다음날 휴무하였다 하더라도 연차유급휴가 사용일 이외의 소정근로일을 개근하였다면 당해 월은 소정근로일을 개근하였다고 봄이 타당합니다(근기 68207-2410, 2000.08.11.).

④ **관련 쟁점** : ③의 행정해석을 보면, 근무일 1일을 연차로 사용하고 다음 날인 휴무일에 근무하지 않은 경우 연차유급휴가 사용일 이외의 소정근로일을 개근하였다면 당해 월은 소정근로일을 개근하였다고 보는 것이 타당하다는 입장인데, 그렇다면 휴무일(비번일)은 소정근로일인지, 아닌지가 문제의 핵심으로 소정근로일로 본다면 개근한 것이 아니고, 소정근로일로 보지 않는다면 개근한 것으로 볼 수 있는데, 휴무일에 대한 정확한 개념정리가 필요할 것입니다.

휴무일(비번일)을 '소정근로일이지만 근로의무를 면제한 날'이라고 보는 견해에 의하면, 휴무일(비번일)도 소정근로일이지만 전날 24시간 근무한 점을 감안하여 근로의무를 면제한 날이라는 것으로, 전날 휴가를 사용하여 24시간 근무를 하지 않았다면 다음 날 근로의무를 면제해 줄 이유가 없어졌으므로, 12시간 근무를 하는 것이 논리상 합당하고, 만약 휴무일(비번일)에 근무하지 않았다면 소정근로일에 결근한 것으로 보는 것이 맞다고 생각됩니다.

Q 격일제 근무에서 근무일에 결근을 하면 며칠을 결근한 것으로 처리하나요?

격일제 근무를 하는 생산직 근로자입니다. 몸이 아파서 근무일에 하루를 결근을 했는데 2일을 결근했다고 처리를 했더라구요. 좀 억울하다는 생각이 드네요. 2일을 결근으로 처리한 것이 맞나요?

A 격일제 근무형태에서는 근무일에 결근을 하면 2일 결근한 것으로 봅니다.

① **쟁점** : 이 사안은 격일제 근무형태에서 근무일 1일을 결근을 하면 결근일수를 며칠로 처리하는 것이 맞는지가 쟁점입니다.

② **관련 행정해석** : 격일제 근무자가 근무일에 결근한 경우 익일의 비번일을 포함하여 1일의 결근이 아닌 2일의 결근으로 보아도 무방합니다(근기 68207-880, 1997.07.04.). 즉, 이와 같은 법리는 1근무일의 휴가사용을 휴가 2일을 사용한 것으로 처리하는 것과 같은 원리입니다.

③ **24시간 격일제 근무형태의 올바른 이해** : 근무강도는 높지 않지만 계속적인 운영이 필요한 업무의 경우 2개의 조로 매일 12시간씩 근무를 시킨다면 주휴일을 부여하지 못하는 문제가 발생하므로, 1조가 24시간 근무를 하게 하고 2조는 24시간 휴무를 하게 하면서 1주에 1일의 휴무일(비번일)을 유급으로 인정해주면 주휴일의 문제는 해결됩니다. 이런 문제해결을 위해 1일 12시간씩 2일 동안의 근무시간인 24시간을 1일에 하게 한 후 다음 날의 근무를 면제해주는 형태로 운영되는 근무형태인 것입니다.

따라서 1일에 24시간 근무를 하지 않는다면 다음 날 12시간의 근무를 면제시켜줄 이유가 없어지는 것이 되어 근무일에 근무하지 않으면 다음 날 12시간(반일근무) 근무를 해야 한다는 말이 나오는 것입니다. 이런 이유 때문에 1일 결근하면 2일을 결근한 것으로 처리하는 것이고, 1일 휴가를 사용하면 2일의 휴가를 사용한 것으로 보는 것입니다.

Q '교대제'라고 하여 '일요일'에 계속 근무를 시키는 것은 위법 아닌가요?

저는 교대제로 일을 하고 있는데, 일요일에 근무를 할 때가 많이 있어요. 근로기준법에서는 일요일에 유급으로 쉬도록 규정하고 있는 것으로 알고 있는데요, 이렇게 일요일에 근무를 시키는 것은 위법 아닌가요?

A 일요일이 아니라도 1주일에 평균 1회 이상 주휴일을 보장하고 있다면 위법은 아닙니다.

① **쟁점** : 이 사안은 근로기준법상 주휴일은 반드시 일요일에 부여해야 하는지에 관한 문제로, 근로기준법상 주휴일과 일요일은 동일한 개념으로 보아야 하는지가 쟁점입니다.

② **관련 행정해석** : 근로기준법 제55조는 사용자가 1주간의 소정근로일수를 개근한 근로자에 대하여 1주일에 평균 1회 이상의 유급휴일을 주도록 규정하고 있으며, 이 경우 주휴일은 반드시 일요일이어야 하는 것은 아닙니다. 물론 근로자가 주휴일을 예측가능하도록 매주 특정 요일을 주휴일로 정하는 것이 바람직할 것입니다.

따라서 교대제 근무로 인하여 주휴일로 정하여진 날(일요일)에 근로를 하고 대신 다른 요일에 대휴를 주는 것이 사전에 근로자의 동의를 받고 규칙적으로 실시되고, 단체협약이나 취업규칙에 정하여지는 등 주휴일이 보장되고 있다면 일요일에 2교대 또는 3교대 근무제가 근로기준법 제55조에 위반된다고 볼 수 없습니다(근기 68207-761, 1994.05.09.).

③ **결론** : 근로기준법상 주휴일과 일요일은 동일한 개념이 아니기 때문에 동법상 주휴일은 반드시 일요일에 부여해야 하는 것이 아닙니다. 그리고 동법상 주휴일은 1주일에 평균 1회 이상 부여하면 되므로 반드시 7일 간격이 아니어도 무방하고, 평균적으로 1주일에 1회 이상 부여하면 법위반은 아닙니다.

Q 격일제의 경우 '주휴일'은 언제인가요?

저는 경비업무를 하고 있는데, 24시간 격일제로 근무하고 있습니다. 그러니까 24시간 근무를 서고 24시간 쉬는 형태입니다. 이런 경우 특별히 주휴일을 주지 않는 것 같은데요, 주휴일을 청구해야 하는 건지요? 아니면 격일로 쉬니까 주휴일이 필요 없는 건지요?

A 1주간의 비번일 중 1일을 유급처리하면 주휴일을 부여한 것입니다.

경비업무는 감시·단속적 근로에 종사하는 자로, 노동부장관(실무적으로는 노동부 관할 지청장)의 승인을 얻은 경우 근로시간, 휴게, 휴일규정이 적용 제외됩니다. 하지만 적용제외 승인을 받지 아니한 경우에는 근로시간, 휴게, 휴일규정이 적용되며, 따라서 휴일근로에 따른 가산임금을 포함하여, 포괄임금방식으로 임금을 정하는 등의 특별한 사유가 없는 한, 휴일근로에 따른 휴일근로가산수당을 지급해야 합니다(근로기준법 §56).

위의 경우는 감시·단속적 근로에 종사하는 자로 휴일적용제외 승인을 받지 않았으므로, 주휴일규정(동법 §55)이 적용되어야 합니다. 즉, 24시간 격일제 근로자의 경우 특별한 사정이 없는 한, 1주간의 비번일 중 1일을 유급 처리하는 경우라면 주휴일을 부여한 것으로 볼 수 있을 것입니다(근기 68207-2663, 2002.08.08.).

Q 교대제의 경우 통상시급을 구하는 통상 월근로시간수는 몇 시간인가요?

저희 회사는 교대제근무를 하고 있습니다. 그런데 연장근로수당이나 휴일근로수당을 정확히 계산해보려고 하는데, 그러려면 통상 월 근로시간수를 알아야 한다네요. 보통 주44시간인 경우에는 226시간, 주40시간인 경우(토요일 유급)에는 243시간으로 통상임금을 나누면 되잖아요. 교대제의 경우에는 몇 시간인가요?

A 통상임금은 고정임금이므로 교대제의 경우 240시간으로 하면 됩니다.

통상임금은 실제 수령한 임금에 구애됨이 없이 소정근로시간에 대하여 정해진 고정임금이므로, 1일 2교대로 근로하거나 1일 근무 1일 휴무로 근로하는 경우 통상적인 통상 월근로시간은 240시간(월 30일×1일 기본 8근로시간)으로 계산하면 됩니다(근기 01254-19182, 1987.12.04.).

240시간은 1개월이 역일상 30일인 경우이고 역일상 31일인 경우는 248시간으로 하면 되는데, 이는 1년 동안의 근로시간을 평균하여 산정한 통상 월 근로시간인 243시간으로 해도 무관할 것입니다.

Q 통상근무자를 교대제근무자로 변경하는 것은 취업규칙 불이익변경인가요?

저희 회사는 각 직종별로 어느 직종이 통상근무자이고 어느 직종이 교대제근무자인지는 정하여지지 아니한 상태에서 관례적으로 특정 직종은 통상근무, 특정 직종은 교대제근무를 계속하여 왔는데, 이번에 취업규칙을 개정하면서 통상근무를 하여 오던 특정 직종을 교대제근로자로 명시했습니다. 저를 비롯한 대부분의 사람들이 교대제근무를 하는 것을 원치 않고 있습니다. 이런 경우 취업규칙의 불이익변경에 해당하는지요?

A 불이익변경에 해당하여 근로자과반수의 동의를 얻어야 합니다.

취업규칙의 개정을 통해 직종별 근무형태를 새로이 정하여 통상근무를 하여 온 특정 직종 근로자를 교대제근무자로 변경하는 것은 가능합니다. 하지만 이런 경우에는 생활리듬의 파괴 등을 고려할 때 주간근무를 하던 근로자에게는 불이익한 변경에 해당하므로, 근로기준법 제94조에 의한 불이익변경절차(근로자의 과반수로 조직된 노동조합이 있는 경우에는 그 노동조합, 노동조합이 없는 경우에는 근로자 과반수의 동의)를 거쳐야 합니다(근기 68207-935, 2003.07.23.).

Q 주휴일의 다른 휴무일로의 대체시 주휴일근무에 대한 휴일근로수당을 받을 수 있나요?

저희 회사는 교대제 근무를 하는 회사인데요, 주휴일은 화요일입니다. 그런데 이번에는 주문물량이 많다는 이유로 목요일로 주휴일을 대체하기로 하고 화요일에 근무를 했습니다. 이런 경우 주휴일에 근무를 한 것이 되므로 휴일근로수당을 받을 수 있는지, 그리고 주휴일의 대체가 가능하다면 주휴일(화요일)을 9일째(목요일)에 주는 것이 되는데, 주휴일을 7일을 초과하여 부여해도 되는지가 궁금합니다.

A 휴일대체의 합의가 있었다면 휴일근로가산수당문제는 발생하지 않습니다.

근로기준법 제55조의 규정에 의하면 '사용자는 근로자에 대하여 1주일에 평균 1회 이상의 유급휴일을 주어야 한다'고 규정하고 있고, 동법 시행령 제30조에 의하면 '법 제55조의 규정에 의한 유급휴일은 1주간의 소정근로일수를 개근한 자에게 주어야 한다'고 규정하고 있습니다. 따라서 교대제 근로자라 하더라도 근로기준법 제55조 및 동법 시행령 제30조가 적용되어야 합니다.

그리고 유급주휴일은 반드시 일요일이어야 하는 것은 아니며, 해당 주의 소정근로일수를 개근한 경우에는 휴무일 중 하루를 유급으로 처리해주면 되는 것입니다.

또한 유급주휴일을 매주 화요일로 정하였으나 노사당사자간 합의에 의하여 화요일에 근로하고 다른 휴무일 중 1일을 유급휴일로 대체하였다면 화요일에 근로하였다 하더라도 화요일 근로는 휴일근로가 아니므로, 화요일 근로에 대한 휴일근로가산수당의 지급문제는 발생하지 않습니다(근기 68207-671, 2001.02.28.).

그리고 주휴일은 1주일에 평균 1회 이상을 주면 되는 것이므로, 주휴일간의 간격이 반드시 7일이 되어야 하는 것은 아닙니다(근기 68207-3309, 2002.12.02.).

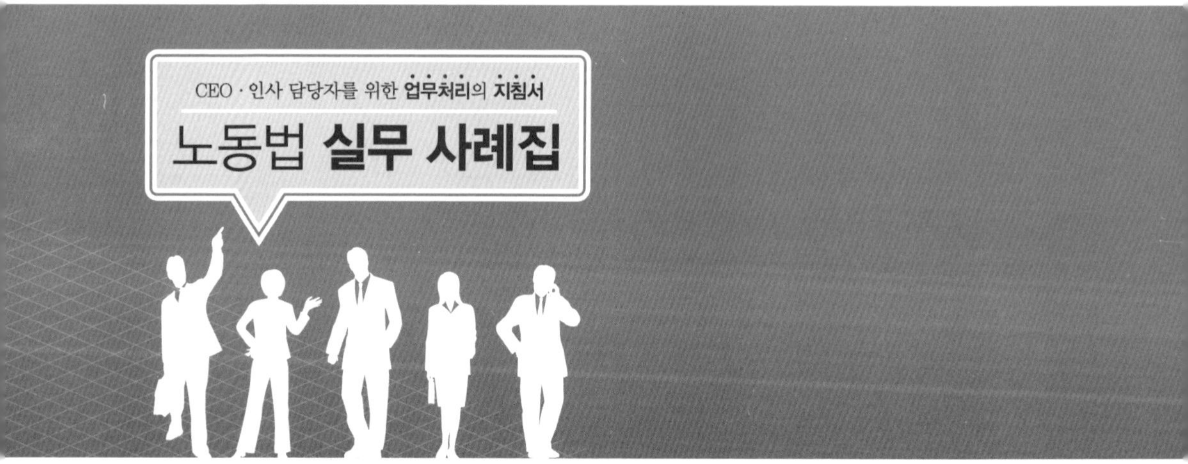
CEO · 인사 담당자를 위한 업무처리의 지침서
노동법 실무 사례집

제 4 장

휴가·휴일에 관한 실무사례

휴가·휴일제도의 개요

휴가에는 연차휴가 등 근로기준법 등에서 정한 법정 휴가와 여름휴가나 개인경조사 휴가 등 법에서 정하지 아니하고 회사가 임의적으로 실시하는 약정 휴가가 있습니다.

법정휴가는 유급휴가이므로 휴가기간 동안에 대해 무급 처리하는 것은 위법한 것이 되지만, 만약에 약정 휴가라면 그 휴가일에 대해 유급으로 할 것인지 무급으로 할 것인지는 회사의 사규 등을 통하여 결정하면 됩니다. 즉 약정 휴가는 회사의 결정에 따라 유급이 될 수도 있고 무급이 될 수도 있다는 의미입니다.

'휴일'에 관한 근로기준법상의 규정은 동법 제55조의 주휴일에 관한 규정이 유일합니다. 근로기준법에서는 국경일이나 설, 추석 등 공휴일에 관한 규정은 두고 있지 않기 때문에 주휴일 이외의 휴일에 관하여는 취업규칙 등에 명시하여야 합니다.

대부분의 회사는 취업규칙 등에서 근로기준법상의 명시규정이 없는 국경일과 공휴일을 유급휴일로 규정하고 있는 것이 일반적입니다. 이에 2013.11.05. 대통령령으로 '관공서의 공휴일에 관한 규정'을 일부개정하여 일정한 공휴일에 대하여 시행하고 있는 대체공휴일제를 회사에도 적용해야 하는지가 문제됩니다.

대체공휴일제에 대하여는 아래 4.대체공휴일제도에서 상세하게 살펴보도록 하겠습니다.

1. 연차휴가제도

① **연차휴가의 개념 및 법적 근거** : 연차휴가제도는 근로기준법 제60조에 근거한 법정 유급휴가제도로서, 1년간 80% 이상 출근한 근로자에게 15일의 유급휴가를 부여하고, 3년 이상 계속하여 근로한 근로자에게는 매 2년에 대하여 1일을 가산한 유급휴가를 부여합니다.

② **적용대상 및 적용사업장** : 연차휴가제도는 사무직이든 생산직이든 직종과 상관없이, 임시직이든 계약직이든 일용직, 도급직, 단시간 근로자이든 주5일제가 시행되는 사업장의 근로자이든 근무형태와 상관없이 상시 고용된 근로자의 수가 5인 이상인 사업장에서 1주간의 소정근로시간이 15시간 이상인 근로자에 대하여 의무적으로 적용이 강제되는 제도입니다.

③ **80%미만 출근자에 대한 휴가부여방법** : 연차휴가는 1년 기준으로 80% 이상 출근을 해야 15일의 연차휴가가 발생하고, 80% 미만을 출근한 경우에는 단 1일의 연차휴가도 발생하지 않았는데, 최근 법개정을 통해 80% 미만 출근한 경우에도 1개월 개근한 월이 있다면 개근한 월수만큼 연차휴가를 부여하도록 보완하였습니다.

④ **1년미만자에 대한 휴가부여방법** : 1년 미만의 근로계약기간의 기간제 근로자를 보호하기 위해서 1년 미만의 기간으로 채용된 근로자들에게는 1개월 개근하면 1일의 연차휴가를 부여하게 함으로써 개근한 월의 익월에 연차휴가 1일을 사용할 수 있고, 연차휴가를 사용하지 않고 10개월 동안 개근하고 퇴사했다면 10일의 연차휴가수당을 청구할 수 있습니다.

⑤ **연차휴가수당 산정기준 및 산정방법** : 근로자가 연차휴가를 사용하지 않았다면 연차휴가근로수당을 지급하여야 하고, 연차휴가근로수당은 통상임금의 1일분을 기준으로 지급합니다.

2. 주휴일제도

① **주휴일의 개념 및 법적 근거** : 주휴일제도는 근로기준법 제55조에서 규정하고 있는 법정휴일제도로, 1주간의 소정근로일수에 개근한 근로자에게 평균 1회의 이

상의 유급휴일을 부여하는 제도입니다.

② **적용범위** : 주휴일제도는 4인 이하의 사업장에도 적용되지만 1주간의 소정근로시간이 15시간 이상인 근로자에게만 적용됩니다.

③ **근로기준법상 휴일과 관공서 공휴일에 관한 규정상 공휴일** : 현행 근로기준법상 법정 유급휴일은 주휴일과 근로자의 날뿐입니다. 이 표현의 의미는 주휴일과 근로자의 날 이외의 국경일과 법정 공휴일에 대하여는 노사간의 협의에 의하여 '무급휴일'로 할 수도 있고, '근무일'로 정할 수도 있다는 것을 의미합니다.

사업장내에서는 국경일에 관한 법률, 관공서의 공휴일에 관한 규정보다 근로기준법이 우선 적용되고, 근로기준법상 유급휴일은 주휴일만 규정하고 있기 때문에 기타 국경일(제헌절, 삼일절, 광복절, 한글날, 개천절)과 공휴일(설, 추석, 어린이날 등)을 유급휴일로 규정하지 않더라도 근로기준법 위반으로 볼 수 없습니다. 즉, 사업장내에서는 국경일과 공휴일을 '근무일'로 정하더라도 근로자들의 불만은 별론으로 하고 법위반은 아니라는 것입니다. 엄밀하게 표현하면 '공휴일'이란 표현은 관공서의 휴일을 의미하는 것으로, 근로기준법상의 휴일과는 다른 개념입니다.

2018.2.27. 개정 근로기준법은 법 제55조제2항을 신설하여 '대통령령으로 정하는 휴일'을 유급으로 보장하여야 한다고 명시함으로써 일반 사업장도 관공서의 공휴일을 유급으로 보장하여야 합니다. 시행 시기는 사업장 규모별로 차등적으로 시행합니다(5인이상~30인미만 2022.1.1.시행, 30인이상~300인미만 2021.1.1.시행, 300인이상 2020.1.1.시행).

3. 근로자의 날

① **근로자의 날 법적 근거** : '근로자의날제정에관한법률'은 5월 1일을 근로자의 날로 하고 이날을 '근로기준법'에 의한 유급휴일로 한다라고 규정하고 있습니다.

② **휴일대체 가능여부** : 근로자의 날은 법률로서 5월 1일을 특정하여 유급휴일로 정하고 있으므로 다른 날로 대체할 수 없습니다.

③ **근로기준법 제63조에 의해 적용제외되는지 여부** : 근로자의 날은 '근로자의날제정에관한법률'에 의해 특정일을 기념하여 휴일로 규정하고 있으므로 제63조의

적용제외 근로자에게도 유급휴일로 보장해야 합니다(근기 01254-6550). 즉, 감시적·단속적 근로자(경비)가 근로자의 날에 근무하면 휴일근로수당을 지급해야 한다는 것을 의미합니다.

④ **근로자의 날과 주휴일이 겹치는 경우** : 취업규칙·단체협약 등에 익일휴무제 등을 명시하고 있지 않았다면 근로자에게 유리한 하나의 휴일만 인정하며 되므로 1일분만 유급처리하면 될 뿐, 중복하여 휴일근로수당을 지급해야 할 의무가 발생하지 않습니다(근로기준과-2571).

⑤ **건설일용근로자의 근로자의 날 적용문제** : 건설일용근로자에 대하여 근로자의 날을 유급휴일로 부여해야 하는지의 문제는 발생하지 않는 것이 원칙입니다(근로개선정책과-6257, 2014.11.12.). 하지만 제조업체에서 임금지급형태만 일당형태로 지급되는 일용근로자에게는 근로자의 날을 유급휴일로 부여해야 할 것으로 판단됩니다.

4. 대체공휴일제도

대체공휴일제란 설연휴일과 추석연휴일, 어린이날이 다른 공휴일과 겹치는 경우 공휴일 다음 날을 휴일로 대체하여 실질적으로 휴일을 보장하기 위한 제도로, 관공서의 공휴일에 관한 규정 제3조에서 그 법적 근거를 찾을 수 있습니다.

대체공휴일제에 관한 자세한 내용은 "대체공휴일제와 보상휴가제"편에 자세한 내용이 있으니 참조하시기 바랍니다.

연차유급휴가

연차휴가는 상시 근로자수가 5인 이상의 사업장에서 적용되는 제도로, 이전에는 1년간 개근한 근로자에게 10일의 휴가를 부여하였으나, 월차휴가를 폐지하면서 현재는 1년간 80% 이상 출근하면 15일의 휴가를 부여하고 있습니다(근로기준법 제60조, 제110조 위반시 2년 이하의 징역 또는 1,000만원 이하의 벌금).

1년간 80% 이상 출근하면 15일의 연차휴가를 주도록 한 개정 근로기준법(법률 제6974호)은 2011년 7월 1일부터 5인 이상 사업장까지 확대적용하고 있고, 2012.8.2.부터는 근속기간이 1년 미만인 근로자의 휴가를 보장하기 위해 개근한 월에 1일의 연차휴가를 부여하도록 하였으며, 개인적인 질병이나 사정에 의해 1년간 80% 미만 출근한 근로자에 대하여도 개근한 월수만큼의 연차휴가를 부여하도록 법을 보완하여 시행하고 있습니다.

연차휴가청구권의 소멸시효는 개근한 1년간의 근로를 마친 다음 날부터 진행되어 1년이 경과하면 소멸합니다. 연차휴가수당청구권은 연차휴가청구권이 소멸한 때로부터 진행되어 3년이 경과하면 소멸합니다.

Q **[2018.5.29.부터 1년미만자의 연차휴가 11일 추가 부여]**

2017.6월에 입사한 직원도 2018.5.29.부터 연차휴가를 11일 추가로 사용할 수 있는 건가요?

A **근로기준법 시행일(2018.5.29.)에 근무기간이 1년이 되지 않은 근로자는 연차휴가 11일을 추가로 사용할 수 있습니다.**

① **근로기준법 개정내용 :** 근로기준법 제60조제3항의 '1년차에 사용한 연차휴가 일수를 2년차에 발생한 15일의 연차휴가에서 차감하는 내용'을 삭제함에 따라 1년 미만의 근로자는 11일의 연차휴가를 추가로 사용할 수 있게 되었고, 동 개정안이 2017.11.28. 공포, 6개월 후 시행되므로 2018.5.29.부터 시행됩니다.

② **적용대상 :** 동 개정법의 적용대상은 2018.5.29. 기준으로 근무기간이 1년이 되지 않은 근로자와 법 시행일 이후에 입사한 근로자에게 적용되므로, 2017.6월에 입사한 근로자는 동 개정법의 적용대상입니다.

Q **[2018.5.29.부터 육아휴직기간도 출근으로 간주 연차휴가 발생]**

1년간 육아휴직을 사용해도 연차휴가가 발생한다는 건가요?

A **근로기준법 시행일(2018.5.29.)부터 육아휴직기간도 출근한 것으로 보아 연차휴가가 발생합니다.**

① **근로기준법 개정내용 :** 근로기준법 제60조제3항제3호 「남녀고용평등과 일·가정 양립 지원에 관한 법률」 제19조제1항에 따른 육아휴직으로 휴업한 기간 을 신설하여 출근한 것으로 간주한다는 개정안이 2017.11.28. 공포, 6개월 후인 2018.5.29.부터 시행됩니다.

② **적용대상 :** 동 개정법의 적용대상은 2018.5.29. 기준으로 이후에 육아휴직을 신청하여 사용하는 근로자에게 적용됩니다.

Q **[전화로 연차휴가를 신청해도 유효한지 여부]**

관련부서장에게 전화상으로 연차휴가를 신청하는 것도 가능한가요?

저희 회사 취업규칙에는 연차휴가를 청구하는 절차에 대한 규정이 없어서 별도의 신청서없이 전화상으로 팀장님께 연차휴가를 신청했는데요, 회사에서 이것을 불승인하고 결근처리할 수도 있나요?

A **사업운영에 막대한 지장이 없는 한 전화상으로 신청하였더라도 적법한 청구로 보아야 하므로 시기를 변경하거나 결근처리할 수는 없습니다.**

취업규칙에 근로자가 연차휴가를 청구하는 절차에 관한 정함이 없는 회사에서 입원문제로 출근하지 아니하면서 회사 담당 계장에게 전화상으로 입원기간 중 계속 연차휴가를 실시한 것으로 처리하여 달라고 하였다면 이는 적법하게 연차휴가를 청구한 것이고, 이에 대하여 회사가 근로기준법 제60조제5항 단서에 의한 시기변경권을 행사하였다고 볼 만한 자료가 전혀 없으므로, 위 근로자가 출근하지 아니한 기간은 연차휴가권을 행사한 것이어서 결근한 것이라고는 볼 수 없습니다(대법 92누404, 1992.04.10.).

Q **[사용자의 연차휴가 시기변경권의 범위]**

회사는 근로자가 신청한 연차휴가에 대하여 어느 정도까지 시기변경권을 행사할 수 있는 건가요?

저희 회사는 직원들이 연차휴가를 신청하면 꼭 무슨 이유로 시기를 변경하는데요, 이렇게 회사는 연차휴가를 마음대로 그 시기를 변경할 수 있는 건가요?

A **연차휴가는 근로자가 청구한 시기에 주는 것이 원칙이고, 다만 사업운영에 막대한 지장이 있는 경우에만 예외적으로 그 시기를 변경할 수 있을 뿐입니다.**

① 사용자의 시기변경권을 인정해주는 경우 : 컨설팅·교육 프로그램 기간이 연차

휴가기간과 겹쳐 시기를 변경하는 경우(대법 2014다65533, 2015.03.12.), 24시간 신고접수와 긴급출동 체제를 유지해야 하는 경비용역업체에서 다수의 근로자가 집단적으로 동시에 연차휴가를 신청하는 경우(서울행법 2003구합5143, 2003.09.04.) 병가, 휴직, 이직 등의 사유로 일시적으로 인원이 부족하거나 휴가청구일이 집중되는 등의 이유로 사업운영에 막대한 지장이 있는 경우(근기 68207-2062, 2001.06.28.) 등에는 사용자의 시기변경권을 인정해주고 있습니다.

② **사용자의 시기변경권이 부정된 경우** : 업무부적격자로 분류되어 사직을 권고받은 근로자가 노동조합 집행부와 본사 대표이사와의 면담, 본사 앞 1인 피켓시위를 위해 연차휴가(2일)를 신청한 경우(근로기준과-1457, 2010. 06. 18)와 같이 사업의 정상적 운영에 막대한 지장을 주는 것이 아닌 경우에는 원칙적으로 근로자들이 원하는 시기에 부여해야 합니다.

Q 1년간 80% 미만 출근자도 연차휴가를 사용할 수 있나요?

2012.8.2.부터 1년간 80% 미만 출근해도 연차휴가를 준다는 얘기를 들었는데요, 이게 무슨 얘기인지 자세히 설명 좀 부탁합니다.

A 1년간 80% 미만 출근자에게도 개근한 월수만큼의 연차휴가를 부여하는 것입니다.

근로기준법은 계속근로연수가 1년 미만인 근로자 또는 1년간 80% 미만 출근한 근로자에게 1월간 개근시 1일의 유급휴가를 주어야 한다라고 규정하고 있고(근로기준법 §60②), 1년간 80% 미만 출근한 근로자에 대하여는 2012.8.2.부터 시행하도록 하고 있습니다.

2012.8.2.이전에는 1년간 80% 미만 출근하면 연차휴가가 하루도 발생하지 않았지만 동 개정안이 2012.8.2.부터 시행되면서 1년 동안 6개월은 근무했다면 6일의 연차휴가가 발생한다는 것입니다.

Q **월차휴가가 폐지됐으니 1년을 기간으로 또는 1년 미만의 기간으로 채용된 임시직(계약직) 근로자는 연차휴가를 전혀 갈 수 없나요?**

저는 중소기업체에 계약직으로 채용이 되어 일하고 있는데요, 개정 근로기준법은 월차휴가를 폐지했다면서 휴가를 주지 않네요. 그렇다면 저 같은 1년 미만의 기간제 근로자는 휴가를 전혀 갈 수 없다는 건가요?

A **1년 미만의 근속자에게도 1개월마다 1일의 휴가를 부여하고 있습니다.**

근로기준법은 계속근로연수가 1년 미만인 근로자 또는 1년간 80% 미만 출근한 근로자에게 1월간 개근시 1일의 유급휴가를 주어야 한다라고 규정하고 있습니다(근로기준법 §60②). 따라서 개정법에서 월차휴가를 폐지하고 있지만 1년 미만의 근로자는 최초 1년간은 예전의 월차휴가처럼 매월 연차휴가를 1일씩 사용할 수 있다고 보면 됩니다. 비록 명칭은 월차휴가가 아니라 연차휴가를 월에 비례하여 휴가를 부여하는 것이지만 월차휴가와 비슷한 효과를 기대할 수 있습니다.

그리고 1년 미만의 기간으로 채용한 근로자라고 해서 1월당 1일씩 휴가를 줬는데, 1년 이상 계속 근무를 하게 되는 경우에는 사용한 휴가일수 만큼 차감을 하고 연차휴가를 주면 됩니다. 개정법에서는 1년에 8할 이상 출근을 하면 15일의 연차휴가를 주도록 규정하고 있으므로 매월 1일씩 휴가를 사용했다면 연차휴가는 4일을 추가로 부여하면 되는 것입니다.

Q **겨울철에 쉬기 때문에 실제로 1년에 9개월만 근무하는 경우에는 연차휴가를 전혀 갈 수 없는 건가요?**

저는 회사의 사정에 따라 일이 없는 겨울철(11월 중순부터 2월 중순까지 3개월)에는 쉬고 그 외의 기간에만 근무를 하는 계약을 체결하고 1년 넘게 근무하고 있습니다. 개정법에서는 월차휴가가 폐지되었으니까 저 같은 근로자는 휴가를 전혀 갈 수 없는 건가요?

A **매월 개근을 했다면 월 1일의 연차휴가를 사용할 수 있습니다.**

실제는 1년 넘게 재직하였음에도 실제 근무일이 80%(292일) 이상을 근무하지 못하였다는 이유로 연차휴가를 가지 못하는 단시간·기간제 근로자, 개인적인 사정이나 질병 때문에 휴직을 한 근로자를 보호하기 위해서 개정법은 1월간 개근시 1일의 유급휴가를 주도록 규정하고 있습니다(근로기준법 §60②).

겨울철에 쉬는 이유(개인적인 질병 등도 포함)로 1년 중 273일만 근무할 수밖에 없어 15일의 연차휴가가 발생하지는 않지만, 개근한 월에는 1일의 연차휴가를 사용할 수 있습니다. 개근할 월에 발생한 1일의 연차휴가는 적치하였다가 다음 년도에 사용할 수도 있습니다.

Q [연차유급휴가의 사용촉진제도]

연차유급휴가를 사용하지 않고 근무를 해도 연차휴가근로수당을 지급하지 않는다고 하는데, 무슨 말인가요?

저희 회사는 2008년 7월부터 주5일제를 시행하고 있는데요, 회사에서 연차휴가수당이 없어졌다고 설명을 하던데 정말인가요? 왜 그런 규정을 없앤 거죠?

A **사용자가 연차휴가를 사용하도록 적극 권장했음에도 휴가를 사용하지 않으면 연차휴가수당을 지급하지 않을 수 있다는 의미이지 연차휴가수당이 없어진다는 것은 아닙니다.**

사용자는 연차휴가를 사용할 수 있는 기간이 만료되기 6개월 전(2012.8.2 이전에는 3개월이었음)을 기준으로 10일 이내에 근로자에게 언제 휴가를 갈 것인지 그 시기를 정하라고 서면으로 통보하고 그럼에도 불구하고 근로자가 연차휴가사용시기를 정하지 않으면 사용자가 휴가를 사용할 수 있는 기간 만료일 2개월 전에 휴가사용시기를 지정하여 서면으로 통보하도록 하고 있습니다(근로기준법 제61조).

사용자가 이렇게 연차휴가를 사용하도록 적극 독려했음에도 근로자가 연차휴가를 가지 않는 경우 연차휴가근로수당을 지급하지 않을 수 있다는 것으로, 연차휴가수당이 없어졌다는 말은 부적절합니다.

위와 같은 법규정에도 불구하고 위 규정을 정확히 준수했는지 여부, 그리고 사업주가 연차휴가일에 출근한 근로자에게 노무거부의사를 명확히 했는지 여부에 따라 사업주가 연차휴가수당의 지급의무를 면하는지가 결정됨을 유의해야 합니다.

Q [연차휴가 사용촉진을 8개월 전에 해도 문제없는지]

법에는 '연차휴가 사용촉진' 조치를 6개월전 기준 10일 이내에 하라고 되어 있지만 4월(8개월전)에 해도 문제없는지요?

저희 회사는 전 직원의 연차휴가를 소진시키기 위해 매년 4월에 연차휴가 사용촉진을 하고 있는데요, 6개월보다 미리 하는 것이니까 문제없지 않나요?

A **8개월전에 사용촉진을 하는 것은 가능하지만, 근로기준법상의 사용촉진에는 해당되지 않기 때문에 동법상 법률적 효과인 연차수당 지급의무는 면제되지 않습니다.**

근로기준법 제61조제1호는 '6개월 전을 기준으로 10일이내에'라고 명시하고 있기 때문에 이 규정을 준수하지 아니하였다면 미사용한 연차휴가에 대한 보상의무가 면제되지 않는다고 보아야 합니다. 뿐만 아니라 제2호의 '2개월 전까지' 미사용한 휴가의 사용시기를 정하여 서면으로 통보하지 않은 경우에도 마찬가지입니다.

Q [연차휴가 사용촉진 후 노무수령거부를 하지 않았다면?]

법에서 하라는대로 '연차휴가 사용촉진' 조치를 6개월전, 2개월전에 했다면 근로자가 출근했을 때 노무거부를 하지 않아도 연차휴가수당의 지급의무는 면제되나요?

A **근로자가 연차휴가일로 지정하여 통보한 날에 출근한 경우 노무수령거부의사를 명확하게 하지 않았다면 연차휴가수당을 지급해야 합니다.**

① **연차휴가미사용수당 지급의무 면제요건** : 사용자가 근로기준법 제61조에 따른 일련의 연차유급휴가 사용촉진조치를 정상적으로 이행하였음에도 근로자가 해당 휴가일에 출근한 경우 사용자는 노무수령 거부의사를 명확히 표시해야 하며, 명확한 노무수령 거부의사에도 불구하고 근로를 제공한 경우에는 연차유급휴가 미사용수당을 지급할 의무가 없습니다.

② **노무수령 거부의사가 있었음에 대한 입증책임은 사용자와 근로자 중 어느 쪽에 있는지** : 근로기준법은 입증책임에 대해 직접 규정하고 있지 않으므로 ❶ 업무수행 및 근태관리에 대한 지시 및 통제, ❷ 노무수령 거부의사 방법의 명확성, ❸ 출근사유가 업무수행과 긴밀한 관련성이 있는지 등 구체적인 사실관계를 종합적으로 고려하여 명확한 노무수령 거부의사가 있었는지를 판단하여야 할 것입니다.

③ **노무수령거부의사의 표시방법** : 연차휴가일에 해당 근로자의 책상위에 '노무수령 거부의사 통지서'를 올려놓거나, 컴퓨터를 켜면 '노무수령 거부의사 통지' 화면이 나타나도록 하여 해당 근로자가 사용자의 노무수령 거부의사를 인지할 수 있는 정도라면 노무수령 거부의사를 표시한 것으로 볼 수 있습니다(근로기준과-351, 2010.03.22.).

④ **노무거부권을 행사할 관리자가 없는 경우** : 관리자의 지시 및 통제가 불가능하다면 출근사유가 업무수행과 긴밀한 관련성이 있는지 여부 등 구체적인 사실관계를 종합적으로 고려하여 판단하여야 합니다(근로기준과-5562, 2009.12.23.).

Q 2년 미만의 기간제근로자에게도 '연차휴가 사용촉진' 조치를 할 수 있나요?

저희 회사는 1년 6개월을 계약기간으로 하는 기간제근로자들을 채용하여 사용하고 있습니다. 기간제근로자도 1년에 80%이상 근무하면 연차휴가가 15일 발생한다고 들었는데요, 계약기간이 6개월밖에 남지 않아서 연차휴가 사용촉진 조치를 하기가 좀 애매합니다. 남은 계약기간이 1년미만인 기간제근로자에 대하여도 연차휴가 사용촉진조치를 할 수 있나요?

A **연차휴가 시기지정촉구 및 휴가사용을 촉구해 휴가지정일에 근로자가 연차휴가를 소진할 수 있는 경우에는 동 조치를 할 수 있습니다.**

① **사례의 쟁점** : 근로기준법 제60조제7항은 연차유급휴가는 1년간 행사하지 않으면 소멸한다고 규정하고 있고, 동법 제61조는 연차휴가 사용촉진조치를 하였음에도 근로자가 연차휴가를 사용하지 아니하여 제60조제7항 본문에 따라 소멸된 경우에는 사용자는 그 사용하지 아니한 휴가에 대하여 보상할 의무가 없다고 규정하고 있습니다. 관련규정이 이러하므로 남은 계약기간이 1년미만인 6개월밖에 남지 않은 경우 연차휴가 사용촉진 조치대상이 될 수 없는지가 문제됩니다.

② **행정해석의 입장** : 기간제근로자의 근로계약기간이 2년미만인 경우에도 사용자가 연차유급휴가 사용촉진 조치의 일환으로 연차휴가 시기지정촉구 및 휴가사용을 촉구해 휴가지정일에 근로자가 연차휴가를 소진할 수 있는 경우라면 동법에 의한 연차휴급휴가 사용촉진 조치가 이루어진 것으로 볼 수 있다는 행정해석(근로개선정책과-4885, 2014.09.02.)이 있는 반면, 사용자가 근로기준법상 사용촉진 절차를 준수하지 아니하였다면 미사용 휴가에 대한 보상 의무가 면제되지 않는다는 행정해석(근로조건지도과-44, 2009.01.05.)도 있습니다.

③ **결론** : 11개월 이상 근무해서 근로기준법상의 사용촉진을 이행할 수 있는 경우가 아니라면 단지 연차휴가를 소진할 수 있다는 이유로 미사용 휴가에 대한 보상의무를 면제해주는 것은 문제의 소지가 있습니다. 이는 근로자의 휴가권을 침해할 우려가 있을 뿐만아니라 법규정상의 명확한 절차적 요건을 위반하는 것이 되기 때문입니다.

Q **연장근로수당을 휴가로도 줄 수 있나요?**

저희 회사는 연장근로와 휴일근로가 많이 있는 편인데, 개정된 법에서는 연장근로수당대신 휴가를 줄 수 있다고 하던데, 그게 무슨 말인가요? 저희 회사에서 나이드신 일부 근로자들은 휴가보다는 수당으로 받는 것을 더 원하시는데, 무슨 방법이 없냐고 물어보시기에 제가 이렇게 문의를 하는 겁니다.

A **근로자대표와의 서면합의를 통하여 연장근로수당대신 휴가를 줄 수 있습니다.**

근로기준법은 사용자는 근로자대표와의 서면합의에 따라 연장근로, 야간근로 및 휴일근로에 대하여 임금을 지급하는 것에 갈음하여 휴가를 부여할 수 있다고 규정하고 있습니다(근로기준법 §55조의2).

따라서 사용자가 일방적으로 연장근로, 야간근로, 휴일근로에 대한 수당을 휴가로 대체할 수 있다는 것이 아니고 근로자대표와의 서면합의를 전제조건으로 하고 있습니다.

만약에 문의하신 것처럼 대부분의 근로자들이 휴가보다는 수당으로 받는 것을 희망한다면 이런 사항들을 근로자대표에게 전달하면 될 것입니다.

이 규정은 사용자에게는 비용에 대한 부담감을 덜어 주기 위한 것이고 근로자에게는 기호에 맞는 선택권을 행사할 수 있도록 했다는데 의미가 있습니다.

Q **연차휴가일수와 그 요건은 어떻게 바뀌었나요?**

연차휴가제도가 많이 바꿨다고 들었습니다. 사실 예전 규정도 잘 모르고 있지만 이제라도 신경을 써서 챙겨야 할 것 같아서요. 연차휴가에 대한 예전 규정과 개정 내용을 비교해서 설명 좀 해주셨으면 합니다.

A **기존 10일, 8일에서 15일로 휴가일수가 늘어났습니다.**

기존의 연차휴가제도는 1년간 개근한 근로자에 대하여 10일, 9할 이상 출근한 자에 대하여 8일의 유급휴가를 부여했는데, 개정법은 1년간 8할 이상 출근한 근로자에 대하여 15일의 유급휴가를 주도록 규정하고 있습니다(근로기준법 §59①).

그리고 기존에는 2년 이상 계속 근로한 근로자에 대하여 1년을 초과하는 계속근로연수 1년에 대하여 1일의 휴가를 가산하도록 했는데, 개정법은 3년 이상 계속 근로한 근로자에 대하여 최초 1년을 초과하는 계속근로연수 매 2년에 대하여 1일의 연차휴가를 가산하도록 규정하고 있습니다(동법 §59④).

또한 위와 같이 연차휴가를 가산하여 연차휴가 총일수가 20일을 초과하는 경우에는 통상일급을 지급할 수 있다고 규정하고 있었지만 개정법은 가산휴가를 포함한 총 휴가일수는 25일을 한도로 한다라고 규정하고 있습니다(동법 §59④ 단서).

Q [연차휴가일수 가산방법]

연차휴가는 근속연수 매2년마다 1일씩 가산된다고 하는데, 연차휴가가산원리를 자세히 알려주세요!

2년차에 개인적인 사정이 있어서 80%도 출근하지 못했다면 3년차에는 15일의 연차휴가가 발생하지 않고, 다만 개근한 월수만큼의 휴가를 준다고 알고 있습니다. 3년차에 80% 이상 출근하면 4년차에는 16일의 휴가가 발생하는 건가요? 아니면 2년차에 연차휴가 요건을 갖추지 못했으므로 15일(가산휴가없음)의 연차휴가를 발생하는 것인지요?

A **연차휴가 부여요건과 연차휴가 가산과는 별개입니다.**

연차휴가일수의 가산은 이전에는 1년에 1일씩 가산되었지만 개정법에서 2년에 1일씩 가산하도록 개정하였습니다.

2년차에 연차휴가 발생요건(80%이상 출근)을 충족하지 못했다고 해서 4년차에 1일 가산이 되지 않는지가 문제인데, 연차휴가 발생요건과 연차휴가 가산요건은 별개의 제도이므로, 2년차에 발생요건을 충족하지 못하고 3년차에는 발생요건을 충족했다면 4년차에는 1일의 연차휴가가 가산된다고 보아야 합니다.

그렇다면 2년차에도 연차휴가 발생요건을 충족하지 못했고, 3년차에도 연차휴가 발생요건을 충족하지 못했다면, 개근한 월수만큼 부여한 연차휴가에 1일을 가산한 연차휴가를 부여해야 하는지에 대하여 논란이 있을 수 있는데, 연차휴가 가산은 15일에 가산해주는 것으로, 이것은 연차휴가 발생요건을 충족한 경우에만 가산해주는 것이라고 해석되므로, 개근한 월수만큼 부여한 연차휴가에 가산휴가는 부여하지는 않는 것이 맞다고 판단됩니다.

Q 입사일로부터 8할(292일)만 근무하면 연차휴가가 발생하는 건가요?

저는 2012년 1월 1일 입사한 근로자인데요, 저희 회사는 현재 개정법이 적용되고 있습니다. 개정법에 보니까 8할 이상을 개근하면 연차휴가 15일이 발생한다고 규정되어 있더라구요. 그렇다면 저는 2012년 10월부터는 연차휴가를 15일 갈 수 있다는 건가요?

A 1년의 산정기간 중 8할 이상 근무를 해야만 연차휴가가 발생한다는 의미입니다.

개정법의 규정은 입사한지 8할 이상 근무하면 연차휴가가 발생한다는 것이 아니고 1년의 산정기간 중에서 8할 이상을 개근한 경우에 15일의 연차휴가가 발생한다는 것을 규정한 것입니다. 따라서 2012.1.1.~2012.12.31.까지의 근무기간 중에서 총 근무일이 8할 이상이면 15일의 연차휴가가 발생한다는 것을 의미하는 것입니다.

참고로, 귀하처럼 계속근로연수 최초의 1년간은 매월 개근을 하면 매월마다 1일의 연차휴가를 사용할 수 있는데, 이는 1년 미만의 기간제근로자의 보호라는 측면도 있고, 1년 정도 근무를 하다가 퇴사를 해야 하는 근로자는 월차휴가가 폐지되는 관계로 근무기간동안 단 하루의 휴가도 가지 못할 수 있다는 불합리한 면을 고려하여 최초 1년간은 매월 1일씩 연차휴가를 사용할 수 있도록 규정을 보완한 것입니다. 그리고 2012.8.2부터는 1년간의 개근일수가 80% 미만인 경우에도 개근한 월이 있다면 개근한 월수만큼 연차휴가를 부여하도록 한층 더 규정을 보완하였습니다.

Q [방학동안 휴무하는 근로자의 연차휴가 발생여부]

겨울방학과 여름방학에는 출근하지 않는 근로자(학교식당조리원, 학교회계직원, 학교특수교육보조원)는 연차휴가가 없다는 것이 정말인가요?

A **방학기간을 제외하고 1년 단위 근로계약을 반복체결한 근로자의 경우 1개월 단위로 개근여부에 따라 연차휴가를 부여하여야 합니다.**

① **쟁점** : 이 사안은 방학기간을 제외하고 1년 단위 근로계약을 반복·갱신하는 근로자의 경우 연차휴가가 발생하는지가 쟁점입니다.

② **행정해석의 입장** : 학교특수교육보조원이 방학기간을 제외하고 1년 단위 근로계약을 반복적으로 체결하였을 경우 방학기간을 가지고 있으므로 법 제60조제1항의 연차유급휴가는 발생하지 않으나(근기 68207-2124, 2000.7.14), 법 제60조제2항에서 1년 미만의 기간에 대하여는 1개월 단위로 개근여부에 따라 1일의 유급휴가를 부여토록 규정하고 있으므로 동 규정은 적용된다고 보아야 한다(임금근로시간정책팀-1672, 2007.05.01.).

③ **법원의 입장** : 근로기준법에도 계속 근로한 기간이 1년 미만인 근로자에 대해서는 15일보다 적은 일수의 연차휴가가 부여되는 점, 근로기준법 시행령에도 단시간근로자는 소정근로시간에 비례하여 연차유급휴가를 줄여 산정하도록 되어 있는 점 등을 고려하여 1년 중 근로제공 의무가 면제되는 기간 동안은 연차휴가권이 발생하지 않는다고 봄이 상당하므로, 취업규칙에서 방학기간 등의 기간 동안 근로제공 의무가 면제되는 점을 고려하여 연간 10일의 연차휴가를 부여한 것이 근로기준법에 위반된 것이라 볼 수 없다(수원지법 2011가합26325, 2013.03.22.).

④ **결론** : 방학기간을 제외하고 1년 단위 근로계약을 반복·갱신하는 근로자의 경우 1년 중 방학기간이 2~3개월 정도 되므로, 법 제60조제2항에 의해 최소 13일의 연차휴가가 발생된다고 보는 것이 합당합니다.

Q **산재로 4개월 요양을 받고 복직을 한 경우에도 연차휴가를 사용할 수 있나요?**

저는 지난 해 7월에 일을 하다가 다쳐서 11월초까지 병원에서 요양을 받고 난 뒤에 복직을 해서 열심히 일을 했었는데요, 올해 연차휴가를 가려고 하니까 회사측에서는 작년에 4개월이나 쉬었으니까 연차휴가는 없다고 하네요. 회사측 말이 맞는 건가요?

A 산재요양기간은 출근한 것으로 보므로, 연차휴가를 갈 수 있습니다.

근로기준법은 연차유급휴가규정을 적용함에 있어서 근로자가 업무상 부상 또는 질병으로 휴업한 기간과 출산전후휴가기간은 '출근한 것으로 본다'라고 명시하고 있습니다(법 §60⑥).

따라서 위의 회사측의 주장은 근거가 없는 주장으로, 근로자가 4개월 동안 요양을 받았다고 하더라도 4개월이라는 기간은 출근일수계산에서 제외하고 나머지 기간에 개근 또는 8할 이상 출근을 하였다면 연차휴가가 발생하고 연차휴가를 청구하여 사용할 수 있습니다.

Q '연차휴가근로수당'은 평균임금에 산입되나요?

저는 2015년 12월 31일에 퇴직을 하려고 합니다. 그런데 회사측에서는 2015년에 발생한 연차휴가근로수당은 평균임금을 산정할 때 산입되지 않는다고 합니다. 저는 연차휴가근로수당은 평균임금을 산정 할 때 산입된다고 알고 있는데, 회사측의 말이 맞는 건가요? 아니면 제가 알고 있는 것이 맞는 건가요?

A 전전년도에 해당하는 연차휴가근로수당은 평균임금에 산입됩니다.

2015년에 발생한 연차휴가는 원칙은 2016년에 사용해야 하지만, 퇴사로 인하여 연차휴가수당이 발생한 것이므로, 2015년에 80% 이상 출근으로 인하여 발생한 연차휴가에 대한 수당은 평균임금에 산입되지 않습니다.

다만, 2013년에 발생한 연차휴가를 2014년에 사용하지 않아 2015년 1월에 지급한 연차휴가수당이 평균임금에 산입됩니다.

2015.12.31.까지 근무하고 퇴사하는 경우 퇴직금산정을 위해서는 평균임금을 계산해야 하는데, 이 때 올해 발생하는 연차수당이 아니라 전년도에 지급한 연차수당을 평균임금에 산입하는 이유는 평균임금의 정의에서 쉽게 찾을 수 있습니다.

근로기준법 제2조제6호에 평균임금의 정의에 대하여 규정하고 있고, 이 규정을 보면, 평균임금을 산정하여야 할 사유가 발생한 날 이전 3개월동안에 그 근로자에게 지급된 임금의 총액을 그 기간의 총일수로 나눈 금액을 말한다라고 규정하고 있습니다. "평균임금을 산정하여야 할 사유가 발생한 날 이전"이라는 문구에 의하면, 올해의 연차수당은 "산정사유가 발생한 날 이후"에 비로소 발생한 임금이기 때문에 평균임금에 산입할 수 없는 것입니다.

평균임금에 관한 법규정(동법 제2조제6호)에 근거하여 퇴사일(=산정사유가 발생한 날) 이전에 근로자에게 이미 지급된 임금, 즉 전년도에 지급한 연차수당의 3/12에 해당하는 금액만큼만 평균임금에 산입하는 것입니다.

위와 같은 논리라면, 2년 근무하고 12월 말일에 퇴사하는 근로자는 연차휴가수당이 평균임금에 산입하지 않지만 3년 근무하고 12월말일에 퇴사하는 근로자는 연차휴가수당이 평균임금에 산입된다는 차별이 발생합니다.

위와 같은 차별이 발생하는 것은 불합리한 차별이 아닌지에 대하여 고민해볼 필요가 있고, 이런 경우에는 연차휴가수당이 비록 산정사유가 발생한 날 "이후"에 비로소 발생한 임금이지만 예외적으로 평균임금에 산입해주는 방법을 모색해 볼 필요가 있다고 판단됩니다.

Q 연초가 아닌 5월이나 8월에 입사한 근로자는 연차휴가일수를 어떻게 산정하나요?

저희 회사는 연차휴가의 산정기준을 편의상 개별 근로자의 입사일을 기준으로 하는 것이 아니라 회계연도(1.1.~12.31.)로 하고 있습니다. 이럴 경우 법에 저촉되지 않게 처리하려면 5월 1일 입사자의 경우 어떻게 하는 것이 좋을까요?

A 근로자에게 불리하지 않으면 어떤 방법이든 상관없습니다.

연차휴가의 산정기간은 개별 근로자의 입사일을 기준으로 하여 계산하는 것이 원칙이지만 회사의 편의상 대부분 1.1.~12.31.까지로 하는 것이 일반적입니다.

만약에 실제 입사일은 2003년 5월 1일인데, 회계년도(1.1.~12.31.)를 기준으로 연차휴가를 산정할 경우 2005년도에 개근하였다면 2006년도에 부여해야 할 연차유급휴가일수는 2005년도 개근으로 인해 발생한 10일과 2004~2005년까지 계속근로년수 2년에 대하여 가산된 1일(2003년을 입사 1년차로 산정한 것임)을 포함하여 11일을 부여할 수 있습니다.

위 사례의 경우 2003.5.1~2003.12.31까지의 기간에 대하여는 결과적으로 연차휴가산입에 반영하지 않고 2004년을 입사 1년차로 산정하였다면 매년 4월 30일마다 1일(개정법은 2년마다 1일)의 유급휴가를 추가로 주어야 한다는 행정해석이 있습니다(근기 68207-732, 1997.11.27.).

하지만 위의 사례의 경우에는 2003.5.1.~12.31.까지의 기간을 1년차로 인정하여 2004년에 개근(9할, 개정법은 80%)하였을 경우 2005.1.1.에 1일의 가산휴가를 부여하고 있으므로, 매년 4월 30일마다 1일의 유급휴가를 주지 않아도 근로자에게 불리하다고 볼 수 없습니다.

이와 다른 입장에 있는 행정해석을 보면, 사업장에서 연차휴가 산정기간을 노무관리의 편의를 위하여 단체협약이나 취업규칙으로 회계연도(1.1.~12.31.)를 기준으로 일률적으로 정한 경우 입사한 지 1년이 되지 못한 근로자에 대하여도 다음 년도에 입사연도의 근속기간에 비례하여 유급휴가를 부여하고(연차휴가 10일×근무일수/365), 이후 연도부터는 회계년도를 기준으로 연차유급휴가를 부여하면 된다고 하고 있습니다. 다만, 퇴직시점에서 총 휴가일수가 근로자의 입사일을 기준으로 산정한 휴가일수에 미달하는 경우에는 그 미달하는 일수에 대하여 연차휴가근로수당으로 정산해야 한다고 합니다(근기 68207-620, 2003.05.23.).

위의 예로 두번째 행정해석을 살펴보면, 2006년도에 퇴사를 한다고 가정을 하고 ㈎ 2006.4.30. 이전에 퇴사하는 경우와 ㈏ 2006.4.30. 이후에 퇴사하는 경우로 나누어 설명할 수 있습니다.

2006.4.30. 이전에 퇴사하는 경우에는 퇴직시점에서 회계연도로 산정한 총휴가일수가 실제 입사일을 기준으로 산정한 총휴가일수보다 미달하지 않으므로 문제되지 않지만, 2006.4.30. 이후에 퇴사하는 경우에는 퇴직시점에 실제 입사일을 기준으로 산정한 총휴가일수보다 미달하므로 미달분에 대하여는 연차휴가근로수당을

지급해야 할 것입니다.

이 행정해석에서는 2003.5.1.~12.31.까지의 기간에 대하여 당해 기간에 비례하여 연차휴가(연차휴가 10일×근무일수/365)를 2004.1.1.에 부여한 대신 2004년을 1년차로 보아 2006.1.1.에 1일의 가산휴가를 부여하고 있습니다.

이렇듯 행정해석도 근로자에게 불리하지 않다면 어떤 방법을 선택하든 문제는 없다고 보고 있습니다.

위 예는 개정전의 규정인 1년에 1일씩 가산되는 규정을 근거로 설명한 것인데, 이는 2년에 1일씩 가산되도록 개정되었음을 감안하여 위 예에 적용하면 될 것입니다.

Q 근로자가 정한 연차휴가시기를 사용자가 임의로 바꿀 수 있나요?

이번 여름에 친구들과 여행을 가기 위해서 연차휴가를 미리 신청을 했는데, 회사에서는 상사들과 많이 겹친다는 이유로 휴가일정을 바꾸라고 하네요. 작년부터 약속을 해놓은 것이고 콘도도 예약을 해놓은 상태라 휴가일정을 바꾸는 것은 불가능합니다. 원래 회사에서 연차휴가시기를 일방적으로 바꿀 수 있는 건가요?

A 원칙적으로 근로자가 청구한 시기에 연차휴가를 주어야 합니다.

사용자는 원칙적으로 근로자가 청구한 연차휴가의 시기를 마음대로 변경할 수 없습니다(근로기준법 §60①). 즉, 근로자의 청구가 있는 시기에 휴가를 부여하여야 합니다.

하지만 근로자가 청구한 시기에 연차휴가를 주는 것이 사업을 운영하는데 막대한 지장을 주는 경우에는 그 시기를 변경할 수는 있다(동법 §60⑤ 단서)라는 규정을 두고 있어 예외적인 경우에 한하여 시기를 변경할 수 있다고 하고 있습니다.

따라서 직장상사들과 휴가일정이 겹친다는 이유는 '사업을 운영하는데 막대한 지장을 주는 경우'에는 해당되지 않으므로 원칙적으로는 휴가시기를 변경할 수 없다고 보이나, 회사라는 조직체에서 자신의 주장만을 내세우는 것은 그리 바람직하지 않아 보입니다.

Q **연차휴가의 대체가 무엇인가요?**

저는 인사팀에 근무하는데요, 과장님이 유급휴가의 대체제도에 대해서 알아보라고 하셔서요. 유급휴가의 대체제도에 대해서 설명 좀 부탁드립니다.

A **근로자대표와의 서면합의에 의하여 연차휴가를 대체할 수 있습니다.**

사용자는 근로자대표와의 서면합의에 의하여 연차유급휴가일에 갈음하여 특정근로일에 근로자를 휴무시킬 수 있습니다(근로기준법 §62).

연차유급휴가의 대체는 샌드위치 휴일에 활용하면 노사 모두에게 유익한 제도로, 연차휴가를 대체하기 위해서는 연차휴가와 대체할 근무일을 특정해야 하므로, 근로자 대표와의 서면합의서에 대체할 근무일을 특정하거나, 매년 연차휴가가 대체된다면 취업규칙 등에 특정근무일을 명시하는 것이 바람직합니다.

연차휴가가 아닌 사업장의 약정휴일 또는 약정휴가의 경우에도 근로자대표와 서면합의만 있으면 근로기준법 제62조의 규정에 의한 휴가의 대체가 가능하다고 판단됩니다.

Q **[연차휴가의 대체와 휴일의 대체의 차이점]**
'연차휴가의 대체'와 '휴일의 대체'는 어떻게 다른가요?

A **연차휴가의 대체는 근로자대표와 서면합의가 있어야 하지만, 휴일의 대체는 근로자의 동의나 근거규정이 있으면 가능하며, 둘 다 연장근로가산수당은 지급되지 않습니다.**

① **차이점** : 연차휴가의 대체를 위해서는 근로자대표와의 서면합의 요건을 충족해야 하지만, 휴일의 대체는 취업규칙·단체협약 등에 근거규정이 있고 근거규정에 의한 사전통지가 있었거나 근로자의 동의를 받았다면 대체가 가능하다고 판단됩니

다(휴일의 대체도 근로자대표와 서면합의가 반드시 필요한 요건인지 : 서면합의가 없다면 휴일의 대체는 효력이 없는 것인지에 대한 논의가 필요한데, 근거규정이 있거나 근로자의 동의를 받은 경우 유효하다는 해석이 가능하다고 사료됨-대법 99다7367, 2000-09-22 참조).

② **공통점** : 연차휴가의 대체는 유급휴가를 특정 근무일에 단체로 사용하는 것으로 당연히 유급이지만, 근무한다고 하여 휴일근로가산수당을 지급받지 못합니다. 휴일의 대체의 경우도 별도의 규정이 없는 한 휴일에 근무하더라도 별도의 휴일근로가산수당을 지급받지 못합니다.

Q 만 1년을 근무하고 퇴사하는 경우 연차휴가나 연차휴가수당은 받을 수 없나요?

저는 정확히 만 1년을 근무하고 퇴사를 합니다. 그런데 최근 판례에 의하면 이런 경우에도 연차휴근로수당을 받을 수 있다던데, 사실인가요?

A 판례와 행정해석 모두 연차휴가수당을 받을 수 있다는 입장입니다.

※ [가정 1] 근로자 A는 2015.1.1. 입사하여 2015.12.31. 퇴사한 경우
[가정 2] 근로자 B는 2015.1.1. 입사하여 2016.1.6. 퇴사한 경우

판례(대법 2005.5.27, 2003다48549·2003다48556)는 유급(연차휴가수당)으로 연차휴가를 사용할 권리는 근로자가 1년간 소정의 근로를 마친 대가로 확정적으로 취득하는 것이므로, 근로자가 일단 연차유급휴가권을 취득한 후에 연차유급휴가를 사용하기 전에 퇴직 등의 사유로 근로관계가 종료된 경우, 근로관계의 존속을 전제로 하는 연차휴가를 사용할 권리는 소멸한다 할지라도 근로관계의 존속을 전제로 하지 않는 연차휴가수당을 청구할 권리는 그대로 잔존하는 것이어서, 근로자는 근로관계 종료시까지 사용하지 못한 연차휴가일수 전부에 상응하는 연차휴가수당을 사용자에게 청구할 수 있다고 판시하여 [가정 1]의 A와 [가정 2]의 B는 모두 퇴사시까지 사용하지 못한 연차휴가일수 전부에 상응하는 연차휴가수당을 받을 수 있

다는 입장입니다.

기존 행정해석은 [가정 1]의 경우는 연차휴가수당을 받을 수 없고, [가정 2]의 경우는 6일 중 휴일(유급)을 제외한 나머지 일수에 대한 연차휴가수당만을 받을 수 있다는 입장이었으나, 현재는 입장을 변경하여 판례의 입장을 따르고 있습니다.

Q 연차휴가나 생리휴가일에 근로하면 가산임금(50%)을 받아야 하는 것 아닌가요?

연장근로나 휴일근로를 하면 50%의 가산수당을 지급하잖아요. 그렇다면 연월차 휴가일에 근로를 하는 경우에도 50%의 가산수당을 지급해야 하는 것 아닌가요?

A 연차휴가일에 근무한 경우에는 50%가산수당이 없습니다.

근로기준법 제56조상 휴일근로수당으로 통상임금의 50% 이상을 가산하여 지급받을 수 있는 날은 동법 제54조에 의한 주휴일 및 '근로자의날제정에관한법률'에 의한 근로자의 날과 기타 회사의 취업규칙이나 단체협약 등에서 정하고 있는 휴일을 말하는 것으로, 50% 가산수당은 휴가에는 적용되지 않습니다.

따라서 연차휴급휴가나 생리휴가를 사용하지 아니하고 근로한 경우라 할지라도 동법상의 휴일근로수당(50%)을 가산지급받을 수 없습니다. 따라서 연차유급휴가일에 근로를 하는 경우 임금지급률은 유급휴가로서 당연히 지급되는 임금 100%와 당해 일에 근로한 대가의 임금 100%, 합계 200%만 지급되고 휴일근로가산수당(50%)은 지급되지 않습니다.

연차휴가일의 근로는 사전에 근로하지 않는 날로 확정되어 있는 주휴일, 근로자의 날, 단체협약 등에 규정된 휴일근로와는 성격이 다르므로 휴일근로수당을 지급하지 않습니다(근기 10254-5787, 1990.04.23.).

또한 생리휴가는 개정법에 따라 무급으로 개정되었으므로 생리휴가일에 근무를 하였더라도 휴일근로가산수당(50%)은 물론 유급휴가로서 당연히 지급되는 임금(100%)도 지급받을 수 없다는 점도 유의하기 바랍니다.

Q 8할 이상 출근하지 않으면 연차휴가가 발생하지 않고 2년에 1일씩 가산되지도 않나요?

저는 2007년 1월 1일에 입사를 했습니다. 2007년과 2008년에는 개근을 하여 2010년도에 10일의 연차휴가를 사용하였습니다. 그런데 2010년에는 8할도 출근하지 못하였습니다. 이런 경우 2011년에는 연차휴가를 갈 수 없는 건가요? 그리고 2011년에 개근을 하면 2012년에는 연차휴가가 1일 가산되는 건가요? 아니면 2010년에 8할도 출근하지 못했으니까 가산이 되지 않는 건가요?

A 전년도에만 개근하면 그 이전의 개근여부와 상관없이 계속근로연수만큼 가산됩니다.

2010년도에 8할도 출근하지 못했다면 2011년도에는 연차휴가가 발생하지 않습니다. 연차휴가는 1년간의 소정근로일수에 대하여 80% 이상 출근한 근로자에 대하여 15일의 연차유급휴가를 부여하는 것이기 때문입니다.

그리고 1년을 초과하는 계속근로연수에 대하여 2년마다 1일씩 연차휴가가 가산되는데, 이는 전년도 이전의 개근여부와는 상관없이 계속근로연수에 비례하여 가산되는 것이므로 2012년에는 1일의 연차휴가가 가산되는 것이 맞습니다.

또한 자주 문의가 들어오는 것인데, 전년도에 8할 이상을 출근하지 못했더라도 가산휴가(예 : 1일)부분만큼은 부여하여야 하는 것 아니냐는 것입니다. 이는 연차휴가권자체가 발생하지 않았기 때문에 가산휴가만을 별도로 분리하여 부여할 수는 없습니다. 이는 민법상의 주물과 종물의 원리를 알면 쉽게 이해할 수 있을 것인데요, 주물이 있어야 종물이 있는 것이지 주물이 존재하지도 않는데 종물만이 존재한다는 것은 논리적으로도 맞지 않습니다.

Q 노조전임자도 연차휴가를 청구할 수 있나요?

노조전임자가 사업장에 근로를 제공하지 않고 노동조합업무만을 수행하는 경우도 연차휴가를 청구할 수 있나요?

A 노조전임자는 회사에 근로 등을 제공하지 않았기 때문에 연차휴가를 청구할 수 없습니다.

노조전임자에 대한 임금 및 주휴, 연차 기타 유급휴일에 대하여는 노사간에 합의한 바에 의하는 것이 원칙이지만, 임금은 근로의 대가로 사용자로부터 받은 금품이므로, '노동조합및노동관계법상'의 노동조합간부가 사업장에 근로를 제공하지 않고 노동조합업무만을 수행하는 경우 사용자는 임금지급의무가 없습니다. 노조전임자는 실제로 회사에 근로 등을 제공하지 않았기 때문에 연차휴가의 청구 또는 연차휴가수당을 청구할 수 없습니다(근기 01254-14289).

Q **['산재로 휴업한 기간'이 해당 연도 전부인 경우 연차휴가 발생여부]**
업무상 재해로 휴업한 기간이 1년이 넘는 경우 이 1년에 대하여도 연차휴가가 발생하나요?

A **법 제60조제6항제1호는 업무상 재해로 휴업한 기간은 출근한 것으로 보므로, 해당 연도 전부를 휴업했더라도 연차휴가는 발생합니다.**

① **법적 근거** : 근로기준법 제60조제6항제1호는 '근로자가 업무상의 부상 또는 질병으로 휴업한 기간'은 출근한 것으로 본다라고 규정하고 있습니다.

② **관련 행정해석** : 해당 연도의 총일수 전부를 출근하지 아니한 경우와 일부라도 출근한 경우를 나누어 연차휴가 발생여부를 판단하는 것은 법령상의 명확한 규정이나 합리적인 기준도 없는 자의적인 해석에 의한 판단에 불과하고, 해당 연도의 총일수 전부를 출근하지 않은 경우에도 법규정에 따라 출근한 것으로 보아야 하므로 법 제60조제1항부터 제3항까지의 연차휴가를 주어야 합니다(법제처 08-0410, 근로조건지도과, 2009.02.18.).

③ **결론** : 관련법은 해당 연도의 총일수 전부를 출근하지 아니한 경우에는 연차휴가의 부여기준인 출근율의 판단에 있어서 달리 본다거나 연차휴가를 부여하지 아니한다는 예외규정을 두고 있지 않으므로, 해당 연도의 전부를 출근하지 않은 경우에도 연차휴가를 부여하는 것이 맞다고 판단됩니다.

Q [징계기간과 연차휴가와 관련된 문제]
징계(정직)로 연차휴가를 사용하지 못한 경우 연차수당을 청구할 있는지, 징계기간은 소정근로일수에서 제외시키는 것이 맞는지요?

A **징계로 연차휴가를 사용하지 못했다면 연차휴가수당을 청구할 수 있고, 징계기간은 소정근로일수에 포함시키되 출근일수에서 제외하고 연차휴가 출근율을 산정하는 것이 맞습니다.**

① **사례의 쟁점** : 이 사안은 징계(정직 및 직위해제)으로 인하여 연차휴가를 사용하지 못한 경우 연차휴가수당을 청구할 수 있는지, 연차휴가 산정을 위한 출근율을 계산함에 있어 징계기간을 소정근로일수에 포함시켜야 하는지가 쟁점입니다.

② **연차휴가 산정시 징계기간은 소정근로일수에 포함되는지 여부**

ⓐ **종전 행정해석** : 근로자가 근로를 제공할 수 있음에도 사용자의 징계권 행사로 인한 정직 또는 강제휴직기간은 소정 근로일 및 출근여부를 판단함에 있어 소정근로일수에서 제외하고 나머지 소정근로일수에 대한 출근율에 따라 비례적으로 휴가를 부여하였음(근기 68207-402, 2002.01.29.).

ⓑ **판례** : 연차휴급휴가기간을 산정함에 있어 정직 및 직위해제기간을 소정근로일수에 포함시키되 출근일수에서 제외하도록 규정한 취업규칙이 근로기준법에 정해진 기준보다 근로자에게 불리하게 규정한 것이라고 볼 수 없고 연차유급휴가기간을 산정함에 있어 취업규칙의 규정에 따라 정직 및 직위해제기간을 출근일수에 산입하지 아니한 것이 부당하지 아니하다고 판결하였음(대법 2008다41666, 2008.10.09.).

ⓒ **변경된 행정해석** : 연차유급휴가를 산정하기 위한 소정근로일수 및 출근여부에 대해 근로자의 귀책사유로 인한 징계기간은 소정근로일수에 포함하여 결근처리하는 것이 타당하다고 해석을 변경하여 징계(정직)기간을 소정근로일수에 포함시키되 출근일수에서 제외하도록 하였음(근로기준과-3296, 2009.09.01.).

ⓓ **소결** : 근로자의 귀책사유로 인한 징계기간은 소정근로일수에 포함시키되 출근일수에서는 제외하여 결근처리하는 것이 타당하고, 징계기간에 따라 출근율이

80%미만인 경우에는 연차휴가 15일이 발생하지 않고, 다만 개근월수에 따른 월 단위 연차휴가만이 발생하게 될 것입니다.

③ 징계로 인해 연차휴가를 사용하지 못한 경우 연차수당을 청구할 수 있는지 : 연차휴가 사용촉직 조치기간이 징계기간과 겹쳐 연차휴가를 사용하지 못했다면 사용하지 못한 연차휴가에 대한 수당을 청구할 수 있습니다.

④ 미사용 연차휴가의 이월사용에 관한 합의가 가능한지 : 연차휴가청구권은 이미 소멸하였지만 미사용 연차휴가에 대하여 다음 연도로 이월하여 사용하도록 당사자가 합의하는 것은 가능하므로, 취업규칙이나 단체협약 등 별도의 규정이나 개별 근로자와의 합의하에 이월사용하도록 하는 것은 법위반이 아닙니다(근로기준과-1046, 1047, 2009.02.20.).

⑤ 징계의 부당함이 확정된 경우 추가 연차휴가를 청구할 수 있는지

ⓐ 행정해석의 입장 : 근로자가 부당징계 구제신청을 하여 징계의 부당함이 확정된 부당징계기간에 한하여 소정근로일수에서 제외하고 나머지 기간에 비례하여 연차유급휴가를 부여하는 것이 타당하다는 것이 행정해석의 입장입니다(근로기준과-3296, 2009.09.01.).

예를 들어, 정직 6개월의 징계처분을 받은 근로자의 경우 정직기간 6개월은 소정근로일수에 포함되고 출근일수에서 제외됨에 따라 6개월 결근한 것이 되어 근로기준법 제60조 '1년간 80% 이상 출근'요건을 충족하지 못했으므로 연차휴가 15일은 발생하지 않는 것이 원칙이나, 동조 제2항에 의해 개근월수에 대하여 1일씩 6일의 연차휴가만이 발생됩니다.

하지만 부당징계로 판정을 받았다면 정직기간 6개월은 소정근로일수에서 제외되고 나머지 기간에 비례하여 연차휴가를 부여하는 것이 원칙이므로, 연차휴가는 7.5일(=15일×6/12) 발생됩니다. 따라서 근로자는 1.5일의 연차휴가를 추가로 청구할 수 있는데, 현실적으로 연차휴가청구권은 이미 도과했을 개연성이 높으므로 1.5일분의 연차휴가수당을 청구할 수 있을 것입니다.

ⓑ 판례의 입장 : 대법원(2011다95519, 2014.03.13.)은 연차휴가일수를 산정하기 위한 연간 소정일수와 출근일수를 계산함에 있어서 사용자의 부당해고로 인해 근로자가 출근하지 못한 기간을 근로자에 대해 불리하게 고려할 수는 없으므로

그 기간은 연간 소정근로일수 및 출근일수에 모두 산입되는 것으로 보는 것이 타당하며, 설령 부당해고기간이 연간 총근로일수 전부를 차지하는 경우에도 달리 볼 수는 없다고 판시하였습니다. 따라서 부당징계로 확정되었다면 정직기간 6개월은 소정 근로일수에 포함시켜 출근한 것으로 보아야 하며, 이에 따르면 15일의 연차휴가가 발생하므로 9일의 연차휴가를 추가로 청구할 수 있습니다.

ⓒ **소결** : 징계가 무효인 이상 근로자가 징계기간동안 근무하지 못한 것은 사용자의 책임있는 사유로 인한 것이기 때문에 근로자에게 불리하게 고려해서는 안되므로, 부당징계기간은 출근한 것으로 보아 연차휴가일수를 산정하는 것이 타당하다고 판단(판례의 입장)됩니다.

Q

[연차휴가일수 산정을 위한 출근일수에 부당해고기간도 포함되는지]

부당해고기간은 출근일수로 보는지, 그리고 부당해고기간을 출근한 것으로 보아 연차휴가를 청구할 수 있는지, 부당해고기간이 1년 단위기간 전체를 넘어도 연차휴가는 발생하는지에 대하여 궁금합니다.

A

부당해고기간은 연간 소정근로일수 및 출근일수에 산입되므로 출근한 것으로 보아 연차휴가를 청구할 수 있고, 1년 전체를 출근하지 못했더라도 연차휴가는 발생합니다(판례의 입장-행정해석과 견해 차이있음).

① **사례의 쟁점** : 이 사안에 대하여 행정해석은 부당해고기간을 제외한 나머지 소정근로일수에 대한 출근율에 비례하여 연차휴가일수를 산정해야 한다는 입장이고, 판례는 부당해고기간은 출근일로 보아 연차휴가일수를 산정해야 한다는 입장으로 견해차이가 있는데, 이에 대한 면밀한 검토가 필요합니다.

② **행정해석의 입장** : 근로기준법 제60조의 연차유급휴가를 부여하기 위한 '소정근로일수'의 개근여부 및 출근율을 판단함에 있어 당초 근무하기로 정하였지만, '특별한 사유로 근로제공의무가 정지된 날 또는 기간'은 소정근로일수 계산에서 제외하여야 하며(임금근로시간정책팀-3228, 2007.10.25.), 부당해고기간은 근로자가 근로를 제공할 수 있음에도 사용자의 부당한 징계권 징계권의 행사로 근로를 제공

하지 못한 기간으로 위의 '특별한 사유로 근로제공의무가 정지된 날 또는 기간'에 해당되어 소정근로일수 계산에서 제외하여야 하므로, 부당해고기간을 제외한 나머지 소정근로일수에 대한 출근율에 따라 산출된 일수에 당해 사업장의 연간 총소정근로일수에 대한 출근일수 비율을 곱하여 산정하여야 한다. 다만, 부당해고기간이 해당 연도의 전부에 해당될 경우, 사용자는 연차유급휴가를 부여하지 않아도 된다(근로기준과-5084, 2009.12.01.).

③ **판례의 입장** : 법원(대법 2011다95519, 2014.03.13.)은 근로자가 부당해고로 인하여 지급받지 못한 임금이 연차휴가수당인 경우에도 해당 근로자의 연간 소정근로일수와 출근일수를 고려하여 근로기준법 제60조제1항의 요건을 충족하면 연차유급휴가가 부여되는 것을 전제로 연차휴가수당을 지급하여야 하고, 이를 산정하기 위한 연간 소정근로일수와 출근일수를 계산함에 있어서 사용자의 부당해고로 인하여 근로자가 출근하지 못한 기간을 근로자에 대하여 불리하게 고려할 수는 없으므로 그 기간은 연간 소정근로일수 및 출근일수에 모두 산입되는 것으로 보는 것이 타당하며, 설령 부당해고기간이 연간 총근로일수 전부를 차지하고 있는 경우에도 달리 볼 수는 없다고 판시하였습니다.

④ 위 판례와 행정해석의 설명

ⓐ **부당해고기간의 소정근로일수에 산입여부** : 판례는 부당해고기간은 소정근로일수에 산입하여 출근한 것으로 보아야 한다는 입장이지만 행정해석은 소정근로일수에서 제외하여야 한다는 입장입니다. 부당해고기간이 6개월이라고 가정하고 연차휴가일수를 산정하면 판례에 의하면 15일의 연차휴가가 발생하지만 행정해석에 의하면 7.5일의 연차휴가가 발생합니다.

ⓑ **부당해고기간에 대한 연차휴가미사용수당의 발생여부** : 행정해석에 의하면 부당해고기간을 소정근로일수에서 제외하고 있기 때문에 부당해고기간에 대한 연차휴가미사용수당은 발생할 여지가 없지만, 판례에 의하면 부당해고기간을 소정근로일수에 산입하여 출근한 것으로 보기 때문에 동 기간에 대한 연차휴가미사용수당은 당연히 발생한다고 봅니다.

ⓒ **부당해고로 1년 전체를 출근하지 못한 경우 연차휴가의 발생여부** : 판례는 연차휴가가 정상적으로 발생한다고 보지만 행정해석은 제도적 취지에 비추어 보면

연차휴가는 발생하지 않는다는 입장입니다.

ⓓ **'부당해고기간 중의 임금상당액'에는 연차휴가미사용수당도 포함되는지** : 판례는 부당해고기간을 '출근일'로 보고 있고, 부당해고기간 중의 '임금상당액'을 근로기준법 제2조의 임금(대법 2011다20034)으로 보고 있기 때문에 '임금상당액'에는 연차휴가미사용수당도 포함된다는 입장이지만, 행정해석은 부당해고기간을 소정근로일 및 출근일에서 제외하고 있고, 부당해고기간 중의 '임금상당액'을 사용자의 귀책사유로 근로자가 노무를 제공하지 못한데 따른 민법상의 손해배상금 성격을 갖는 금품(근로조건지도과-4843, 근기 01254-10)이라고 보고 있기 때문에 '임금상당액'에는 연차휴가미사용수당이 포함될 여지는 없다는 입장입니다.

⑤ **결론** : 연차유급휴가를 산정함에 있어 부당해고기간을 연간 소정근로일수 및 출근일수에 산입하는 것이 근로자에게 유리하고, 출근일수에 산입하므로 1년 전체가 부당해고기간이라도 동 기간에 연차휴가가 발생한다고 보아야 하며, 부당해고기간 중의 임금상당액도 근로기준법상 임금에 해당하므로 연차휴가수당도 임금상당액에 포함된다고 보는 판례의 입장에 찬동합니다.

심화학습 연차유급휴가 산정을 위한 출근율 계산방법

근로기준법 및 동법 시행령에서 규정한 주휴일, 연차유급휴가를 부여하는 기준으로 삼고 있는 「소정근로일수」의 개근여부 또는 출근율을 판단함에 있어 다음의 기간은 소정근로일수에서 제외하고 나머지 기간만으로 개근여부 또는 출근율을 판단하여 주휴일 및 연차휴가를 부여하여야 합니다.

법정휴가일((가) 연차휴가일, (나) 출산전후휴가일, (다) 생리휴가일), 특별한 사유로 근로제공의무가 정지된 날((가) 사용자의 귀책사유로 인한 휴업기간, (나) 적법한 쟁의행위기간, (다) 남녀고용평등법에 의한 육아휴직기간, (라) 기타 이상의 기간에 준하여 해석할 수 있는 날 또는 기간), 출근한 것으로 간주하는 날((가) 업무상 재해로 인한 요양기간, (나) 예비군, 민방위 훈련기간, (다) 공민권 행사일), 노무관리의 필요상·징계에 의한 정직·출근정지·대기발령기간은 근로자가 근로를 제공할 수 있음에도 사용자의 징계권의 행사로 이루어진 것이므로, 위의 (라) 기타 이상의 기간에 준하여 해석할 수 있는 기간으로 볼 수 있다는 것이 변경전의 입장이었으나, 대법원 판례에 의해 변경되었습니다(자세한 내용은 위에서 별도 검토).

그러나 근로자 개인적 상병, 구속수감 등 근로자의 귀책으로 소정근로일에 근로를 제공하지 못한데 대해서는 이를 결근으로 처리할 수 있으므로 주휴일 및 연차휴가를 부여하지 않아도 무방할 것입니다.

주휴일과 관공서공휴일

근로기준법 제55조는 근로자에 대하여 1주일에 평균 1회 이상의 유급휴일을 주어야 한다고 하고 있고, 유급휴일은 1주간의 소정근로일수를 개근한 자에게 주어야 한다고 규정하고 있습니다(근로기준법시행령 §30).

주휴일은 4인 이하의 근로자를 사용하는 사업장에도 강제적으로 적용되는 제도이지만, 4주간을 평균하여 1주간의 소정근로시간이 15시간 미만인 '1주간의 소정근로시간이 현저히 짧은 단시간근로자'는 주휴일제도가 적용되지 않습니다(동법 §18③).

따라서 위의 법규정에 따르면, 1주간의 소정근로시간을 개근한 근로자(주5일제의 경우는 5일 개근한 자)에게는 유급의 주휴일을 주어야 하는 것이므로, 1주간의 소정근로시간이 15시간 이상이면 아르바이트라고 하더라도 유급주휴일을 주어야 하는 것입니다. 만약에 아르바이트가 일요일에 출근하여 일을 했다면 근로의 대가인 임금이외에 휴일근로수당을 별도로 받을 수 있습니다.

만약에 1주간 개근하였음에도 주휴일을 부여하지 않으면 사업주는 2년 이하의 징역 또는 1,000만 원 이하의 벌금에 처해질 수 있습니다(동법 §110제1호).

관공서의 공휴일에 관한 규정은 공무원의 공휴일을 대통령령으로 정하고 있는 규정으로, 일반 사업장에는 그 적용이 강제되지는 않았습니다. 하지만 근로기준법 제55조제2항 사용자는 근로자에게 대통령령으로 정하는 휴일을 유급으로 보장하여야 한다고 신설함에 따라 일반 사업장에도 동 규정이 적용되게 되었습니다. 사업장 규모에 따라 시행시기를 달리하고 있는데, 300인 이상 사업장은 2020.1.1.부터, 30인 이상 300인 미만의 사업장은 2021.1.1.부터, 5인 이상 30인 미만의 사업장은 2022.1.1.부터 적용됩니다.

Q 주휴일은 '일요일'을 말하는 것 아닌가요?

저는 모회사에서 시간제로 아르바이트를 하고 있습니다. 그런데 이 회사는 일요일은 바쁘다고 월요일에 쉽니다. 저는 일요일에 쉬어야 친구들도 만나고 할 수 있는데 너무 불편합니다. 원래 주휴일은 일요일을 말하는 것 아닌가요?

A 주휴일은 '일요일'이 아니어도 상관없습니다.

근로기준법상 유급휴일은 근로기준법 제55조의 주휴일과 '근로자의날제정에관한법률'에 의한 근로자의 날뿐입니다. 따라서 다른 휴일은 노사 당사자가 자율적으로 정하는 것이고, 법에서 규정하고 있는 것은 아닙니다.

주휴일은 1주일에 소정의 근로일수를 개근한 자에 대하여 1주 평균 1회 이상 유급휴일을 부여할 수 있는 제도로서, 근로기준법에서는 사용자가 1주간의 소정근로일수를 개근한 근로자에 대하여 1주일에 평균 1회 이상의 유급휴일을 주도록 규정하고 있습니다. 주휴일은 반드시 일요일이어야 하는 것은 아니지만 매주 특정 요일을 주휴일로 정하는 것이 근로자들의 여가생활의 효율성면에서 바람직하다 할 것입니다(근기 68207-761, 1994.05.07., 근기 01254-744, 1988.05.20.).

Q **'알바'에게도 주휴일이 있는 건가요?**

저는 아르바이트를 하고 있는데, 일요일에 쉬지를 않아요. 원래 아르바이트에게는 주휴일이 없는 건가요?

A **1주 근로시간이 15시간 이상인 아르바이트의 경우 주휴일이 있습니다.**

임금체계가 시급제·일급제·월급제이든, 근로형태가 일용직·임시직·계약직·정규직이든 사용자와의 관계에서 지휘, 명령을 받으며 근로를 제공하고 그에 대한 임금을 지급받는 자라면 근로기준법상 근로자에 해당하고, 근로자라면 당연히 주휴일이 있습니다.

주휴일제도는 1인 이상의 근로자를 고용하는 모든 사업장에 적용되는 법적 강제제도(강행법규)이므로(근로기준법 §55), 아르바이트 등 임시직근로자에게도 의무적으로 적용됩니다. 만약에 주휴일에 쉬게 하지 않고 일을 시켰다면 휴일근로가산수당을 별도로 지급하도록 되어 있습니다(동법 §56).

하지만 1주간 소정 근로시간이 15시간이 되지 않는 근로자는 퇴직금, 주휴일, 연차휴가에 관한 근로기준법 규정은 적용되지 않습니다(근로기준법 §18③). 즉, 평균 1주 근로시간이 15시간 미만인 경우에는 주휴일, 연차휴가, 퇴직금 규정 등을 제외하고 나머지 근로기준법 규정만 적용되고, 1주 근로시간이 15시간 이상이면 통상의 근로자에 비례하여 근로기준법에서 정한 각종의 근로조건을 모두 적용하도록 하고 있다는 뜻입니다.

그런데 사용자가 1주 15시간 미만을 일하는 아르바이트생에게도 주휴일을 준다고 해도 상관은 없습니다. 왜냐하면 근로기준법은 근로조건의 최하한선을 규정하고 있는 것이므로 근로계약이나 취업규칙에서 더 유리한 조건으로 정했다면 근로기준법 규정과 상관없이 더 유리한 조건을 적용할 수 있기 때문입니다.

Q 주휴일은 7일 간격으로 줘야 하는 것 아닌가요?

저희 회사는 교대제 근무를 하기 때문에 1개월에 4일의 주휴일이 보장이 되긴 하지만, 어떤 주에는 7일이 넘어서 주휴일을 주는 경우도 있습니다. 원래 주휴일은 7일 간격으로 줘야 하는 것 아닌가요?

A 반드시 7일 간격으로 주휴일을 줘야 하는 것은 아닙니다.

근로기준법 제55조에서 사용자는 근로자에게 1주일에 평균 1회 이상의 유급휴일을 주도록 하고 있는데, 여기서 '1주일'이라 함은 연속한 7일의 기간을 의미하는 것으로 반드시 월력에 의한 일요일부터 토요일까지로 해야 하는 것은 아닙니다. 주휴일은 산정단위가 되는 1주일의 기간 중 평균 1일 이상 주면 되므로, 반드시 주휴일간의 간격이 7일이 되어야 하는 것은 아닙니다. 하지만 근로자의 건강 등을 고려하여 가급적 근로자가 주휴일을 사전에 예측할 수 있도록 규칙적으로 부여하는 것이 바람직할 것입니다(근기 68207-1540, 2001.05.12.).

Q '일용직'에게도 유급주휴일을 줘야 하나요?

저는 작은 업체를 운영하고 있는데, 바쁠 때는 일용직을 쓰고 있습니다. 그런데 대부분 1개월을 넘게 쓰고 있는데, 일용직에게도 유급 주휴일을 줘야 하는 건지요?

A 일용직이라도 1주간을 개근하면 유급주휴일을 부여하여야 합니다.

일용직 근로자라 하더라도 1주간을 개근하면 근로기준법 제55조의 유급 주휴일을 부여하여야 합니다. 만약에 근로계약 내용중에 당해 근로자의 임금 속에 유급휴일수당을 포함하여 지급하기로 사전에 약정하지 않았다면, 1주일간 소정근로일수를 개근한 근로자에게는 유급으로 주휴일을 부여하여야 합니다(근기 68207-1854, 근기 1451-20731). 따라서 유급인 주휴일에 쉬더라도 일급통상임금을 줘야 하고, 근로를 한 경우에는 일급통상임금의 250%에 해당하는 임금을 줘야 합니다.

Q 알바가 주휴일에 쉬면 임금(일당)은 없는 거죠?

저는 알바를 하고 있는데요, 일요일에는 쉬니까 일당을 받을 수 없는 것으로 알고 있는데, 맞나요?

A '알바'에게도 주휴일은 유급이므로 통상일당을 받을 수 있습니다.

사용자는 단시간 근로자(아르바이트)에 대해서도 유급으로 주휴일을 줘야 하는데(근로기준법 §55), 유급주휴일은 1주간의 소정근로일수를 개근한 자에게 주는 것입니다(동법 시행령 §30).

따라서 주휴일에 쉬더라도 유급으로 인정되는 8시간 임금(100%)을 받을 수 있는 것입니다. 주휴일은 4주간을 평균하여 1주간의 근로시간이 15시간 미만인 근로자에게는 부여하지 않고 있으므로(근로기준법 §18③), 유급의 주휴일을 부여받기 위해서는 하루에 적어도 4시간 이상씩은 일을 해야 하고, 주휴일에 유급으로 지급되는 임금은 단시간 근로자가 근로한 '근무시간에 대한 임금'이 될 것입니다.

Q '주휴일근로수당'은 어떻게 계산하는지요?

지난 번 답변을 보니까 주휴일에 쉬더라도 통상일당을 받을 수 있다고 했는데, 그러면 일요일에 일을 하면 어떻게 되는 건가요?

A 유급인 주휴일에 일을 하면 '일급의 250%'를 받을 수 있습니다.

일요일에 쉬지 않고 일을 했다면 원래 유급으로 지급해야 하는 일급통상임금(100%)과 근로의 대가인 일급통상임금(100%), 그리고 휴일에 일을 하면 지급하는 휴일근로가산수당(50%), 일급통상임금의 250%를 받을 수 있습니다.

주휴일에 대해 지급하는 임금을 일급통상임금이라고 하는데, 일급통상임금은 시간급×4주 평균 1일소정근로시간을 곱해서 산출을 합니다. 4주 평균 1일소정근로시간은 4주간의 소정근로시간을 4주간의 총일수로 나누면 됩니다.

Q 주휴일과 유급휴일이 중복되면 어떻게 해야 하나요?

주휴일과 단체협약이나 취업규칙에 유급으로 정한 휴일이 중복되면 어떻게 처리해야 되나요? 주휴일도 유급이고 단체협약상의 휴일도 유급이므로 2일분의 임금을 받아야 하는 것 아닌가 해서요. 어떻게 해야 하는지 명쾌한 답변을 부탁드립니다.

A 별다른 특약이 없는 한 1일분의 임금만 지급하면 됩니다.

근로기준법 제55조에 의한 주휴일과 단체협약이나 취업규칙에 유급휴일로 정한 유급휴일이 중복될 경우 당사자간의 특약이 없는 한 1일분의 유급휴일 임금만 지급하면 됩니다(근기 01254-11628, 1988.08.01.).

이런 분쟁의 여지를 없애기 위해서 보통 단체협약에서 '휴일중복시 1일의 휴일로 본다'라는 규정을 두는 것이 일반적입니다. 물론 '휴일중복시 다음 날을 유급휴일로 한다'라는 규정을 두어 쉬는 경우도 있기는 합니다.

Q 3일 동안 정당한 쟁의행위를 한 경우에도 유급주휴일을 줘야 하나요?

저는 인사팀의 직원인데요, 저희 회사의 노동조합이 3일동안 적법한 절차에 의하여 쟁의행위를 단행했습니다. 이에 회사측에서는 주휴일을 무급처리하라고 지시를 내렸는데, 이럴 때 주휴일을 무급으로 처리하는 것이 맞는 건가요?

A **쟁의행위기간(3일)을 제외한 나머지 3일을 개근했다면 유급주휴일을 줘야 합니다.**

'노동조합및노동관계조정법'에 의한 적법 절차에 의하여 정당한 쟁의행위가 행하여진 경우에는 근로기준법상의 주휴일, 연차유급휴가는 쟁의행위기간을 제외한 나머지 근로일수에 대한 출근율에 따라 산정지급되어야 합니다. 따라서 쟁의행위기간을 제외한 나머지 3일 동안 개근을 했다면 유급주휴일을 부여하는 것이 맞습니다.

다만, 쟁의행위기간이 주의 전부, 월의 전부(1년 미만자, 1년 동안 80% 미만 출근자에 한함), 연의 전부에 해당될 때에는 주휴일, 연차휴가를 부여할 의무가 없습니다(근기 01254-4245, 1990.03.20.). 즉, 1주일(6일)내내 쟁의행위를 하였다면 유급주휴일을 부여하지 않아도 된다는 의미입니다.

유급주휴일을 부여하기 위한 출근율을 계산함에 있어 적법한 쟁의행위기간이외에도 근로자의 날, 단체협약·취업규칙 등에 의한 약정휴일, 사용자의 귀책사유에 의한 휴업기간, 업무상 재해로 인한 휴업기간, 예비군·민방위훈련기간, 공민권행사를 위한 휴무일, 연차휴가일, 생리휴가일, 징계에 의한 휴직·정직·출근정지기간은 제외하고 나머지 기간동안에만 개근을 하면 유급주휴일을 부여하여야 합니다.

Q [휴일의 대체와 대휴의 차이]

'휴일의 대체'와 '대휴'는 어떻게 다른가요?

저희 회사는 업무의 특성상 일요일과 국경일에도 근무를 해야 합니다. 그래서 조를 나눠서 일요일이나 국경일에 근무를 한 사람은 그 다음 주중에 겹치지 않게 하루씩 휴무를 합니다. 이렇게 주중 근무일에 하루 쉬면 일요일이나 국경일에 근무하는 것에 대하여는 휴일근로가산수당은 받지 못하는 건가요? 휴일의 대체와 대휴명령과는 차이가 있다고 들었는데, 정확히 어떤 차이점이 있나요?

A **'휴일의 대체'는 휴일근로수당을 지급하지 않아도 되지만 '대휴'는 지급해야 합니다.**

① 개념 : 휴일의 대체는 근로자대표와의 서면합의에 의하여 단체협약상의 공휴

일로 정해져 있는 날을 근로일로 하고 대신 통상의 근로일을 휴일로 교체할 의사표시를 한 것을 말하는 것이고, 대휴는 휴일에 근무한 것에 대한 대상으로 사용자가 근무일 중의 하루를 쉬게 하는 것을 말합니다.

② **요건** : 근기법에는 이에 대한 규정이 없지만 판례는 1) 단체협약 등에 정해져 있거나 2) 당사자 개인의 동의를 얻은 경우 미리 근로자에게 교체할 휴일을 특정하여 고지하였다면 적법한 휴일의 대체로 봅니다.

대휴는 사용자의 지시(출근명령)에 의하여 휴일에 근무하고 이에 대한 은혜적인 대상(代償)으로 다른 근무일에 쉬는 것이므로 사용자의 근무면제명령이 있어야 합니다.

③ **휴일의 대체일은 언제까지 부여해야하는지** : 휴일에 근무한 경우 대체 휴일은 언제까지 부여해야하는가에 대해서 행정해석(근기 68207-149, 2003.2.5.)은 '근로기준법 제55조에 1주일에 평균 1회 이상의 유급휴일을 주어야 한다고 규정되어 있는 점과 다음 주휴일이 7일 만에 또 발생한다는 점을 감안할 때 당초의 휴일로부터 6일 이내 또는 다음 주휴일 이전에 부여해야 하는 것'으로 해석하고 있습니다.

④ **휴일근로수당의 지급여부** : 휴일의 대체는 근로자와 합의하여 휴일을 변경한 것으로 당초의 휴일은 평일근로가 되어 휴일근로수당은 발생하지 않지만, 대휴는 사용자의 일방적인 지시에 의하여 휴일에 근무하고 이에 대한 은혜적인 대상(代償)으로 다른 근무일에 쉬는 것이므로 휴일근로에 대하여 가산임금(50%)를 추가적으로 지급해야합니다(서울중앙지법 2004가단273036, 2005.12.28.). 또한 공휴일에 대신하여 대휴로서 통상의 근로일에 휴무하였다면 통상임금의 100%에 해당하는 금원은 공제한 50%(휴일근로가산수당)만을 지급할 의무가 있다고 보았습니다.

⑤ **휴일의 대체시 사전주지의무** : 주휴일을 다른 날로 대체하는 경우에는 적어도 24시간 이전에 근로자에게 주지시켜야 한다는 것이 행정해석(법무 811-18759, 1978.04.08.)입니다.

대체공휴일제와 보상휴가제

1. 대체공휴일제도

가. 대체공휴일제의 개념과 법적 근거

① 대체공휴일제의 개념 : 대체공휴일제란 설연휴일과 추석연휴일, 어린이날이 다른 공휴일과 겹치는 경우 공휴일 다음 날을 휴일로 대체하여 실질적으로 휴일을 보장하기 위한 제도를 말합니다.

② 대체공휴일제의 법적 근거 : 대체공휴일제는 관공서의 공휴일에 관한 규정 제3조에서 그 법적 근거를 찾을 수 있습니다.

> 관공서의 공휴일에 관한 규정(대통령령 제24828호, 2013.11.05. 일부개정, 시행)
>
> 제2조 【공휴일】 관공서의 공휴일은 다음과 같다. 다만, 재외공관의 공휴일은 우리나라의 국경일중 공휴일과 주재국의 공휴일로 한다.
>
> 1. 일요일
> 2. 국경일 중 3·1절, 광복절, 개천절 및 한글날
> 3. 1월 1일
> 4. 설날 전날, 설날, 설날 다음날 (음력 12월 말일, 1월 1일, 2일)
> 5. 삭제 〈2005.6.30〉

6. 석가탄신일 (음력 4월 8일)
7. 5월 5일 (어린이날)
8. 6월 6일 (현충일)
9. 추석 전날, 추석, 추석 다음날 (음력 8월 14일, 15일, 16일)
10. 12월 25일 (기독탄신일)
10의 2. 「공직선거법」 제34조에 따른 임기만료에 의한 선거의 선거일
11. 기타 정부에서 수시 지정하는 날

제3조【대체공휴일】 ① 제2조제4호 또는 제9호에 따른 공휴일이 다른 공휴일과 겹칠 경우 제2조제4호 또는 제9호에 따른 공휴일 다음의 첫 번째 비공휴일을 공휴일로 한다.
② 제2조제7호에 따른 공휴일이 토요일이나 다른 공휴일과 겹칠 경우 제2조제7호에 따른 공휴일 다음의 첫 번째 비공휴일을 공휴일로 한다. [본조신설 2013.11.05]

Q **[일반 사업장도 대체공휴일제를 의무적으로 시행해야 하는지]**
근로기준법 개정(2018.2.27.)에 따라 일반 사업장도 대체공휴일제를 의무적으로 시행해야 하는 건가요?

A **법 개정 이전에는 의무적으로 시행하지 않아도 되지만, 법 시행일 이후부터는 의무적으로 시행해야 합니다.**

대체공휴일제는 대통령령인 관공서의 공휴일에 관한 규정 제3조에 의해 2013. 11.05. 시행된 제도로, 법률이 아닌 대통령령에 의해 시행되는 것이고 적용대상이 관공서인 점을 감안하면 일반 사업장이 대체공휴일제를 의무적으로 도입하여 시행해야 할 의무는 없었지만, 근로기준법이 개정(2018.2.27.)되면서 근로기준법 제55조제2항을 신설하여 '대통령령으로 정하는 휴일'을 유급으로 보장하도록 하고 있으므로, 300인 이상은 2020.1.1.부터, 30인 이상은 2021.1.1.부터, 5인 이상은 2022. 1.1.부터 시행해야 합니다.

다만, 시행일 전까지는 취업규칙 등에서 "유급휴일은 관공서의 공휴일에 관한 규

정에 의한다"라고 명시하고 있거나 "유급휴일은 국가(법정)공휴일을 준용한다"라고 포괄적으로 규정하고 있다면 대체공휴일제를 시행하는 것이 맞습니다.

Q ['국경일·정부가 정한 임시공휴일'이라고 규정한 경우 대체공휴일제 시행여부]

취업규칙 등에 "유급휴일은 국경일·정부가 정한 임시공휴일로 한다"라는 규정을 두고 있는 경우 대체공휴일제를 시행해야 하는지요?

A **법 개정 이전에는 의무적으로 시행하지 않아도 되지만, 법 시행일 이후부터는 위 규정과 상관없이 의무적으로 시행해야 합니다.**

취업규칙 등에 "유급휴일은 국경일·정부가 정한 임시공휴일로 한다"라는 규정을 두고 있는 경우 대체공휴일제를 시행해야 하는지가 문제되는데, 국경일에 관한 법률상 국경일은 삼일절,제헌절,광복절,한글날,개천절로 규정하고 있고, 정부가 정한 임시공휴일은 공직선거일, 기타 정부에서 수시로 정하는 날이므로, 대체휴일제의 적용대상인 설연휴일, 추석연휴일, 어린이날과 무관하기 때문에 위와 같은 규정을 두고 있다면 대체공휴일제를 시행하지 않아도 무방합니다.

하지만 근로기준법 제55조제2항의 신설로 관공서 공휴일에 관한 규정이 전면 도입됨에 따라 위 규정과는 상관없이 300인 이상은 2020.1.1.부터, 30인 이상은 2021.1.1.부터, 5인 이상은 2022.1.1.부터는 대체공휴일제가 시행됩니다.

Q [주휴일이 일요일이 아닌 경우 공휴일이 일요일과 겹치는 경우에도 대체공휴일을 부여해야 하는지]

주휴일이 일요일이 아닌 교대제근로자의 경우 근무일인 일요일과 공휴일이 겹친다면 다음 날 대체휴일을 부여해야 하는 것인지요?

A **대체공휴일제는 주휴일이 일요일인 근로자에 한하여 시행하는 것이 옳다는 견해가 다수견해입니다.**

① **사안의 쟁점** : 주휴일은 반드시 일요일에 부여해야 하는 것은 아니고, 교대제 근무형태의 경우에는 주휴일과 일요일이 다른 경우가 대부분인데, 이런 경우 근무일인 일요일과 공휴일이 겹친다고 하여 다음 날 대체휴일을 부여하는 것이 맞는지가 문제의 쟁점입니다.

② **다수견해의 입장** : 주휴일이 일요일이 아닌 교대제근로자의 경우 주휴일이 일요일인 일반 근로자에 비해 1일의 유급휴일이 더 생기는 불합리한 면이 있고, 일요일이 휴일이 아니기 때문에 휴일이 중복되지 않음에도 대체휴일제를 시행하는 것은 제도의 취지에도 반하므로 대체공휴일제는 주휴일이 일요일인 근로자에 한하여 시행하는 것이 옳다는 견해가 다수견해입니다.

Q [취업규칙상 '법정공휴일'을 휴일로 규정하고 있다면 취업규칙의 개정없이 대체공휴일제를 시행할 수 있는지]

취업규칙상 '법정공휴일'을 휴일로 규정하고 있다면 취업규칙의 개정없이 대체공휴일제를 시행할 수 있나요?

A **법정공휴일 개념속에는 대체공휴일도 포함되므로, 취업규칙상에 법정공휴일을 휴일로 규정하고 있다면 취업규칙의 개정없이도 대체공휴일제를 시행할 수 있습니다.**

법정공휴일 개념속에는 대체공휴일도 포함된다고 보아야 하므로, 취업규칙상에 법정공휴일을 휴일로 규정하고 있다면 당연히 대체공휴일도 준용해야 하기 때문에 취업규칙의 개정없이도 대체공휴일제를 시행할 수 있습니다. 다만, '법정공휴일'이라고 포괄적으로 규정한 것이 아니라 설, 추석, 어린이날 등과 같이 휴일을 개별적으로 나열하여 규정하고 있다면 대체공휴일제을 준용할 여지가 없으므로, 대체공휴일제를 시행하기 위해서는 취업규칙을 개정해야 합니다.

Q

[‘정부가 정하는 공휴일’과 ‘정부가 정하는 임시공휴일’의 차이]

‘정부가 정하는 공휴일’과 ‘정부가 정하는 임시공휴일’의 차이는 무엇인가요?

A

정부가 정하는 공휴일은 법정공휴일과 같은 의미이지만, ‘정부가 정하는 임시공휴일’은 공직선거일, 기타 정부에서 수시로 정하는 날을 의미합니다.

국가공휴일, 법정공휴일, 정부가 정하는 공휴일은 모두 같은 의미라고 보아도 무방하지만, ‘정부가 정하는 임시공휴일’은 공직선거일, 기타 정부에서 수시로 정하는 날을 의미하므로, ‘정부가 정하는 공휴일’이라는 규정은 대체공휴일제의 시행이 가능하지만, ‘정부가 정하는 임시공휴일’이라는 규정은 대체공휴일제를 시행하지 않아도 됩니다.

Q

[제헌절은 국경일임에도 공휴일이 아닌 이유]

제헌절은 국경일임에도 공휴일이 아닌 이유는 무엇인가요?

A

제헌절(7.17.)은 국경일에 관한 법률에 의해 지정된 국경일이지만 ‘관공서의 공휴일에 관한 규정’에서는 공휴일로 지정하고 있지 않기 때문입니다.

제헌절(7.17.)은 국경일에 관한 법률상에 명시되어 있음에도 공휴일이 아닌 이유는 국경일에 관한 법률에 의해 지정된 국경일이지만 ‘관공서의 공휴일에 관한 규정’에서는 공휴일로 지정하고 있지 않기 때문입니다.

따라서 취업규칙 등에 국경일을 유급휴일이라고 명시하는 것은 잘못된 표현이므로, ‘정부가 정하는 공휴일’ 또는 국가공휴일, 관공서의 공휴일에 관한 규정상의 공휴일이라고 개정하는 것이 바람직합니다.

Q [「관공서의 공휴일에 관한 규정」에 따른 공휴일은 법정휴일인지, 약정휴일인지]

「관공서의 공휴일에 관한 규정」에 따른 공휴일은 법정휴일인가요? 아니면 약정휴일인가요?

A **단체협약 등에 휴일로 정한 경우에 한하여 약정휴일로 보지만, 개정법 제55조제2항에 의해 시행일 이후부터는 법정휴일로 보아야 합니다.**

① 법정휴일과 약정휴일의 개념 : 근로기준법상 휴일은 법정휴일과 약정휴일로 구분되며, 법정휴일은 같은 법 제55조제1항의 주휴일, 제2항의 대통령령으로 정하는 휴일과 「근로자의 날 제정에 관한 법률」의 근로자의 날이 해당되고, 약정휴일은 노사 당사자간 단체협약 및 취업규칙 등으로 정한 휴일을 의미합니다.

② 공휴일과 약정휴일의 관계 : 공휴일은 「관공서의 공휴일에 관한 규정」에 규정된 날로서 관공서가 쉬는 날을 의미하며, 단체협약 등으로 위 공휴일을 휴일로 명시한 경우에 한하여 약정휴일에 해당됩니다.

③ 결론 : 「관공서의 공휴일에 관한 규정」에 따른 공휴일을 약정휴일로 정하고 있는 경우 원래의 공휴일은 약정휴일에 해당한다고 볼 수 있으나, 개정법 제55조제2항에 의해 시행일 이후부터는 법정휴일로 보아야 할 것입니다.

2. 보상휴가제

가. 보상휴가제의 개념

근로자대표와의 서면 합의에 따라 제56조에 따른 연장근로·야간근로 및 휴일근로에 대하여 임금을 지급하는 것을 갈음하여 휴가를 부여하는 제도입니다.

나. 보상휴가제의 법적 근거

보상휴가제는 근로기준법 제57조에서 법적 근거를 찾을 수 있습니다.

Q [보상휴가 미사용시 임금(수당)을 지급하지 않는다는 합의의 효력]
보상휴가를 미사용한 경우 임금(수당)을 지급하지 않는다는 노사합의를 했다면 임금을 지급하지 않아도 무방한가요?

A **사용자의 귀책사유없이 보상휴가 미사용시 임금지급의무가 없다는 합의를 했더라도 이는 무효로 임금을 지급해야 합니다.**

① **쟁점** : 이 사안은 보상휴가 미사용시 임금부지급 합의의 효력유무, 합의를 무효로 볼 경우 임금을 지급해야 하는지가 쟁점입니다.

② **행정해석의 입장** : 근로기준법상의 보상휴가는 사용자가 동법 제56조의 규정에 의한 연장근로·야간근로 및 휴일근로에 대한 임금지급에 갈음하여 부여해야 하는 휴가로서, 근로자가 휴가를 사용하지 않은 경우 사용자는 미사용휴가에 해당하는 임금을 지급합니다.

이는 노사가 '보상휴가 사용기간 내에 사용자의 귀책사유 없이 근로자가 사용하지 않은 보상휴가에 대해 사용자는 임금 지급의무가 없다'고 합의를 했더라도 달리 볼 것은 아니고, 그러한 합의는 효력이 없다고 보아야 할 것입니다.

③ **결론** : 근로자대표와의 서면 합의로 보상휴가제를 실시하는 경우, 합의 이후에는 임금청구권 대신 휴가사용권이 발생하는 것이므로 노사가 정한 사용기간내에 휴가를 사용하지 않은 경우 지급되는 임금은 휴가를 사용하지 않은데 대한 보상으로 보아야 할 것이므로, 위의 임금부지급 합의는 휴가 미사용시 임금을 지급하지 않는다는 합의로 볼 수 있고, 동 합의는 근로기준법에 위반하는 합의로 무효이므로 임금(수당)을 지급해야 합니다.

Q [근로자의 날 근무에 대한 보상휴가제 실시 가능여부]
근로자의 날에 대하여는 대체휴일이 인정되지 않는다고 들었는데요, 그렇다면 근로자의 날에 근로한 것에 대하여 보상휴가제를 실시하는 것도 않되나요?

A **근로자의 날에 근로한 것에 대하여는 임금(가산수당 포함)을 지급하는 것에 갈음하여 동등한 가치의 휴가를 부여할 수 있습니다.**

① **쟁점** : 이 사안은 근로자의 날은 대체휴일이 적용되지 않는 점과 관련하여 보상휴가제도 적용되지 않는지가 쟁점입니다.

② **행정해석의 입장** : 보상휴가제에 대하여는 근로기준법 제57조에서 근로자대표와의 서면 합의에 따라 제56조에 따른 연장근로·야간근로 및 휴일근로에 대하여 임금을 지급하는 것에 갈음하여 휴가를 줄 수 있도록 규정하고 있고, 같은법 제56조의 규정에 따라 가산수당을 지급하여야 하는 '휴일근로'에는 주휴일 뿐만 아니라 「근로자의날제정에관한법률」에서 규정하고 있는 '근로자의 날'도 포함되는 것으로 보아야 하므로, 근로자의 날에 근로한 것에 대하여는 임금(가산수당 포함)을 지급하는 것에 갈음하여 동등한 가치의 휴가를 부여할 수 있다 할 것입니다(임금근로시간정책팀-2363, 2007.07.13.).

③ **결론** : 노사간의 서면합의로 보상휴가제를 실시하기로 하였다면 근로자의 날은 유급휴일이므로 그 날 근로한 것에 대하여는 휴일근로가산수당을 지급하거나 이에 갈음하여 보상휴가제를 실시할 수 있을 것입니다.

Q **[선택적 보상휴가제와 휴일의 대체]**

"선택적 보상휴가제"가 입법화되었으니 종래 해석상 인정되던 "휴일대체(또는 대체휴무)제"는 더 이상 인정될 필요가 없는 것이 아닌지요?

A **선택적 보상휴가제와 휴일대체제는 그 내용과 목적이 전혀 다른 제도입니다.**

① **쟁점** : 이 사안은 선택적 보상휴가제는 휴일대체를 포괄하는 제도인지가 쟁점입니다.

② **행정해석** : 근로기준법 제57조에 의한 선택적 보상휴가제는 사용자가 근로자대표와의 서면합의에 따라 동법 제56조의 연장·야간·휴일근로에 대하여 임금을 지

급하는 것에 갈음하여 다른 소정근로일에 휴가를 부여할 수 있도록 한 규정이고, 한편, 휴일의 대체는 단체협약이나 취업규칙 등의 규정에 의하거나 근로자의 동의를 받아 특정한 휴일을 다른 날로 대체하는 것으로서 선택적 보상휴가제와는 그 내용과 목적이 전혀 다름에도 "선택적 보상휴가제가 휴일대체를 포괄할 수 있으므로 휴일대체를 인정할 필요가 없다"는 주장은 수용하기 어렵습니다(근로기준법-5424, 2004.10.11.).

③ **기타 유의사항** : 보상휴가제는 법적 근거에 의해 시행되는 제도이지만, 휴일의 대체는 판례에 의해 인정된 제도로 그 요건을 갖춘 경우라면 휴일에 근무하더라도 휴일근로가산수당을 지급하지 않아도 법위반이 아니며, 휴일의 대체일은 적어도 24시간 이전에 고지해야 하며, 다음의 주휴일이 오기 전인 6일전에는 대체휴일을 부여해야 합니다.

CEO · 인사 담당자를 위한 업무처리의 지침서

노동법 실무 사례집

제 5 장

모성보호법에 관한 실무사례

출산전후휴가

'출산전후휴가'는 임신한 여성 근로자가 자녀를 낳을 때 출산일 전후에 사용할 수 있는 휴가로, 출산을 준비하고, 출산 후에는 건강을 회복할 수 있도록 근로기준법에 따라 출산전후 90일(둘 이상을 임신한 경우 120일)의 휴가를 보장하는 제도입니다.

2012.8.2부터 '산전후휴가'가 '출산전후휴가'로 그 명칭이 변경되었고, 개정전에는 출산일 전후에 분할하지 않고 이어서 사용하는 경우만 출산전후휴가로 인정하였지만 개정법은 출산전에 사용할 수 있는 휴가기간(44일)의 범위 내에서 출산전후휴가를 분할하여 미리 사용할 수 있게 되었습니다.

출산전후휴가는 총 90일인데, 출산일(1일)과 출산후(45일-둘 이상을 임신한 경우 60일)은 의무적으로 보장되어야 하는 휴가기간이고, 나머지 44일의 범위내에서 ㈎ 임신한 근로자가 유산·사산의 경험이 있는 경우 ㈏ 임신한 근로자가 만 40세 이상인 경우 ㈐ 임신한 근로자가 유산·사산의 위험이 있다는 의료기관의 진단서를 제출한 경우에 한하여 출산전후휴가를 분할하여 사용할 수 있습니다.

유산·사산휴가도 그 범위를 넓혀서 보장하고 있는데, 임신 11주 이내 유산·사산한 경우 5일(신설), 임신 12주~15주에 유산·사산인 경우 10일(신설), 임신 16주~21주에 유산·사산인 경우 30일(현행과 동일), 임신 22주~27주에 유산·사산인 경우 60일(현행과 동일), 임신 28주 이후 유산·사산인 경우 90일(현행과 동일)을 휴가로 보장하고 있습니다.

개정전에는 임신 16주 이후에 유산·사산인 경우에만 30일의 휴가를 부여했지만, 개정법은 임신 11주이내에 유산·사산한 경우에도 5일의 휴가를 부여하고 있고, 임신 12주~15주에 유·사산인 경우에는 10일의 휴가를 부여하고 있습니다.

Q [출산전후휴가의 개시일은 언제부터인지]

근무일에 근무를 마치고 출산을 했다면 출산전후휴가는 언제부터 시작했다고 보나요? 그리고 다음 날이 휴일이면 휴가일수에 포함되지 않나요?

A **출산 당일 근무개시 이후에 출산한 경우 다음 날부터 휴가를 부여하고, 다음 날이 휴일이더라도 휴가일수에 포함됩니다.**

출산전후휴가는 출산 전과 후를 통하여 90일을 부여하여야 하므로 출산일을 포함하는 것이 원칙이나, 출산 당일 근무개시 이후에 출산한 경우에는 근무한 날을 휴가일수에 산입하는 것이 불합리하므로 그 다음 날부터 휴가를 부여하는 것이 타당합니다. 그리고 휴가기간은 역일상의 기간이므로 근무일 다음 날이 공휴일이더라도 휴가기간에 포함됩니다(여성고용정책과-1542, 2016.05.18.).

Q **육아휴직 중에 둘째를 임신하여 출산전후휴가(유급)를 사용하기 위해 복직을 신청한 경우 복직이 가능한가요?**

저는 육아휴직 중에 둘째를 임신해서 무급인 육아휴직을 사용하는 것보다 유급인 출산전후휴가를 사용하는 것이 유리할 것 같아서 복직을 신청하려고 하는데 가능한지요?

A **육아휴직 중에 둘째를 임신하여 출산전후휴가를 사용하기 위해 복직을 신청한 경우 복직을 시킴과 동시에 출산전후휴가를 허가해줘야 합니다.**

남녀고용평등과일가정양립지원에관한법률 시행령 제14조제4항은 '육아휴직 중인 근로자가 새로운 육아휴직을 시작하거나 「근로기준법」 제74조에 따른 출산전후휴가 또는 법 제19조의2에 따른 육아기 근로시간 단축을 시작하는 경우에는 그 새로운 육아휴직, 출산전후휴가 또는 육아기 근로시간 단축 개시일의 전날에 육아휴직이 끝난 것으로 본다'라고 규정하여 육아휴직 중인 여성근로자에 대하여도 출산전후휴가를 받을 권리를 보장하고 있습니다.

교육공무원의 경우에도 육아휴직 중 다른 자녀를 출산하거나 출산이 예정되어 있는 경우 더 이상 기존의 자녀양육을 위하여 휴직할 필요가 없는 사유가 발생한 때에 해당하여 국가공무원법 제73조제2항에 따라 복직을 신청할 수 있고, 이에 따라 임용권자는 출산휴가 개시시점에 복직명령과 동시에 출산휴가를 허가하여야 합니다(대법 2012두4852, 2014.06.12.).

Q '일용인부'도 출산전후휴가를 사용할 수 있나요? 휴가기간동안 임금은요?

저는 지방자치단체에서 일용직으로 일하고 있는 여성 근로자인데, 형식은 일용직이지만 사실상 이곳에서 2년 가까이 일하고 있습니다. 그런데 같은 사무실의 과장은 제가 임신한 사실을 알게 되자 조만간 그만두라고 하네요. 일용직은 유급으로 출산전후휴가를 갈 수 없는 건가요?

A 상시 고용된 일용인부라면 출산전후휴가를 청구할 수 있습니다.

지방자치단체에서 일하고 계신다고 했는데, 만약 지방자치단체가 연중 300일 이상을 상시 고용하고 당사자간에 근로계약을 체결하여 근무하고 있다면, 비록 일용인부일지라도 근로기준법상의 근로자라 할 수 있으므로, 근로기준법 제74조에 의하여 출산전후휴가를 청구할 수 있습니다. 출산전후휴가기간은 출산전후를 통하여 90일로서 출산후에 45일 이상이 반드시 확보되어야 합니다(부소 68240-45, 1999.02.09.).

참고로, 공립병설유치원에 근무하는 강사 중에서 기간제 강사처럼 교육공무원법을 적용 받지 않는 자도 근로기준법의 적용을 받으므로, 사용자는 근로기준법 제74조에 따라 임신중의 여성에 대하여 출산전후휴가를 부여하여야 합니다.

출산전후휴가는 일용직, 계약직에 관계없이 90일간 부여되는데, 이 경우 최초 60일분에 대한 급여는 단체협약이나 취업규칙 등에 정함이 있는 경우에는 그에 따르면 되고, 정함이 없는 경우에는 통상임금으로 사용자가 지급하도록 되어 있으며, 최종 30일분의 급여는 통상임금 상당액을 고용보험에서 지급하고 있습니다(우선지원대상기업은 90일분의 출산전후휴가급여를 고용보험에서 전액지급하고 있음).

Q 입사한지 몇 개월만에 임신을 하여 출산전후휴가를 신청했더니 회사측은 형편상 출산전후휴가를 줄 수 없으니 그만두라고 합니다. 어떻게 해야 하나요?

저는 4개월 전에 지금의 회사에 입사를 했는데요, 입사면접에서 면접관들이 질문도 하지 않았고 특별히 스스로 말해야 할 사항도 아닌 것 같아서 임신한 사실을 말하지 않았습니다. 그런데 제가 출산전후휴가를 신청하려고 하니까 면접 볼 때 왜 말하지 않았냐고 하면서 회사 사정상 출산휴가를 줄 수 없으니 그만두라고 합니다. 어떻게 해야 하나요?

A 근로기준법 제74조에 의하여 근로자라면 누구나 근속기간에 상관없이 출산전후휴가를 신청할 수 있습니다.

임신중인 여성근로자는 근속기간과 상관없이 근로기준법에 의해 출산전후휴가를 신청하여 사용할 수 있으므로 동 휴가를 신청하면 됩니다. 그럼에도 회사측에서 동 휴가를 부여하지 않으면 고용노동부 관할지청에 진정 또는 고소하면 됩니다.

뿐만 아니라 회사 사정상 출산휴가를 줄 수 없으니 그만두라고 하는 경우, 근로자는 절대 사직서를 쓰면 안되고, 만약 회사에서 그만두라고 하면 고용노동부 관할지청에 진정 또는 고소할 수 있으며, 관할 노동위원회에 부당해고 구제신청을 할 수 있습니다.

사업주는 근로기준법 제74조 규정에 의하여 임신 중인 여성근로자에게 출산전후휴가를 주어야 하는데, 이를 위반할 경우 2년 이하의 징역 또는 1,000만 원 이하의 벌금에 처하게 되며(근로기준법 §110①), 만약에 사업주가 근로자가 임신한 것을 이유로 해고 기타 불이익한 처우를 하는 경우 5년 이하의 징역 또는 3,000만 원 이하의 벌금에 처하게 됩니다(남녀고용평등법 §37①).

Q 출산전후휴가를 사용하는 기간중에도 연차유급휴가가 발생하는 건가요?

저는 2015.2.1. 임신중에 입사했는데요, 2015.9.10~2015.12.9까지 출산전후휴가를 사용하였습니다. 출산전후휴가기간은 출근한 것으로 본다고 하던데요, 그렇다면 이 휴가기간 동안에도 출근한 것으로 보아서 9월과 10월, 11월에도 연차휴가수당을 청구할 수 있다는 건가요? 그리고 12월 10일부터 출근을 하는데, 10일부터 12월 말일까지 개근을 하면 연차휴가를 사용할 수 있는지요?

A 1년미만자 연차휴가에 대한 문제로, 출산휴가는 출근한 것으로 보고 나머지 일에 개근했다면 개근한 월에 대하여 연차휴가가 발생하므로 9월과 12월에는 각각 연차휴가 1일씩 발생합니다.

① **쟁점** : 이 사안은 1년미만자가 출산휴가를 사용한 경우 월 중간에 휴가를 갔더라도 나머지 일수에 개근했다면 연차휴가(1일)가 발생하는지, 월 전체가 휴가인 경우에도 연차휴가가 발생하는지가 쟁점입니다.

② **법적 근거** : 근로기준법 제60조제2항은 계속 근로한 기간이 1년 미만인 근로자에게 1개월 개근시 1일의 유급휴가를 주어야 한다고 규정하고 있습니다.

③ **월중간에 휴가를 갔거나 월중간부터 출근한 경우 연차휴가 발생여부** : 위 사례를 근거로 검토해보면, 9월과 12월에 연차휴가가 발생하는지 여부에 관한 문제인데, 9월 1일부터 9월 9일까지 개근하고 10일부터 휴가를 갔다면 9월에도 연차휴가가 발생하고, 12월에도 마찬가지로 12월 10일부터 말일까지 개근했다면 연차휴가 1일이 발생합니다.

④ **월전체가 휴가기간인 경우 연차휴가 발생여부** : 위 사례에서 10월과 11월에 연차휴가가 발생하는지 여부에 관한 문제인데, 월 전체의 기간이 휴가기간인 경우에도 출산전후휴가기간은 출근한 것으로 본다는 명문규정이 있으므로 연차휴가가 발생한다고 보는 것이 합당하다고 판단됩니다.

하지만 부당해고기간이 해당 연도의 전부에 해당될 경우 연차휴가를 부여하지 않아도 된다는 행정해석(근로기준과-5084)과 한 달 전체가 출산전후휴가기간이어서 사실상 출근할 날이 전혀 없는 경우까지를 개근한 것으로 보아 월차휴가가 발생한다고 볼 수는 없다고 본 행정해석(근기 01254-1245)이 있다는 점은 유의해야 할 것입니다.

⑤ **출산휴가사용자가 1년 이상을 근무했다면 며칠의 연차휴가가 발생하는지** : 위 사례의 출산휴가사용자가 1년 이상을 근무했을 경우 연차휴가는 며칠이 발생하는 것인지의 문제로, 연차휴가를 산정함에 있어 출산전후휴가기간 외에 다른 날에 모두 개근을 했다면 당연히 연차휴가 15일이 발생합니다.

Q 근로자의 요구에 의해 출산전후휴가기간(90일)을 단축할 수 있나요?

저희 회사는 출산전후휴가기간(60일)동안에는 통상임금을 지급하고 있습니다(회사사정상 매일 1~2시간의 연장근로를 하고 있음). 그러다보니 출산휴가를 간 여성 근로자가 출산을 하고 며칠 안돼서 출근을 하겠다고 합니다. 이런 경우에 어떻게 해야 하나요? 근로자 본인이 요구하는 경우에는 출산전후휴가기간을 단축할 수 있는 건가요?

A 출산전후휴가는 강행규정으로 당사자의 합의로 단축할 수 없습니다.

근로기준법 제74조는 강행규정이므로, 사업주의 시기변경권이나 근로자의 권리포기가 인정되지 않으므로 사업주는 반드시 출산전후를 통하여 분할 없이 90일(둘 이상을 임신한 경우 120일) 이상을 부여하여야 하며, 기간의 배치는 출산후에 45

일(둘 이상을 임신한 경우 60일) 이상이 보장되도록 하여야 합니다. 근로기준법은 근로조건의 최저기준을 정한 것으로 사업주가 임의적으로 근로자에게 권리를 포기하도록 강요할 수 없으며 사업장의 관행을 이유로 근로기준법상의 근로기준을 위반하여서 안됩니다. 또한 근로자 스스로의 권리포기도 인정되지 않으므로, 근로자가 출산전후휴가를 포기하거나 출산전후휴가기간 중에 복귀를 원한다고 하여 90일(둘 이상을 임신한 경우 120일)의 출산전후휴가기간을 단축할 수 없습니다. 만약에 이를 위반할 경우 2년 이하의 징역 또는 1천만 원의 벌금형에 처해질 수도 있으므로 사업주는 이 점을 유념해야 할 것입니다(평정 68240-310, 2003.08.28. ; 평정 68240-249, 2002.11.07.).

Q 계약직 근로자의 경우 계약기간이 종료되면 출산전후휴가도 종료되는 건가요?

계약직(2년)으로 입사를 하였는데, 계약기간이 거의 만료되는 19개월째에 출산전후휴가를 신청하려고 합니다. 그런데 회사에서는 출산전후휴가를 가더라도 1개월분은 회사에서 통상임금이 지급되지만 그 이후의 기간에 대하여는 임금이 지급되지 않는다고 합니다. 저는 계약기간은 1개월 남았지만 출산전후휴가를 가면 90일 동안은 임금이 나오는 것으로 알고 있었는데, 정말 회사측의 말이 맞는 건가요?

A 계약기간이 만료되면 사업주의 의무도 종료되므로, 출산전후휴가기간동안의 임금을 지급할 의무는 없습니다.

1인 이상 사업장에 근무하는 근로자는 계약직 등 근로형태와 관계없이 근로기준법 제74조 규정에 의한 출산전후휴가를 사업주로부터 부여받을 수 있으나, 동 휴가기간 중 계약기간이 만료되면 사업주의 의무도 함께 종료되므로 출산전후휴가는 종료된다고 보아야 합니다. 따라서 계약기간이 종료된 출산전후휴가기간에 대하여는 임금지급의무가 없습니다.

하지만 계약직이라 할지라도 반복적으로 수차례에 걸쳐 근로계약을 갱신하여 왔고 아무런 문제가 없음에도 불구하고 단지 출산을 이유로 재계약을 거부하는 것이라면 정당한 이유없이 근로자를 해고한 것이므로, 관할 지방노동위원회에 부당해고구제신청을 제기할 수 있을 것입니다(평정 68240-116, 2003.03.31.).

Q 출산전후휴가 급여는 어느 기관에 언제 신청해야 하며, 제출서류는 무엇인가요?

출산전후휴가기간 중에서 30일분에 대하여 지급되는 출산전후휴가급여는 고용노동부에 신청하면 되는 건가요? 그리고 언제 신청할 수 있나요?

A 고용센터에 출산전후휴가를 시작한 날 이후 1개월부터 휴가가 끝나는 날 이후 12개월 이내에 신청하면 됩니다.

고용보험법상 출산전후휴가급여는 휴가가 끝나는 날 이전에 고용보험 피보험단위기간이 통산하여 180일 이상인 여성 근로자가 근로기준법에 의한 출산전후휴가를 90일 부여받고, 12개월 이내에 출산전후휴가급여를 신청하도록 하고 있습니다.

출산전후휴가급여를 신청하려면 거주지 또는 사업장 관할 고용센터에 출산전후휴가 급여 신청서를 작성, 제출하면 되며, 제출서류는 아래와 같습니다.

신청서는 본인 또는 대리인이 직접 방문하거나 우편으로 제출할 수 있으며, 인터넷을 통한 신청도 가능합니다.

또한 사업주가 근로자에게 출산전후휴가 급여를 미리 지급한 뒤, 고용센터에 신청하여 지급받을 수도 있습니다.

※ 제출서류

① 출산전후(유산·사산)휴가 급여 신청서(별지 제105호 서식) 1부

② 출산전후(유산·사산)휴가 확인서(별지 제107호 서식) 1부

③ 통상임금을 확인할 수 있는 자료(임금대장 등) 사본 1부

④ 휴가기간 동안 사업주로부터 금품을 지급받은 경우 확인할 수 있는 자료

※ 출산전후휴가급여신청서·확인서 등은 www.ei.go.kr → 자료실 → 서식자료실 → 출산전후 휴가급여 / 육아휴직급여에서 다운로드 가능.

Q 임신초기에 휴가를 사용하거나 분할하여 사용할 수도 있나요?

저는 임신초기인데요, 유산의 위험이 있다고 합니다. 저와 같은 경우 출산전후휴가를 임신초기에도 사용할 수 있나요? 그리고 조기진통으로 출산전후휴가를 출산전에 일부 사용하고 다시 출근하여 20일정도 일을 하다가 출산을 한 후에 나머지 휴가를 사용할 수 있나요? 그리고 이렇게 휴가를 사용한 경우에도 출산전후휴가급여를 받을 수 있나요?

A 개정전에는 출산전후휴가는 임신초기에 분할하여 사용할 수 없었지만, 2012.8.2부터 일정한 경우 분할사용이 가능합니다.

근로기준법 제74조 규정에 의한 출산전후휴가는 임신 중인 여성근로자가 출산예정일을 전후하여 90일(둘 이상을 임신한 경우 120일)을 계속하여 사용(산후 45일이 보장-둘 이상을 임신한 경우 60일)할 수 있는 휴가이므로, 임신초기에는 동 휴가를 사용할 수 없습니다. 즉, 출산전후휴가는 임산부와 태아의 건강과 산모의 건강회복 및 수유 등에 필요한 법정 최소한의 90일을 의미하므로, 연차휴가처럼 적치해놓고 분할하여 사용할 수는 없지만(평정 68240-98, 2003.03.17.), 2012.8.2.부터 ㈎ 임신한 근로자가 유산·사산의 경험이 있는 경우 ㈏ 임신한 근로자가 만 40세 이상인 경우 ㈐ 임신한 근로자가 유산·사산의 위험이 있다는 의료기관의 진단서를 제출한 경우에 한하여 출산전후휴가를 분할하여 사용할 수 있습니다(근로기준법 제74조제2항).

출산전후휴가를 나눠 쓸 수 있는 횟수에 제한은 없습니다. 그러나 분할하여 사용할 때마다 별도의 신청서(진단서가 필요한 경우에는 진단서 포함)를 제출해야 합니다. 특별한 사유없이 반복적으로 월요일부터 금요일까지만 출산전후휴가를 사용하는 것은 인정되지 않을 수 있으니 유의하시기 바랍니다.

※ 유산·사산의 경험 또는 유산·사산의 위험 증명 방법

① 유산 또는 사산을 하였음을 알 수 있는 의료기관의 진단서 또는 병원 기록

② 유산 또는 사산의 위험이 있다는 의료기관의 진단서 등

고용보험법상 출산전후휴가급여는 고용보험에 통산 180일 이상 가입하고, 근로기준법 제74조에 의한 출산전후휴가를 90일 연속적으로 부여받은 여성근로자에게 지급하고 있습니다. 그리고 출산전후란 출산 전후를 뜻하며 출산전후휴가기간의 산정은 실제 출산한 날을 기준으로 산정합니다.

출산전후휴가는 역월상 계속하여 90일(둘 이상을 임신한 경우 120일)을 사용하여야 하므로 출산전에 조기진통이 있다고 하여 일부를 사용하고 다시 20일정도 일을 하다가 출산을 하고 난 뒤에 출산후휴가를 사용하였다면 조기진통을 이유로 한 출산전에 사용한 휴가는 출산전후휴가로 보기 어렵다고 판단되므로 근로기준법에 규정된 90일의 출산전후휴가를 부여받지 못한 것으로 고용보험법상 출산전후휴가급여 지급요건에 해당되지 않습니다(평정 68240-204, 2003.06.11.).

Q [다른 회사로 옮기더라도 출산전후휴가는 신청할 수 있는지]

A회사에 다니면서 출산휴가를 신청하여 사용하던 중 퇴사하고 다른 회사B에 입사하게 되었는데, 이 B회사에서도 출산휴가를 신청하여 사용할 수 있나요?

A **출산전후휴가기간 중에 소속 사업장이 변경되더라도 출산전후휴가를 신청하여 사용할 수 있습니다.**

근로기준법상 출산전후휴가는 강행규정이므로, 휴가기간 중에 회사를 옮기더라도 새로운 회사의 사업주는 출산을 전후하여 90일간(다태아의 경우 120일)의 잔여기간에 대해서는 휴가를 부여하여야 합니다(여성고용정책과-241, 2018.01.15.).

참고로, A, B회사 모두 고용보험 적용사업장이고 근로자도 고용보험에 가입한지 180일 이상 되었다면 소속 사업장이 우선지원대상기업일 경우 90일 전체에 대하여, 대규모기업의 경우 최종 30일간에 대하여 출산전후휴가급여를 받을 수 있습니다.

Q **[출산前에 휴가를 미사용하고 출산後에 90일을 사용할 수 있는지]**
출산 전에 건강상태가 좋아서 출산 전날까지 근무했는데, 출산 후에 90일 전체를 사용할 수도 있는 건가요?

A **출산일을 포함하여 90일 전체를 출산 후에 사용해도 됩니다.**

근로기준법상 출산전후휴가는 임산부와 태아의 건강을 보호하기 위한 강행규정이므로, 근로가자 출산 전에 휴가 사용시기를 지정하지 않았다면 사용자는 출산일부터 90일의 출산전후휴가를 부여하여야 합니다(평정 68240-173, 2002.09.05.).

Q **[채용前에 출산한 근로자에게 채용後 출산전후휴가를 줘야 하는지]**
출산하고 1달(30일) 정도 후에 입사를 하게 되었는데, 아직 남아있는 출산전후휴가를 신청하여 사용할 수 있나요?

A **출산 한지 90일이 되지 않았다면 신입사원이라도 출산전후휴가를 신청하여 사용할 수 있습니다.**

사용자는 채용 전에 출산한 여성을 채용했다면, 출산전후휴가는 출산일을 포함하여 90일이므로 해당 근로자가 출산 한지 90일이 경과하지 않은 기간에 대하여 동 휴가를 신청할 경우 이를 부여하여야 합니다(여성고용정책과-847, 2017.02.26.).

또한 출산전후휴가기간 중 최초 60일은 유급이므로 휴가를 부여한 최초 60일 간은 임금을 지급하여야 합니다. 위 사례의 경우에는 출산한지 30일이 지났으므로 나머지 60일 중 30일은 유급으로, 나머지 30일은 무급으로 휴가를 사용할 수 있습니다.

Q **'출산전후휴가급여'가 기존의 통상임금보다 미달하면 사업주한테 추가로 받을 수 있나요?**

기존에는 출산전후휴가급여 중 60일은 사업주로부터 받고 30일분은 고용보험에서 지원을 받았잖아요. 그런데 예전에 제가 받던 통상임금은 150만 원이었는데, 2006.1.1.부터 90일 전부 고용보험으로부터 지원(월 135만 원)을 받게 되면 저와 같은 경우에는 손해입니다. 이럴 경우에는 어떻게 되는 건가요? 이 부족분에 대하여 추가로 청구할 수 있는 건지요? 아니면 보전 받을 수 없는 건지요?

A **부족분에 대하여는 사업주에게 추가로 청구할 수 있습니다.**

개정안에 따라 출산전후휴가급여 90일분이 모두 고용보험에서 지원되더라도 근로기준법 제74조제2항(60일분에 대한 지급의무)은 그대로 유지되므로, 사업주는 통상임금보다 미달되는 부분에 대하여는 추가로 지급해야 합니다. 즉, 고용보험에서 출산전후휴가급여를 받은 경우 그 금액의 한도 내에서는 지급의 책임을 면하고 차액에 대한 지급의무만 남는 것입니다.

따라서 위의 질문의 경우 30일분에 대한 차액(150만 원~135만 원) 15만 원, 60일분에 대한 차액 30만 원을 사업주에게 청구할 수 있는데, 사업주가 이를 지급하지 않을 경우 2년 이하의 징역 또는 1,000만 원 이하의 벌금형의 처벌을 받을 수 있습니다.

Q **출산일이 예정보다 늦어져 출산 후 휴가기간이 45일이 안된다면 추가로 휴가를 받을 수 있나요?**

A **추가로 휴가를 받을 수 있지만 급여는 받지 못할 수도 있습니다.**

출산전후휴가는 총 90일(둘 이상을 임신한 경우 120일)이고 반드시 출산일 이후에 45일(둘 이상을 임신한 경우 60일) 이상 사용하여야 하는데, 출산일이 예정보다 늦어져 출산 후 휴가기간이 45일이 안된다면 추가로 휴가를 받을 수 있습니다. 다만, 근로자가 추가로 받은 휴가 기간에 대해서는 사업주가 급여를 지급하지 않아도 법 위반은 아닙니다.

예를 들어, 출산예정일이 10월 1일에 맞추어 11월 15일까지 출산전후휴가를 받았는데, 실제로는 예정일보다 5일 늦은 10월 6일에 출산을 한 경우 출산 후 휴가가 반드시 45일 이상이어야 하므로, 이런 경우에는 11월 16일~11월 20일까지 5일간 추가로 휴가를 받을 수 있습니다. 다만, 추가로 받은 휴가기간(11월 16일부터 20일까지)에 급여는 받지 못할 수도 있습니다.

Q 사업주가 출산전후휴가를 다녀온 근로자에게 인사상 불이익을 주면 어떻게 되나요?

A 출산전후휴가를 사용한 후 복직한 근로자에게 인사상 불이익을 준 사업주는 500만원 이하의 벌금형에 처해질 수 있습니다.

① **법적 근거** : 근로기준법 제74조제6항은 사업주는 출산전후휴가 종료 후에 해당 근로자를 휴가 전과 동일한 업무 또는 동등한 수준의 임금을 지급하는 직무에 복귀시켜야 한다고 규정하고 있습니다.

② **법적 제재** : 위와 같은 법조항이 있음에도 출산전후휴가를 사용한 후 복직한 근로자를 다른 직종이나 부서에 복직시키거나 임금을 삭감한다든지 하는 사업주에게는 500만원 이하의 벌금에 처해질 수 있습니다(동법 제114조제1호).

유·사산휴가와 난임휴가

유산·사산휴가란 유산·사산은 여성에게 출산 못지않은 정신적·신체적 영향을 미치고 유산 또는 사산하였을 때도 출산에 준하는 회복의 시간이 필요하므로 여성근로자가 유산·사산에 의한 정신적·신체적 건강을 회복하여 정상적으로 업무를 수행할 수 있도록 지원하는 제도(휴가)입니다.

난임치료휴가는 저출산 해소를 위한 대책으로 2018.5.29.부터 시행되는 휴가로, 연간 3일을 신청하여 사용할 수 있으며, 1일만 유급이지만 연차휴가와 연계하여 사용하면 조금이나마 도움이 될 것입니다.

Q "난임치료휴가"는 언제부터, 며칠을 사용할 수 있나요?

A 난임치료휴가는 2018.5.29.부터 시행되고, 연간 3일(최초 1일 유급)을 신청하여 사용할 수 있습니다.

난임치료휴가는 남녀고용평등과 일·가정 양립 지원에 관한 법률 제18조의3(난임치료휴가)을 신설하여 2018.5.29.부터 난임 치료(인공수정 또는 체외수정 등)를 위하여 연간 3일을 신청할 수 있도록 하였으나, 최초 1일만 유급으로 하고 있습니다.

난임치료휴가는 남녀 근로자 모두 신청하여 사용할 수 있으며, 사업주가 이를 거절하거나 난임치료휴가를 이유로 해고, 징계 등 불리한 처우를 하는 경우 500만원 이하의 과태료가 부과됩니다(동법 제39조제2항제3의2호).

> **남녀고용평등과 일·가정 양립 지원에 관한 법률 제18조의3【난임치료휴가】** ① 사업주는 근로자가 인공수정 또는 체외수정 등 난임치료를 받기 위하여 휴가(이하 "난임치료휴가"라 한다)를 청구하는 경우에 연간 3일 이내의 휴가를 주어야 하며, 이 경우 최초 1일은 유급으로 한다. 다만, 근로자가 청구한 시기에 휴가를 주는 것이 정상적인 사업 운영에 중대한 지장을 초래하는 경우에는 근로자와 협의하여 그 시기를 변경할 수 있다.
> ② 사업주는 난임치료휴가를 이유로 해고, 징계 등 불리한 처우를 하여서는 아니 된다(2017.11.28 신설 : 2018.5.29 시행).

Q "유산·사산휴가"는 며칠인가요?

A 유산·사산휴가는 2012.8.2부터 그 범위를 넓혀서 보장하고 있는데, 유산, 사산하기 전까지의 임신 기간에 따라 다릅니다.

유산·사산휴가 기간은 유산 또는 사산한 날로부터 시작되므로 늦게 시작하면 그 만큼 휴가일수가 단축됩니다. 유산·사산휴가일수에 대하여는 근로기준법시행령 제43조제3항의 각호에서 자세히 규정하고 있습니다.

임신한 기간	휴가기간
11주 이내(2012.8.2 신설)	유산·사산한 날부터 5일까지
12주 이상 ~ 15주 이내(2012.8.2 신설)	유산·사산한 날부터 10일까지
16주 이상 ~ 21주 이내	유산·사산한 날부터 30일까지
22주 이상 ~ 27주 이내	유산·사산한 날부터 60일까지
28주 이상	유산·사산한 날부터 90일까지

Q 유산, 사산한 경우 회사에 유산·사산휴가는 어떻게 신청하나요?

A 유산·사산휴가를 청구하는 근로자는 휴가청구사유, 유산·사산발생일 및 임신기간 등이 기재된 유산·사산에 따른 보호휴가신청서에 의료기관의 진단서를 첨부하여 사업주에게 제출하면 됩니다. 다만, 부득이 한 경우 회사에 연락을 취하고 추후 입증자료를 제출해야 합니다. 만일 추후에도 진단서를 첨부하지 못하였다면 사용자는 유산·사산휴가를 부여하여야 할 의무가 없습니다.

Q '유산, 사산'에는 인공임신중절수술도 포함되나요?

A 유산, 사산휴가는 자연 유산, 사산의 경우에만 휴가를 부여하여야 하는 것이고, 인공임신중절수술의 경우에는 보호휴가를 부여할 의무는 없습니다. 하지만 모자보건법 제14조에서 허용하는 인공임신중절수술의 경우에는 예외적으로 보호휴가를 부여하여야 합니다(근로기준법 제74조).

모자보건법 제14조 【허용되는 인공임신중절】

① 본인·배우자가 대통령령이 정하는 우생학적·유전학적 정신장애나 신체질환이 있는 경우

② 본인 또는 배우자가 대통령령이 정하는 전염성질환이 있는 경우

③ 강간 또는 준강간에 의하여 임신된 경우

④ 법률상 혼인할 수 없는 혈족 또는 인척간에 임신된 경우

⑤ 임신의 지속이 보건의학적 이유로 모체의 건강을 심히 해하고 있거나 우려가 있는 경우

Q 출산전후휴가를 사용하던 중에 유산 또는 사산한 경우 휴가 일수는 어떻게 되나요?

A 근로기준법시행령 제43조제3항은 유산·사산휴가를 청구한 근로자에게 부여해야 하는 휴가기간을 명시하고 있습니다. 따라서 이미 사용한 출산전후휴가 기간과 상관없이 시행령에 규정된 휴가를 부여해야 합니다.

임신 16주에 출산전후휴가를 5일 사용한 후에 임신 23주에 유산한 경우 임신 16주에 유산하였으므로 유산한 날부터 60일까지 유산·사산휴가를 사용할 수 있습니다(기존에 사용한 5일을 포함하여 총 65일을 쉴 수 있습니다).

임신 36주에 출산전후휴가를 90일 신청하여 휴가를 사용하던 중 휴가 11일째 되는 날 유산한 경우 임신 37주에 유산하였으므로 유산한 날부터 90일까지 유산·사산휴가를 사용할 수 있습니다(기존에 사용한 10일을 포함하여 총 100일을 쉴 수 있습니다).

Q 유산·사산휴가기간 중 받을 수 있는 급여와 제출서류는 무엇인가요?

A 출산전후휴가와 같이 유산·사산휴가 기간 중 최초 60일까지 사업주가 급여를 지급하고 마지막 30일에 대해서는 고용센터에서 유산·사산휴가 급여를 지원합니나.

다만, 우선지원대상기업에게는 정부가 마지막 30일+사업주의 지급분(임금 60일분)을 월 135만 원 한도 내에서 지원하고 있습니다. 모든 여성 근로자가 유산·사산휴가를 사용할 수는 있지만 고용센터가 지원하는 급여는 휴가가 끝나는 날 이전까지의 피보험단위기간이 통산 180일 이상인 근로자만 받을 수 있습니다. 거주지 또는 사업장 관할 고용센터에 출산전후(유산·사산)휴가급여 신청서를 작성, 제출하면 됩니다. 단, 유산·사산휴가 종료일로부터 1년 이내에 신청하여야 합니다. 신청서는 본인 또는 대리인이 직접 방문 하거나 우편으로 제출할 수 있으며, 인터넷을 통한 신청도 가능합니다. 사업주가 근로자에게 유산·사산휴가 급여를 미리 지급한 뒤, 고용센터에 신청하여 지급받을 수도 있습니다(사업주 대위신청 가능). 신청서를 작성, 제출할 경우에는 사업주로부터 휴가부여기간 등 휴가 확인서와 통상임금을 확인할 수 있는 자료를 제출해야 합니다.

※ 제출서류

① 출산전후(유산·사산)휴가 급여신청서(별지 제105호 서식) 1부

② 출산전후(유산·사산)휴가 확인서(별지 제107호 서식) 1부

③ 통상임금을 확인할 수 있는 자료(임금대장 등) 사본 1부

④ 휴가기간 동안 사업주로부터 금품을 지급받은 경우 이를 확인할 수 있는 자료

⑤ 유산·사산을 하였음을 증명할 수 있는 의료기관의 진단서(임신기간이 적혀있어야 함) 1부

배우자출산휴가

배우자출산휴가란 (여성)배우자가 출산했을 때, 남성근로자가 사용할 수 있는 휴가로, 출산한 여성근로자와 태아의 건강을 보호하고, 남성의 육아참여를 확대하기 위한 제도입니다.

배우자출산휴가는 근로자의 신청에 따라 최대 5일의 범위에서 3일 이상의 배우자 출산휴가를 부여하도록 하고 있고, 근로자가 사용한 휴가기간 중 최초 3일은 유급으로 하도록 하고 있습니다(남녀고용평등법 제18조의2).

최초 3일에 대하여 사용한 휴가기간만 유급으로 하는 것이므로 사용하지 않은 휴가에 대해 수당 등으로 보상할 필요는 없고, 사용하지 않은 기간을 적치하여 사용할 수도 없습니다.

300인 이상의 사업장은 2012.8.2부터 시행되었고, 300인 미만 사업장은 공포 후 1년이 경과한 날(2013.2.2.)부터 시행되었습니다.

Q **배우자 출산휴가는 며칠인가요?**

A

배우자 출산휴가 기간은 3~5일로, 사업주는 5일의 범위에서 최소 3일 이상의 휴가를 부여해야 합니다. 또한, 휴가 기간 중 최초 3일은 유급으로 부여해야 합니다. 근로자가 3일 미만을 신청하였다고 하더라도 사업주는 3일 이상 부여해야 합니다.

일반적으로 배우자 출산휴가는 출산일 이후에 사용합니다. 하지만 출산을 위한 준비 과정 등을 고려하여 휴가 기간 안에 출산예정일이 포함되면 출산일 전에 휴가를 사용할 수도 있습니다.

Q

근로자가 따로 신청하지 않아도 배우자 출산휴가를 부여받을 수 있나요?

A

근로자가 신청하지 않으면 휴가를 받을 수 없습니다. 휴가를 희망하는 근로자는 사업주에게 배우자의 출산일로부터 30일 이내에 휴가를 신청해야 합니다. 출산한 날부터 30일 이내에 휴가를 시작하면 되고, 종료일은 출산한 날부터 30일을 초과할 수도 있습니다. 또한, 배우자 출산휴가를 사용하지 않았다고 해도 연말에 수당으로 이를 보전받을 수 없습니다.

하지만 취업규칙, 단체협약 등에서 별도로 규정(휴가미사용시 수당보전규정이 있는 경우, 5일 전부를 유급으로 규정한 경우 등)을 정한 경우 예외가 있을 수 있습니다.

Q

근로자가 5일간 배우자 출산휴가를 신청하였으나 사업주가 3일로 조정하는 것도 가능한가요?

A

남녀고용평등법 제18조의2제1항은 "휴가를 청구하는 경우에 5일의 범위에서 3일 이상의 휴가를 주어야 한다"라고 규정하고 있기 때문에 해당 범위 내에서 조정이 가능합니다.

Q 배우자 출산휴가는 연속하여 사용해야 하나요?

A 원칙적으로는 연속하여 사용해야 합니다. 단, 단체협약이나 취업규칙에 분할 사용이 가능하도록 규정되어 있거나, 사업주의 동의가 있다면 분할 사용이 가능합니다.

Q 배우자 출산휴가를 휴일을 포함하여 신청한 경우 그 휴일도 휴가일수로 보아야 하는지요?

A 배우자 출산휴가는 월력상의 일수를 의미하므로 휴일도 사용일수에 포함됩니다. 따라서 근로자가 목요일에 5일의 휴가를 신청하였다면, 목, 금, 토, 일, 월 5일이 휴가가 됩니다.

육 아 휴 직

남녀고용평등법은 2008.6.22. '남녀고용평등과일·가정양립지원에관한법률'로 개명되었습니다. 동 법률 19조에 의하면 사업주는 '만 8세 이하 또는 초등학교 2학년 이하의 자녀(입양한 자녀포함)가 있는 근로자'가 그 영유아의 양육을 위하여 휴직을 신청하는 경우 이를 허용하여야 한다라고 규정하고 있습니다.

2007년까지는 '생후 1년 미만의 영유아'였는데, 2008년부터 '생후 3년 미만의 영유아'로 육아휴직을 신청할 수 있는 주체가 확대되면서 맞벌이부부의 경우에는 각각 1년 이내의 기간범위 내에서 육아휴직을 사용할 수 있게 되었고, 2010.2.4 개정을 통하여 육아휴직의 신청주체를 '만 6세 이하의 초등학교 취학 전 자녀(입양한 자녀포함)가 있는 근로자'로, 현재는 '만 8세 이하 또는 초등학교 2학년 이하의 자녀(입양한 자녀포함)가 있는 근로자'로 그 범위를 확대하여 시행하고 있습니다.

1. 육아휴직 대상사업장

상시 5인 미만의 근로자를 고용하는 사업장에 근무하는 근로자도 '만 8세 이하 또는 초등학교 2학년 이하의 자녀(입양한 자녀포함)'가 있다면 육아휴직을 신청할 수 있습니다.

2. 육아휴직의 시기변경권

연차유급휴가의 경우에는 사용자에게 시기변경권이 인정되지만 육아휴직의 경우에는 사용자에게 시기변경권이 인정되지 않습니다. 따라서 특별한 사정이 없음에도 육아휴직을 허용하지 않으면 500만원 이하의 벌금에 처해집니다(동법 제37조제4항제4호).

3. 동일자녀에 대하여 부·모가 동시에 육아휴직을 신청하는 경우

동일자녀에 대해 배우자가 이미 육아휴직을 하고 있는 근로자에 대하여는 육아휴직을 허용하지 않을 수 있습니다(동법률시행령 제10조제2호).

4. 쌍둥이 등 다자녀의 경우에도 각각의 육아휴직을 허용해야 하는지 여부

세쌍둥이를 둔 근로자가 3명의 자녀에 대하여 각각 3년의 육아휴직을 신청하는 경우에도 이를 허용해주어야 합니다(여성고용과-1345, 2009.04.15.).

5. 1년을 초과하는 육아휴직을 허용할 수 있는지 여부

1년을 초과하는 육아휴직을 허용할 것인지는 회사의 재량권에 속하는 사항으로, 회사가 허용해주는 것은 가능합니다.

6. 육아휴직기간의 임금 및 지원금

사업주는 단체협약·취업규칙 등에 특별한 규정이 없다면 육아휴직자에게 임금을 지급할 의무는 없습니다. 다만, 육아휴직을 30일 이상 부여받은 근로자는 고용센타(고용보험)로부터 육아휴직급여를 받을 수 있고, 육아휴직이 종료한 후에도 30일 이상 근로자를 계속 고용하는 사업주는 지원금을 받을 수 있습니다.

Q **[육아휴직기간에도 연차휴가는 발생하는지]**

이전에는 육아휴직기간에는 연차가 발생하지 않았는데, 법이 개정되면서 육아휴직기간에도 연차휴가가 발생한다는 것이 사실인가요?

A **근로기준법 제60조제6항제3호의 신설로 육아휴직기간도 출근한 것으로 보아 연차휴가가 발생합니다.**

근로기준법 제60조제6항제3호는 육아휴직으로 휴업한 기간은 출근한 것으로 본다고 규정하고 있으므로, 법 시행일인 2018.5.29. 이후 육아휴직을 신청하는 근로자의 경우에는 육아휴직기간도 출근일로 보아 연차휴가가 발생합니다.

Q **[입사한지 6개월 미만인 경우 육아휴직 사용할 수 없는지]**

계속 근로기간이 6개월 미만인 근로자는 육아휴직을 신청할 수 없나요?

A **남녀고용평등법상 근속기간이 6개월 미만의 근로자에게는 육아휴직을 주지 않을 수 있습니다(2018.5.29.부터 6개월 이상 근무자 육아휴직 신청가능-2018.5.29. 이전에는 1년 이상 근무자만 가능).**

남녀고용평등과일가정양립지원에관한법률시행령 제10조제1호에서는 육아휴직을 개시하고자 하는 날 이전에 당해 사업장에서의 계속 근로기간이 6개월 미만인 근로자에게 육아휴직을 허용하지 아니할 수 있다고 규정하고 있으므로, 6개월 미만의 근로자는 원칙적으로 육아휴직을 신청할 수 없습니다. 하지만 이런 규정이 있다고 하더라도 사업주가 6개월 미만자에게 육아휴직을 부여하는 것은 상관없고 이 경우의 육아휴직은 동법에 의한 육아휴직이 아니라 사업주의 임의에 의한 육아휴직이라고 보아야 합니다(여원 68430-79, 2002.02.18.).

참고로, 같은 영유아에 대하여 배우자가 육아휴직을 하고 있는 근로자에게는 육아휴직을 허용하지 않을 수 있습니다.

Q 육아휴직기간은 반드시 1년만 사용할 수 있나요?

A 육아휴직기간은 최대 1년입니다. 1년을 초과하는 육아휴직을 부여하는 것은 사업주의 재량권입니다.

'남녀고용평등과일·가정양립지원에관한법률' 제19조제2항에 의해 육아휴직기간은 1년 이내로 해야 합니다. 근로자가 1년 이내의 기간을 정하여 육아휴직을 신청하였는데, 사업주가 그 기간 중에서 일부 기간에 대하여만 허용하는 것은 법위반입니다.

근로자가 1년을 초과하는 육아휴직을 신청한 경우 이를 허용하는 것은 사업주의 재량권이므로, 1년을 초과하는 육아휴직을 허용하는 것은 법위반이 아닙니다. 동일한 자녀에 대하여 부·모가 각각 1년씩, 총 2년을 사용할 수 있고, 쌍둥이의 경우에도 각각의 자녀에 대해서 1년씩 사용할 수 있습니다.

Q 육아휴직을 사용한 근로자를 계속 채용하는 경우에 지원되는 장려금이 있다던데 사실인가요?

육아휴직을 사용한 근로자를 계속 채용하면 사업주에게 지원금이 나온다는 얘기를 들었는데, 사실인가요?

A 30일 이상의 육아휴직이 종료된 후 30일 이상 계속 고용하는 사업주에게 '육아휴직장려금'이 지급됩니다.

육아휴직장려금은 육아휴직을 장려하기 위해서 국가차원에서 실시·지급하는 지원금으로, 육아휴직을 30일 이상 실시하고 육아휴직이 종료된 후 30일 이상 그 근로자를 계속 고용한 사업주에게 지급됩니다. 육아휴직장려금을 지급받기 위해서는 육아휴직이 종료된 후에 휴직자를 직무에 복귀시키는 것이 필수요건이며, 직무복귀는 육아휴직종료 후 당해 근로자를 휴직 전과 동일한 업무 또는 동등한 수준의 임금이 지급되는 직무에 복귀시켜야 합니다(여고 68240-405, 2003.12.05.).

'육아휴직의 종료 후 30일 이상 재직'의 의미는 동 기간동안 실제 근로를 제공한 후 급여가 지급되었음을 말합니다. 따라서 근로자가 사직의 의사를 명백히 하였음에도 사업주가 육아휴직장려금을 수령할 목적으로 사직서 수리를 늦추어 30일이 경과한 경우에는 육아휴직장려금은 지급되지 않습니다(여고 68240-378).

Q 육아휴직기간은 '근속기간'에서도 제외되나요?

육아휴직기간은 연차휴가 산정시 소정근로일수에서 제외된다고 하네요. 그래서 육아휴직기간을 제외한 기간동안 개근을 하면 연차휴가가 발생한다고요. 그러면 육아휴직기간은 근속기간에서도 제외되는 건가요?

A 육아휴직기간은 근속기간에서 제외되지 않습니다.

근로기준법은 사용자는 1년간 80퍼센트 이상 개근한 근로자에 대하여는 15일의 유급휴가를 주도록 규정되어 있고, 이때 "1년간"이라 함은 1년간의 소정근로일을 의미한다고 보아야 할 것인 바, 남녀고용평등법에 의해 사업주가 허용한 육아휴직기간은 법에 의해 근로계약이 존속하는 상태에서 근로제공 의무가 정지되는 기간이라 할 것이므로(출산전후휴가는 출근한 것으로 본다), 연차휴가권 발생의 요건으로서 80퍼센트 이상 출근여부를 따지는 1년간의 소정근로일을 확정함에 있어 육아휴직 기간은 이를 제외하여야 합니다(부소 01254-116, 1992.03.23.).

하지만 육아휴직기간의 근속기간 포함여부에 대하여 남녀고용평등법 제19조제4항에는 육아휴직기간을 근속기간에 포함하도록 명시하고 있으며, 승급과 승진에 대하여 육아휴직기간은 승진소요년수, 승급기간, 퇴직금 산정의 기초가 되는 근속기간 등에는 포함되어야 합니다(감독 68207-4352, 1994.09.02.).

연차휴가 산정시 출근율계산에서 육아휴직기간을 제외할 것인가의 문제와 퇴직금의 계산기초가 되는 근속기간에서 육아휴직기간을 제외할 것인가의 문제는 전혀 다른 문제입니다. 연차휴가 산정시 출근율계산에서 육아휴직기간을 제외하는 것은 육아휴직과는 별도로 연차휴가를 부여하겠다는 것이므로 근로자에게 유리한 것이지만, 근속기간에서 육아휴직기간을 제외한다는 것은 이로 인하여 퇴직금이 저하되는 것이므로 근로자에게 불리한 것입니다.

Q 출산 후에 육아휴직을 사용하기 위해서 출산 전에 출산전후휴가 90일을 모두 사용할 수 있나요?

저는 출산후에는 육아휴직을 신청할 계획입니다. 그래서 출산전후휴가 90일을 출산하기 전에 모두 사용하려고 하는데 가능한가요?

A 출산 전에 출산전후휴가 90일을 모두 사용할 수는 없습니다.

출산 후에 곧바로 육아휴직을 사용하는 것을 전제로 하더라도 출산전·후를 통하여 90일의 출산전후휴가가 부여되어야 하며, 특히 출산전에 45일을 초과하는 부분에 대하여 무급으로 하는 것은 별론으로 하고 출산후에는 최소한 45일 이상의 출산후휴가가 확보되어야 하므로 출산 전에 90일의 출산전후휴가를 모두 사용할 수는 없습니다(근기 01254-4937, 1991.04.09.).

Q 배우자가 '근로자가 아닌 경우'에도 육아휴직신청이 가능한가요?

제 아내는 전업주부인데요, 몸이 좋지 않아 육아를 제대로 할 수 없어 제가 육아휴직을 하려고 합니다. 그런데 회사측에서는 배우자가 근로자여야만 육아휴직을 신청할 수 있다고 하네요. 정말 그런 건가요?

A 배우자가 '전업주부'인 경우에도 육아휴직신청이 가능합니다.

① 문제의 제기 : 배우자가 근로자여야만 육아휴직을 신청할 수 있는지에 대하여 논쟁이 있는 것은 2001.8.14. 이전의 남녀고용평등법상 "근로여성 또는 그를 대신한 배우자인 근로자"가 그 영아의 양육을 위하여 휴직을 신청하는 경우에 이를 허용하여야 한다라고 규정때문으로, 이후에는 이 문구가 삭제되고 "근로자"로 개정되어 이에 대한 재해석이 필요합니다.

② 기존의 행정해석 : 남자근로자가 육아휴직을 신청하려면 그 배우자인 여성이 근로기준법 제14조에 의해 사업 또는 사업장에 임금을 목적으로 근로를 제공하는 자로서 사업주에게 육아휴직 신청이 가능한 근로자이어야 합니다. 따라서 배우자가 무직(전업주부)이거나 개인사업을 운영하는 등 사업주에 해당한다면 당해 근로자에게는 육아휴직을 허용할 수 없습니다(여정 68240-366, 1999.08.04.).

③ 현 법조문의 해석 : "근로여성 또는 그를 대신한 배우자인 근로자"가 "근로자"로 개정됨에 따라 남성근로자가 육아휴직을 신청하기 위해서는 여성배우자가 반드시 근로자여야 한다는 해석은 바뀌어야 합니다.

④ 결론 : 현 법조문에 의하면 여성배우자가 전업주부이거나 개인사업자이더라도 육아휴직을 신청하는 것은 가능하다고 판단됩니다. 참고로, 같은 영유아에 대하여 배우자가 육아휴직을 하고 있는 근로자에 대하여는 육아휴직을 허용하지 않을 수 있습니다.

Q 육아휴직기간에 급여를 받을 수 있나요?

A 월 통상임금의 40%에 해당하는 육아휴직급여를 받을 수 있습니다.

육아휴직기간 동안 매월 통상임금의 100분의 40을 육아휴직급여로 지급하고(상한액 : 월 100만원, 하한액 : 월 50만원), 육아휴직급여액의 일부를 직장복귀 6개월 후에 합산하여 일시불로 지급합니다(육아휴직 시작일이 2015년 7월 1일 이전 : 100분의 15, 2015년 7월 1일 이후 : 100분의 25).

또한 육아휴직 기간 중 사업주로부터 육아휴직을 이유로 금품을 지급받은 경우로서 매월 단위로 육아휴직기간 중 지급받은 금품과 육아휴직 급여의 100분의 75에 해당하는 금액(그 금액이 50만원 미만인 경우에는 하한액 50만원)을 합한 금액이 육아휴직 시작일 기준으로 한 월 통상임금을 초과한 경우에는 그 초과한 금액을 육아휴직 급여의 100분의 75에 해당하는 금액에서 빼고 지급합니다.

※ 육아휴직 시작일이 2015년 7월 1일 이전은 육아휴직 급여의 100분의 85에 해당하는 금액(그 금액이 50만원 미만인 경우에는 하한액 50만원)을 합한 금액이 육아휴직 시작일 기준으로 한 통상임금을 초과한 경우에는 그 초과한 금액을 육아휴직 급여의 100분의 85에 해당하는 금액에서 빼고 지급합니다.

참고로 육아휴직기간 동안 사업주가 근로자에게 급여를 주어야 할 의무는 없습니다.

Q 육아휴직을 마치고 퇴직을 하려고 하는데, 평균임금 산정은 어떻게 하나요?

저는 육아휴직을 신청하고 휴직기간이 종료되면 퇴직을 하려고 합니다. 이럴 경우 퇴직금을 산정해야 하는데, 평균임금은 어떻게 계산하나요?

A 육아휴직기간은 평균임금산정기간에서 제외됩니다.

일반적으로 무급인 육아휴직을 사용하고 퇴직을 하는 경우 평균임금의 산정문제는 다음의 2가지로 나누어 설명할 수 있습니다. 하나는 육아휴직의 만료일에 퇴직을 하는 경우와 육아휴직을 마치고 얼마 동안 근무를 하다가 퇴직을 하는 경우가 있습니다.

전자의 경우에는 사업주는 근로여성에게 육아휴직을 이유로 불리한 처우를 하여서는 아니된다라는 남녀고용평등법상의 규정의 취지를 감안할 때 육아휴직기간은 근로기준법시행령 제2조를 준용하여 평균임금 산정시 그 대상기간에서 제외되어야 할 것이므로, 육아휴직을 가기 전의 3개월분의 임금으로 평균임금을 산정하면 될 것입니다. 후자의 경우에는 근로기준법 제2조제6호의 단서 "취업후 3월 미만도 이에 준한다"는 규정을 감안하여 근로자가 육아휴직을 마치고 일을 한 일수(실제 근로를 제공한 일수)의 임금을 그 기간으로 나누어 평균임금을 산정하면 됩니다.

즉, 육아휴직을 마치고 3개월 이상 근무를 하면 평균임금은 3개월분의 임금으로 산정하기 때문에 별 문제가 없지만 3개월 이내에 퇴직하는 경우가 문제되는 것입니다(부소 68247-112, 1993.04.10.).

참고로, 육아휴직기간을 근속기간에서 제한다는 표현과 평균임금산정시 그 대상기간에서 제한다는 표현은 엄연히 구별되는 표현으로 구분하여야 합니다.

Q 육아휴직기간은 재직기간으로 보지 않는다는 이유로 상여금(또는 성과급)을 지급하지 않을 수 있나요?

저는 육아휴직을 하고 있는데요, 상여금 지급달이 되어 회사에 전화를 걸어서 상여금을 달라고 했더니 휴직기간에 있기 때문에 상여금을 줄 수 없다고 하네요. 육아휴직기간이라도 상여금을 줘야 하는 것 아닌가요?

A 회사의 상여금지급규정에 따라 전부 또는 일부만을 지급할 수 있습니다.

남녀고용평등법 제19조제3항에 따르면 사업주는 육아휴직을 이유로 불리한 처우를 하여서는 안된다고 규정하고 있는데, 이때 불이익한 처우란 육아휴직을 승진, 승급, 퇴직금 등의 기초가 되는 근속기간에 포함시키지 않는 경우를 말하는 것으로, 육아휴직기간은 근속기간에 산입하여야 합니다.

따라서 상여금 지급과 관련하여 상여금산정기준을 총 근속년수로 정할 때에는 육아휴직기간을 이에 포함하여 상여금을 지급하여야 하는 것이 원칙입니다.

하지만 상여금이 일정기간 동안 근로한 대가(출근성적)로 지급되는 경우에 육아휴직기간이 그 기간의 일부 또는 전부 포함되어 있는 경우 상여금 지급의 일부 또는 전부를 지급하지 않을 수 있고, 이를 이유로 상여금을 지급하지 않는다 하더라도 남녀고용평등법 위반이라 할 수 없습니다(근정 68240-285, 1998.08.17.).

대부분 일정 기간(3개월) 출근을 한 근로자를 대상으로 상여금을 지급하는 것이 일반적이므로, 예를 들어 분기별로 상여금을 지급하는 회사에서 1월부터 10월까지 육아휴직을 했다면, 3월, 6월, 9월에 지급되는 상여금은 지급하지 않아도 되고, 12월에 지급하는 상여금은 2개월(11월, 12월)분에 해당하는 상여금을 일할 계산해서 지급하면 될 것입니다.

상여금과 성과급은 엄연히 구별되는데, 성과급은 보통 업무 실적에 따라서 차등 지급되는 것이기 때문에 성과급 산정 기간 동안 해당근로자의 업무실적에 따라 지급받을 수 있습니다. 업무실적을 판단한 결과 다른 근로자에 비해 실적이 저조한 경우 성과급의 일부 또는 전부를 지급받지 못할 수 있습니다.

다만, 육아휴직을 사용했다는 이유만으로 성과급을 주지 않는 경우는 법 위반의 가능성이 높습니다.

Q 입양 또는 대리모의 경우도 육아휴직이 가능한가요?

저희는 맞벌이 부부인데 오랫동안 임신이 되지 않아 마음고생을 하다가 이번에 입양을 하기로 결정을 했습니다. 그런데 맞벌이를 하다보니 마땅히 돌볼 사람이 없어서 제가 육아휴직을 내려고 하는데 가능한가요?

A 입양아가 '만 8세 이하 또는 초등학교 2학년 이하의 자녀(입양한 자녀포함)'라면 육아휴직이 가능합니다.

남녀고용평등법상 육아휴직은 근로여성이 자녀양육으로 인하여 취업을 중단하거나 퇴직하여야 하는 현실을 감안하여 자녀양육에 대한 국가적 책임을 법으로 규정한 것으로, 육아휴직은 영아의 양육을 위한 휴직이므로 근로여성이 직접 출산한 경우뿐만 아니라 입양 또는 대리모 등의 방법에 의하여 '만 8세 이하 또는 초등학교 2학년 이하의 자녀(입양한 자녀포함)'를 가지게 되어 육아휴직을 신청하는 경우에도 이를 허용하여야 합니다(부소 01254-4565, 1991.04.01.).

물론 입양아가 '만 8세 이하 또는 초등학교 2학년 이하의 자녀(입양한 자녀포함)'이어야 하고, 육아휴직을 하려고 하는 근로자가 현재의 회사에 입사한지 1년이 넘었어야 합니다.

Q 육아휴직을 분할하여 사용할 수도 있나요?

육아휴직은 1년을 할 수 있다던데요, 이 1년을 분할하여 사용할 수도 있는 건가요?

A 육아휴직은 1회에 한하여 분할하여 사용할 수 있습니다.

육아휴직은 1년의 범위 안에서 육아휴직을 한번에 계속 사용할 수도 있지만, 최대 1년을 상황에 맞춰 1회에 한하여 분할하여 두 번으로 나눠서 사용할 수도 있습니다.

Q 육아휴직 종료예정일을 연기할 수 있나요?

6개월의 육아휴직을 하고 있는 근로자인데요, 남편이 육아휴직을 하면서 저와 교대를 하기로 했는데 불가피한 일이 생겨서 육아휴직을 못하게 되었습니다. 그래서 육아휴직을 연기하려고 하는데 가능한가요?

A 근로자가 육아휴직 종료예정일 30일 전에 연기신청을 하는 경우 1회에 한하여 연기할 수 있습니다.

육아휴직 종료예정일을 연기하려는 경우 1회에 한하여 연기할 수 있는데, 휴직종료예정일 30일 전에 연기신청을 하여야 하지만, 종료예정일 30일 전에 신청하지 못했어도 사업주가 허락하면 연기가 가능합니다. 물론 30일전에 신청하지 못했고 사업주가 허락하지 않으면 종료예정일에 복직해야 합니다.

하지만 배우자의 사망, 부상, 질병 또는 신체적·정신적 장애나 배우자와의 이혼 등으로 해당 영유아를 양육하기 곤란하여 휴직종료예정일을 연기하려고 하는 경우에는 7일전에 신청을 하면 됩니다(동법률 제12조제2항).

Q 육아휴직 종료일을 앞당겨 일찍 복직할 수도 있나요?

A 사업주가 허락하는 경우에 가능합니다.

근로자가 복직하기 위해서는 회사의 인력재배치, 대체인력 채용 등의 조치가 선행되어야 하므로 사업주가 허락하는 경우에 가능합니다. 다만, 육아휴직을 신청할 때 육아휴직 종료일에 대해 사업주와 약속한 상태이며 이에 따라 사업주가 인력재배치, 대체인력 채용 등의 조치를 하였다면 별 문제는 없을 것입니다.

하지만 사전에 약속도 없었고 미리 통지도 하지 않았다면 육아휴직 종료일을 앞으로 당기겠다는 근로자의 신청을 사업주가 반드시 들어 줄 의무가 있는 것은 아닙니다.

Q 육아휴직을 사용해도 연차휴가가 발생하나요?

A 소정근로일수와 연간 총 소정근로일수의 비율에 따라 발생합니다.

사업주는 1년간 80퍼센트 이상 출근한 근로자에게 15일의 유급휴가를 주어야 합니다(근로기준법 제60조제1·2항).

육아휴직을 1년 전체의 기간동안 사용한 경우를 제외하고 육아휴직기간을 제외한 기간을 기준으로 발생합니다. 연차유급휴가의 발생요건인 출근율은 육아휴직기간을 제외한 나머지 소정근로일수(근로자와 사용자가 근로하기로 정한 날)의 출근율을 가지고 산정하며, 연차유급휴가일수는 육아휴직기간을 제외한 나머지 소정근로일수와 연간 총소정근로일수의 비율에 따라 산정합니다.

Q 기간제 근로자 또는 파견 근로자의 경우 육아휴직을 신청하면 휴직기간만큼 계약기간이 연장되나요?

A 근로계약기간이 연장되는 것은 아닙니다.

근로계약은 근로자와 사업주간의 합의에 의해 계약을 체결함으로써 성립하는 것이므로 육아휴직을 신청했다고 하여 그 기간만큼 근로계약기간이 연장되는 것은 아닙니다.

다만, 계약직 및 파견직 근로자의 육아휴직기간은 '기간제및단시간근로자보호등에관한법률' 제4조에 따른 사용기간 또는 '파견근로자보호등에관한법률' 제6조에 따른 파견기간에 포함되지는 않습니다.

이것은 사업주가 근로자의 육아휴직기간만큼 사용기간 또는 파견기간을 연장해 주어도 무기계약 근로자로 전환 또는 직접 고용해야 하는 의무를 지지 않는다는 것을 의미하는 것일 뿐 근로계약기간과는 무관합니다. 근로계약기간을 연장해주지 않고 다만 직접고용의무 충족기간에서만 제외해 주는 것이 실효성이 있을지는 의문입니다.

Q 사업주가 육아휴직 중인 근로자를 해고할 수 있나요? 그리고 육아휴직을 다녀온 근로자에게 인사상 불이익을 주면 어떻게 되나요?

A 사업주는 육아휴직을 이유로 해고나 그 밖의 불리한 처우(인사상 불이익)를 할 수 없고, 이를 위반한 경우 500만 원 이하의 벌금이 부과됩니다.

사업주는 육아휴직을 이유로 해고나 그 밖의 불리한 처우를 하여서는 안되고, 이를 위반한 사업주에게는 3년 이하의 징역 또는 2천만 원 이하의 벌금이 부과됩니다.

육아휴직을 이유로 해고를 당한 근로자는 지방노동위원회에 부당해고 구제신청을 하면 권리구제를 받을 수 있습니다.

사업주는 육아휴직 종료 후에 해당근로자를 휴직 전과 동일한 업무 또는 동등한 수준의 임금을 지급하는 직무에 복귀시켜야 하며, 육아휴직을 이유로 업무와 임금 등에 대하여 불리한 처우를 하여서는 안 됩니다. 이를 위반할 경우 500만 원 이하의 벌금이 부과됩니다.

Q 육아휴직은 반드시 영유아와 '동거'하면서 양육해야만 되는 건가요? 동거하지 않지만 육아비용 등을 지원하였다면 육아휴직급여를 받을 수 있나요?

A 육아휴직기간에 불가피한 사정으로 아이를 직접 양육하지 않고 멀리 떨어져 살았더라도 가족을 통해 아이를 길렀다면 육아휴직급여를 받을 수 있다는 행정법원 판례가 있습니다.

① **사례** : 1년 동안 육아휴직을 내고 약 3개월 뒤에 딸을 어머니에게 맡기고 출국하여 9개월뒤에 입국한 뒤 퇴직했는데, 해외에 체류한 9개월동안 받은 육아휴직 급여를 반환하라는 고용노동부의 처분에 불복하여 행정소송을 제기한 사안입니다.

② **행정법원 판례(2014구합51166)** : 행정법원은 "육아휴직은 영유아의 양육이 주된 목적이므로 육아는 직접 그 영유아와 동거하면서 기르는 것뿐만 아니라 불가피한 사정이 있어 동거하지 않더라도 실질적으로는 가족 등에게 맡기는 등의 방법으로 기르는 것도 포함되고, 육아휴직기간에 일시적으로 영유아와 동거하지 않는다고 해서 경위나 양육상태 등을 고려하지 않고 일률적으로 육아휴직이 종료되는 것으로 보는 것은 구체적 타당성에 반한다"고 판결했습니다.

시행령상의 '영유아와 동거하지 않게 된 경우'는 동거하지 않으면서 실질적으로 영유아를 양육하지 않는 경우로 한정해석해야 하므로, 해외체류 중 기저귀와 분유,

이유식 등의 물품을 인터넷으로 구입해 어머니에게 보낸 점, 해외 출국전 자신명의의 카드를 어머니에게 주고 자녀양육에 필요한 돈을 입금한 점, 인터넷전화에 가입해 수시로 자녀양육 등과 관련한 통화를 한 점 등을 감안하면 해외에 체류해 자녀와 동거하지 않은 기간에도 실질적으로 어머니를 통해 자녀를 양육했다고 보는 것이 타당하다는 것이 그 논거입니다.

③ **결론** : 남녀고용평등과일·가정양립지원에관한법률시해행령 제14조제1항은 '육아휴직중인 근로자는 그 영유아가 사망하거나 영유아와 동거하지 아니하게 된 경우에는 그 사유가 발생한 날로부터 7일이내에 그 사실을 사업주에게 알려야 한다'라고 규정하고 있고, 제2항은 위 통지를 받은 사업주는 30일이내에 근무개시일을 지정하여 그 근로자에게 알려야 한다고 하고 있으며, 제3항은 근무개시일의 전날 육아휴직은 끝난 것으로 본다고 규정하고 있습니다.

위와 같은 규정이 있음에도 행정법원은 '영유아와 동거하지 않게 된 경우'는 "동거하지 않으면서 실질적으로 영유아를 양육하지 않는 경우"로 한정해석해야 한다면서 근로자의 손을 들어주었는데, 서울고법은 이 판결을 뒤집어 영유아와 동거하지 않게 되었다면 육아휴직급여를 받을 수 없다고 판결하였습니다.

임신기·육아기 근로시간 단축청구권

임신기 근로시간 단축제도란 임신 12주 이내 혹은 36주 이후의 여성 근로자가 임금을 똑같이 받으면서 근로시간을 하루 2시간 줄여 일할 수 있는 제도로, 동 제도는 2016.3.25.부터 모든 사업장에 확대 적용되었고, 근로자의 청구를 거부하면 500만원 이하의 과태료가 부과됩니다.

육아기 근로시간 단축제도란 육아휴직을 신청할 수 있는 근로자가 자녀를 양육하기 위하여 육아휴직 대신 근로시간의 단축을 청구할 수 있도록 한 제도로, 육아휴직을 사용하지 않고 근무를 지속할 수 있기 때문에 근로자의 경력이 단절되지 않는 장점이 있습니다.

해당 근로자가 근로시간 단축을 청구할 경우 대통령령으로 정하는 경우((가) 대체인력 채용이 불가능한 경우, (나) 정상적인 사업 운영에 중대한 지장을 초래하는 경우 등)를 제외하고 사업주는 이를 허용하여야 합니다.

육아기 근로시간 단축청구권은 만 8세 이하 또는 초등학교 2학년 이하의 자녀를 둔 모든 남녀 근로자로서, 육아휴직을 다 사용하지 않은 근로자가 사용할 수 있는데, 최대 1년까지 사용할 수 있고, 육아휴직 대신 사용하는 것이므로 육아휴직 기간과 합산하여 1년을 초과할 수 없습니다.

Q 임신기에 근로시간을 2시간 단축청구해도 임금은 그대로 주는 건가요?

A 근로시간 2시간을 단축해도 임금을 종전대로 받을 수 있고, 사업주가 이를 거부하면 500만원 이하의 과태료처분을 받을 수 있습니다.

임신기 근로시간 단축제도는 300인 이상 사업장은 이미 2014.9.24.부터 시행되고 있던 제도로, 전 사업장에 확대적용된 것은 2016.3.25.부터입니다.

임신 12주이내, 36주 이후 임신기간 중 절대적 안정이 필요한 시기에 여성 근로자들의 근로로 인한 부담을 덜어주기 위한 배려차원에서 법률로 시행되는 제도이고, 이를 거부하면 500만원 이하의 과태료처분을 받을 수 있음을 유의해야 합니다.

Q 주 근로시간이 30시간이 안되는 근로자도 육아기 근로시간 단축청구권을 행사할 수 있나요?

A 주 근로시간이 30시간 미만인 근로자는 육아기 근로시간 단축청구권을 행사할 수 없습니다.

육아기 근로시간 단축청구권을 행사할 수 있는 근로시간은 반드시 주 40시간일 필요는 없지만, 주 근로시간이 주 30시간 이상이어야 하고, 동 청구권을 행사한 후 근로시간은 주 15~30시간이어야 합니다.

따라서 주 32시간 근무하는 근로자가 주 16시간으로 단축하는 것은 가능합니다. 그리고 반드시 매일 근무해야 하는 것은 아니므로 일주일에 3일만 근무하고 2일은 휴무하는 방식으로 근로시간 단축을 실시할 수도 있습니다.

Q 육아기 근로시간 단축청구권을 나누어 사용할 수도 있나요?

A **육아기 근로시간 단축 제도도 육아휴직과 마찬가지로 최대 1년의 범위내에서 1회에 한하여 나누어 사용할 수 있습니다.**

근로자가 육아기 근로시간 단축청구권을 최대 1년까지 한 번 사용할 수 있는데요, 최대 1년인 육아기 근로시간 단축을 상황에 맞춰 1회에 한하여 분할하여 두 번으로 나눠서 사용하는 것은 가능합니다.

예를 들어, 2015.1.1.~2015.12.31.(12개월)까지 1년동안 육아기 근로시간 단축을 사용하는 것은 가능하지만 2015.1.1.~2015.5.까지 5개월을 사용한 후에 복직하여 7개월을 근무하다가, 2016.1.1.~2016.5.31.까지 5개월을 다시 사용하고 2016년 8월부터 9월까지 2개월을 사용하여 총 12개월(1년)을 사용하는 것은 허용되지 않습니다. 1회에 한하여 분할 사용이 가능하므로 두 번의 육아기 근로시간 단축청구권을 사용하여 사용일의 총합이 10개월이라 하여도 추가로 육아기 근로시간 단축을 사용할 수 없습니다.

근로자가 1년 범위내에서 육아휴직 1회, 육아기 근로시간 단축청구권 1회를 각각 1번씩 사용하는 것도 가능합니다.

예를 들어, 2015.1.1.~2015.5.31. 5개월동안 육아휴직을 사용한 후 복직하여 근무하다가 남은 기간을 2016.1.1.~2016.7.31.까지 7개월을 육아기 근로시간 단축청구권을 사용하는 것은 가능합니다.

Q 육아기 근로시간 단축 신청을 사업주가 거부할 수 있나요?

A **사업주는 일정한 경우에 해당하면 근로자의 육아기 근로시간 단축 신청을 거부할 수 있습니다.**

사업주는 다음 ①~④의 경우에는 육아기 근로시간 단축청구권 행사를 거부할 수 있습니다.

① 근로자의 계속 근로기간이 1년 미만인 경우

② 동일한 영유아에 대하여 배우자가 육아휴직 중인 경우

③ 사업주가 고용센터에 구인신청을 하고 대체인력을 채용하기 위해 14일 이상 노력하였으나 대체인력을 채용하지 못한 경우

④ 업무 성격상 근로시간을 분할하여 수행하기 곤란하거나 그 밖에 육아기 근로시간 단축이 정상적인 사업 운영에 중대한 지장을 초래하는 경우로서 사업주가 이를 증명하는 경우.

위 ②의 경우 동일한 영유아에 대하여 배우자가 육아휴직중인 경우에는 거부할 수는 있지만 육아기 근로시간 단축 중인 경우에는 거부할 수 없습니다. 단, 육아기 근로시간 단축 급여는 1명만 받을 수 있습니다.

위 ③의 경우 정당한 이유없이 2회 이상 채용을 거부한 경우에는 인정하지 않을 뿐만 아니라 고용센터를 통한 구인 노력만 인정되므로, 다른 경로를 통하여 구인 노력을 하였으나 대체인력을 채용하지 못했다는 이유로 육아기 근로시간 단축을 거부할 수는 없음을 알아 두시기 바랍니다.

참고로, 위와 같은 정당한 사유가 없음에도 사업주가 육아기 근로시간 단축을 거부하는 경우에는 500만 원 이하의 과태료가 부과됨을 유의하시기 바랍니다.

Q 육아기 근로시간 단축 기간 동안 급여는 받을 수 있나요?

A 단축된 근무시간에 대한 육아기 근로시간 단축 급여는 고용센터에서 지급합니다.

육아기 근로시간 단축 기간 중 근무한 시간에 대하여는 사업주가 임금을 지급하는 것은 당연하고, 단축된 근무시간에 대한 육아기 근로시간 단축 급여는 고용센터에서 지급합니다.

예를 들어, 월급을 200만 원 받는 근로자가 주당 근로시간을 40시간에서 25시간으로 단축하여 육아기 단축근무를 한 경우, 사업주에게 지급받는 임금은 실제 근무한 시간분에 대하여만 받을 수 있는데요, 근무시간이 5/8로 줄었으므로 통상임금

200만 원의 5/8인 125만 원을 받습니다.

고용센터에서 지급하는 육아기 근무시간 단축급여는 통상임금의 40%인 80만 원을 기준으로 주당 근로시간(40시간)대비 줄어든 근로시간(15시간)에 비례하여 산정하는데요, 육아기 근로시간 단축급여=80만 원×(15/40)=30만 원을 받습니다.

따라서 근로자는 주 40시간에서 25시간으로 단축한 경우 사업주로부터 125만 원, 고용센터에서 30만 원을 지급받아 총 155만 원을 받을 수 있습니다.

Q 근로자가 신청한 단축 근로시간을 사업주가 마음대로 조정해도 되는 건지요? 이런 것을 예방하기 위해서 단축한 근로시간에 대하여 서면으로 작성하라는 의무조항이 있는지요?

A 사업주에게 일방적 조정권은 없고, 근로시간을 포함한 근로조건 변경사항은 서면으로 작성할 의무가 있습니다.

사업주는 근로자가 신청한 근무시간에 대해서 변경을 제안할 수는 있으나 강제할 수는 없어 근로시간에 대한 일방적 조정권은 없습니다.

하지만 취업규칙이나 단체협약 등에 육아기 근로시간 단축 유형을 정해두고 해당 유형 중의 하나를 선택하게 하는 사업장도 있는데, 사업주는 근로자의 동의 없이 육아기 근로시간 단축 신청 내용을 변경할 수는 없으므로, 사전에 근로자들(또는 노동조합)과 충분한 협의절차를 거치는 것이 필요합니다.

근로시간의 단축은 엄연히 근로조건의 변경에 해당하고, 근로조건이 변경되었다는 것은 계약사항이 변경되었다는 것을 의미하므로, 당연히 새로운 (근로)계약을 체결해야 합니다. 근로기준법은 근로계약의 서면작성의무를 부과하고 있으므로 사업주는 근로시간을 포함한 근로조건 변경사항에 대하여 서면으로 작성하여야 합니다. 사업주가 변경된 근로조건을 서면으로 작성하지 않은 경우에는 500만 원 이하의 벌금형에 처해질 수 있음을 유의해야 합니다(근로기준법 제114조제1호)가 부과됨을 유의하여야 합니다.

Q 육아기 근로시간 단축 기간 중에 근로자가 연장근로를 하는 것도 가능한지요? 만약 연장·야간·휴일근로를 한 경우 가산수당을 받을 수 있나요?

A 근로자가 연장근로를 명시적으로 청구하는 경우에 한하여 주 12시간 이내의 범위에서 가능하고, 8시간 범위내에서는 가산수당이 지급되지 않습니다.

근로자가 연장근로를 명시적으로 청구하는 경우에 한하여 주 12시간 이내의 범위에서 가능합니다. 하지만 사업주는 육아기 근로시간 단축 중인 근로자에게 연장근로를 요구할 수 없으며, 사업주가 연장근로를 강요한 경우에는 1천만 원 이하의 벌금이 부과됩니다. 따라서 사업주는 근로자가 명시적인 청구 없이 연장근로를 하는 경우 해당 근로자의 근무를 거부해야 합니다.

연장·야간·휴일근로에 대한 가산수당의 지급여부는 크게 2가지로 구분하여 설명할 수 있습니다. 연장근로는 1일 근로시간이 8시간을 초과한 경우나 주 근로시간이 40시간을 초과한 경우에만 50%의 가산수당을 받을 수 있지만, 야간근로·휴일근로는 야간(오후 10시부터 오전 6시까지)에 근무하거나 휴일에 근무를 하는 경우에는 8시간과 상관없이 50% 가산된 임금을 받을 수 있습니다.

Q 육아기 근로시간 단축 기간 중 연차휴가는 어떻게 산정하나요?

A 근로한 시간에 비례하여 연차휴가일수를 산정하면 됩니다.

근로기준법(제60조제1항)은 1년간 80퍼센트 이상 출근한 근로자에게 15일(1년 미만 근로한 근로자, 80퍼센트 미만 출근한 근로자는 1개월 개근 시 1일)의 유급휴가를 주어야 한다고 규정하고 있습니다.

연차유급휴가의 발생요건인 출근율은 육아기 근로시간 단축 기간도 포함하여 계산하며 육아기 근로시간 단축 기간의 연차유급휴가일수는 단시간 근로자의 경우와 마찬가지로 통상 근로자의 연차휴가일수를 근로한 시간에 비례하여 계산합니다.

※ 단시간 근로자의 연차휴가 계산방식=통상근로자의 연차휴가일수×단시간 근로자의 소정근로시간/통상근로자의 소정근로시간×8시간

예를 들어, 2012년 1년간 육아기 근로시간 단축 제도를 이용하여 주 20시간 근무하고, 2013.1.1.부터 다시 주 40시간 근무를 하는 경우 15일×20시간/40시간×8시간=60시간/8=7.5일

2012년 근로시간에 비례한 연차휴가시간은 60시간으로, 7.5일의 연차휴가를 사용할 수 있을 것입니다.

가족돌봄휴직

가족돌봄휴직제도란(무급, 90일) 가족(부모, 자녀, 배우자, 배우자의 부모)이 질병, 사고, 노령으로 인해 돌봄이 필요한 경우에 사용할 수 있는 휴직 제도를 말합니다.

Q 가족돌봄휴직은 누가 사용할 수 있고, 며칠을 사용할 수 있는 건가요?

A 돌봐야 하는 가족이 있는 근로자는 누구나 사용할 수 있고, 연 90일을 사용할 수 있습니다.

가족돌봄휴직을 사용할 수 있는 대상은 보살핌이 필요한 가족(부모, 자녀, 배우자, 배우자의 부모)이 있는 근로자는 누구나 사용할 수 있습니다.

가족돌봄휴직은 연 90일을 사용할 수 있고, 1회 사용할 때 최소 30일 이상을 사용하여야 합니다. 연 90일 사용이 가능하므로, 1년에 90일을 사용한 후 그 다음 해에도 90일을 사용할 수 있는 것입니다. 다만, 사업주가 거부할 수 있는 예외적인 사유에 해당되지 않아야 함은 당연합니다.

Q 가족돌봄휴직 기간은 유급인가요? 무급인가요?

A 가족돌봄휴직은 원칙적으로 무급입니다.

가족돌봄휴직은 원칙적으로 무급이므로 급여가 지급되지 않습니다. 단, 단체협약이나 취업규칙 등에 별도의 규정이 있어 동 기간에 대하여 유급으로 하는 것까지 금지하는 것은 아닙니다.

Q 가족돌봄휴직 기간은 근속기간에 포함되나요?

A 가족돌봄휴직기간은 근속기간에 포함됩니다.

가족돌봄휴직기간은 근속기간에 포함되어 승진, 퇴직금 산정, 연차휴가일수 가산 등을 할 때에는 불이익을 받지 않도록 하고 있습니다. 뿐만 아니라 가족돌봄휴직기간은 평균임금을 산정할 때 그 기간에는 제외되어 평균임금이 저하되지 않도록 하고 있습니다.

Q 가족돌봄휴직 기간에 대한 연차휴가는 어떻게 산정되나요?

A 소정근로일수의 출근율을 가지고 소정근로일수와 연간 총소정근로일수의 비율에 따라 산정합니다.

가족돌봄휴직을 사용한 경우 연차휴가일수를 산정할 때 연차유급휴가의 발생요건인 출근율을 계산함에 있어서 가족돌봄휴직 기간을 제외한 나머지 소정근로일수의 출근율을 가지고 산정합니다.

연차유급휴가일수는 가족돌봄휴직 기간을 제외한 나머지 소정근로일수와 연간 총소정근로일수의 비율에 따라 산정합니다.

※ 연차휴가일수=일반연차휴가일수(15일)×실제근무일수/총소정근로일수

Q 사업주가 가족돌봄휴직을 거부할 수 있는 사유는 무엇이고, 정당한 이유없이 거부하면 어떻게 되나요?

A 네 가지 거부사유에 한하여 거부할 수 있고, 이러한 이유없이 거부하면 500만 원이하의 과태료가 부과됩니다.

사업주는 다음과 같은 경우 사유가 있는 경우에 한하여 가족돌봄휴직신청을 거부할 수 있습니다.

① 근로자의 계속 근로기간이 1년 미만인 경우

② 근로자 외에 다른 가족이 돌봄이 필요한 가족을 돌볼 수 있는 경우

③ 사업주가 고용센터에 구인신청을 하고 대체인력을 채용하기 위해 14일 이상 노력하였으나 대체인력을 채용하지 못한 경우

④ 가족돌봄휴직이 정상적인 사업 운영에 중대한 지장을 초래하는 경우로서 사업주가 이를 증명하는 경우

근로자의 가족돌봄휴직 신청을 거부할 수 있는 사유가 없음에도 불구하고 거부한 사업주에게는 500만 원 이하의 과태료가 부과됩니다.

생 리 휴 가

법정 근로시간 단축(주 44시간 → 40시간)을 주요골자로 하여 '주5일제법'으로 불리운 근로기준법 개정안이 2003.9.15 공포되었는데, 이 개정법은 여성근로자에 대한 월 1일의 유급 생리휴가가 무급으로 변경하였습니다.

즉 근로기준법 제73조의 생리휴가규정은 개정전에는 "사용자는 여성인 근로자에 대하여 월 1일의 유급생리휴가를 주어야 한다"라고 규정되어 있었으나 개정후에는 "사용자는 여성인 근로자가 청구하는 때에는 월 1일의 생리휴가를 주어야 한다"라고 개정되었습니다.

생리휴가가 무급으로 개정된 이유는 2001년 출산전후휴가 확대(60일 → 90일), 출산전후휴가급여 및 육아휴직급여 신설 등 모성보호관련규정을 입법하는 과정에서 근로시간 제도개선과 연계하여 생리휴가 제도를 개선하기 위해서 논의되었고, 법정근로시간 단축에 맞추어 국제기준에 부합하도록 생리휴가를 무급화 하되, 생리휴가 사용시 근로자의 임금이 저하될 수 있으므로 근로자의 청구에 따라 부여하도록 한 것입니다.

참고로, 생리휴가는 ILO(국제노동기구)기준에도 없는 규정이었으며, 세계적으로 일본, 인도네시아만 무급으로 실시하고 있는 제도입니다.

Q 생리휴가가 무급으로 됐다는 것은 생리휴가를 사용하면 임금을 공제한다는 의미인가요?

주5일제 개정법에서는 생리휴가가 무급이라고 하던데요, 그렇다면 생리휴가를 가면 임금을 공제한다는 것이 정말 인가요?

A 개정법에 의하면 생리휴가를 가면 임금을 공제할 수 있습니다.

생리휴가가 무급이라는 의미는 생리휴가를 사용할 경우 임금을 공제할 수 있는 것을 의미합니다.

개정전에는 생리휴가를 사용하였더라도 휴가 사용일에 대하여 이에 상당하는 임금을 공제할 수 없었습니다. 생리휴가를 사용할 경우 공제되는 임금의 범위는 월 1회 사용시 1일 통상임금이 공제되는 것입니다.

Q 일용 근로자도 생리휴가를 청구하여 사용할 수 있나요?

일용직은 생리휴가도 없다고 하네요. 하지만 말만 일용직이지 정규직 근로자들과 똑같이 일하고 있거든요. 저 같은 일용직들은 생리휴가를 청구할 수 없나요?

A 형식은 일용직이지만 상시 근로를 하는 경우라면 생리휴가를 청구할 수 있습니다.

생리휴가는 법에서 정하는 근로조건이므로, 근로계약서에 생리휴가에 관한 사항을 정하지 않았더라도 생리현상이 있는 여성 근로자는 생리휴가를 청구할 수 있습니다.

근로계약을 1일 단위로 체결하고 그 날의 근로가 끝나서 사용종속관계가 종료되는 실질적인 의미의 일용직 근로자라면 현실적으로 생리휴가를 사용하기가 불가능할 것입니다.

하지만 사실상 상시 근로를 하는 근로자이지만 임금 지급만 일일 단위로 산정한다는 의미의 일용직 근로자는 근로기준법에 의한 생리휴가를 사용할 수 있을 것입니다(여원 68240-494, 2001.11.12.).

Q 생리휴가를 사용하면 그 주(週)의 주휴일과 연차휴가(1년 미만자, 1년간 80% 미만 출근자)를 사용할 수 있나요?

생리휴가를 사용하면 연차를 쓸 수 없다고 하는데 진짜인가 해서요. 저희 회사 과장님은 연차휴가라는 것이 1개월을 개근한 근로자들에게 부여하는 휴가(1년미만자)이기 때문에 생리휴가든 어떤 이유로 하루를 쉬면 연차휴가를 주지 않아도 법에 위반되지 않는다고 하네요. 정말로 과장님의 논리가 맞는 건가요?

A 생리휴가를 사용해도 주휴일과 연차휴가를 다시 사용할 수 있습니다.

생리휴가는 연령, 근로형태, 직종, 소정 근로일수의 개근여부 등과 관계없이 생리현상이 있는 여성 근로자의 청구에 의하여 발생하는 법정 휴가로, 생리휴가일은 출근한 것으로 보므로 주휴일과 연차휴가(1년 미만자, 1년간 80% 미만 출근자)와는 전혀 관련이 없습니다.

즉, 생리휴가를 사용해도 출근한 것으로 보므로 생리휴가일을 제외한 다른 근무일에 개근을 하였다면 소정근로일수를 개근한 것이 되므로 주휴일 및 연차휴가를 청구하여 사용할 수 있습니다.

따라서 주휴일에 근무를 했다면 주휴일근로수당을 받을 수 있습니다(여원 68240-194, 2002.04.25.).

Q 5월 15일에 퇴사를 하려는 근로자도 5월 생리휴가를 청구할 수 있나요?

저는 다음 달인 5월 15일에 퇴사한다고 미리 애기를 했습니다. 그래서 업무인수인계를 하고 있는데, 저는 생리현상이 5월초에 있습니다. 그래서 5월 2일에 생리휴가를 청구하려고 했더니 15일에 퇴사를 하는데 무슨 생리휴가냐고 하면서 안된다고 합니다. 그리고 1개월을 모두 근무하지 않으면 생리휴가를 사용할 수 없다고 합니다. 정말 그런가요?

A 생리휴가는 근로일수와 상관없이 생리현상이 있는 날에 청구할 수 있습니다

생리휴가는 여성 근로자가 생리로 인하여 신체적, 정신적으로 근로에 어려움을 겪지 않도록 생리사실에 기하여 월 1일 근로의무를 면제함으로써 여성근로자를 보호하기 위한 제도로, 당해 근로자의 근로계약기간, 근무일수 등에 관계없이 부여되므로, 5월 15일 이전에도 생리휴가를 청구하여 사용할 수 있습니다(여원 68240-374, 2001.09.08.).

Q 생리휴가를 사용하지 않은 경우 이에 대한 보상을 청구할 수 있나요?

저는 생리휴가를 가지 않고 근무를 하려고 합니다. 그러면 별도로 생리휴가근로수당을 받을 수 있나요?

A 생리휴가를 사용하지 않고 근무를 하였더라도 별도의 수당을 청구할 수 없습니다.

근로기준법 제73조의 규정에 의한 생리휴가는 여성근로자가 생리로 인하여 신체적, 정신적으로 근로에 어려움을 겪지 않도록 생리사실에 기하여 월 1일의 무급휴가를 부여함으로써 여성을 보호하고자 하는 제도입니다.

따라서 생리휴가는 소정근로일수 만근여부와 관계없이 부여하는 것으로, 연차유급휴가처럼 적치 또는 분할 사용할 수 없습니다.

여성근로자가 생리휴가를 사용하고자 할 경우 사업주는 반드시 생리휴가를 무급으로 부여하여야 하고, 근로자가 생리휴가 사용을 희망하는데도 휴가를 부여하지 않았을 경우 근로기준법 위반으로 500만 원 이하의 벌금형을 받을 수 있습니다.

생리휴가는 '주40시간제'로 불리는 개정법에 의해 무급으로 되었으므로 생리휴가를 사용하지 않더라도 이에 대한 보상은 없습니다(평정 68240-182, 2002.09.11.).

하지만 취업규칙과 단체협약 등에 '생리휴가를 사용하지 않을 경우 생리휴가근로수당을 별도로 지급한다'라는 별도의 규정이 있다면 이 규정에 따르면 될 것이나, 이러한 규정이 없다면 별도의 수당을 지급할 의무가 있는 것은 아닙니다.

즉, 생리휴가는 여성근로자가 무급으로 신청하여 사용할 수 있으나, 여성근로자가 신청하지 않으면 그 월의 생리휴가는 소멸하는 것으로 이 사용하지 않은 휴가를 적치하여 사용할 수 없습니다.

CEO · 인사 담당자를 위한 업무처리의 지침서

노동법 실무 사례집

제 6 장

산업재해에 관한 실무사례

산재보험의 개요

1. 산재보험의 의의

산업재해란 업무상의 사유에 따른 근로자의 부상, 질병, 장해 또는 사망을 의미하고, 산업재해를 입은 근로자를 사용하는 사업장(사업주)에 법률로 산재보험의 가입의무를 부과함으로써 근로자를 보호하는 보험을 말합니다.

가. 산재보험의 가입의무자

산재보험 가입의무자는 상시 근로자수 1인 이상을 사용하는 사업장의 사업주입니다.

나. 산재보험의 적용대상

산재보험이 적용되는 대상은 근로자 1인 이상 고용(사용) 하는 모든 사업장으로, 사업주 의사와 관계없이 자동적으로 보험관계가 성립됩니다. 상시 근로자 1인 이상을 고용하여 당연적용사업에 해당하게 되는 날 이후 재해를 당한 근로자는 사업주의 성립신고 여부와 관계없이 산재보상을 받을 수 있습니다.

※ 산재보험의 적용이 제외되는 사업은 다음과 같습니다.

① 농업·임업(벌목업제외)·어업·수렵업중 법인이 아닌 자의 사업으로서 상시근로자수가 5명 미만인 사업

② 가구내 고용활동

③「주택법」에 의한 주택건설사업자,「건설산업기본법」에 의한 건설업자,「전기공사업법」에 의한 공사업자,「정보통신공사업법」에 의한 공사업자,「소방법」에 의한 소방시설공사업자 또는「문화재보호법」에 의한 문화재수리업자가 아닌 자가 시공하는 다음 각 호의 공사

가. 총공사금액이 2천만 원 미만인 공사(2018.7.1.부터 산재보험 적용)

나. 연면적이 100제곱미터 이하인 건축물의 건축 또는 연면적이 200제곱미터 이하인 건축물의 대수선에 관한 공사

④「공무원연금법」 또는「군인연금법」에 의하여 재해보상이 행하여지는 사업

⑤「선원법」,「어선원 및 어선재해보상보험법」 또는「사립학교교직원연금법」에 의하여 재해보상이 행하여지는 사업

⑥ 제②호 내지 제⑤호의 사업외의 사업으로서 상시근로자수가 1명 미만인 사업(2018.7.1.부터 산재보험 적용)

2. 산재보험료와 산재보험료 인상문제

가. 산재보험료율 결정특례(개별실적요율)

동종사업의 보험료율을 적용함에 있어서 재해방지를 위하여 노력한 사업주와 그렇지 못한 사업주간의 형평의 원칙을 실현하기 위하여 과거 3년간의 보험료 금액에 대한 보험급여 금액의 비율이 85/100을 넘거나 75/100이하인 경우 그 사업에 적용되는 보험료율을 50/100 범위에서 사업의 규모를 고려하여 대통령령으로 정하는 바에 따라 인상 또는 인하하여 그 사업에 대한 다음 보험 연도의 산재보험료율로 적용하는데, 이를 산재보험료율 결정특례(개별실적요율)라고 합니다.

산재보험료율 결정특례(개별실적요율)는 매년 6월30일 현재 산재보험의 보험관계가 성립한 후 3년이 경과한 사업으로써 아래 어느 하나에 해당하는 사업에 대하

여 적용합니다.

① 건설업 및 벌목업을 제외한 사업으로서 상시 근로자수가 10명 이상인 사업 : 개별실적요율의 기준보험연도의 6월 30일 이전 3년의 기간중에 산재보험료율 적용사업 종류가 변경된 경우 개별실적요율을 적용제외하지만, 당해 사업의 주된 작업실태가 변경되지 않은 경우는 적용합니다(2019년부터 30명 이상 사업).

② 건설업중 일괄적용을 받는 사업으로서 매년 당해 보험연도의 2년전 총공사실적이 20억원 이상인 사업 : 총공사실적은 자기공사 금액과 하수급인 승인을 받아 행한 기성공사금액을 합산한 금액을 말합니다(2019년부터 60억 이상 사업).

※ 개별실적요율 산정방법

개별실적요율=해당 사업종류의 일반요율±(해당 사업종류의 일반요율×수지율에 의한 증감비율)

※ 수지율=3년간의 보험급여총액/3년간의 보험료총액×100

나. 개별실적요율이 적용되지 않는 사업과 산재보험료 인상문제

개별실적요율은 ① 상시 근로자수가 10명 이상인 사업과 ② 매년 당해 보험연도의 2년전 총공사실적이 20억원 이상인 사업에 적용된다는 것이고, 이를 반대해석하면 ① 상시 근로자수가 10명 미만인 사업과 ② 매년 당해 보험연도의 2년전 총공사실적이 20억원 미만인 사업은 개별실적요율이 적용되지 않는다는 것을 의미함과 동시에 산재보험료 인상문제는 발생하지 않는다는 것을 의미합니다.

3. 산재보험급여의 종류

가. 요양급여

근로자가 업무상 부상 또는 질병에 걸렸을 경우 치유될 때까지 공단이 설치한 보험시설 또는 산재보험 의료기관에서 요양을 직접 행하게 하는 현물급여를 원칙으로 하고, 다만, 비지정의료기관에서 요양을 받은 경우나 산재환자가 자비로 실시한 요양 등 부득이한 경우에는 산재 근로자에게 요양비를 직접 지급합니다.

요양급여의 범위는 진찰 및 검사, 약제 또는 진료재료와 의지 그 밖의 보조기의 지급, 처치·수술 그 밖의 치료, 재활치료, 입원, 간호 및 간병, 이송, 그 밖에 노동부장관이 정하는 사항으로 치료에 필요한 제반 비용을 말합니다.

나. 재요양

요양급여를 받은 자가 치유 후 요양의 대상이 되었던 업무상의 부상 또는 질병이 재발하거나 치유 당시보다 상태가 악화되어 이를 치유하기 위한 적극적인 치료가 필요하다는 의학적 소견이 있으면 다시 요양급여를 받을 수 있는데, 이를 "재요양"이라 합니다.

재요양을 신청하는 경우 ① 재요양의 대상이 되는 부상·질병 상태와 재요양의 필요성에 관한 의사·치과의사 또는 한의사의 진단서 또는 소견서, ② 재요양을 신청하기 전에 보험가입자 또는 제3자 등으로 부터 보험 급여에 상당하는 금품을 받은 경우에는 그 금품의 명세 및 금액을 확인할 수 있는 판결문·합의서 등의 서류, ③ 재요양을 신청하기 전에 보험가입자 또는 제3자 등으로부터 보험급여에 상당하는 금품을 받지 않은 경우에는 그 사실을 확인하는 본인의 확인서를 첨부하여 마지막으로 치료받았던 의료기관 또는 사업장을 관할하는 공단 해당 지사에 제출하면 됩니다.

다. 한방요양

한방요양을 받을 수 있는 상병은 한방요법으로 외과적 치료를 받은 후 한방요법에 의한 요양이 필요한 외상, 요통, 염좌, 근골격계 질환, 뇌혈관 및 심장질환 등 업무상 질병, 기타 한방요양의 필요성이 인정되는 내과질환 등으로, 요양승인기간 중 양방과 한방 의료기관에서 각각 다른 날짜에 통원치료하는 것도 가능합니다.

라. 휴업급여

휴업급여는 업무상 재해를 당하거나 업무상 질병에 걸린 근로자가 요양으로 인하여 취업하지 못한 기간에 대하여 피재근로자와 그 가족의 생활보호를 위하여 지급하는 보험급여로, 휴업급여액은 요양기간 중 취업하지 못한 기간에 대하여 1일 평균임금의 70%를 지급합니다.

저소득자 휴업급여란 휴업급여가 최저임금 미만인 근로자는 저소득 근로자에 대한 보호 강화를 위해 최저생계비 정도의 수준으로 보장함으로써 요양기간 중 최저생활을 보장하는 것을 말하고, 부분휴업급여란 요양 중 회복단계에 있는 근로자 또는 경미한 부상으로 취업하면서 주기적으로 요양을 받을 수 있는 근로자의 조기 취업 및 직업복귀 촉진을 위해 요양 중 부분 취업 중인 근로자를 위하여 부분적으로 지급하는 휴업급여를 말하며, 취업연령 수급자와 은퇴 연령 이후 수급자간 형평성을 제고하기 위해 61세 이상 고령자에 대하여 휴업급여 감액하여 지급하는 고령자 휴업급여가 있습니다.

마. 장해급여

업무상 재해를 당한 근로자가 요양 후 치유되었으나 정신적 또는 신체적 결손이 남게 되는 경우 그 장해로 인한 노동력 손실 전보를 위하여 지급되는 보험급여를 말합니다.

장해보상연금의 선급금 지급이란 연금수급권자는 연금의 최초 1~4년분의 1/2에 상당하는 선급금을 청구할 수 있는 것을 말하며, 선급금에 대하여는 2%의 이자를 공제하고 지급합니다.

장해보상연금 수급권자가 사망하였을 경우 이미 지급한 연금액을 지급당시의 각각의 평균임금으로 나눈 일수의 합계가 해당 장해등급의 일시금의 일수에 미달되는 경우 그 일수에 대하여 사망당시의 평균임금을 곱한 금액을 유족에게 일시금으로 지급합니다.

〈장해급여표〉

장해등급	장해보상연금	장해보상일시금
제1급	329일분	1,474일분
제2급	291일분	1,309일분
제3급	257일분	1,155일분

제4급	224일분	1,012일분
제5급	193일분	869일분
제6급	164일분	737일분
제7급	138일분	616일분
제8급		495일분
제9급		385일분
제10급		297일분
제11급		220일분
제12급		154일분
제13급		99일분
제14급		55일분

바. 간병급여

요양을 종결한 산재근로자가 치유 후 의학적으로 상시 또는 수시로 간병이 필요하여 실제로 간병을 받는 자에게 지급하는 보험급여를 말합니다.

간병급여에는 일상생활에 필요한 동작을 하기 위하여 항상 다른 사람의 간병이 필요한 사람을 위한 상시간병급여와 일상생활에 필요한 동작을 하기 위하여 수시로 다른 사람의 간병이 필요한 사람을 위한 수시간병급여가 있습니다.

사. 유족급여

근로자가 업무상 사유로 사망 시 또는 사망으로 추정되는 경우 그에 의하여 부양되고 있던 유족들의 생활보장을 위하여 지급되는 보험급여로, 유족보상연금 100%와 유족보상연금 50%+유족일시금(평균임금의 1300일분)의 50% 중 택일하여 수급할 수 있습니다.

유족보상연금의 수급권자는 다음과 같습니다.

근로자 사망 당시 그 근로자와 "생계를 같이 하고 있던 유족" 중 처(사실혼 포함)와 다음 ①~⑤호에 해당하는 자

① 남편(사실상 혼인 관계에 있는 자를 포함한다. 이하 같다)·부모 또는 조부모로서 각각 60세 이상인 자

② 자녀 또는 손 자녀로서 각각 18세 미만인 자

③ 형제자매로서 18세 미만이거나 60세 이상인 자

④ ①~③까지의 규정 중 어느 하나에 해당하지 아니하는 남편·자녀·부모·손 자녀·조부모 또는 형제자매로서 「장애인복지법」 제2조에 따른 장애인 중 노동부령으로 정한 장애등급 이상에 해당하는 자

⑤ 근로자가 사망할 당시 태아(胎兒)였던 자녀가 출생한 경우에는 출생한 때부터 장래에 향하여 근로자가 사망할 당시 그 근로자와 생계를 같이 하고 있던 유족으로 본다.

4. 산재보험과 민법 기타 법률 및 책임문제

가. 산재보험과 근로기준법상의 재해보상책임 문제

산업재해보상보험법 제80조(다른 보상이나 배상과의 관계) 제1항은 '수급권자가 이 법에 따라 보험급여를 받았거나 받을 수 있으면 보험가입자는 동일한 사유에 대하여 「근로기준법」에 따른 재해보상 책임이 면제된다'고 규정하고 있어 산재보험으로 처리되면 근로기준법상의 책임은 면제됩니다.

나. 산재보험과 민법 기타 법령상의 손해배상책임 문제

산업재해보상보험법 제80조(다른 보상이나 배상과의 관계) 제2항은 '수급권자(재해근로자)가 동일한 사유에 대하여 이 법에 따른 보험급여를 받으면 보험가입자(사업주)는 그 금액의 한도 안에서 「민법」이나 그 밖의 법령에 따른 손해배상의 책임이 면제된다. 이 경우 장해보상연금 또는 유족보상연금을 받고 있는 자는 장해보상일시금 또는 유족보상일시금을 받은 것으로 본다'라고 규정하고 있습니다. 따라서 사업주는 근로자에게 지급된 산재보험급여의 한도내에서 손해배상 책임이 면제됩니다.

Q **[산재신청을 할 때 사업주의 도장(확인)을 반드시 받아야 하는지]**

병원에 산재신청에 대해 물어보니까 사업주의 도장을 받아오라고 하는데 정말 그런 가요?

A **2018년부터 산재신청을 할 때 사업주의 도장(확인)을 받지 않아도 되고, 신청서상에 사업주 확인란이 아예 삭제되었습니다.**

근로자들이 산재신청을 간편하게 할 수 있도록 2018년부터는 요양급여신청서상에 사업주의 확인(도장)란 자체를 삭제하였기 때문에 근로자들은 산재신청을 할 때 사업주의 도장을 받을 필요가 없어졌습니다.

Q **[산재보상 최저보상액을 '최저임금액'으로 변경하여 보장]**

산재보상 최저보상액이 2018년에는 57,135원이라네요. 최저임금은 7,530원으로 60,240원인데, 왜 산재보상액이 최저임금보다 적은 건가요?

A **산재보상 최저보상액이 최저임금액보다 적다는 민원이 많아 2018. 12.13. 부터는 산재보상 최저보상액을 '최저임금액'으로 보장하기로 하였습니다.**

산업재해보상보험법 일부개정법률이 2018.6.5. 국무회의 의결, 6.12.공포, 12. 13. 시행됨에 따라 전체 근로자의 평균임금의 50%를 산재보상 최저보상액으로 적용하던 것을 최저임금액으로 보장받게 되었습니다.

2018년 산재보상 최저보상액(57,135원)이 2018년 최저임금액(60,240원)보다도 적어 최소한의 생활임금도 보전하지 못했는데, 2018.12.13.부터는 최저임금액으로 산재보상을 받게 됨에 따라 최소한의 생계보장이 실현되었습니다.

Q **[산배보험급여 전용수급 계좌 운영]**

산재보험급여 전용수급 계좌가 무엇인가요?

A **산재보험급여 전용수급 계좌에 대한 법적 근거를 마련함으로써 해당 계좌에 입금되는 전액의 압류가 금지되어 수급권을 보호하기 위한 계좌운영을 말합니다.**

현행 법률도 산재보험급여에 대하여 법적으로 압류가 금지되어 있지만 산재보험급여가 일반 계좌로 입금되면서 '압류가 불가한 보험급여'와 '압류가 가능한 일반예금'이 혼입됨에 따라 압류금지의 효력이 유명무실해지는 문제가 있어 왔는데, 이번에 산업재해보상보험법 일부개정법률이 2018.6.5. 국무회의 의결, 6.12.공포, 12.13.부터 시행됨에 따라 산재보험급여 전용수급 계좌에 대한 법적 근거를 마련함으로써 전용수급 계좌에 입금된 급여액은 전액 압류가 금지됨에 따라 산재 근로자의 최소한 실질적인 경제생활을 보장하게 되었습니다.

Q **['가족'도 근로자로 인정받아 산재신청이 가능한지]**

가족으로 구성된 사업체에서 가족의 일원이 일을 하다가 다쳐도 산재보험이 적용되나요?

아버지A와 아들B(28세), 아들C(26세)가 닥트설치업체를 개업하여 공사를 하던 중 공사현장에서 아들C가 추락하여 다친 경우 산재처리가 가능한가요?

A **아버지A로부터 매월 일정액을 받아왔고 A의 작업지시에 의해 일을 해왔다면 산재법상 근로자로 볼 수 있습니다.**

근로기준법은 동거중인 가족이 사업체를 차려 함께 일을 하는 경우에는 근로자성을 부정하고 있고, 기존의 판례와 하급심은 실제 동거하고 있는 가족이 하도급을 받아 각종 비용을 공제한 나머지 이익금을 분배하는 형태이기 때문에 아들C는 산재법상 근로자가 아니라고 판단하였습니다. 하지만 최근 서울고법 판례는 아들C가 매월 받은 120~150만원은 공사대금 중 비용을 공제한 이익금을 배분한 것으로 보기 어렵고, 나이·경력으로 볼 때 숙련공이 아닐 뿐만 아니라 영업능력 또한 없는 것으로 보아 아들C는 생계를 같이 하는 가족이지만 임금을 목적으로 A(사업주)의 지휘·감독하에 근로를 제공하는 근로자로 보아야 한다고 판결하였습니다.

Q [상해보험과 산재보험의 이중보상 여부]

자기신체사고 자동차보험금을 받았다면 산재보험금을 받을 수 없나요?

A회사에서 배송업무를 하는 B(근로자)는 빗길에서 교통사고가 나서 크게 다쳤는데, 회사차량이 가입한 자동차보험사로부터 상해보험금을 받은 뒤, 근로복지공단에 산재신청을 했어요. 그런데 공단은 이미 자동차보험으로 처리했으므로 산재처리가 안된다고 합니다. 맞는 말인지요?

A **자기신체사고 자동차보험은 손해배상금이 아닌 상해보험금으로 산재보험급여와는 별개이므로, 상해보험금을 받았어도 산재보험급여를 지급해야 합니다.**

① 사례의 쟁점 : 이 사안은 회사차량을 운전하다가 발생한 신체사고에 대하여 자동차보험금(상해보험금)을 수령한 경우에도 산재보험급여에서 공제되지 않는지가 쟁점입니다.

② 자동차보험금을 수령하면 산재보험급여에서 공제한다는 법적 근거 : 산업재해보상보험법 제80조(다른 보상이나 배상과의 관계) 제3항은 수급권자가 동일한 사유로 「민법」이나 그 밖의 법령에 따라 이 법의 보험급여에 상당한 금품을 받으면 공단은 그 받은 금품을 대통령령으로 정하는 방법에 따라 환산한 금액의 한도 안에서 이 법에 따른 보험급여를 지급하지 아니한다고 규정하고 있습니다.

'민법이나 그 밖의 법령'에는 '자동차손해배상보장법'도 포함되고, 동법에 따라 산재법의 보험급여에 상당한 금품을 받으면 그 한도 안에서 산재보험급여를 지급하지 않는 것이 적법한 처분이고, 자기신체 사고에 대한 자동차보험은 손해보험의 성격을 가지므로 산재보험급여에서 공제해야 하는데, 이미 상해보험금을 지급받았다면 요양급여(산재보험급여)를 지급할 수 없다는 것이 근로복지공단의 입장입니다.

③ 대법원 판례의 입장 : 대법원은 자기신체 사고에 대한 자동차보험금은 손해배상금이 아닌 상해보험금인만큼 산재보험급여와는 별개이고, 보험회사는 사업주와의 자동차보험계약에 의해 피보험자동차의 사고로 인해 발생한 상해 등에 대하여

보험금을 지급할 책임을 지는 것일 뿐 근로자에 대한 손해배상의무 등의 이행으로서 보험금을 지급한 것은 아니므로, 근로복지공단은 근로자가 보험회사로부터 상해보험금을 받았더라도 추가로 산재보험급여(요양급여)를 지급하는 것이 합당하다고 판단하였습니다.

④ 결론 : 자동차보험과 산재보험은 이중보상이 안된다는 근로복지공단의 기존입장을 뒤바꾼 의미있는 판결로, 향후에는 업무중의 자동차사고로 인하여 보험회사로부터 상해보험금을 받더라도 산재보험급여를 추가로 신청할 수 있게 되었다는데 그 의미가 있다 할 것입니다.

Q **[산재보험급여 수령후 합의금을 받으면 이중배상인지]**
공단으로부터 유족급여를 수령한 후 회사측과 합의하고 합의금을 받았다면 이런 경우에도 이중배상에 해당하나요?

A **산재보험급여를 지급할 당시 이미 합의금을 수령한 경우에만 조정의 대상이 되므로, 보험급여를 수령한 후에 합의금을 받았다면 이중배상에 해당하지 않아 부당이득으로 징수되지 않습니다.**

① **사례의 쟁점** : 이 사안은 산업재해보상보험법 제80조제3항의 해석문제로, 산재보험급여를 수령한 이후에 회사측과 합의하고 합의금을 받은 경우 이중배상에 해당하여 부당이득으로 징수되는지가 쟁점입니다.

② **관련 법조문(산재법 제80조제3항)** : 수급권자가 동일한 사유로 「민법」이나 그 밖의 법령에 따라 이 법의 보험급여에 상당한 금품을 받으면 공단은 그 받은 금품을 대통령령으로 정하는 방법에 따라 환산한 금액의 한도 안에서 이 법에 따른 보험급여를 지급하지 아니한다.

③ **행정해석의 입장** : 산재법에 따른 조정의 대상이 되는 금품은 '동일한 사유로 보험급여에 상당한 금품을 받은 경우'로서 보험급여를 지급할 당시 합의금을 현실적으로 수령한 경우에만 조정의 대상이 되므로, 근로복지공단이 유족에게 지급한 보험급여(요양급여, 유족급여 등)가 회사측으로부터 합의금을 수령한 시점보다 이

전이라면 공단의 보험급여 지급에 법률적 하자가 없어 '동일한 사유로 보험급여에 상당한 금품을 받은 경우'에 해당하지 않습니다. 왜냐하면 산재법에 따른 조정의 문제는 수령시점에서 판단하기 때문입니다(보상부-5281, 2014.12.19.).

④ **결론** : 동일한 사유로 산재보험급여 이외의 합의금을 수령하면 이중배상의 문제가 발생하여 공단은 산재보험급여에서 제하고 나머지 금액만을 지급하는 것이 실무입니다. 하지만 산재보험급여를 수령할 시점에 합의금을 수령하지 않았다면 이중배상의 문제는 발생하지 않는다는 위 행정해석은 숙지해야 할 사항입니다.

Q [화물자동차 운전도급계약체결자의 근로자성 여부]

화물자동차 운전'도급'계약을 체결한 운송기사도 근로자로 인정받아 산재신청을 할 수 있나요?

화물 운송업을 영위하는 회사와 '화물자동차 운전 용역(도급) 계약'을 체결한 운송기사가 회사로부터 제공받은 트레일러를 운전하여 운송업무를 수행하던 중 운전부주의로 사망했습니다. 그래서 근로복지공단에 유족급여 및 장의비 지급을 청구했는데, 망인은 근로자가 아니라 사업주에 해당한다면서 불승인되었어요. 이게 맞는 판단인가요?

A **비록 운전도급계약을 체결하였더라도 실질적으로 근로자성이 인정되면 산재신청을 할 수 있습니다.**

① **사례의 쟁점** : 이 사안은 도급계약을 체결한 경우에도 근로자로 인정받을 수 있는지, 그리고 도급업무를 수행하다가 다친 경우에도 산재신청을 할 수 있는지가 쟁점입니다.

② **대법원 판례** : 비록 도급계약을 체결하였지만, 회사가 망인이 수행하여야 할 구체적인 업무의 내용을 지정하고 운행일보 등의 제출을 요구하는 방식으로 운송기사의 업무 내용을 결정하고 그 업무 수행 과정에서 상당한 지휘·감독을 한 점, 운송업무에 사용되는 화물차량이 회사의 소유이고 그 운행에 수반되는 대부분의 비용을 회사가 부담한 점, 사실상 제3자에 의한 업무 대행 및 운송기사의 다른 사

업장에 대한 노무제공 가능성이 제한된 점, 망인이 매월 지급받는 보수는 기본급이나 고정급이 아니라 운반물량에 의하여 정산한 금액이기는 하나 이러한 성과급 형태의 금원은 노동의 양과 질을 평가하는 것이라 할 수 있어 근로의 대가인 임금의 성격이 반드시 부정된다고 볼 수 없는 점 등에 비추어, 망인은 임금을 목적으로 종속적인 관계에서 운송회사에게 근로를 제공한 근로자에 해당한다(대법 2007두9471, 2010.05.27.).

③ **결론** : 형식적으로는 도급계약을 체결하였더라도 실질적인 측면에서 근로자성이 인정된다면 근로자로 인정받을 가능성이 높고, 도급업무를 수행하던 중이었더라도 실질적으로 근로자성이 인정된다면 산재신청을 할 수 있습니다.

과로사·청장년급사증후군

'과로사'란 '과중한 정신적·신체적 부담에 따른 피로의 축적으로 야기되는 생명유지기능의 파괴로 인한 사망'이라고 정의되고 있습니다.

이는 지나친 정신적·육체적 노동이 생체내에 피로로 축적되어 그 결과 내분비의 이상을 야기하여 기존의 뇌실질내출혈, 지주막하출혈 등의 뇌혈관 질환, 심근경색, 심부전 등의 허혈성 심장질환을 유발, 악화시켜 사망에 이르게 한 경우를 말하는 것입니다.

물론 뇌혈관 질환 및 허혈성 심장질환이 업무상 과로에 의하여 발병한 것이라는 것을 증명하는 것은 쉽지 않습니다. 따라서 뇌혈관 질환 및 허혈성 심장질환은 정신적·육체적 과로에 민감한 질환임을 감안하여 근로자의 기존 또는 기초질환이 자연발생적으로 악화되었다는 것이 의학적으로 명백히 인정되지 않는 한 업무상 질병으로 본다라고 하여 입증책임을 전환하고 있습니다.

기존에 질환이 있었다거나 집에서 갑자기 사망한 경우 업무수행성은 인정되지 않지만 업무기인성은 충분한 검토를 해볼 필요가 있으므로, 평소의 과로여부나 업무상 스트레스가 있었는지 여부 등을 꼼꼼히 살펴보아야 할 것입니다.

과로사는 말 그대로 재해일 당시 평소보다 연장근무를 많이 하여 상당한 과로가 축적되었다고 볼 수 있는 경우와 업무와 관련한 심리적 스트레스로 인하여 돌발적이고 예측 곤란한 정도의 긴장·흥분·공포·놀람 등과 급격한 업무 환경의 변화로 뚜렷한 생리적 변화가 생긴 경우 이를 입증하면 업무상 재해로 인정받을 가능성이 높습니다.

'급성심장사'는 해부학적인 심장의 병변 유무와 관계없이 사망시간이나 양상을 전혀 예상하지 못하고 있는 상태에서 급성 증상이 발생하여 1시간 내에 의식소실과 함께 외부 원인이 없이 심장의 이상으로 사망하는 것을 말하며, '심장성 돌연사'라고도 합니다. 그 원인으로는 80% 정도가 관상동맥질환이고 그 중에서도 죽상경화증이 가장 흔한 원인으로서 협심증, 심근경색증, 심부정맥 및 심부전을 동반합니다.

'청장년급사증후군'은 청장년에서 보는 원인불명의 내인성 급사를 말하는 것으로, 청장년이 갑자기 사망하여 철저한 사후검사를 시행하였으나 사인이 될 만한 내인이나 외인을 입증할 수 없는 죽음을 말합니다. 10대 후반에서 40세 사이의 청장년에서 주로 발생하고, 영양상태가 양호한 남자에게서 자주 발생하며 계절적으로 5월에서 7월 사이에 많으며, 00:00에서 06:00 사이의 수면 중에 잘 일어납니다. 사망기전으로는 자율신경계 이상, 내분비계의 평형파괴, 부교감신경의 긴장 등이 있으며, 해부소견은 급사의 소견을 보이는 외 특기할 소견은 보이지 않는 것이 대부분입니다.

급성심장사 등과 같은 내인성 급사를 유발하는 유인(誘因)으로는 ① 과로, 중노동, 질주, 계단 오르내리기, 등산과 같은 과격하고 갑작스러운 운동으로 육체적 부담이 가하여지는 경우, ② 스트레스, 통증, 기쁨, 슬픔 및 분노와 경악, 불만, 걱정, 두려움, 공포, 언쟁, 성교 등 정신적 부담이 가해지는 경우, ③ 기압, 온도, 습도의 급격한 변화, ④ 마취, 수술, 주사, 약제의 투여 등 의료행위, ⑤ 과음, 과식, 분만, 구타와 같은 외력 등이 있습니다. 이러한 유인은 실제적으로는 경미한 것으로서, 정상인이라면 해부학적인 변화를 초래하지 않고 단지 일과성으로 그치며 안정을 되찾으면 회복되는 것이 상례이므로 전혀 문제가 되지 않으나, 기존의 질환이 있는 경우 이를 급격히 악화시키거나 이차적 변화를 초래하여 사망에 이르게 합니다. 위 유인들은 일시적으로 심장에 과도한 부담을 주거나 혈압을 상승시켜 심혈관계, 특히 심장과 뇌혈관의 질환에 가장 큰 영향을 줍니다. 위와 같은 유인이 가해지면 심박동과 심박출량이 증가되어 혈압이 상승하고, 이에 따라 심장의 산소요구가 증대되므로 이를 충족시키지 못한 경우 이미 손상되어 있는 심장은 그 기능을 급격히 상실하고 심부전 상태에 빠질 수 있습니다(서울행법 2002구합36003, 2004.05.19.).

Q **[2개 이상의 사업장에서 근무하다가 업무상 질병이 발병한 경우 과로판단을 위한 근무시간의 산정방법]**

제 오빠는 가정형편상 주간과 야간 2개의 사업장에서 근무하고 있었는데, 뇌출혈로 쓰러졌습니다. 산재를 신청하고 싶은데요, 이럴 때는 2개의 사업장의 근무시간을 합해서 과로여부를 판단하는 것이 맞나요?

A **산재보험이 적용되는 사업장의 근무시간만을 과로여부의 판단을 위한 근무시간으로 합산하므로, 2개 사업장의 산재보험 적용여부를 먼저 판단해야 합니다.**

① **사례의 쟁점 :** 이 사안은 2개 이상의 사업장에서 근무하다가 뇌출혈 등 질병으로 쓰러진 경우 과로여부를 판단하는 근무시간을 산정함에 있어 2개 이상의 사업장에서의 근무시간을 합산하는 것이 맞는지가 쟁점입니다.

② **행정해석의 입장 :** 업무상 질병 인정여부와 관계된 과로 여부를 판단하기 위한 업무시간은 산재보험에 적용된 2개 이상의 사업장에 고용되어 근무하는 경우 2개 이상 사업장의 업무시간을 합산하여 산정하고, 산재보험이 적용되지 않은 사업장이 있을 경우에는 산재보험 적용 사업장의 업무시간만으로 산정해야 합니다(요양부-7472, 2014.12.08.).

③ **유사 판례 :** 근로자가 그 소속 회사가 하도급받은 수 개의 건설공사 중 일부 공사를 위하여 여러 개의 사업장을 옮겨 다니며 작업하다가 사망한 경우, 위 각 건설공사가 산업재해보상보험법의 당연적용대상이거나 그 시공자가 산업재해보상보험가입자인 경우에는 위 근로자에게도 산업재해보상보험이 적용된다고 할 것이므로, 망인의 사망이 업무상 재해에 해당하는지의 여부를 판단함에 있어서는 망인이 사망할 당시의 사업장에서 수행한 업무뿐만 아니라 사망 전에 근무하였던 사업장

에서 수행한 업무도 모두 포함시켜 판단의 자료로 삼아야 한다(대법 97누16459, 1999.04.23.).

④ **결론** : 행정해석은 '산재보험 적용 사업장'이라는 표현을 쓰고 있고, 판례는 '산업재해보상보험법의 당연적용대상이거나 그 시공자가 산업재해보상보험가입자인 경우'라는 표현을 쓰고 있는 것으로 보아 사업주가 산재보험에 가입하지 않은 사업장이더라도 산재법상 당연적용 사업장인 경우에는 과로여부를 판단하는 업무시간을 산정함에 있어 합산하여 산정하는 것이 맞다고 판단됩니다.

Q 집에서 뇌출혈로 쓰러진 경우에도 업무상 재해인가요?

제 남편은 교대제로 지금의 회사에서 약 10년을 넘게 일해 왔습니다. 그런데 야간작업을 마치고 집에 돌아와 쉬다가 쓰러져 끝내 사망하였습니다. 그런데 회사에서는 집에서 쓰러졌으니까 업무상 재해가 아니라고 합니다. 제 남편은 정말 10년 동안 회사일 밖에 몰랐습니다. 그런데 회사가 이렇게 나오니까 정말 서운하네요. 정말 제 남편은 산재가 적용되지 않나요?

A ① 업무와 사망간에 상당인과관계가 있다면 업무상 재해입니다.

회사에 입사하여 10년간 근무하는 동안 업무의 근로강도나 근무시간은 과중하다 할 수 없지만 주로 생체리듬에 역행하는 1일 3교대 또는 1일 2교대의 근무방식으로 업무를 계속 수행함으로써 이에 따른 육체적 피로가 누적되어 지병인 고혈압이 자연진행 경과를 넘어 크게 악화시켜 이로 인하여 뇌출혈이 발병하여 사망하였다면 사망과 업무사이에는 상당인과관계가 있다고 보입니다(서울고법 96구11886, 1996.11.08.).

즉, 이런 경우에는 유족(배우자 또는 자녀)은 근로복지공단 보상부에 유족보상 및 장의비를 청구할 수 있습니다.

집에서 뇌출혈이나 심근경색으로 쓰러져 사망하였거나 입원중인 경우 일반인들은 집에서 쓰러졌기 때문에 산업재해라고 생각하지 않는 경우가 대부분인데, 업무상 질병은 발병 당시 업무를 수행하지 않았더라도 그 질병의 원인이 업무로 인하여 발병한 것이라는 상당인과관계가 인정되면 산업재해로 산업재해보상보험의 혜택을 받을 수 있습니다.

② 업무수행중이 아니라고 업무상 재해가 부정되는 것은 아닙니다.

예전부터 고혈압이 있는 근로자가 회사의 바쁜 일정 때문에 업무량이 질적·양적으로 현저하게 늘어남에 따라 과로가 축적되어 기존의 고혈압증세가 악화되어 발생한 뇌혈관장해로 사망한 것이라면 사망과 업무수행 사이에 인과관계가 있다고 할 것입니다.

이와 같이 뇌혈관질환의 발병원인이 과중한 업무수행으로 말미암은 과로에 있다면 그의 발병 및 사망 장소가 사업장 밖이었고 업무 수행중에 발병한 것이 아니라고 하더라도 근로자의 사망을 업무상의 재해로 보는데 지장을 주지 못합니다(대법 86누176, 1986.09.23.).

즉, 기존의 질환인 고혈압이 자연발생적으로 악화되었다는 것이 의학적으로 명백히 인정되지 않고 있고, 현저한 업무량의 증가로 인하여 기존의 고혈압이 악화되어 뇌혈관질환이 발생하였다는 상당인과관계가 있다면 이는 명백한 업무상 질병으로 보아야 한다는 것입니다.

③ 질병의 주된 발생원인이 업무수행과 직접적인 관계가 없더라도 산재로 인정될 수 있습니다.

업무상의 재해는 근로자의 업무수행 중 그 업무에 기인하여 발생한 질병을 의미하는 것이므로 업무와 사망의 원인이 된 질병 사이에 인과관계가 있어야 하지만, 질병의 주된 발생원인이 업무수행과 직접적인 관계가 없더라도 적어도 업무상의 과로나 스트레스가 질병의 주된 발생원인에 겹쳐서 질병을 유발 또는 악화시켰다면 그 사이에 인과관계가 있다고 보아야 합니다. 그리고 그 인과관계는 반드시 의학적·자연과학적으로 명백히 증명하여야 하는 것이 아니라 제반 사정을 고려할 때 업무와 질병 사이에 상당인과관계가 있다고 추단되면 증명된 것으로 보아야 하며, 또한 평소에 정상적인 근무가 가능한 기초질병이나 기존질병이 직무의 과중 등이 원인이 되어 자연적인 진행속도 이상으로 급격하게 악화된 때에도 그 증명이 된 경우에 포함되는 것이고, 이때 업무와 질병 또는 사망과의 인과관계 유무는 보통 평균인이 아니라 당해 근로자의 건강과 신체조건을 기준으로 판단하여야 합니다(대법 2009두5794, 2010.01.28.).

심화학습 과로사로 인정한 판례

① 댐 보조여수로 설치공사 현장에서 철근 조립공으로 근무하던 근로자가 작업 후 두통을 호소하다가 현장 인근 숙소에서 뇌출혈 및 뇌괴사로 사망한 사안에서, 사망 전에 다른 현장에서 수행한 업무도 모두 판단의 자료로 삼아, 급격하게 변화된 작업환경 하에서 고혈압 등 기존질환을 보유한 근로자에게는 신체에 상당한 부담을 주는 터널 공사 현장의 야간 철근 조립작업과 같은 과중한 업무와 스트레스가 기존질병을 자연적인 진행속도 이상으로 악화시켜 사망에 이르게 한 것으로 추단된다고 한 사례(대법 2009두5794)

② 근로자가 마라톤동호회의 정기연습에 참여했다가 급성심근경색으로 추정되는 원인으로 갑자기 사망한 사안에서, 업무상 과로와 스트레스가 기존 질환을 통상의 자연적인 경과 이상으로 급격하게 악화시켜 급성심근경색을 유발하여 사망에 이른 것으로 추단하고, 마라톤 연습에 참여한 행위의 전반적인 과정이 사용자의 지배나 관리를 받는 상태에 있었다고 보아 그 업무수행성을 인정한 사례(대법 2009두58)

③ 근로자가 퇴근 후 숙소에서 뇌 지주막하 출혈로 쓰러져 병원에서 치료를 받다가 사망한 사안에서, 망인이 소속 부서의 대폭적인 인원 감축과 동료 직원의 휴가 등으로 업무량이 증가한 데다가 쓰러지기 직전 4일간 연속 초과근무를 한 점 등에 비추어, 과로나 스트레스로 인한 일시적인 뇌혈류 상승이 뇌동맥류 등의 기존 질환에 겹쳐서 위 상병을 유발하였다고 추단하여 사망과 업무 사이에 상당인과관계가 있다고 본 사례(대법 2008두23764)

④ 근로자가 연장근무를 마치고 통근버스를 이용하여 퇴근하다가 버스 안에서 발

작을 일으켜 사망한 사안에서, 업무상의 과로와 스트레스가 기존질병인 부정맥 등과 겹쳐 심인성 급사에 이른 것으로 추단하여 망인의 사망이 업무상 재해에 해당한다고 한 사례(대법 2009두164)

⑤ 근로자가 헤르페스 바이러스에 기인한 급성망막괴사증이나 뇌염 등의 질병이 발생하기 직전에 업무로 인하여 극도로 과로하였거나 스트레스를 받은 사실이 인정되는 경우, 업무상 재해에 해당한다고 한 사례(대법 2006두4912)

⑥ 만 46세 2월의 중년 여성으로서 고도 고혈압 등의 기존 질환을 가진 근로자가 과중한 업무에 종사하다가 퇴근길에 급성 심근 경색으로 사망한 경우, 망인의 고혈압은 업무와 관련이 없다 하더라도 업무의 과중으로 인한 과로와 감원 등으로 인한 스트레스가 고혈압을 자연적인 진행 속도 이상으로 악화시켜 급성 심근 경색증을 유발하거나 기존 질환인 고혈압에 겹쳐 급성 심근 경색증을 유발하여 심장마비로 사망에 이르게 하였을 것으로 추단된다는 이유로 망인의 사망이 업무상 재해에 해당한다고 본 사례(대법 2003두12912)

⑦ 망인이 과중한 업무로 인한 과로 및 스트레스가 누적된 상태에 있던 중 통근버스에 탑승하기 위하여 질주한 행위가 유발원인이 되어 급성심부전증 등으로 갑자기 사망한 것으로 추단할 수 있다고 한 사례(대법 2003두5501)

⑧ 측두엽성간질을 앓고 있는 근로자가 타워크레인에 올라갔다가 추락하여 사망한 사안에서, 근로자의 업무상 과로 또는 스트레스에 의한 간질증상의 발현과 타워크레인의 관리상의 하자가 경합하여 사고의 원인이 되었다는 이유로 업무상 재해를 인정한 사례(대법 98두10103)

⑨ 아파트 공사장의 시멘트믹서공이 일주일 전부터 평소보다 특히 과중한 업무수행을 하던 중 발병한 뇌경색증이 업무상 재해에 해당한다고 본 사례(대법 92누16553)

심화학습 업무상 질병에 관한 법규정

산업재해보상보험법 제37조【업무상의 재해의 인정 기준】

2. 업무상 질병
   가. 업무수행 과정에서 물리적 인자(因子), 화학물질, 분진, 병원체, 신체에 부담을 주는 업무 등 근로자의 건강에 장해를 일으킬 수 있는 요인을 취급하거나 그에 노출되어 발생한 질병(2010.1.27 개정)
   나. 업무상 부상이 원인이 되어 발생한 질병
   다. 그 밖에 업무와 관련하여 발생한 질병

산업재해보상보험법 시행령 제34조【업무상 질병의 인정기준】

① 근로자가「근로기준법시행령」제44조제1항 및 동법 시행령 별표 5의 업무상 질병의 범위에 속하는 질병에 걸린 경우 다음 각 호의 요건 모두에 해당하면 법 제37조제1항제2호가목에 따른 업무상 질병으로 본다.

1. 근로자가 업무수행 과정에서 유해·위험요인을 취급하거나 유해·위험요인에 노출된 경력이 있을 것
2. 유해·위험요인을 취급하거나 유해·위험요인에 노출되는 업무시간, 그 업무에 종사한 기간 및 업무 환경 등에 비추어 볼 때 근로자의 질병을 유발할 수 있다고 인정될 것
3. 근로자가 유해·위험요인에 노출되거나 유해·위험요인을 취급한 것이 원인이 되어 그 질병이 발생하였다고 의학적으로 인정될 것

② 업무상 부상을 입은 근로자에게 발생한 질병이 다음 각 호의 요건 모두에 해당하면 법 제37조제1항제2호나목에 따른 업무상 질병으로 본다.

1. 업무상 부상과 질병 사이의 인과관계가 의학적으로 인정될 것
2. 기초질환 또는 기존 질병이 자연발생적으로 나타난 증상이 아닐 것

③ 제1항 및 제2항에 따른 업무상 질병(진폐증은 제외한다)에 대한 구체적인 인정 기준은 [별표 3]과 같다.

④ 공단은 근로자의 업무상 질병 또는 업무상 질병에 따른 사망의 인정 여부를 판정할 때에는 그 근로자의 성별, 연령, 건강 정도 및 체질 등을 고려하여야 한다.

산업재해보상보험법 시행령 [별표 3] 업무상 질병에 대한 구체적인 인정 기준(제34조제3항 관련)

1. 뇌혈관질환 또는 심장질환

가. 근로자가 다음의 어느 하나에 해당하는 원인으로 뇌실질내출혈, 지주막하출혈, 뇌경색, 심근경색증, 해리성 대동맥류가 발병된 경우에는 업무상 질병으로 본다. 다만, 그 질병이 자연발생적으로 악화되어 발병한 경우에는 업무상 질병으로 보지 않는다.

1) 업무와 관련한 돌발적이고 예측 곤란한 정도의 긴장·흥분·공포·놀람 등과 급격한 업무 환경의 변화로 뚜렷한 생리적 변화가 생긴 경우

2) 업무의 양·시간·강도·책임 및 업무 환경의 변화 등으로 발병 전 단기간 동안 업무상 부담이 증가하여 뇌혈관 또는 심장혈관의 정상적인 기능에 뚜렷한 영향을 줄 수 있는 육체적·정신적인 과로를 유발한 경우

3) 업무의 양·시간·강도·책임 및 업무 환경의 변화 등에 따른 만성적인 과중한 업무로 뇌혈관 또는 심장혈관의 정상적인 기능에 뚜렷한 영향을 줄 수 있는 육체적·정신적인 부담을 유발한 경우

나. 가목에 열거되지 않은 뇌혈관질환 또는 심장질환의 경우에도 그 질병의 유발 또는 악화가 업무와 상당한 인과관계가 있음이 시간적·의학적으로 명백하면 업무상 질병으로 본다.

다. 가목 및 나목에 따른 업무상 질병 여부의 결정에 필요한 사항은 노동부장관이 따로 고시한다.

Q [산재신청의 소멸시효-유족급여와 장해급여 5년으로 연장]

회사 기숙사에서 잠을 자다가 사망한 지 3년이 경과한 이후에 유족급여 지급청구를 한 경우 유족급여 지급청구권의 시효는 소멸한 것인가요?

A **원칙적으로는 3년이 경과하면 소멸하였으나, 유족급여와 장해급여신청기간은 5년으로 연장되었고, 예외적인 경우 소멸시효가 완성되지 아니하였**

다고 보는 경우도 있습니다.

원칙적으로는 사망일로부터 3년이 경과하기 전에 유족급여와 장해급여 신청을 해야 했지만, 2018.3.16. 유족급여와 장해급여 신청기간을 5년으로 연장하는 개정안을 환노위(법안심사소위)에서 의결, 2018.6.12. 공포, 2018.12.13.부터 시행됨에 따라 소멸시효가 5년으로 연장되었습니다.

하지만 판례는 이전에도 3년이 경과하였더라도 예외적으로 다음과 같이 소멸시효의 완성을 인정하지 않는 경우가 있었습니다.

채무자의 소멸시효에 기한 항변권의 행사도 우리 민법의 대원칙인 신의성실의 원칙과 권리남용금지의 원칙의 지배를 받는 것이어서 채무자가 시효완성 전에 채권자의 권리행사나 시효중단을 불가능 또는 현저히 곤란하게 하였거나 그러한 조치가 불필요하다고 믿게 하는 행동을 하였거나 객관적으로 채권자가 권리를 행사할 수 없는 장애사유가 있었거나 일단 시효완성 후에 채무자가 시효를 원용하지 아니할 것 같은 태도를 보여 권리자로 하여금 그와 같이 신뢰하게 하였거나 채권자보호의 필요성이 크고 같은 조건의 다른 채권자가 채무의 변제를 수령하는 등의 사정이 있어 채무이행의 거절을 인정함이 현저히 부당하거나 불공평하게 되는 등의 특별한 사정이 있는 경우에는 채무자가 소멸시효의 완성을 주장하는 것이 신의성실의 원칙에 반하여 권리남용으로서 허용될 수 없다라는 것이 판례(대법 2011두11013, 2002다32332, 2009다72599)의 입장입니다.

Q 산재가 인정됐을 때 받을 유족보상금은 얼마인가요?

저희 아버지가 근무중에 갑자기 쓰러지셔서 돌아가셨어요. 만약 산재로 인정을 받으면 어머니가 받을 수 있는 유족보상금은 얼마나 되나요?

A 유족보상금은 평균임금의 1300일분, 장의비는 평균임금의 120일분을 받을 수 있습니다.

산재로 인정을 받았을 경우 산업재해보상보험법상 유족보상금과 장의비가 지급됩니다. 유족보상금은 평균임금의 1,300일분을 받을 수 있고, 장의비는 평균임금의 120일분을 받을 수 있습니다. 유족보상금과 장의비는 최고보상액과 최저보상액을 법으로 매년 고시하고 있는데, 2018년 최저(평균임금)액은 57,135원이므로 유족보상일시금 최저액은 74,275,500원(57,135×1,300일분)이고, 최고(평균임금)액은 205,686원이므로 최고보상액(일시금)은 267,391,800원(205,686원×1,300일분)입니다.

2018년 장의비 최저보상액은 10,763,580원이고, 최고보상액은 15,069,990원입니다.

다만, 유족보상금은 100%일시금으로 지급되지 않고 100%연금을 선택하든지, 50%연금/50%일시금을 선택하든지 둘 중 하나만을 선택하여 받을 수 있고, 이는 수령하기 전에 미리 선택하여야 합니다.

2012.12.18 이전에는 여성배우자만이 위와 같이 연금을 선택할 수 있었는데, 남녀평등에 반한다는 이유로 2012.12.18부터는 법이 개정되어 여성근로자가 업무상 재해로 사망한 경우에도 남성배우자가 연금을 수령할 수 있게 되었으며, 연금은 재혼을 하지 않는 이상 사망시까지 수령할 수 있습니다.

Q **[유족자녀의 유족연금 수령연령 25세 미만으로 연장]**
남편이 사망하여 유족연금을 받을 수 있게 되었는데, 애들이 20세, 22세인데도 연금을 수령할 수 있나요?

A **2018.12.13.부터는 유족자녀 연금수령이 25세 미만으로 확대됨에 따라 24세까지는 유족연금을 수령할 수 있게 되었습니다.**

유족자녀의 유족연금 수령은 2012.12.18 이전에는 만18세까지, 2018년 2018.12.13. 이전까지는 만19세 미만까지, 2018.12.13.부터는 25세 미만까지 수령할 수 있습니다.

회식·야유회 등 행사 중 사고

1. 사업주 주관·지시에 따른 행사 중 발생한 사고

야유회, 체육대회 등은 사업주의 주관·지시에 따른 행사이고, 동 행사에 참여하거나 준비 중에 발생한 사고를 총칭하는 것으로, 이런 사고로 인한 재해가 업무상 재해에 해당하는 하는지에 대하여는 면밀한 검토가 필요합니다.

2. 행사 중 재해에 대한 법적 근거

가. 산업재해보상보험법 제37조제1항제1호라목

사업주가 주관하거나 사업주의 지시에 따라 참여한 행사나 행사준비 중에 발생한 사고로 부상·질병 또는 장해가 발생하거나 사망하면 업무상 재해로 본다.

나. '사업주가 주관하거나 사업주의 지시에 따라'의 의미

'사업주가 주관하거나 사업주의 지시에 따라'의 의미는 행사비용의 전부 또는 일부를 회사에서 부담하고, 사업주의 직·간접적인 참여독촉에 의해 행사참여에 강제성을 띄며, 사업주가 직접 참석하거나 대리인이 참석한 경우를 의미합니다.

3. 행사 중에 발생한 재해가 업무상 재해가 되기 위한 구체적인 기준

야유회, 체육대회 등 행사 중에 발생한 재해가 업무상 재해가 되기 위해서는 "사업주의 지배관리"하에서 발생하였어야 하는데, '사업주의 지배관리성'은 비교적 폭넓게 인정될 여지가 있는 바, ① 회사측에서 적극 권장한 동호회(축구클럽)의 주말행사에 회사차량과 음료수 등을 지원한 경우, ② 노조주최의 족구대회 예선경기를 토요일 오후에 했더라도 사업주의 승인이 있었고, 족구대회 행사비용과 음료수 등을 일부 부담하였을 뿐만 아니라 결승전을 근무시간에 개최하기로 예정되어 있었던 경우 등은 사업주 지배관리성을 인정(판례)해주고 있습니다.

위와 같이 야유회, 체육대회 등 행사 중에 발생한 재해에 대하여는 산재신청을 하기 전에 전문가와 상의하는 등 면밀한 사전준비가 필요합니다.

Q [회식에서 만취 후 귀가 중 교통사고로 사망한 경우 산재여부]

직장상사 등과 팀 회식 중 만취한 팀장이 귀가하다가 도로에 누워있던 상태에서 차에 치어 교통사고로 사망한 경우 산재처리가 되나요?

A 회사의 전반적인 지배관·리하에 이뤄진 회식에서 과음이 원인이 되어 발생한 사고이므로 산재처리가 가능합니다.

① **사례의 쟁점 :** 부서명칭변경과 팀통합 등 조직을 개편하면서 회사 대표가 사기진작 차원에서 전무에게 직원들과 회식을 지시하였고, 직원들에게 술을 권하는 등 회식분위기를 주도했던 팀장은 만취상태로 새벽에 귀가하던 중 도로변에 누워있다가 차에 깔리는 사고로 사망한 사안으로, 통상적인 귀가경로를 벗어났고 새벽까지의 음주는 임의적 결정에 의한 것이었음에도 업무상 사고로 볼 수 있는지가 쟁점입니다.

② **업무상 사고로 볼 수 있는지 :** ❶ 조직개편시 원활한 인수인계와 지속적인 협력을 도모하고자 마련된 회식이었고 회식비는 회사가 부담한 점, ❷ 만취상태에 이른 것은 실무책임자로서 직원들에게 술을 권하는 등 회식분위기를 주도하면서 회

식의 취지를 살리기 위해서 술을 마시지 않을 수 없었던 과정에서 만취 상태에 이른 것인 점, ❸ 통상적인 귀가 경로를 이탈하여 도로변에 누워있었던 것은 만취 상태에서 귀가하던 중 방향감각을 잃고 헤매다가 사고에 이른 것으로 보이는 점 등을 감안하면 업무상 사고로 보는 것이 합당합니다.

Q [야유회에서 음주 중 익사한 경우 산재처리 여부]

'야유회'에 갔다가 사망한 경우에도 업무상 재해로 보나요?

제 남편이 다니던 회사는 중소기업체인데요, 봄과 가을에 부부동반으로 정기 야유회를 갑니다. 그런데 남편이 동료들과 술을 먹고 있는 것을 보았는데 어느 순간 보이지 않더라고요. 이상한 느낌이 들어서 사람들에게 얘기를 해서 찾았는데, 익사한 뒤였습니다. 이렇게 야유회를 가서 술을 먹고 사고가 난 경우에도 산재가 되는 건지 궁금해서요.

A **① 회사가 비용을 부담하고 참석이 강제되었다면 업무상 재해로 볼 수 있습니다.**

피재자의 회사에서는 근로자의 사기앙양과 협력업체와의 친목도모를 위하여 매년 봄과 가을에 정기적으로 야유회를 가고 있다고 하고 있고, 야유회는 사업주와 전직원이 모두 참여하였을 뿐만 아니라 야유회 행사는 매년 회사에서 빠짐없이 주관하고 있으며, 야유회 비용은 회사에서 전비용을 부담하고 있고, 야유회 참석여부는 비록 회사에서 명시적으로 참석을 강제하고 있지는 않고 있으나 묵시적으로 의무적으로 참석해야 하는 자리였다는 점 등을 감안하여 보면, 피재자가 야유회행사 중 음주를 하는 등의 행위가 있었다 하더라도 이는 행사의 성격으로 보아 사회통념상 용인될 수 있는 정도를 벗어났다고 할 수는 없습니다.

따라서 당해 야유회 행사의 전 과정은 사업주의 지배관리하에 있었다고 볼 수 있으므로, 피재자의 사망과 업무와 상당인과관계가 있다고 판단됩니다(산심위 97-2296, 1998.03.02.).

② 즉흥적으로 실시한 야유회는 사업주의 지배관리성이 없다고 봅니다.

원청회사의 체육대회로 인하여 토요일 오전 근무만을 하고 오후에 즉흥적으로 회사직원들이 야유회를 가서 음주 후 화투놀이를 하던 중에 소변을 보러 가다가 실족하여 재해를 입은 경우 피재자가 참가하였던 동 행사가 단체협약 또는 취업규칙, 노무관리상 필요에 의하여 실시한 것이 아니라 원청업체의 휴무에 따라 즉흥적 및 무계획적으로 실시케 되었으며 또한 피재자 등 소속 근로자들은 토요일 정상 작업을 끝내고 참가하였기에 동 행사의 참가에 강제성을 부여하였다고 볼 수 없는 바, 사업주의 지시에 따라 통상근무일과 같이 의무적으로 참가한 것이 아닐 뿐만 아니라 음주 및 사행성 오락까지 사업주 지배관리하에 있다고 볼 수 없으므로 피재자의 재해는 사업주의 지배관리하에서 발생한 재해로 볼 수 없습니다(산심위 93-352, 1993.05.24.).

Q 정기 체육대회를 위한 예선경기도중에 입은 재해는 업무상 재해인가요?

저는 단체협약에 의하여 노조창립일을 기념하기 위해 매년유급휴일로 실시되고 있는 노조주관 체육대회의 예선경기(축구)를 하던 도중에 재해를 입었습니다. 참고로 예선경기는 부서장의 허가를 득하고 실시하였고, 예선경기를 하는 시간은 정상근무로 간주하여 정상근무와 동일한 임금을 지급받았으며, 동 체육대회의 소요경비 일체는 회사측에서 지원하고 있습니다. 이런 경우에도 업무상 재해가 되는지 의견이 분분해서요. 저 같은 경우 산재로 인정될 수 있나요?

A ① 단체협약에 의하여 회사가 경비를 부담하는 체육대회중의 재해는 업무상 재해입니다.

단체협약상의 규정에 의하여 노동조합 창립일을 기념하기 위하여 노동조합 주관으로 체육대회를 실시하되 유급으로 처리하고 소요경비 일체를 회사가 부담하는 경우 지정된 장소에서 예선경기도중 사고가 발생한 경우라면 이는 사업주의 지배관리하에서 발생된 재해로 보아 업무상 재해로 인정될 수 있습니다(재보 01254-

371, 1991.01.11.).

② 야유회, 체육대회중의 재해가 업무상 재해로 인정받기 위한요건

근로자간의 친목도모와 화합을 목적으로 행하는 야유회, 체육대회 등 각종 행사중에 발생된 사고가 산재보험법에 의한 업무상 재해로 인정되기 위해서는 ㈎ 당해 행사가 사업주의 지시에 의하거나 사업장의 단체협약, 취업규칙 또는 사업주의 노무관리상 필요에 의해 행하여졌을 것, ㈏ 근로자가 자의적으로 참가여부를 결정하는 것이 아닌 정상근무일과 같이 의무적으로 참가하게 하고, 불참근로자에게는 결근조치를 하는 등 현실적 구속감을 갖게 할 것(재보 01254-15651, 1990.11.12.)이라는 요건을 충족하여야 합니다. 뿐만 아니라 행사의 소요비용을 사업주가 전액 부담하는 등 행사에 참석하는 것이 사업주의 지배관리하에 있었다고 볼 만한 정황이 인정되어야 할 것입니다.

출퇴근중·출장중의 사고

1. 출퇴근중·출장중 사고의 법적 근거

가. 출퇴근중 발생한 사고의 법적 근거

① 산재법 제5조제8호 "출퇴근"이란 취업과 관련하여 주거와 취업장소 사이의 이동 또는 한 취업장소에서 다른 취업장소로의 이동을 말한다. (2017.10.24 신설)

② 산재법 제37조제1항제3호 출퇴근 재해 (2017.10.24. 신설)

가목. 사업주가 제공한 교통수단이나 그에 준하는 교통수단을 이용하는 등 사업주의 지배관리하에서 출퇴근하는 중 발생한 사고

나목. 그 밖에 통상적인 경로와 방법으로 출퇴근하는 중 발생한 사고

③ 산재법 제37조제1항제3호나목의 사고 중에서 출퇴근 경로 일탈 또는 중단이 있는 경우에는 해당 일탈 또는 중단 중의 사고 및 그 후의 이동 중의 사고에 대하여는 출퇴근 재해로 보지 아니한다. 다만, 일탈 또는 중단이 일상생활에 필요한 행위로서 대통령령으로 정하는 사유가 있는 경우에는 출퇴근 재해로 본다. (2017.10.24 신설)

나. 출장중 발생한 사고의 법적 근거-산재법 제37조제1항제1호바목

기타 업무와 관련하여 발생한 사고로 부상·질병 또는 장해가 발생하거나 사망하면 업무상 재해로 본다.

2. 출퇴근 중 사고가 업무상 재해가 되기 위한 기준

가. 산재법 제37조제1항제3호가목의 요건

출퇴근 중 사고가 업무상 재해가 되기 위해서는 ① 사업주가 제공한 교통수단(통근버스, 회사영업차량 등)을 이용하던 중에 발생한 경우, ② 사업주가 제공했다고 볼 수 있는 교통수단을 이용하던 중에 발생한 경우여야 합니다.

나. 산재법 제37조제1항제3호나목의 요건

법 제37조제1항제3호나목(그 밖에 통상적인 경로와 방법으로 출퇴근하는 중 발생한 사고)의 통상의 출퇴근재해가 업무상 재해로 인정받기 위해서는 "통상적인 방법으로 통상적인 경로로 이동할 것을 요구하고 있습니다.

통상적인 경로란 주거와 취업 장소 사이 또는 취업 장소에서 다른 취업 장소로의 이동행위가 소요시간, 거리 등 제반 교통사정을 감안하여 통상 이용하는 것이 합리적인 경로를 말합니다.

3. 출장중 사고가 업무상 재해가 되기 위한 기준

출장중 사고는 크게 두가지로 구분되는데, 첫째, 출장지로 이동하던 중에 발생한 사고, 둘째, 출장지에서 발생한 사고로 나눠집니다.

출장지로 이동하던 중에 발생한 사고는 일반적으로 예상가능한 경로상에서 예측가능한 행동범위내에서 발생한 사고라면 업무상 재해로 인정될 가능성이 높은데, 출장 경로상에서 발생한 교통사고나 출장경로상의 화장실이나 식당 등에서 발생한 불가항력적으로 발생한 사고는 업무상 재해로 인정됩니다.

출장지에서 발생한 사고는 업무와 관련성이 없다는 객관적이고 명백한 정황이 없다면 업무상 재해로 인정될 가능성이 높습니다.

Q **[출퇴근 중 사고에 대한 산재규정 위헌판결(2016.9.29.)]**
도보, 자가용, 대중교통수단을 이용하여 출퇴근하다가 발생한 사고는 산재가 안되나요?

A **사업주의 지배관리하에 있는 교통수단을 이용한 사고에 대하여만 산재로 인정해주던 규정이 2016.9.29. 헌법불합치결정이 남에 따라 2018년부터는 도보, 자가용, 대중교통수단을 이용한 출퇴근중의 사고도 산재로 인정됩니다.**

① **관련규정** : 산업재해보상보험법 제37조제1항제1호 업무상의 사고 다목 사업주가 제공한 교통수단이나 그에 준하는 교통수단을 이용하는 등 사업주의 지배관리 하에서 출퇴근 중 발생한 사고로 부상, 질병 또는 장해가 발생하거 나 사망하면 업무상의 재해로 본다.

② **헌법재판소 판결** : 헌법재판소는 2016.9.29. '사업주가 제공한 교통수단을 이용하는 등 사업주의 지배관리 아래 출퇴근하다가 발생한 사고만 업무상 재해로 인정하는 산재보상보험법 제37조제1항제1호의 다목은 헌법에 위반된다'고 헌법불합치결정을 했습니다.

헌법불합치결정의 주요논거는 도보, 자가용, 대중교통수단을 이용해 출퇴근 하는 자와 사업주가 제공한 교통수단을 이용한 자는 산재보험가입근로자임에 동일한데, 정상적인 경로로 출퇴근 했음에도 단지 사업주의 지배관리 하에 있지 않다는 이유로 업무상 재해로 인정하지 않는 것은 헌법상 평등원칙에 위배된다는 것입니다.

③ **결론** : 따라서 산업재해보상보험법 제37조제1항제1호다목은 2017.12.31.까지만 유효하므로, 국회는 동 기간 내에 법개정을 해야 하고, 그렇게 되면 도보, 자가용, 대중교통수단을 이용한 출퇴근 중의 사고는 2017년까지는 산재로 인정되지 않지만 2018년부터는 산재로 인정되게 됩니다.

Q [통상적인 경로를 벗어나면 무조건 출퇴근 재해가 아닌지]

퇴근하면서 길건너에 있는 편의점에 물티슈를 사러가다가 교통사고를 당했다면 출퇴근 재해가 아닌가요?

A **경로일탈이 일상생활에 필요한 이유로 발생한 경우 출퇴근 재해를 적용하도록 규정하고 있습니다.**

① **사례의 쟁점** : 이 사안은 통상적인 경로를 벗어났더라도 일상생활에 필요한 이유가 있다면 출퇴근 재해로 인정해주는지에 관한 사항입니다.

② **일상생활에 필요한 이유에 대한 구체적인 내용** : 1.일용품의 구입이나 이에 준하는 행위, 2.학교 또는 직업교육훈련기관에서의 교육·훈련 수강, 3.공직선거법 제15조에 따른 선거권 행사, 4.미취학 아동 또는 장애인을 다른 사람 또는 기관에 위탁하는 행위(계속 반복적인 경우에 한함), 5.의료기관에서 진료받는 행위 또는 요양 중인 배우자,자녀,부모,손자녀,조부모,형제자매에 대한 간병행위(계속 반복적인 경우에 한함), 6.그 밖에 생리적 현상, 교통상황 등 불가피한 사유로 사회통념상 예견되는 행위를 말합니다.

③ **결론** : 퇴근의 통상적인 경로를 벗어났더라도 일상생활에 필요한 일용품을 구입하기 위해 벗어난 것이라면 출퇴근 재해로 인정받을 수 있을 것입니다.

Q [신호등이 없는 우회도로로의 출퇴근도 출퇴근 재해인지]

출퇴근을 하려면 시내를 통과해야 하는데 길이 너무 막혀서 신호등이 없는 우회도로를 이용하다가 교통사고가 발생했어요. 이런 경우에는 출퇴근 재해가 아닌가요?

A **합리적인 이유가 있는 우회도 통상적인 경로에 포함되어 출퇴근 재해로 인정받을 수 있습니다.**

① **사례의 쟁점** : 이 사안은 신호등이 없는 우회도로를 이용하는 것이 통상적인

경로를 벗어난 것이라고 봐야 하는지가 쟁점입니다.

② **서울행법 판례(2006구합7058, 2006.6.14.)** : '통상적 경로'는 소요시간, 거리 등 제반 교통사정을 감안하여 통상 이용하는 것이 합리적인 경로로서, 어느 정도 일관된 특정성을 가질 필요는 있으나 유일한 것을 의미하는 것은 아니고 사회통념상 대체성을 가지는 복수의 경로도 포함되며, 반드시 최단 코스를 의미하지는 않는다는 입장입니다.

③ **결론** : 통상적인 경로에 관하여 유일한 것이 아닌 복수의 합리적인 경로도 포함하고 반드시 최단코스만을 의미하지 않는다고 보아 합리적인 이유가 있는, 신호등이 없는 우회도로도 통상적인 경로에 포함된다고 볼 수 있으므로 출퇴근 재해에 해당한다고 판단됩니다.

Q 퇴근의 범위는?

출퇴근중에 사고가 발생한 경우 '사업주의 지배관리권'하에 있어야만 업무상 재해가 인정되는데, 이 때 퇴근의 범위는 어디까지로 봐야 하나요?

A 단독주택은 대문, 아파트는 현관문을 들어서는 순간까지를 퇴근으로 봅니다.

퇴근중의 재해로 인정되는 '퇴근'은 단독주택의 경우에는 그 주택의 문에 들어서는 순간, 그리고 아파트와 같은 집합 건물의 경우에는 자신의 아파트가 속해있는 건물의 문에 들어서는 순간 자신의 주거영역에 들어섬으로써 종료된다고 할 것입니다.

이에 비추어 보면 자신의 아파트가 속해 있는 집합건물의 문 안으로 들어온 다음 그 자신의 아파트로 가기 위하여 2층으로 가는 계단을 오르는 도중 갑자기 뒤로 넘어져 바닥에 머리를 부딪쳐 병원으로 후송되었으나 사망한 사건은 퇴근중에 발생한 공무상의 재해라고 할 수 없습니다(서울행법 2004구합12797, 2004.12.21.).

Q 통근버스에서 하차 후 보도에서 걷는 중 미끄러져 재해가 발생하였다면?

저희 회사는 통근버스가 운행되고 있는데, 야간근무 후 퇴근시 통근버스를 이용하여 지정 정류장에서 하차 후 자택까지 도보로 약15분 소요되는 거리를 같은 방향의 동료와 약 10분정도 걷다가 눈길에 미끄러지면서 넘어져 팔꿈치 골절로 6주간의 진단결과가 나왔습니다. 이런 경우에도 업무상 재해로 인정되나요?

A 2018.1.1.부터는 출퇴근 중 재해로 인정됩니다.

산업재해보상보험법시행규칙 제35조에 의해 출·퇴근중 발생한 재해에 대해서는 사업주가 출·퇴근용으로 제공한 교통수단의 이용중에 발생한 재해로써 사업주가 제공한 교통수단에 대한 관리이용권이 사상한 근로자에게 전담되어 있지 아니한 경우와 같이 사업주의 귀책사유가 있는 재해에 대해서만 업무상 재해로 인정하였으나, 2018년부터는 출퇴근 중에 발생한 재해라면 도보나 자전거, 대중교통수단, 자가용 등과는 상관없이 산재로 인정됩니다.

Q 출근하면서 아침8시 30분경 6살 아들을 어린이집에 데려다주고 회사방향으로 가던 중 본인의 과실로 교통사고가 발생하여 크게 다친 경우 산재처리가 되나요?

A 매일 6살 아들의 어린이집 등교를 위해 회사와는 반대 방향을 경유할 수 밖에 없는 사유를 입증하면 산재처리가 가능합니다.

출근하면서 아침8시 30분경 6살 아들을 어린이집에 데려다주고 회사방향으로 가던 중 본인의 과실로 교통사고가 발생하여 크게 다친 경우 산재처리가 되는지 쟁점이 되는 사건입니다. 이 사안의 경우 집에서 회사까지의 정상적인 출근경로를 벗어난 교통사고이므로 정상적인 출근경로를 벗어날 수 밖에 없었던 사유를 소명해야 합니다. 매일 6살 아들의 어린이집 등교를 위해 회사와는 반대 방향을 경유할 수 밖에 없는 사유를 아들의 어린이집 등록서류 등으로 입증하면 될 것입니다. 그리고 아들이 다니는 어린이집에서 회사까지의 정상적인 출근경로를 확인시켜주면 산재처리가 가능합니다. 동 사안과 같이 매일 반복적인 사유로 정상적인 출근경로를 벗어난 것이라면 이를 입증함으로써 산재승인을 받을 수 있습니다.

2018.1.1.부터는 도보, 자가용, 오토바이 등의 수단을 이용한 출퇴근 중의 사고에 대하여도 산재처리가 되고, 출퇴근 재해로 인하여 산재가 처리가 되어도 사업장의 산재보험료 할증은 되지 않는다는 점도 알아 두어야 할 것입니다.

Q 회사에서 연장근무를 한 후 인근 5분 거리의 식당에서 저녁식사를 한 후 집으로 출발하면서 교통사고가 발생하여 다친 경우 산재처리가 되나요?

A 저녁식사가 연장근무에 수반되는 과정의 일부라고 볼 수 있다면 산재처리가 가능합니다.

회사에서 연장근무를 한 후 인근 5분거리의 식당에서 저녁식사를 하고 식당에서 집으로 출발하면서 교통사고가 발생하여 다친 사건으로, 동 사건은 회사에서 퇴근을 한 것이 아니라 인근 식당에서 집으로 가다가 교통사고가 발생한 것이므로, 퇴근의 출발지가 상이한 경우로 식당에서 출발할 수 밖에 없었던 사유를 입증하여야 합니다.

이 경우 연장근무 이후 식사의 성격을 자세히 검토해 볼 필요가 있는데, 팀원들이 저녁식사를 함께 한 것이고, 저녁을 먹게 된 것도 식사를 하면서 업무와 관련된 상의를 하기 위함이었던 것이며, 식사비용 또한 회사공금이나 법인카드로 결재했다면 저녁식사 또한 연장근무에 수반되는 과정의 일부라고 볼 수 있으므로, 식당에서 출발했다고 하더라고 당연히 산재처리가 될 것입니다.

Q **퇴근하려는데 기름이 부족하여 집과는 반대쪽에 있는 주유소를 이용하여 주유를 하고 집 쪽으로 가던 중 사고를 당해 다친 경우에도 산재처리가 되나요?**

A **출퇴근을 계속 하기 위한 필요성 또는 합리성을 가지는 통상 수반되는 행위라면 산재처리가 가능합니다.**

퇴근을 하려고 차를 탔는데 기름이 부족하여 집과는 반대쪽에 있는 주유소를 이용하여 주유를 하고 집 쪽으로 가던 중 사고를 당해 다친 사고로, 퇴근 후에 회사와 집의 정상적인 출퇴근경로를 이탈한 중에 발생한 재해입니다.

이 사건의 경우 주유소에서 휘발유를 주유한 카드영수증이 있고, 재해자는 평소 같은 주유소를 이용한 것이 예전 카드영수증에 의해 확인되며, 주유소에서 집으로 가는 정상적인 경로가 확인된다면 산재로 처리될 수 있습니다. 정상적인 출장경로를 이탈한 재해의 경우에는 산재로 승인되지 않으므로, 정상적인 출장경로를 이탈한 이유가 출퇴근을 계속 하기 위한 필요성 또는 합리성을 가지는 통상 수반되는 행위라는 것을 입증하여야 합니다. 따라서 평소 카드사용을 생활화할 필요가 있고, 기타 증빙자료를 채집하는 것을 일상화할 필요가 있습니다.

Q **퇴근하던 중 집근처 대형마트에서 생활필수품을 구입한 후 귀가하던 중 발생한 교통사고로 목과 머리부분을 다친 경우 산재처리가 되나요?**

A **일상에 필요한 행위로 출퇴근 경로를 일탈한 경우에는 예외적으로 산재로 인정하고 있습니다.**

퇴근하던 중 집근처 대형마트에서 생활필수품을 구입한 후 귀가하던 중 발생한 교통사고로 목과 머리부분을 다친 경우입니다. 통상의 출퇴근 경로를 일탈한 경우 산재가 불승인되는 것이 원칙이지만 일상에 필요한 행위로 경로를 일탈한 경우에는 예외적으로 산재로 인정하고 있습니다. 따라서 생필품을 구입하기 위해 대형마트에 들려 장을 본 후 귀가하다가 교통사고가 발생한 것이라면 산재로 승인받을 수 있습니다. 동 사건의 경우에는 대형마트에서 생필품을 구입한 영수증을 첨부하여 일상에 필요한 행위로 인한 일탈이었음을 입증함으로써 산재승인을 받았습니다. 고용노동부와 근로복지공단 통계에 의하면, 2018. 2월말 기준 출퇴근재해 신청건수는 1천여건이 넘었고 이 중에서 자동차사고가 32%, 기타 도보 등의 사고가 68%라고 합니다.

Q 휴무일 출퇴근중의 재해는 업무상 재해 아닌가요?

휴무일의 출·퇴근은 평상시 출·퇴근과는 달리 사업주 또는 상급자의 출·퇴근 지시에 의하여 이루어진다는 점을 감안하면 업무상 재해라고 볼 수 있다고 생각되는데, 제 생각이 틀린 것인가요?

A 2018년부터 출퇴근 재해가 산재로 인정되면서 휴일이라도 출퇴근 중이었다는 것을 입증하면 산재로 인정될 수 있습니다.

휴일에 사업주나 직장상사의 지시에 따라 출근을 명받고 출근하다가 교통사고가 발생한 경우 출근 중이었다는 사실이 객관적인 사실들에 의해 입증된다면 산재로 인정될 수 있습니다.

Q 회사에서 교통비를 지원했다면 자가용 출퇴근중의 재해라도 업무상 재해 아닌가요?

저희 회사는 자가용으로 출퇴근을 하는 직원들에게는 일정액의 교통비를 지급하고 있습니다. 출퇴근 중에 사고가 발생하여 재해를 입었다면 업무상 재해로 보아 산재처리를 해줘야 하는 것 아닌가요?

A 2018년 이전에는 교통비를 지원했다 해도 사업주의 지배관리성을 인정할 수 없어 산재로 인정되지 않았지만, 2018년부터는 산재로 인정됩니다.

대법원판례 및 행정해석은 회사의 통근차량이 없고 대신 회사에서 일정액의 교통비를 지원하는 경우, 회사의 통근차량은 있지만 자가용운전자에게는 일정액의 교통비를 지급하는 경우 등은 자가운전 한 피재자의 통근과정이 사업주의 지배하에 있다고 보기 어려우므로 피재자가 사업주의 지배관리권역에 있다고 볼 수 없다는 입장이었으나, 2018년부터는 도보, 자건거, 전철, 버스, 자가용 등 모든 출퇴근 재해가 인정되므로 자가용으로 출퇴근 중 발생한 재해는 산재로 인정됩니다.

Q '해외출장'과 '해외파견'의 산재보험 적용여부는?

똑같이 해외에서 일을 하는 경우에도 '출장'이나 '파견'이냐에 따라 산재보험이 적용되기도 하고 안되기도 한다고 TV에 나오더라고요. 해외파견근로자는 산재가 적용될 수 없는 것인지요?

A 해외출장은 산재보험이 적용되고, 해외파견은 산재가 적용되지 않습니다.

① **사례의 쟁점** : 이 사안은 해외출장과 해외파견의 산재적용여부에 대한 것으로, 해외출장의 경우에는 산재보험이 적용된다는 것에 이견이 없으므로 해외파견의 경우 산재보험이 적용되는 경우가 있는지에 대하여 검토해 보기로 합니다.

② **원칙** : 산재보험 사업은 고용노동부장관이 관장하고 있고, 산재보험법에 규정된 일정한 요건에 해당하면 사업주가 당연히 보험에 가입되고 보험료가 일률적으로 정해지며 강세적인 방법으로 보험료를 징수할 수 있는 공공보험이라는 점과 산재보험법 제121조에서 국외의 사업에 대한 특례를 정하고 있고 동법 제122조에서 해외파견자에 대해서는 근로복지공단에 보험가입신청을 해 승인을 얻은 경우에 비로소 위 법을 적용하도록 한 취지에 비추어 보면, 산재보험법 제6조에서 말하는 사업은 특별한 사정이 없는 한 국내에서 행해지는 것만을 의미한다고 보아야 합니다.

③ **예외** : 다만, 국내에서 행해지는 사업의 사업주와의 사이에 산업재해보상보험관계가 성립한 근로자가 국외에 '파견'되어 근무하게 된 경우에 그 근무의 실태를 종합적으로 검토해 보았을 때 단순히 근로의 장소가 국외에 있는 것일뿐 실질적으로는 국내의 사업에 소속해 당해 사업의 사용자의 지휘에 따라 근무하는 것, 이른바 해외출장에 해당하는 것이라면, 이러한 경우에는 국내 사업의 사업주와의 사이에 성립한 산업재해보상보험관계가 여전히 유지된다고 보아야 하므로 산재보험법의 적용을 받는다고 보아야 합니다(서울행법 2014구단1287).

④ **결론** : 근무장소가 해외더라도 근로자가 국내사업장에 소속되어 국내사업장 사용자의 직접적인 지배아래 있다면 해외출장으로 보아 국내사업장에 흡수적용되므로 산재보험이 적용되지만, 해외사업장에 소속되어 해외사업장 사용자의 직접적 지휘·감독을 받으면서 근무하는 경우에는 해외파견으로 보아 산재보험의 적용이 배제됩니다.

하지만 다음의 3가지 기준, ㈎ 해외사무소로 설치인증을 받은 사업장일 것, ㈏ 임금을 국내 본사에서 지급하고 임금대장을 국내본사에서 관리할 것, ㈐ 해외에서 근무하는 근로자에 대한 인사관리를 국내 본사에서 행할 것의 요건을 충족시키는 경우에는 해외파견의 경우에도 국내사업장의 일부로 보아 본사에 흡수적용하여 산재보험이 적용됩니다.

Q 출장 중 투숙호텔의 화재로 사망한 경우 업무상 재해인가요?

출장중에 투숙하고 있던 호텔에 화재가 발생하여 사망한 경우 당연히 업무상 재해 아닌가요?

A 사업주의 출장명령, 출장경로의 이탈여부 등을 검토하여 결정하여야 합니다.

출장중이었다고 하여 당연히 업무상 재해가 인정되는 것은 아닙니다. 먼저 출장은 사업주의 지시나 명령에 의한 것이어야 합니다. 사업주의 출장명령을 받고 출장을 간 경우에는 출장중인 자는 그 용무나 수행방법의 범위에 관하여 출장자가 사업주에 대하여 포괄적인 권한과 책임을 지고 있으므로 사업주와 고용종속관계에 있는 것으로 볼 수 있지만, 임의적으로 출장을 간 경우에는 고용종속관계를 인정할 수 없습니다.

통상적인 출장경로 및 장소를 이탈하지 아니하여야 합니다. 사업주나 직장상사가 지정하였거나 그 출장장소에 가면 관례적으로 이용하는 숙박시설이 있음에도 이를 회피함으로써 재해가 발생하였다면 업무상 재해성을 인정할 수 없을 것입니다.

피재근로자의 사적행위나 자의행위에 의하여 발생한 것이 아니여야 합니다. 출장중의 재해가 사적행위에 의하여 발생한 것이라면 이는 업무상 재해로 보기는 어렵습니다. 이와 같이 종합적인 검토를 하여 업무상 재해여부를 판단해야 합니다. 따라서 위의 사례도 이러한 요건들에 맞는다면 업무상 재해로 인정될 것입니다.

이와 유사한 사례로, 출장중에 여관에서 연탄가스중독으로 사망한 경우 업무상 재해로 본 사례가 있습니다(보상 1458.7-12819, 1983.05.19.).

Q 사업주의 지시없이 임의로 간 출장 중 재해를 입은 경우도 업무상 재해인가요?

제가 아는 분이 사업주의 지시에 의하여 A사업장에 출장을 갔다가 돌아오는 도중에 그냥 B사업장에 들렀다고 합니다. 그런데 B사업장에서 나오다가 사고가 나서 크게 다쳤어요. 그런데 회사에서는 이런 경우에는 업무상 재해가 아니라고 합니다. 정말 업무상 재해가 아닌가요?

A 근로자 임의로 출장을 간 것이라면 업무상 재해가 아닙니다.

근로자가 사업주의 명백한 지시에 의하여 업무수행중이나 순로를 벗어나지 않은 출장중에 재해를 입은 경우에는 명백한 업무상 재해로 인정하여야할 것이지만, 임의적인 출장이었다면 업무상 재해로 인정할 수 없을 것입니다(보상 1458.7-4960, 1983.02.25.).

Q 사적인 목적으로 출장순로를 이탈한 경우 업무상 재해가 아닌가요?

출장용무를 마치고 사적으로 온천에 들렸다가 귀사하는 도중에 재해가 발생한 경우 이런 경우도 업무상 재해로 인정해줘야 하는 건가요?

A 사적으로 출장순로를 이탈하였다면 업무상 재해가 아닙니다.

특정한 업무를 달성하기 위하여 임시나 일시적으로 근무장소를 떠나는 행위를 일반적으로 출장이라 말하는데, 출장중에는 출장목적을 위한 그 수행방법 등에 관하여 포괄적으로 사용자에 대하여 책임을 지고 있는 만큼 특별한 사정이 없는 한 통상적인 순로 및 방법을 취하여 출장용무를 수행하는 도중에 일어난 재해(교통사고)는 업무상 재해로 인정됩니다.

하지만 출장 중이거나 출장용무를 마치고 귀사하는 도중에 사적인 목적으로 그 순로 및 방법을 이탈하여 재해가 발생한 경우에는 업무상 재해로 볼 수 없을 것입니다.

심화학습 '출퇴근중 재해'에 관한 판례 동향

2018년 이전까지 근로복지공단이나 법원은 출퇴근중의 재해에 대하여 특별한 사유가 있는 경우를 제외하고 업무상 재해로 인정하지 않았지만, 2016.9.29. 헌법불합치 결정에 의해 산재법이 개정되면서 출퇴근 재해는 전면적으로 산업재해로 인정받게 되었습니다.

① 서울행정법원의 판결

서울행정법원은 헌법불합치 결정이 있기 전부터 승용차에 의한 출퇴근 재해에 대하여 업무상 재해를 인정해야 한다는 판결을 해왔습니다.

판례의 요지는 근로자의 승용차는 적어도 출퇴근시에는 사업주에 의하여 근로자들의 출퇴근에 제공된 차량에 준하는 교통수단으로서, 출퇴근시 승용차에 대한 사용관리권은 근로자에게 전속된 것이 아니라 사업주인 회사에 속해 있었으므로, 근로자의 출퇴근이 사업주의 지배관리하에 있었다고 볼 수 있어 출근과정에서 발생한 사고로 인해 근로자가 입은 부상은 업무상 재해에 해당한다라는 것입니다.

사용자가 제공한 교통수단을 이용한 근로자의 교통사고는 업무상 재해로 인정하는데 반해 불안전하고 불편한 대중교통이나 도보로 통근하는 근로자의 교통사고는 업무상 재해로 인정하지 않는 것은 불합리하다라고 하면서 근로자의 생존권을 보장하기 위한 사회보장적 성격의 관점에서도 일정한 범위의 출퇴근 재해를 업무상 재해의 하나로 보호할 필요가 있는 바, 입법이 선행되지 않더라도 통근행위의 업무관련성과 법의 형평성 등을 고려할 때 통근재해가 업무상 재해에 해당한다는 해석이 가능하다라고 했습니다(2006구합7966).

② 헌법재판소의 판결

헌법재판소는 2016.9.29. '사업주가 제공한 교통수단을 이용하는 등 사업주의 지배관리 아래 출퇴근하다가 발생한 사고만 업무상 재해로 인정하는 산재보상보험법 제37조제1항제1호다목은 헌법에 위반된다'고 헌법불합치결정을 했습니다. 따라서 2018년부터는 도보, 자가용, 대중교통수단을 이용한 출퇴근 중의 사고도 산재로 인정되게 되었습니다.

산재와 관련된 법률문제

산재사고가 발생하면 제일 먼저 민법상 규정들과의 충돌, 보완문제가 발생하는데, 휴업급여와 민법 제538조와의 문제, 민법 제750조의 불법행위 문제, 업무수행 중 음주운전행위가 범죄행위에 해당하는지 여부, 사실혼관계에 있는 자도 유족보상청구를 할 자격이 있는지 등 다양한 문제들이 발생합니다. 다음에서 위 문제들에 대한 상세한 검토를 해보도록 하겠습니다.

Q **[산재법상 휴업급여와 민법 제538조제1항과의 관계]**
산재로 휴업급여(70%)를 수령한 후 사용자에게 나머지 30%(평균임금의 30%)를 청구할 수 있나요?

A **산재법상 휴업급여는 법정 보상금의 성격이 짙고, 산재의 발생이 사용자의 책임있는 사유에 의해 발생했다고 볼 여지도 적을 뿐만 아니라 산재에 대한 근로자의 과실율을 적용한다면 민법에 의한 평균임금 30%의 청구는 큰 의미가 없어 보입니다.**

① 사례의 쟁점 : 이 사안은 산재로 인하여 휴업급여를 받은 기간 동안 기수령한

휴업급여(70%)를 초과하는 평균임금의 30%에 대하여 민법 제538조제1항을 근거로 지급청구를 할 수 있는지가 쟁점입니다.

② **휴업급여의 제도적 취지** : 산재법 제52조에 규정된 휴업급여는 업무상 부상 또는 질병으로 요양하느라고 근로를 제공할 수 없었기 때문에 임금을 지급받지 못하게 된 근로자에 대하여 당해 근로자 본인이나 사용자측에 과실이 있는지 여부 및 상병 또는 그로 인한 가동능력 상실의 정도에 관계없이 일률적으로 평균임금의 70% 상당액을 지급함으로써 생계에 대한 걱정 없이 치료에 전념할 수 있도록 하고자 마련된 제도입니다(창원지법 2001구1441).

③ **휴업보상·휴업급여의 법적 근거 및 법적 성격**

ⓐ **휴업보상·휴업급여의 법적 근거** : 근로기준법 제79조제2항은 휴업보상을 받을 자가 임금의 일부를 지급받은 경우에는 평균임금에서 그 지급받은 금액을 뺀 금액의 100분의 60의 휴업보상을 하여야 한다고 규정하고 있고, 산재법 제52조는 취업하지 못한 기간에 대하여 평균임금의 100분의 70에 상당하는 금액을 휴업급여로 지급하도록 규정하고 있으며, 산재법 제53조제1항 근로자가 요양기간 중 일정기간 또는 단시간 취업을 하는 경우 평균임금에서 취업한 날 또는 취업한 시간에 대한 임금을 뺀 금액의 100분의 90에 상당하는 금액을 지급할 수 있다고 규정하고 있습니다.

ⓑ **휴업보상·휴업급여의 법적 성격** : 산재법상 휴업급여는 산재로 인하여 근로의 이행을 할 수 없는 상태(채무이행불능)에 있는 근로자의 최소한의 생계보장을 위한 법정 보상금의 성격이 짙다고 볼 수 있습니다.

ⓒ **소결** : 휴업급여를 산업재해로 인하여 근로를 제공할 수 없는 근로자에 한하여 지급하는 법정 보상금의 성격을 가진 금품으로 본다면, 근로의 대가로 지급하는 임금과는 그 성격상 차이가 있다고 보아야 하고, 그렇다면 산재로 인한 일실수입, 위자료 등의 손해배상을 청구할 수 있는 것과는 별론으로 휴업급여를 초과하는 임금을 청구하는 것은 어렵다고 사료됩니다.

④ **민법에 따라 '휴업급여를 초과하는 임금'을 청구할 수 있는지 여부**

ⓐ **문제의 제기** : 산재법 제80조제1항은 이 법에 따른 보험급여(휴업급여)의 한도 안에서 민법이나 그 밖의 법령에 따른 손해배상의 책임이 면제된다고 규정하

고 있으므로, 휴업급여(평균임금의 70%) 이외의 금액(평균임금의 30%)에 대한 면제규정은 없는 것이고, 그렇다면 산재법 등에 관련 규정이 없으므로 민법에 따라 휴업급여를 초과하는 금액(평균임금의 30%)에 대하여 지급을 청구할 수 있는지에 대한 검토가 필요해 보입니다.

ⓑ 과실책임의 원칙 적용 : 산재법은 무과실책임이므로 근로자 또는 사용자의 과실여부와 관계없이 산재보상을 하고 있지만 민법은 과실책임의 원칙에 따르므로 근로자 또는 사용자의 과실여부가 중요한 판단기준이 될 수 밖에 없습니다. 민법 제538조제1항도 '채권자의 책임있는 사유로 이행할 수 없게 된 때'라고 규정하여 채권자(사용자)의 과실이 있는 경우에만 이행(임금지급)을 청구 할 수 있다고 규정하고 있습니다.

ⓒ 민법 제538조제1항의 '채권자의 책임있는 사유'의 의미 : 민법 제538조제1항은 쌍무계약의 위험부담에 관한 채무자주의 원칙의 예외로서 "쌍무계약의 당사자 일방의 채무가 채권자의 책임 있는 사유로 이행할 수 없게 된 때에는 채무자는 상대방의 이행을 청구할 수 있다"고 규정하고 있고, 여기에서 '채권자의 책임 있는 사유'란 채권자의 어떤 작위나 부작위가 채무자의 이행의 실현을 방해하고 그 작위나 부작위는 채권자가 이를 피할 수 있었다는 점에서 신의칙상 비난받을 수 있는 경우를 의미합니다(대법 2013다94701, 대법 2002다59610, 대법 2001다79013).

ⓓ 산재의 발생이 채권자(사용자)의 책임있는 사유에 해당하는지 여부 : 근로자가 근로(채무이행)를 제공할 수 없게 된 것은 산재의 발생으로 인한 것이므로, 산재가 채권자의 책임있는 사유에 해당하는지를 검토해야 할 것인데, 산재의 발생이 채권자의 어떤 작위나 부작위가 채무자의 이행의 실현을 방해하고 그 작위나 부작위는 채권자가 이를 피할 수 있었다는 점에서 신의칙상 비난받을 수 있는 경우에 해당한다고 보기에는 무리가 있습니다. 따라서 휴업급여를 초과하는 금액(평균임금의 30%)에 대한 지급청구를 위한 법적 근거로 민법 제538조제1항을 적용하는 것 자체가 적절치 않다고 판단할 여지도 있습니다.

⑤ 민법 제538조제1항을 적용할 경우 : 민법 제538조제1항을 근거로 휴업급여를 초과하는 금액(평균임금의 30%)에 대하여 지급을 청구하더라도 산재발생에 있어 근로자의 과실율을 산정하여 과실상계절차를 거쳐야 합니다. 산재법이 무과실책임

을 원칙으로 하고 있지만 근로자의 고의 또는 중대한 과실의 경우에는 산재로 인정하지 않고 있는 점을 감안하면, 산재로 승인되어 휴업급여를 받은 경우에도 일정부분 근로자의 과실이 있음을 전제하고 있는 것이므로, 민법상 과실상계를 적용하면 휴업급여를 초과하는 금액(평균임금의 30%)에 대한 지급청구는 큰 실익이 없어 청구 자체가 무의미해질 수도 있습니다.

⑥ **결론** : 산재법상 휴업급여는 근로자 또는 사용자의 과실이 있는지 여부 및 상병 또는 그로 인한 가동능력 상실의 정도에 관계없이 산재로 인하여 근로를 제공할 수 없는 상태에 있는 근로자에게 일률적으로 평균임금의 70% 상당액을 보상하는 제도로 본질적으로 근로의 대가로 지급하는 임금과는 구별되고, 설혹 민법 제538조제1항을 근거로 평균임금 차액(30%)을 청구하더라도 산재의 발생에도 근로자의 일정 부분 과실이 전제되므로, 근로자의 과실율을 적용하여 과실상계하면 큰 실익은 없을 가능성이 높다고 판단됩니다.

Q 만취 후 업무 때문에 운전을 하다가 교통사고로 사망한 경우에도 업무상 재해인가요?

제 아들은 광고기획부 직원으로 영업, 광고수주, 수금 등 전반적인 일을 한 것으로 압니다. 영업부 직원들은 매월 수금실적에 따라 일정액의 인센티브를 받는다고 합니다. 그래서 매월 말일쯤에는 수금문제 때문에 바쁘게 움직입니다. 그런데 1월 말에는 회사회식이 있어서 참석을 했다가 직장상사들의 권유에 의하여 술을 좀 많이 마셨는데, 점심때 수금하러 간 학원에서 밤 12시정도에 학원이 끝나니 그 때쯤에 오면 돈을 주겠다는 말 때문에 음주상태에서 운전을 하고 업체에 가다가 눈길에 미끄러져 다리 밑으로 추락하여 사망하였습니다. 이렇게 음주만취상태에서 운전을 한 경우에노 업무상 재해성이 인정되나요?

A 종전에는 음주상태로 운전을 했더라도 업무 때문이었다면 업무상 재해로 인정했지만, 최근에는 혈중알콜농도가 0.05%이상이면 업무수행중이었더라도 업무상 재해를 부정합니다.

음주운전을 하였다고 하더라도 바로 업무수행성이 부정되는 것으로 볼 수 없다는 것이 판례의 입장입니다(대법 2000두5562, 2003두10376).

망인과 같은 광고기획부직원들은 자신의 자가용으로 근무시간의 특정 없이 영업, 광고수주, 수금 등의 일을 해오던 업무관행, 사고당시 수금을 위해 당해 학원의 업무마감시간에 맞춰 해당 업체에의 방문을 목적으로 자동차를 운행한 점, 일반적으로 교통사고는 광고기획부직원들이 업무를 수행하기 위하여 자동차를 운전하는 과정에서 통상 수반되는 위험 범위내에 있는 점, 망인의 사고는 결빙된 도로에서 차량이 미끄러지는 바람에 발생한 것으로서 당해 교통사고는 오직 주취상태의 운전에만 기인한 것이라고 단정할 수없는 점 등에 비추어 보면, 당해 교통사고가 망인의 음주운전이라는 중대한 과실로 인하여 발생하였다고 하더라도 망인의 사망과 업무와의 사이에 상당인과관계를 부정할 수 없을 것입니다.

그리고 산업재해보상보험법시행규칙 제32조제3호는 근로자의 고의·자해행위나 범죄행위 또는 그것이 원인이 되어 발생한 사상의 경우에는 업무상 재해로 보지 아니한다라고 규정하고 있으나, 당해 교통사고가 통상적인 운전업무의 위험성과는 별개로 오로지 망인의 음주운전이라는 범죄행위가 원인이 되어 발생한 것이라고 볼 만한 뚜렷한 자료가 없는 이상, 망인의 음주운전행위는 망인의 사망과 업무간의 상당인과관계를 배제할 수 없을 것입니다(서울행법 2005구합14721).

이 판례에서 주목해야 할 점은 교통사고가 발생한 원인이 오로지 음주운전 때문에 발생한 것인지에 있습니다. 음주운전을 했더라도 오로지 음주운전에 의해 교통사고가 발생한 것이 아니고 빙판길이나 안개 등 음주를 하지 않은 일반인이 운전을 했더라도 교통사고의 위험성은 통상 존재한다면 단지 음주운전을 했다는 이유로 업무상 재해를 부정할 수는 없다는 것입니다.

하지만 산업재해보상보험법시행규칙 제32조제3호(근로자의 고의·자해행위나 범죄행위 또는 그것이 원인이 되어 발생한 사상의 경우에는 업무상 재해로 보지 아니한다) 규정에 의해 음주운전(0.05)은 범죄행위에 해당하기 때문에 혈중알콜농도가 운전면허 정지처분을 받을 수치에 해당한다면 업무수행 중이었더라도 업무상 재해로 인정할 수 없다는 엄격한 해석을 하는 견해도 있으며, 점차 이처럼 엄격한 법적용을 해야 한다는 견해가 설득력을 얻고 있고, 법원의 입장도 이를 적극 수용하고 있어 최근 판례는 혈중알콜농도가 0.05% 이상인 경우 업무수행이었더라도 업무상 재해를 부정하고 있습니다.

Q '일용직'이라도 산재보험이 적용되나요?

저는 평소 알고 지내는 분이 운영하는 'OO건설'에서 건설보수공사 같은 작은 공사를 할 때 연락을 하면 일용직으로 나가서 일을 하는데, 공사를 할 때에만 일을 하고 나머지 날에는 대부분 쉽니다. 그런데 일을 하다가 계단에서 떨어져서 많이 다쳤습니다. 그래서 근로복지공단에 요양신청을 했더니 'OO건설'은 산재의무가입 대상이 아니라고 하면서 산재처리가 안된다고 하네요. 이게 무슨 말인가요? 1인 이상의 사업장에서 일하는 근로자는 사업주의 산재 가입여부와는 상관없이 산재처리가 된다고 들었는데요. 제가 잘못 알고 있는 건가요?

A 건설·전기면허가 없는 자의 2,000만 원 이하의 공사는 산재가 적용되지 않았으나, 2018.7.1.부터는 산재가 적용됩니다.

산재보험은 직업의 종류를 불문하고 사업 또는 사업장에 임금을 목적으로 근로를 제공하는 근로기준법상의 근로자에게 적용되는 바, 일용근로자나 시간제근로자 등도 업무상 재해의 경우에는 산업재해보상보험법에 따라 보호받습니다. 2018.7.1. 이전까지는 공사금액 2,000만원 미만의 소규모 공사와 100m^2 미만의 건축, 200m^2 미만의 대수선 공사는 산재적용이 되지 않았지만, 이 규정을 삭제함에 따라 2018.7.1.부터는 산재적용이 가능해졌음을 알아둬야 합니다.

Q 업무상 재해로 요양 중인 근로자도 상여금을 받을 수 있는지요?

저는 회사에서 일을 하다가 다리를 다쳐서 병원에 입원해 있습니다. 그런데 이번 달이 저희 상여금이 나오는 달입니다. 저같이 병원에 입원해 있는 근로자도 상여금을 받을 수 있는지요?

A **휴업급여를 받고 있다면 별도의 상여금을 받을 수 없습니다.**

① **사례의 쟁점** : 이 사안은 산재로 요양중인 근로자가 휴업급여를 받으면서 회사측에 상여금을 청구할 수 있는지, 그리고 요양 중인 다른 근로자에게 상여금을 지급한 사례가 있다면 '노사관행'을 이유로 청구할 수 있는지가 쟁점입니다.

② **평균임금의 산정방식과 산재법 제52조 규정** : 산재법 제52조는 휴업급여는 평균임금의 100분의 70에 상당하는 금액으로 한다고 규정하고 있고, 이에 따라 평균임금을 산정하기 위해서는 사유발생일로부터 3개월간의 임금과 상여금 등을 합산하여 그 일수로 나누므로, 평균임금 속에는 이미 상여금이 포함되어 산정된 것입니다.

③ **상여금의 이중지급 문제** : 업무상 부상이나 질병으로 인한 요양기간 중 산업재해보상보험법에 의한 휴업급여를 지급 받고 있는 경우라면, 동 급여는 평균임금을 기준으로 지급되는 것으로서 상여금은 평균임금에 이미 포함되어 있기 때문에 단체협약이나 취업규칙 등에 특별히 정함이 없다면 추가로 상여금을 지급하는 것은 결국 상여금을 이중으로 지급하는 결과가 됩니다. 하지만 단체협약이나 취업규칙 등에 업무상 부상이나 질병으로 인한 요양기간 중에도 상여금을 지급하기로 하는 특별한 규정이 있다면 상여금을 지급하는 것은 무방합니다.

④ **요양 중인 다른 근로자에게 상여금을 지급한 사례가 있다면 '노사관행'을 이유로 청구할 수 있는지** : 산업재해보상보험법에 의한 휴업급여 등을 지급받고 있는 근로자에게는 처음부터 사용자의 상여금 지급의무가 존재하지 아니한다고 할 것이므로, 설사 이를 지급하였다고 하여 근로자와 사용자 사이의 규범의식이 있는 노사관행이 성립되었다고 볼 수 없습니다(임금 68207-201, 2003.03.21.).

Q **요양종결 처분 후 후유증상의 진료기간을 근기법 제23조제2항의 '업무상 부상 또는 질병의 요양을 위한 휴업기간'으로 보아 정당한 사유가 있더라도 해고할 수 없나요?**

저는 예전에 업무상 재해로 요양을 받았는데, 최근에 후유증상이 있어서 진료를 받고 있습니다. 그런데 회사는 툭하면 아프다고 조퇴하고 병가를 낸다고 하면서 해고를 하겠다고 합니다. 제가 알기에는 요양기간에는 해고를 할 수 없도록 근로기준법에 규정하고 있는데, 저의 경우에도 해고할 수 없는 것 아닌가요?

A **'후유증상의 진료조치기간'은 해고금지기간에 포함되지 않습니다.**

① **사례의 쟁점** : 이 사안은 산재로 요양종결 후 부여되는 '후유증상 진료조치기간'을 절대적 해고금지기간으로 볼 수 있는지가 쟁점입니다.

② **법적 근거** : 근로기준법 제23조제2항에 '사용자는 근로자가 업무상 부상 또는 질병의 요양을 위하여 휴업한 기간과 그 후 30일간은 해고하지 못한다'고 규정하고 있으므로 요양 중인 근로자를 해고할 수 없습니다.

③ **'후유증상 진료조치기간'도 요양기간과 그 후 30일에 포함되는지** : 위에서 언급했듯이 업무상 재해로 요양이 종결되고 후유증상의 진료조치를 받은 기간도 근로기준법 제23조제2항의 기간에 포함되는지가 문제되는데, 산업재해보상보험법 제42조2(후유증상의 진료)에 '동법 제40조2의 재요양 요건에는 해당하지 아니하나 당해 업무상의 부상 또는 질병의 특성상 치유된 후에 후유 증상이 발생되었거나 발생될 우려가 있는 자에 대해 의료기관에서 필요한 조치를 받도록 할 수 있다'고 규정하는 바, 동조 규정은 이미 업무상 부상 또는 질병이 치유되어 요양 종결한 자를 대상으로 하고 있으므로 동법 동조에 의해 근로자가 근로복지공단으로부터 승인받은 기간(후유증상 진료조치기간)은 근로기준법 제23조제2항의 '업무상 부상 또는 질병의 요양을 위하여 휴업한 기간과 그 후 30일'으로 보기는 어렵습니다.

④ **'후유증상 진료조치기간'중에 해고할 수 있는지 여부** : '후유증상 진료조치기간'은 근로기준법 제23조제2항의 기간으로 보기 어려우므로, 이 기간에는 근로자가 업무상 부상에 따른 요양을 종결한 후 상당한 신체적 장해가 남아서 사회통념상 종전의 업무를 계속 수행하는 것을 기대하기 어렵고, 다른 적당한 업무로의 배치전환도 곤란한 경우라면 근로기준법 제23조의 해고의 정당한 이유가 있는 것으로 볼 수 있기 때문에 취업규칙상의 절차를 준수하여 해고할 수 있습니다(근기 68207-2245,

2002.06.24.).

물론 근로자는 해고의 정당한 이유 없다고 판단되는 경우에는 관할지방노동위원회에 해고일로부터 3개월 이내에 부당해고구제신청을 할 수 있습니다. 회사측도 위와 같은 근로자를 해고할 경우 '상당한 신체적 장해가 남아서 사회통념상 종전의 업무를 계속 수행하는 것을 기대하기 어렵고, 다른 적당한 업무로의 배치전환도 곤란한 때'로 엄격하게 한정하여 해고해야 함은 사용자의 당연한 배려일 것입니다.

Q 제3자의 행위에 의한 산재가 많이 발생하면 '보험요율'이 할증되나요?

저희 회사는 최근에 제3자에 의한 산업재해(사망)가 3건이나 발생했습니다. 저희 회사는 개별요율이 적용되고 있는데, 산재보험요율이 인상되지는 않을까 걱정이 됩니다. 제3자에 의하여 산재가 발생하는 것인데, 저희 회사의 보험요율이 인상되는 것은 좀 문제가 있어 보입니다. 제 생각이 틀린 건가요?

A 제3자에 의한 산재는 보험요율 할증과 상관없습니다.

산재보험법 제87조에 의거 제3자의 행위에 의한 재해로 인하여 재해근로자에게 보험급여를 지급한 경우에는 그 급여액의 한도 안에서 가해자(제3자)에 대한 손해배상청구권을 근로복지공단에서 대위합니다. 이렇게 근로복지공단에서 대위한 보험급여 확정액(법원판결 등)에 대하여는 산업재해보상보험법상의 '보험요율결정의 특례를 위한 보험수지율' 산정시 포함되지 아니하므로, 제3자에 의한 산재는 보험요율 인상과는 무관합니다(산재 68607-498, 2000.04.25.).

Q '법률상 배우자'가 있더라도 '사실상의 배우자'가 유족연금을 받을 수 있나요?

저는 甲이라는 사람과 결혼은 하지 않고 5년 정도 동거를 해왔습니다. 그러던 중에 甲은 법률상으로는 이혼을 하지 않았고 법률상의 배우자가 살아 있다는 사실을 알게 되었는데, 저는 그냥 놔뒀습니다. 그런데 얼마 전에 甲이 일을 하다가 추락하여 사망하였는데, 비록 법률상의 배우자가 있지만 제가 산재법상 유족연금을 받을 수는 없는지 궁금합니다. 사실 제가 생각하기에는 저에게 그 자격이 있다고 봅니다만 제 생각이 틀린 건가요?

A **명확한 증명을 한다면 유족연금의 수급권자가 될 수도 있습니다.**

산재보험법 제63조 및 동법 시행령 제61조에 의거 사망자에 의하여 부양되고 있던 배우자(사실혼 관계포함), 자녀, 부모, 손 및 조부모의 순위에 의거 유족급여 수급권이 있습니다. 산업재해보상보험법상 연금수급권은 민법상의 상속권과는 약간의 차이를 보이는데, 산재법상의 유족연금수습권은 기존의 부양하고 있었는지 여부를 우선시하여 수급권자를 판단합니다.

하지만 사실상의 배우자가 사망자에 의하여 부양되고 있었더라도 법률상의 배우자가 있다면 민법 제810조는 중혼을 금지하고 있으므로 사실상의 배우자는 유족급여 수급권이 없습니다.

따라서 이런 경우에는 사실상의 배우자가 수년간에 걸쳐 사망자에 의하여 부양되어 왔고 법률상의 배우자는 호적상에만 형식적으로 등재되어 있다는 것을 증명하거나 법원의 판결을 받는다면 사실상의 배우자가 유족급여를 수급할 수 있습니다. 즉, 법률상의 배우자가 없는 경우에는 사망자에 의하여 부양되고 있던 사실상의 배우자가 다른 법정상속인이 있다고 하더라도 1순위 수급권자가 될 수 있습니다(산재 68607-436).

예를 들어, A라는 남자가 B(부인)와 결혼하여 a(자)를 낳아 살다가 이혼을 한 뒤 C(동거녀)와 동거를 하고 B가 a를 데리고 따로 사는 경우, A가 산재로 사망하였다면 A의 子a가 수급권자가 아니라 C(동거녀)가 유족급여 수급권자가 된다는 것입니다.

이런 면에서 민법과 산재법은 상당한 차이가 있음을 알아 두어야 합니다.

Q 근무 중 사고로 요양중인 일용직의 퇴직금 산정기간은 언제까지로 봐야 하나요?

저는 공사기간이 1년 6개월인 공사현장에서 일을 했습니다. 1년 정도 일을 하던 중에 사고를 당하여 병원에 입원을 했는데 요양기간은 8개월 정도 된답니다. 제가 일하던 공사는 앞으로 6개월 후면 만료되는데, 저의 요양기간은 8개월입니다. 이럴 경우 공사기간이 종료되는 시점에는 산재처리가 끝나는 건지요? 그리고 저는 1년 정도 일을 했으니까 일용직이라 하더라도 퇴직금을 받을 수 있는지요? 퇴직금을 받을 수 있다면 그 기간은 언제까지 인가요?

A 공사기간만료 후에도 산재로 처리되고, 퇴직금 산정기간은 1년 6개월입니다.

근로자를 상용일급직으로 채용하여 특정공사 현장에 투입하였다면 당해 근로자의 고용관계는 특정공사 만료와 관계없이 근로계약에 기초하여 판단하여야 합니다.

하지만 당해 근로자를 특정 공사현장의 공사완성을 목적으로 채용한 후 통상적인 근로관계가 상당기간 지속되어 특별한 사정이 없는 한 동 공사만료시까지 계속근로가 예정되어 있는 경우에는 동 공사만료시까지 고용관계가 계속되는 것으로 보아야 하므로 공사기간만료시점을 기준으로 1년 이상 근무를 하였다면 퇴직금을 지급해야 합니다. 산재법상 요양기간은 출근한 것으로 보고 있고, 요양기간 종결 후 30일간은 정당한 이유가 있더라도 해고할 수 없도록 하는 규정의 취지를 감안하면 공사만료일까지를 퇴직금 산정기간으로 봐야 할 것입니다. 물론 상시근로자수가 5인 이상이 되어야 함은 당연합니다(근기 68207-111, 1999.09.22.).

그리고 근로계약기간이 종료하더라도 산재보험의 혜택은 종료되는 것이 아니므로 계약잔여기간이 6개월이라도 요양기간이 8개월이라면 8개월 동안 요양을 받을 수 있고, 만약에 그 때까지도 완치가 되지 않았다면 요양연기신청을 할 수 있습니다.

Q 사업장 소속이 다른 각각의 근로자가 같은 장소에서 일을 하다가 다른 사람을 다치게 한 경우 산재보험금을 모두 배상해야 하나요? 근로복지공단이 가해자에게 구상권을 행사하나요?

저는 A회사 소속이고 B회사 소속의 근로자(甲)가 같은 공사장에서 일을 하다가 제가 甲을 다치게 했습니다. 산재처리는 되지만 근로복지공단에서 저에게 구상권을 행사하여 甲에게 지급된 산재보험금을 제가 물어내야 한다고 하네요. 이게 진짜 맞는 말인가요?

A A소속 근로자는 제3자가 아니기 때문에 구상권대상이 아닙니다. 즉, 근로복지공단이 손해배상청구권을 대위할 수 없습니다.

① **쟁점** : 이 사안은 같은 회사소속이 아닌 근로자가 같은 장소에서 작업을 하던 중에 일방이 가해를 한 경우 피해자인 근로자는 산재처리가 가능한지, 산재처리가 되면 근로복지공단에서 가해자에게 구상권을 행사하는지가 쟁점입니다.

② **관련 판례** : 동료 근로자에 의한 가해행위로 인하여 다른 근로자가 재해를 입은 경우 그러한 가해행위는 사업장 내 기계기구 등의 위험과 같이 사업장이 갖는 하나의 위험이라고 볼 수 있으므로, 그 위험이 현실화하여 발생한 업무상 재해에 대하여는 근로복지공단이 궁극적인 보상책임을 져야 한다. 또한 사업주를 달리하더라도 하나의 사업장에서 어떤 사업주의 근로자가 다른 사업주의 근로자에게 재해를 가하여 공단이 재해 근로자에게 보험급여를 지급한 경우, 공단은 산재법 제87조제1항 단서에 의하여 가해 근로자 또는 그 사용자인 사업주에게 구상할 수 없다는 점을 감안하면, 근로자가 동일한 사업주에 의하여 고용된 동료 근로자의 행위로 인해 업무상의 재해를 입은 경우에 그 동료 근로자는 보험가입자인 사업주와 함께 직접적,간접적으로 재해 근로자와 산업재해보상보험관계를 가지는 자로서 같은 법 제87조제1항에 정한 '제3자'에서 제외된다고 봄이 상당하다(대법 2003다33691, 2004. 12.24.).

산업재해보상보험법 제87조제1항은 "공단은 제3자의 행위에 의한 재해로 인하여 보험급여를 지급한 경우에는 그 급여액의 한도 안에서 급여를 받은 자의 제3자에 대한 손해배상청구권을 대위한다. 다만, 보험가입자인 2 이상의 사업주가 같은 장소에서 하나의 사업을 분할하여 각각 행하다가 그 중 사업주를 달리하는 근로자의 행위로 재해가 발생한 경우에는 그러하지 아니하다."고 규정하고 있고, 여기에서 구상권 행사의 상대방이 되는 '제3자'라 함은 재해 근로자와 산업재해보상보험 관계가 없는 자로서 재해 근로자에 대하여 불법행위 등으로 인한 손해배상책임을 지는 자를 말한다(대법 85다카2429, 1986.04.08.).

③ **제3자에 해당하지 않기 위한 요건** : 산재법 제87조제1항의 제3자에 해당하면 공단이 구상권을 행사(손해배상청구권의 대위권)할 대상이 되지만 제3자에 해당하지 않으면 별다른 문제없이 산재처리가 되는 것인데, 제3자에 해당하지 않기 위한 요건은 ⓐ 사업주가 다른 2이상의 회사가 산재보험에 가입하였어야 하고, ⓑ 같은 장소에서 하나의 사업을 분할하여 각각 행하여야 합니다.

따라서 A회사와 B회사 중 어느 한 회사가 산재보험에 가입하지 않았다면 제3자에 해당하여 구상권 대상이 되고, 같은 장소에서 작업을 했더라도 하나의 사업을 분할하여 각각 작업을 한 것이 아니라 같은 장소에서 각각의 사업을 행하다가 사고가 발생했다면 제3자에 해당하여 구상권 대상이 됨을 유의하여야 합니다.

④ **결론** : A회사와 B회사 모두가 산재보험에 가입되어 있고 A회사와 B회사 소속의 근로자가 같은 장소에서 하나의 사업을 분할하여 각각 작업을 하다가 사고가 발생했다면 제3자에 해당하지 않으므로 공단은 손해배상청구권의 대위권(구상권)을 행사할 수 없을 것입니다. 즉, A회사 소속의 근로자는 산재보험금을 물어내야 하는 책임을 지지 않습니다.

※ 관련문제 : B회사 소속의 근로자(피해자)가 A회사 소속 근로자(가해자)에게 민법상 불법행위에 의한 손해배상청구권을 행사할 수 있는지

① **법적 근거** : 민법 제750조는 "고의 또는 과실로 인한 위법행위로 타인에게 손해를 가한 자는 그 손해를 배상할 책임이 있다"라고 규정하고 있는 바, 책임능력이 있는 가해자가 고의 또는 과실에 의한 위법한 가해행위로 손해를 발생케 했다면 가해자는 피해자에 대하여 민사상 불법행위에 기한 손해배상청구를 할 수 있습니다.

② **근로자가 업무수행을 하던 중에 발생했음에도 근로자에게 전적인 책임이 있는**

지 : 민법 제756조제1항은 “타인을 사용하여 어느 사무에 종사하게 한 자는 피용자가 그 사무집행에 관하여 제3자에게 가한 손해를 배상할 책임이 있다”라고 규정하여 사용자책임을 규정하고 있는데, 이 때 사용자가 그 배상책임을 지는 것은 ‘보상책임의 원리’에 의한 것이라는 것이 통설과 판례의 입장입니다.

사용자가 배상책임을 지기 위해서는 근로자가 사무집행을 하다가 불법행위에 의해 제3자에게 손해를 발생케 하였어야 하는데, 이러한 요건이 충족된다면 사용자는 사용자책임을 져야 합니다. 이 때 사용자와 근로자의 배상책임은 부진정연대채무의 관계에 있다고 봅니다.

③ **사용자가 배상책임을 면하기 위한 요건** : 사용자가 근로자의 선임 및 그 사무감독에 상당한 주의를 한 때 또는 상당한 주의를 하여도 손해가 있을 경우에는 손해를 배상할 책임이 없습니다(민법 제756조제1항 단서).

위 2가지에 대한 입증책임, 근로자의 선임 및 그 사무감독에 상당한 주의를 기울였다는 것과 상당한 주의를 기울였어도 손해가 발생했을 것이라는 것에 대한 입증책임은 사용자에게 있는데, 사실상 위 2가지를 입증하기가 어려울 뿐만 아니라 판례에서 사용자의 면책을 인정한 사례는 없으므로 사용자가 배상책임을 면하기는 어려울 것입니다.

④ **사용자가 손해를 배상했다면 근로자에게 구상할 수 있는지** : 민법 제756조제3항은 사용자가 손해를 배상한 경우 근로자에 대하여 구상권을 행사할 수 있다라고 규정하여 근로자에 대하여 구상할 수 있는 법적 근거를 두고 있는데, 이것은 ‘보상책임의 원리’상 그 취지와 부합하지 않는 것으로 보입니다.

⑤ **사용자의 배상책임의 한도와 산재법 제80조제2항** : 산재법 제80조제2항은 “수급권자가 동일한 사유에 대하여 이 법에 따른 보험급여를 받으면 보험가입자는 그 금액의 한도안에서 민법이나 그 밖의 법령에 따른 손해배상의 책임이 면제된다”고 규정하고 있어 사용자는 산재법상 지급된 보험급여액의 한도안에서는 배상책임을 면한다고 봐야 할 것입니다.

Q ' 노조전임자'가 노조업무를 하다가 쓰러진 경우에도 산재처리가 가능한가요?

저희 회사 노조전임자가 과중한 노조업무를 하다가 '전교통동맥의 거미막하출혈'로 쓰러졌어요. 산재는 회사업무를 수행하던 중이거나 회사업무와 관련있는 경우에만 되는 것으로 알고 있는데요, 과중한 노조업무를 하던 중에 쓰러진 경우에도 산재처리가 가능한지요?

A 노조업무는 회사의 노무관리업무와 밀접한 관련이 있고 사업주가 회사업무대신 노조업무를 담당하도록 한 것이므로 산재처리가 가능합니다.

노동조합업무전임자(=노조전임자)가 근로계약상 본래 담당할 업무를 면하고 노동조합업무를 전임하게 된 것이 단체협약 또는 사용자인 회사의 승낙에 의한 것이라면, 이러한 전임자가 담당하는 노동조합업무는 회사의 노무관리업무와 밀접한 관련을 가지는 것으로서 사용자가 본래의 업무대신에 이를 당담하도록 하는 것이어서 그 자체를 바로 회사의 업무로 볼 수 있고, 따라서 그 전임자가 노동조합업무를 수행하거나 이에 수반하는 통상적인 활동을 하는 과정에서 그 업무에 기인해 발생한 재해는 산업재해보상보험법 제5조제1호 소정의 업무상 재해에 해당합니다(서울고법 2013누32610, 2014.07.25.).

물론 노조업무의 성질상 사용자의 사업과는 무관한 상부 또는 연합관계에 있는 노동단체와 관련된 활동이나 불법적인 노조활동 또는 사용자와 대립관계로 되는 쟁의단계에 들어간 이후의 활동 등의 경우에는 노무관리업무와 밀접한 관련이 있는 업무라고 볼 수 없어 산재처리가 안될 가능성이 높습니다. 참고로, 산업별 노조의 노동조합업무는 사용자의 사업과 무관한 상부 또는 연합관계에 있는 노동단체와 관련된 활동으로 볼 수 없을 것입니다.

CEO · 인사 담당자를 위한 업무처리의 지침서
노동법 실무 사례집

제 7 장

사직·해고와 퇴직금에 관한 실무사례

사직(辭職)

1. 사직의 개념 및 법적 근거

가. 사직의 종류

사직이란 근로자의 퇴사의 의사표시로, 크게 스스로 원하여 퇴사하고자 하는 '의원사직'과 회사측에서 퇴사를 권유하여 이를 수락하는 '권고사직'이 있습니다.

나. 법적 근거

근로기준법은 사용자의 일방적인 근로계약의 해지인 '해고'에 관하여는 규정하고 있으나, 근로자의 일방적인 근로계약의 해지인 '사직'에 대하여 아무런 규정을 두고 있지 않습니다. 따라서 '사직'에 관하여는 민법 제660조를 준용할 수 밖에 없습니다.

※ 민법 제660조(기간의 약정이 없는 고용의 해지통고)

① 고용기간의 약정이 없는 때에는 당사자는 언제든지 계약해지의 통고를 할 수 있다.

② 전항의 경우에는 상대방이 해지의 통고를 받은 날로부터 1월이 경과하면 해

지의 효력이 생긴다.

③ 기간으로 보수를 정한 때에는 상대방이 해지의 통고를 받은 당기후의 일기를 경과함으로써 해지의 효력이 생긴다.

다. 고용노동부 예규

고용노동부는 근로기준법에 사직에 관한 규정이 없기 때문에 다음과 같은 예규를 두고 있습니다.

※ 고용노동부 예규–퇴직의 효력발생시기

기간의 정함이 없는 근로계약 관계에 있는 근로자에 대하여 당해 근로계약의 해지(퇴직)의 의사표시를 한 때 근로계약관계의 종료기간(퇴직의 효력 발생시기)에 관하여는 향후 아래 기준에 따라 처리하시기 바람.

① 근로자가 사용자에게 퇴직의 의사표시(사표제출)를 행한 경우 사용자가 이를 수리하였거나 또는 당사자간에 계약종료시기에 관한 특약(단체협약, 취업규칙 및 근로계약 등)이 있을 시라면 각각 그 시기(사표 수리한 시기 또는 특약에 의한 시기)에 계약해지의 효력이 발생할 것임. 단 이 경우 당해 특약내용이 관계법규에 저촉되어서는 아니됨.

② 이 경우 사용자가 근로자의 퇴직의 의사표시에 대하여 수리하지 아니하거나 또는 계약종료기에 관한 별단의 특약이 없을 시라면 사용자가 당해 퇴직의 의사표시를 통고받은 날로부터 1개월이 경과될 때까지는 계약해지의 효력이 발생치 않으므로 고용종속관계는 존속되는 것으로 취급되어야 할 것임(민법 제660조제2항).

③ 전 2항의 경우 근로자에게 지급하는 임금을 일정한 기간급으로 정하여 정기지급하고 있을 시는 사용자가 근로자의 퇴직의 의사를 통고받은 당기후의 1지급기를 경과한 시에 계약해지의 효력이 발생하는 것으로 취급하여야 할 것임(민법 제660조제3항).

라. 사직서의 의미

사직서는 근로관계를 종료시킨다는 해지의 의사표시가 포함된 처분문서이므로, 그 사유를 주장하는 근로자가 실질적으로 해고에 해당한다는 점을 증명하지 못하는 한, 근로자가 사직서를 제출하고 사용자가 이를 수리하였다면 근로계약은 합의에 의한 해지에 따라 종료되었다고 보아야 합니다(서울행법 2014구합4627, 2014.09.25.).

2. 민법 제660조에 관한 논의

가. 민법 제660조제2항 '1개월의 예고기간' 입법필요설

근로기준법은 사용자의 일방적인 근로계약의 해지인 '해고'의 경우 해고예고기간을 두고 있으므로, 근로자의 일방적인 근로계약의 해지인 '사직'의 경우에도 신의칙과 형평성의 원칙에 입각하여 최소 30일전에 사직예고를 하도록 사직예고기간을 두어야 한다는 주장이 있습니다.

나. 민법 제660조제2항의 1개월 이상의 예고기간 약정의 유효성

노사가 민법 제660조제2항에 규정된 1월의 예고기간보다 장기간의 예고기간을 특약으로 약정하는 것이 가능한지에 관한 논의로, 1월이 경과하여도 해지의 효력을 인정해주지 않는다면 궁극적으로 헌법상 직업선택의 자유를 제한하는 것일뿐만 아니라 근로기준법상 강제근로의 금지규정에도 반하기 때문에 1월의 예고기간보다 장기의 예고기간을 약정하는 것은 효력이 없다고 판단됩니다.

다. 민법 제660조제2항의 1월보다 단기의 해지효력 규정의 유효성

취업규칙 등에서 근로자가 사직서를 제출한 경우 14일이 경과하면 해지의 효력이 생긴다고 규정하고 있는 경우 이 규정은 효력이 있는지에 관한 논의로, 대법원(대법 96누5087, 1997.07.08.)은 민법 제660조는 근로자의 해약의 자유를 보장하는 규정으로서 근로자에게 불리하지 않는 한 그 기간이나 절차에 관하여 취업규칙에 이와 달리 규정하는 것도 가능하다고 할 것이므로, 근로자가 사직할 때에는 일정한 기간 내에 사용자의 승인을 얻도록 하고 있는 경우 근로자가 제출한 사직원을 사용자가 승인을 거부할 합리적인 이유가 없는데도 승인을 하지 아니하고 있을 때에는 위 법조 소정의 기간(취업규칙에서 이보다 짧은 기간을 규정한 때에는 그 기간)이 경과함으로써 근로관계는 종료된다고 하여 그 효력을 인정하였습니다.

3. 사직의 효력시기

당사자 사이의 근로계약관계는 사용자가 그 사직서 제출에 따른 사직의 의사표시를 수락하여 합의해지(의원면직)가 성립하거나, 민법 제660조 소정의 일정 기간의 경과로 그 사직서 제출에 따른 해지의 효력이 발생함으로써 종료됩니다(대법 95누7765, 1996.07.30.).

4. 사직서제출이 실질적인 해고에 해당하는지 여부의 입증책임

사직서를 제출하긴 하였으나 실질적으로 해고에 해당한다거나, 사직서의 제출이 진의 아닌 의사표시이고 사용자가 근로자의 진의 아님을 알았거나 알 수 있었다는 점을 입증해야 할 때 그 입증책임은 누구에게 있는지가 문제되는데, 이런 경우 입증책임은 그 사유를 주장하는 근로자가 증명하여야 합니다.

이에 대하여 사직서를 제출하였지만 근로자가 해고를 주장하면 실질적으로 해고에 해당하지 않는다는 것, 또는 근로자의 진의 아님을 몰랐거나 알 수 있는 상황이 아니였음에 대하여는 사용자에게 입증책임을 지게 하는 것이 형평성에 맞는다는 의견이 있습니다.

5. 사직서를 제출한 이후 무단결근하는 경우 출근의 강제가 가능한지

근로자는 근로계약이 종료하기 전에는 ‘근로의 제공’이라는 채무를 이행하여야 하는데, 이 채무를 불이행할 경우 채권자는 채무의 이행을 강제할 수 있는 것이 일반적인 원칙입니다. 즉, 근로자가 사직서를 제출하였지만 아직 근로계약이 종료되지 않았음에도 채무(근로의 제공)를 이행하지 않을 경우 민법 제389조제1항에 의해 채무이행을 강제할 수 있는지의 문제입니다.

근로제공의무는 성질상 '하는 채무'로 직접강제가 불가하므로 회사는 근로자의 출근을 강제할 수는 없습니다.

6. 사직서를 제출한 이후 무단결근하는 경우 손해배상청구가 가능한지

사직서를 제출하긴 했지만 근로계약이 종료되지 않았음에도 채무(근로의 제공)를 불이행할 경우 손해배상일반론에 의하면 채무불이행으로 발생한 손해배상을 청구할 수 있습니다. 이 때 손해배상은 단순한 결근으로 인해 회사가 입은 '통상손해'와 중요업무의 불이행으로 회사가 입은 '특별손해'로 구분됩니다.

하지만 '회사가 입은 손해'는 손해배상을 청구하는 자가 입증하는 것이 원칙인데, 근로자의 결근으로 인하여 발생한 구체적인 손해배상액을 산정하여 이를 근로자의 직접적인 책임과 연관되어 있음을 입증하는 것은 쉽지 않습니다.

근로자가 업무인수인계도 하지 않은 채 무단으로 출근하지 않는 경우 감정에 치우쳐 손해배상을 청구하면 결과적으로 비용과 시간만을 낭비할 수도 있으므로, 이런 경우 손해배상청구소송을 진행하는 것은 심사숙고해야 할 문제입니다.

Q 사직서를 제출하면 그 날로부터 사직의 효력이 발생하는 것 아닌가요?

저는 1년 조금 넘게 중소기업에 다니고 있는데요, 갑자기 사정이 생겨서 사직서를 제출하고 다음 날부터 회사에 나가지 않았습니다. 그런데 회사에서는 사직서가 수리되지 않았다고 하면서 무단결근으로 처리하겠다고 합니다. 무단결근으로 처리하면 저한테 어떤 불이익이 있나요?

A 근로자의 사직서제출에 대하여 사용자의 승낙이 있어야 사직의 효력이 발생합니다.

사용자의 일방적인 근로계약의 해지(해고)는 법에 의하여 일정한 제한을 받고 있지만, 근로자의 일방적인 근로계약 해지(사직)에는 아무런 법적 제한이 없습니다. 하지만 근로자의 근로계약해지에 대하여 사용자의 승낙(수리)이 있어야 사직의 효력이 발생하고, 만약에 사용자의 승낙이 없는 경우에는 민법 제660조제2항에 의하여 별단의 사유가 없는 한 근로자로부터 근로계약해지통보를 받은 날로부터 1월이 경과하거나, 동조 제3항에 의하여 당기후의 1임금지급기를 경과함으로써 해지의 효력이 발생한다고 보아야 합니다.

따라서 사직서를 제출하였다고 하더라도 사용자의 승낙(수리)가 없었다면, 적어도 1개월 동안은 근로계약의 해지(퇴직)효력이 발생하지 않을 것이므로, 사직서를 제출한 근로자는 취업규칙 등에 의하여 여전히 근로제공의무가 있습니다. 그러므로 회사에서는 당해 근로자의 결근을 무단결근으로 처리할 수 있을 것입니다.

그렇다면 사직서를 수리하지 않고 근로자가 출근하지 않은 기간을 무단결근으로 처리하는 경우 근로자에게 어떤 불이익이 발생하는지가 문제되는데, 퇴직금을 산정하는 기초가 되는 평균임금이 저하되는 불이익이 발생합니다.

사용자는 근로자가 퇴직한 날로부터 14일 이내에 퇴직금에 지급해야 하므로, 퇴직일 전일부터 소급한 3개월 동안의 임금으로 평균임금을 산정해야 합니다. 평균임금을 산정함에 있어 무단결근한 기간에 대한 임금은 지급되지 않는 반면 산정기간에는 포함되므로, 평균임금이 상당히 저하될 것입니다. 평균임금이 저하되므로 이에 따라 퇴직금액도 원래의 금액보다 훨씬 적어질 수 있습니다.

예를 들어, 근로자가 사직서를 제출한 후 사용자가 1개월 후에 사직서를 수리하였다면 30일은 무단결근으로 처리하여 임금은 지급하지 않게 되므로, 2개월분의 임금을 92일(3개월)로 나눠야만 하기 때문에 평균임금이 저하되고, 이에 따라 퇴직금도 저하되는 것입니다(물론 평균임금이 통상임금보다 적은 경우에는 통상임금으로 퇴직금을 지급함).

근로자가 이러한 불이익을 받지 않기 위해서는 적어도 사직일로부터 1개월 전에 사직의 의사표시를 서면으로 사용자에게 통지하고, 그 기간동안 업무인수인계를 마치고 퇴사를 하는 것이 향후 회사측과 불필요한 분쟁을 방지할 수 있습니다.

Q 사직서를 홧김에 제출하고 다음 날 후회하면서 사직서를 돌려달라고 해도 되나요?

직장상사한테 꾸중을 듣고 홧김에 사직서를 제출했는데, 다음 날 후회하면서 사직서를 돌려달라고 했는데, 돌려 줄 수 없다고 합니다. 저는 사직서를 돌려 받을 수 없는 건가요?

A 사용자와의 합의(동의)가 있다면 돌려받을 수 있지만 그외에는 사실상 사직서의 철회가 어렵습니다.

사직 의사표시는 당해 근로계약을 종료시키는 취지의 해약고지로, 사직 의사표시가 회사에 도달한 이상 회사의 동의 없이는 비록 민법 제660조제3항 소정의 기간이 경과하기 전이라도 사직의 의사표시를 철회할 수는 없습니다(대법 99두8657).

사직서를 제출한 자의 내심의 의사가 실제는 사직할 뜻이 아니었다 하더라도 그 의사가 외부에 객관적으로 표시된 이상(회사측에서 사직서 제출자의 내심의 의사를 알 수 없는 이상) 그 의사는 표시된 대로 효력을 발휘하게 되는 것입니다(대법 99두9971).

사직서를 전날의 날짜로 기입하여 제출했으나 다음 날 회사에 출근하여 다시 근무하겠다는 의사를 분명히 했더라도 이미 사직서가 수리되고 승낙(결재)의 의사표시가 있었다면 근로관계는 종료되었다고 보아야 하므로, 사직의사표시를 철회할 수는 없다는 것입니다(서울고법 2002누14104).

물론 사직의 의사표시가 근로계약관계의 해지의 청약으로 해석될 수도 있는 것이라면 그에 대한 사용사의 승낙의 의사표시가 근로자에게 도달되기 이전에는 그 의사표시를 철회할 수 있다는 판례(서울행법 2007구합29918)가 있기는 합니다.

하지만, 근로자가 사직원을 제출하여 근로계약관계의 해지를 청약하는 경우 통상 그에 대한 사용자의 승낙의 의사표시가 근로자에게 도달하기 전까지는 그 의사표시를 철회할 수 있는 것이 원칙이나, 사직의 의사표시는 특별한 사정이 없는 한 당해 근로계약을 종료시키는 취지의 해약고지로 볼 것이어서 근로계약의 해지를 통고하는 사직의 의사표시가 사용자에게 도달한 이상 근로자로서는 사용자의 동의

없이는 비록 민법 제660조제3항 소정의 기간이 경과하기 이전이라 하더라도 사직의 의사표시를 철회할 수 없다는 대법원 판례(대법 2001다81269)가 있습니다. 따라서 사직서 제출은 정말로 심사숙고해서 결정해야 할 문제입니다.

Q 사직할 생각은 없었지만 회사의 적극적인 권유와 회유에 따라 사직서를 작성했다면 이런 경우에는 해고라고 볼 수 없나요?

회사를 그만둘 생각은 전혀 없었는데, 회사측에서 강압적인 자세로 사직서를 쓸 것을 권유하면서 퇴직금과 실업급여를 받을 수 있게 해주겠다고 하여 어쩔 수 없이 사직서를 작성한 경우 부당해고로 구제신청을 할 수 없나요?

A 스스로 사직서를 작성했고 퇴직금도 수령한 뒤라면 부당해고라고 보기는 어렵습니다.

회사측에서 자진사직을 권유하면서 퇴직금을 누진제로 적용해주겠다는 등 금품상의 혜택을 준다는 내용을 설명하자 스스로 사직서를 작성하여 제출하였고, 동 사직서가 수리되었으며, 퇴직금을 수령한 후에 당초 말한 퇴직금액보다 적다는 등의 사유를 들어 부당해고라고 한 것에 대해 자필사직서를 제출한 점, 사직서 제출후 수리전까지 사직서 반려요구를 하지 않은 점, 퇴직금 입금요청서를 자필로 작성하고 퇴직금을 이의없이 수령한 점 등으로 보아 진의에 의한 사직서 제출이라고 판정한 재결례가 있습니다(중노위 98부해259).

그리고 회사의 '강압'에 대하여 살펴보면, 민법 제110조제1항은 '강박에 의한 의사표시는 취소할 수 있다'고 규정하고 있는데, 여기서의 '강박에 의한 의사표시'는 타인의 강박행위에 의하여 공포심을 가지게 되고 그 해악(害惡)을 피하기 위하여 어쩔 수 없이 행한 진의 아닌 의사표시를 말합니다. 이 조항에 근거하여 사직의사표시를 취소하기 위해서는 위에서 언급한 '강박행위'가 있었어야 하는데, 회사측의 강압적인 자세는 근로자가 하자있는 의사표시를 할 정도의 강박행위로 보기 어려우므로 강박을 이유로 사직의사표시를 취소하거나 무효로 할 수는 없다고 판단됩니다. 따라서 퇴직금과 실업급여를 받는 조건으로 사직서를 스스로 작성했다면 해고로 볼 수 없고 의원사직으로 보아야 할 것입니다.

참고로, 실무적으로 노동위원회에서 강박에 의해 사직서를 작성한 것인지 여부를 판단함에 있어 '강박'의 범위를 '표의자가 공포심을 가지게 되고 그 해악을 피하기 위해 어쩔 수 없이 진의아닌 의사표시를 하게 되는 경우'로 좁게 해석하는 것은 문제의 여지가 있다고 생각됩니다. 왜냐하면 위 민법규정은 개인간에 발생할 수 있는 문제를 전제로 한 규정임에도 노사관계라는 특수한 관계에까지 확대해석하는 것은 불합리하다고 판단됩니다. 노사관계의 특수성을 감안하여 '강박'의 범위를 완화하여 해석함으로써 회사측의 강압에 의해 사직서를 작성하는 근로자를 보호해야 할 것입니다.

회사대표나 임원급(상무, 전무)이 나이 어린 직원을 불러다 놓고 사직서를 쓸 것을 강요할 경우 나이 어린 직원은 사직서에 서명할 수 밖에 없을 것인데, 이 경우 분명 강박에 의한 의사표시(=타인의 강박행위에 의하여 공포심을 가지게 되고 그 해악(害惡)을 피하기 위하여 어쩔 수 없이 행한 진의 아닌 의사표시)로 사직서에 서명한 것은 아니지만, 나이 어린 직원이 스스로 사직서를 작성한 것이라고 볼 수도 없을 것이므로, 사직서 작성에 있어 '강박'이라는 개념의 범위에 대하여는 민법상 개념과 근로기준법상의 개념을 구분하여 명확히 할 필요가 있다고 생각됩니다.

Q 모든 직원들이 사직서를 쓰는 것이라고 하여 사직서를 제출하였는데, 이를 근거로 면직처리한 것은 부당해고 아닌가요?

회사를 그만둘 생각은 전혀 없었는데, 회사측에서 전직원이 모두 사직서를 쓰는 것이라면서 사직서를 쓰도록 했고 이를 근거로 면직처분을 하였습니다. 이런 경우 부당해고로 볼 수는 없는 건가요?

A 일괄적으로 사직서를 받아서는 이를 선별하여 사직서를 수리하는 형식의 면직처분은 부당해고에 해당합니다.

회사의 요구에 따라 사직의 의사가 없음에도 전직승인을 받기 위하여 어쩔 수 없이 사직원을 작성하여 제출하였음에도 이러한 상황하에서 제출된 사직원을 소급

수리하여 근로자를 의원퇴직 처리한 것은 실질적으로 사용자의 일방적인 의사에 의하여 근로계약관계를 종료시키는 것이므로, 정당한 이유가 없는 부당해고에 해당한다는 판례(서울행법 2003구합35168)가 있습니다.

또한 사직할 의사가 전혀 없었으나, 구조조정에 동참하는 의미에서 과장 5명 전원이 사직서를 제출하기로 하였다며 직속 상사가 사직서 제출을 강요함에 따라 사직서를 제출하였는데, 사용자가 이를 선별 수리하여 의원 면직의 형식으로 인사 명령을 한 것은 정당한 이유나 절차를 거치지 않은 부당한 해고라는 재결례(중노위 2000부해84)도 있습니다.

근로자들이 사직서를 제출한 행위는 새로운 위탁관리업체로의 고용승계를 위하여 사직의 의사 없이 외관상으로 다른 근로자들과 일괄하여 사직서를 제출한 것이고, 사용자 또한 이러한 진의를 알았다고 봄이 상당하므로 사직서제출을 통한 사직의 의사표시는 비진의 의사표시로서 무효라고 할 것이고, 이를 수리하여 근로계약관계를 종료시킨 것은 사용자의 일방적 의사에 의하여 이루어진 해고에 해당한다는 판례(서울행법 2011구합39776), 일괄사직서를 작성 제출할 당시 그 사직서에 기하여 의원면직처리될지 모른다는 점을 인식하였다는 것만으로 내심에 사직의 의사가 있는 것이라고 할 수 없으므로 일괄사직서를 근거로 한 의원면직은 형식상 '합의해지에 의한 근로관계의 종료'이나 실질적으로는 '사용자의 일방적 의사표시에 의한 근로관계의 종료'로서 해고에 해당한다는 판례(서울행법 2007구합14640) 등을 참작하여 살펴보면, 전직원이 모두 작성하는 것이라면서 사직서를 받은 뒤, 이 사직서를 근거로 면직처리하였다면 이는 부당해고에 해당하므로 노동위원회에 구제신청을 하시기 바랍니다.

Q 사직서를 사장에게 제출한 뒤, 사장이 외근중에 사장실에 들어가 그 사직서를 가지고 집에 가서는 사직서를 철회한다고 한 경우 이 때 철회의 효력이 있나요?

A **사업주가 사직서를 수리했고, 사업주의 동의없이 몰래 사직서를 가져왔단면 철회의 효력은 없습니다.**

사업주가 사직서를 수리하고 담당직원에게 사직처리할 것을 지시한 이후, 근로자가 사장실에 몰래 들어가 사직서를 가져간 것은 적법한 철회의 의사표시로 볼 수 없습니다. 사직서의 제출은 근로계약 합의해지에 대한 '청약'이 아니라 근로계약 해지의 '통지'로 보는 것이 판례의 일반적인 입장이므로, 사업주의 동의가 없다면 사직서의 철회는 효력이 없다고 보아야 합니다.

Q [사직서에 '강요의 사유'라고 기재된 경우 해고인지]

사직서에 '강요의 사유'라고 기재되어 있는 경우 사용자측의 강요에 따라 사직한 것으로 볼 수 있는지요?

사직서에 "본인은 강요의 사유로 인하여 2015.0.0.부로 사직하고자 사직서를 제출한다"라고 기재하고 사직서를 제출한 경우 실질적으로 해고에 해당한다고 볼 수 있지 않나요?

A **사직서에 '강요의 사유'로 기재되어 있더라도 실제로 해고에 해당하는지의 판단은 사직서 제출과정에서 폭언이나 물리적 행사가 있었는지, 사직서 제출경위, 근로자의 근무태도 등을 종합적으로 감안하여 결정할 문제입니다.**

① **사례의 쟁점** : 이 사안은 사직서에 '강요의 사유'라고 기재되어 있는 경우 사용자측의 강요에 의한 사직, 즉 해고에 해당한다고 볼 수 있는지가 쟁점입니다.

② **입증책임** : 위와 같은 경우 실질적으로 해고에 해당한다는 것은 이를 주장하는 근로자가 입증해야 하므로, 사직서 제출과정에서 사용자측의 물리적 행사가 있었다거나 직·간접적인 압력이 지속적으로 있었다거나 사직서를 제출할 수 밖에 없었던 상황이었음을 근로자가 상세하게 입증해야 합니다.

③ **유사사례 판례** : 근로자의 불성실한 근무태도에 대하여 주의 및 개선을 촉구하려는 의도일 뿐 사직을 요구하는 취지로 보이지 않는 점, 사직서 제출과정에서

폭언이나 물리력 행사는 없었던 점, 사직서에 '강요의 사유'를 기재한 것은 직장상사와의 언쟁으로 사직을 결정하게 된 것에 대한 불만을 표출하는 취지에 불과하다고 보이는 점 등에 비추어 보면, 사직서에 '강요의 사유'라고 기재되어 있다는 사정만으로는 사직의 의사가 없음에도 사용자측의 강요에 따라 사직서를 제출하게 되었다는 주장을 인정하기에 부족하다. 따라서 실질적으로 해고에 해당한다는 점을 그 사유를 주장하는 근로자가 증명하지 못하는 한 근로자가 사직서를 제출하고 사용자가 이를 수리하였다면 근로계약은 합의해지에 따라 종료되었다고 보아야 한다(서울행법 2014구합4627, 2014.09.25.).

④ **민법상 '강박'의 개념을 동법에도 그대로 적용하는 것은 문제가 없는지** : 민법 제110조는 '강박'에 의한 의사표시는 취소할 수 있다고 규정하고 있는데, 이 규정을 강요에 의한 사직서 작성의 경우에도 그대로 적용하는 것이 문제는 없는지에 대한 검토가 필요합니다.

'강박'은 상대방에게 강박행위(말, 행동 등)로 공포심을 갖게 하여 그 해악을 피하려고 마음에 없는 의사표시를 하게 함으로써 자유로운 의사결정을 하지 못하도록 방해하는 것으로, 강박행위로 인해 공포심을 가지게 되고 그 공포심 때문에 내심과 다른 의사표시를 한 경우에만 그 의사표시를 취소할 수 있다고 보는 것인데, 이것을 강요에 의해 사직서를 작성한 근로자에게도 그대로 적용하는 것은 문제의 여지가 있다고 판단됩니다. 왜냐하면 사용종속관계(=근로관계)에 있는 근로자는 공포심을 갖게 할 정도의 강박행위가 아니라 사용자나 직장상사의 강력한 강요만으로도 사직서에 서명을 할 수 밖에 없는 것이 일반적이기 때문입니다.

그럼에도 대법원(78다1968)은 각서에 서명날인할 것을 강력히 요구한 것만으로 이를 곧 강박행위로 볼 수 없다는 입장이고, 노동위원회 또한 사직서에 서명을 한 경우 사용자측의 강요(강박)에 의해 어쩔 수 없이 사직서에 서명했기 때문에 사직의사를 취소한다고 판결한, 즉 부당해고로 판정한 예는 거의 없습니다.

⑤ **사직서의 의미와 사직서 제출시 유의할 점** : 사직서는 근로관계를 종료시킨다는 해지의 의사표시가 포함된 처분문서이므로, 사직서를 제출했다는 것은 근로자 스스로 근로계약 해지의 의사표시를 했다는 간주(看做)가 전제되는 것이기 때문에 사직서 제출은 신중히 결정해야 할 문제입니다.

심화학습 경업금지약정에 의한 손해배상청구가 가능한지 여부

1. 사례의 쟁점

근로자가 재직 중에 경업금지약정(계약일로부터 2년간 인접구역에서 일체의 학원설립 및 강사활동을 할 수 없다)을 체결한 경우 퇴사 후 동종 업종을 개업하였다면 사용자는 근로자에게 손해배상청구가 가능한지가 쟁점입니다.

손해배상청구는 상법상 경업금지의무, 부정경쟁방지법 위반 등을 이유로 한 불법행위에 기한 손해배상청구와 경업금지약정 위반을 이유로 한 채무불이행에 기한 손해배상청구가 있을 것입니다.

2. 불법행위에 기한 손해배상청구

① **상법 제41조 경업금지의무 위반여부 : 회사에서 퇴사하여 동종업종을 설립한 자는 회사의 근로자였을 뿐 영업양도인이 아니므로 영업양도인의 경업을 금지한 상법 제41조에 기해 또는 이를 유추적용하여 경업금지의무를 인정할 수 없다.**

*상법 제41조(영업양도인의 경업금지) 제1항 영업을 양도한 경우에 다른 약정이 없으면 양도인은 10년간 동일한 특별시·광역시·시·군과 인접 특별시·광역시·시·군에서 동종영업을 하지 못한다.

② **부정경쟁방지및영업비밀보호에관한법률상 부정경쟁행위에 해당하는지 여부 :** 단순히 인근지역에 동종업종을 설립하는 행위는 동 법률 제2조제1호차목 부정경쟁행위(그 밖에 타인의 상당한 투자나 노력으로 만들어진 성과 등을 공정한 상거래 관행이나 경쟁질서에 반하는 방법으로 자신의 영업을 위하여 무단으로 사용함으로써 타인의 경제적 이익을 침해하는 행위)에 해당한다고 볼 수 없다.

③ **독점규제및공정거래에관한법률 제23조제1항제3호 행위에 해당하는지 :** 인근지역에 동종업종을 설립하는 행위는 동 법률 제23조제1항제3호 '사업자가 부당하게 경쟁자의 고객을 자기와 거래하도록 유인하는 행위'에 해당한다고 볼 수 없다.

④ **신의칙 위반여부 및 위법행위에 해당하는지 여부 :** 인근지역에 새로 학원을 설립하였다는 사실만으로는 그 행위가 신의칙에 반하는 권리행사라거나 위법한 행위라고 할 수 없다.

⑤ **소결 :** 따라서 퇴사한 근로자가 인근지역에 동종업종을 개업했다고 하여 사용자가 전 근로자에 대하여 불법행위에 기한 손해배상청구를 할 수 없다는 것이

판례의 주요요지입니다.

3. 채무불이행에 기한 손해배상청구

① 경업금지약정이 유효한 범위

근로자가 사용자와의 근로관계 종료후 사용자의 영업부류에 속한 거래를 하거나 동종의 업무에 종사하지 아니하기로 하는 등 경업금지약정을 한 경우 그 약정은 사용자의 영업비밀이나 노하우, 고객관계 등 경업금지에 의하여 보호할 가치 있는 사용자의 이익이 존재하고, 경업제한의 기간과 지역 및 대상직종, 근로자에 대한 대가의 제공여부, 근로자의 퇴직 전 지위 및 퇴직경위, 그 밖의 공공의 이익 등 관련사정을 종합하여 근로자의 자유와 권리에 대한 합리적인 제한으로 인정되는 범위내에서만 유효한 것으로 인정된다(대법 2009다82244).

② 경업금지약정의 유효성을 인정할 수 있는 제반사정의 입증책임

경업금지약정의 유효성을 인정할 수 있는 제반사정의 입증책임은 사용자에게 있다.

③ 소결

경업금지를 강제함으로써 보호할 가치가 있는 회사의 이익이 존재한다고 볼 수 없고, 근로자가 재직 중일 때 경업금지의무를 부담하는데 대하여 적정한 대가가 지급되었다고도 볼 수 없으며, 퇴사한 근로자들에 대하여 일정 기간 특정지역에서 경업을 금지하지 아니하면 공공의 이익이 침해된다고도 볼 수 없으므로 동 약정의 효력을 인정할 수 없다(대법 2015다221903, 2015다221910).

4. 결론

근로자가 퇴사한 후 2년 동안 동종업종의 취업 또는 개업을 할 수 없도록 하는 경업금지약정은 국민의 기본권인 근로자의 직업선택의 자유와 근로의 권리를 지나치게 제한할 수 있는 계약이기 때문에 신중하게 판단되어야 하고, 따라서 경업금지약정은 근로자의 자유와 권리에 대한 합리적인 제한으로 인정되는 범위내에서만 극히 한정적으로 인정되어야 할 것입니다.

법정 정년(停年)제

1. 고령화사회와 정년연장에 관한 법률시행의 필요성

우리나라는 이미 급격한 고령화사회로 접어들었음에도 이에 대한 아무런 대비를 하지 않았습니다. 미국은 강제정년법상의 70세 정년도 1986년에 폐지하였고, 영국은 2010년 평등법에 의해 종전의 65세 정년을 2011년부터 폐지하였을 뿐만 아니라 일본은 1994년에 60세 법정 정년제를 시행하여 오다가 2013년 4월 65세로 정년을 연장한 것에 비하면 우리나라는 2016년부터 60세 정년제를 시행하고 있습니다.

2. 정년제의 개념과 법정 정년제의 개요

가. 정년제의 개념

정년제라 함은 근로자가 취업규칙상의 일정 연령이 되면 자동적으로 근로계약이 종료되는 제도로, 근로계약의 종료사유에 관한 약정을 말합니다.

즉, 근로자의 정년은 근로관계의 자동소멸사유이고 정년에 의한 퇴직은 법률상 당연히 발생한 퇴직사유 및 시기를 공적으로 확인하여 알려주는 관념의 통지(근로계약종료의 확인)에 불과할 뿐 근로자의 신분을 상실시키는 해고와 같은 새로운 형성적 행위가 아닙니다(대법 2007다85997, 2008.02.09.).

나. '고용상 연령차별금지 및 고령자고용촉진에 관한 법률'의 시행

2013.4.30. 60세 정년을 주요골자로 하는 '고용상 연령차별금지 및 고령자고용촉진에 관한 법률'이 국회 본회의를 통과하면서 2016.1.1.부터 상시근로자 300명 이상인 기업과 공공기관·지방공사·지방공단부터 시행되게 되었습니다. 상시근로자 300인 미만인 기업과 국가·지방자치단체는 2017.1.1.부터 시행됩니다.

3. 법정 정년제의 시행에 따른 노동법적인 문제

법정 정년제가 시행됨에 따라 이에 수반되는 노동법적인 문제가 발생할 수 밖에 없고, 이에 대한 문제들을 기업에게만 전가시켜서는 안되므로 입법을 통한 지원 및 제도의 개편이 필요합니다. 다음에서 노동법적인 문제와 그에 대한 대응책에 대하여 살펴보도록 하겠습니다.

가. 정년연장기간의 고용형태에 대한 규정의 미비

'고용상 연령차별금지 및 고령자고용촉진에 관한 법률'은 정년을 60세 이상으로 해야 한다는 규정만을 두고 있고 정년연장기간에 고용형태를 어떻게 해야 한다는 규정은 전혀 없습니다.

이에 대한 법규정이 없기 때문에 고용형태와 60세 법정 정년에 대하여 1)기존의 고용형태를 유지하면서 정년만 연장하는 방법, 2)기존 정년에 도달하면 근로계약을 종료하고 법정 정년(60세)까지 촉탁직 등 새로운 고용형태로 고용하는 방법이 논의될 수 있을 것입니다. 근로자측에서는 1)案을 주장할 것이고 사용자측에서는 2)案을 주장할 것으로 예상됩니다.

2)案에 대하여 검토가 필요한 2가지는 첫째, 새로운 고용형태로의 변경에 대한 법적 근거가 있는지, 둘째, 기존 정년에 도달했을 때 근로계약을 종료하면서 퇴직금을 정산하는 것이 법적으로 문제없는지입니다.

첫째, 노사의 임금체계 개편 등 필요한 조치의무규정(정년을 연장하는 사업주와 근로자의 과반수로 조직된 노동조합(또는 근로자과반수를 대표하는 자)은 임금체계 개편 등 필요한 조치를 하여야 한다)에 의해 임금체계의 개편과 관련되는 근로조건(고용형태 등)의 변경도 가능한지, 그리고 동 의무규정이 법적 근거가 될 수 있는지에 대하여 살펴보면, 동 규정이 '임금체계 개편 등' 다른 근로조건의 변경도 예정한 포괄적 규정임을 감안할 때 동 의무규정을 법적 근거로 하여 다른 근로조건을 변경하는 것도 가능하다고 판단됩니다.

둘째, 기존 정년에 도달했을 때 근로계약을 종료하면서 퇴직금을 정산하는 것이 법적으로 가능한지에 대하여 살펴보면, 기존의 퇴직금 중간정산제도는 2012.7.26. 폐지되었으나, 근로자퇴직급여보장법시행령 제3조제6호 '임금피크제를 실시하여 임금이 줄어드는 경우'에는 퇴직금 중간정산이 가능하므로, 기존 정년에 근로계약을 종료하면서 퇴직금을 중간정산하는 것은 법적으로 가능하다고 판단됩니다.

따라서 동 법률상에 고용형태에 관한 별도의 제한규정이 없는 이상 2)案도 법적으로 문제가 없습니다.

나. '임금체계 개편 등 필요한 조치'에 대한 구체적인 규정의 미비

동법률 제19조의2는 정년을 연장하는 사업주와 근로자의 과반수로 조직된 노동조합(또는 근로자과반수를 대표하는 자)은 임금체계 개편 등 필요한 조치를 하여야 한다는 추상적인 규정만을 두고 있을 뿐입니다.

동 규정은 노사에게 '임금체계 개편 등'의 의무를 부과하고 있을 뿐 임금체계 개편 등이 무엇인지에 대한 구체적인 규정을 두지 않음으로써 노사간의 대립을 조장할 우려가 있어 보입니다.

또한 '임금체계 개편 등'에는 고용형태 등 다른 근로조건도 포함되는지에 대하여도 구체적인 규정을 두지 않아 분쟁의 불씨를 남겨둔 상태입니다.

다. 기존 정년에 도달했을 때 재고용의 거부를 할 수 있는지 여부

법정 정년제가 시행되면 모든 근로자를 무조건 60세까지 채용해야 하는 것인지에 대한 의문이 생깁니다. 그리고 위에서 살펴 본바와 같이 다른 근로조건(고용형태)의 변경도 가능하므로, 기존 정년에 도달했을 때 업무능력 및 성실도, 건강 등을 감안하여 재고용 거부를 할 수도 있는지가 의문입니다.

동법률이 시행된다고 하여도 법적으로 60세까지의 채용의무가 있는 것은 아니고 60세 이전이라도 정당한 사유가 있다면 해고처분의 재량권은 사용자에게 있다고 보아야 합니다.

그리고 '재고용 거부' 또한 사용자의 재량권이지만 이는 사실상 해고에 해당하므로 근로기준법 제23조에 의해 정당한 이유가 있어야 합니다.

라. '임금체계 개편'은 임금삭감을 전제로 한 임금피크제를 의미하는 것인지

동법률(제19조의2)의 '임금체계 개편'은 임금삭감을 전제로 한 임금피크제를 의미하는 것인지에 대하여 노사는 물론 노동법학자간에도 첨예한 견해대립이 있습니다. 동 규정은 노사에게 의무를 부과하였을 뿐 법적 강제력(불이행시 처벌규정)도 없기 때문에 결국 모든 문제를 노사에 일임한 것입니다.

이에 대하여는 동법률 시행령을 통하여 구체적인 규정으로 내용을 보완함으로써 불필요한 노사분쟁을 예방할 필요가 있습니다.

4. 법정 정년제의 보완방안

법정 정년제는 고령자의 고용안정에 관한 제도로, 이에 수반되는 고령자 보호에 관한 규정은 전혀 없는 것이 현실입니다. 고령자도 임산부와 같은 보호규정을 둠으로써 법정 정년제의 보완책으로 활용할 수 있는 방법에 대하여 고민해보도록 하겠습니다.

가. 근로시간 단축제

기존 정년을 경과한 고령근로자의 근로시간을 단축함으로써 고령근로자를 보호함과 동시에 기업의 비용부담을 줄이는 방안에 대하여 검토가 필요합니다. 고령근로자의 근로시간 단축지원금제도를 시행하는 것도 이 제도를 활성화시키는 방법이라 할 것입니다.

나. 쉬운 업무로의 배치전환

기존 정년에 도달한 고령근로자를 쉬운 업무로 배치전환함으로써 고령근로자의 체력적 한계를 극복하게끔 배려하는 것도 법정 정년제를 활성화할 수 있는 방법중의 하나라고 생각됩니다.

다. 근로시간제

선택적 근로시간제와 근로시간의 단축을 병행하여 실시함으로써 조기출근하여 일정시간 근무한 후에 일찍 퇴근하게 하거나 오후에 출근하여 함께 퇴근하게 하는 등의 근로시간의 효율적인 운영방법을 찾는 것도 법정 정년제를 정착시키는 방안이라 할 것입니다.

Q **[정년에 도달하고 1개월후에 한 정년퇴직 통지의 효력]**
정년에 도달했음에도 1개월 근무시킨후 임금까지 지급한 후에 정년퇴직을 통보했다면 부당해고 아닌가요?

A **정년퇴직에 관한 통지는 관념의 통지에 불과하므로 해고에 해당한다고 볼 수 없습니다.**

① **쟁점** : 이 사안의 쟁점은 정년의 도달후 1개월이 경과했다는 것은 회사의 묵시적 동의하에 기존 근로계약이 갱신되었거나 정년이 연장되었다고 볼 여지는 없는지, 촉탁직 근로계약 체결의 기회를 박탈한 것은 아닌지, 촉탁직 근로계약 체결에 대한 기대권이 인정될 여지는 없는지, 촉탁직 근로계약을 체결한 자와 형평성에 반할 여지는 없는지가 쟁점입니다.

② **정년퇴직에 관한 통지의 법적 성격** : 정년퇴직은 법률상 당연히 발생한 퇴직사

유 및 시기를 확인하여 알려주는 관념의 통지에 불과할 뿐 근로자의 신분을 상실시키는 해고처분과 같은 새로운 형성적 행위가 아니어서 해고와 법적 성격을 달리합니다(서울행법 2015구합4020, 2015.07.16.).

③ **정년의 도달후 1개월이 경과했다는 것은 회사의 묵시적 동의하에 기존 근로계약이 갱신되었거나 정년이 연장되었다고 볼 여지는 없는지** : 별도로 촉탁직 근로계약을 체결하거나 정년연장에 관한 합의가 없었고, 사전에 촉탁직으로의 전환을 고지한 사실이 없는 점, 민법 제662조제1항 본문에 "고용기간이 만료한 후 노무자가 계속하여 그 노무를 제공하는 경우에는 사용자가 상당한 기간내에 이의를 하지 아니한 때에는 전고용과 동일한 조건으로 다시 고용한 것으로 본다"고 규정되어 있느나 회사는 정년이 지난 후 한달이 경과하기 전에 정년도래를 이유로 근로관계 종료통지를 하였으므로 상당한 기간내에 이의를 한 것으로 볼 수 있는 점 등을 감안하면 정년이 지난 후 한달을 더 근무하였고 급여를 받았다는 사정만으로는 회사와 묵시적으로 새로운 근로계약을 체결하거나 정년연장의 합의가 있었다고 볼 수 없습니다.

④ **촉탁직 근로계약 체결의 기회를 박탈한 것은 아닌지** : 경영상의 이유로 촉탁직 근로계약을 체결하지 아니한다는 2014년 방침에 따라 정년에 이른 3명의 근로자와 촉탁직 근로계약을 체결하지 아니한 것이므로 근로자에게 촉탁직 근로계약을 체결할 기회가 있었다고 볼 수 없고, 따라서 기회가 박탈되었다고 볼 수도 없습니다.

⑤ **촉탁직 근로계약 체결에 대한 기대권이 인정될 여지는 없는지** : 촉탁직 근로계약 체결여부는 사용자의 권한에 속하는 것으로 정년퇴직 근로자의 일부가 촉탁직 근로계약을 체결하고 계속하여 근무하였다는 사정만으로는 촉탁직 근로계약 체결에 대한 기대권이 인정된다고 보기 어렵고, 촉탁직 근로계약을 체결한 근로자와 비교하여 형평에 어긋난다고 할 수도 없습니다.

⑥ **결론** : 민법 제662조제1항 등을 감안하면 정년이 도달하고 적어도 1개월 이내에는 정년퇴직 통지를 하는 것이 불필요한 법적 분쟁을 예방할 수 있을 것입니다.

Q **[정년 60세 규정의 법적 효력]**

정년을 60세 이상으로 정해야 한다는 규정은 법적 의무사항인가요?

A **정년 60세 규정은 법적 의무사항이고, 정년을 60세 미만으로 정한 경우 법에 의해 60세로 정한 것으로 봅니다.**

① **법적 근거** : 「고용상 연령차별금지 및 고령자고용촉진에 관련 법률(이하 '고령자고용 촉진법')」 제19조제1항은 "사업주는 근로자의 정년을 60세 이상으로 정하여야 한다"고 규정하고 있으며, 제19조의 제2항에서는 "근로자의 정년을 60세 미만으로 정한 경우 60세로 본다"고 규정하고 있습니다.

② **적용시기** : 상시 300명 이상 근로자를 사용하는 사업 또는 사업장, 공공기관은 2016.1.1.부터, 상시 300명 미만 근로자를 사용하는 사업 또는 사업장, 국가 및 자치단체는 2017.1.1.부터 적용됩니다.

③ **단체협약으로 60세 미만으로 정년을 정할 수 있는지** : 사업주가 근로자의 정년을 60세 이상으로 정하여야 하는 것은 법적 의무이며, 정년을 60세 이상으로 정하지 않는 경우 근로자의 정년은 60세로 간주됩니다. 따라서 2016.1.1부터 정년을 60세 미만으로 정하고 있는 단체협약 및 취업규칙의 해당조항은 위법한 것으로 무효입니다.

Q **[작업강도가 높은 일부직종의 60세 정년 예외인정여부]**

나이가 많은 장년층 근로자가 수행하기 어려운 일부 직종에 대하여 정년 60세 적용의 예외를 인정할 수 있나요?

A **60세 법정 정년제 적용의 예외를 인정하는 것은 고령자고용촉진법 제19조에 위반됩니다.**

① **동 법의 제정취지** : 60세 법정 정년제를 도입한 취지는 급속한 고령화 추세 속에서 나이에 상관없이 능력에 따라 장년 인력이 더 오래 일할 수 있도록 하기 위한 것이 법제정의 취지입니다.

② **예외를 인정하는 것은 법위반** : 사업장에서 임의로 나이가 많은 근로자들이 일부 직종에 적합하지 않다고 판단하여 해당 직종에 대하여만 60세 정년제 적용의 예외를 인정하는 것은 제도 도입 취지에 반하는 것으로 고령자고용촉진법 제19조

에 위반됩니다.

Q **[기간제근로자에게도 60세 법정정년이 적용되는지 여부]**
60세 법정 정년제는 정규직에게는 당연히 적용될 것 같은데요, 그렇다면 기간제 근로자에게도 적용되나요?

A **정년제는 정규직, 무기계약직에게 적용되는 제도이므로, 기간의 정함이 있는 기간제 근로자에게는 60세 법정 정년제는 적용되지 않습니다.**

① 정년제의 개념 : 정년제도란 근로자가 일정한 연령에 이르면 당사자의 의사와 관계없이 근로관계를 종료시키는 제도입니다. 따라서 정년제는 정규직, 무기계약직과 같은 기간의 정함이 없는 근로자에게만 적용되는 것으로, 정년은 정규직의 당연퇴직 또는 면직사유가 됩니다.

② 유기계약직은 정년과는 무관한 고용형태 : 근로계약기간을 특정하여 근로계약을 체결하는 기간제 근로자의 경우에는 연령과 관계없이 근로기간이 정해져 있기 때문에 정년제도와는 무관하고 정년제도의 적용대상이 된다고 보기 어렵습니다. 따라서 기간제 근로자는 60세 법정 정년제의 대상이 되지 않습니다.

Q **[60세 법정정년제가 다른 법령과 상충시 적용여부]**
고령자고용촉진법상 60세 이상 정년이 다른 법에 정해진 정년이 차이가 있는 경우 어느 법을 먼저 적용해야 하나요?

A **다른 법령을 통해 정년을 다르게 규정하고 있는 경우 특별법 우선의 원칙에 따라 해당 법을 적용하는 것이 원칙입니다.**

① 동법과 다른 정년을 규정한 예 :

※ 군인사법 제8조(현역정년)

◦ 소장 : 59세, 준장 : 58세, 대령 : 56세, 중령 : 53세, 소령 : 45세, 대위·중위·소

위 : 43세, 준위·원사 : 55세, 상사 : 53세, 중사 : 45세, 하사 : 40세

※ 대통령 등의 경호에 관한 법률 제11조(정년) 경호공무원의 정년은 다음의 구분에 따른다.

1. 연령정년

◦ 5급 이상 : 58세

◦ 6급 이하 : 55세

② **특별법 우선의 원칙 적용 :** 군인, 경호공무원 등 해당직무의 중요성 및 신분의 특수성 등을 고려하여 별도 법령을 통해 정년 등을 규정하고 있는 경우에는 특별법 우선의 원칙에 따라 해당 법을 적용해야 합니다.

Q [60세 법정 정년제를 위반할 경우 법적 대응방법]

회사가 60세 이상 정년제를 위반하여 퇴사시키면 어떻게 법적 대응을 해야 하는지요?

A **동법 시행이후 60세미만 정년규정을 근거로 근로계약을 종료하면 부당해고에 해당하므로, 관할노동위원회에 구제신청을 할 수 있습니다.**

① **부당해고 해당여부 :** 고령자고용촉진법상 60세 이상 정년제 시행 이후 기존의 60세 미만 정년규정을 근거로 근로관계를 종료한다면 근로기준법 제23조상의 정당한 이유없는 해고(부당해고)에 해당합니다. 60세 미만을 정년으로 정하고 있는 취업규칙 등은 고령자고용촉진법을 위반하여 무효가 되고, 무효인 취업규칙 등의 정년규정에 따른 근로자 퇴직조치는 정당한 이유 없는 해고이기 때문입니다.

② **법적 대응방법 :** 기존의 60세 미만 정년규정을 근거로 해고를 당한 근로자는 관할 노동위원회에 부당해고 구제신청을 제기할 수 있습니다. 동 구제신청을 제기하면 원직 복직될 수 있을 뿐만 아니라 해고기간 동안 근로를 제공하였더라면 받을 수 있었던 임금상당액을 받을 수 있습니다.

Q [60세 정년제 시행시 임금체계개편은 법적 의무인지]
정년연장과 연계한 임금체계 개편이 법적 의무인가요?

A **고령자고용촉진법은 정년 60세를 법적 의무로 하면서 임금체계개편도 법적 의무로 규정하고 있지만 벌칙규정을 두지 않고 있습니다.**

① 임금체계개편을 포함한 필요한 조치는 법적 의무사항 : 고령자고용촉진법은 정년 60세를 법적 의무로 하면서 사업장의 여건에 따라 임금체계 개편을 포함한 필요한 조치를 하도록 법적 의무를 규정하고 있습니다.

② 임금체계개편의무 불이행시 처벌되는지 여부 : '임금체계 개편 등 필요한 조치 의무규정'을 이행하지 않을 경우에 대하여 벌칙 규정을 두고 있지 않습니다. 그 이유는 임금체계 및 연공성 정도 등 개별 사업장의 여건에 따라 달라질 수 있고, 노사가 서로 협력해야 할 사항이기 때문입니다.

③ 결론 : 임금체계 개편 등 필요한 조치는 60세 법정 정년제와는 반드시 병행해야 하는 것으로, 벌칙이 있는지 여부와는 관계없이 노사는 성실한 협의를 통하여 회사실정에 맞는 체계를 도입해야 할 것입니다.

Q [60세 정년제와 임금피크제의 관계]
60세 이상 정년제를 시행하면 임금피크제를 반드시 도입해야 하는 것인가요?

A **임금피크제는 임금체계개편 등 필요한 조치 중 하나의 제도일 뿐, 어떠한 조치(제도)를 도입할 것인지는 노사가 협의를 통해 결정할 사항이므로, 임금피크제를 반드시 도입해야 하는 것은 아닙니다.**

고령자고용촉진법은 60세 정년제 시행에 따라 임금조정 등이 불가피하므로 정년 60세 법제화와 함께 임금피크제 등 임금조정을 포함한 임금체계 개편을 의무화한 것이고, 동법상 '임금체계 개편 등 필요한 조치'에는 기본급, 각종 수당 등 임금구성 항목변경, 성과급, 직무급, 임금피크제 등 임금조정 등이 모두 포함됩니다.

따라서 노사는 60세 정년제를 시행하면서 임금피크제 도입과 직무·능력·성과 중심의 임금체계 개편에 대하여 성실한 협의를 통해 상생할 수 있는 방안을 찾아야 합니다.

제7장 사직·해고와 퇴직금에 관한 실무사례

통상해고와 징계해고, 기타 징계처분

해고에는 통상해고, 징계해고, 경영상 이유에 의한 해고(정리해고), 노동조합 활동과 관련된 사용자의 부당노동행위에 의한 해고가 있습니다.

통상해고는 근로자의 일신상의 사유로 더 이상 근로계약을 존속시킬 수 없는 경우에 행하는 해고, 즉 계약불이행이나 계약위반을 이유로 계약을 해지하는 것으로, 엄밀한 의미에서는 징계절차를 거치지 않아도 되지만 실무상 징계해고와 통상해고를 명확하게 구별하는 것이 그리 쉽지 않기 때문에 두 개념을 혼용하여 사용하는 경우가 많이 있습니다.

징계해고는 취업규칙 등 사규에서 사내질서를 문란케 하거나 기타 사회 통념상 근로관계를 더 이상 지속시킬 수 없는 사유들을 규정하고 근로자가 이에 해당하는 행동을 하거나 사유를 발생케 한 경우 사용자가 행사하는 징벌을 말하는데, 징계해고는 경고, 감봉, 출근정지, 정직 등보다 형량면에서 가장 무거운 징계입니다. 징계해고의 정당성은 '사유의 정당성'과 '절차의 정당성'을 동시에 충족하여야만 정당한 해고가 됩니다.

경영상 이유에 의한 해고(정리해고)는 긴박한 경영상 필요성에 따라 불필요한 인력을 감축하거나 인원구성을 재편성하는 것을 말하는 것으로, 근로자의 일신상의 이유로 근로자를 해고하는 통상해고나 근로자의 귀책사유로 근로자를 해고하는 징계해고와는 그 성격이 다릅니다. 따라서 정리해고를 위해서는 긴박한 경영상 필요성, 근로자대표와의 성실한 사전협의, 해고회피노력, 해고대상자 선별의 공정성 등의 법적 요건을 갖춰야 합니다.

부당노동행위에 의한 해고는 노동조합의 설립 및 활동 등의 이유로 근로자에게 불이익한 처우를 하는 것을 말합니다.

사용자의 일방적 근로계약의 해지인 해고는 통상해고와 징계해고로 구분할 수 있는데, 통상해고는 취업규칙 등에 규정한 징계해고, 정리해고, 면직 이외의 사유로 인하여 근로계약의 목적달성이 불가능하거나 경영상 장애 등으로 인하여 근로관계를 지속시키기 어려운 상태에 이르러 사용자가 일방적으로 근로계약을 해지하는 것을 말하고, 징계해고는 기업질서위반자에 대하여 사용자가 근로자에게 행하는 근로관계상의 불이익 조치로서 징계처분 중 가장 강력한 수단으로서 징계처분의 성격과 통상해고의 성격의 양면을 띠는 특별한 제재벌을 말합니다.

징계해고는 기업질서위반에 대한 제재벌로서 통상해고와는 제도상 구별되고, 통상해고에 비하여 단순히 금전적·경제적인 불이익만을 주는데 그치는 것이 아니라 징계를 받아 해고되었다는 불명예스러운 경력을 수반하는 특별한 불이익을 주는 것으로(부산지법 91가합27276), 통상해고를 할 때에는 취업규칙상의 징계절차나 소명의 기회 등을 부여할 필요는 없으나(대법 91다13533), 징계해고를 할 때에는 반드시 취업규칙 등의 징계절차를 준수해야 하고, 징계대상자에게는 소명의 기회를 부여해야 합니다.

그리고 통상해고든 징계해고든 근로관계를 종료시키는 사용자의 일방적 의사표시로서 근로기준법의 규율을 받는 것은 당연하므로 해고의 서면통지의무와 해고예고 또는 해고예고수당에 관한 규정은 모두 적용된다는 점을 유념해야 합니다.

Q **[통상해고와 징계해고의 차이점]**

통상해고사유와 징계해고사유가 겹치는 경우 통상해고로 처리하면서 징계절차를 생략해도 되는지요?

통상해고와 징계해고는 다른 것인지요? 다르다면 어떤 점이 다른 것인지 설명

부탁드립니다. 그리고 통상해고사유와 징계해고사유가 겹치는 경우에는 어떻게 처리해야 하나요?

A 통상해고는 관련규정이 없다면 징계절차를 거치지 않아도 되고, 징계해고는 반드시 징계절차를 거쳐야 합니다. 두 해고사유가 겹치는 경우 어느 것으로 하느냐는 것은 사용자의 재량권입니다.

① **사례의 쟁점** : 이 사안은 통상해고와 징계해고의 차이점은 무엇인지, 두 해고사유가 겹치는 경우 어느 해고로 처리할 것인지의 결정은 누가하는지, 그리고 통상해고로 처리할 때 징계절차를 거치지 않아도 되는지가 쟁점입니다.

② 통상해고와 징계해고의 차이점

ⓐ 개념의 차이 : 통상해고는 취업규칙 등에 규정한 징계해고, 정리해고(직권, 당연), 면직 이외의 사유로 인하여 근로계약의 목적달성이 불가능하거나 경영상 장애 등으로 인하여 근로관계를 지속시키기 어려운 상태에 이르러 사용자가 일방적으로 근로계약을 해지하는 것, 즉 일신상의 사유(부상, 질병 기타 개인적인 사유), 행태상의 사유(업무능력저하, 동료직원과의 부조화), 사용자측의 원인(폐업, 법률상 도산)에 의하여 더 이상 근로관계를 지속시킬 수 없는 상태에 이르러 근로계약을 해지하는 것을 말합니다. 쉽게 표현하면, 근로자의 일신상, 행태상의 이유 및 사용자의 경영상의 이유로 인한 계약이행의 불능, 계약불이행, 계약위반 등을 이유로 근로계약을 해지하는 것을 일컫는 것입니다. 징계해고는 기업질서위반자에 대하여 사용자가 근로자에게 행하는 근로관계상의 불이익 조치로서 징계처분 중 가장 강력한 수단으로서 징계처분의 성격과 통상해고의 성격의 양면을 띠는 특별한 제재벌을 말합니다.

ⓑ 제도상·성격상의 차이 : 통상해고는 일반적으로 근로자의 위법행위를 전제로 하지 않는다는 점에서 기업질서위반에 대한 제재벌로서의 성격을 갖는 징계해고와는 제도상 구별되고, 통상해고에 비하여 단순히 금전적·경제적인 불이익만을 주는데 그치는 것이 아니라 징계를 받아 해고되었다는 불명예스러운 경력을 수반

하는 특별한 불이익을 준다는 점(부산지법 91가합27276)에서 통상해고와 징계해고는 성격면에서도 차이가 있습니다.

ⓒ **절차상의 차이** : 통상해고를 할 때에는 징계해고와는 달리 취업규칙상의 징계절차나 소명의 기회 등을 부여할 필요는 없다고 보고 있고(대법 91다13533), 실제로 징계해고가 아닌 다른 사유로 해고함에 있어 인사위원회를 개최하여야 한다는 규정이 없고, 퇴직사유의 존부판단에 해당 근로자의 권익을 위하여 반드시 인사위원회의 심사 기타 절차를 거쳐야만 할 필요성이 있는 것도 아닌 경우 이와 같은 절차를 거치지 않았다 하여 퇴직처분이 위법하게 되는 것은 아니다라는 것이 대법원(95다45934)의 입장입니다.

ⓓ **절차상의 공통적용규정** : 통상해고든 징계해고든 근로관계를 종료시키는 사용자의 일방적 의사표시로서 근로기준법의 규율을 받는 것은 당연하므로 해고의 서면통지의무와 해고예고 또는 해고예고수당에 관한 규정은 모두 적용됩니다(92다20712).

③ **통상해고사유와 징계해고사유가 겹치는 경우**

ⓐ **사용자의 재량권** : 통상해고사유와 징계해고사유의 양쪽에 모두 해당하는 경우 그 사유를 이유로 징계해고처분의 규정상 근거나 형식을 취하지 아니하고 근로자에게 보다 유리한 통상해고처분을 택하는 것은 근로기준법 제23조제1항에 반하지 않는 범위내에서 사용자의 재량에 속하는 적법한 것입니다(서울행법 2013구합22338).

ⓑ **통상해고처분을 택한 경우에도 징계절차를 거쳐야 하는지** : 근로자에게 변명의 기회가 부여되지 않더라도 해고가 당연시될 정도라는 등의 특별한 사유가 없는 한 징계해고사유가 통상해고사유에도 해당하여 통상해고의 방법을 취하더라도 징계해고에 따른 소정의 절차는 부가적으로 요구됩니다(서울행법 2013구합22338).

④ **결론** : 징계해고를 할 때에는 반드시 취업규칙상의 징계절차를 준수해야 하고, 해당 근로자에게는 소명의 기회, 재심의 기회를 부여해야 향후 징계절차에 관한 법적 분쟁을 예방할 수 있습니다. 그리고 통상해고의 경우에는 취업규칙상의 제반 징계절차를 거치지 않아도 무방하지만 가능하면 통상해고의 경우에도 관련 절차를 준수하는 것이 바람직해 보입니다.

Q

[감봉의 제한과 감봉제한의 적용대상은 어디까지인지]

감봉(감급)처분은 월급이 얼마나 깎이고, 상여금도 감봉할 수 있는 건가요?

제가 부득이 무단결근을 하자 회사에서는 감봉처분을 하겠다고 하는데, 기본급과 상여금을 20% 감봉하겠다고 하는데요, 정말 법적으로 문제없는 건가요?

A

감봉은 1회 평균임금의 반액, 임금총액의 1/10을 초과할 수 없고, 상여금도 감봉대상이 될 수 있습니다.

① 감봉의 의미 : 감봉(감급)은 이미 근로를 제공하여 그에 대한 대가인 임금액을 감액하는 징계처분의 일종입니다.

② 감급(감봉)제한의 법적 근거 : 사업주의 부당한 임금착취(삭감)를 방지하기 위하여 근로기준법 제95조(제재 규정의 제한)에서는 "취업규칙에서 근로자에 대하여 감급(減給)의 제재를 정할 경우에 그 감액은 1회의 금액이 평균임금의 1일분의 2분의 1을, 총액이 1임금지급기의 임금 총액의 10분의 1을 초과하지 못한다"라고 규정하고 있습니다.

예를 들어, 1일 평균임금이 6만 원인 경우, 한번 징계사유를 위반해서 3개월 동안 감봉결정이 내려졌다면 1일 평균임금의 반액인 30,000원의 범위 내에서 1회의 감봉처분을 하여야 하고, 3개월 동안의 감급총액이 월급(1임금지급시기의 임금총액)의 10%를 넘지 않아야 한다는 것을 의미합니다.

③ 수개월동안 감봉하는 것이 가능한지 : 근로기준법상 감급제재는 1일분과 1 임금 지급기의 한도액을 이중적으로 제한하였을 뿐 그 사유와 관련하여 제한을 하지 않았으므로, 1개 사유의 경중에 따라 이중적 제한의 범위 내에서 일정기간에 걸쳐 감급할 수 있다(근기 1455-16359, 1982.06.12.). 따라서 1회 감급액이 1일분의 반액, 감급총액이 임금의 10분의 1 미만이라면 그 범위 내에서 수개월동안 감액하는 것은 가능하다(기준 1455.9-2492, 1970.03.10.).

④ 상여금의 경우

❶ 별도의 지급제한규정으로 상여금 지급을 제한할 수 있는지 : 상여금은 근로기

준법상 별도의 정함이 없어 회사의 취업규칙·단체협약 등이 정하는 바에 따르는 것이므로, 근무성적 등을 감안하여 사규 등에서 일정한 지급제한 규정을 두고 이 규정에 따라 상여금을 적게 지급하더라도 근로기준법 위반으로 볼 수 없다(임금 32240-20781, 근기 1455-25867)는 것에 이견이 없습니다.

❷ 상여금의 지급제한도 법 제95조(감급제재의 제한)의 적용을 받는지 : ⓐ 상여금의 지급제한도 법 제95조의 적용을 받는다고 보는 견해-징계자에 대하여 상여금을 제한 또는 부지급하도록 정하는 것은 단순히 '상여금 지급조건을 정한 것'이라기보다는 징계를 이유로 근로조건에 차별을 둠으로써 제재하는 것으로 볼 수 있으므로, 법 제95조의 감급의 한계를 초과하여 감급을 허용하는 것으로서 무효라고 보는 견해(서울지법 95나3342, 근로기준팀-1394)입니다. ⓑ 상여금은 법 제95조의 적용을 받지 않는다는 견해-근무실적 평가 등에 의한 상여금 지급제한은 '감급의 제재'에 해당하지 아니하고, 법 제95조의 규정에 의한 임금총액이라 함은 상여금 등 임시로 지급되는 임금을 제외하고 당해 임금지급기에 정기적으로 지급되는 임금의 총액이라 할 것이고, 상여금에 대하여는 법상 별도의 정함이 없어 취업규칙·단체협약에 따라야 할 것인데 위 단체협약 등에서 일정한 경우에 이를 차등지급하는 규정이 있다 하더라도 그 규정이 합리적이라면 법위반으로 볼 수 없는 점(서울고법 92구12942), 법 95조의 제재는 근로제공의 결과로 인하여 일단 발생한 임금채권에 대한 것이므로 상여금은 이에 해당하지 않는다(근기 68207-1997)는 견해입니다. ⓒ 소결 : 합리적인 기준·평가에 의한 상여금 지급제한과 징계의 일종인 법 제95조의 감급과는 구별해야 하고, 근무성적, 직종, 근무형태 등에 따라 상여금을 차등지급하는 것이 법위반이 아니라는 판례·행정해석의 입장을 감안하여 보면, 상여금 지급제한에도 법 제95조를 적용하여 그 한도를 제한하는 것은 합리적이지 못하다고 판단됩니다.

⑤ 퇴직금의 경우

❶ 퇴직금의 감액이 법 제95조의 적용을 받는지 : 퇴직금은 근로기준법 제95조에 규정된 감급제재대상에 포함되지 않는다고 보는 것이 일반적인 견해입니다(근기 01254-13746, 1987.08.26.).

❷ 감급제한을 초과할 수 있는지 여부 : 퇴직금은 임금에 해당하나 후불적 성격

을 지닌 임금으로서, 평균임금 산정에 포함되지 않고 따라서 감급제한을 받는 대상이 아니므로 징계해고 또는 파면하면서 회사의 규정에 의해 퇴직금 누진율을 적용하지 않거나 감액하더라도 이는 감급하고는 관계없는 것이므로 감급한도액을 초과하여도 법위반이 아니지만 법정퇴직금 규정에 위반되지 않는 범위 내에서 감액하여 지급할 수 있습니다(대법 92다 20309, 1994.04.12.).

⑥ 승급정지가 감급제재에 해당하는지 여부

취업규칙 등에서 승급의 기준을 정함에 있어 결격사유에 해당되는 근로자(예 : 징계 처분자)에 대하여 정기승급에 있어서 일정한 제한을 두는 승급정지는 기 발생된 임금의 삭감이라고 볼 수 없으므로, 이는 감급의 제재에 해당되지 않기 때문에 임금삭감이 강등으로 인한 직무변경에 따른 것이라면 감급제한대상에 해당하지 않습니다(근기 01254-1508, 근기 01254-467).

Q 5인 미만 사업장에서 해고됐는데, 부당해고구제신청을 할 수 없나요? 그렇다면 민사소송도 할 수 없나요?

저희 회사는 직원이 4명입니다. 저는 회사에서 아무런 이유도 없이 해고됐습니다. 정말 억울해서 부당해고구제신청을 하려고 하니까 5인이 되지 않는 사업장은 부당해고구제신청을 할 수 없다고 하네요. 정말인지요? 그렇다면 민사소송도 할 수 없는지요?

A 5인 미만 사업장은 근기법 제28조(구제신청)가 적용되지 않아 부당해고구제신청을 할 수 없고, 민사소송 또한 할 수 없습니다.

① 사례의 쟁점 : 이 사례는 4인 이하의 사업장은 해고제한규정이 적용되지 않는지, 근로기준법이 적용되지 않는다면 민법을 근거로 해고무효소송도 할 수 없는지가 쟁점입니다.

② 4인 이하의 사업장은 해고제한규정이 적용되지 않는지 : 회사가 추가로 다른 근로자를 고용함이 없이 계속 4인의 근로자만 고용하고 있었고, 근로자수가 한번도 5인 이상 되었던 적이 없었다면 이 회사는 해고를 제한하는 근로기준법 제23조제1

항과 제27조 및 부당해고구제신청의 근거규정인 같은 법 제28조의 적용대상이 되는 사업장이 될 수 없습니다(서울행법 2001구39769, 2002.03.14.). 따라서 5인 미만 사업장에 근무하다가 해고된 근로자가 노동위원회에 부당해고구제신청을 하면 위 규정에 의해 각하처분이 내려집니다.

③ **민법을 근거로 해고무효소송을 할 수 없는지** : 민법 제660조제1항은 '고용기간의 약정이 없는 때에는 각 당사자는 언제든지 계약해지의 통고를 할 수 있다'라고 규정함으로써 민법은 사용자에게 광범위한 해고의 재량권을 부여하고 있습니다. 그나마 5인 이상의 사업장은 근로기준법이 민법의 적용을 배제하여 해고의 재량권을 상당부분 제한하고 있는 것이니 5인 미만의 사업장에서 민법을 근거로 해고무효소송을 할 수 없습니다.

대법원(2007다1418)은 상시 5인 미만의 사업장에 대해서는 근로기준법 제23조, 제28조 등이 적용되지 않고 그 근로계약이 기간의 정함이 없는 것이라면 민법 제660조제1항이 적용되어 사용자는 사유를 불문하고 언제든지 근로계약의 해지를 통고할 수 있다고 판시하고 있습니다.

다만, 5인 미만 사업장이라도 근로계약당사자인 사용자와 근로자가 해고사유제한의 특약을 근로계약서에 명시했다면 민법 제660조제1항은 당사자의 의사로 그 적용을 배제할 수 있는 임의규정이므로, 이 특약에 따라야 하고 이러한 특약상의 제한을 위반한 해고는 무효라고 판시하였습니다.

④ **4인 이하의 사업장에는 해고예고규정도 적용되지 않는지** : 해고예고(수당)에 관한 규정은 5인 미만 사업장에도 적용됩니다. 따라서 부당해고를 당했다면 관할 고용노동청에 진정 또는 고소하여 해고예고수당을 청구할 수 있습니다.

⑤ **결론** : 대법원의 논리대로라면 해고제한의 특약을 체결하지 않았다면 4인 이하의 사업장에서는 광범위한 해고재량권이 부여된다는 것인데, 4인 이하의 사업장은 근로기준법의 보호를 받지 못하고 있다는 점, 사회적 약자인 근로자 보호 및 인간의 존엄성을 감안한다면 4인 이하의 사업장에도 민법상의 일반원칙(권리남용금지의 원칙, 신의성실의 원칙 등)을 근거로 해고무효소송을 할 수 있도록 하는 것이 합당하다고 판단됩니다.

Q

[해고된 자는 상시 근로자수 산정에서 제외되는지]

근로자가 5명인 사업장에서 A라는 근로자가 해고된 후 1개월 후에 B라는 근로자가 해고된 경우 B는 부당해고구제신청을 할 수 없나요?

A

해고된 자는 상시 근로자수 산정에서 제외되므로, B는 상시 근로자수가 4명인 사업장에서 해고된 것이므로 부당해고구제신청을 할 수 없습니다.

① **사례의 쟁점** : 이 사안은 해고된 자는 상시 근로자수 산정에서 제외되는지, 그래서 위 사례와 같이 해고된 자를 제외하면 4인 이하의 사업장이 되어 부당해고구제신청을 할 수 없는지가 쟁점입니다.

② **해고된 자는 상시 근로자수 산정에서 제외되는지** : 해고된 근로자는 그 해고의 정당성 여부와는 관계없이 해고기간 동안 근로관계가 단절된 것이 사실이므로 당해 근로자는 상시 근로자수에 산입하지 않는 것이 타당합니다(중노위 2008부해768, 2008.12.03.). 따라서 B는 부당해고구제신청을 할 수 없습니다.

Q

8월 9일 사직한 근로자가 있어 4명이 된 뒤, 8월 20일 해고한 경우, 8월 20일 당시 '상시 근로자수'는 5인 이하로 봐야 하나요?

저희 회사는 근로자수가 5인이었는데, 8.9. 근로자가 권고사직을 해서 4인이 되었고, 사장님은 8.20. 해고를 하면서 근로자수가 5인미만이니까 부당해구구제신청을 할 수 없다고 합니다.

상시 근로자수를 계산하는 방법은 다른 것같은데, 법조문을 봐도 잘 모르겠네요. 자세히 설명 좀 해주세요.

A

상시 근로자수를 산정하여 5인 이상이면 부당해고구제신청을 할 수 있고, 5인 미만이더라도 5인 이상인 기간이 1/2이상이면 가능합니다.

이 사례는 근로기준법 제28조제1항과 제2항이 동법 시행령 제7조와 관련 별표1에 의해 4인 이하 사업장에는 적용되지 않는다는 규정에 의해 당해 문제의 시발점이 만들어진 것입니다.

그렇다면 상시 근로자수의 판단기준에 대하여 살펴보고 위 사례의 경우 상시 근로자수가 5인 미만인지, 5인 미만이면 법조항이 적용되지 않는지, 그래서 부당해고 구제신청을 할 수 없는지에 대하여 검토해보도록 하겠습니다.

① 상시 근로자수 산정의 법적 근거

근로기준법 제11조는 상시 5명 이상의 근로자를 사용하는 사업(장)에의 해당여부에 따라 법 적용범위를 규정하고 있으며, 그 상시근로자 수의 산정방법은 동법 제11조제3항에서 시행령으로 위임하여 동법 시행령 제7조의2에서 규정하고 있습니다.

② 상시 근로자수의 산정방법

「상시 사용하는 근로자 수」는 해당 사업 또는 사업장에서 법적용 사유 발생일 전 1개월(이하 '산정기간'이라 한다) 동안 사용한 근로자의 연인원을 같은 기간 중의 가동 일수로 나누어 산정합니다. 이때 산정기간이 사업 성립한 날부터 1개월 미만인 경우에는 그 사업이 성립한 날 이후의 기간을 말하며, "법 적용사유"란 휴업수당 지급, 근로시간 적용 등 법 또는 이 영의 적용 여부를 판단하여야 하는 사유를 말합니다.

위 산정방법에 따라 산정한 상시 근로자수가 법 적용기준(5명)에 해당하지 않는 경우에도 산정기간에 속하는 일별로 근로자 수를 파악하였을 때, 법 적용기준에 미달한 일수가 2분의 1 미만인 경우에는 법 적용사업(장)으로 봅니다.

반대로 위 산정방법에 따라 산정한 상시 근로자수가 법 적용기준(5명)에 해당하는 경우에도 산정기간에 속하는 일별로 근로자 수를 파악하였을 때, 법 적용기준에 미달한 일수가 2분의 1 이상인 경우에는 법 적용사업(장)으로 보지 않습니다(근로기쥰법시행령 제7조의2제1항, 제2항, 근로기준과-877, 2008.06.30.).

③ "상시근로자 수의 산정"에 있어 연인원에 포함되는 근로자의 범위

해당 사업 또는 사업장에 사용하는 통상근로자, 「기간제 및 단시간근로자 보호 등에 관한 법률」에 따른 기간제근로자, 단시간근로자 등 고용형태를 불문하고 하나의 사업 또는 사업장에서 근로하는 모든 근로자와 해당 사업 또는 사업장에 동거하는 친족과 함께 상기의 근로자에 해당되는 근로자가 1명이라도 있으면 동거하는

친족인 근로자가 포함됩니다. 다만, 「파견근로자보호 등에 관한 법률」에 따른 파견근로자에 대하여는 연인원에서 제외하고 있으며 도급근로자, 용역근로자도 연인원 산정에서 제외됩니다(동법 시행령 제7조의2제4항).

④ 위 사례에 대한 상시 근로자수의 산정 예

위 사례에 따르면, 법적용사유발생일이 2013.8.20.이므로 산정기간(7.21~8.20) 동안 사용근로자의 연인원이 95명이고 산정기간 중의 가동일수는 20일입니다.

※ 연인원(延人員) : 어떠한 일에 동원된 인원수와 일수를 계산하여, 그 일이 하루에 완성되었다고 가정하고 일수를 인수로 환산한 총인원수를 말함. 예를 들어 5인이 15일, 4인이 5일 근무를 했다면 연인원은 95명이 됨.

※ 상시 근로자수

=산정기간동안 사용한 근로자 연인원/산정기간 중 가동일수 4.75=95명/20일

상시 근로자수가 4.75명으로 5인 미만의 사업장이지만 산정기간에 속하는 일별로 근로자 수를 파악하였을 때, 법 적용기준에 미달한 일수가 5일, 법 적용기준에 해당하는 일수가 15일으로, 법 적용기준에 미달하는 일수가 2분의 1 미만인 경우에는 법 적용사업(장)으로 본다는 것이 법규정이므로, 위 사례는 법 적용사업(장)에 해당합니다.

⑤ 결론 : 따라서 위 사례와 같이 8.20. 해고를 당한 근로자는 5인 이상의 사업장에 적용되는 규정(부당해고구제신청)이 적용되어 3개월 이내에 부당해고구제신청을 할 수 있습니다.

Q [4인 이하 사업장에서 '해고제한의 특약'이 있는 근로계약을 체결한 경우 해고가 제한되는지]

저희 회사는 근로자 4명이 근무하는데 사장님이 마음에 안든다며 정당한 이유도 없이 저를 해고했어요. 그런데 저희 회사와 체결한 근로계약서를 보니까 해고할 수 있는 사유가 명시되어 있고 저는 그런 사유에 해당하지도 않더라구요. 이런 경우 이 해고는 무효아닌가요?

A **근로기준법 제23조는 4명 이하 사업장이기 때문에 배제되고, 민법 제660조제1항은 근로계약의 해고제한특약에 의해 배제되므로, 근로계약의 해고제한특약에 의해 동 해고는 무효입니다.**

① **사례의 쟁점** : 이 사안은 4인 이하의 사업장에서 해고제한의 특약이 있는 근로계약을 체결한 경우 이 특약에 의해 근로기준법 제23조가 적용되는지, 이 특약에 의해 민법 제660조제1항의 적용이 배제되는지, 이 특약을 근거로 부당해고여부 또는 해고무효를 다툴 수 있는 것은 민사소송(해고무효확인소송)인지 노동위원회에의 구제신청인지가 쟁점입니다.

② **4인 이하 사업장에 대한 원칙적인 적용** : 근로기준법상 상시 4인 이하의 근로자를 사용하는 사업장에 대하여는 사용자가 정당한 이유 없이 근로자를 해고하지 못한다는 같은 법 제23조가 적용되지 않고, 이 경우 그 근로계약이 기간의 정함이 없는 것이라면 민법 제660조제1항을 적용할 수 있게 되어 사용자는 사유를 불문하고 언제든지 근로계약의 해지를 통고할 수 있습니다.

③ **해고제한 특약에 의해 근로기준법 제23조가 적용되는지** : 근로기준법은 상시 4인 이하의 사업장에 대하여는 동법 제23조의 적용을 배제하고 있고, 당사자간의 특약에 의해 법적용을 배제할 수 없으므로, 해고제한의 특약이 있더라도 근로기준법 제23조는 적용되지 않습니다.

④ **해고제한 특약에 의해 민법 제660조제1항의 적용이 배제되는지** : 민법 제660조제1항은 당사자의 의사에 의하여 그 적용을 배제할 수 있는 임의규정이므로, 상시 4인 이하의 근로자를 사용하는 사업장의 사용자가 근로자와 기간의 정함이 없는 근로계약을 체결하면서 해고의 사유를 열거하고 그 사유에 의해서만 근로자를 해고할 수 있도록 하는 해고제한의 특약을 하였다면, 근로자에 대한 해고는 민법 제660조제1항이 아닌 위 해고제한의 특약에 따라야 합니다.

⑤ **해고제한 특약을 근거로 해고무효를 다툴 수 있는지** : 위에서 살펴 본 바와 같이 해고제한 특약이 있더라도 근로기준법 제23조가 적용되는 것은 아니므로 노동위원회에 부당해고구제신청을 할 수 없고, 근로기준법 제23조제1항에 의한 해고제한의 적용을 받지 않는다 하더라도 근로계약의 내용을 이루는 해고제한에 관한 규

정(특약)에 구속되고 민법 제660조제1항의 적용이 배제되므로 고용계약 해지의 자유가 인정되는 것도 아니며, 다만 해고제한 특약이 있는 근로계약을 근거로 해고무효확인소송을 제기해야 할 것입니다(대법 2007다1418, 2008.03.14.).

Q **[출근 전 문자로 결근사실을 알린 경우도 무단결근에 해당하는지]**

출근 직전 7시경 '감기가 심해서 출근하기 어렵다'라는 문자를 사장에게 보냈고, 8시경 '알았다'라는 답장을 받았는데도 회사는 수습기간 중 무단결근이라면서 해고를 했습니다. 사장의 답장을 받았는데도 무단결근에 해당하나요?

A **출근 직전 결근사실을 통보했고 대표로부터 '알겠다'는 답장을 받아 결근에 대한 승인을 받았으므로, 무단결근으로 볼 수 없어 정당한 해고사유로 보기 어렵습니다.**

회사 취업규칙에 의하면 질병으로 결근하는 경우 사후승인을 받을 수 있게 규정하고 있음에도 병가에 대한 사후승인 기회를 주지 않고 결근 다음 날 해고를 통보한 것은 문제가 있고, 출근 직전 대표에게 감기로 인한 결근사실을 통보했고 대표로부터 알겠다는 답장을 받아 결근에 대한 승인을 받았으므로 무단결근이라 할 수 없어 정당한 해고사유로 보기 어렵습니다(서울행정법원 판례).

Q **회사에서 사직서를 제출하라고 강요하는데 어떻게 해야 하나요?**

회사에 미운털이 박혔는지 특별한 이유없이 사직서를 제출하라고 합니다. 사직서를 제출해야 실업급여도 받을 수 있고 다른 회사에 들어가기도 수월하다면서 말입니다. 정말 그런가요? 저는 이런 상황에서 사직서를 쓰는 것이 좋은 건가요?

A **회사를 그만둘 생각이 아니라면 사직서를 쓰면 불리해 질 수 있으므로 사직서를 쓰지 않는 것이 원칙입니다.**

회사의 권유에 의해 사직서를 제출하는 것을 '권고사직'이라고 하는데, 권고사직과 해고는 전혀 다른 것입니다. 권고사직은 근로자 스스로 사직의 의사표시에 의하여 사직서를 제출하게 하고 회사는 이를 수리하는 형식으로 일을 처리하는 것으로, 근로자와 사용자가 서로 합의하에 근로계약을 해지한 것으로 보기 때문에 노동위원회에 부당해고 구제신청을 하게 되었을 때 해고를 당했다는 것을 입증하는데 어려움이 있습니다.

당사자간의 합의로 근로관계가 종료되는 것은 ㈎ 권고사직, ㈏ 근로계약 기간의 만료로 인한 종료, ㈐ 정년퇴직이 있고, 당사자 일방에 의한 해지에는 ㈎ 근로자의 일방적인 사직서 제출, ㈏ 사용자의 일방적인 계약 해지인 해고가 있습니다. 근로기준법은 사용자의 일방적인 근로계약의 해지인 해고의 경우에 대하여만 구제신청을 인정하고 있으므로 사직서를 제출하는 것은 신중을 기해야 할 것입니다.

Q 계약직의 경우 회사의 '재계약 거부'는 해고인가요?

저는 1년을 기간으로 하는 계약을 체결하고 입사를 한 계약직 근로자입니다. 정확히 1년이 되는 날 재계약을 체결하지 않을 거니까 그만두라고 하더라구요. 이런 재계약 거부도 해고 아닌가요?

A 계약기간 만료로 인한 근로관계의 종료는 해고가 아닙니다.

계약기간의 만료로 근로관계가 종료하는 경우는 당사자의 합의로 근로관계가 종료된 것으로 해고에 해당하지 않기 때문에 부당해고구제신청도 할 수 없습니다.

근로계약기간을 정한 경우에는 당사자 간의 근로관계는 특별한 사정이 없는 한 그 기간이 만료함에 따라 사용자가 해고의 의사표시를 하는 등 별도의 절차를 거칠 필요 없이 당연히 종료된다할 것이므로, 계약기간 만료 전에 회사가 근로자에게 한 계약기간 만료일 및 계약갱신거절의사의 통지는 근로계약의 해약, 즉 해고라고 할 수 없다는 것이 판례(대법 95다5783, 1996.08.29. 전원합의체 판결)의 입장입니다.

하지만 1년 단위로 근로계약을 체결해 왔다고 하더라도 수차례에 걸쳐 같은 형태의 근로계약이 반복, 갱신되어 왔다면 '기간이 없는 근로계약'으로 간주된다고 보는 것이 판례와 행정해석이므로, 이런 경우에는 해고에 해당하여 부당해고구제신청을 할 수 있습니다. 근로계약서에는 계약기간을 명시하였더라도 '기간의 정함이 없는 근로계약'이라고 보기 위해서는 계약서의 내용과 근로계약이 이루어지게 된 동기 및 경위, 기간을 정한 목적과 당사자의 진정한 의사, 동종의 근로계약 체결방식에 관한 관행 그리고 근로자보호법규 등을 종합적으로 고려하여 그 기간의 정함이 단지 형식에 불과하다는 사정이 인정되어야 할 것입니다(대법 98두625, 1998.05.29.).

Q [기간제 근로계약의 갱신기대권 인정여부]

채용공고에는 '정규직'이라고 되어있어 응시를 하였는데, 정작 근로계약서에는 계약기간이 명시되어 있었고, 2년차 11월에 계약기간 만료를 이유로 근로계약 해지통보를 한 경우 부당해고 아닌가요?

A **채용공고에 정규직이라고 되어있었고, 전임자도 매년 근로계약을 갱신하는 형태로 17년을 근무한 점 등을 감안하면 근로계약이 갱신될 수 있다는 정당한 기대권이 인정되므로 부당해고입니다.**

근로계약기간을 1년으로 정하였다 하더라도 계약기간 만료로 인하여 당연히 근로관계가 종료된다고 단언할 수는 없고 회사내의 관행, 동 계약을 체결하게 된 동기, 경위, 비정규직보호법 등을 종합적으로 고려하여 판단할 문제이고, 대법원은 노사간에 근로계약이 갱신된다는 신뢰관계가 있는 경우에는 그 갱신을 거절하는 것은 부당해고로 보고 있습니다.

서울행정법원은 구인공고에 고용형태가 '정규직'으로 기재되어 있었던 점, 모든 근로자들은 1년 단위의 근로계약을 반복 체결해왔고 그런 방식으로 20년 넘게 근무한 근로자도 있는 점, 전임자 또한 그런 방식으로 17년간 근무해온 점 등을 볼 때 근로계약이 갱신될 수 있다는 정당한 기대권이 인정된다며 부당해고라고 판결하였습니다(서울행정법원 2017구합78735, 2018.3.29.).

Q 징계위원회도 개최하지 않고 해고할 수 있나요?

저는 얼마 전에 해고된 근로자입니다. 그런데 징계사유는 그렇다고 해도 징계위원회도 개최하지 않고 일방적으로 해고통보를 하더라구요. 이렇게 징계위원회의 개최나 여러 절차를 거치지 않고 해고를 해도 상관없는 건가요?

A 징계절차의 규정여부에 따라 달라집니다.

징계해고를 하기 위해서는 징계사유의 정당성과 징계절차의 정당성이 동시에 충족되어야 합니다. 징계절차의 정당성이란 취업규칙 등에 규정된 징계절차를 준수하여 징계처분을 해야 그 징계가 정당성을 갖는다는 의미입니다.

근로기준법은 징계절차에 대해서는 특별한 규정을 두고 있지 않으므로 취업규칙이나 단체협약상의 규정을 따르는 것이 일반적입니다. 따라서 징계절차의 정당성의 판단은 징계절차를 규정하고 있는 경우와 규정하고 있지 않은 경우로 구분하여 설명하는 것이 좋을 듯 합니다.

취업규칙이나 단체협약에 징계절차로서 징계위원회를 통해 징계에 대해 의결을 거치도록 규정하고 있음에도 이런 징계위원회의 의결절차를 거치지 않은 경우에는 이 징계처분은 징계절차상 중대한 하자가 있는 것으로 원칙적으로 무효입니다.

하지만 취업규칙이나 단체협약 등에 징계절차를 규정하고 있지 아니한 경우에는 그러한 징계절차를 거치지 않고 해고를 구두로 통보했다고 하여 반드시 징계절차상의 문제가 있다고 보지 않고(대법 97누14132), 사회통념상 인정되는 절차에 따라 징계를 하더라도 그 징계를 무효로 보지 않습니다(대법 90다카27402 ; 근기 01254-5591, 1987.04.06.).

이에 반해 재심결정례(2000부해56, 2000.03.30.)에서 사업장에 취업규칙이 구비되어 있지 않아서 징계처분의 근거규정이 없는 경우 징계사유에 대한 객관적이고 구체적인 증거자료 없이 사용자의 심증과 소속직원의 진술서에만 의존하여 징계절차도 거치지 않고 사용자가 일방적으로 해고 통보한 것은 부당해고라고 보는 예도 있습니다.

따라서 징계절차규정이 없는 경우에는 적어도 사회통념상 합리적인 범위 내에서 징계절차를 거쳐야 할 것이고, 이러한 절차를 거쳤다면 징계절차의 정당성이 없다고 단언할 수는 없을 것입니다.

Q **[징계위원회 출석 미통지, 촉박한 통지의 정당성 여부]**

소명의 기회를 부여하지 않거나 촉박하게 통지하여 준비할 시간을 주지 않은 경우 징계해고는 정당한 건가요?

회사측은 징계위원회에 출석하라는 통지를 불과 1시간 전에 했고, 징계위원회에서도 소명의 기회를 주지도 않았을 뿐만아니라 징계위원회의 위원도 대부분 사용자와 친분관계에 있는 상사들이었고 저는 징계위원회에 출석만 했을 뿐입니다. 이런 징계해고가 정당한 것인가요?

A **촉박하게 통지하여 준비시간을 주지 않았고, 소명의 기회도 부여하지 않았다면 이 징계는 징계절차 위반으로 효력이 없습니다.**

징계대상자에 대하여 징계위원회를 개최하여 소명의 기회를 부여하도록 한 것은 징계의 객관성과 공정성을 확보하기 위한 것으로서 징계의 유효요건이라 할 것이므로, 징계위원회를 개최하여 징계대상자에게 소명의 기회를 부여하지 아니한 것은 징계절차상의 중대한 하자가 있어 징계로서의 효력이 없다고 할 것입니다(서울행법 2003구합19067, 2004.02.03.). 또한 불과 1시간 전의 촉박한 출석통지는 징계대상자로 하여금 사실상 변명과 소명자료를 준비할 수 없게 만드는 것이어서 적법한 통보라고 볼 수 없습니다(대법 90다8077, 1991.07.09.).

더 나아가 징계위원회 출석통지를 하기 전에 징계사유에 대하여 아무런 고지를 하지 않은 경우에도 징계절차상 하자가 있다고 볼 여지도 있습니다.

징계위원회에 출석하여 소명을 하기 위해서는 출석 전에 본인의 징계사유, 즉 비위행위를 대략이나마 알고 있었어야 할 것인데, 징계사유가 무엇인지도 모르는 상태에서 징계위원회에 참석했다면 소명에 대한 준비가 전혀 되어 있지 않았을 것이고, 이런 상태에서 소명을 하는 것은 소명으로서의 큰 의미가 없을 뿐만 아니라 소명의 기회를 부여하지 않은 것과 크게 다르지 않기 때문입니다.

Q 사용자측 위원만으로 구성된 징계위원회의 해고는 정당한 건가요?

제 동료가 징계해고를 당했는데요, 저희 회사의 징계위원회는 모두 사용자측 위원으로만 구성되어 있다고 합니다. 제가 알기로는 징계위원회 위원은 노사 동수로 구성해야 한다고 알고 있는데, 이래도 괜찮은 건가요?

A ① 중대한 절차상 하자로 무효입니다.

징계위원회 위원수가 노사동수로 구성되어 있는 회사는 일반적으로 노동조합이 있는 경우로, 모든 회사의 징계위원회 위원수가 노사동수인 것은 아닙니다.

단체협약에 징계위원회 위원수를 노사동수로 한다는 규정이 있는 경우 해고대상자가 조합원이라면 그 징계에 있어서 단체협약이 적용되어야 하므로, 회사가 징계위원회를 노사동수로 구성해야 한다는 단체협약의 규정에 반하여 사용자측 징계위원들만으로 구성된 징계위원회의 의결에 따라 행한 징계해고처분은 절차에 중대한 하자가 있어 무효라고 할 것입니다(서울행법 2003구합14468, 2004.01.15.).

② 사규에 '구성에 관한 규정'이 있다면 절차상 하자로 볼 수 없습니다.

취업규칙이나 단체협약, 인사위원회 규정에 회사의 간부들을 위원으로 징계위원회를 구성한다는 규정이 있다면 이런 경우까지 절차상의 하자가 있다고 단정할 수는 없을 것입니다. 이런 경우에는 징계의 사유와 양형의 적정성 등에 대한 정당성 여부로 부당해고여부를 판단하여야 할 것입니다.

Q 경력사칭(이력서 허위기재)을 했다고 해고할 수 있나요?

저는 대학교를 졸업하고 취직이 너무 안돼서 고졸로 속이고 생산직에 취직을 했습니다. 대졸이라고 하면 생산직은 받아주질 않아서요. 그렇게 3년 정도를 일했는데, 어느 날 갑자기 경력사칭을 이유로 징계해고를 한다는 거예요. 이래도 되는 거예요?

A 경력사칭이 해고사유인가는 개별적 사건에 따라 다릅니다.

경력사칭이 징계사유에 해당하는지 여부는 취업규칙에 학력허위기재가 징계사유로 규정되어 있는지, 입사에 있어서 학력 등의 진실한 기재가 갖는 중요성에 따라 다르므로 단언할 수 없습니다.

회사에서 근로자를 고용하면서 학력 또는 경력을 기재한 이력서나 그 증명서를 요구하는 이유는 단순히 근로자의 근로능력을 평가하기 위해서만이 아니라 노사간의 신뢰형성과 기업질서유지를 위해서는 근로자의 지능과 경험, 교육 정도, 정직성 및 직장에 대한 정착성과 적응성 등 전인격적인 판단을 거쳐 고용여부를 결정할 필요가 있어 그 판단자료로 삼기 위한 것이므로, 회사가 허위기재 사실을 알았더라면 근로자를 고용하지 않았을 것으로 보이는 한 6년 여간 별다른 문제가 없었다 하더라도 이를 해고사유로 들어 해고한다 하더라도 부당하다고는 할 수 없다는 판례가 있습니다(서울고법 2003누72, 2003.11.06.).

하지만 학력 및 경력 은폐가 회사의 경영질서 유지 및 노사간 신뢰관계에 영향을 주어 회사가 사전에 그 사실을 알았다면 고용계약을 체결하지 아니하였거나 적어도 동일 조건으로는 계약을 체결하지 아니하였을 거라는 객관적인 사정이 존재하지 아니한다면 징계해고는 위법하다는 판례도 있습니다(대법 2003두14338, 2004.02.27.).

위와 같이 기존 판례는 '채용당시' 허위기재 사실을 알았더라면 근로자를 채용하지 아니하였거나 적어도 동일한 조건으로 계약을 체결하지 않았을 것이라고 하여

'채용당시의 사정'을 해고의 정당성여부를 판단하였으나, 최근 판례(대법 2009두16763, 2012.07.05.)는 '고용 당시'에 사용자가 근로자의 실제 학력 등을 알았더라면 어떻게 하였을지에 대하여 추단하는 이른바 가정적 인과관계의 요소뿐만 아니라 '고용 이후 해고시점까지' 제반사정을 보태어 보더라도 그 해고가 사회통념상 현저히 부당한 것은 아니라고 인정이 되어야만 정당성이 인정될 수 있다고 할 것이다라고 하여 이력서 허위기재에 따른 해고의 정당성 판단시점을 넓게 보고 있습니다.

이력서 허위기재는 노사간의 신뢰관계를 손상시킬 수 있는 잘못이기는 하지만 실제로는 사내질서를 문란케 하는 등의 비위행위가 나타나지 않았음에도 가정적 위험성만을 내세워 근로자의 해고에 대하여 정당성을 인정해주는 것은 문제의 여지가 있으므로, 근로기준법 제23조제1항을 근거로 '해고당시' 사회통념상 정당성이 있는지도 중요한 판단기준으로 삼아야 할 것입니다.

Q 경미한 사내 폭행으로 징계해고를 하는 건 정당한 건가요?

저는 약 10년 동안 회사에서 근무하면서 특별히 징계를 받은 바 없이 성실하게 근무해 온 근로자입니다. 그러던 어느날 작업을 하는데, 파워카 운전자가 난폭운전으로 저를 살짝 부딪치는 사고가 발생했습니다. 저는 죽을 고비를 넘긴 후에 몹시 흥분하여 상사인 운전자의 멱살을 잡고 폭언을 했습니다. 그런데 회사에서는 사내폭행이라는 이유로 징계해고를 했습니다. 이런 경우 정말 해고해도 아무런 말을 할 수 없는 건가요?

A 폭행의 정도와 경위에 따라 정당할 수도, 부당할 수도 있습니다.

사내폭행사건이라고 하더라도 그 행위의 태양, 경위, 결과 등을 고려하여 달리 징계할 수 있지만 회사 입장에서는 더 이상 근로관계를 유지할 수 없을 만한 사정이 발생하였다면 사내폭행을 한 근로자를 해고한 것은 회사의 정당한 징계 재량권의 범위 내에서 한 것이라 보는 판례(서울행법 2002구합39149, 2003.04.18.)가 있습니다.

하지만 파워카와의 충돌로 큰 위험직전까지 이르게 되자 심리적으로 매우 흥분된 상태에서 상사에게 감정적으로 대응하게 된 점과 근로자의 폭행행위가 사회통념상 고용관계를 더 이상 계속할 수 없을 정도에까지 이르렀다고 보기는 어렵다고 하여 징계해고는 재량권을 일탈한 것으로 보는 판례도 있습니다(서울고법 2003누7202, 2004.04.02.).

위의 경우는 상습적으로 상사를 폭행한 것이 아니고 어떠한 사건에 의하여 우발적으로 상사를 폭행하게 된 것이므로 이런 사유만으로 징계해고를 한 것은 양형상의 문제가 있을 뿐만 아니라 해고사유의 정당성에도 문제가 있어 보입니다.

Q 무단결근, 조퇴, 근무이탈을 이유로 징계해고 할 수 있나요?

저희 회사의 사규에는 '지각을 3회 이상 하면 1일을 결근한 것으로 본다'는 규정이 있습니다. 저는 지각을 좀 자주 하는 편인데, 그런 이유로 감봉처분을 받은 적도 있었습니다. 얼마 전에는 회사 근처로 친구가 찾아와서 금방 들어오겠다는 생각으로 몰래 나갔다가 부장님한테 들켰는데, 정말 어이없게도 징계해고처분을 받았습니다. 이런 작은 이유로 해고를 할 수도 있나요?

A 그 정도에 따라 다르게 판단해야 합니다.

먼저 3회 이상 지각을 하거나 조퇴를 하면 1일 결근으로 처리한다는 징계사유는 무효라고 봐야 합니다. 지각이나 조퇴를 결근으로 간주하여 임금을 공제하는 것은 부당합니다. 하지만 지각, 조퇴에 대해 그 시간에 해당하는 임금을 공제한다든가 감급결정을 한다든가 근태성적에 반영하여 상여금지급여부를 결정하는 것은 무방할 것입니다.

그리고 근무지 이탈의 경우도 회사의 근무장소를 완전히 이탈할 것이 아니고, 이탈횟수도 1회에 그쳤으며 이탈 시간도 극히 짧았다면 징계의 종류 중 가장 무거운 해고처분을 선택한 것은 재량권의 범위를 벗어난 것으로 부당하다고 보입니다(서울행법 2003구합24106, 2003.12.16.).

하지만 지각을 자주하여 몇 차례의 경고나 감봉처분을 받은 후에도 다시 지각을 하거나 근무지를 이탈하였다면 징계해고가 전혀 불가능해 보이지는 않습니다.

Q 부당해고구제신청에도 기한이 있나요?

제가 부당해고를 당한 지 2개월이 넘었는데요, 친구가 30일 이내에 해야 된다고 해서 포기하고 있습니다. 부당해고구제신청은 언제까지 할 수 있나요?

A 해고일로부터 3개월 이내에 구제신청을 해야 합니다.

해고를 당했는데 해고사유가 부당하다고 생각되면 해고일로부터 3개월 이내에 관할 노동위원회에 부당해고 구제신청을 제기할 수 있습니다. 아직 2개월 정도밖에 되지 않았다면 노동위원회에 부당해고구제신청을 할 수 있습니다.

Q 부당해고구제신청은 3개월 이내에 해야 하는데, 이 3개월의 기산점은 언제인가요?

저는 징계위원회의 의결에 따라 2013.12.01. 해고되었는데, 제가 재심신청을 해서 재심결정은 12.20.에 통보를 받았습니다. 부당해고구제신청은 3개월이내에 하면 된나고 해서 3.10에 했습니다. 그런데 3개월이 지났다고 각하한다고 합니다. 12.20.에 해고통보를 받았으니까 03.20.이전에 구제신청을 하면 되는 것 아닌가요?

A 부당해고 등 구제신청기간의 기산점은 재심의결통지를 받은 때가 아니라 원처분일로부터 3개월입니다.

① **쟁점** : 이 사안은 12.01. 해고결정이 되고 재심결정은 12.20.에 받은 경우 3개

월의 제척기간은 언제부터 기산해야 하는지가 쟁점으로, 12.01.부터 기산하는 것이 맞는지, 아니면 12.20.부터 기산하는 것이 맞는지가 문제됩니다.

② **관련 재심결정예** : 이 사건 근로자는 재징계의결을 권리구제신청 기산일로 보아 이 사건 구제신청의 제척기간이 도과하지 아니하였다고 주장하나, 징계권자인 이 사건 사용자가 스스로 최초의 징계처분을 취소하고 새로이 재징계처분을 한 것이 아닌 점, 위 법원의 판단법리 등으로 볼 때 이 사건 권리구제 신청기간의 기산점은 최초 징계처분 통지를 받은 날(원처분일)로 봄이 타당하다 할 것입니다(중앙 2012부해779).

③ **관련 판례** : 대법원 판례도 재심절차를 거친다 하더라도 노동위원회에 권리구제를 신청할 수 있는 구제신청기간의 기산점은 재심의결을 통지받은 때가 아닌 애초의 징벌처분이 있는 때에 곧 발생한다고 보아야 한다(대법 96누5926, 1997.02.14.)라고 판시하고 있습니다.

④ **노동위원회 규칙 제40조제4호** : 동 규칙 제40조제4호에서는 "단체협약이나 취업규칙 등에 징계재심절차가 규정된 때에는 원처분일이 기산일이 된다"라고 규정하고 있습니다.

⑤ **결론** : 위 사안에서 원처분일은 12.01.이므로 이 때를 기준으로 기산하면 2014.03.10.은 제척기간인 3개월이 도과하였으므로 각하되는 것이 맞습니다.

Q [요양승인이 지연되어 3개월이 경과한 경우 부당해고구제신청 제척기간의 도과로 각하되는지]

몸이 아파서 출근하지 못하자 무단결근으로 해고한 경우 산재신청이 3개월이 지나 승인되었다면 부당해고구제신청은 할 수 없나요?

A **부당해고구제신청의 제척기간(3개월)이 도과했다면 이유를 불문하고 동 구제신청은 각하처분이 내려집니다.**

① **사례의 쟁점** : 이 사례는 요양급여신청 불승인에 대해 행정소송을 제기하여 승소확정 판결로 승인을 받은 경우 근로기준법 제23조에 의해 요양으로 인한 휴업

기간 중의 해고는 원천무효이므로, 구제신청 기산일도 승소판결 후 최초 요양승인일부터 기산하는 것이 맞는지가 쟁점입니다.

② **중앙노동위원회 재결례** : 요양으로 인한 휴업기간 중 해고의 정당성 여부는 별론으로 하고, 제척기간의 기산을 달리 할 수는 없으므로 3개월 이상 경과한 이후의 구제신청은 각하 사유에 해당된다(중노위 2008부해162, 2008.05.21.).

③ **행정법원의 판례** : 근로기준법상 부당해고 등 구제신청의 제척기간은 3개월 이내에 하도록 규정하고 있으므로, 제척기간이 경과하면 신청인이 책임질 수 없는 사유로 그 기간을 준수하지 못하였다는 등 그 기간을 해태함에 정당한 사유가 있다고 하더라도 행정적 권리구제를 신청할 권리는 소멸한다(서울행법 2012구합10000, 2012.10.23.).

④ **결론** : 심사청구, 재심사청구, 행정소송을 통해 산재가 승인되었더라도 제척기간(3개월)이 경과했다면 부당해고구제신청은 각하됩니다.

Q 부당해고 구제신청사건을 진행하면서 타 직장에 근무할 수 있나요?

한달 전에 해고통보를 받은 후 지방노동위원회에 부당해고 구제신청을 하려고 하는데, 구제신청 후 판정까지 약 2개월이 더 소요된다고 하니 그 동안 실직자로 있기에는 경제사정이 어려워 자리가 나면 다른 곳에서 근무를 하려고 합니다. 그러나 해고기간중 타 직장에 근무하면 자동사퇴처리가 되고 임금도 받을 수 없다는 말도 있는데 사실인가요?

A 구제신청기간중 일시적인 타직장에서의 근무는 가능합니다.

근로자가 노동위원회에 부당해고구제신청을 제기하고 생계를 위해 일시적으로 다른 직업에 종사한다 하여 종전 사용자와의 근로계약을 해지하거나 스스로 파기하였다고 할 수는 없습니다. 따라서 부당해고구제신청 중에 타 직장에 일시적으로 근무하는 것은 가능합니다. 하지만 일시적 취업이 아니라 종전 직장에 복직할 의사가 전혀 없는 경우라면 부당해고 구제신청의 이익이 없게 되므로 구제신청은 각하 사유가 될 여지도 있을 것입니다(근기 68207-1755, 2001.05.30.).

Q 원직복직 명령에 사용자가 대기발령을 해도 되나요?

저는 부당해고를 당하고 노동위원회에 구제신청을 해서 원직복직 명령을 받아냈습니다. 그런데 기쁨도 잠시 사용자가 저를 원직에 복귀시키지 않고 대기발령을 내는 거예요. 이렇게 대기발령을 내는 것도 원직에 복직시킨 것으로 볼 수 있나요?

A 원직복직명령을 이행한 후 근로자를 대기발령하는 것은 시정명령을 이행한 것으로 봅니다.

노동위원회로부터 원직복직명령을 받은 경우의 '원직'이라 함은 반드시 복직전의 직책만을 의미하는 것은 아니며, 기업의 인사질서, 사용자의 경영상 필요, 작업환경의 변화 등을 고려하여 복직 근로자에게 그에 합당한 일을 시킨다면 비록 종전업무와 다소 다르더라도 원직복직을 이행한 것으로 볼 수 있습니다. 복직 대상자를 '대기발령'한 것은 '복직 전의 직책 또는 종전 업무와 유사한 업무'로 원직 복직시킬 수 없는 불가피한 사정이 없는 한 원직복직 시정명령을 이행한 것으로는 볼 수 없습니다. 다만, 원직복직 시정명령을 이행한 후 전보권을 행사하거나 대기발령한 경우에는 그 전보 또는 대기발령의 정당성 여부는 별론으로 하고 원직복직 시정명령을 이행한 것으로 볼 수 있습니다(근기 68207-891, 2003.07.16.).

Q 부당해고로 복직된 자의 해고기간은 연차휴가 산정을 위한 소정근로일수·출근일수에 넣어야 되나요?

저는 부당해고를 당했다가 긴 법정 투쟁 끝에 원직 복직됐습니다. 그런데 부당해고기간을 연차휴가를 산정하기 위한 출근율에 넣어야 하는지의 문제가 발생했습니다. 부당해고기간도 연차휴가 산정을 위한 출근일수에 포함시켜야 하나요?

A [판례와 행정해석의 견해대립]

판례는 부당해고기간을 출근일로 보아 연차휴가를 산정하면 된다는 입장이고, 행정해석은 부당해고기간을 소정근로일수에서 제외해야 한다는 입장입니다.

① **사례의 쟁점** : 이 사안에 대하여 행정해석은 부당해고기간을 제외한 나머지 소정근로일수에 대한 출근율에 비례하여 연차휴가일수를 산정해야 한다는 입장이고, 판례는 부당해고기간은 출근일로 보아 연차휴가일수를 산정해야 한다는 입장으로 견해차이가 있는데, 이에 대한 면밀한 검토가 필요합니다.

② **판례와 행정해석의 설명** :

ⓐ **부당해고기간의 소정근로일수에 산입여부** : 판례(대법 2011다95519)는 부당해고기간은 소정근로일수에 산입하여 출근한 것으로 보아야 한다는 입장이지만 행정해석(근로기준과-5084, 2009.12.01.)은 소정근로일수에서 제외하여야 한다는 입장입니다. 부당해고기간이 6개월이라고 가정하고 연차휴가일수를 산정하면 판례에 의하면 15일의 연차휴가가 발생하지만 행정해석에 의하면 7.5일의 연차휴가가 발생합니다.

ⓑ **부당해고기간에 대한 연차휴가미사용수당의 발생여부** : 행정해석에 의하면 부당해고기간을 소정근로일수에서 제외하고 있기 때문에 부당해고기간에 대한 연차휴가미사용수당은 발생할 여지가 없지만, 판례에 의하면 부당해고기간을 소정근로일수에 산입하여 출근한 것으로 보기 때문에 동 기간에 대한 연차휴가미사용수당은 당연히 발생한다고 봅니다.

ⓒ **부당해고로 1년 전체를 출근하지 못한 경우 연차휴가의 발생여부** : 판례는 연차휴가가 정상적으로 발생한다고 보지만 행정해석은 제도적 취지에 비추어 보면 연차휴가는 발생하지 않는다는 입장입니다.

ⓓ **'부당해고기간 중의 임금상당액'에는 연차휴가미사용수당도 포함되는지** : 판례는 부당해고기간을 '출근일'로 보고 있고, 부당해고기간 중의 '임금상당액'을 근로기준법 제2조의 임금(대법 2011다20034)으로 보고 있기 때문에 '임금상당액'에는 연차휴가미사용수당도 포함된다는 입장이지만, 행정해석은 부당해고기간을 소

정근로일 및 출근일에서 제외하고 있고, 부당해고기간 중의 '임금상당액'을 사용자의 귀책사유로 근로자가 노무를 제공하지 못한데 따른 민법상의 손해배상금 성격을 갖는 금품(근로조건지도과-4843)이라고 보고 있기 때문에 '임금상당액'에는 연차휴가미사용수당이 포함될 여지는 없다는 입장입니다.

⑤ **결론** : 연차휴급휴가기간을 산정함에 있어 징계기간을 소정근로일수에 포함시키되 출근일수에서 제외하는 것이 타당하다는 판례(대법 2008다41666)에 따라 징계기간을 소정근로일수에서 제외해야 한다는 것(근기 68207-402)을 소정근로일수에 포함하여 결근 처리하는 것이 타당하다고 본 행정해석(근로기준과-3296, 2009.09.01.)으로 변경한 예를 보면, 위 행정해석(근로기준과-5084)도 대법원 판례(2011다95519)를 따르는 것이 타당하다고 판단됩니다.

Q **노동위원회의 부당해고구제명령을 이행하지 않는 사업주에게 부과하는 '이행강제금'과 확정된 구제명령(재심판정)을 이행하지 아니할 경우의 '처벌규정'(근로기준법 제111조)이 이중처벌인지 여부**

① **문제의 쟁점** : 이 사안은 근로기준법 제33조(이행강제금)와 근로기준법 제31조제3항을 위반한 경우의 처벌규정 제111조가 이중처벌인지에 대한 문제입니다. 관련규정은 다음과 같습니다.

• **근로기준법 제33조** : ① 노동위원회는 구제명령(구제명령을 내용으로 하는 재심판정을 포함한다. 이하 이 조에서 같다)을 받은 후 이행기한까지 구제명령을 이행하지 아니한 사용자에게 2천만원 이하의 이행강제금을 부과한다.

• **근로기준법 제31조** : ③ 제1항과 제2항에 따른 기간 이내에 재심을 신청하지 아니하거나 행정소송을 제기하지 아니하면 그 구제명령, 기각결정 또는 재심판정은 확정된다.

• **근로기준법 제111조** : 제31조제3항에 따라 확정되거나 행정소송을 제기하여 확정된 구제명령 또는 구제명령을 내용으로 하는 재심판정을 이행하지 아니한 자는 1년 이하의 징역 또는 1천만원 이하의 벌금에 처한다.

② **사안** : 甲회사는 근로자 3명을 징계해고하였고, 노동위원회에서 부당해고판정을 받았음에도 구제명령을 이행하지 않자 노동위원회는 근로기준법 제33조를 근거로 같은 해 10월 1,500만원의 이행강제금을 부과하였고, 계속하여 구제명령을 이행하지 않아 다음 해 3월에 1,800만원을 부과하였습니다. 이에 甲회사는 이행강제금부과처분 취소소송을 제기한 뒤 헌법소원(구제명령이나 관련 행정소송이 확정되기 전에 이행강제금을 부과토록 하는 것은 부당하고, 동일한 사안을 형사처벌하는 조항이 있어 이중처벌 가능성이 있다)을 청구한 사건입니다.

③ **헌법재판소 판결** : 이에 대하여 헌재는 이행강제금은 과거의 법위반행위에 대한 제재로서의 형벌이 아니라 장래의 의무이행확보를 위한 강제수단일 뿐이어서 국가가 형벌권을 실행하는 것으로 볼 수 없으므로 이중처벌금지의 원칙에 반하지 않는다고 판결하였습니다.

덧붙여 '부당해고 등이 있으면 근로자는 생계곤란을 겪게 돼 신속한 구제가 필요하지만 사용자는 분쟁기간이 길어지더라도 실질적인 불이익이 크지 않기 때문에 강제수단이 필요하므로 사용자에게 심리적 압박을 가해 의무를 이행하게 할 정도의 금액일 필요가 있는 만큼 최고 2,000만원을 연2회, 최장 2년간 부과할 수 있도록 한 것이 과도한 것으로 보이지 않는다'고 설명하고 있습니다.

④ **결론** : 따라서 甲회사에 2차례의 이행강제금을 부과하였음에도 계속 구제명령 또는 재심판정을 이행하지 아니하였다면 근로기준법 제111조를 근거로 1년이하의 징역 또는 1천만원이하의 벌금으로 형사처벌을 하여도 이를 이중처벌이라 할 수 없습니다.

Q **[징계(정직)처분과 당연면직처분은 이중처벌인지]**

근로자의 불법행위에 대하여 징계(정직)처분을 하였는데, 이후 같은 불법행위로 벌금형이 확정되어 당연면직처분했다면 이것은 이중처벌금지원칙에 반하는 것 아닌가요? 그리고 당연면직처분을 할 때에도 징계절차를 거쳐야 하는 것 아닌가요?

A **징계처분과 법원유죄판결에 따른 당연면직처분은 이중처벌금지원칙에 반하지 않고, 당연면직사유가 징계사유에도 규정되어 있는 경우를 제외하고 징계절차를 거치지 않아도 됩니다.**

① **사례의 쟁점 :** 이 사안은 징계처분 이후 당연면직처분을 하는 것은 이중처벌금지원칙에 반하는 것은 아닌지, 당연면직처분도 일반 징계절차를 거쳐야 하는지가 쟁점입니다.

② **징계처분과 법원유죄판결에 따른 당연면직처분은 이중처벌금지원칙에 반하는지 :** 판결에 의하여 집행유예 이상의 형이 확정되었음을 이유로 한 당연퇴직처분과 징벌 제재인 정직처분은 그 성질을 달리하므로 위 당연퇴직처분이 일사부재리 또는 이중처벌금지원칙을 위반한 것이라고 할 수 없습니다(대법 2003두12639, 2005.04.15.).

③ **당연면직(퇴직)처분의 경우에도 일반의 징계절차를 준수해야 하는지 :** 당연면직에 대하여 일반의 징계해고와 달리 아무런 규정을 두지 아니한 경우에는 그 당연면직사유가 동일하게 징계사유로도 규정되어 있는 경우를 제외하고는 당연면직처분을 하면서 일반의 징계절차를 거쳐야 한다고 할 수 없으며, 이는 당연퇴직사유가 실질적으로는 징계사유에 해당하는 경우에도 달리 볼 것은 아닙니다(대법 97다58750, 1998.04.24.).

Q **지방노동위원회의 판정에 승복할 수 없는데 어떻게 해야 하나요?**

부당해고를 당하여 지방노동위원회에 구제신청을 했는데 기각 판정을 받았습니다. 이의를 제기하고 싶은데 어디에 해야 되나요?

A **중앙노동위원회에 재심신청을 할 수 있습니다.**

지방노동위원회에서 판정을 하면 판정서를 당사자들에게 송달하는데 판정서를 송달받은 후 그 판정에 대해서 이의가 있는 경우에는 그 명령서 또는 결정서의 송달을 받은 날로부터 10일 이내에 중앙노동위원회에 재심신청을 할 수 있습니다(근로기준법 제31조제1항, 노동조합및노동관계조정법 §85①). 중앙노동위원회의 재심 판정에 대해서도 이의가 있는 경우에는 그 재심판정서를 송달받은 날로부터 15일 이내에 행정소송을 제기할 수 있습니다(동법 제31조제2항, 동법 §85②).

그리고 판례는 근로기준법 28조에서는 부당해고를 당한 근로자에게 노동위원회에 구제신청을 할 수 있도록 규정하고 있는데 이런 규정이 해고에 관한 민사소송의 관할권을 박탈한 것이라고 해석되지 아니한다(대법 90다9353)고 하여 노동위원회에 부당해고구제신청을 하기 전에 '해고무효확인의 소'(민사소송)를 먼저 제기할 수도 있고, 부당해고구제신청과 해고무효확인의 소를 동시에 제기할 수도 있다고 보고 있습니다.

Q 해고에 대하여 소송을 할 수도 있나요?

중앙노동위원회의 재심 판정에도 승복할 수 없는데요, 이제 어떻게 해야 하나요? 해볼 수 있는 것은 다 해보고 싶습니다. 방법을 알려 주세요.

A '해고무효 확인소송'을 제기할 수 있습니다.

중앙노동위원회 재심판정에도 불복하는 경우에는 그 재심판정서를 송달받은 날로부터 15일 이내에 행정소송을 제기할 수 있습니다(근로기준법 제31조제2항, 노동조합및노동관계조정법 §85②).

해고무효확인소송은 일반 민사소송절차를 이용하게 되므로 반드시 서면으로 소장을 제출해야 하는데, 소장작성 양식은 행정소송양식을 준용하고 사건명은 '해고조치 무효확인 및 임금청구의 소'라고 하면 되고 청구취지는 다음과 같이 쓰면 됩니다.

① 피고가 원고에 대해 ○○년 ○○월 ○○일 해고 조치한 행위는 무효임을 확인한다.

② 피고는 원고에 대하여 ○○년 ○○월 ○○일부터 원직에 복귀될 때까지의 임금을 지급하라.

③ 소송비용은 피고의 부담으로 한다라는 판결을 구함.

소장을 접수한 법원은 대개 1주일쯤 뒤로 제1회 변론기일을 지정하고 그 소장 부본과 기일소환장을 우편으로 피고(중앙노동위원회)에게 송달을 하고 사용자가 이에 대해 답변서를 제출하면 이 답변서 부본을 원고인 근로자에게 송달을 합니다.

이렇게 원고인 근로자와 피고인 사용자간에 소송서류가 교환되고 난 후 제1회 변론기일에서 구술에 의한 진술이 있게 되고 그 이후에 증거제출과 증인심문 등을 마치면 법원이 판결을 하게 되는 것입니다.

이렇게 소송절차를 거쳐 중앙노동위원회의 인용결정이 무효라고 확정되면 근로자가 계속 근로를 하였을 경우에 받을 수 있는 임금전부를 청구할 수 있고 원직에 복직될 수 있습니다.

Q 회사가 법원의 원직복직명령을 불이행하다가 근로자가 퇴사한 경우 그 근로자의 퇴직금산정기간(계속근로연수)은?

저는 회사로부터 해고를 당하고 노동위원회에 구제신청을 거쳐 해고무효 확인소송을 제기했습니다. 그래서 결국은 부당해고라는 판정과 원직복직시키라는 판결을 받았습니다. 그런데 사용자는 저를 복직시키지 않았습니다. 절이 싫으면 중이 떠나야 한다고 스스로 사직서를 쓰고 퇴사를 했습니다. 그래도 퇴직금은 받아야 하잖아요. 저 같은 경우에는 부당해고기간도 퇴직금을 산정하기 위한 기간에 합산시켜야 하나요?

A 부당해고기간도 퇴직금산정기간에 포함됩니다.

해고무효확인의 소는 근로자와 사용자간의 근로관계의 존속을 확인함으로써 그 고용관계 자체를 회복하려는데 그 목적이 있다 할 것이므로, 근로자에 대한 해고가 법원의 확정판결에 따라 무효가 된 경우라면 근로관계가 계속 존속된다고 보아야 하며 정년 도달, 근로자의 진의에 의한 사직 등 새로운 근로관계의 종료사유가 있어야 근로관계가 종료됩니다.

해고가 법원의 확정판결로 무효가 된 경우, 새로운 근로관계 종료사유로 퇴직금을 산정할 때에는 부당해고기간도 계속근로연수에 합산하여야 하므로 사용자가 그 기간동안 근로자를 복직시키지 않고 임금상당액만을 지급해 왔다 하더라도 부당해고기간을 합산하여야 합니다(근기 68207-373, 2002.01.26.).

Q 부당해고에 대한 소송기간중에 일해서 번 수입(=중간수입)의 일부는 받을 수 없다는데 사실인가요?

저는 해고무효 확인소송을 제기했는데, 그 기간이 너무 길어서 중간에 다른 직장에 들어가서 일을 했습니다. 다행히 소송은 승소를 했습니다. 그런데 소송기간중에 다른 직장에서의 수입의 일부를 공제하고 임금액에 상당하는 금액을 지급한다고 합니다. 이게 무슨 말입니까?

A 중간수입공제(Back Pay)라고 해서 일부는 받을 수 없습니다.

이 문제가 바로 '중간수입공제'라는 것인데, 이런 중간수입을 공제해야 하는 것이 옳은가에 대해서는 법 규정은 없지만 판례는 중간수입을 공제해야 된다고 보고 있습니다.

중간수입을 공제하더라도 평균임금의 30%에 해당하는 금액에서 중간수입을 공제합니다. 즉, 근로자에게 중간수입이 있다고 해도 근로기준법 제46조의 휴업수당의 범위(평균임금의 70/100에 상당하는 금액)는 확보해줘야 한다는 것입니다.

예를 들어 100만원의 월급을 받고 있다가 해고를 당하여 소송을 제기한 상태에서 다른 사업장에서 시간제로 50만 원의 월급을 받고 일을 했다면, 이 50만 원이 중간수입이 되는 것입니다. 하지만 이 때 중간수입은 30% 범위내에서 공제해야 하므로 100만원에서 50만원을 공제하는 것이 아니고 30만원만 공제됩니다.

만약에 중간수입이 25만원이라면 30%의 범위내인 25만원만 공제하고 나머지 금액인 75만원은 임금상당액으로 지급하여야 한다는 것입니다.

심화학습 **특별기획칼럼**

부당해고기간중의 중간수입을 공제하는 것이 법적으로 타당한지의 검토

1. 서론

이 문제는 부당해고기간동안 다른 직장에서 받은 임금(중간수입)을 공제하는 법적 근거가 있는지, 법적 근거가 없다면 법원은 무슨 근거로 중간수입을 공제하라고 하는 것인지, 법원의 논리는 법적으로 문제는 없는지에 대한 것입니다.

2. 판례의 입장

대법원(90다카25277)은 부당해고기간중에 다른 직장에서 근무함으로써 이익(임금)을 얻었다면, 이 이익(중간수입)은 민법 제538조제2항의 '채무를 면함으로써 얻은 이익'에 해당하기 때문에 사용자가 근로자에게 부당해고기간에 대한 임금을 지급할 때 임금액에서 공제할 수 있다고 보았습니다.

중간수입(다른 직장에서 근무함으로써 이익)을 공제함에 있어 근로기준법 제46조 휴업수당(평균임금의 70%)의 한도에서는 공제할 수 없고, 휴업수당을 초과하는 범위내에서 공제해야 한다고 보아 근로기준법 제46조를 근로자의 최저생활을 보장하는 기준으로 삼았고, 중간수입이 발생한 기간과 부당해고기간, 임금을 지급하는 기간이 일치하여야 한다고 하였습니다.

3. 중간수입공제를 인정한 대법원판례에 대한 검토

① 중간수입공제에 대한 법적 근거가 있는지

중간수입공제에 대한 직접적인 법적 근거는 없고, 그렇기 때문에 판례에서 이에 대한 법적인 논거를 제시하고 판결한 것입니다.

② 중간수입공제에 대한 판례의 논리

사용자의 귀책사유로 인하여 해고된 근로자가 해고기간 중에 다른 직장에 종사하여 이익을 얻은 때에는 사용자는 위 근로자에게 해고기간 중의 임금을 지급함에 있어 위의 이익(중간수입)의 금액을 임금액에서 공제할 수 있습니다. 위의 중간수입은 민법 제538조제2항에서 말하는 채무를 면함으로써 얻은 이익에 해당하기 때문입니다. 그런데 근로기준법 제46조는 근로자의 최저생활을 보장하려는 취

지에서 사용자의 귀책사유로 인하여 휴업하는 경우에는 사용자는 휴업기간 중 당해 근로자에게 그 평균임금의 100분의 70 이상의 수당을 지급하여야 한다고 규정하고 있고, 여기서의 휴업이란 개개의 근로자가 근로계약에 따라 근로를 제공할 의사가 있음에도 불구하고 그 의사에 반하여 취업이 거부되거나 또는 불가능하게 된 경우도 포함된다고 할 것이므로, 근로자가 지급받을 수 있는 임금액 중 근로기준법 제46조 소정의 휴업수당의 한도에서는 이를 이익공제의 대상으로 삼을 수 없고, 그 휴업수당을 초과하는 금액에서 중간수입을 공제하여야 할 것입니다.

위와 같이 대법원(90다카25277)은 근로기준법 제46조의 '사용자의 귀책사유에 의한 휴업'과 민법 제538조제1항의 '채권자의 책임있는 사유로 (채무)이행할 수 없게 된 해고'를 동일하게 해석했고, 근로기준법 제46조의 '휴업기간'과 민법 제538조제1항의 '이행불능기간(부당해고기간)'을 동일하게 해석하였습니다.

그리고 근로기준법 제46조의 휴업수당을 지급할 법적 의무규정을 근거로 '평균임금의 70%'를 최저지급기준으로 정함과 동시에 평균임금 전액과 휴업수당의 차액(30%)만을 민법 제538조제2항의 '자기의 채무를 면함으로써 얻은 이익'으로 한정하였습니다.

이처럼 대법원은 중간수입공제의 법적 근거를 민법 제538조제1항, 제2항과 근로기준법 제46조에서 찾았고, 이를 경합적으로 적용하였습니다.

③ 법원의 논리는 법적으로 문제없는지

※ 문제 1 : 해고기간의 근무여부에 따라 공제여부가 결정되어 근로자간의 형평성에 문제가 있습니다. 부당해고기간에 다른 직장 등에서 근무한 근로자의 임금에서 중간수입을 공제하는 것은 동 해고기간에 일하지 않은 근로자는 오히려 중간수입이 없으므로 임금전액을 받을 수 있다는 유리한 결과를 가져와 형평성에 반합니다.

※ 문제 2 : 사용자는 근로자에게 노무수령을 거부하는 의사표시(=해고)를 해놓고 해고기간중에 노무제공한 것을 이유로 중간수입공제를 주장하는 것은 신의성실의 원칙(금반언의 원칙)에 반합니다(노동법기초이론, 강희원).

※ 문제 3 : 근로기준법 제46조와 민법 제538조의 관계

ⓐ 근로기준법 제46조 휴업수당은 (임금)채권의 '불성립'을 전제로 하는 것이고, 민법 제538조제1항은 (임금)채권의 '성립'을 전제하는 규정임에도 이를 경합적으로 적용하는 것은 문제의 여지가 많습니다(노동법기초이론,

강희원). 고용노동부도 휴업수당을 통상임금이나 평균임금으로 보지 않고 '기타금품'으로 보고 있고, 민법 제538조는 (임금)채권이 성립된 것을 전제로 하는 하는 규정이므로, 근로기준법 제46조와 민법 제538조를 근거로 중간수입을 공제하는 논리로 삼은 것은 문제의 여지가 있습니다.

ⓑ 근로기준법 제46조(휴업수당)는 '근로관계의 유지'라는 전제하에서 사용자의 귀책사유로 노무제공을 '수령'할 수 없는 경우(=휴업)이지만, 민법 제538조제1항은 '근로관계의 단절(=해고)'을 전제로 채권자의 책임있는 사유로 노무를 '제공'할 수 없는 경우로, 그 전제부터 다른 두 법조항을 경합적으로 적용하는 것은 문제의 여지가 많습니다.

※ 문제 4 : 부당해고된 근로자는 사용자(채권자)와의 관계에서 계약관계는 이미 단절된 것이므로, 해고기간중에 노무제공 등을 이유로 얻은 이익(중간수입)은 민법 제538조제2항의 '채무자가 채무를 면함으로써 얻은 이익'에 포함될 수 없습니다. 민법 제538조제2항은 계약관계를 전제로 그 주체가 '채무자'인데 반하여 해고기간중에 노무제공자는 이미 해고로 인하여 계약관계가 단절된 상태이므로 동 조항을 중간수입공제의 법적 근거조항으로 적용하는 것은 문제의 여지가 있습니다.

4. 결론

중간수입공제에 대한 법적 규정은 없습니다. 그래서 판례가 민법 제538조와 근로기준법 제46조를 인용하여 중간수입공제에 관한 법리를 만든 것인데, 위와 같이 많은 문제점들이 있으므로, 근로기준법에서 이에 관한 명확한 규정을 둠으로써 불필요한 법적 분쟁을 예방할 필요가 있다고 판단됩니다.

Q 부당해고를 당한 근로자는 정신적 위자료도 청구할 수 있나요?

부당하게 해고를 당한 근로자는 경제적 어려움보다 정신적인 고통이 더 심합니다. 그런데 소송에서 승소판결을 받았다고 하더라도 근로자가 받는 금액은 그 기간 동안의 임금액에 불과합니다. 임금액외에 더 청구할 수 있는 근거는 없나요?

A 불법행위에 의한 위자료청구(소송)를 할 수 있습니다.

해고를 당한 근로자는 임금을 청구하는 것 이외에 사용자의 징계권 남용(부당해고)이 사회통념상 용인될 수 없음이 명백한 경우에는 사용자에 대하여 정신적 고통에 따른 위자료를 청구할 수 있습니다.

사용자가 위법하게 징계권을 남용하여 근로자를 해고함으로써 그 근로자에게 정신적 고통을 준 것은 불법행위를 구성할 수 있으므로 근로자는 불법행위에 의한 위자료청구권을 행사할 수 있다는 것입니다(대법 91다36192).

하지만 실무적으로 '해고에 의한 정신적 고통'을 입증하는 것이 쉽지 않기 때문에 사용자를 상대로 불법행위에 의한 위자료청구소송을 하는 것은 어려움이 있습니다. 만약 해고로 인해 정신과치료를 받는 등 정신과적 질환이 발병했다면 이를 그 근거자료로 활용하여 소송을 진행할 수 있을 것이라 생각됩니다.

Q 지방으로 좌천당했는데, 어떻게 해야 하나요?

저는 서울에서 직장을 다니는 평범한 월급쟁이입니다. 그런데 이제는 더 이상 서울에서 근무할 수 없게 됐습니다. 왜냐하면 회사에서 저를 부산으로 발령을 냈기 때문입니다. 이럴 때는 어떻게 해야 하나요?

A 우선은 새 발령지에 출근을 한 후에 부당인사구제신청을 해야 합니다.

회사에서 부당인사이동처분을 하면 우선은 그 새로운 발령지에서 출근을 하면서 사업장을 관할하는 지방노동위원회에 3개월 이내에 부당인사명령에 대한 구제신청을 해야 합니다.

만약에 새로운 발령지로의 출근통지서를 받은 후 정당한 이유없이 무단결근을 했다면 이는 정당한 해고사유에 해당한다고 보고 있고(서울고법 2002누8499), 인사이동명령에 불복한다는 의미로 전 근무지로 출근을 한 경우 사령을 위반했다는 이유로 징계를 하는 것은 정당하다고 보고 있습니다(대법 91누11025). 또한 회사의 전직처분에 불만을 품고 복무위반행위를 했다는 이유로 회사가 권고사직을 요구하였는데, 근로자가 이를 수용하지 않자 해고를 한 경우 그 해고는 정당하다고 보고 있으므로(서울행법 2003구합35311), 회사의 인사이동명령은 이행을 하고 차후에 구제신청을 해야만 불이익을 받지 않을 것입니다.

사용자의 전보, 전출, 전직 등의 인사권이 권리남용에 해당하는 지에 대해서는 회사의 업무상 필요성, 인사처분에 따른 근로자의 생활상의 불이익을 비교하여 결정되어야 합니다. 근로자의 생활상의 불이익이 근로자가 통상 감수하여야 할 정도라면 정당한 인사권의 범위에 포함된다고 봐야 합니다.

Q 노조에서 탈퇴하거나 노조에 가입하지 않는다고 해고할 수 있는 건가요?

저희 회사에는 노동조합이 있는데, 대부분의 근로자들이 이 노조에 가입되어 있다고 하더라구요. 그래서 입사한 후에는 이 노조에 의무적으로 가입해야 한다고 하네요. 저는 노조에 가입하기 싫은데, 만약에 노조에 가입하지 않으면 회사에서 해고한다고 합니다. 이게 정말 가능한 얘기인가요?

A 유니온숍 협정이 체결되어 있다면 회사에서 해고할 수 있습니다.

노동조합및노동관계조정법 제81조제2호 단서에 의하면, 노동조합이 당해 사업장에 종사하는 근로자의 2/3 이상을 대표하고 있는 때에는 단체협약에 의하여 근로자가 그 노동조합의 조합원이 될 것을 고용조건으로 할 수 있다고 규정하고 있습니다. 따라서 단체협약상의 동 규정을 근거로 입사한 근로자가 당해 노동조합에 가입하지 않거나 중도에 탈퇴하는 경우 그 근로자를 해고할 수 있습니다.

하지만 노동조합에서 제명된 근로자를 해고할 수는 없습니다. 왜냐하면 노노갈등에 의하여 노동조합에서 제명된 근로자의 직장까지 빼앗는 것은 너무 가혹하기 때문입니다. 노동조합을 임의로 탈퇴하는 것과 노동조합으로부터 제명되는 것은 분명한 차이가 있음을 유의해야 합니다.

최근 위 법조항이 근로자의 노동조합을 결성, 가입하지 아니할 자유와 노동조합을 탈퇴할 자유와 기본권충돌이 문제되어 헌법소원이 제기되었는데, 헌법재판소와 대법원은 동 조항이 위헌이 아니라고 판시하고 있습니다(헌재 2002헌바95, 203헌바9, 2000카기76, 2000다23822).

Q 원직복직은 원하지 않고 '금전보상명령신청'만을 할 수 있는 건가요?

저는 부당해고구제신청을 하던 도중 회사에 정이 떨어져 더 이상 다니고 싶은 마음이 없어졌습니다. 그래서 금전보상명령신청을 했는데요, 노동위원회 위원이 여기는 돈받아 주는데가 아니고 원직에 복직시켜주는데라고 하면서 인정하지 않더라구요. 제가 상담을 받은 바로는 금전보상명령에 관한 법규정이 있고, 그 신청을 안해 줄 이유가 없다고 들었는데, 노동위원회는 다른 입장이더라구요. 정말로 원직복직을 원하지 않는 경우 금전보상명령만 신청할 수는 없는 것인지요?

A 근로기준법 제30조제3항에 의해 원직복직에 갈음하는 금전보상명령신청을 할 수 있습니다.

근로기준법 제30조제3항에서 "노동위원회는 해고에 대한 구제명령을 할 때에 근로자가 원직복직을 원하지 아니하면 원직복직을 명하는 대신 근로자가 해고기간 동안 근로를 제공하였더라면 받을 수 있었던 임금상당액 이상의 금품을 근로자에게 지급하도록 명할 수 있다"라고 규정하여 원직복직에 갈음하는 금전보상제도를 명문으로 인정하고 있는 점에 비추어 볼 때 금전보상명령이 원직복직명령에 수반하는 종속적인 구제명령에 불과하다고 보기 어렵다(서울행법 2012구합8847)는 것이 판례의 입장입니다.

근로기준법상 명문규정이 있고 판례도 위와 같은 입장을 보임에도 지방노동위원회는 아직도 금전보상명령신청만을 하는 것을 인정하지 않는 경우가 많이 있는데, 이는 분명 잘못된 것으로 빠른 시일 내에 시정되어야 할 사안이라 생각됩니다.

심화학습 **특별기획칼럼**

금전보상명령(임금상당액 지급명령)에 대한 별도의 구제실익이 있는지의 검토

1. 서론

이 문제는 원직복직을 원하지 않을 경우 금전보상명령만을 이유로 부당해고구제신청을 할 수 있는 구제실익이 있는지의 문제로, 이는 단순히 노동위원회에 금전보상신청을 할 수 있는지의 문제를 넘어 원직복직명령과 임금상당액 지급명령을 받았다하더라도 계약기간이 도과했을 때 사용자측에서 구제명령 취소소송을 할 경우 원직복직명령에 대한 소의 이익이 소멸되어 임금상당액 지급명령까지도 소의 이익이 소멸했다고 보는 것이 맞는지의 문제까지 검토해야 할 사항입니다.

2. 판례의 입장

① 금전보상명령의 별도 구제실익을 부정하는 판례

법원은 무슨 이유에서인지 임금상당액 지급명령에 관한 별도의 부분에 대하여 소의 이익을 인정하지 않고 있습니다. 서울행정법원(2011구합853)은 '노동위원회에 구제신청을 하여 부당해고여부를 나투는 과정에 계약기간이 도과하였다면 해고기간 동안의 임금을 지급받기 위하여는 민사소송절차를 통해 해결할 수 있어 더 이상 구제절차를 유지할 필요가 없게 되었는 바, 구제이익은 소멸한다'라고 임금상당액 지급명령 부분만의 별도의 구제이익을 인정하지 않고 있습니다. 서울고법(2011누25465)도 '계약기간이 도과하여 원직복직명령을 할 수 없게 된 경우에는 임금지급명령만을 할 수는 없다'고 하여 원직복직명령을 전제로 임금지급명령을 할 수 있다는 입장을 고수하고 있습니다. 대법원(2012두4036) 또한 이러한 하급심 판결을 유지하고 있습니다. 이러한 법원의 입장 때문에 지방노동위원회과 중앙노동위원회도 금전보상명령만을 신청하는 것을 인정하지 않는 경우가 있어 근로자들의 신속한 실질적인 구제제도가 법에 명시되어 있음에도 이로 인한 법적 보호를 받지 못하고 있는 경우가 있습니다.

② 금전보상명령의 별도 구제실익을 인정하는 판례

서울행법(2012구합8847) 판례는 근로기준법 제30조제3항에서 "노동위원회는 해고에 대한 구제명령을 할 때에 근로자가 원직복직을 원하지 아니하면 원직복직

을 명하는 대신 근로자가 해고기간 동안 근로를 제공하였더라면 받을 수 있었던 임금상당액 이상의 금품을 근로자에게 지급하도록 명할 수 있다"라고 규정하여 원직복직에 갈음하는 금전보상제도를 명문으로 인정하고 있는 점에 비추어 볼 때 금전보상명령이 원직복직명령에 수반하는 종속적인 구제명령에 불과하다고 보기 어렵다고 판시한 예도 있습니다.

3. 금전보상제도에 관한 법규정 검토

금전보상제도에 법규정에 대하여 검토해보면, ① 근로기준법 제30조제3항은 '노동위원회는 구제명령을 할 때에 근로자가 원직복직을 원하지 아니하면 원직복직을 명하는 대신 근로자가 해고기간 동안 근로를 제공하였더라면 받을 수 있었던 임금상당액 이상의 금품을 근로자에게 지급하도록 명할 수 있다'라고 규정하고 있고, ② 기간제및단시간근로자보호에관한법률 제13조는 시정명령의 내용에는 차별적 행위의 중지, 임금 등 근로조건의 개선 및 적절한 금전보상 등이 포함될 수 있다라고 규정하고 있으며, ③ 노동위워회규칙 제79조제2호, 제3호는 임금상당액 지급명령의 불이행에 대하여도 구제명령의 불이행으로 보아 이행강제금을 부과할 수 있도록 하여 임금상당액 지급명령도 별도의 구제명령으로 인정하고 있습니다. 위와 같이 근로기준법과 기간제및단시간근로자보호에관한법률, 노동위원회규칙에 임금상당액 지급명령에 대한 법적 근거가 마련되어 있음에도 법원에서는 이러한 법규정을 무시한 채 금전보상명령만을 구제실익으로 인정하지 않는 판결을 내리고 있는 것입니다.

4. 금전보상제도에 관한 평석 및 판례

노동법률(2013.6월호) 판례평석(72p)을 보면, "원직복직명령은 부당해고의 판성이 있은 이후의 장래의 근로관계에 대한 명령이고, 임금상당액 지급명령은 해고의 효력을 다투고 있던 기간중의 근로관계의 불확실성에 따른 법률관계를 성리하기 위한 명령인 것이다. 따라서 양자가 모두 부당해고를 전제로 하고 있는 것은 사실이지만 임금상당액 지급명령이 반드시 원직복직명령을 전제로 할 필요는 없다고 본다. 결론적으로 원직복직명령을 전제로 하지 않은 임금지급명령의 불이행에 대한 이행강제금의 부과도 허용되고 임금지급명령만을 구하는 구제신청도 가능하다고 본다"라는 평석에 있는데, 필자는 이 평석에 동의합니다.

또한 눈에 띄는 대법원 판례(93누16680, 92누13196)가 있는데, 대법원은 이 판결에서 '노동위원회 구제명령에 관한 재심판정이후에 사업장이 폐쇄된 경우라도 사용자로서는 위 공법상 의무를 부담하고 있는 상태이므로 그 의무를 면하기 위해 위 재심판정의 취소를 구할 법률상 이익이 있다'고 하여 사업장이 폐쇄되어 근로관계가 소멸된 경우에도 사용자의 소의 이익을 인정해왔습니다. 이렇듯 근로관계가 소멸된 똑같은 상황에서 사용자의 소의 이익은 인정하고 근로자의 소의 이익은 인정하지 않는 것은 법의 형평성에도 반한다 할 것입니다.

노동법률(2013.6월호) 판례평석(72p)에서도 "사용자에게는 공법상 의무를 면하기 위한 소의 이익을 인정하면서 근로자에게는 공법상 권리를 유지하기 위한 소의 이익을 인정하지 않았다는 점에서 구제방법의 형평성도 결여되었다"라고 명쾌한 지적을 하고 있습니다.

5. 결론(노동위원회 기본이념과 입법취지에 부합하는 판결을 내려야 합니다)

판례의 논리대로라면 기간제근로자는 부당해고로 노동위원회의 구제명령을 받았다해도 사용자가 임금상당액을 지급하지 않는다면 해고기간 동안의 임금을 받기 위해서는 또 다시 민사소송을 진행해야 한다는 결론에 도달하는데, 이는 신속한 권리구제를 기본 설립취지로 하는 노동위원회의 기본이념에도 반하는 것입니다. 법원은 향후 근로기준법과 '기간제및단시간근로자보호에관한법률'의 입법취지와 근로자의 신속한 권리구제라는 측면을 감안한 판결을 해야 할 것입니다.

Q 징계절차를 지키지 않아 지방노동위원회에서 패소(인용결정)한 뒤, 원직복직시킨 후 다시 그 징계사유로 정식으로 징계절차를 거쳐 징계해고하는 것도 가능한가요?

저희 회사는 근로자를 해고할 때 징계절차를 거쳐야 한다는 것을 몰라서 그냥 근로자를 해고했어요. 물론 노동위원회에서 패소하였고, 그 근로자를 다시 복직시켰어요. 그런데 사장님이 그 근로자에 대하여 정식으로 징계절차를 거쳐 다시 징계해고를 시키라고 합니다. 이래도 상관없나요?

A **같은 징계사유로 새로이 필요한 제반 징계절차를 밟아 다시 징계처분을 한다고 하여 일사부재리의 원칙이나 신의칙에 위배된다고 볼 수는 없습니다.**

징계해고에 관한 징계절차위반을 이유로 한 지방노동위원회의 구제명령에 따라 복직되었다면 소급하여 해고되지 아니한 것으로 보게 되지만, 그 후 같은 사유를 들어 또는 새로운 사유를 추가하여 새로이 필요한 제반 징계절차를 밟아 다시 징계처분을 한다고 하여 일사부재리의 원칙이나 신의칙에 위배된다고 볼 수는 없다. 그리고 근로자에게 여러 가지 징계혐의사실이 있는 경우, 이에 대한 징계해고처분이 적정한지의 여부는 그 사유 하나씩 또는 그 중 일부의 사유만 가지고 판단할 것이 아니라 전체의 사유에 비추어 사회통념상 근로관계를 계속할 수 없을 정도로 근로자에게 책임이 있는지 여부에 의하여 판단하여야 하고, 징계처분 이후의 비위행위라 하더라도 징계양정의 판단자료로 삼을 수 있다(대법 2000두3481)라는 것이 판례의 입장입니다.

또한 징계해고에 관한 절차 위반을 이유로 해고무효 판결이 확정된 경우 소급하여 해고되지 아니한 것으로 보게 될 것이지만, 그 후 같은 징계사유를 들어 새로이 필요한 제반 징계절차를 밟아 다시 징계처분을 한다고 하여 일사부재리의 원칙이나 신의칙에 위배된다고 볼 수는 없을 뿐더러, 법원의 판결을 잠탈하는 것이라고 할 수도 없다(대법 95다36138)라는 동일한 취지의 판례도 있습니다.

따라서 정당한 징계해고사유가 있었음에도 단지 징계절차를 거치지 않아 노동위원회나 법원에서 인용 또는 패소한 경우 당해 근로자를 복직시킨 후 정식으로 징계절차를 준수하여 징계해고를 하여도 무방할 것입니다.

Q [근로기준법 제46조의 '휴업'과 동법 제23조의 '휴직', '대기발령'과의 관계]

대기발령기간에 대하여 '휴업수당'을 청구할 수 있나요? 그리고 휴업도 정당한 이유가 있어야 가능한 것인지요?

저희 회사측은 경영상의 이유라는 핑계로 직원들에게 1개월동안 대기발령을 했습니다. 그런데 대기발령기간동안 임금을 지급하지 않았습니다. 이 대기발령기간에 대하여 임금을 청구할 수는 없는 건가요? 만약 임금전액을 청구할 수 없다면 휴업수당을 청구할 수는 없나요? 그리고 휴업은 사업주 마음대로 할 수 있는 것인지도 궁금합니다.

A **휴업(§46)은 휴직(§23)을 포함하는 광의의 개념이고 대기발령은 '휴직(§23)'에 해당하므로, 대기발령기간에 대하여 휴업수당(§46)을 청구할 수 있고, 휴업은 근로기준법 제23조제1항의 "휴직"에 해당하는 불이익한 처분에 해당합니다.**

① **사례의 쟁점** : 이 사례는 근로기준법 제46조의 휴업과 동법 제23조의 휴직, 그리고 대기발령의 관계에 대한 것입니다.

② **휴업(§46)과 휴직(§23)의 관계** : 근로기준법 제46조제1항에서 정하는 "휴업"에는 개개의 근로자가 근로계약에 따라 근로를 제공할 의사가 있음에도 불구하고 그 의사에 반하여 취업이 거부되거나 또는 불가능하게 된 경우도 포함되므로(대법 90다18999), 이는 "휴직"을 포함하는 광의의 개념이라 할 것입니다. 근로기준법 제23조제1항은 "사용자는 근로자에 대하여 정당한 이유 없이 해고, 휴직, 정직, 전직, 감봉 기타 징벌을 하지 못한다"라고 규정하고 있고, 여기서 "휴직"이라 함은 어떤 근로자를 그 직무에 종사하게 하는 것이 불능이거나 또는 적당하지 아니한 사유가 발생한 때에 그 근로자의 지위를 그대로 두면서, 일정한 기간 그 직무에 종사하는 것을 금지시키는 사용자의 처분을 말합니다(대법 2003다63029, 2007두10440).

③ **휴직과 대기발령의 관계** : 근로기준법 제23조제1항에서 정하는 '휴직'은 어떤 근로자를 그 직무에 종사하게 하는 것이 불가능하거나 적당하지 아니한 사유가 발생한 때에 그 근로자의 지위를 그대로 두면서 일정한 기간 그 직무에 종사하는 것을 금지시키는 사용자의 처분을 말하는 것이고, '대기발령'은 근로자가 현재의 직위 또는 직무를 장래에 계속 담당하게 되면 업무상 장애 등이 예상되는 경우에 이를 예방하기 위하여 일시적으로 당해 근로자에게 직위를 부여하지 아니함으로써 직무에 종사하지 못하도록 하는 잠정적인 조치를 의미하므로, 대기발령은 근로기

준법 제23조제1항에서 정한 '휴직'에 해당한다고 볼 수 있습니다.

④ **대기발령기간에 대하여 휴업수당을 청구할 수 있는지** : 사용자가 자신의 귀책사유에 해당하는 경영상의 필요에 따라 개별 근로자들에 대하여 대기발령을 하였다면 이는 근로기준법 제46조제1항에서 정한 휴업을 실시한 경우에 해당하므로, 사용자는 대기발령한 근로자들에게 휴업수당을 지급할 의무가 있습니다(대법 2012다12870).

⑤ **휴업이 근로기준법 제23조제1항의 "휴직"에 해당하는지 여부** : 사용자가 그의 귀책사유에 해당하는 경영상의 필요에 따라 개별 근로자들에 대하여 근로기준법 제46조제1항에 의한 휴업을 실시한 경우, 이러한 휴업 역시 근로기준법 제23조제1항에서 정하는 "휴직"에 해당하는 불이익한 처분에 해당합니다(대법 2007두10440).

⑥ **휴업도 정당한 이유가 있어야만 가능한지 여부** : 위 판례의 법리에 의하면 휴업은 동법 제23조의 휴직에 해당하는 불이익한 처분에 해당하므로, 휴업을 하는 경우에도 동법 제23조에 의해 정당한 이유없이는 휴업을 할 수 없다는 결론의 도출이 가능합니다.

Q **[징계사유 발생과 헙법상 불소급의 원칙의 관계]**
징계사유 발생시와 징계절차 요구시 사이에 취업규칙이 개정된 경우 동 징계에 개정된 규정을 적용하는 것이 불소급의 원칙에 반하는 것이 아닌지요?

A **징계사유 발생시와 징계절차 요구시 사이에 취업규칙이 개정된 경우 경과규정에 별다른 규정이 없는 한 징계절차 요구시 시행되는 개정 취업규칙에 의하는 것이 불소급의 원칙에 반하는 것은 아닙니다.**

① **사례의 쟁점** : 이 사안은 징계사유 발생시와 징계절차 요구시 사이에 취업규칙이 개정된 경우 징계사유 발생 당시의 개정전 규정을 적용하는 것이 타당한지, 아니면 징계절차 요구 당시의 개정된 규정을 적용하는 것이 타당한지가 쟁점입니다.

② 판례 : 취업규칙을 작성 또는 변경하면서 시행일을 정하였다면 특별한 사정이 없는 한 그 취업규칙은 정해진 시행일로부터 효력이 발생하므로, 징계사유 발생시와 징계절차 요구시 사이에 취업규칙이 개정된 경우에 경과규정에서 달리 정함이 없는 한 징계절차 요구 당시 시행되는 개정 취업규칙과 그에 정한 바에 의하는 것이 원칙이고, 그 개정 취업규칙이 기존의 사실 또는 법률관계를 적용대상으로 하면서 근로자의 징계시효를 연장하는 등 불리한 법률효과를 규정하고 있는 경우에도 그러한 사실 또는 법률관계가 개정 취업규칙이 시행되기 이전에 이미 완성 또는 종결된 것이 아니라면 이를 헌법상 불소급의 원칙에 위배되어 근로기준법 제96조제1항(취업규칙은 법령과 어긋나서는 아니된다)에 따라 효력이 없다고 할 수는 없다(서울고법 2014누5455, 2014.09.26.).

③ 결론 : 징계사유 발생시와 징계절차 요구시 사이에 취업규칙이 개정된 경우에는 그 개정 취업규칙이 기존의 사실 또는 법률관계를 적용대상으로 하고, 그러한 사실 또는 법률관계가 개정 취업규칙이 시행되기 이전에 이미 완성 또는 종결된 것이 아닌 경우에 한하여 개정 취업규칙을 적용하는 것이 불소급의 원칙에 반하지 않는다는 것을 유의해야 합니다.

Q **[부당해고기간 중의 '임금상당액'에는 개근표창(금1돈)도 포함되는지]**

저는 회사의 해고에 대하여 구제신청과 행정소송을 통하여 부당해고라는 확정판결을 받았습니다. 그래서 부당해고기간 동안의 임금상당액을 받게 되었는데, 회사는 1년 개근시 표창하는 금1돈은 임금상당액에 포함되지 않는다며 금1돈을 줄 수 없다네요. 전적으로 회사책임인 부당해고로 개근을 못하게 된 것인데도 금1돈은 받을 수 없나요?

A 부당해고기간 중 근로자가 받을 수 있는 임금의 범위에는 단체협약상의 개근표창도 포함되므로, 이를 부당해고기간에 대한 임금상당액에 포함시킬 수 있습니다.

① **사례의 쟁점** : 이 사안은 부당해고기간은 출근한 것으로 보기 때문에 개근한 것으로 볼 수 있고, 따라서 개근표창(금1돈)도 부당해고기간 중의 임금상당액으로 볼 수 있는지가 쟁점입니다.

② **판례의 입장** : 사용자의 부당한 해고처분이 무효이거나 취소된 때에는 그동안 근로자로서의 지위는 계속되고 있었던 것이 되고, 근로자가 그간 근로의 제공을 하지 못한 것은 사용자의 귀책사유로 인한 것이라 할 것이니 근로자는 민법 제538조 제1항에 의하여 계속 근로하였을 경우에 받을 수 있는 임금 전부의 지급을 청구할 수 있는바, 여기에서 근로자가 지급을 청구할 수 있는 임금은 근로기준법 제2조에서 규정하는 임금을 의미하므로, 사용자가 근로의 대가로 근로자에게 지급하는 일체의 금원으로서, 근로자에게 계속적·정기적으로 지급되고 그 지급에 관하여 단체협약, 취업규칙, 급여규정, 근로계약, 노동관행 등에 의하여 사용자에게 지급의무가 지워져 있다면 그 명칭 여하를 불문하고 모두 이에 포함되며, 반드시 통상임금으로 국한되는 것은 아니다. 단체협약 제45조는 1년간 개근할 경우 연말에 금 1돈(3.75g)을, 정근(지각 3회 이하)할 경우 연말에 금 반돈을 교부하여 표창하도록 규정되어 있는데, 이를 위 법리에 비추어 살펴보면 위와 같은 표창 역시 특별한 사정이 없는 한 근로자가 계속 근로하였을 경우에 받을 수 있는 임금에 포함된다고 보아야 한다(대법 2011다20034, 2012.02.09.).

③ **결론** : 판례는 부당해고기간 중의 임금상당액을 민법상 손해배상금이 아니라 근로기준법 제2조의 임금으로 보고 있기 때문에 개근표창(금1돈)이 임금의 성격을 갖는다면 '임금상당액'의 범위에 포함되므로 개근표창도 청구할 수 있을 것입니다.

경영상 이유에 의한 해고 (정리해고)

'경영상 이유에 의한 해고'란 회사의 경영이 어려워져서 조직의 효율성 증대를 위한 규모의 축소 및 인원정리 등의 경영 합리화 계획이 불가피함에 따라 잉여 인력을 감축하거나 인원구성을 재편성하는 것을 말하는 것으로, 일반인들은 '정리해고'라고 알고 있습니다.

정리해고는 근로자의 행태상의 이유로 근로자를 해고하는 통상해고와는 달리 근로자의 일신상, 행태상 사유라기보다는 사업주의 경영상 사유에 의하여 해고하는 것이므로 일반 해고보다 그 요건과 절차를 엄격하게 규정하고 있습니다.

정리해고의 4대 요건은 ㈎ 긴박한 경영상의 필요성, ㈏ 해고회피노력, ㈐ 합리적이고 공정한 대상자 선정, ㈑ 근로자 대표와의 성실한 협의 입니다(근로기준법 § 24).

정리해고와 관련하여 동법 제25조 우선 재고용의무에 관한 규정을 주목해야 합니다. 동법 제25조제1항은 '근로자를 (정리)해고한 사용자는 근로자를 해고한 날부터 3년 이내에 해고된 근로자가 해고 당시 담당하였던 업무와 같은 업무를 할 근로자를 채용하려고 할 경우 (정리)해고된 근로자가 원하면 그 근로자를 우선적으로 고용하여야 한다'고 규정하고 있습니다.

구법에서는 고용하도록 노력하는 선언적 조항이었지만, 2007년 개정된 근로기준법에서는 고용의무를 지우고 있으므로 사용자는 정리해고한 근로자에 대하여 우선재고용의무가 있습니다.

사용자가 동법 제25조제1항을 위반하여 재고용의무를 이행하지 않는 경우에 대한 벌칙은 규정되어 있지 않아 실효성이 떨어진다는 문제점이 있지만, 정리해고된 근로자는 민사상 소송을 통하여 재고용의무를 이행하라는 청구와 더불어 손해배상 청구도 가능합니다.

판례도 동법 제25조제1항에 근거한 우선재고용의 권리는 사법상 청구권의 대상된다고 보고 있고, 따라서 정리해고된 근로자는 사용자에 대하여 재고용의 의사표시를 하도록 청구함과 동시에 금전적 손해배상(사용자가 고용의무를 이행하였더라면 근로자가 받을 수 있었던 임금상당액)을 청구 할 수 있으며, 재산적(금전적) 손해배상만으로는 회복할 수 없는 정신적 손해가 있다면 그 위자료(정신적 손해배상)를 청구할 수 있을 것입니다.

Q '긴박한 경영상의 필요성'이란 어떤 경우를 말하는 건가요?

일부 사업소의 폐지로 인한 정리 해고를 실시하면서 폐지되는 사업소에 근무하던 근로자 전부를 우선적으로 정리해고했습니다. 회사는 긴박한 경영상 필요성에 의하여 정리해고를 했다고 하는데 저희 회사 전체는 흑자상태이거든요. '긴박한경영상의 필요성'은 만성적자나 회사가 곧 망하게 되었을 경우를 말하는 것이 아닌가요?

A 긴박한 경영상의 필요성이란 '기업의 경영합리화를 위한 조치'를 말합니다.

긴박한 경영상의 필요성 여부를 판단함에 있어 최근 판례의 경향은 반드시 도산에 이를 정도의 긴박한 경영상 필요성까지는 요구하지 않고, 기업의 경영합리화 조치도 긴박한 경영상의 필요성으로 보고 있어 종전보다 완화된 입장을 보이고 있습니다.

따라서 하나의 작업부서를 폐지하거나 경영합리화를 위한 직제개편, 사업축소 등도 불가피한 사유가 있고 형식적인 구실로 하는 것이 아니라면 긴박한 경영상의 필요성이 인정됩니다.

판례는 경영상 해고를 할 수 있는 긴박한 경영상의 필요가 있는지 여부는 폐지되는 일부사업이 아닌 전 사업을 기준으로 판단해야 하며, 일부 사업폐지를 이유로 그 사업에 있는 모든 근로자를 다 해고할 수 있는 것이 아니라는 입장입니다(대법 92누3076).

이는 긴박한 경영상의 판단의 범위와 해고대상자 선정의 범위는 원칙적으로 전 사업장을 대상으로 해야 한다는 취지입니다. 다만, 폐지되는 사업의 근로자를 배치전환할 수 없거나 배치전환하는 것이 불합리한 경우와 같이 특별한 사정이 있으면 동 근로자를 우선적으로 해고대상자로 할 수 있을 것입니다.

부득이 폐지되는 사업의 근로자를 해고대상자로 할 수 있는지 여부는 채용경위 및 형태, 타 사업장이나 직위로의 배치 전환할 수 있는지 여부, 다른 회사로 취업알선이나 폐지되는 사업장을 인수하는 회사로의 고용승계 노력, 기타 해고회피노력을 했는지 여부 등 제반사정을 종합적으로 고려하여 판단해야 할 것입니다(근기 68207-3306).

참고로, 회사전체의 경영실적이 '흑자'라고해도 일부 사업부서의 구조적인 문제로 경영악화를 겪고 있고, 개선될 가능성이 없기 때문에 그대로 방치한다며 기업전체의 경영악화를 초래할 할 우려가 있는 등 장래의 위기에 대처할 구체적 필요가 있다면 정리해고를 불합리하다고 볼 수 없다고 하여 '긴박한 경영상의 필요성'을 인정하고 있습니다.

Q '고용보장협약'에 반하는 정리해고는 정당하나요?

노동조합과 회사는 특별교섭을 통하여 인위적인 구조조정으로 근로관계를 종료하지 않겠다는 내용의 고용보장에 관한 협약서를 체결하였습니다. 그런데 회사는 이 협약을 위반하고 정리해고를 단행하고 있습니다. 고용보장협약을 위반한 정리해고는 부당해고 아닌가요?

A '고용보장협약'을 위반하여 단행한 정리해고는 부당해고입니다.

특별교섭을 통하여 인위적인 구조조정으로 근로관계를 종료하지 않겠다는 내용의 고용보장에 관한 협약을 체결한 것은 근로조건에 관한 사항을 정한 것으로 보아야 하고 이 고용보장협약은 단체협약의 규범적 부분에 해당합니다.

사업부서의 통폐합, 정리해고 등 기업의 구조조정의 실시여부는 경영주체에 의한 고도의 경영권에 속하는 사항으로서 이는 원칙적으로 단체교섭의 대상이 될 수 없지만, 노사가 임의로 단체교섭을 통하여 단체협약(고용보장협약)을 체결할 수 있고 그 내용이 강행법규나 사회질서에 위배되지 아니하는 이상 단체협약으로서의 효력이 인정된다 할 것입니다.

고용보장에 관한 협약은 강행법규나 사회질서에 위배되지 않을 뿐만 아니라 근로조건에 관한 사항으로서 단체협약의 규범적 부분에 해당하므로, 이에 반하여 행해진 정리해고는 정당한 해고라고 볼 수 없습니다.

다만, 단체협약(고용보장협약)을 체결할 당시의 사정이 현저하게 변경되어 사용자에게 그와 같은 단체협약의 이행을 강요한다면 객관적으로 명백하게 부당한 결과에 이르는 경우에는 단체협약에 의한 제한에서 벗어나 정리해고를 할 수 있을 것입니다(대법 2011두20406, 2014.03.27.).

Q 정리해고에서 '해고대상자 선정기준'은 정해져 있나요?

저희 회사에서는 얼마 전부터 정리해고절차에 들어갔는데, 어제는 해고자 명단을 일방적으로 발표를 하더라구요. 해고대상자는 합리적이고 공정하게 선정을 해야 하는 것으로 알고 있는데, 무슨 기준이 별도로 있나요?

A 정리해고 실시 당시의 사회경제상황 등에 따라 달라질 수 있습니다.

해고대상자 선정기준이 비합리적이고 공정하지 않다면 해고의 정당성이 부인되므로 해고 대상자 선정기준이 단체협약, 취업규칙 등에 정해져 있거나 관례가 있으면 사회통념상 합리성이 인정되는 한 그 기준에 따르고, 정해져 있지 않다면 해고 시점에 사용자가 근로자측과 협의를 거쳐 합리적이고 공정한 원칙을 정해서 이에 따라 해고대상자를 선정해야 할 것입니다.

해고대상자 선정기준이 합리적이고 공정한 기준인지의 여부는 일률적으로 정해져 있는 것이 아니라 당시의 회사 사정과 경제상황에 따라 다를 수밖에 없습니다(서울행법 2002구합19480).

정리해고의 요건 중 '합리적이고 공정한 해고의 기준'은 확정적이고 고정적인 것이 아니고 사용자가 직면한 경영위기의 강도와 정리해고를 실시해야 하는 경영상의 이유, 정리해고를 실시한 사업부문의 내용과 근로자의 구성, 정리해고 실시 당시의 사회경제상황 등에 따라 달라지는 것입니다. 그리고 해고대상자의 선별기준은 대상 근로자들의 사정뿐만 아니라 사용자측의 경영상 이해관계와 관련된 사정도 객관적 합리성이 인정되는 한 함께 고려하여 정할 수 있습니다.

또한 기업의 잉여인력 중 적정한 인원이 몇 명인지는 상당한 합리성이 인정되는 한 경영판단의 문제에 속하는 것이므로 특별한 사정이 없는 한 경영자의 판단을 존중해야 할 것입니다(대법 2011다60193, 2013.06.13.).

Q '해고회피노력'으로 무급휴직을 실시했다면 휴업수당을 미지급해도 되나요?

회사의 취업규칙에는 사용자의 귀책사유로 휴업을 하면 평균임금의 70%에 해당하는 휴업수당을 지급하도록 되어 있습니다. 이런 원리로 보면 근로기준법 제31조의 경영상 이유에 의한 해고를 피하기 위한 휴직도 사용자의 귀책사유로 휴업을 하는 것이므로 휴업수당을 줘야 하는 것 아닌가요?

A 정리해고 회피를 위한 휴업은 휴업수당을 지급하지 않아도 무방합니다.

근로기준법 제24조제2항은 해고회피노력을 정리해고의 필수 요건으로 규정하고 있을 뿐 해고회피노력이 무엇인지에 대해서는 언급을 하지 않고 있습니다.

사용자의 해고회피 노력여부의 판단기준은 임금동결 및 삭감, 연장근로의 축소나 근로시간 감축, 사무실 규모 축소, 조업단축, 신규채용중지, 일시휴직, 유기계약자와의 재계약정지, 작업의 과학화 합리화 추진, 전직 등의 배치전환, 퇴직희망자 우선모집 등이 될 것입니다.

사용자는 긴박한 경영상의 필요가 있는 경우에는 근로기준법 제24조에서 규정한 절차를 거쳐 정리 해고를 할 수 있는데, 근로기준법 제24조에서 정한 요건과 절차에 따라 선정된 해고대상자에 대하여 사용자가 해고를 할 수 있음에도 해고회피노력의 일환으로서 해고 대신 무급휴직을 실시한다면 이는 결과적으로 근로자에게 유리한 것으로 보아야 할 것이고 이 경우 휴업수당을 지급하지 않더라도 근로기준법 위반은 아닙니다. 그러나 단지 노사가 무급휴직 실시에 합의한 후 개별 근로자의 신청없이 특정근로자에게 휴직을 강제한다면 이는 사실상의 휴업으로서 사용자는 당해 근로자에게 근로기준법 제46조의 휴업수당을 지급하여야 할 것입니다(근기 68207-780, 2001.03.08.).

Q 회사 임의로 정리해고와 이해관계가 없는 근로자대표와 고용조정에 대한 협의를 한 경우 이 협의도 유효한가요?

저희 회사는 A, B, C부서가 있습니다. 그런데 B부서를 폐지하려고 한답니다. 그러면 B부서의 부장을 근로자대표로 선임을 해서 협의를 해야 하는 것 아닌가요? 그런데 사용자는 A부서의 부장을 근로자대표로 선임해서 정리해고에 대하여 협의를 했다고 합니다. 이래도 문제가 없는 건가요?

A 근로자 대표와의 성실한 협의를 거쳤다고 보기 어렵습니다.

사용자는 정리 해고를 하고자 하는 날의 50일전까지 근로자대표에게 이를 통보하고 해고회피방법 및 해고기준 등에 대해 성실한 협의를 거쳐야 한다고 규정하고 있으므로, 사용자가 근로자대표에게 사전에 통보하여 성실한 협의를 해야 한다는 규정은 정리 해고가 정당성을 인정받기 위한 필수 요건입니다.

근로기준법은 '성실한 협의'에 대해서 구체적인 설명이 없지만, 회사의 일방적 임명에 의해 선정된 자들로 구성된 근로자들과의 고용조정에 대한 협의(서울행법 2003구합39269), 정리해고 이해관계를 갖고 있지 않는 근로자대표와의 협의(서울행법 2003구합18866)는 근로자대표와 성실한 협의를 거쳤다고 볼 수 없을 것입니다. 따라서 정리해고의 요건을 갖추지 못했으므로 부당한 해고가 됩니다.

참고로, 근로기준법 제24조제4항에서는 1월 동안 일정 인원(99명을 사용하는 사업장에서는 10인 이상, 100인 이상 999인 이하의 사업장에서는 10% 이상, 1000인 이상인 사업장의 경우는 100인 이상)을 해고하고자 하는 경우에는 최초로 해고하고자 하는 날의 30일전까지 고용노동부장관에게 해고사유, 해고예정인원, 근로자 대표와 협의내용, 해고 일정 등을 명시한 신고서를 제출해야 한다고 규정하고 있습니다.

Q 사전협의기간(50일) 중에 해고해도 되는 건가요?

근로기준법에서는 정리해고를 하기 50일전에 근로자대표와 성실한 협의를 거쳐야 한다고 규정하고 있는 것으로 알고 있는데요, 저희 회사는 60일이 되기 전에 해고를 했습니다. 이런 경우 법을 위반한 것 아닌가요?

A 성실한 협의로 합의를 했다면 50일전에 해고해도 무방합니다.

근로자대표에게 통보하고 성실히 협의하여 합의가 이뤄진 경우라면 통보일로부터 50일이 경과하기 전에 해고를 실시하였다는 이유만으로 부당해고가 되지는 않습니다(근기 68207-1359).

대신 협의기간(50일)중에 해고를 할 때에도 30일전에 해고예고를 해야 합니다. 해고예고는 50일간의 협의기간 중에 해도 무방합니다. 하지만 50일간의 사전협의 기간이 해고대상자의 선정과 그 기준, 해고회피방법에 대해서 성실히 협의하라는 취지의 기간인 만큼 협의기간(50일)동안에는 성실하게 해고회피방법을 모색한 뒤에 그래도 다른 방법이 없는 경우 해고예고를 하는 것이 사용자의 배려의무를 다하는 것이라고 보입니다.

Q 정리해고를 한후 3년이내에 직원을 채용하려면 정리해고한 근로자를 우선 재고용해야 한다고 알고 있는데, 이를 위반한 사용자는 처벌을 받나요? 그리고 손해배상을 청구할 수도 있나요?

저희 회사는 2014.12월에 정리해고를 단행했는데요, 2015.3월에 신규채용을 했다고 합니다. 근로기준법에는 정리해고한 근로자를 우선 재고용해야 한다는 규정이 있던데, 사용자는 법위반으로 처벌되어야 하는 것 아닌가요? 그리고 사용자를 상대로 손해배상을 할 수는 없나요?

A 재고용의무를 이행하지 않아도 사용자에 대한 처벌규정은 없지만, 민사소송을 통하여 재고용과 손해배상을 청구할 수 있습니다.

① **사례의 쟁점** : 이 사례는 근로기준법 제25조제1항의 법적 성격에 관한 문제로, 동조항을 위반한 경우 처벌여부와 손해배상청구가 가능한지가 쟁점입니다.

② **근로기준법 제25조제1항을 위반한 경우 처벌여부** : 근로기준법은 동조항을 위반할 경우 처벌한다는 관련규정을 두고 있지 않습니다. 따라서 사용자가 정리해고된 근로자를 재고용하지 않더라도 형사적 책임은 지지 않습니다.

③ **우선재고용권리는 사법상 청구권의 대상인지 여부** : 동법은 “그 근로자를 우선적으로 고용하도록 노력해야 한다”라고 규정하여 노력규정에 불과했던 것을 “그 근로자를 우선적으로 고용하여야 한다(제25조제1항)”라고 개정하여 의무규정으로 전환한 입법자의 의도는 정리해고를 한 사용자에게 재고용 노력의무를 넘어 법적인 재고용의무를 부과한 것으로 볼 수 있고, 정리해고된 근로자에게는 과거의 희생에 대한 사후적 보상의 필요성이 있으므로, 동법 제25조제1항은 정리해고된 근로자가 이를 근거로 사용자에 대하여 고용의무의 이행을 구할 수 있는 사법상의 청구권으로서의 성격을 가진다고 보는 것이 타당합니다(인천지법 2013가합17168,

2014.09.25.).

④ **사법상 청구권으로 행사할 수 있는 소송의 유형** : 첫째, 정리해고된 근로자는 사용자에 대하여 재고용의 의사표시를 하도록 청구할 수 있습니다. 즉 재고용해달라고 청구할 수 있다는 것입니다. 둘째, 사용자에 대하여 금전적 손해배상을 청구할 수 있습니다. 손해배상액은 정리해고일로부터 재고용된 날까지 '사용자가 고용의무를 이행하였더라면 근로자가 받을 수 있었던 임금상당액'을 청구할 수 있습니다. 셋째, 재산적(금전적) 손해배상만으로는 회복할 수 없는 정신적 손해가 있다면 그 위자료(정신적 손해배상)를 청구할 수 있을 것입니다. 이는 불법행위에 대한 위자료청구소송으로, 정신적 손해를 입증해야 하는 부담이 있습니다.

⑤ **사업주가 유의해야 할 사항** : 대부분의 사업주는 동법 제25조제1항을 훈시적 규정으로 생각하고 있기 때문에 정리해고를 한 이후 1~2년이 지나면 아무런 생각 없이 신규로 근로자를 채용하는 경우가 많은데, 정리해고를 한 때부터 3년이내에는 정리해고된 근로자를 우선 재고용해야 할 의무가 있다는 점을 알고 있어야 할 것입니다. 이를 위반하여도 형사처벌은 되지 않지만 불필요한 민사소송에 휘말릴 수 있으므로 유의해야 합니다.

해고예고(수당)와 해고금지기간

1. 해고예고제도

해고예고제도는 사용자가 근로자를 해고하려면 적어도 30일전에 예고를 하여야 하는 제도이고, 해고금지기간은 업무상 재해로 요양중인 근로자와 출산전후휴가를 간 근로자는 일정한 기간에는 해고할 수 없도록 하고 있는데, 이것이 해고금지기간입니다.

가. 해고예고(수당)의 법적근거

근로기준법 제26조는 사용자는 근로자를 해고(경영상 이유에 의한 해고를 포함한다)하려면 적어도 30일 전에 예고를 하여야 하고, 30일 전에 예고를 하지 아니하였을 때에는 30일분 이상의 통상임금을 지급하여야 한다. 다만, 천재·사변, 그 밖의 부득이한 사유로 사업을 계속하는 것이 불가능한 경우 또는 근로자가 고의로 사업에 막대한 지장을 초래하거나 재산상 손해를 끼친 경우로서 고용노동부령으로 정하는 사유에 해당하는 경우에는 그러하지 아니하다라고 규정하고 있습니다.

나. 해고예고수당의 법적 성질

고용노동부 통상임금산정지침은 해고예고수당을 통상임금과 평균임금이 아닌 '기타 금품'으로 분류하고 있고, 임금은 근로자에게 근로의 대가로 지급하는 일체의 금품이라고 정의하고 있는 근로기준법 제2조제5호의 규정상 해고예고수당은 임금에 해당하지 않는다고 해석하는 견해가 있습니다.

이런 법규정과 지침을 감안해보면, 해고예고수당은 갑작스런 해고로 인하여 근로자의 생계 및 구직활동이 곤란에 빠지지 않도록 하기 위한 해고예고제도의 취지에 의해 파생된 특수한 성격의 수당이라고 보는 것이 합리적이라고 사료됩니다.

해고예고수당의 법적 성질은 노동위원회나 법원이 부당해고로 판정하여 사용자가 임금상당액을 지급해야 할 때 해고예고수당과 중복지급해야 하는지의 문제, 이미 해고예고수당을 지급했다면 임금상당액과 상계할 수 있는지의 문제와 맞물리기 때문에 그 중요성이 있다 할 것입니다.

다. 해고예고의 효력발생시기

해고예고의 의사표시는 민법 제111조의 도달주의에 의해 근로자에게 도달한 때에 그 효력이 발생합니다.

여기서 '도달(到達)'이란 근로자의 지배권하에 놓여 일반상식상 了知할 수 있는 상태에 이른 것을 말하는 것으로, 우편물이 우체통에 들어간 경우, 같이 사는 가족이 우편물을 받은 경우에는 도달한 것으로 보는 것이 일반적입니다. 이 때 같이 사는 가족이 그 우편물을 수령함에 있어 '수령에 관한 대리권'이 있음을 요하지 않는다고 하여 대리권이 있는지 여부를 묻지 않습니다.

라. 해고예고의 철회

(1) 원 칙

해고예고는 사용자의 일방적인 근로계약 해지의 의사표시이므로 원칙적으로는 철회가 인정되지 않습니다. 하지만 근로자의 동의가 있다면 해고예고의 철회가 가능함은 당연합니다. 해고예고의 의사표시는 민법 제111조의 도달주의에 의해 근로자에게 도달한 때에 그 효력이 발생한다 할 것이나, 발송한 이후라도 도달하기 전에는 그 의사표시를 철회할 수 있는데, 철회의 의사표시는 적어도 먼저 발송한 의사표시와 동시에 도달하여야 합니다. 따라서 해고예고의 의사표시가 이미 도달했다면 근로자가 이를 요지(了知)하기 전이라도 이를 철회할 수 없을 것입니다.

(2) 예 외

해고예고를 하였으나 해고를 시행하지 않고 다른 사업장으로 전보발령을 하였다면 당초 해고계획을 철회한 것으로 볼 수 있다는 재결례(중노위 2000부해525, 2000.12.22.)가 있습니다. 재결예나 판례에서 볼 수 있듯이 사용자가 해고예고를 한 이후 인사발령을 하는 등 실질적으로 해고예고를 철회하는 인사명령을 내린 경우 사실상 근로자의 동의여부와는 상관없이 사용자의 해고예고의 철회를 인정해주는 것이 근로자의 보호측면과 사용자의 일방적인 근로계약 해지통보(해고)를 제한하고 있는 근로기준법의 입법취지와도 부합한다고 봅니다.

마. 해고예고수당의 지급방법과 분할지급이 가능한지 여부

(1) 해고예고수당의 지급방법

해고예고수당은 근로기준법상 임금에 해당하지는 않지만 동법 제43조를 적용하여 통화로 직접 근로자에게 그 전액을 지급하여야 합니다. 지급시기는 해고예고(수당)제도의 법취지에 맞게 해고와 동시에 지급하는 것이 맞다고 판단됩니다.

(2) 해고예고수당의 분할지급이 가능한지 여부

근로기준법 제26조는 30일전에 해고예고를 하거나 해고예고를 하지 아니하였을 때에는 30일분 이상의 통상임금을 지급하라고 규정하고 있고, 이를 위반하였을 경우에는 2년이하의 징역 또는 1천만원이하의 벌금(동법 제110조)에 처해집니다.

위 법규정의 취지를 감안하여 검토해보면, 해고예고수당은 갑작스런 해고로 인하여 근로자의 생계 및 구직활동이 곤란에 빠지지 않도록 하기 위한 것이므로 해고예고수당은 해고와 동시에 지급해야 하는 수당적 성격을 가지고 있습니다.

이렇듯 해고예고수당은 해고와 동시에 지급해야 한다는 점, 그리고 해고예고 규정은 근로기준법상 단속규정에 해당한다는 점을 감안하면 해고예고수당을 분할하여 지급하는 것은 불가하며, 설사 노사가 해고예고수당을 분할지급하기로 하는 특약을 체결했다고 하더라도 동 특약은 근로기준법의 입법취지에 반하여 무효라고 보아야 한다고 판단됩니다.

바. 해고예고(수당)와 관련된 기타 문제

해고예고(수당)와 관련된 기타 문제들, 해고예고기간(30일)은 어떻게 산정해야 하는지, 동 기간이 30일에 미치지 못할 경우 그 효력의 문제, 해고예고를 하지 않아도 되는 경우와 해고예고를 하지 않아도 되는 근로자는 어떤 요건의 근로자인지의 문제 등은 다음의 사례를 통하여 검토해 보도록 하겠습니다.

Q [해고예고는 반드시 서면으로 해야 하는지]

해고통지는 반드시 서면으로 하도록 규정하고 있는 것으로 아는데요, 해고예고도 반드시 서면으로 해야 하는 것인지요?

A **해고예고는 반드시 서면으로 하지 않아도 무방하며, 구두 등의 방법으로 해도 효력이 인정됩니다.**

① **해고예고의 서면통지의무 적용여부** : 해고예고는 반드시 서면으로 할 필요가 없고 구두 등의 방법으로 하더라도 그 효력이 인정되어 근로기준법 제27조의 해고사유 등의 서면통지 규정과는 구별됩니다(근로기준팀-8048, 2007.11.29.).

② **해고예고의 방법** : 해고예고는 반드시 대상 근로자에게 해고될 날을 명시하여 구체적으로 이루어져야 하므로, 불확정 기간이나 조건(건설공사 준공예정일 등)을 붙이거나, 해고할 사람을 특정하지 않고 불특정 다수인에게 불가피한 이유를 들어

감원을 주지시킨 것은 해고예고라고 할 수 없습니다(근로기준팀-8048, 2007.11.29.).

Q [해고예고를 하지 않으면 부당해고가 되는지, 정당한 해고의 경우에는 해고예고를 하지 않아도 되는지]

해고예고를 하지 않으면 해고는 당연히 부당해고가 되는 건가요? 그리고 정당한 해고를 하는 경우에는 별도로 해고예고를 하지 않아도 되는 건가요?

A **해고예고와 해고의 정당성은 별도의 법규정과 벌칙규정을 두고 있고 관할 기관도 다르므로, 해고예고 제도의 취지를 감안할 때 해고의 정당성 판단과는 별개로 처리됩니다.**

① 해고예고를 하지 않으면 부당해고가 되는지 : 해고예고와 해고의 정당성 판단은 별개로 처리되는 것이 원칙이므로 해고예고를 하지 않았다고 부당해고가 되지는 않습니다.

② 정당한 해고의 경우 해고예고를 하지 않아도 되는지 : 해고의 정당성은 법 제23조, 해고예고는 법 26조에서 별도의 벌칙규정까지 두고 있고, 관할기관도 고용노동부와 노동위원회에서 각각 관할하고 있으므로, 정당한 해고라도 반드시 해고예고를 하거나 해고예고수당을 지급해야 합니다.

해고예고를 하지 않아도 되는 경우와 해고예고를 하지 않아도 되는 대상(근로자)에 대한 자세한 내용은 다음 사례에서 자세히 수록되어 있으니 참조하시면 됩니다.

Q [해고예고를 하지 않아도 되는 대상과 사안]

해고를 하려면 반드시 해고예고를 해야 되는 것 아닌가요?

저는 해고를 하려면 모든 근로자에게 해고예고를 해야 하는 것으로 알고 있었는데, 회사는 해고예고를 하지 않아도 되는 근로자가 있다면서 저에게는 해고예고를 하지 않았습니다. 해고예고를 하지 않아도 되는 경우가 있나요?

A **해고예고를 하지 않아도 되는 경우와 해고예고의 대상이 되지 않는 근로자가 있습니다.**

근로기준법 제32조에 보면 사용자가 근로자를 해고하고자 할 때에는 적어도 30일전에 해고를 예고하도록 규정하고 있습니다.

해고예고는 임의퇴직, 권고사직, 계약기간 만료로 인한 근로계약의 종료와 정년퇴직 등의 합의퇴직의 경우에는 적용되지 않고, 근로자의 의사에 반하여 사용자의 일방적인 의사표시로 근로관계가 종료되는 해고의 경우에만 적용되는 단속규정입니다. 그래서 동법 제110조는 동조를 위반하였을 경우 2년이하의 징역 또는 1천만원이하의 벌금형을 규정하고 있습니다.

해고예고를 하지 않아도 되는 경우는 천재사변 기타 부득이한 사유로 사업을 계속하는 것이 불가능한 경우 또는 근로자가 고의나 중대한 과실로 사업에 막대한 지장을 초래하거나 재산상 손해를 끼친 경우로서 노동부령이 정하는 사유에 해당하는 경우가 있습니다.

'노동부령이 정하는 근로자의 귀책사유(근로기준법 §32, 동법 시행규칙 §5 관련 별표)'라 함은

① 납품업체로부터 금품 또는 향응을 제공받고 불량품을 납품받아 생산에 차질을 가져온 경우

② 영업용 차량을 임의로 타인에게 대리운전하게 하여 교통사고를 일으킨 경우

③ 사업의 기밀 기타 정보를 경쟁관계에 있는 다른 사업자 등에 제공하여 사업에 지장을 가져온 경우

④ 허위사실을 날조·유포하거나 불법집단행동을 주도하여 사업에 막대한 지장을 가져온 경우

⑤ 영업용차량운송수입금을 부당하게 착복하는 등 직책을 이용하여 공금을 착복·장기유용·횡령하거나 배임한 경우

⑥ 제품 또는 원료 등을 절취 또는 불법 반출한 경우

⑦ 인사·경리·회계담당직원이 근로자의 근무상황실적을 조작하거나 허위서류 등을 작성하여 사업에 손해를 끼친 경우

⑧ 사업장의 기물을 고의로 파손하여 생산에 막대한 지장을 가져온 경우

⑨ 기타 사회통념상 고의로 사업에 막대한 지장을 가져오거나 재산상 손해를 끼쳤다고 인정되는 경우로, 이런 경우에는 해고예고를 하지 않아도 됩니다.

그리고 해고예고를 하지 않아도 되는 근로자는 ㈎ 일용근로자로서 3월을 계속 근무하지 아니한 자, ㈏ 2월 이내의 기간을 정하여 사용된 자, ㈐ 월급근로자로서 6월이 되지 못한 자(2015.12.23. 위헌판결), ㈑ 계절적 업무에 6월 이내의 기간을 정하여 사용된 자, ㈒ 수습사용중인 근로자로 3월 이내인 자입니다.

Q **[6개월미만의 월급근로자 해고예고 적용제외규정 위헌판결]**

6개월 미만의 월급근로자에 대하여도 해고예고를 해야 하나요?

월급근로자로 입사한지 2개월만에 해고예고도 없이 해고했는데, 이것은 법위반 아닌가요?

A **2015.12.23. 위헌판결로 6개월 미만의 월급근로자에 대하여도 해고예고를 해야 합니다.**

① **사건진행과정** : 근로자A씨는 2009년 5월 21일부터 학원에서 1개월 반가량 영어강사로 근무하다 같은해 7월 6일 예고없이 해고되었고, 이에 해고예고제의 예외 조항인 근로기준법 제35조제3호에 대해 "근무 기간이 6개월이 못 된다는 사유로 예고 없이 해고당한 것은 헌법적 권리를 침해당한 것"이라며 법원에 위헌법률심판제청을 신청했지만 기각되자 다시 헌법소원을 냈습니다.

② **기존 헌재입장** : 동일 사안에 대하여 헌법재판소는 2001년 7월 합헌 결정을 내린 바 있습니다. 당시 헌재는 6개월 미만 근로자를 해고예고제 예외로 둔 근로기준법 조항(제35조제3호)에 대하여 "근로자 보호와 사용자의 효율적 기업 경영 사이의 조화를 고려한 규정"이라며 합헌(헌법재판소 2001.07.19 선고 99헌마663전원재판부)으로 판단하였습니다.

③ **2015.12.23. 헌재판결내용** : 해고예고제는 갑자기 직장을 잃어 생활이 곤란해지는 것을 막는 데 목적이 있고, 사전에 예고하지 않고 해고하는 경우는 근로자가

계속 일할 수 있다고 기대할 가능성이 적은 경우로 제한해야 한다. 월급을 받는 근로자로서 근무기간이 6개월이 못 된 근로자들은 근로관계가 계속될 것이라는 기대가 크다고 할 수 있으므로, 이들에 대한 해고 역시 예기치 못한 돌발적 해고에 해당한다. 6개월 미만을 근무한 월급 근로자 역시 직장을 옮기기 위한 시간적 여유를 갖거나 경제적 곤란으로부터 보호받을 필요성이 있다. 따라서 예외 조항은 합리적인 이유 없이 근무기간 6개월 미만인 월급 근로자의 권리를 침해하는 것이며 다른 형태로 보수를 받는 근로자들과 차별을 두고 있으므로 평등원칙에도 위배된다.

④ **위헌결정** : 헌법재판소는 동 헌법소원 사건에 대하여 2015.12.23. 재판관 9인 전원 일치로 위헌 결정을 내렸습니다.

⑤ **결론** : 동 판결로 월급근로자로서 6개월이 되지 않은 자에 대하여도 30일전에 해고예고를 하든가 해고예고수당을 지급해야 합니다.

Q 해고일에 도달하기 전에 또다시 해고예고를 한 경우 처음에 한 해고예고기간이 30일이 안되도 문제는 없나요?

회사는 10.15. 해고예고를 했어요(해고일 : 11.10.). 해고예고기간은 30일전에 해야 하는데, 30일이 안된다고 항의하니까 회사는 10.29.에 다시 해고예고를 했는데, 이번에는 해고일 11.30.이었습니다. 이런 경우 1차로 한 해고예고는 30일전에 하지 않았으니까 해고수당을 지불해야 하는 거 아닌가요?

A 1차 해고예고는 30일이 안되지만 2차 해고예고는 30일전에 하였으므로 해고예고는 유효하고 해고예고수당을 지급할 의무는 없습니다.

이 사안에서 회사에서 11.10.자로 해고예고를 10.15.하고 이후 2차의 해고예고를 하지 않았다면 회사는 근로자에게 해고예고수당을 지급해야 합니다. 하지만 회사는 10.29.에 해고일(11.30.)로부터 30일전에 해고예고를 다시 함으로써 해고시기를 연기하는 새로운 해고의 의사표시를 분명히 하였고, 이는 근로자에게는 해고에 대처할 기간을 확보해 줄 수 있어 그 내용에 있어서도 근로자들에게 이익이 되는 것이므로, 10.29. 해고예고에 의해 11.30.자로 해고된다는 내용의 새로운 해고예고의 의사표시의 효력이 적법·유효하게 발생했다고 판단됩니다. 따라서 회사가 해고예고 절차 미이행 및 해고예고수당 미지급으로 인한 근로기준법 위반에 대한 책임문제는 발생하지 않습니다.

※ 유추사례 : 회사가 2차 해고예고를 11.5.에 했다면?

회사가 10.15.에 한 해고예고는 해고일(11.10.)로부터 30일전에 한 것이 아니므로 동법 제26조에 위반되고, 회사가 11.5.에 한 2차 해고예고 또한 해고일(11.30.)로부터 30일전에 한 것이 아니므로 2차 해고예고 또한 동법 제26조에 위반한 것이 되므로 회사는 1차와 2차 해고예고 모두 적법한 해고예고를 하지 못했기 때문에 근로자에게 해고예고수당을 지급해야 할 것입니다.

동법 제26조의 '30일전'은 1차 2차 해고예고를 합산하여 30일 전이라고 한 것이 아니라 1차 2차 각각의 해고예고기간이 30일전이어야 한다는 것이기 때문입니다.

Q 노사분규 등 경영악화에 의한 '폐업'을 할 때는 해고예고를 안 해도 되나요?

저희 회사는 노사분규가 악화되어 파업이 장기화되면서 생산량이 줄고 이로 인해 거래처도 급격히 감소하여 결국은 폐업을 하기에 이르렀습니다. 회사는 폐업을 하면서 해고예고를 하지 않았습니다. 왜냐하면 부득이한 사유에 해당하기 때문이랍니다. 이렇게 갑자기 폐업을 해도 되는 건가요?

A 노사분규 등 경영악화에 의한 폐업은 해고예고를 해야 합니다.

근로기준법 제32조제1항은 사용자가 근로자를 해고하고자 할 때에는 적어도 30일전에 그 예고를 하도록 규정하고 있지만 동 조항의 단서에 '천재사변 기타 부득이한 사유로 사업계속이 불가능한 경우에는 그러하지 아니하다'고 규정하여 해고예고를 하지 아니할 수도 있도록 하고 있습니다.

'부득이한 사유'라 함은 중요한 건물, 설비, 기재 등의 소실과 같이 천재사변에 준하는 정도의 돌발적이고 불가항력적인 경우로서 사용자에게 그 책임을 물을 수 없는 경우를 말하며, 단순히 불황이나 경영난은 이에 포함되지 않는다고 보아야 합니다(근로기준과-2324, 2004.05.10.). 따라서 노사분규로 인한 생산차질, 거래처 감소 등 영업활동 위축으로 인한 폐업의 경우는 사전에 어느 정도 예측이 가능한 경우로서 해고예고의 예외가 되는 '부득이한 사유'에 해당하지 않으므로 해고예고를 해야 합니다(근기 68207-914, 2003.07.21.).

※ 유추사례 : 도산, 영업양도, 경매 등의 경우 해고예고를 해야 하는지 여부

위의 노사분규로 인한 생산차질, 거래처 감소 등 영업활동 위축으로 인한 폐업의 경우와 같이 이와 유사한 도산, 경매, 영업양도 등의 경우에도 해고예고를 해야 하는지는 중요한 쟁점이므로 다음에서 살펴보도록 하겠습니다.

① 부도로 인한 사실상 도산상태에서 해고하는 경우

부도로 인한 사실상의 도산상태에서 근로자들을 해고한 경우 근로기준법 제26조 제1항 단서 '부득이한 사유로 사업계속이 불가능한 경우'에 해당되어 당해 사업주가 해고예고를 하지 않았다 하더라도 해고예고수당 지급의무는 없는 것으로 볼 수 있습니다(근기 68207-2319, 2000.08.02.).

② 경매로 기업시설전체가 넘어가 결과적으로 근로자들이 퇴사하게 된 경우

법인의 이름으로 기업을 경영하는 사용자가 법인의 물적기반인 기업시설 전체가 법원에 의한 경매로 타에 양도됨으로써 근로자의 일터를 잃게 했을 때에는 비록 사용자가 법인업무의 폐업처분이나 그것을 전제로 한 해고처분을 한 일이 없다 하더라도 특별한 사정이 없는 한 당해 근로관계는 합의퇴직으로 종료되었다고 보아야 할 것이니 이러한 경우라도 사용자는 퇴직금과 함께 동법 제26조의 근로자 이외의 근로자에게는 노동부장관의 승인을 받아둔 경우가 아닌 한 사전에 해고의 예고를 하지 못한 사람에게 해고수당을 법정기일내에 지급해 줄 의무가 있다 할 것입니다(대법 87도2509, 1988.02.09.).

③ 영업양도의 경우에도 해고예고를 해야 하는지의 문제

영업양도자와 양수자가 상호간 합의에 따라 면직직원 전원을 동 사업장에 고용승계한 경우 근로기준법 제26조에 의한 해고예고수당을 지급하여야 할 법적 의무가 있는지의 문제로, 해고예고수당의 취지는 근로자가 불의의 실직사태로 인한 생활의 곤궁을 완화하자는 것이므로 사업체소속의 전 근로자를 양수자가 고용승계하여 근로관계가 단절된 것이 아니라면, 사업이 폐쇄되지 아니하고 양도되는 경우로서 사업주가 변경됨에 불과하며 동일한 사업장에서 고용관계가 당연승계되는 것이라면 해고예고수당을 지급할 법적 의무는 없다고 보아도 무방합니다(법무 811-16602, 1978.08.04.).

Q 해고예고는 30일전에 한다던데, 30일은 어떻게 계산하는 거예요?

근로기준법에 보면 해고를 하려면 30일전에 해고예고를 해야 한다고 규정하고 있더라구요, 이 때 30일은 어떻게 계산하는 건가요?

A 해고예고일 다음날부터 30일이 되는 날 익일이 해고일입니다.

해고예고기간인 30일을 계산할 때에는 해고예고를 하는 날은 민법 제157조 및 제159조에 의해 산입하지 않습니다. 따라서 해고예고를 한 다음날로부터 30일이 되는 날의 다음날(익일)이 해고일이 됩니다. 즉, 해고예고를 하는 날과 해고일(해고의 효력발생일) 사이에 적어도 30일의 기간을 둬야 한다는 것입니다.

해고예고기간은 통지가 상대방에게 도달한 다음 날부터 역일로 계산해 30일만에 만료되며, 휴일이나 휴무일이 있더라도 연장되지 않습니다(근로기준팀-8048, 2007.11.29.).

Q 해고예고기간이 30일이 안되면 어떻게 되나요?

회사에서 11월 30일자로 해고를 하면서 해고예고를 11월 1일에 했다면 어떻게 되는 건가요? 이 경우는 28일전에 해고예고를 한 것 같은데, 이래도 상관없는지요? 이 때 2일분의 임금을 주면 30일전에 해고예고를 한 것으로 봐주나요?

A 해고예고기간이 1일이라도 모자라면 통상임금의 30일분 전액을 지급해야 하고, 임금으로 일부를 보전하는 것도 안됩니다.

해고하기 30일전에 해고예고통지를 하지 않은 경우 이는 적법한 해고예고통지를 하지 않은 것이므로, 그 모자란 일수에 비례하여 해고예고수당을 지급하는 것이 아니라 30일분 이상의 통상임금으로 해고예고수당 전부를 지급해야 합니다(근기 68207-1346, 2003.10.20.).

이와 같이 해고예고기간이 30일에 모자라 위법이 된 경우 해고예고기간이 도과하기 전에 해고시기를 연기하는 취지로 새로이 해고의 의사표시를 하였다면 이는 새로운 해고의 의사표시에 해당하고 그 내용에 있어서도 근로자에게 이익이 된다면 새로운 해고예고의 의사표시는 효력이 있다고 보아야 한다는 것이 판례입장입니다(서울지법 2007노209, 2007.05.29.).

※ 관련사례 1. 잔여근로계약기간이 20일인 근로자를 해고하는 경우

근로자가 대기발령을 받고 4개월 가량을 출근을 거부한 채 지방노동위원회와 중앙노동위원회에 구제신청을 하였으나 모두 "기각" 낭한 후에도 출근을 하지 않자 회사는 근로계약기간 만료일인 2013.11.20까지 기다리지 못하고 장기간 무단결근을 이유로 징계위원회를 열어 2013.10.31.자에 근로자를 즉시해고한 경우 해고예고수당을 30일분을 지급해야 하는지, 아니면 근로계약기간이 해고예고기간인 30일 전에 종료되므로 그 이상을 지급할 실익이 없으므로 잔여근로계약기간인 20일분만 지급하면 되는지의 문제입니다.

근로기준법 제26조는 근로계약기간 도중 사용자의 일방적 의사에 의한 근로관계의 종료, 이른바 즉시 해고시에 근로자의 갑작스러운 직장 상실로 인한 근로자와 그 가족이 생활의 곤란을 방지하기 위한 규정으로서 해고의 정당성 여부나 잔여 근로계약기간의 장단에 관계없이 적용되는 단속적 규정입니다.

따라서 특정일(10.31.)을 해고일로 정하여 통보하는 경우, 동법 동조의 해고예고의무를 다하기 위해서는 동 해고일로부터 30일 전에 예고를 하였거나 30일분 이상의 통상임금을 해고와 동시에 지급하여야 하는 것으로서 잔여 근로계약기간이 30

일에 미치지 못한다 하여 30일분의 통상임금보다 적은 금액을 지급할 수는 없습니다(근기 68207-1627, 2003.12.17.).

※ 관련사례 2. 공사의 조기완공으로 공사기간만료전에 해고하는 경우

공사현장에서 공사기간동안 근로자를 채용하였는데, 공사가 조기완공되어 부득이 일이 없기 때문에 근로자에게 출근하지 말라고 사실상 근로계약기간 만료전에 해고를 한 경우 공사의 완공으로 일이 없더라도 해당 근로자에게는 근로기준법 제26조에 의거 통상임금 30일분 이상의 해고예고수당을 지급해야 합니다(해지 125-15405, 1984.07.12.).

※ 관련사례 3. 3개월이상 근무한 건설일용근로자에게도 해고예고를 해야 하는지

일용근로자는 고용되어 근무하는 날의 소정작업이 종료되어 퇴근하면 근로계약이 해지되는 동 근로계약의 경신이 매일매일 반복된다고 하더라도 이러한 고용형태로서 일정기간 이상을 사실상 계속근로한 일용근로자는 근로기준법에 의한 유급주휴일, 연차유급휴가 및 해고예고와 퇴직금 등의 보호대상이 되는 것인 바, 이러한 일용근로자가 건설공사에 3월 이상을 계속근로한 이후에는 별단의 사유가 없는 한 근로계약관계가 계속 유지된다고 보아 사용자가 근로계약관계를 일방적으로 해약(해고)하고자 하는 경우에는 적어도 30일 이전에 해고의 예고를 하여야 할 것입니다(법무 811-14939, 1979.06.22.).

※ 관련사례 4. 근로계약기간이 만료되는 경우에도 해고예고를 해야 하는지

근로계약기간을 정한 경우에 있어서 근로계약 당사자 사이의 근로관계는 특별한 사정이 없는 한 그 기간이 만료함에 따라 당연히 종료된다는 것이 판례(서울행법 2007구합13098, 2007.11.09.)의 입장이고, 최종적으로 근로계약이 만료된다는 내용을 통보한 것은 근로계약기간의 만료로 근로관계가 당연히 종료된다는 점을 미리 알려준 것일 뿐, 해고라고 볼 수 없다는 판례(서울행법 2012구합43536, 2013.05.22.)와 근로계약기간이 단지 형식에 불과한 것이라고 할 수 없다면 계약만료가 부당해고라 할 수 없다고 보는 판례(서울행법 2005구합20283, 2005.12.01.), 그리

고 일정한 기간을 정한 근로계약인 경우에는 근로기준법 제26조의 적용은 없다는 판례(대법 65다1593, 1965.11.30.) 등을 종합하여 검토해보면, 근로계약기간이 만료되는 경우에는 원칙적으로 해고예고(수당)를 하지 않아도 무방하다고 판단됩니다.

Q **만약에 해고예고가 없었다면 3개월분의 월급을 받을 수 있는 거죠?**

회사에서 해고예고를 하지 않고 갑자기 해고를 하면 해고예고수당을 달라고 할 수 있다고 들었습니다. 해고예고수당은 3개월분의 임금이라고 알고 있는데, 맞는지요?

A **해고예고수당은 통상임금의 30일분입니다.**

회사측에서 30일전에 해고예고를 하지 않았다면 해고예고수당을 청구할 수 있습니다. 하지만 3개월분의 임금이 아니라 30일분 이상의 통상임금을 해고예고수당으로 청구할 수 있을 뿐입니다. 근로기준법 제26조는 사용자는 근로자를 해고(경영상 이유에 의한 해고를 포함한다)하려면 적어도 30일 전에 예고를 하여야 하고, 30일 전에 예고를 하지 아니하였을 때에는 30일분 이상의 통상임금을 지급하여야 한다라고 규정하고 있어 해고예고수당을 '30일분 이상의 통상임금'이라고 명확히 명시하고 있습니다.

Q **채용내정의 취소도 해고와 마찬가지라고 하던데요, 그렇다면 채용내정을 취소한 경우에도 해고예고수당을 지급해야 하는 것 아닌가요?**

저는 모기업에 채용내정이 되었습니다. 그런데 갑자기 회사에서 채용내정을 취소한다는 통지를 보내왔습니다. 제가 여기저기 찾아보니까 채용내정의 취소도 해고와 마찬가지라고 하던데요, 그렇다면 모기업에서 저에게 해고예고수당을 줘야 하는 것 아닌가요?

A **채용내정을 취소한 경우에는 해고예고수당을 지급할 의무가 없습니다.**

모기업이 채용내정자들에 대하여 근무를 시작하도록 하기로 약속한 기한인 2013.3.1을 경과함으로써 모기업과 채용내정자 사이에는 일응 유효한 근로계약관계가 성립되어 모기업에게는 임금지급의무가 발생한다고 할 것이나, 사용자인 모기업에게도 채용내정시부터 정식발령시까지 사이에 채용내정자 중 직무부적격자를 가려내어 채용내정을 취소할 수 있는 권리, 즉 근로계약에 대한 해약권이 유보되어 있다고 보아야 할 것입니다. 근로기준법 제24조제3항은 근로자를 해고하기 위하여는 50일 전에 이를 통보하고 근로자의 대표자와 협의할 것을 규정하고 있으나, 근로자의 신분보장을 위한 이러한 규정은 근로계약이 확정된 근로자를 전제로 하는 것으로서 사용자에게 해약권이 유보되어 있는 채용내정자에 대하여는 그 적용이 없다고 할 것입니다. 따라서 채용내정을 취소하기 위하여는 정당한 사유가 있어야 함은 당연하나 따로 근로기준법 제24조제3항의 절차를 거쳐야 하는 것은 아니라고 할 것입니다.

근로기준법 제35조제3호 및 제5호는 월급근로자로서 6개월이 되지 못한 자 및 수습사용중인 근로자에 대하여 같은 법 제26조의 해고예고에 관한 규정을 배제하고 있는 바, 모기업과 채용내정자 사이에 2013.3.1부터 근로관계가 성립되었다고 본다 하더라도 모기업이 채용내정을 취소한 2013.5.1까지 채용내정자는 수습기간중이라고 보아야 하고 또한 근로관계가 효력을 발생한 날로부터 6개월이 경과한 것도 아니므로 해고예고수당에 관한 규정이 적용될 여지가 없다고 할 것입니다(서울고법 99나41055, 2000.08.25.).

Q **출산전후휴가기간중인데, 해고해도 되는 건가요?**

저는 지금 출산휴가중입니다. 출산휴가를 신청할 때 회사에서는 달갑지 않아 했지만 저는 그냥 출산휴가를 신청했습니다. 그런데 얼마 전에 회사에서 해고통지서가 왔습니다. 이렇게 출산휴가중인 근로자를 해고할 수 있는 건가요?

A **출산전후휴가기간은 해고금지기간으로, 이 기간 중에는 해고할 수 없습니다.**

산전후 휴가기간과 그 후 30일(총 120일), 육아휴직을 사용중인 기간, 업무상 부상이나 질병으로 요양을 위한 휴업기간과 그 후 30일은 해고금지기간이므로 이 기간에는 정당한 사유가 있더라도 해고할 수 없습니다. 물론 해고금지기간이라도 해고를 할 수 있는 예외 규정이 있습니다.

㈎ 요양을 개시한 후 2년이 경과한 때 근로기준법 제87조에 의해 평균임금의 1,340일분을 일시 보상한 경우, ㈏ 요양을 개시 한 후 3년이 경과한 때 산업재해보상보험법 제44조에 의해 상병보상연금을 받은 경우, ㈐ 천재지변 등 불가항력적인 사유로 부득이 사업을 계속하는 것이 불가능하다고 인정되는 경우에는 해고금지기간이라 할지라도 해고를 할 수 있습니다.

2. 해고금지기간

가. 해고금지기간의 법적 근거

근로기준법 제23조제2항은 사용자는 근로자가 업무상 부상 또는 질병의 요양을 위하여 휴업한 기간과 그 후 30일 동안 또는 출산전(産前)·출산후(産後)의 여성이 이 법에 따라 휴업한 기간과 그 후 30일 동안은 해고하지 못한다. 다만, 사용자가 제84조에 따라 일시보상을 하였을 경우 또는 사업을 계속할 수 없게 된 경우에는 그러하지 아니한다라고 하여 해고금지기간을 두고 있습니다.

남녀고용평등과 일·가정 양립 지원에 관한 법률 제19조제3항은 사업주는 육아휴직을 이유로 해고나 그 밖의 불리한 처우를 하여서는 아니 되며, 육아휴직 기간에는 그 근로자를 해고하지 못한다고 규정하고 있습니다.

나. 해고금지기간을 설정한 취지

업무상 부상·질병의 요양으로 인한 휴업기간과 그 후 30일간 또는 임신중의 여자에게는 출산전후휴가기간과 그 후 30일간, 육아휴직기간에는 해고를 못하도록 해고금지기간을 둔 것은 정당한 해고사유가 있다 하더라도 이와 같은 곤경에 처해 있거나 경제적 보호와 지원이 필요한 근로자들을 보호하고자 하는 입법취지로 이해하여야 할 것입니다.

따라서 위의 해고금지기간을 경과한 경우에도 법 제26조에 의한 해고예고나 30일분 이상의 통상임금을 지급하여야 할 것입니다.

다. 해고금지기간중에도 해고예고를 할 수 있는지

해고금지기간중에 해고예고를 할 수는 있지만 동 기간중에 해고를 할 수는 없고, 다만 해고금지기간이 경과한 이후에는 해고를 할 수 있습니다(사례 참조).

라. 해고예고 이후 해고금지사유가 발생한 경우

해고예고기간이 정지되었다가 해고금지사유가 종료되면 다시 진행되어 해고예고기간이 경과하면 해고됩니다. 자세한 내용은 아래의 사례를 참조하시면 됩니다.

Q 해고예고를 했는데 그 기간 중에 해고금지사유가 발생하면 어떻게 하죠?

저는 2주 전에 회사로부터 해고예고를 통지받았습니다. 따라서 2주 후면 회사를 그만둬야 할 상황이었는데, 일을 하다가 다쳐서 지금은 병원에 입원해 있습니다. 이렇게 회사에서 해고예고를 한 상태에서 근로자가 업무중에 다친 경우에는 어떻게 되는 건가요? 해고예고기간이 경과하면 해고가 되는 건가요? 아니면 산재처리가 끝날 때까지는 해고가 미뤄지는 건가요?

A 예고기간은 정지되었다가 해고금지기간이 종료되면 다시 진행됩니다.

해고예고기간 중에 해고금지사유가 발생한 경우 해고예고기간의 진행은 정지되고 해고금지기간이 끝나면 해고예고기간이 다시 진행됩니다. 물론 해고금지기간이 너무 길어지는 경우에는 해고예고는 무효가 됩니다(노정근 1455-18121, 1963.02.23.). 따라서 해고금지기간이 종료하기 30일전에 다시 해고예고를 해야 합니다.

Q 해고금지기간에도 해고예고를 해도 되나요?

저는 출산전후휴가를 사용하고 아이를 돌봐 줄 사람이 없어서 출산휴가에 이어 육아휴직을 했습니다. 거의 11개월째 되었는데, 해고예고통지가 회사로부터 날아왔습니다. 제가 알고 있기로는 육아휴직기간도 해고금지기간이라고 알고 있는데, 이렇게 해고예고를 해도 되는 건가요?

A 해고금지기간에도 해고예고를 할 수 있습니다.

해고금지기간중에 해고예고를 하고 해고금지기간이 종료하면 해고를 하는 것은 가능합니다(근기 01254-5080, 1987.03.30.). 즉, 육아휴직기간 1년이 해고금지기간이라면 30일전인 11개월째 되는 날에 해고예고를 먼저하고 1년이 경과하는 날에 해고를 하는 것은 무방하다는 것입니다. 육아휴직기간은 남녀고용평등법상 해고금지기간이고(남녀고용평등법 §19③), 출산전후휴가기간은 근로기준법상의 해고금지기간입니다(근로기준법 §30②).

Q 정당한 이유가 있는 해고의 경우 적법한 해고예고를 하지 않았다면 해고가 부당해고로 되는 것인가요?

저는 인사담당자인데요, 정당한 사유로 해고를 했는데, 해고예고를 하지 않았습니다. 해고예고를 하지 않으면 정당한 해고도 무효가 되는 것인가 해서요.

A 견해대립이 있지만, 해고의 정당성 여부와 해고예고여부와는 상관없다는 것이 판례와 다수견해입니다.

정당한 이유가 있는 해고의 경우 적법한 해고예고를 하지 않은 경우 그 해고의 효력에 대하여 견해의 대립이 있으나, 해고예고규정은 효력규정이 아니라 단속규정에 해당하고, 해고의 사법적 효력은 원칙적으로 정당한 해고사유의 존부에 따라야 하므로, 해고예고의무를 위반한 경우에도 해고는 유효하다고 보는 것이 판례(대법 92누2418)의 입장입니다.

사용자가 해고예고의무를 위반한 경우 벌칙조항(근로기준법 제110조)이 적용되고 해고예고수당을 지급해야 하는 채무를 부담하게 되지만, 해고예고를 하지 않았다고 하더라도 해고의 정당한 이유를 갖추고 있는 이상 해고의 효력에는 영향이 없습니다(대법 93누20115).

Q 무단결근을 이유로 해고예고를 했는데, 해고예고기간에 또 무단결근을 한 경우 이럴 때에는 해고수당없이 즉시해고해도 되는 거죠?

사무실 직원이 무단결근을 너무 자주해서 해고예고를 했어요. 그런데 해고예고기간에도 무단결근을 하지 뭐에요. 그래서 그날부로 즉시해고를 했어요. 이런 경우에는 해고예고수당을 주지 않아도 괜찮은거죠?

A 해고예고기간중에 징계사유가 발생했더라도 해고예고를 해야 하기 때문에 즉시해고를 했다면 해고예고수당을 지급해야 합니다.

무단결근을 이유로 해고예고를 하였는데 해고예고기간에 또다시 무단결근을 하여 즉시해고를 한 경우 30일의 해고예고기간이 전부 경과되지 않은 상태에서 다시(즉시)해고를 하였으므로 해고예고 자체가 무효가 되어 즉시해고를 한 시점에 다시 새로운 해고의 의사표시를 한 것이어서 그 즉시해고와 동시에 통상임금 30일분 이상의 해고예고수당을 지급하여야 할 것입니다(근기 1451-20718, 1984.10.12.).

Q

[해고예고수당과 임금상당액의 관계]

기지급된 해고예고수당은 임금상당액에서 공제하여야 하는 것이 맞는지의 문제

근로자를 해고하면서 해고예고수당을 지급했는데, 이후 노동위원회에서 부당해고로 판정되어 임금상당액을 지급해야 하는 경우 이미 지급한 해고예고수당은 공제하고 임금상당액을 지급하면 되는 건가요? 아니면 해고예고수당과는 별도로 임금상당액을 전액 지급해야 하는 건가요?

A

해고예고수당을 공제하고 지급해야 한다는 것이 예전 행정해석의 입장이었으나, 2007.11.29. 지침에 의해 해고예고수당과는 별도로 전액 지급해야 한다는 입장으로 변경하였습니다.

① 기존 행정해석의 견해 : 정당한 이유가 없는 해고는 부당해고로 무효가 되므로 해고처분은 처음부터 없었던 것이 되기 때문에 해고예고수당 문제는 발생하지 않는다(근기 68207-807, 1999.12.06.)고 하여 해고예고는 정당한 이유가 있어 해고하고자 할 때에만 적용되는 것이라는 입장(대법 71다1400)이었습니다. 이것은 해고예고는 근로기준법 규정에 의한 정당한 이유가 있어 해고하고자 할 때만 적용된다는 대법원 판례의 태도를 존중하고, 부당한 해고로 확정이 되면 사용자의 근로자에 대한 해고기간동안의 임금상당액 지급의무가 발생하므로 굳이 해고예고수당의 지급을 명할 실익이 없기 때문이었습니다.

② 변경된 행정해석의 입장 : 그런데 '해고예고 관련 민원처리지침'(근로기준팀-8048, 2007.11.29.)상의 다음과 같은 내용으로 보아 위 행정해석은 변경된 것으로 보입니다.

'해고예고의무 위반에 관한 업무처리기준'에서 해고가 부당해고로 판명될 경우 그 해고는 무효가 되고 근로자는 원직에 복직할 수 있으므로 해고예고의무사건은 그 해고가 정당한 경우에만 처리하여야 한다는 견해도 있지만, 해고예고 제도의 취지를 감안할 때 해고의 정당성 판단과는 별개로 해고예고의무 위반사건은 우선하여 처리되어야 한다는 것이 우리부의 업무처리 원칙입니다.

해고의 정당성 여부를 해고예고의무 위반여부 조사의 사전절차로서 반드시 조사·판단하게 한다면 갑작스런 해고로 인한 근로자의 피해 예방이라는 해고예고제도의 취지를 살릴 수 없고, 법 제23조(해고의 제한)는 '정당한 이유없이 해고하지 못한다'라고 규정하고 있는 반면 법 제26조(해고의 예고)는 '해고하려면'이라고만 규정하고 있어 해고예고는 정당한 사유가 있는 경우에만 가능하다라는 해석은 타당성이 없으며, 뿐만 아니라 정당한 이유없이 해고한 경우(법 제23조 위반의 경우)에는 노동위원회에 구제신청을 하도록 규정하고 있지만 해고예고를 하지 아니한 경우(법 제26조 위반의 경우)에는 동법 제110조에서 2년이하의 징역 또는 1천만원 이하의 벌금형을 규정하고 있어 법위반에 대한 제재도 상이하므로 해고예고의무 위반 관련 민원은 해고의 정당성 여부 판단과 별개로 처리할 필요가 있습니다.

③ **해고예고수당의 성격과 임금상당액의 성격** : 근로기준법 제26조(해고예고)는 별도의 단속규정이고, 해고예고수당은 근로의 대가로 받는 임금의 성격이라기 보다는 갑작스런 해고로부터의 경제적인 보호와 원활한 구직활동의 지원이라는 특수한 성격의 수당으로 고용노동부의 통상임금산정지침에서도 '기타금품'으로 분류하고 있는 반면, 해고처분이 무효인 경우 근로자가 지급을 청구할 수 있는 임금(임금상당액)은 근로기준법 제2조제5호에서 규정하는 임금을 의미하므로 동법 제2조제6호에서 말하는 평균임금산정의 기초가 되는 임금의 총액에 포섭될 임금이 전부 포함되고 통상임금으로 반드시 국한되는 것은 아니다(대법 93다11463)라고 하여 '임금상당액'은 임금이고 그 범위는 평균임금임을 확인하고 있습니다.

④ **해고예고수당과 임금상당액의 관계** : 위에서 살펴 본 성격을 비교하여 검토해 보면, 해고예고수당과 부당해고로 판정되어 지급해야 하는 '임금상당액'과는 엄연히 구분되는 수당으로, 해고예고수당과 임금상당액을 상계하는 것도 합당하지 않을 뿐만 아니라 그 금품의 성격이 상이하여 공제할 수 있는 관계에 있지도 않다고 판단됩니다.

따라서 부당해고로 판정되어 평균임금산정의 기초가 되는 임금의 총액에 포섭될 임금의 상당액을 지급할 때 이미 지급한 해고예고수당과는 무관하게 전액을 지급해야 할 것으로 사료됩니다.

합병·영업양도에 따른 근로관계 이전문제

M&A(Merger and Acquisition : 기업의 인수합병)에는 합병, 영업양도, 기업분할, 회사의 정리 절차 및 폐지, 지분참여, 계열사간의 전적 등 다양한 형태가 있습니다.

기업의 합병, 영업양도의 문제는 개별근로조건 및 고용승계문제 뿐만 아니라 단체협약 및 취업규칙의 승계문제, 노동조합의 승계에 따른 복수노조 문제, 정리해고 문제와 임금책임 주체의 문제 등 다양한 법률적 문제를 파생시키기 때문에 복잡하므로 세심한 관심을 보여야 할 부문이기도 합니다.

M&A에서 견해의 대립이 없는 것은 문제 될 것이 없지만 영업양도에 대해서는 견해대립이 있으므로 해결할 문제가 내재하고 있고, 무엇보다도 기업변동이 어떤 형태로든 변경되면 근로자들은 조직변동 후에도 계속해서 근로할 수 있는지 여부(고용승계문제)가 가장 큰 관심사일 것입니다. 그리고 기업변동전의 체불임금을 어느 주체한테 청구해야 하는지의 문제 또한 중요한 문제일 것입니다.

위 문제들을 검토하기 이전에 먼저 영업양도의 개념 등에 대한 검토가 선행되는 것이 필요하므로 다음에서 영업양도의 개념 등에 대하여 살펴보도록 하겠습니다.

1. 영업양도의 개념

판례는 영업양도란 일정한 영업목적에 의하여 조직화된 업체 즉 인적 물적 조직을 그 동일성을 유지하며 일체로서 이전하는 것을 말한다고 하고 있습니다. 영업의 일부를 양도하는 것도 가능하지만 이 경우에도 해당 영업부문의 인적, 물적 조직이 그 동일성을 유지하면서 일체로서 이전되어야 영업양도로 인정됩니다. 여기에서 '영업'의 개념과 '동일성'의 개념에 대하여 상세히 검토해 볼 필요가 있는데, 자세한 내용은 다음과 같습니다.

① 상법상 영업이란 일정한 영업목적에 의하여 조직화된 '유기적 일체로서의 기능적 재산'을 말합니다. 여기서 '유기적 일체로서의 기능적 재산'이란 영업을 구성하는 유형·무형의 재산과 경제적 가치를 갖는 사실관계가 서로 유기적으로 결합하여 수익의 원천으로 기능한다는 것과 이와 같이 유기적으로 결합한 수익의 원천으로서의 기능적 재산이 마치 하나의 재화와 같이 거래의 객체가 된다는 것을 뜻합니다(대법 97다35085).

② 영업의 동일성을 유지하였는지 여부는 구체적 기준에 의해 결정되는 것이 아니라 개별적인 사안에 따라 일반 사회관념에 의하여 결정되어져야 할 사실인정의 문제로 보아야 합니다. 어떠한 영업재산이 어느 정도로 이전되어 있는가에 의하여 결정되는 것이 아니고 거기에 종래의 영업조직이 유지되어 그 조직이 전부 또는 중요한 일부로서 기능할 수 있는가에 의하여 결정되어져야 하는 것이라는 것입니다. 따라서 영업재산의 전부를 양도했어도 그 조직을 해체하여 양도했다면 영업양도는 되지 않는 반면, 그 일부를 유보한 채 영업시설을 양도했어도 그 양도한 부분만으로 종래의 조직이 유지되어 있다고 사회관념상 인정되면 그것을 영업양도라고 볼 수 있다는 것입니다(대법 99두2680).

③ 영업양도는 일반적으로 ㈎ 영업 주체인 회사로부터 영업 일체를 양수하여 회사와는 별도의 주체인 양수인이 양수한 영업을 영위하는 경우 ㈏ 회사의 주식이나 지분권을 그 소유자로부터 양수받아 양수인이 회사의 새로운 지배자로서 회사를 경영하는 경우가 있습니다. ㈎의 경우는 영업의 주체인 회사가 양도인이 되어 양수인과 계약을 체결하고 양도·양수 후에도 양수인은 그 회사와는 별도의 주체로서 양

수한 영업을 영위하는 것이나, ㈏의 경우는 영업 자체를 양도·양수하는 것이 아니라 영업의 주체인 회사의 주식이나 지분권을 양도·양수하는 것이므로, 이 경우는 회사의 주식 또는 지분권을 소유하고 있는 주주 또는 지분권자 개인이 양도인이 되는 것이고 회사가 양도인이 될 수는 없습니다(대법 95다20904).

2. 영업양도의 판단요소

판례는 영업양도를 인정하기 위한 구체적인 요소에 대한 명확한 제시는 하고 있지 않으나 다음의 사항들을 기본적인 근거로 하여 판단하고 있음을 알 수 있습니다.

가. 영업양도 당사자 사이에 '영업양도에 대한 명시적 또는 묵시적 계약'이 있었는지 여부

영업양도가 되기 위해서는 '영업양도에 대한 명시적 또는 묵시적 계약'이 있어야 하는데, 보관위탁계약을 체결하고 그 보관사업의 수행을 위하여 원고 등 22명을 신규 채용하였을 뿐인 경우에는 보관사업이 영업양도에 의하여 포괄적으로 이전되었다고 할 수 없어 근로관계가 포괄승계 되었다고 볼 수 없다고 보고 있습니다(대법 96다2644).

나. 양도업체와 사업목적의 동일성 여부

영업양도가 되기 위해서는 생산품목이 동일한지 여부 등 해당업체를 인수한 목적이 동일한 영업을 하기 위한 것이어야 하는데, 이에 관한 검토가 있어야 할 것입니다.

다. 생산시설, 판매시설 및 기타 자산의 승계여부 및 승계 정도

영업양도인지 판단하기 위해서는 토지, 건물, 구축물, 기계장치, 공기구 등 생산·판매시설과 관련된 부동산, 동산의 승계 정도, 특허권, 실용신안권, 의장권 등 산업재산권, 등록에 관련된 권리, 인허가, 기타 영업권 등 무형의 재산적 가치에 대한 승계정도 등을 감안하여야 하는데, 위 사항들의 승계정도에 따라 영업양도에 해당하지 않을 수도 있습니다.

라. 근로관계의 승계여부와 승계정도

영업양도로 인한 근로관계의 승계여부를 판단하기 위해서는 양수기업으로 이동한 양도기업의 근로자규모, 양도·양수기업에서 실질적인 퇴사와 입사 절차를 거쳤는지 여부, 직급체계, 보수체계, 연월차휴가부여일수, 근로장소 등 양도업체의 근로조건을 유지하는지 여부 등 인적조직을 해체했는지 여부 등을 감안하여 판단하여야 할 것입니다.

대법원은 근로관계의 승계여부에 관한 판결에서 '○○은행은 그 후 은행업 인가가 취소되고 파산선고를 받은 사실, ○○회사는 ○○은행 소속 직원 중 40%를 약간 넘는 인원을 계약직 직원으로 채용하였는데 이들은 모두 ○○은행을 사직한 후 ○○회사와 고용계약을 체결하였고 ○○회사의 새로운 직원배치계획에 따라 각 점포에 전면적으로 재배치된 사실, ○○은행의 관리인은 나머지 직원들에 대하여 해임발령을 함으로써 ○○은행의 인적조직을 완전히 해체시켰던 사실 등을 감안해보면 계약이전결정에 의하여 고용승계를 수반하는 영업양도의 효과가 발생하였다고 볼 수 없음은 물론, 그 후 ○○회사가 ○○은행과의 별도 약정에 의하여 ○○은행에 남은 일부 고정자산을 양수하고 ○○은행 소속 직원의 일부를 새로 채용하여 종전 ○○은행 지점 일부에서 ○○회사의 지점으로서 은행업무를 재개하였다고 할지라도 이는 ○○은행의 은행업 인가가 취소되어 그 조직이 해체되는 과정에서 이루어진 것으로서 영업양도라고 할 수 없는 것이다(대법 2002다23826)라고 판시하여 인적 조직이 해체된 경우에는 영업양도로 보지 않고 있습니다.

마. 영업관련 거래처·공급처와 계속거래 여부

기존 거래처와 계속하여 거래를 지속하는지도 영업양도 여부를 판단하는 중요한 요소가 됩니다.

바. 기타 자산매매 또는 양도계약 체결 경위, 채권·채무의 승계 여부, 종전상호의 계속사용 여부 등

3. 영업양도와 근로관계 이전에 따른 파생문제

영업양도가 되었을 때 근로관계 이전 등 여러 문제점들이 부각되는데, 영업이 양도되면 양도인과 근로자간의 근로관계는 양수인에게 포괄적으로 승계되는 것이 원칙입니다. 단순히 경영주체가 변경될 경우 그 각 경영주체와 근로자들의 근로관계는 새로운 경영주에게 포괄 승계된다고 보는 것이 법원의 일반적 견해입니다(대법 2000다18608).

가. 영업양도에 따라 승계되는 근로관계의 범위

근로관계의 승계는 '영업양도 계약체결일 현재 실제로 근무하고 있는 근로자'로 한정되는 것이 일반적인 원칙입니다. 영업양도계약 체결일(근로관계 승계기준일) 이전에 해고된 근로자로서 해고의 효력을 다투는 근로자의 근로관계는 특별한 사정이 없는 한 승계되지 아니한다(대법 94다54245)는 것이 법원의 입장입니다.

나. 영업양도 당사자간 근로관계 일부를 승계대상에서 제외키로 한 특약의 효력

영업양도 당사자 사이에 근로관계의 일부를 승계 대상에서 제외하기로 하는 특약이 있는 경우 그러한 특약은 실질적으로 해고나 다름이 없으므로 근로기준법 제23조 소정의 정당한 이유가 있어야 하며, 영업양도 그 자체만을 사유로 삼아 근로자를 해고하는 것은 정당한 이유가 있는 경우에 해당하지 않다(대법 93다33173)는 것이 판례입장입니다.

다. 영업양도시 근로자가 양수기업으로의 고용승계를 반대할 수 있는 지 여부

고용승계는 법적 의무사항이 아니므로 근로자가 반대의사를 표시함으로써 양수기업에 승계되는 대신 양도기업에 잔류하거나 양도기업과 양수기업 모두에서 퇴직할 수도 있습니다(대법 2000두8455).

라. 근로계약관계가 포괄승계될 경우 근로자가 사직서를 제출하고 퇴직금을 지급받았다면 계속근로가 단절된 것으로 볼 수 있는지 여부

근로자가 자의에 의하여 계속근로관계를 단절할 의사로써 사업을 양도하는 기업에 사직서를 제출하고 퇴직금을 지급받은 다음, 사업을 양수하는 기업에 입사하였다면 전자와의 근로관계는 일단 단절되고 근로자가 사업을 양수한 기업에서 근무하다가 퇴직하는 경우에는 그 기업에서의 근속기간에 상응하는 퇴직금만을 지급받게 될 것이지만, 그것이 근로자의 자의에 의한 것이 아니라 사업을 양도하는 기업의 퇴직금을 지급하기 위한 방편이나 사업을 양도·양수하는 기업들의 경영방침에 의한 일방적인 결정에 따라 퇴직과 재입사의 형식을 거친 것에 불과하다면 이러한 형식을 거쳐서 퇴직금을 지급받았더라도 근로자에게 근로관계를 단절할 의사가 있었다고 할 수 없고 따라서 계속근로관계도 단절되지 않는다고 할 것입니다(대법 91다40276).

마. 영업양도양수 후 양수기업이 지급할 퇴직금의 범위

기업이 사업부문의 일부를 다른 기업에게 양도하면서 그 물적시설과 함께 양도하는 사업부문에 근무하는 근로자들의 소속을 변경시킨 경우에는 원칙적으로 해당 근로자들의 근로관계가 양수하는 기업에게 승계되어 근로의 계속성이 유지된다 할 것이고, 이와 같은 경우 해당 근로자가 자의에 의하여 계속근로관계를 단절할 의사로 사업을 양도하는 기업에 사직서를 제출하고 퇴직금을 지급받은 다음 사업을 양수하는 기업에 입사하였다면 계속근로관계가 단절된다 할 것이지만, 그것이 근로자의 자의에 의한 것이 아니라 사업을 양도·양수하는 기업들의 경영방침에 의한 일방적인 결정에 따라 퇴직과 재입사의 형식을 거친 것에 불과하다면 이러한 형식을 거쳐서 퇴직금을 지급받았더라도 근로자에게 근로관계를 단절할 의사가 있었다고 할 수 없으므로 계속근로관계는 단절되지 않는다 할 것이고, 이와 같은 경우에 근로자가 최종적으로 사업을 양수한 기업에서 퇴직하면, 그 기업은 사업을 양도한 기업에서의 근속기간을 포함한 근속연수에 상응하는 퇴직금에서 이미 지급된 퇴직금을 공제한 나머지를 지급할 의무가 있다 할 것입니다(대법 2004다34790).

바. 근로계약관계를 포괄적으로 승계하면서 포괄승계합의시에 근로자의 퇴직금산정기간에 한하여 종전 양도회사의 근속기간은 근속연수에 산입하지 않기로 한 단서조항의 효력

이는 종전의 근로계약관계를 포괄적으로 승계하면서 근속기간에 관한 근로자의 기득권을 제한하는 예외 조항을 설정한 것이므로 근로자의 동의가 없는 한 근로자에게 구속력이 미치지 아니한다 할 것입니다(대법 91다12806).

사. 영업양도시 근로자 임금우선변제권도 유지되는지 여부

임금채무를 지고 있던 사용자가 영업양도를 하면서 근저당권 영업양도를 하면서 근저당권 목적물인 부동산을 타인에게 양도하고 그 영업양도에 따라 근로자들의 근로관계도 양수인에게 단절 없이 승계된 경우에는 영업양도인에 대한 근로자들의 임금 등 우선변제권이 위 근저당권에 우선할 수 있는 것인 이상 근로관계를 그대로 승계한 영업양수인에 대한 관계에서도 영업양도 전과 동일하게 임금 등의 우선변제권이 유지된다 할 것입니다(대법 2001다31141).

아. 영업양도시 집단적 근로관계도 승계되는지 여부

양수인에게 승계되는 근로관계는 사용자와 근로자 사이의 개별적 근로관계뿐 아니라 양도인과의 관계에서 형성된 집단적 노사관계도 포함되고, 이미 설립된 노동조합은 영업양도에 의하여 그 존립에 영향을 받지 않고 양수인 사업장의 노동조합으로 그대로 존속한다고 보면 됩니다(대법 2000다3349).

4. 영업양도로 보지 않는 사례

① ○○은행과 별도 약정에 의하여 ○○은행에 남은 고정자산 일부를 양수하고 00은행 소속 직원의 일부를 새로 채용하여 종전 ○○은행 지점 일부에서 은행업무를 재개하였다고 할지라도 이는 ○○은행의 은행업인가가 취소되어 그 조직이 해체되는 과정에서 이루어진 것으로서, 결과적으로는 영업재산의 전부를 양도했어도 그 과정에서 조직을 해체하여 양도했다면 영업의 양도로 볼 수 없다(대법 2001다17596, 2003.06.10.).

② 실질적으로 사업부문의 영업상 인적·물적 조직을 그 동일성을 유지하면서 일체로서 포괄적으로 이전받음으로써 영업을 양도받은 것이 아니고 공장의 자산인 물적 시설만을 인수한 경우에는 영업의 양도로 볼 수 없다(대법 2002두10094, 2003.03.14.).

③ 회사로부터 버스와 운송사업면허권만을 양수하였을 뿐 그 밖에 사무실, 집기, 시설 등 부대시설은 양수한 바 없고, 회사의 채권·채무 역시 일체 양수하지 아니하였으며, 양도계약에 따라 회사의 운전기사들 중 채용을 희망하는 일부 운전기사들과 일부 정비공을 기존 근로조건에 따라 채용한 사정이 엿보이는바, 이러한 사정들과 운전기사들을 반드시 고용하여야 할 필요가 있었던 것은 아니지만 버스 및 운송사업면허권의 양도 후 실직할 회사 근로자들을 가능한 한 구제하려는 차원에서 소외 회사의 근로자들을 신규채용한 것으로 보여지는 점 등을 종합하면, 회사로부터 영업상 인적·물적 조직을 그 동일성을 유지하면서 일체로서 포괄적으로 이전 받음으로써 영업을 양도받은 것으로 보기에는 부족하다(대법 2002다70822, 2005.06.09.).

④ 부도닌 A회사가 관광호텔업은 폐지함에 있어 그 소속 종업원들로부터 사직서를 제출받고 임금 및 퇴직금 등 채무를 모두 청산하였고, B회사가 호텔의 부지 및 건물을 경매를 통하여 취득하면서 A회사의 직원에 대한 근로관계의 승계를 명시적으로 배제하면서 호텔운영자산만을 분리하여 매수하고, A회사 직원들의 입사희망에 따라 계약제 근로자로 신규채용의 형식으로 새로이 고용한 경우(부산고법 2001나2914, 2001.10.17.)와 같이 경매와 매매를 통한 개별적인 절차에 의해 인적·물적 조직을 취득했다면 영업을 양도받았다고 할 수 없다(서울행법 2001구41755,

2002.04.09.).

⑤ 인수 전부터 추진되어 온 유니폼 교체를 위하여 근로자들의 치수에 맞추어 제작 주문을 하고 호텔 인수 후 10일 동안 참가인들로부터 근로를 제공받았다고 하더라도 경매와 매매를 통한 개별적인 절차에 의하여 호텔 부지 및 건물과 영업에 필요한 집기·비품만을 취득한 경우(대법 2003두4287, 2003.11.14.)

⑥ 사용자가 면허취소 버스업체의 운행노선만을 행정관청으로부터 승인받은 경우와 운수업체의 노선과 차량만을 인수한 경우는 사업체간 포괄적인 영업의 양도·양수관계로 볼 수 없다(경기지노위 2001부해82, 2001.05.07., 근로기준팀-840, 2006.02.22.).

Q 용역업체가 바뀌는 경우 '묵시적 영업양도계약'으로 볼 수 있나요?

원청사무실에서 특별한 물적기반없이 인력공급업무만 수행하던 A업체에서 종업원 그대로 B업체로 바뀌었는데, A업체에서는 정년이 63세였음에도 B업체는 정년이 도달하였으니 퇴사하라고 합니다. 저는 A업체에서 고용승계되었으니 B업체가 아닌 A업체의 취업규칙을 적용해달라고 주장할 수는 없는 건가요?

A 특별한 물적기반없이 원청사무실을 이용하여 인력공급업무만을 수행하는 업체는 인적 조직이 용역수행의 핵심요소이므로, 종업원을 그대로 이전받은 업체는 고용뿐만아니라 취업규칙 및 단체협약까지 승계해야 하므로 이전 업체의 취업규칙의 적용을 주장할 수 있습니다.

① **사안의 쟁점** : 용역업체가 변경되는 경우 그 소속 종업원의 고용과 취업규칙 및 단체협약까지 승계되는지 여부가 쟁점입니다.

② **묵시적 영업양도계약으로 볼 수 있는지** : B업체는 A업체의 인적·물적 조직을 그대로 이전받는 것을 전제로 입찰에 참여했고, A업체가 B업체에 종업원 명부를 건네주었으며, 업체가 바뀐 뒤에도 종업원들이 차질없이 업무를 수행한 점 등을 고려하면 두 업체 사이에는 '묵시적 영업양도계약'이 존재한다고 보았다(서울고법

2017.8.9.선고).

③ **결론** : 위 서울고법 판결은 용역업체간의 실질적인 영업양도관계를 폭넓게 해석한 판결로, 퇴직금 지급의무를 회피하기 위해 용역업체간에 명의를 변경하는 탈법적인 행위를 근절하고, 업체가 바뀔 때마다 발생할 수 있는 해고로 인한 고용불안문제를 해결할 수 있는 판결이라는 점에서 큰 의의를 갖는다.

Q **휴직자도 영업양도로 근로관계가 승계되나요?**

회사를 휴직하고 있는 중에 저희 회사가 영업양도를 했습니다. 저같이 휴직하고 있는 근로자도 근로관계가 승계되는 건가요?

A **휴직자, 연수자 등 근로관계의 주된 부분이 정지된 자도 승계됩니다.**

영업의 일부가 양도되는 경우에는 고용승계되는 근로자의 범위는 특별한 사정이 없는 한 당해 양도되는 영업부문에 전속되어 있는 근로자에 한정되는데, 휴직자, 연수자, 노조전임자와 같이 근로관계가 일시 정지되어 있는 근로자도 근로계약에 의한 근로자의 지위가 계속 유지되고 있으므로 양도되는 영업부문에 전속되어 있다면 달리 볼 사정이 없는 한 고용승계 대상에 포함됩니다(근기 68207-2196, 2002.06.12.).

Q **해고의 효력을 다투는 근로자도 영업양도에 따른 고용승계대상이 되나요?**

회사로부터 해고되어 부당해고여부를 소송으로 진행중에 있습니다. 그런데 얼마 전에 회사가 영업양도를 했다고 합니다. 저는 양수회사로 다시 들어 갈 수 있는 건가요?

A 해고의 효력을 다투는 근로자는 근로관계 승계의 대상이 아닙니다.

영업양도 계약에 따라 승계되는 근로관계는 계약 체결일 현재 실제로 근무하고 있는 근로자와의 근로관계만을 의미합니다.

따라서 양도계약 체결일 이전에 근무하다가 해고된 근로자로서 해고의 효력을 다투고 있는 근로자와의 근로관계까지 승계되는 것은 아닙니다.

단, 승계하기로 하는 명시적인 약정이 있었음을 인정할 증거가 있거나 묵시적인 약정이 있었다고 볼 여지가 있는 자료가 있거나 또 그 해고가 무효임이 객관적으로 명백하다거나 그 회사가 해고가 무효임을 알고 있었다고 볼 수 있는 정황이 있었다면 근로관계의 승계대상이 될 수 있을 것입니다(대법 2002다14488).

Q 영업양도시 근로관계를 승계대상에서 제외한 것은 부당해고 아닌가요?

시내버스 회사가 일부 버스 및 당해 회사의 물적 시설과 좌석버스 노선의 면허권, 종업원 등 운영조직 일체를 다른 시내버스회사에 양도하면서 전적명령에 불응한 일부버스의 기사들은 근로관계의 승계대상에서 제외하기로 약정하였습니다. 저는 이 승계 제외 버스기사중의 한 사람인데요, 승계대상에서 제외된 기사들은 아무런 이의도 제기하지 못하고 그만둬야 하나요?

A 정당한 이유없이 승계대상에서 제외하는 것은 부당해고입니다.

영업의 양도라 함은 일정한 영업목적에 의하여 조직화된 업체 즉, 인적·물적 조직을 그 동일성은 유지하면서 일체로서 이전하는 것을 말하고, 영업이 포괄적으로 양도되면 반대의 특약이 없는 한 양도인과 근로자간의 근로관계는 양수인에게 포괄적으로 승계되는 것이 원칙입니다.

따라서 일부 버스기사는 승계대상에 포함되고 일부 버스기사는 정당한 이유 없이 승계대상에서 제외한 것은 부당해고에 해당합니다(대법 96누19314).

또한 영업양도 당사자 사이에 근로관계의 일부를 승계의 대상에서 제외하기로 하는 특약이 있는 경우에는 그에 따라 근로관계의 승계가 이루어지지 않을 수 있으나, 그러한 특약은 실질적으로 해고나 다름이 없으므로, 근로기준법상 소정의 정당한 이유가 있어야 유효하며, 영업양도 그 자체만을 사유로 삼아 근로자를 해고하는 것은 정당한 이유가 있는 경우에 해당한다고 볼 수 없습니다(대법 93다33173).

이렇게 해고(승계대상에서의 제외)의 정당한 사유가 없는 경우에는 승계대상에서 제외된 날로부터 3개월 이내에 관할 지방노동위원회에 부당해고구제신청을 할 수 있습니다.

Q 영업양도가 되면 퇴직금을 지급하지 않아도 무방한 건가요?

저희 회사는 면직물, 모시직물 제조도매업을 하는 회사로 1999년에 개업하여 운영하다가 2002년 2월 28일자로 사업주'갑'이 일방적으로 폐업신고를 하였고, 바로 다음날인 2002년 3월1일자로 甲사 '을'을 사업주로 하여 설립되었습니다. 그런데 기존의 회사와 甲사를 비교해 보면 상호와 사업주 이름만 바뀌었을 뿐 사업장 소재지 및 공장설비, 사무실 집기 등은 모두 동일하고 거래처 및 거래계약도 그대로 유지하고 재고상품의 인수, 인적 동일성, 사업목적 또한 동일합니다. 저는 2004년 3월 1일에 퇴직을 하려고 하는데, 甲회사는 2년분의 퇴직금만 지급하겠다고 하네요. 2002년에 폐업을 하고 다시 개업을 했으니까 2002년 이전의 3년분은 지급할 수 없다고 합니다. 甲회사의 설명이 맞는 건가요?

A 영업양도에 해당하므로 5년분의 퇴직금을 청구할 수 있습니다.

종전 사업주의 폐업신고(2.28.), 새로운 사업주의 설립신고 또는 사업개시신고(3.1.) 등 세법상의 행위가 있었다고 하더라도 동 사업장은 실질적으로 폐업된 것으로는 볼 수 없고 원칙적으로 甲회사로 영업이 양도된 것으로 봐야 할 것입니다.

조직변경 및 영업의 양도가 있더라도 기업이 실질적으로 동일성을 유지하면서 기업의 소유자 내지 경영자가 교체된 것에 불과한 것이므로, 고용관계는 새로운 경영자에게 승계되어 근로자의 근속연수도 계속근로로 인정됩니다. 따라서 甲사에서 퇴직한 근로자의 퇴직금 지급의무는 甲사에게 있고 퇴직금 산정을 위한 계속근로년수는 기존 회사와 甲사의 근속기간을 통산해야 하므로 5년분의 퇴직금을 지급해야 합니다(근기 68207-2929, 2001.09.05.).

하지만 근로자의 개별적이고 자유로운 의사에 의하여 기존의 회사에서 퇴직금을 수령하고 퇴직한 후에 甲회사에 재입사하였다면 계속근로로 인정되지 않아 2년분의 퇴직금만 받을 수 있습니다(근기 01254-16089, 1988.10.27.).

위의 경우처럼 퇴직금을 수령하고 퇴직한 후에 다시 甲회사에 재입사하였다고 하더라도 퇴사와 재입사의 절차가 회사의 경영방침에 의한 일방적 결정에 따라 이루어진 것이라면 근로자가 고용승계(계속근로)의 단절에 동의하였다고 볼 수는 없으므로, 양도회사와 양수회사의 근무기간을 통산하여 퇴직금을 산정해야 합니다(대법 97다18530).

Q 영업양도 된 경우 양수인에 대하여 최우선변제권을 주장할 수 있나요?

사업주가 영업양도를 하면서 근저당권 목적물인 부동산까지 양도를 하였다네요. 근로자들은 그 양수인에게 근로관계가 그대로 승계가 되었는데, 양수인이 이 부동산을 매도하려고 합니다. 근로자들은 임금채권에 대하여 일정부분은 저당권에 우선하여 최우선변제를 받을 수 있는 것으로 알고 있는데 맞나요?

A 양수인에게도 임금의 최우선변제권을 주장할 수 있습니다.

임금채무를 지고 있던 사용자가 영업양도를 하면서 근저당권 목적물인 부동산을 타인에게 양도하고 그 영업양도에 따라 근로자들의 근로관계도 양수인에게 단절없이 승계된 경우 영업양도인에 대한 근로자들의 임금 등 우선변제권이 위 근저당권에 우선할 수 있는 것인 이상 근로관계를 그대로 승계한 영업양수인에 대한 관계에서도 영업양도 전과 동일하게 임금 등의 우선변제권이 유지된다고 보아야 합니다(대법 2001다3114). 따라서 근저당권이 설정되어 있는 이 부동산의 경매에 배당신청을 하면 최종 3개월분의 임금과 3년분의 퇴직금에 대하여 우선변제를 받을 수 있습니다.

Q 파견 회사간 '파견 근로자 고용승계 약정'을 영업양도로 볼 수 있나요?

저는 파견회사 甲에서 파견되어 A골프장에서 환경미화업무를 4년 동안하고 있습니다. 그런데 제가 속해 있는 파견회사 甲은 파견회사 乙과 A골프장(사용사업체)과의 근로자파견계약 및 파견근로자를 모두 승계하기로 하는 약정을 1년이 되기전에 반복적으로 하고 있습니다. 제가 알고 있기로는 영업양도를 하면 근속기간은 계속 이어져서 퇴직금을 받을 수 있는 것으로 알고 있는데, 이 파견회사 甲은 1년이 되지 않았다는 이유로 퇴직금을 주지 않습니다. 위의 약정은 영업양도에 해당하지 않나요?

A 파견회사간 파견근로자 고용승계약정은 영업양도로 볼 수 있습니다.

파견회사인 甲과 乙 사이에 기존의 사용사업체(A)와의 근로자파견계약 및 파견근로자를 모두 승계하기로 약정하였다면 파견회사의 특성상 파견사업이라는 영업 또는 사업을 甲이 乙에게 포괄적으로 양도한 것으로 인정될 수 있습니다.

이와 같이 '파견회사간 고용승계약정'을 영업양도로 볼 경우, 그 영업 또는 사업부문에 종사하던 근로자는 원칙적으로 乙에게 근로관계가 승계되며, 특약으로 일부 근로자의 근로관계의 승계를 배제하더라도 이는 실질적으로 해고에 해당하므로 근로기준법에 의한 해고의 정당성을 갖추지 못할 경우 동 특약은 효력이 없다는 것이 판례와 행정해석입니다. 따라서 특약이 존재한다하더라도 정당한 이유가 없다면 그 특약은 무효이고 당연히 乙이 근로기준법상의 사용자책임을 져야 합니다(근기 68207-2400, 2001.07.26.).

파견회사 甲과 乙은 퇴직금지급의무를 면하기 위하여 계약기간이 1년이 경과하기 전에 고용승계약정을 체결하고 있는 것으로 보입니다.

판례와 행정해석에 의하면, 甲과 乙간의 약정은 영업양도로 보이고 영업양도로 볼 경우 고용승계가 되었다고 인정되므로, 甲과 乙 두 회사에서 근무한 통산 근속기간에 대하여 퇴직금을 청구할 수 있다고 보입니다. 만약에 甲회사와 乙회사가 계속하여 1년이 경과하지 않았다는 이유로 퇴직금을 지급하지 못하겠다고 하면 사업장을 관할하는 노동부 관할지청에 진정을 해서 해결을 해야 할 것입니다. 만약에 노동부 관할지청에서 퇴직금을 지급하라고 지시를 했음에도 이를 이행하지 않는다면 사용자는 2년 이하의 징역 또는 1,000만 원 이하의 벌금에 처해질 수 있습니다(근로기준법 § 113).

Q 영업양도가 되면 체불 임금은 누구에게 청구해야 하나요?

회사가 영업양도를 하면서 근로관계가 승계된 직원도 있고 승계되지 않은 직원들도 있습니다. 회사는 오래전부터 자금사정이 좋지 않아 임금은 체불되어 있는 상태입니다. 영업양도가 되면 누구한테 체불임금을 받아야 하나요?

A 고용승계 되었다면 양수인, 미승계 된 경우 양도인에게 청구하면 됩니다.

고용승계 여부에 따라 2가지로 구분할 수 있는데, 고용승계가 되지 않았다면 양도인에게 체불임금에 대하여 청구해야 하고, 더불어 고용승계를 하지 않은 이유에 정당성이 없다면 관할 지방노동위원회에 부당해고구제신청도 고려해 봐야 합니다. 왜냐하면 영업양도는 근로관계의 포괄적 승계를 원칙으로 하므로 승계대상에서 제외한 것은 사실상 해고와 다름없으므로 근로기준법상의 정당한 이유가 없다면 부당해고에 해당하기 때문입니다.

반면에 근로관계가 승계되었다면 양수인에게 체불임금을 청구할 수 있는데, 양수인은 양수하기 전에 발생한 채무이고 그 채무의 인수배제 특약을 체결했다는 이유로 책임을 회피할 수도 있습니다. 그런데 근로관계가 이전되면 근로관계로 인한 채무도 양수인에게로 이전되는 것으로 보는 것이 원칙적이므로 양수인에 대하여 청구할 수 있고 또한 양도인에게도 연대책임을 물을 수 있을 것입니다.

이런 부분에 대하여는 아직 법규정이 마련되어 있지 않는데, 양도인과의 근로관계에 의하여 생긴 채무가 있는 경우 양수인이 그 채무를 인수한다든지 양도인과 양수인이 연대 책임을 진다는 규정을 법상 명문규정으로 마련하는 입법적 해결이 필요할 것입니다.

퇴직금과 퇴직금 중간정산제

퇴직금은 1년 이상 근무를 하고 퇴직을 한 근로자에게 지급하는 후불적 성격의 임금을 말합니다. 퇴직금을 받기 위해서는 일정한 요건을 갖춰야 하는데, 상시 근로자수가 1인 이상인 사업장(2010.12.01.부터 2012.12.31.까지 50%, 2013년부터 100%)에서 1년 이상을 재직을 해야 합니다(2010.12.01. 이전에는 상시 근로자수가 5인 이상인 사업장에만 퇴직금제도가 적용되었음).

또한 1주간의 소정근로시간을 평균하여 근로시간이 15시간 이상이어야 합니다. 이와 같은 요건을 갖춘 근로자에게는 1년분에 대하여 평균임금의 30일분 이상을 지급합니다.

1. 퇴직금의 법적근거 및 법적 성격

가. 퇴직금의 법적 근거

퇴직금제도는 근로기준법 제34조에 규정되어 있었으나, 2005년 '근로자퇴직급여보장법'을 제정함으로써 퇴직급여 제도에 관하여는 '근로자퇴직급여보장법'이 정하는 대로 따른다고 위임하고 있어 '근로자퇴직급여보장법'은 근로기준법의 특별법적 성격을 가진다고 볼 수 있습니다.

근로자퇴직급여보장법 제4조제1항은 사용자는 퇴직하는 근로자에게 급여를 지급하기 위하여 퇴직급여제도 중 하나 이상의 제도를 설정하여야 한다라고 규정하고 있습니다. 또한 동법 제8조제1항은 퇴직금제도를 설정하려는 사용자는 계속근로기간 1년에 대하여 30일분 이상의 평균임금을 퇴직금으로 퇴직 근로자에게 지급할 수 있는 제도를 설정하여야 한다라고 규정하고 있습니다.

나. 퇴직금(급여)제도의 적용제외규정

근로자퇴직급여보장법 제4조제1항 단서는 '계속근로기간이 1년 미만인 근로자, 4주간을 평균하여 1주간의 소정근로시간이 15시간 미만인 근로자에 대하여는 그러하지 아니한다라고 규정하여 퇴직금(급여)제도가 적용되지 않는 대상을 명문화하고 있습니다.

다. 퇴직금(급여)의 법적 성격

퇴직금은 장기간의 계속근로로 인한 공로에 대한 은혜로서 사용자가 증여하는 것이라는 '공로보상설', 근로자의 안정적인 노후생활보장을 위해 기업이 부담하는 것이라는 '생활보장설', 근로계약기간중에 지불되지 않은 임금이 축적되어 후불로 지급되는 것이라는 '임금후불설' 등 견해차이가 있으나, 현재 다수설은 '임금후불설'의 입장으로, 대법원 또한 퇴직금은 사회보장적 성격과 공로보상적 성격이 포함된 후불임금이라고 하여 임금후불설의 입장을 취하고 있습니다.

2. 퇴직금의 지급기한 및 소멸시효

가. 퇴직금의 지급기한

근로자퇴직급여보장법 제9조는 '사용자는 근로자가 퇴직한 경우에는 그 지급사유가 발생한 날부터 14일 이내에 퇴직금을 지급하여야 한다'라고 규정하고 있어 사실상 퇴직일로부터 14일이내에 퇴직금을 지급하도록 하고 있습니다. 이 규정을 위반하여 퇴직일로부터 14일이내에 지급하지 아니하면 3년이하의 징역 또는 2천만원이하의 벌금에 처해집니다(동법 제44조).

다만, 특별한 사정이 있는 경우에는 당사자 간의 합의에 따라 지급기일을 연장할 수 있다고 예외규정을 두고 있으므로, 전체 근로자들의 임금지급일에 지급해야 하는 사정이 있다면 퇴사하는 근로자와 지급기일의 연장에 관하여 합의를 하여야 합니다.

나. 퇴직금청구권의 소멸시효

근로자퇴직급여보장법 제10조는 '이 법에 따른 퇴직금을 받을 권리는 3년간 행사하지 아니하면 시효로 인하여 소멸한다'라고 규정하고 있어 퇴직일로부터 3년이 경과하면 퇴직금을 청구할 수 없습니다.

3. 퇴직급여 등의 우선변제

가. 최우선 변제되는 퇴직급여(최종3년분)

근로자퇴직급여보장법 제12조제2항은 최종 3년간의 퇴직급여 등은 사용자의 총재산에 대하여 질권 또는 저당권에 의하여 담보된 채권, 조세·공과금 및 다른 채권에 우선하여 변제되어야 한다라고 하여 최종3년분의 퇴직급여는 어떠한 채권이나 조세공과금보도 최우선하여 변제됩니다. 이 조항의 의미는 회사가 부도 등의 이유로 폐업하여 회사재산에 대하여 강제집행이 진행되는 경우에도 최종3년분의 퇴직급여는 그 어떤 채권보다도 최우선하여 근로자에게 배당한다는 것입니다.

나. 최종3년분의 퇴직급여 이외의 퇴직급여의 변제순위

1순위 변제는 최종3년분 퇴직급여, 2순위는 질권 또는 저당권에 우선하는 조세·공과금, 3순위는 질권 또는 저당권에 의하여 담보된 채권, 4순위는 최종3년분의 퇴직급여 이외의 퇴직급여, 5순위는 조세·공과금 및 다른 채권 순으로 변제됩니다(근로자퇴직급여보장법 제12조제1항).

4. 퇴직금 산정방법

가. 퇴직금 산정방법의 법적 근거

근로자퇴직급여보장법 제12조제3항은 퇴직급여등 중 퇴직금, 제15조에 따른 확정급여형퇴직연금제도의 급여는 계속근로기간 1년에 대하여 30일분의 평균임금으로 계산한 금액으로 한다라고 하여 퇴직금 산정방법에 대하여 명시하고 있습니다.

참고로, 퇴직금을 산정하려면 평균임금을 계산해야 하는데, 평균임금은 퇴직금을 산정해야 할 사유가 발생한 날로부터 3개월을 소급하여 3개월 동안의 임금을 그 역일수로 나눠서 평균임금을 산정합니다.

5. 퇴직금제도 적용범위의 경과규정

퇴직금에 관한 규정은 상시 근로자수 5인 이상 사업장에만 적용되는 규정이었으나, 2010.12.1부터는 상시 근로자수 1인 이상 사업장에도 퇴직금규정이 적용됩니다. 근로자퇴직급여보장법 제8조제2항제1호는 2010.12.1부터 2012.12.31까지의 기간에 대한 퇴직금은 100분의 50 이상, 2호는 2013.1.1 이후의 기간에 대한 퇴직금은 100%지급하도록 규정하고 있어 상시 근로자수가 1인 이상인 사업장도 2010.12.1.부터는 퇴직금제도가 적용되나, 2012.12.31.까지는 법정퇴직금의 50%만 지급하도록 하여 사업주에 대한 배려기간을 두고 있습니다.

6. 퇴직금중간정산제도

퇴직금중간정산에 관하여는 관련규정(근로자퇴직급여보장법 제8조제2항)을 개정하여 사실상 퇴직금중간정산제도를 상당히 제한하고 있습니다. 예전에는 근로자퇴직급여보장법 제8조제2항에서 '근로자의 요구가 있는 경우에는 근로자가 퇴직하기 전에 계속 근로한 기간에 대한 퇴직금을 미리 정산하여 지급할 수 있다'라고 규정하여 별다른 제한 규정을 두지 않았으나, 동 규정에 '주택구입 등 대통령령으로 정하는 사유로 근로자가 요구하는 경우'라는 문구를 삽입하여 퇴직금중간정산을 예외적으로 인정하고 있습니다.

퇴직금중간정산이 가능한 예외적인 경우는 근로자퇴직급여보장법시행령 제3조에서 다음과 같이 규정하고 있습니다.

※ 퇴직금 중간정산 사유

1. 무주택자인 근로자가 본인 명의로 주택을 구입하는 경우
2. 무주택자인 근로자가 주거를 목적으로 「민법」 제303조에 따른 전세금 또는 「주택임대차보호법」 제3조의2에 따른 보증금을 부담하는 경우. 이 경우 근로자가 하나의 사업에 근로하는 동안 1회로 한정한다.
3. 6개월 이상 요양을 필요로 하는 다음 각 목의 어느 하나에 해당하는 사람의 질병이나 부상에 대한 요양 비용을 근로자가 부담하는 경우
   가. 근로자 본인
   나. 근로자의 배우자
   다. 근로자 또는 그 배우자의 부양가족
4. 퇴직금 중간정산을 신청하는 날부터 역산하여 5년 이내에 근로자가 「채무자 회생 및 파산에 관한 법률」에 따라 파산선고를 받은 경우
5. 퇴직금 중간정산을 신청하는 날부터 역산하여 5년 이내에 근로자가 「채무자 회생 및 파산에 관한 법률」에 따라 개인회생절차개시 결정을 받은 경우
6. 사용자가 기존의 정년을 연장하거나 보장하는 조건으로 단체협약 및 취업규칙 등을 통하여 일정나이, 근속시점 또는 임금액을 기준으로 임금을 줄이는 제도를 시행하는 경우 (2015.12.15 개정)

6의2. 사용자가 근로자와의 합의에 따라 소정근로시간을 1일 1시간 또는 1주 5시간 이상 변경하여 그 변경된 소정근로시간에 따라 근로자가 3개월 이상 계속 근로하기로 한 경우 (2015.12.15 신설)

6의3. 법률 제15513호 근로기준법 일부개정법률의 시행에 따른 근로시간의 단축으로 근로자의 퇴직금이 감소되는 경우 (2018.6.19 신설)

7. 그 밖에 천재지변 등으로 피해를 입는 등 고용노동부장관이 정하여 고시하는 사유와 요건에 해당하는 경우

Q **[퇴직급여 감소예방조치의무 법규정 및 중간정산사유 신설]**
근로시간 단축으로 퇴직금이 감소할 경우 사용자가 감소예방조치를 하도록 의무를 부과했다는데 그 내용은 무엇인가요?

A **개정법은 근로시간 단축으로 퇴직급여가 감소할 경우 미리 개별근로자에게 알려야 하고 감소예방조치를 이행하여야 하며, 이를 위반할 경우 500만원이하의 벌금형에 처해집니다. 또한 퇴직금중간정산사유에도 동 사유를 신설하였습니다.**

① 근로자퇴직급여보장법 제32조 개정 : 근로시간의 단축으로 퇴직급여가 감소하는 경우 이 사실을 근로자에게 미리 알리고, 사용자에게 근로자의 퇴직급여 감소방지조치를 의무화하는 근로자퇴직급여보장법 개정법이 2018.5.28. 국회본회의를 통과, 2018.6.12. 공포, 2018.7.1. 시행되었습니다.

② 벌칙규정 : 개정 법률은 근로시간의 단축으로 퇴직급여가 감소하는 경우 퇴직급여가 감소할 수 있음을 미리 개별 근로자에게 알리지 않거나 퇴직급여 감소방지조치 의무를 이행하지 않을 경우 500만원 이하의 벌금형에 처한다고 규정하고 있습니다.

③ 퇴직금중간정산사유 신설 : 근로시간 단축에 관한 근로기준법 시행에 따라 '근로시간의 단축으로 퇴직금이 감소되는 경우' 퇴직금 중간정산이 가능하도록 근로자퇴직급여보장법시행령을 개정(2018.6.19.시행)하여 퇴직금 중간정산사유에 "법률 제15513호 근로기준법 일부개정법률 시행에 따른 근로시간 단축으로 근로자의 퇴직금이 감소되는 경우"를 추가하였습니다.

④ 문제점 및 해결방안 : 벌금형까지 두는 것은 형사법상 책임주의와 죄형법정주의에 반할 수 있고, 퇴직급여 감소방지조치의무 자체가 어떤 내용인지 불확실한 상황이기 때문에 명확성의 원칙에도 반할 수도 있다는 문제점이 지적되고, 해결방안으로는 퇴직금제도 또는 확정급여형퇴직연금제도(DB)를 확정기여형퇴직연금제도(DC)로 전환하는 방법, 취업규칙상 '근로시간 단축에 따른 퇴직금 산정 특례'규정을 두는 방법, 평균임금 산정기준의 특례규정 명문화하는 방법 등이 있을 것입니다.

심화학습 퇴직금 산정시 계속근로기간에 포함되는 기간

퇴직금을 산정함에 있어 다음의 경우에는 계속근로기간에 포함하여 근무일수를 계산합니다.

① 업무상 재해기간
② 사용자의 귀책사유에 따른 휴업기간
③ 근로자의 개인적인 사유로 인한 휴업 또는 휴직기간
④ 노조전임자로 종사한 기간
⑤ 쟁의행위기간
⑥ 결근기간, 정직기간
⑦ 부당해고기간(부당해고로 판정된 경우)
⑧ 쟁의행위기간(적법·불법 불문)
⑨ 본연의 직무와 관계가 있는 해외유학기간(대법 1976.3.9, 75다872)
⑩ 직업능력개발훈련기간
⑪ 형사사건으로 인한 구금기간(해고를 하지 않은 경우)
⑫ 수습기간 및 시용기간

※ 참고로 '군복무기간'은 병역법 제69조제2~3항에 의해 승진에 있어서 복무기간은 실무의 종사기간으로 보지만, 퇴직금의 지급기간 즉, 계속근로기간에는 포함되지 않는다는 것이 판례(대법 92다41968)의 입장입니다.

Q 퇴직금을 포기하는 것이 가능한가요?

퇴직금규정은 강행규정이기 때문에 포기해도 무효라고 하던데요, 사실인가요? 그렇다면 퇴직금을 받지 않겠다는 각서나 퇴직금반납동의서는 효력이 없는 건가요?

A 퇴직금채권이 발생한 이후에는 퇴직금을 포기하는 것은 가능하지만, 퇴직금이 발생 전에 미리 퇴직금을 포기하는 것은 강행법규위반으로 무효입니다.

근로자가 회사를 퇴직하고 퇴직금 등을 수령하면서 "회사와의 근로관계를 종료함에 있어 노사합의에 의한 퇴직금, 가산금 및 특별위로금 등 근로 대가 일체를 지급받은바, 근로관계 종료와 관련하여 추후 여하한 이의 제기도 하지 않을 것을 서약합니다."라는 내용의 서약서에 서명한 경우, 그 문언에 표시된 대로 회사와의 근로관계가 종료됨으로 인하여 발생하는 모든 법률관계 특히 퇴직금, 가산금 및 특별위로금 등 근로 대가와 관련된 일체의 청구권을 포기한 것이거나 향후 이에 관한 민사상 소송을 제기하지 않겠다는 부제소특약을 한 것으로 봄이 합리적인 의사 해석의 방법이고, 소권이 공권이라거나 퇴직금제도 자체가 강행법규의 성질을 띠고 있다고 하여 이러한 특약을 할 수 없는 것이 아닙니다(대법 97다11133).

즉, 퇴직금규정이 강행법규이지만 퇴직금청구권이 발생한 이후에 부제소특약을 체결하는 것까지 제한한 것은 아니라는 것을 의미합니다.

하지만 퇴직금이 발생하기 이전에 퇴직금을 포기하겠다는 각서를 쓰거나 퇴직금이 발생하더라도 이를 반납하겠다는 동의서를 작성하는 것은 강행법규위반으로 무효라 할 것입니다.

Q 퇴직금 계산은 어떻게 하는 건가요?

2년 7개월을 근무를 하다가 퇴직을 하려고 합니다. 근로기준법에서는 퇴직금은 1년분에 대하여 평균임금의 30일분 이상을 지급하라고 하고 있는데요, 저는 2년하고 7개월이 더 있잖아요. 법규정만 보고는 퇴직금을 구할 수가 없네요. 실무적으로 퇴직금을 어떻게 구하는지 계산방식 좀 알려주실 수 있나요?

A 퇴직금은 '평균임금×30일×근무일수/365'로 구합니다.

근로기준법의 규정만을 보고 실제로 퇴직금을 계산하기는 쉽지 않습니다. 퇴직금을 계산하려면 우선 평균임금을 계산해야 합니다. 그리고 1년분에 30일분의 평균임금을 지급한다고 했으므로 30일을 곱해줘야 합니다.

그리고 1년분으로 계산을 하므로 근무일수를 365일로 나눠서 1년 기준으로 하면 됩니다. 즉, 퇴직금 계산은 '평균임금×30일×근무일수(943일)/365'라는 산식으로 합니다.

평균임금은 평균임금을 산정하여야 할 사유가 발생한 날로부터 3개월 소급하여 그 3개월에 해당하는 임금총액을 해당 일수로 나눈 임금을 말하는데, 퇴직금(근로기준법 §34)이나 산재보상금(동법 §82~§87), 휴업수당(동법 §45), 연차휴가수당(동법 §59)을 지급하여야 할 때 평균임금을 산정하여야 합니다. 평균임금을 산정하였다면 위의 계산방식에 의하여 퇴직금을 계산하면 됩니다.

Q 1주간의 평균 소정근로시간이 15시간 미만인 경우는 퇴직금을 받을 수 없나요?

저는 하루에 3시간만 일을 하는 시간제(아르바이트)로 일을 하고 있는데요, 벌써 2년 가까이 됐어요. 그런데 최근에 아르바이트나 일용직도 1년이 넘으면 퇴직금을 받을 수 있다고 들었어요. 저도 퇴직금을 받을 수 있나요?

A 1주간의 평균근로시간이 15시간 이상이어야 퇴직금을 받을 수 있습니다.

근로기준법 제18조는 단시간근로자의 근로조건에 대하여 규정하고 있는데, 제3항은 1주간의 소정근로시간이 현저히 짧은 단시간 근로자는 이 법의 일부규정을 적용하지 아니할 수 있다라고 있습니다.

'1주간의 소정근로시간이 현저히 짧은 단시간 근로자'라 함은 4주간을 평균하여 1주간의 소정근로시간이 15시간 미만인 근로자를 말하는데(근로기준법 §18③), 이런 단시간 근로자는 퇴직금(근로기준법 §34, 근로자퇴직급여보장법), 주휴일(동법 §55), 연차휴가(동법 §60) 규정이 적용되지 않습니다(동법 §18③).

그런데 주평균 소정근로시간이 15시간이 넘을 때도 있고 15시간 미만일 때도 있는 경우 퇴직금을 받을 수 있는지가 문제될 수 있는데, 주평균 소정근로시간이 15시간 이상인 기간을 합산하여 1년 이상인 경우 퇴직금을 청구할 수 있습니다.

따라서 시간제(아르바이트) 근로자의 경우라도 1주간 평균근로시간 15시간 이상을 계속하여 1년 이상 근무를 하였다면 퇴직금을 받을 수 있습니다. 그런데 2012. 10.9 의정부지법 판례에서 1주 15시간 미만의 강의를 하는 시간강사에 대하여도 1년 이상 강의를 했다면 퇴직금을 지급하라는 판결을 하여 주목됩니다.

근로자퇴직급여보장법상 1주간 15시간 미만의 단시간 근로자에 대하여는 퇴직금 지급의무가 없다고 규정하고 있음에도 1주간 15시간 미만의 강의를 하는 시간강사에게는 퇴직금을 지급하라고 판결한 것은 이례적입니다.

재판부는 '근로계약을 체결하고 강의시간에 따라 정기적으로 강사료를 받았고 대학수업규정에 따라 근무하여 근로자로 인정된다면서 시간강사가 1시간 강의를 준비하려면 2배 이상의 강의준비시간이 되므로 시간강사는 단시간근로자라 할 수 없다'라고 보고 퇴직금을 지급하라고 판시를 한 것입니다.

재판부는 1주 강의시간이 12시간이라면 강의시간의 3배, 36시간을 근무한 것으로 보아 퇴직금을 지급하라고 판시하여 향후 상급심의 판결이 주목됩니다.

Q 상여금도 퇴직금에 포함되나요?

저희 회사는 3개월에 한번씩 상여금을 지급합니다. 저는 이번 달에 퇴직을 하는데, 이번 달에는 상여금을 지급하지 않고 다음 달에 상여금이 지급됩니다. 상여금을 지급받고 퇴직을 하는 것이 유리하니까 다음 달에 퇴직을 해야 하나요? 그리고 퇴직금을 계산하려면 평균임금을 계산해야 한다고 하던데, 저희 회사처럼 상여금을 3개월에 한번씩 지급하는 경우 3개월 동안의 임금으로 계산하는 평균임금에는 상여금을 어떤 식으로 포함시키는 건가요?

A 1년간에 지급된 상여금총액의 3/12을 평균임금에 산입합니다.

상여금은 매월 정기적으로 지급하는 방식을 취하고 있다 하더라도 통상임금의 범위에서 제외되고(임금 68207-207, 2002.03.29.), 상여금이 지급조건, 지급시기,

지급률 등 지급근거가 정해져 있거나 모든 근로자에게 관례적으로 지급되는 고정 상여금은 평균임금에 해당합니다.

따라서 평균임금에 합산해야 하는 상여금의 액수는 3개월분에 해당하는 금액이어야 하므로 1년치의 상여금 총액을 12등분해서 3개월치에 해당하는 금액을 합산하면 됩니다. 즉, 근로기준법상 평균임금을 산정할 때, 상여금에 대하여는 평균임금을 산정하여야 할 사유가 발생한 날 이전 1년간에 당해 근로자에게 지급된 상여금 총액의 3/12만큼을 근로기준법 제19조제1항에 의한 임금총액에 더하여 평균임금을 산정하여야 합니다(임금 68220-119, 1993.03.08.). 따라서 상여금이 지급되는 달에 퇴직하지 않더라도 평균임금에는 상여금이 포함되므로 불이익은 없습니다.

그리고 상여금이 지급되는 월(月) 이전에 퇴사하는 경우 상여금을 받을 수 있는지가 문제되는데, 이런 경우 상여금지급여부는 회사의 취업규칙에 따르면 됩니다. 취업규칙 등의 사규에서 '현재 재직중인 근로자에 한하여 상여금을 지급한다'라는 규정이 있다면 퇴사를 한 근로자는 상여금을 받을 수 없을 것이지만, 이와 관련한 규정이 없다면 상여금도 이미 발생한 임금으로 볼 수 있으므로, 일할 계산하여 상여금을 청구할 수 있다고 보입니다.

Q 연차수당도 퇴직금에 포함되나요?

저는 2004년에 퇴직을 하려고 합니다. 연차수당이 퇴직금에 포함되는지를 알고 싶어서 그러는데요, 저는 2003년에 개근을 해서 올해 연차휴가를 사용하지 못하고 퇴직을 해야 합니다. 이 부분도 퇴직금에 포함되나요? 그리고 2002년에도 개근을 했지만 지난해인 2003년에 연차휴가를 사용하지 못해서 올해인 2004년에는 연차휴가근로수당을 받을 수 있는데, 이 부분은 퇴직금에 포함되나요?

A 연차휴가근로수당의 3/12이 평균임금에 산입됩니다.

연차수당이 평균임금에 산입되는 범위에 대하여는 판례와 행정해석의 입장이 다릅니다. 행정해석과 판례의 입장을 살펴보면 다음과 같습니다.

① **행정해석의 입장** : 2004년에 퇴직을 하는 경우 지난해인 2003년에 개근하여 올해(2004년)에 발생한 연차휴가에 대해서는 평균임금에 포함되지 않습니다. 하지만 2002년에 개근하여 발생한 연차유급휴가를 2003년에 사용하지 못해서 2004년에 지급받은 연차휴가근로수당은 퇴직금을 계산하기 위해서 산정하는 평균임금에 포함됩니다. 즉, 퇴직근로자의 평균임금 산정기준인 임금총액에는 퇴직일(평균임금 산정사유발생일) 전일에 이미 발생되어 있는 1년분의 연차휴가 중 미사용 연차휴가일수가 확정되어 연차휴가근로수당으로 대체 지급된 금액의 3/12을 산입하면 됩니다(근기 68207-2422, 1993.11.22.).

이는 평균임금의 정의를 보면 그 답을 찾을 수 있는데, "평균임금이란 이를 산정하여야 할 사유가 발생한 날 이전 지급된 임금의 총액"이라는 문구에서 알 수 있듯이 퇴직일 이전에 이미 지급된 임금만을 포함하는 것이기 때문에 퇴직으로 인하여 비로소 발생한 연차수당은 평균임금에 포함하지 않는 것입니다.

② **판례의 입장** : 이에 비하여 대법원 판례는 퇴직금 산정의 기준이 되는 평균임금은 퇴직하는 근로자에 대하여 퇴직한 날 이전 3개월간에 그 근로의 대상으로 지급된 임금의 총액을 그 기간의 총일수로 나눈 금액을 말하고, 퇴직하는 해의 전 해에 개근하거나 9할 이상 출근함으로써 근로기준법 제60조에 의하여 연차유급휴가를 받을 수 있었는데도 이를 사용하지 아니하여 그 기간에 대한 연차휴가수당 청구권이 발생하였다고 하더라도 그 연차휴가수당은 퇴직하는 해의 전 해 1년간의 근로에 대한 대가이지 퇴직하는 그 해의 근로에 대한 대가가 아니므로, 연차휴가권의 기초가 된 개근 또는 9할 이상 근로한 1년간의 일부가 퇴직한 날 이전 3개월간 내에 포함되는 경우에 그 포함된 부분에 해당하는 연차휴가수당만이 평균임금 산정의 기준이 되는 임금 총액에 산입된다는 입장이어서 고용노동부의 행정해석과는 다른 견해를 보이고 있습니다(대법 2009다86246, 2011.10.13.).

③ **사견** : 연차수당도 근로의 대가로 지급받는 임금으로 보는 것은 행정해석과 판례 모두 같은 입장을 보이고 있고, 근로의 대가인 임금(연차수당)을 평균임금에 산입함에 있어 수령시기와 그 범위에 관해 이견이 있는 것으로 보이는 바, 판례의 입장은 연차수당을 평균임금에 산입할 수 있는 부분이 극히 한정적이어서 퇴직금

과 재해보상금을 산정하기 위한 평균임금액을 저하시킬 수 있어 근로자에게 불이익하므로 행정해석의 입장을 따르는 것이 합당하다 판단됩니다.

Q 정규직과 아르바이트의 퇴직금제도를 다르게 설정할 수 있나요?

저는 시간제(아르바이트) 근로자입니다. 저희 회사는 근무형태는 시간제로 되어 있지만 사실상 정규직과 근로시간이나 업무를 거의 유사합니다. 그럼에도 불구하고 퇴직금은 다르게 계산한다는 것을 알게 되었습니다. 근무형태가 정규직이고 시간제라고 해서 퇴직금 제도를 다르게 정해서 퇴직금을 지급해도 되는 건가요?

A 정규직과 비정규직(단시간근로자=아르바이트)의 퇴직금제도를 차등하여 정할 수는 없습니다.

근로자퇴직급여보장법 제4조제2항은 하나의 사업 내에서 직종, 직위, 업종 등에 따라 차등의 퇴직금제도를 두는 것을 금지하고 하나의 퇴직금제도를 적용하도록 하는 있습니다. 회사가 정규직직원과 시간제직원에 대해 차등의 퇴직금제도를 두어 차별하는 것은 근로기준법상의 차등금지원칙에 위반하는 것이라고 보아야 할 것이고, 정규직직원과 시간제직원 사이에 채용절차, 근로의 성격, 승급전보조치의 유무 등에서 차이가 있다고 하더라도 이것이 위와 같은 차별을 정당화할 합리적인 이유가 된다고 할 수는 없습니다(서울지법 2000가합8606).

Q 이미 받은 퇴직금을 1년 미만이라는 이유로 반환해야 하나요?

급여체계는 연봉제이고 회사로 퇴직금을 매월 중간정산하여 지급하고 있는 회사에 입사하여 10개월 정도를 근무하다가 퇴직을 했습니다. 회사에서는 1년이 돼야 퇴직금을 지급하는 것인데, 10개월만 근무를 했으니까 지금까지 월급에 포함되어 지급한 퇴직금 부분 반납하라고 합니다. 정말 이 퇴직금 부분을 반납해야 하나요?

A 행정해석과 판례의 견해가 나뉩니다.

근로자퇴직급여보장법 제8조의 규정에 의하여 사용자는 계속근로년수 1년에 대하여 30일분 이상의 평균임금을 퇴직금으로서 퇴직하는 근로자에게 지급할 수 있는 제도를 설정하여야 하며, 계속근로년수가 1년 미만인 경우에는 그러하지 아니하도록 규정되어 있습니다. 즉, 당해 근로자의 계속근로년수가 1년 미만인 경우 사용자는 퇴직금을 지급할 의무가 없는 것입니다. 행정해석의 입장은 이미 지급한 퇴직금부분을 회사에서 일방적으로 지급할 임금에서 공제하고 지급하는 것은 같은 법 제43조제1항의 규정에 의하여 임금은 전액을 근로자에게 직접 지급하도록 하고 있는 임금 전액지급의 원칙에 반한다고 보고 있습니다. 따라서 기지급 된 퇴직금의 환수는 민사절차(부당이득반환청구)에 따라 당사자간에 해결해야 한다는 것입니다(임금 68207-303, 2002.04.26.).

그러나 일부 판례를 보면, 1년이 되지 않은 근로자에게 지급한 퇴직금형식의 금액은 '임의수당'의 성격을 가질 뿐 퇴직금이라고 볼 수 없으므로 부당이득 반환청구를 할 수 없다는 입장을 보이고 있습니다.

대개 입사시부터 퇴직금을 월할 지급하는 경우에는 회사가 일방적으로 퇴직금을 중간정산하는 것으로 그 효력이 없다고 보는 것이 일반적이므로, 이미 지급했다고 하는 퇴직금은 임의수당의 성격을 갖는 임금으로 보아 근로자는 이를 반환하지 않아도 되는 것으로 판단한 것입니다.

하지만 이후 대법원 전원합의체 판결(대법 2007다90760)은 근로관계의 계속 중에 퇴직금 분할 약정에 의하여 월급이나 일당과는 별도로 실질적으로 퇴직금을 미리 지급하기로 한 경우 이는 어디까지나 위 약정이 유효함을 전제로 한 것인바, 그것이 퇴직금 지급으로서의 효력이 없다면, 위 약정에 의하여 이미 지급한 퇴직금 명목의 금원은 법 제18조 소정의 '근로의 대가로 지급하는 임금'에 해당한다고 할 수 없고, 사용자는 법률상 원인 없이 근로자에게 퇴직금 명목의 금원을 지급함으로써 위 금원 상당의 손해를 입은 반면 근로자는 같은 금액 상당의 이익을 얻은 셈이 되므로, 근로자는 수령한 퇴직금 명목의 금원을 부당이득으로 사용자에게 반환하여야 한다고 보는 것이 공평의 견지에서 합당하다고 인정하면서 사용자가 근로자에게 이미 퇴직금 명목의 금원을 지급하였으나 그것이 퇴직금 지급으로서의 효력이 없어 사용자가 같은 금원 상당의 부당이득반환채권을 갖게 된 경우에 이를 자동채권으로 하여 근로자의 퇴직금채권과 상계하는 때에도 적용된다는 판결을 하였습니다.

동 판례는 퇴직금으로 지급한 것이 효력이 없다하더라도 부당이득반환청구권이 발생하고, 이 부당이득채권과 퇴직금채권의 상계를 인정한다는 것인데, 이는 헌법에 의해 위임된 근로기준법(제43조 : 전액지급의 원칙)보다 일반사법인 민법을 우선 적용한 점, 상계를 허용하면 퇴직금 제도를 두고 있는 본래의 취지를 벗어나 근로자에게 부당하게 불리할 뿐만 아니라 당초 임금의 지급과 관련하여 상계를 금지한 제도적 취지를 지나치게 형해화할 우려가 있는 점, 퇴직금의 사회보장적 성격을 현저히 훼손하는 결과를 초래하는 점 등 상당한 문제의 소지가 있는 판결로, 조속한 시일 내에 뒤집어야 할 판례라고 생각됩니다.

그리고 위 대법원 전원합의체 판결을 상세히 검토해 볼 필요가 있는데, 위 판결에서 퇴직금 지급으로서의 효력이 없어 사용자에게 같은 금원 상당의 부당이득반환채권을 인정한 경우는 퇴직금분할약정이 유효함을 전제로 한 판결임을 유의해야 합니다. 즉, 퇴직금분할약정이 유효하지 않다면 사용자는 기지급한 퇴직금 상당의 부당이득반환채권을 가질 수 없다는 것을 의미합니다.

실제로 최근 판례(대법 2010다95147)는 사용자와 근로자가 체결한 퇴직금분할약정이 그 실질은 임금을 정한 것에 불과함에도 사용자가 퇴직금의 지급을 면탈하기 위하여 퇴직금분할약정의 형식만을 취한 것인 경우에는 위와 같은 판례법리(대법 2007다90760 전원합의체 판결)를 적용할 수 없다고 판결하고 있습니다.

동 판례(대법 2010다95147)는 '사용자와 근로자 사이에 월급이나 일당 등에 퇴직금을 포함시키고 퇴직시 별도의 퇴직금을 지급하지 않는다는 취지의 합의가 존재할 뿐만 아니라, 임금과 구별되는 퇴직금 명목의 금원의 액수가 특정되고, 위 퇴직금 명목 금원을 제외한 임금의 액수 등을 고려할 때 퇴직금분할약정을 포함하는 근로계약의 내용이 종전의 근로계약이나 근로기준법 등에 비추어 근로자에게 불이익하지 아니하여야 하는 등 사용자와 근로자가 임금과 구별하여 추가로 퇴직금 명목으로 일정한 금원을 실질적으로 지급할 것을 약정한 경우에 한하여 위와 같은 법리가 적용된다 할 것이다'라고 판결하고 있습니다.

따라서 사용자와 근로자가 퇴직금분할약정을 체결했다고 하여 무조건 사용자가 근로자에 대하여 부당이득반환청구권을 행사할 수 있는 것은 아니고, 다만 퇴직금분할약정이 위 판례(대법 2010다95147)요지와 같이 사용자와 근로자가 임금과 구별하여 추가로 퇴직금 명목으로 일정한 금원을 실질적으로 지급할 것을 약정한 경우에 한하여 사용자가 부당이득반환청구권을 가질 수 있는 것임을 알아 두어야 할 것입니다.

Q 대기발령기간이 퇴직금산정기간에 포함되나요?

저는 회사에서 열심히 일을 하다가 작은 실수로 했는데, 회사에서는 갑자기 저를 대기발령했습니다. 책상하나만 주고 일도주지 않고 말을 붙이는 사람도 없었습니다. 사표를 쓰려고 했는데, 주위 사람들이 버틸 때까지 버티라고 만류하는 바람에 3개월 정도를 대기발령상태로 있었습니다. 그리고 얼마 뒤에 회사에서 전화상으로 그만두라고 하더라구요. 정말 억울한데요, 퇴직금이라도 받아 내려고 하는데, 저는 언제까지 근무를 한 것이 되나요? 대기발령기간도 퇴직금을 산정하는 기간에 포함되는 건가요?

A 대기발령기간도 퇴직금산정기간입니다.

평균임금 산정의 예외를 규정한 근로기준법시행령은 제한적인 열거규정으로, 근로자가 정년으로 퇴직하기 전에 대기발령을 받았다가 퇴직한 경우의 대기발령기간은 위 근로기준법시행령 소정의 어느 기간에도 해당하지 않으므로, 위 규정을 적용하여 그 기간의 일수와 그 기간 중에 지급받은 임금액을 평균임금 산정의 기초에서 제외할 수 없습니다.

다만, 그 대기발령기간과 그 기간 중의 임금을 포함시킴으로써 평균임금이 통상의 경우보다 현저하게 적을 경우에는 특수하고 우연한 사정에 의하여 통상의 방법으로 평균임금을 산정할 수 없는 경우로 보아 노동부장관이 정하는 바에 따라 평균임금을 산정하여야 할 것인데, 아직까지 그 기준이나 방법 등을 정한바가 없으므로, 평균임금의 기본원리와 퇴직금 제도의 취지에 비추어 근로자의 통상의 생활임금을 사실대로 반영하는 방법으로 그 평균임금을 산정하여야 할 것입니다. 또한 근로기준법 제19조제2항에 따라 당해 근로자의 평균임금이 통상임금보다 저액일 경우에는 그 통상임금을 평균임금으로 하면 될 것입니다.

하지만 그 평균임금이 통상의 경우보다 현저하게 적다고 볼 수 없는 경우에는 원칙에 따라 대기발령기간을 포함한 퇴직 전 3개월간 지급된 임금을 기준으로 평균임금을 산정하여야 할 것입니다(대법 2001다12669).

더불어 위의 사례는 부당해고에 해당할 수 있으므로 3개월 이내에 관할 지방노동위원회에 부당해고구제신청을 해보는 게 좋을 듯 합니다.

Q 정년퇴직, 퇴직 후 재입사의 경우 퇴직금 산정을 위한 계속근로년수는?

이번에 저희 회사는 모든 직원이 퇴사를 하고 재입사를 하는 형식을 취한다고 합니다. 이유는 알 수 없지만 전직원이 퇴직금을 받고 사직서를 제출하고는 다시 재입사를 한다고 합니다. 이런 게 가능한가요? 이런 경우 퇴직금이나 연차휴가를 산정하기 위한 계속근로연수는 새로 기산되는 건가요? 그리고 좀 다른 질문인데요, 아시는 분이 정년이 되어 퇴직금을 정산하고 1년의 촉탁계약을 체결하였답니다. 촉탁계약기간이 종료하자마자 근로관계가 종료된 경우 촉탁직근로자의 퇴직금 및 연차유급휴가일수 계산을 위한 계속근로년수는 얼마로 산정해야 하는지요?

A 재입사일부터 기산됩니다.

영업양도나 기업주가 바뀐 경우 위와 같이 퇴직처리와 재입사 형식을 취하는 경우가 있습니다. 이럴 때 근로자의 진의에 의한 하자 없는 퇴직의 의사표시에 의한 것이었다면 퇴직의 효과가 발생한 것으로 볼 수 있습니다. 이 때 「근로자의 진의」

라 함은 퇴직금 수령을 위해 퇴직의 효과를 발생시키고자 하는 의사로 보아야 하고, 재입사를 하지 않겠다는 의사까지 있어야 하는 것은 아닙니다. 따라서 당사자간 달리 정한 바가 없다면 퇴직금이나 연차유급휴가 산정을 위한 계속근로년수는 재입사일부터 새로이 기산됩니다(근기 68207-1565, 2002.04.16.).

정년퇴직자를 기간의 정함이 있는 근로계약으로 재고용하는 경우 당사자간의 특약이 없다면 근로자의 퇴직금 및 연차유급휴가일수 계산을 위한 계속근로연수는 정년퇴직전의 기간은 제외되고 재고용기간(1년)만이 근로연수에 해당됩니다(근기 68207-338, 2001.02.02.).

Q 비정규직에서 정규직으로 바뀐 경우 퇴직금 계산은 어떻게 하나요?

처음에는 비정규직으로 입사를 해서 1년 근무를 하다가 정규직으로 채용이 되었습니다. 정규직으로 4년 정도 근무를 하다가 유학을 가기 위해서 퇴직을 하려고 합니다. 저 같은 경우 퇴직금은 몇 년을 근무한 것으로 하나요?

A 비정규직 근무기간도 포함하여 계산합니다.

근로자의 자발적인 의사에 따라 일용직 사직의사 표시와 사용자의 사직수리가 이루어진 이후에 정규직으로의 환직을 위한 시험응시 등 임용절차를 거친 경우라면 이는 정규직 임용여부와는 관계없이 기왕의 일용직에 대한 근로관계는 유효하게 단절된 것으로 볼 수 있습니다. 이처럼 비정규직 계약기간이 종료되고 퇴직금을 수령하고 새로이 정규직으로 입사를 한 것이라면 정규직 4년분만의 퇴직금을 지급하면 됩니다.

하지만 당해 근로자가 일용직 신분을 계속 유지하고 있는 상태에서 정규직 채용절차를 밟아 채용이 확정된 후에 일용직 사직서를 제출한 경우에는 이는 내부적 절차 및 기준에 따라 일용직에서 정규직으로 환직된 것에 불과하다고 볼 수 있어 퇴직금 계산을 위한 계속근로년수는 실제 근로를 제공한 시점(입사시)부터 기산함이 타당합니다(임금 68207-581, 2000.11.14.).

즉, 근로관계의 단절없이 단지 고용형태만 바뀐 경우라면 퇴직금이나 연차휴가 산정을 위한 계속근로연수를 계산할 때는 비정규직 기간도 합산해서 계속근로연수를 계산하면 됩니다.

Q 퇴직금청구권 포기특약에 서명했는데 퇴직금을 청구할 수 없나요?

저는 입사를 할 때 회사측에서 연봉을 높게 책정을 해주는 것이니까 나중에 퇴직을 할 때 퇴직금을 청구하지 않겠다는 약정서에 서명을 요구하여 서명을 했습니다. 그 때는 입사를 해야겠다는 일념으로 서명을 했지만 지금은 후회 막심합니다. 저는 퇴직금을 청구할 수 있습니까?

A 퇴직금청구권 포기특약과 민사소송 부제소특약은 무효입니다.

퇴직금은 사용자가 일정기간을 계속하여 근로하고 퇴직하는 근로자에게 그 계속근로에 대한 대가로서 지급하는 후불적 임금의 성질을 띤 금품으로서, 구체적인 퇴직금청구권은 계속근로가 끝나는 퇴직이라는 사실을 요건으로 하여 발생되는 것이므로 최종 퇴직시 발생하는 퇴직금청구권을 사전에 포기하거나 사전에 그에 관한 민사상 소송을 제기하지 않겠다는 부제소특약을 하는 것은 강행법규인 근로기준법에 위반되어 무효입니다(대법 2001다41568).

따라서 입사시에 퇴직금청구권을 포기하는 약정서에 서명을 했다고 하더라도 퇴직을 한 후에 법정퇴직금을 청구할 수 있습니다.

물론 사후에 퇴직금에 대하여 이의를 제기하지 않겠다는 부제소특약을 효력이 있다고 보여집니다.

Q 영업양도시 중간퇴직이 이뤄졌다면 계속근로관계는 단절되나요?

저희 회사는 이번에 영업양도를 하면서 퇴직금을 지급받고 퇴직 및 재입사의 형식을 거쳤습니다. 그런데 양수회사는 퇴직금이 근속연수에 따라 누적되는 규정이 있더라구요. 만약 양도회사에서의 근속기간이 합산되면 퇴직금이 큰 차이가 있어 문의하는데요, 근로관계의 승계가 인정될 여지는 없는지요?

A 영업양도시 근로자 자의로 퇴직금을 수령하고 퇴직과 재입사를 했다면 근로관계는 단절되었다고 볼 수 있지만, 근로자의 자의가 아니라면 근로관계가 단절되었다고 단언할 수는 없으므로 면밀한 검토가 필요합니다.

① 근로관계의 포괄적 승계원칙

영업의 양도라 함은 일정한 영업목적에 의하여 조직화된 업체, 즉 인적·물적 조직을 그 동일성은 유지하면서 일체로서 이전하는 것으로서, 이러한 영업양도가 이루어진 경우에는 원칙적으로 해당 근로자들의 근로관계가 양수하는 기업에 포괄적으로 승계됩니다(대법 2002다23826, 2003.05.30.).

따라서 특단의 사정이 없는 한 근로자들의 근로관계 역시 양수인에 의하여 계속적으로 승계되는 것으로, 영업양도시 퇴직금을 수령하였다는 사실만으로 전 회사와의 근로관계가 종료되고 인수한 회사와 새로운 근로관계가 시작되었다고 볼 것은 아닙니다.

따라서 회사의 경영방침에 따른 일방적 결정으로 퇴직 및 재입사의 형식을 거친 것이라면 퇴직금을 지급받았더라도 계속근로관계는 단절되지 않은 것이 됩니다(대법 2000다18608, 서울행법 2001구624, 2001.09.11.).

② 포괄적 승계의 예외(근로관계의 단절)

퇴직금 수령과 재입사의 형식을 취한 것이 근로자의 자의(自意)였는지, 아니면 회사의 절차에 따른 것인지에 따라 계속근로연수의 단절 여부가 결정됩니다. 근로자가 자의(自意)에 의하여 사직서를 제출하고 퇴직금을 지급받았다면 계속근로의 단절에 동의한 것으로 볼 여지도 있어 계속근로는 단절되었다고 볼 수 있습니다(대법 2000다18608, 2001.11.13.). 또한 자유로운 의사에 따라 양도기업을 사직하고 퇴직금을 수령한 후 양수기업에 신규 입사했다면 양도기업과 양수기업간의 근로관계는 퇴직에 의해 단절된다고 보아야 합니다(대법 2001다37941, 2002.07.09.).

③ 결론(계속근로의 인정여부)

이 사안에서 영업양도 당시 퇴직금을 받고 퇴직 및 재입사의 형식을 취하였다고 하는데, 이 때 이런 형식의 절차가 근로자의 자의에 의한 것인지, 아니면 회사의 방침에 의한 것인지에 대한 설명이 없어 명확한 판단을 내리기 어려우나, 양수회사의 근로조건이 양도회사보다 월등히 열악하여 오히려 퇴직금을 당시에 수령하는 것이 이익이라고 볼 정황이 없는 한 근로자 자의로 퇴직금을 수령하고 퇴사를 한 뒤 재입사의 형식을 취하였다고 볼 개연성을 극히 적다고 판단되므로, 근로관계는 포괄승계되었다고 보는 것이 합당하다고 봅니다.

따라서 퇴직금 산정을 위한 계속근로년수는 물론 연차휴가일수 산정을 위한 계속근로년수도 양도회사의 근속기간까지 합산하여 산정하는 것이 맞다고 봅니다.

Q 전적(轉籍)의 경우 계속근로는 단절되는 것이 원칙인가요?

저는 5년전에 A회사에서 5년 근무하고 B회사로 전적을 하면서 사직서를 쓰고 퇴직금을 수령하였습니다. 회사에서 시키는 절차이기 때문에 어쩔 수 없이 따른 면도 있었습니다. 이번에 B회사에서 퇴사를 하게 되었는데요, 퇴직금 산정을 위한 계속근로연수를 10년(A+B)으로 해야 하는지, 아니면 5년(B)으로 하는 것이 맞는지 궁금해서요, 퇴직금이 2배로 차이가 나기 때문에 저한테는 민감한 문제입니다. 답변 부탁드립니다.

A 전적(轉籍)의 경우 계속근로는 단절된다고 보는 것이 원칙이나, 예외적으로 근로자의 자의에 의한 것이 아닐 경우 계속근로가 인정됩니다.

전적(轉籍)의 경우에도 유효한 전적이 이루어진 때에는 당사자 사이에 종전 기업과의 근로관계를 승계하기로 하는 특약이 있거나 이적하게 될 기업의 취업규칙 등에 종전 기업에서의 근속기간을 통산하도록 하는 규정이 있는 등의 특별한 사정이 없는 한 당해 근로자의 종전 기업과의 근로관계는 단절된 것으로 보아 계속근로연수는 합산되지 않는 것이 원칙입니다(근기 68207-2579, 2000.08.26.).

위 사안을 살펴보면 전적당시에 사직서를 제출하고 퇴직금을 수령한 사실이 있지만 전적에 대하여 동의를 한 사실이 없고 회사에서 시키는 절차에 어쩔 수 없이 따른 면도 있는 등 근로관계를 단절할 의사가 있었다고 볼 수 없으므로 위 전적은 그 효력이 없다고 보는 것이 합당하다고 보여집니다.

전적이 무효인 경우 퇴직금 산정을 위한 계속근로연수는 인정되지만, 전적 당시에 지급된 퇴직금은 적법하게 중간정산이 된 것으로 보아 통산 근로기간에 대한 퇴직금지급률(또는 지급월수)에서 중간정산기간에 대한 퇴직금지급률(또는 지급월수)을 공제한 지급률(또는 지급월수)을 적용하여 퇴직금을 산정함이 타당할 것입니다(서울고법 94가합2690, 1995.02.16.).

심화학습 전적(轉籍)의 유효요건

1. 전적(轉籍)의 개념

근로자를 그가 고용된 기업으로부터 다른 기업으로 적을 옮겨 다른 기업의 업무에 종사하게 하는 이른바 전적(轉籍)은 종래에 종사하던 기업과 사이의 근로계약을 합의해지하고 이적하게 될 기업과 사이에 새로운 근로계약을 체결하는 것이거나 근로계약상의 사용자의 지위를 양도하는 것을 통칭하는 것입니다(대법 2005두9873, 2006.01.12.).

2. 전적(轉籍)의 유효요건(정당성 요건)

근로기준법 제23조제1항에서 사용자는 근로자에 대하여 정당한 이유없이 전직할 수 없다고 규정하고 있으므로 계열회사에의 전적발령은 정당한 사유와 절차에 의하여야 할 것입니다.

근로자를 계열회사내 다른 기업으로 적을 옮겨 그 다른 기업의 업무에 종사하게 하는 이른바 전적은 종래에 근무하던 기업과 근로계약을 합의해지하고 이적하게 될 기업과의 새로운 근로관계를 성립케 하는 것이므로 특별한 사정이 없는 한

'근로자의 동의(절차적 정당성)'를 얻어야 하고 사회통념상 타당성(사유의 정당성-업무상 필요성 등)이 인정되어야 할 것입니다.

전적발령 사유의 정당성 판단에 대하여는 사용자의 동 발령처분이 당해 근로자를 단순히 차별대우하려는 의도하에서 이루어진 인사권의 남용이나 부당한 징계에 의해 행하여지지 아니하고, 인사관리상 합리적인 이유나 필요에 의해 행하여져 사회통념상 타당성이 인정된다면 그 전적의 사유는 정당하다고 볼 수 있고, 그 절차의 정당성 여부에 대하여는 근로기준법 제17조 및 동법 시행령 제8조제1항에서 사용자는 근로계약 체결시 취업의 장소와 종사하여야 할 업무에 관한 사항 등 근로조건을 명시하도록 규정하고 있고, 민법상(제657조제1항) 사용자는 노무자의 동의없이 그 권리를 제3자에게 양도하지 못하도록 하고 있는 점으로 보아 사용자가 채용시 명시한 근로조건을 변경할 때 당해 근로자의 동의나 합의가 있었는지에 대해 판단하여야 할 것입니다.

① 근로자의 동의

전적은 동일 기업 내의 인사이동인 전근이나 전보와 달라 특별한 사정이 없는 한 근로자의 동의를 얻어야 효력이 생긴다고 보는 것이 판례(대법 2005두9873, 서울행법 2003구합971, 서울행법 2002구합43582)의 입장입니다.

하지만 사용자가 근로자의 동의를 얻지 아니하고 기업그룹 내의 다른 계열회사로 근로자를 전적시키는 관행이 있어서 그와 같은 관행이 기업사회에서 일반적으로 근로관계를 규율하는 규범적인 사실로서 명확히 승인되거나, 기업의 구성원이 일반적으로 아무런 이의도 제기하지 아니한 채 당연한 것으로 받아들여 기업 내에서 사실상의 제도로서 확립되어 있다면 근로자의 구체적인 동의를 얻지 아니하더라도 근로자를 다른 법인체로 유효하게 전적시킬 수 있다 할 것이다(대법 92다11695, 대법 95다29970)라고 하여 근로자의 동의가 없었더라도 전적이 유효한 예외적인 경우를 예시하고 있습니다.

근로계약을 체결할 때 취업할 장소와 종사하여야 할 업무에 관한 사항을 근로조건으로 명시하도록 하고 있고, 민법 제657조제1항은 사용자는 노무자의 동의없이 그 권리를 제3자에게 양도하지 못하도록 하고 있는 점 등을 감안하면, 고용된 기업으로부터 다른 기업으로 적을 옮겨 다른 기업의 업무에 종사하게 하는 이른바 전적(轉籍)의 경우 '근로자의 동의'는 필요요건이라고 판단됩니다.

② 업무상 필요성과 생활상 불이익의 비교

당해 근로자는 신용업무만을 담당할 것으로 알고 고용되어 신용업무만을 담당하여 오다가 이 사건 전적으로 인하여 처음으로 지도상무 대리로서 신용업무 이외의 일을 맡게 된데다가 출퇴근 시간이 현저히 증가하는 등의 생활상 불이익을 입게 된 점 등을 알 수 있고, 또한 이와 같이 입게 될 사실상의 불이익이 있음에도 불구하고 당해 근로자에 대하여 지도상무로 굳이 이례적인 전적조치를 하여야 할 만한 업무상 필요성이 있었다거나, '인사교류지침'에서 정하고 있는 인사교류 기준에 해당하는 사정이 있었다는 점에 관하여, 나아가 이 전적 조치를 취함에 있어 사전에 당해 근로자로부터 동의는 아니더라도 양해 내지는 협조를 구하는 절차를 취하였다는 점 등에 관하여 이를 인정할 아무런 증거도 없는 점 등을 종합하면, 당해 근로자에 대한 전적 조치는 정당한 인사권의 범위를 넘는 부당한 조치라 할 것이다라고 하여 업무상 필요성과 생활상의 불이익을 비교하여 생활상의 불이익에 비하여 업무상 필요성이 크지 않고 생활상의 불이익이 월등히 많아 이를 감수할 수 있는 한계를 넘었다면 전적은 부당하다고 판시하고 있습니다(서울행법 2003구합38310, 2004.06.15.).

3. 사직서를 제출하고 퇴직금을 수령한 사실이 '동의'로 간주되는지 여부

비록 전적 당시 회사에 사직서를 제출하고 전적되는 회사에 입사서류를 각각 제출하는 형식을 거쳐 퇴직금을 지급받았다 하더라도 근로관계를 단절할 의사가 있었다고 할 수 없었다면 회사와의 계속근로관계도 단절되지 않는다고 보는 판례가 있습니다(대법 2001다71528, 2003.04.11.). 즉, 사직서를 제출하고 퇴직금을 수령했다는 사실만으로 전적에 동의했다고 볼 수 없다는 것입니다.

이에 반하여 근로자가 사표를 제출하고 퇴직금을 수령한 후 일정기간(11년 8월) 이의를 제기함이 없이 정상적인 근로를 제공하였다면 특별한 사정이 없는 한 사용자의 전적처분에 대해 근로자가 '동의'한 것으로 볼 수 있다는 것이 행정해석입니다(근기68207-773, 1994.05.11.).

Q 비정규직(알바)의 경우에도 퇴직금을 줘야 하나요?

저는 계약직으로 근무를 하고 있습니다. 저와 같은 계약직은 1년 단위로 계약을 체결하기 때문에 퇴직금을 받을 수 없다고 합니다. 저와 같이 일하는 아르바이트생도 1년이 넘었는데도 퇴직금을 받을 수 없다고 하는데, 비정규직도 1년이 넘으면 퇴직금을 받을 수 있는 것 아닌가요?

A 비정규직도 퇴직금을 청구하여 받을 수 있습니다.

비정규직은 정규직과 고용 형태만 다른 것에 불과하므로 퇴직금 규정도 적용되며 퇴직금을 받을 수 있습니다. 물론 퇴직금지급요건을 갖춰야 합니다.

계약직의 경우도 계속해서 계약을 반복 갱신하면 계속근로로 인정이 되어 상용근로자로 보아 퇴직금을 청구할 수 있습니다. 1개월에 20일 정도만 일을 해오던 일용직의 경우에도 오랜 기간 동안 이런 형식으로 일을 해왔다면 퇴직금을 받을 수 있고, 시간제 근로자의 경우에도 1주 근로시간이 15시간 이상이면 퇴직금규정이 적용되어 퇴직금을 청구할 수 있습니다.

Q 퇴직금법정제, 누진제의 별도 적용은 퇴직금제도의 차등설정인가요?

현재 퇴직금누진제를 시행하고 있는 저희 회사에서 노사합의에 의해 퇴직금을 중간정산하고 현재의 퇴직금누진제를 퇴직금법정제로 전환한다고 합니다. 일부 근로자들이 법정퇴직금제로의 전환을 전제로 한 퇴직금 중간정산을 강하게 거부하니까 회사에서는 거부하는 직원에 한해서만 기존의 퇴직금누진제를 적용한다고 합니다. 이렇게 하나의 사업장에서 법정제와 누진제를 병행해서 실시할 수 있는 건가요?

A 누진제와 법정제의 병행실시는 퇴직금차등금지에 반합니다.

근로자퇴직급여보장법 제4조제2항의 규정에 의한 퇴직금차등제도 금지의 입법취지는 하나의 사업장내에서 직종, 직위, 직급별로 서로 다른 퇴직금제도를 두어 차별하는 것을 금지하고자 하는 것입니다. 동법 제34조제3항은 근로자가 퇴직하기 전에 당해 근로자가 계속근로한 기간에 대한 퇴직금을 미리 정산하여 지급할 수 있도록 정하고 있고 단체협약이나 취업규칙 등에 근거나 기준을 두고 있는 경우라도 개별근로자의 구체적 요구가 있어야만 시행할 수 있습니다. 따라서 퇴직금제도에 있어서 동일하게 적용받는 근로자 사이에 퇴직금 중간정산의 이행 여부만을 가지고 서로 다른 퇴직금지급률(법정제 및 누진제)을 적용하는 것은 하나의 사업장내에서 퇴직금차등제도를 설정한 것으로 보아야 합니다(임금 68207-614, 2001.08.29.). 하나의 사업장내에서 차등된 퇴직금제도를 두는 경우에는 2년 이하의 징역 또는 1,000만 원 이하의 벌금형에 처해질 수 있습니다(근로기준법 §113).

Q '건설일용직근로자'도 퇴직금을 받을 수 있나요?

현재 저는 A건설사의 공사현장에서 2년 넘게 일용직으로 일을 했습니다. 그런데 A건설사에서 한달에 5일 일할 때도 있고 25일을 일할 때도 있었습니다. 그리고 겨울철이나 공사가 없을 때에는 한두달 정도 쉴 때도 있었습니다. 그렇게 일이 없어서 쉴 때에는 다른 건설현장에서 일용직으로 일을 한 적도 있습니다. 이런 경우에도 퇴직금을 받을 수 있는지요?

A 한달에 5~25일 일을 하고 동절기에는 2달 쉬더라도 계속근로는 인정되므로 퇴직금을 받을 수 있고, 퇴직금산정은 평균임금보다 통상임금으로 산정하는 것이 유리합니다.

① **쟁점** : 건설일용직도 한 공사현장이나 다른 공사현장이라도 같은 건설사 소속으로 1년 이상 계속하여 일을 해왔다면 퇴직금을 받을 수 있음(퇴직급여보장팀-977, 2005.12.07.)은 당연합니다. 하지만 위 사안과 같이 한달에 5일 정도 일을 할 때도 있고, 겨울철이나 공사가 없을 때에는 다른 건설사의 공사현장의 일용직으로 일을 한 적이 있는 경우에도 계속근로가 인정되어 퇴직금을 청구할 수 있는지는

면밀한 검토가 필요합니다.

② **한달에 5~15일 정도 일하거나 겨울철 2달 정도 쉬어도 계속근로가 인정되는지** : 비록 1개월에 4~5일에서 15일까지 근무했지만 수년을 계속 근무한 경우(대법 78다2089), 매월 빠뜨리지 않고 4, 5일 내지 15일 정도씩 계속하여 일해 온 경우(서울지법 95가합11509), 한달에 4~5일 정도 근무하여 1주 소정근로시간이 15시간 이상인 경우(퇴직연금복지과-77, 2008.03.25.) 계속근로가 인정됩니다. 뿐만 아니라 동절기에는 근로계약을 체결하지 않았지만, 동절기가 종료되면 재계약을 계속 체결하는 것이 관행이었으며, 노사당사자 모두 그렇게 기대하면서 사실관계에 있어서도 동절기가 끝나면 재계약을 체결한 후 일용 인부로서의 동일한 근로를 제공하고 사용자는 임금을 지급하는 형태의 근로관계가 반복되었다면, 근로계약을 체결하지 아니한 동절기는 동일사무에 계속근로를 위한 대기상태로서 근로관계의 단절이 아니라 일시적으로 정지된 것으로 볼 수 있으므로 계속근로가 인정됩니다(퇴직급여보장팀-975, 임금 68207-313).

③ **일시적으로 다른 공사현장에서 근무한 한 경우에도 계속근로가 인정되는지** : 다른 공사현장에서 일용직으로 근무한 것이 해당 건설사의 공사현장이 없거나 혹한기에 공사를 진행할 수 없는 등 건설사의 귀책사유에 의해 부득이 다른 공사현장에서 일용직으로 잠시 근무한 것이라면 이를 이유로 근로관계가 단절되었다고 볼 수는 없습니다.

④ **위 사례에 따른 퇴직금 산정(보상 1458.7-29140, 1982.10.26.)**

위 건설일용근로자는 2년 정도 근무했고, 최종 퇴사일로부터 3개월간의 월급을 그 일수로 나눈 임금(평균임금)보다는 통상임금으로 퇴직금을 산정하는 것이 유리할 것입니다.

- 1년 근무일수 302일로 가정(주 15시간 미만인 기간, 동절기 제외)
- 1일 10시간 근무, 일당 100,000원
- 통상임금=100,000원/11시간×10시간= 90,909원
- 퇴직금=90,909원×30×604/365=4,513,071원

⑤ **결론** : 건설일용직근로자는 열악한 근무환경과 고용불안을 안고 공사현장의 최일선에서 일을 하는 대표적인 비정규직으로, 적어도 동일한 건설사소속으로 상

당한 기간 동안 공사현장을 바꿔가면서 일을 해왔다면 평생 일용직으로 근무한 근로자의 노후를 배려하는 차원에서도 계속근로를 인정하여 퇴직금을 지급하는 것이 기업윤리와 사회통념에도 부합하는 것이라고 생각합니다.

Q 퇴직금 중간정산은 어떻게 해야 유효한가요?

저는 인사총무팀의 팀장인데요, 저희 회사는 퇴직금을 월할액으로 매월 지급해도 되겠냐고 의견서를 받은 후, 퇴직금중간정산신청서를 받고 퇴직금을 지급하고 있는데요, 얼마 전 노동부 진정사건에서 담당 감독관은 그래도 퇴직금을 지급해야 한다고 합니다. 노동부에서 퇴직금을 다시 주라는 근거가 있나요?

A 2012.7.26부터 주택구입 등 대통령령이 정하는 사유에 한하여 퇴직금중간정산이 가능합니다.

근로자퇴직급여보장법은 퇴직금제도와 더불어 퇴직금중간정산에 관하여도 규정하고 있습니다(근로자퇴직급여보장법 §8②).

퇴직금을 매월 지급하는 것은 퇴직금중간정산의 한 형태라고 볼 수 있는데, 퇴직금의 중간정산은 근로자의 개별적인 요구에 의하여 지급하여야 하는 것으로, 사용자가 일방적으로 지급하는 것은 퇴직금 지급으로서의 효력이 없습니다.

퇴직금 중간정산이 유효하여 다시 퇴직금을 지급하지 않기 위해서는 ㈎ 근로자 자의의 개별적인 요구(청구)가 있어야 할 것, ㈏ 근로계약서나 취업규칙 등에 퇴직금중간정산의 지급방식이나 형태 등에 대하여 규정한 것, ㈐ 임금명세서에 퇴직금 항목을 별도로 두고 그 금액을 명시할 것의 요건(2012.7.26 이전)을 갖춰야 합니다. 중간정산한 퇴직금이 법정퇴직금을 상회해야 함은 당연합니다.

만약에 이런 요건들을 갖추지 않고 퇴직금을 중간정산하였다면 차후에 다시 퇴직금을 지급해야 할 수도 있음을 유의하여야 합니다(2012.7.26 이전에 위 요건을 갖추지 않은 경우).

이러한 퇴직금중간정산을 둘러싼 문제들이 자주 발생하자, 법은 퇴직금중간정산을 극히 예외적인 경우에 한하여 인정함으로써 이와 관련한 분쟁의 소지를 차단하였습니다.

2012.7.26 이후에는 ㈎ 무주택자인 근로자가 본인 명의로 주택을 구입하는 경우, ㈏ 무주택자의 근로자가 주거목적으로 전세금 또는 보증금을 부담(당해 사업장 1회로 한정)하는 경우, ㈐ 본인, 배우자 또는 부양가족이 질병·부상으로 6개월 이상 요양하는 경우, ㈑ 최근 5년 이내 파산선고를 받거나 개인회생절차 개시 결정을 받는 경우, ㈒ 임금피크제를 실시하여 임금이 줄어드는 경우, ㈓ 태풍, 홍수 등 천재지변으로 고용부장관이 정한 사유와 요 건에 해당되는 경우 이외의 사유로 퇴직금을 중간정산하면 효력이 없음을 유의해야 합니다.

그렇다면 2012.7.26 이후에 위 사유에 해당하지 않은 경우에도 퇴직금중간정산을 해줬다면 어떻게 되는가에 대하여도 검토해 볼 필요가 있을 것입니다.

사용자가 퇴직금 명목으로 금품을 지급하더라도 중간정산 사유와 요건을 갖추지 아니한 경우 유효한 중간정산으로 볼 수 없다는 것이 판례와 행정해석의 일관된 입장입니다.

만약 사용자가 위 중간정산 사유에 해당하지 아니함에도 중간정산을 해줬다면 사용자는 중간정산을 해준 기간을 포함한 전체 계속근로기간에 대하여 근로자에게 퇴직금을 다시 지급할 의무가 있습니다. 사용자가 퇴직금명목으로 지급한 금품은 착오로 과다지급한 금품에 해당하므로 부당이득반환청구소송 등을 통하여 돌려받아야 하는 등 번거로운 해결과정을 거쳐야 할 수도 있으니 유의하시기 바랍니다.

노동부업무처리지침을 보면, 사업주와 근로자가 합의하여 전체 계속근로기간에 대한 퇴직금과 기지급한 퇴직금의 차액만큼을 지급하기로 한 경우에는 사법처리하지 않도록 권고하고 있고, 만약 당사자간 합의가 이뤄지지 않아 부득이 사법처리하게 되는 경우 사용자에게 해당 금품에 대하여 민사소송을 할 수 있음을 서면으로 안내하도록 하고 있습니다.

Q 주택구입을 부인명의로 하는 경우에도 중간정산을 할 수 있는지요? 또한 전세금은 2년후에 계약갱신때마다 중간정산을 할 수 있는 것인지요?

퇴직금중간정산사유를 보면, 주택구입이나 전세보증금으로 쓰기 위한 목적으로 중간정산을 할 수 있다고 하는데, 부인명의로 주택을 구입할 때에도 중간정산이 가능한지, 그리고 전세계약을 체결할 때 중간정산을 받고, 2년후 계약갱신을 할 때 전세금을 올려달라고 하면 그 때에도 중간정산을 할 수 있는 것인지 궁금해서요, 퇴직금 중간정산사유에 대하여 구체적이고 자세한 설명 좀 부탁드립니다.

A 본인명의의 주택을 구입할 경우에만, 전세보증금은 단 1회에 한하여 중간정산을 받을 수 있습니다.

퇴직급여보장법시행령 제3조는 퇴직금중간정산사유에 대하여 규정하고 있는데, 자세한 해당요건에 대한 규정은 없어 이에 대한 판단기준의 상세한 설명이 필요합니다.

① **무주택자인 근로자가 본인의 명의로 주택을 구입하는 경우** : 같은 세대원이 주택을 이미 소유하고 있는 경우(1가구 2주택이 되는 경우), 소유하던 주택을 팔고 다시 주택을 취득하는 경우에도 중간정산을 신청할 수 있는지가 문제되는데, 중간정산 신청일 기준 본인 명의로 등기된 주택이 없다면 세대원이 주택을 소유하고 있더라도 무주택자 요건을 충족한 것으로 봅니다. 참고로, 부부공동명의로 주택을 구입하는 경우에도 본인 명의로 주택을 구입하는 것으로 보며, 정말 무주택자인지에 대한 검증은 건물등기부등본, 건축물관리대장등본, 재산세과세증명서 등으로 검증을 하여야 합니다. 중간정산 신청은 소유권이전등기 후 1개월이내에 신청할 수 있습니다.

② **무주택자가 주거목적으로 전세금(보증금)을 부담하는 경우** : 신규로 전세계약을 체결하거나 전세계약을 연장하는 경우에도 중간정산을 할 수 있지만 1개 사업장에서 1회에 한하여 중간정산을 받을 수 있습니다.

같은 세대원이 주택을 소유하고 있더라도 전세금(보증금)에 충당하고자 퇴직금

중간정산을 할 수 있는지가 문제되는데, 중간정산 신청일 기준으로 본인명의로 등기된 주택이 없다면 무주택자 요건을 충족하여 퇴직금중간정산을 받을 수 있습니다. 무주택자인지에 대한 검증은 건물등기부등본, 건축물관리대장등본, 재산세과세증명서 등으로 하고, 중간정산 신청은 임대차계약 체결일부터 잔금지급일 이후 1개월 이내에 신청할 수 있습니다.

이외의 중간정산사유는 크게 논란이 될 만한 유의해야 할 점이 없어 자세한 설명은 하지 않기로 합니다.

Q 연봉계약서에 퇴직금이 포함되어 있다는 규정만 있으면 문제없나요?

저희 회사는 이번에 연봉제로 임금체계를 바꿨는데, 상사들은 연봉계약서상에 퇴직금이 연봉액속에 포함되어 있다라는 규정만 있으면 되고 근로자들에게 형식적으로라도 확인서를 받아 두면 차후에 별문제는 없을 거라고 하는데, 문제가 없겠는지요? 윗분들은 지금은 별 문제없을 거라고 큰소리치다가도 막상 문제가 터지면 실질적인 담당자인 저에게만 질책을 합니다. 그래서 매사에 철저히 대비를 해야 합니다. 만약에 제가 마무리를 잘해서 별 문제가 생기지 않으면 자기들이 잘해서 그렇다고들 합니다. 자세한 답변을 부탁드립니다.

A 연봉제라도 2012.7.26부터는 주택구입 등 대통령령이 정하는 사유에 한하여 퇴직금중간정산이 가능합니다.

연봉제는 임금결정과 지급방식의 한 형태이므로 연봉제를 도입했다고 해서 노동법의 적용이 배제되는 것은 아닙니다. 따라서 퇴직금에 관련된 판례나 행정해석이 그대로 적용되므로 퇴직금중간정산을 위한 유효요건을 모두 준수해야만 향후 법적 문제에 대비할 수 있습니다.

이미 언급을 했지만, 2012.7.26 이전에는 ㈎ 근로자 자의의 개별적인 요구(퇴직금중간정산요청서)가 있어야 할 것, ㈏ 근로(연봉)계약서나 취업규칙 등에 퇴직금중간정산의 지급방식이나 형태, 금액(연봉액에 포함된 퇴직금액, 매월 지급되는 퇴직금액) 등이 명확하게 규정되어 있을 것, ㈐ 임금명세서에 퇴직금 항목을 별도로 두고 그 금액을 명시할 것, ㈑ 기왕에 근로를 제공한 기간을 대상으로 법정 퇴직금보다 상회할 것의 요건을 모두 갖춰 퇴직금 중간정산을 실시해야 하고, 2012.7.26 이후에는 ㈎ 무주택자인 근로자가 본인 명의로 주택을 구입하는 경우, ㈏ 무주택자의 근로자가 주거목적으로 전세금 또는 보증금을 부담(당해 사업장 1회로 한정)하는 경우, ㈐ 본인, 배우자 또는 부양가족이 질병·부상으로 6개월 이상 요양하는 경우, ㈑ 최근 5년 이내 파산선고를 받거나 개인회생절차 개시 결정을 받는 경우, ㈒ 임금피크제를 실시하여 임금이 줄어드는 경우, ㈓ 태풍, 홍수 등 천재지변으로 고용부장관이 정한 사유와 요 건에 해당되는 경우 이외의 사유로 퇴직금을 중간정산하면 효력이 없음을 유의해야 합니다.

Q 퇴직금중간정산이후 임금이 인상된 경우 퇴직금을 추가 지급해야 하나요?

임금협상이 진행중인 7월 31일 근로자의 요청에 따라 저를 비롯한 몇몇 근로자에게 회사는 퇴직금을 중간정산해 주었습니다. 그러던 중 10월 15일 임금협약이 체결되었습니다. 저희 회사는 임금인상이 결정되면 임금을 소급적용해 줍니다. 이에 저와 동료 근로자는 소급 인상된 급여로 인해 추가 발생되는 퇴직금 지급을 요구할 수 있나요?

A 임금이 인상되었다고 퇴직금을 추가지급 할 의무는 없습니다.

임금협약 또는 취업규칙은 당사자간 특약이 없는 한 체결 당시 재직중인 근로자에게만 그 체결시점부터 효력이 발생되는 것이 원칙입니다. 즉, 보수규정 개정 등을 통해 임금인상률을 결정하면서 이를 임금인상 결정일 이전으로 소급하여 적용되는 경우라 하더라도 동 임금인상 결정일 이전에 퇴직한 근로자에게는 당사자간의 특약이 없는 한 인상된 임금이 적용될 수 없습니다. 근로자퇴직급여보장법 제8조제2항의 규정에 의거 사용자는 근로자의 요구가 있는 경우에는 근로자가 퇴직하기 전에 당해 근로자가 계속 근로한 기간에 대한 퇴직금을 미리 정산하여 지급할 수 있으며, 이 경우 미리 정산하여 지급한 후의 퇴직금 산정을 위한 계속근로년수는 정산시점부터 새로이 기산됩니다.

이러한 퇴직금중간정산은 근로자의 요구에 의하여 사용자의 승낙이라는 명시적 의사표시가 있을 때 퇴직금 중간정산의 합의가 성립되며, 그에 따라 사용자는 근로자에게 퇴직금중간정산금을 하였다면 이에 대한 법률효과는 성립되는 것으로 봅니다. 따라서 임금인상률이 퇴직금 중간정산일 이전으로 소급하여 적용되는 경우라 하더라도 임금인상 결정일 이전에 퇴직금 중간정산을 시행한 경우라면 당사자간의 별도 특약(당사자간의 합의)이 없었다면 이미 법률효과가 완성된 퇴직금 중간정산 금액 즉, 평균임금을 다시 산정하여 지급할 의무는 없습니다(임금 68207-523, 2002.07.24.). 하지만 기본급의 소급인상에 따라 영향을 받는 연장·야간·휴일근로 수당 같은 임금항목들은 다시 산정하여 미달부분에 대하여 지급하는 것이 원칙입니다(근기 68207-1887).

Q 퇴직금중간정산시 지급받지 못한 퇴직금의 소멸시효는?

저희 회사는 퇴직금중간정산이 어려워진다면서 2011.12.31. 퇴직금을 중간정산해 줬습니다. 그리고 4년 더 근무하다가 2015.12.31.에 퇴직을 했습니다. 그런데 2011년도에 중간정산한 퇴직금이 계산 착오로 일부 미지급됐다는 사실을 최근 그 회사에 다니고 있는 동료 때문에 뒤늦게 알게 되었습니다. 그래서 그 회사에 미지급분 퇴직금을 청구하려고 합니다. 계산착오로 받지 못한 퇴직금 일부를 받을 수 있을까요?

A 계산착오로 미지급된 퇴직금중간정산차액에 대한 소멸시효기산점은 퇴직일(행정해석)부터 기산한다는 입장과 퇴직금중간정산일(판례)부터 기산한다는 입장으로 나뉩니다.

① 행정해석의 입장 : 퇴직금은 그 성격상 근로관계 종료에 따라 발생되고, 중간정산은 퇴직금의 일부를 당사자의 합의로 퇴직 전에 미리 지급 받을 수 있는 경우

에 지나지 않으므로 비록 유효하게 중간정산이 이루어졌다 하더라도 중간 정산시 계산착오 등으로 지급 받지 못한 퇴직금의 일부에 대한 소멸시효는 퇴직일(2015.12.31.)로부터 기산하여야 합니다(임금 68207-560, 2003.07.16.).

② **판례(대법 2003다54322) 입장** : 일부 임금을 평균임금의 산정기초가 되는 임금총액에서 배제한 채 중간퇴직금을 정산하여 지급함에 따라 일정 차액을 지급하지 아니한 경우 그 퇴직금 중간정산일부터 임금채권의 소멸시효 기간인 3년이 경과하였다면 미지급한 퇴직금중간정산액의 차액의 시효는 소멸하였다고 판시하고 있습니다.

③ **결론** : 근로관계가 계속되었다는 사유만으로 미지급 중간퇴직금 채권을 행사할 수 없었다고 보기는 어렵다고 본 판례의 입장은 사용종속관계에 있는 근로관계의 현실을 도외시한 것이라는 점, 일반 근로자가 각종수당이 평균임금에 포함되는 임금인지 여부를 정확히 선별하여 잘못 계산된 퇴직금을 찾아내는 것은 쉽지 않은 점을 감안하면, 퇴직금정간정산일(2011.12.31.)을 퇴직금채권의 소멸시효(3년) 기산점으로 보는 것은 비현실적이며 부당하므로 퇴직일(2015.12.31.)을 소멸시효의 기산점으로 보는 것이 합당하다 판단됩니다.

Q 퇴직금을 높이려고 퇴직 3개월 전에 연장근로와 특근을 집중적으로 하였다면?

저는 조그만 중소기업에서 총무팀장을 맡고 있는데요, 甲이라는 근로자가 갑자기 연장근로와 특근을 자처해서 3개월 동안 계속 하더니만 사직서를 제출하더라구요. 그러니까 평균임금을 높이기 위해서 고의로 연장과 특근을 자처해서 한 것이더군요. 차이가 별로 나지 않으면 그냥 퇴직금을 지급할 텐데 그 액수가 너무 차이가 커서요. 이런 경우에는 어떻게 처리해야 하나요?

A 고의적인 평균임금조작행위가 있었던 기간을 뺀 직전의 3개월간의 임금으로 평균임금을 산정하면 됩니다.

위 사례처럼 계획적으로 평균임금을 올리려는 경우에는 의도적으로 평균임금을 높이려는 임금조작행위가 있었던 기간을 제외하고 그 직전 3개월간의 임금으로 평균임금을 산정하면 됩니다.

이와 비슷한 경우로 대법원까지 간 사례가 있는데, 택시기사가 퇴직을 예상하고 개인 돈을 사납금으로 보충하여 평균임금을 높인 경우였습니다. 이런 경우 대법원은 의도적인 임금조작행위에 해당하는 금액을 계산하여 제하는 것은 현실적으로 어려우므로, 의도적인 행위가 예상되는 기간을 제외한 직전 3개월 동안의 임금으로 평균임금을 산정하는 것이 바람직할 것이라고 판시하고 있습니다(대법 94다8613).

연말정산환급금(근로소득세환급금)

1. 연말정산환급금의 개념 및 법적 근거

연말정산환급금이란 소득세법 제137조에 따른 근로소득세액의 연말정산에 의한 환급금은 당해연도에 이미 원천징수하여 납부한 소득세가 당해 종합소득산출세액에서 소득세법 제134조제4항 각 호의 세액공제를 한 금액을 초과하는 때에 그 초과액을 당해 근로소득자에게 소득세법 시행령이 정하는 바에 따라 환급하는 금원을 말합니다.

2. 연말정산환급금의 법적 성격 및 청산의무, 지연이자문제

연말정산환급금(근로소득세환급금)은 근로기준법 제36조상의 '그 밖에 일체의 금품'에 해당하므로, 퇴사일로부터 14일 이내에 지급하여야 함은 물론 14일 이후부터는 연 20%의 지연이자도 지급해야 합니다.

3. 퇴사일로부터 14일 이내 미지급시 형사처벌되는지 여부

근로기준법 제36조는 퇴사일로부터 14일 이내에 임금, 보상금, '그 밖에 일체의 금품'을 지급하도록 강제하고 있고, 이를 위반할 경우 3년 이하의 징역 또는 2천만 원 이하의 벌금형에 처해질 수 있다고 규정(동법 제109조제1항)하고 있습니다.

Q 연말정산환급금도 퇴사일로부터 14일 이내에 지급해야 하나요?

제가 회사에서 퇴사하고 1개월이 지났는데도 아직 연말정산환급금을 지급하지 않고 있습니다. 사업주에게는 근로자가 퇴사하면 14일 이내에 금품을 청산해야 하는 의무가 있다고 들었는데요, 연말정산환급금도 금품에 해당하는지요? 그리고 사업주가 계속해서 지급하지 않으면 노동부에 진정할 수도 있는지요?

A 연말정산환급금은 '임금, 보상금, 그밖에 일체의 금품'에 해당하고, 따라서 사업주는 퇴사일로부터 14일이내에 지급하여야 합니다.

① **쟁점** : 이 사안은 연말정산환급금이 근로기준법 제36조의 '임금,보상금,그밖에 일체의 금품'에 해당하는지, 퇴사일로부터 14일이내에 지급하지 않으면 진정 또는 고소할 수 있는지가 쟁점입니다.

② **법적 근거** : 근로기준법 제36조는 사용자는 근로자가 사망 또는 퇴직한 경우에는 그 지급사유가 발생한 때로부터 14일 이내에 임금, 보상금, 그밖에 일체의 금품을 지급하여야 한다라고 규정하고 있습니다.

③ **관련 대법원 판례** : 퇴직 근로자의 당해 연도 연말정산환급금을 당사자 사이에 지급기일 연장에 관한 합의 없이 지급사유가 발생한 날로부터 14일 이내에 지급하지 아니한 사용자의 행위는 근로기준법 제109조제1항, 제36조 위반죄에 해당한다고 본 대법원 판례(대법 2011도3015)가 있습니다.

또한 연말정산환급금은 근로기준법 제36조 소정의 근로자가 사망 또는 퇴직한 경우에 사용자가 그 지급 사유가 발생한 때부터 14일 이내에 지급하여야 할 임금, 보상금, 그 밖에 일체의 금품에 해당한다는 판례(대법 2009도2357)가 있습니다.

④ **연말정산환급금의 '임금, 보상금, 그밖에 일체의 금품'에 해당여부** : 연말정산환급금은 위 판례논리에 의하면 근로기준법 제36조상의 '임금, 보상금, 그밖에 일체

의 금품'에 해당합니다.

⑤ **퇴사일로부터 14일이내에 미지급시 형사처벌여부** : 사업주는 근로자가 퇴사한 날로부터 14일 이내에 연말정산환급금을 지급하지 않으면 근로기준법 제36조에 의해 3년이하의 징역 또는 2천만원이하의 벌금의 형사처벌을 받을 수 있습니다.

Q 근로소득세환급금을 돌려받지 못했다면 퇴직하면서 청구할 수 있나요?

제가 회사에 근무할 때 회사에서는 연초에 근로소득세 환급금을 돌려주지 않았습니다. 그 때는 근무를 하고 있으니까 말을 할 수도 없었을 뿐만 아니라 원래 환급금을 돌려주지 않는 것으로 알고 있었습니다. 그런데 얼마 전에 친구한테서 근로소득세 환급금을 돌려받을 수 있다는 얘기를 들었어요. 정말인가요?

A 근로소득세환급금을 청구할 수 있습니다.

퇴직일 현재 근로소득세를 환급받을 권리가 확정된 근로자는 사용자에 대하여 근로소득세 환급금을 청구할 수 있습니다.

근로소득세 환급금은 소득세법이 정한 바에 따라 원천징수의무자인 사업주가 세금을 징수 납부한 뒤 정산결과에 따라 돌려주는 금품으로 근로의 대상인 임금과는 구별되지만 사용자가 근로자에게 돌려줘야 할 의무가 있는 금품입니다.

근로소득세 환급금은 사업주와 근로자 사이에 형성된 고용근로관계에서 비롯된 것으로서 근로기준법 제36조의 규정에 의한 사용자가 근로자에게 지급해야 할 의무가 있는 기타금품에 해당하므로 이를 청구할 수 있고, 사용자는 퇴직일로부터 14일 이내에 이를 지급해야 합니다.

Q [연말정산환급금 미지급시 형사처벌되는지 여부]
연말정산환급금을 퇴사일로부터 14일 이내에 지급하지 않으면 정말로 형사처벌되나요?

A 연말정산환급금을 퇴사일로부터 14일이내에 지급하지 않으면 근로기준법 제36조에 의해 형사처벌됩니다.

① **형사처벌된 실제사례** : 2006년 2월부터 7월까지 근무하다 퇴직한 근로자 A씨에게 2006년도 연말정산환급금 99만9천여원을 퇴직일로부터 14일 이내에 지급하지 않은 혐의로 기소된 법인 대표 B씨에게 1심은 "원천징수 세제에 대한 환급청구권은 원천납세의무자가 아닌 원천징수의무자에게 귀속된다"며 무죄를 선고했지만, 2심은 "근로기준법상 근로계약 종료시 사용자는 근로자에게 모든 금품을 일정한 기간 내 청산해야 할 것을 강제하고 있다"며 벌금 30만원의 형을 선고유예하는 판결을 내렸습니다.

② **결론** : 근로기준법 제36조에 의하면 14일이 경과한 이후에는 설사 임금 등을 지급했다하더라도 이미 동법을 위반한 것이 되어 형사처벌될 수 있음을 유의해야 합니다.

Q [연말정산환급금이 체당금산정에도 포함되는지 여부]
노동부에 진정하여 퇴직금과 함께 연말정산환급금도 체불임금으로 확정된 경우 연말정산환급금을 체당금 산정에도 포함시킬 수 있나요?

A 연말정산환급금은 임금이 아니라 '기타 금품'에 해당하므로 체당금 산정에는 포함되지 않습니다.

① **쟁점** : 이 사안은 노동부에서 연말정산환급금을 체불임금으로 확정했다면 체당금 산정에도 포함해야 하는지가 쟁점입니다.

② **관련 행정해석** : 고용노동부는 근로자 보호 차원에서 사용자가 퇴직한 근로자에게 기 발생한 연말정산환급금을 지급하지 아니할 경우에 근로기준법 제36조를 적용하고 있으나, 이때 연말정산환급금은 근로의 대가인 임금이 아니라 기타 금품에 해당한다고 할 수 있으므로 연말정산환급금은 체당금 산정에 포함될 수 없습니다(근로기준과-4450, 2005.08.26.).

③ **결론** : 체당금은 최종 3개월분의 임금(휴업수당)과 3년분의 퇴직금만으로 그

범위를 한정하고 있을 뿐만 아니라 연령대별로 상한액을 정하고 있으므로, 연말정산환급금을 체당금 산정에 포함하는 것은 법해석의 관점에서도 불가하다고 판단됩니다.

CEO · 인사 담당자를 위한 업무처리의 지침서

노동법 실무 사례집

제 8 장

고용보험·건강보험·국민연금 에 관한 실무사례

고용보험에 관한 실무사례

1. 실업급여

고용보험은 1인 이상의 근로자를 사용하는 사업주는 의무적으로 가입하여야 합니다. 사업주가 납부해야 하는 고용보험료는 근로자들의 임금총액의 0.9% 정도입니다. 근로자가 납부하는 고용보험료는 0.65%입니다.

일반인들이 흔히 '실업급여'라고 알고 있는 것에는 크게 구직급여와 취업촉진수당, 연장급여, 상병급여로 구분됩니다. 취업촉진수당은 다시 조기재취업수당, 직업능력개발수당, 광역구직활동비, 이주비로 구분되고, 연장급여는 훈련연장급여, 개별연장급여, 특별연장급여로 구분됩니다.

가. 구직급여

구직급여는 고용보험 적용사업장에서 실직전 18개월 중 피보험단위기간이 통산하여 180일 이상 근무하여야 하고, 근로의 의사 및 능력이 있음에도 비자발적으로 이직했어야 하며, 적극적인 재취업활동(재취업활동을 하지 않는 경우 미지급)에도 불구하고 취업하지 못한 상태이어야 하며, 수급자격 제한사유(자발적 이직, 중대한 귀책사유로 해고된 경우)에 해당하지 않아야 합니다. 참고로 퇴직금·퇴직위로금 등으로 1억원 이상을 지급받거나 지급받을 것이 확실시 되는 자는 실업신고일로부터 3개월간 실업급여의 지급이 유예됨을 유의하시기 바랍니다.

일용근로자의 구직급여는 수급자격신청일 이전 1월간의 근로일 수가 10일 미만이어야 하고, 최종 이직일 이전 기준기간내의 피보험단위기간 180일 중 법 제58조의 수급자격의 제한사유에 해당하는 사유로 이직한 사실이 있는 경우에는 당해 피보험 단위기간 중 90일 이상을 일용근로자로 근로하여야 합니다.

나. 취업촉진수당

취업촉진수당 중 조기재취업수당은 대기기간이 경과하고 구직급여를 지급받을 수 있는 소정급여일수를 30일 이상 남기고 6개월 이상 계속 고용된 경우 지급되는 수당으로, 고용된 경우뿐만 아니라 자영업을 영위할 경우에도 받을 수 있는데, 자영업의 경우에는 1회 이상 자영업 준비 활동으로 실업인정을 받아야 수당을 받을 수 있습니다.

취업촉진수당 중 직업능력개발수당은 실업기간 중 직업안정기관장이 지시한 직업능력개발훈련을 받는 경우에 지급되는 수당으로, 지급액은 훈련기간중의 교통비 식대 등으로 1일 5,000원이 지급되고, 광역구직활동비는 직업안정기관장의 소개로 거주지에서 50km 이상 떨어진 회사에 구직활동을 하는 경우에, 이주비는 취업 또는 직업안정기관의 장이 지시한 직업능력개발훈련을 받기 위해 그 주거를 이전하는 경우에 지급되는 것으로, 지급액은 공무원 여비규정에 따라 실비가 지급됩니다.

다. 연장급여

연장급여 중 훈련연장급여는 실업급여 수급자로서 연령·경력 등을 고려할 때 재취업을 위해 직업안정기관장의 직업능력개발훈련지시에 의하여 훈련을 수강하는 자에게 지급되는 급여로, 지급액은 실업급여액의 100%로 2년 범위내에서 지급되고, 개별연장급여는 취직이 특히 곤란하고 생활이 어려운 수급자로서 임금수준, 재산상황, 부양가족 여부 등을 고려하여 생계지원 등이 필요한 자에게 지급되는 급여로, 지급액은 실업급여액의 70%로 60일 범위내에서 지급되며, 특별연장급여는 실업급증 등으로 재취업이 특히 어렵다고 인정되는 경우 고용노동부 장관이 일정한 기간을 정하고 동기간 내에 실업급여의 수급이 종료된 자에게 지급되는 급여로, 지급액은 실업급여액의 70%로 60일 범위내에서 지급됩니다.

라. 상병급여

상병급여는 실업신고를 한 이후 질병·부상·출산으로 취업이 불가능하여 실업의 인정을 받지 못한 경우, 7일 이상의 질병·부상으로 취업할 수 없는 경우 이를 입증할 수 있는 증명서를 첨부하여 청구하면 급여를 받을 수 있습니다. 참고로, 출산의 경우는 출산일로부터 45일간 지급됩니다.

Q '일용직'도 고용보험이 적용되어 실업급여를 받을 수 있나요?

저는 회사에서 일용직으로 일을 하다가 얼마 전에 퇴사를 했는데요, 저도 실업급여를 받을 수 있나요?

A 실업급여 수급요건을 갖췄다면 실업급여를 받을 수 있습니다.

일용직근로자는 예전에는 고용보험 적용제외근로자에 해당되어 고용보험의 사각지대에 있었으나, 2004.1.1부터 고용보험 적용대상 근로자에 포함됨으로써 상용근로자와 동일하게 실직한 경우에는 생활에 필요한 구직급여와 취업촉진수당 지급 등 실업급여의 수혜범위에 포함되었습니다.

하지만 실업급여는 실직전 18개월 중 180일 이상 고용보험에 가입한 근로자가 회사의 도산, 경영상 해고, 권고사직을 당하거나 기타 부득이한 사유로 이직한 경우에만 받을 수 있습니다. 그리고 실업급여는 이직한 다음 날로부터 12개월이 지나면 지급되지 않으므로 이직시에는 빨리 거주지 관할 고용센터에 가서 수급자격인정신청과 구직등록을 하여야 합니다.

Q '구직급여'는 어떻게 계산되는 것인지요?

저는 현재 30세로 2009년 7월 1일에 A회사(고용보험 가입)에 입사하여 200만 원의 월급을 받으면서 근무하다가 2016년 2월 1일자로 이직한 경우 구직급여는 얼마나 받을 수 있나요?

A '평균임금의 50%×소정급여일수'로 구한 금액을 2주마다 14일분씩 지급합니다.

〈가입기간별·연령별 지급일수〉

피보험기간 / 연령	1년 미만	1~3년	3~5년	5~10년	10년 이상
30세 미만	90일	90일	120일	150일	180일
30세~50세	90일	120일	150일	180일	210일
50세 이상 및 장애인	90일	150일	180일	210일	240일

※ 장애인은 수급자격 신청일 당시 '장애인고용촉진및직업재활법'에 따른 장애인으로 등록되어야 함.

연령은 30세이고 고용보험 가입기간은 6년 7개월이므로, 위 표에 의하면 소정지급일수는 180일입니다.

평균임금은 65,217원(6,000,000원/92)이므로, 구직급여일액은 평균임금의 50%인 32,608원입니다.

1일 구직급여 상한액은 2018년 1월 이후는 1일 60,000원(2017년 4월 이후는 50,000원, 2017년 1월~3월은 46,584원, 2016년은 43,416원, 2015년은 43,000원이고, 하한액은 '퇴직당시 최저임금법상 시간급 최저임금액의 90%×1일 소정근로시간(8시간)'입니다. 하한액은 최저임금법상 시간급 최저임금이 매년 바뀌므로 매년 바뀝니다. 2018년 1월 이후는 54,216원, 2017년 4월 이후는 하한액 46,584원, 2017년 1월~3월은 상·하한액 동일 46,584원, 2016년은 상·하한액 동일 43,416원입니다.

위 금액이 일시금으로 지급되는 것이 아니고 2주일에 한번씩 실업인정신청에 의하여 인정된 실업일수 14일분에 대하여 지급합니다. 예외적으로 근로자가 퇴직을 할 때 1억원 이상의 퇴직금을 받은 경우 실업신고일로부터 3개월이 유예되고 그 이후에 구직급여를 신청할 수 있습니다.

Q **'연장급여'가 뭐예요?**

구직급여를 해당 소정일수보다 연장하여 더 받을 수 있다던데, 뭐 연장급여라고 하던가? 아무튼 그런게 있다던데, 그게 뭔가요? 그리고 가능하면 어떻게 계산하는 것인지 설명 좀 해주세요!

A **연장급여에는 '특별연장급여'와 '개별연장급여'가 있습니다.**

연장급여에는 특별연장급여와 개별연장급여가 있는데, 특별연장급여는 고용사정이 극히 악화된 경우 노동부장관이 지정한 기간내에서 구직급여일액의 70%를 60일 연장하여 지급하는 급여입니다.

개별연장급여는 ㈎ 직업안정기관이 3회 이상 직업을 소개하였지만 취직되지 못하였을 것, ㈏ 부양가족 중 18세 미만이나 65세 이상인 자, 장애인 또는 1월 이상 치료를 요하는 환자가 있을 것, ㈐ 급여기초일액이 6만3천원 이하이며 본인 및 배우자의 재산이 노동부장관이 고시하는 기준 이하인 경우 등 취직이 극히 곤란하고 생계지원이 필요한 수급자로서 본인이 신청하여 연장결정된 경우 구직급여의 70%를 60일까지 연장하여 지급하는 급여입니다.

예를 들어, 구직급여를 받고 있던 소정급여일수에 고용센터에서 소개하는 직업소개에 5차례나 응하였지만 취직이 되지 않았고 위의 요건을 갖추고 있는 경우(구직급여일액 43,416원, 구직급여를 받을 수 있는 소정급여일수가 11월 30일까지임, 취직은 다음 해 1월 1일에 됨) 개별연장급여를 계산해 보면, 30,391원(구직급여일액 43,416원의 70%)×31일(12.1.~12.31.)=942,121원인데, 이 금액을 개별연장급여로 더 받을 수 있는 것입니다.

Q 조기재취업수당은 얼마나 받을 수 있나요?

저는 구직급여를 받고 있었는데요, 소정급여일수를 68일 남겨 놓고 다시 취직이 되었습니다. 제가 지급받고 있는 구직급여일액은 43,416원인데요, 제가 받을 수 있는 조기재취업수당은 얼마인가요?

A '구직급여일액×미지급일수의 1/2'로 계산하면 됩니다.

조기재취업수당은 구직급여를 받을 수 있는 소정급여일수가 아직 남아 있는 상황에서 6개월 이상 계속 근무할 것이 예상되는 직장에 재취직하거나 6개월 이상 영리를 목적으로 사업을 영위할 것이 확실한 경우 남은 급여일수의 1/2을 지급하는 것입니다. 위의 예에 따라 조기재취업수당을 계산해 보면, 43,416원×34일(남아 있는 소정급여일수 68일의 1/2)=1,476,144원입니다.

Q 부당해고를 당하여 그 기간동안 실업급여를 수급했는데, 원직복직되면 그 실업급여를 반환해야 한다던데, 맞나요?

저는 해고를 당하고 실업급여를 신청해서 실업급여를 받아왔습니다. 그러면서 노동위원회에 부당해고 구제신청을 진행하여 부당해고판정을 받아 임금상당액과 원직복직명령을 받아냈습니다. 그런데 이런 경우 기존에 받은 실업급여를 반환해야 한다는데 정말인가요?

A 임금상당액을 받고 해고를 다투던 기간이 근속기간에 포함되었다면 반환해야 합니다.

노동위원회의 구제명령에 따라 원직복직 된 경우 원칙적으로 고용관계가 소급하여 회복된 것으로 보아 기지급한 실업급여를 반환하고 부당해고기간은 피보험기간에 산입하여야 합니다. 원직복직 명령에도 불구하고 당사자가 합의하여 부당해고 기간에 대한 임금상당액을 지급받고 원직복직하지 않았다 하더라도 동 기간에 대한 퇴직금 정산 등 근속기간이 인정되었다면 실업급여를 반환하고 동 기간은 피보험기간에 산입하여야 할 것입니다(실업 68430-335, 2001.03.29.).

노동위원회의 부당해고 구제명령에 따른 실업급여 반환여부는 원직복직 여부에 따라 결정되는 것으로 노동위원회의 부당해고 구제명령에도 불구하고 당사자가 합의하여 종전의 고용관계를 단절하고 임금상당액의 수령없이 재입사한 경우 원직복직이라 볼 수 없으므로 실업급여를 반환할 필요는 없으나, 재입사의 형태를 취했다 하더라도 근속기간의 인정, 퇴직금의 정산방법 등을 파악하여 고용관계가 소급하여 회복되었다면 사실상 원직복직으로 실업급여를 반환 받아야 합니다. 즉, 실업급여의 반환여부는 원직복직명령만을 가지고 판단하는 것이 아니라 사실상의 원직복직 여부에 따라 결정되는 것입니다.

2. 실업급여 수급사유 및 상실사유 코드

실업급여는 비자발적 이직자에게만 수급자격을 인정하지만 자발적 이직자의 경우에도 사업주측의 사정으로 더 이상 근로하는 것이 곤란하여 이직한 경우에는 수급자격을 부여하고 있습니다.

※ 실업급여 수급자격이 제한되지 아니하는 정당한 이직사유(시행규칙 제101조 별표 2)

1. 다음 각 목의 어느 하나에 해당하는 사유가 이직일 전 1년 이내에 2개월 이상 발생한 경우
   가. 실제 근로조건이 채용 시 제시된 근로조건이나 채용 후 일반적으로 적용받던 근로조건보다 낮아지게 된 경우
   나. 임금체불이 있는 경우
   다. 소정근로에 대하여 지급받은 임금이 「최저임금법」에 따른 최저임금에 미달하게 된 경우

라. 근로기준법 제53조에 따른 연장 근로의 제한을 위반한 경우

마. 사업장의 휴업으로 휴업 전 평균임금의 70퍼센트 미만을 지급받은 경우

2. 사업장에서 종교, 성별, 신체장애, 노조활동 등을 이유로 불합리한 차별대우를 받은 경우

3. 사업장에서 본인의 의사에 반하여 성희롱, 성폭력, 그 밖의 성적인 괴롭힘을 당한 경우

4. 사업장의 도산·폐업이 확실하거나 대량의 감원이 예정되어 있는 경우

5. 다음 각 목의 어느 하나에 해당하는 사정으로 사업주로부터 퇴직을 권고받거나, 인원 감축이 불가피하여 고용조정계획에 따라 실시하는 퇴직 희망자의 모집으로 이직하는 경우

가. 사업의 양도·인수·합병

나. 일부 사업의 폐지나 업종전환

다. 직제개편에 따른 조직의 폐지·축소

라. 신기술의 도입, 기술혁신 등에 따른 작업형태의 변경

마. 경영의 악화, 인사 적체, 그 밖에 이에 준하는 사유가 발생한 경우

6. 다음 각 목의 어느 하나에 해당하는 사유로 통근이 곤란(통근시 이용할 수 있는 통상의 교통수단으로는 사업장으로의 왕복에 드는 시간이 3시간 이상인 경우를 말한다)하게 된 경우

가. 사업장의 이전

나. 지역을 달리하는 사업장으로의 전근

다. 배우자나 부양하여야 할 친족과의 동거를 위한 거소 이전

라. 그 밖에 피할 수 없는 사유로 통근이 곤란한 경우

7. 부모나 동거 친족의 질병·부상 등으로 30일 이상 본인이 간호해야 하는 기간에 기업의 사정상 휴가나 휴직이 허용되지 않아 이직할 경우

8. 「산업안전보건법」 제2조제7호에 따른 "중대재해"가 발생한 사업장으로서 그 재해와 관련된 고용노동부장관의 안전보건상의 시정명령을 받고도 시정기간까지 시정하지 아니하여 같은 재해 위험에 노출된 경우

9. 체력의 부족, 심신장애, 질병, 부상, 시력·청력·촉각의 감퇴 등으로 피보험자에

게 주어진 업무를 수행하게 하는 것이 곤란하고, 기업의 사정상 업무종류의 전환이나 휴직이 허용되지 않아 이직한 것이 의사의 소견서, 사업주 의견 등에 근거하여 객관적으로 인정되는 경우

10. 임신, 출산, 만 6세 이하의 초등학교 취학 전 자녀(2008.1.1이후 출생한 자만 해당)의 육아, 「병역법」에 따른 의무복무 등으로 업무를 계속적으로 수행하기 어려운 경우로서 사업주가 휴가나 휴직을 허용하지 않아 이직한 경우
11. 사업주의 사업 내용이 법령의 제정·개정으로 위법하게 되거나 취업 당시와는 달리 법령에서 금지하는 재화 또는 용역을 제조하거나 판매하게 된 경우
12. 정년의 도래나 계약기간의 만료로 회사를 계속 다닐 수 없게된 경우
13. 그 밖에 피보험자와 사업장 등의 사정에 비추어 그러한 여건에서는 통상의 다른 근로자도 이직했을 것이라는 사실이 객관적으로 인정되는 경우

※ 통근상 사유 등의 경우 일반적으로 사유 발생일부터 3~4개월 이내에 퇴사하여야 합니다.

〈상실사유 코드〉

대분류	중분류	사유
자진 퇴사	11. 개인 사정으로 인한 자진 퇴사	① 다른 직장으로 옮기기 위해 이직한 경우 ◦ 임금이 낮거나 장래성이 없어서, 적성/기능/지식 등이 맞지 않는 등 개인적인 사유로 다른 직장으로 옮기기 위해 이직한 경우 ◦ 단, 신기술/신기계 등이 도입되어 본인의 적성/기능/지식 등으로는 적응이 어려워 이직하는 경우는 [12]로 기재하고, 이직 전 3월간 임금이 최저임금보다 낮거나 이직 전 3월간 주당 평균근로시간이 52시간(법정근로시간이 44시간인 사업장은 56시간) 이상인 달이 계속되어 이직하는 경우는 [23]로 기재 ② 본인이나 가족사업 등을 하기 위하여 이직한 경우 ◦ 자기사업이나 가족사업 등을 하기 위하여 이직한 경우 ③ 결혼/출산/육아를 이유로 이직한 경우 ◦ 단, 결혼, 임신, 출산 등의 경우에 퇴직이 관행인 사업장에서 그 관행에 의해 이직하는 경우는 [23]로 기재 ④ 가족(배우자 또는 부양해야 할 친족)과의 동거를 위하여 주소이전

	⑤ 노약자 간호를 위하여 ⑥ 자녀교육을 위하여 ⑦ 사업장의 출퇴근이 곤란하여 ◦ 단, 회사의 원거리 발령으로 통근이 곤란하여 이직하는 경우에는 [12]로 기재 ⑧ 질병/부상으로 업무수행이 곤란하여 이직한 경우 ◦ 본인의 질병/부상으로 인해 부여된 업무를 수행하는 것이 곤란하게 되어 이직하는 경우 ◦ 동거인, 친족 등의 부상/질병으로 이의 간호를 위해 이직하는 경우 ⑨ 체력/시력/청력의 쇠퇴로 업무수행이 곤란하여 이직한 경우 ◦ 본인이 외형적인 질병/부상까지는 아니나 주관적으로 체력의 부족, 시력/청력/촉각의 감퇴 등 본인의 건강이 쇠퇴하여 업무수행이 어렵다고 생각되어 이직하는 경우 ⑩ 고연령으로 업무수행이 곤란하여 이직한 경우 ◦ 고연령 등으로 업무수행이 곤란하다고 판단되어 사직하는 경우 ⑪ 본인의 업무상 과실 또는 능력 부족 ◦ 본인의 업무상 과실이나 업무수행능력 부족으로 인하여 스스로 사직하는 경우 ◦ 본인의 과실에 의한 당연퇴직 사유 발생(음주운전 등 도로교통법 위반으로 면허가 취소된 택시운전기사 등 본인이 업무관련 법령을 위반하여 당해 업무를 할 수 없어 이직하는 경우) ◦ 단, 타당성 없는 보직변경 등으로 업무에 부적응하여 이직하는 경우에는 [12]로 기재 ⑫ 학업 또는 시험대비를 위하여 ◦ 본인의 계속적인 학업을 위하여 이직하는 경우 ◦ 자격시험준비 등 시험대비 등을 위하여 이직하는 경우 ⑬ 병역의무를 이행하기 위해서 이직(※수급자격 있음) ⑭ 본인의 사망 ◦ 본인의 사망으로 피보험자격을 상실하는 경우 ⑮ 본인이 쉬고 싶어서 ◦ 본인이 쉬고 싶어서 이직하는 경우 ◦ 위에 해당하지 않는 개인사정(직접 구체적으로 입력) ◦ 기타 개인사정으로 이직하는 경우
12. 사업장 이전, 근로조건 변동,	① 계속되는 휴업/휴직으로 ◦ 회사사정으로 인한 휴업·휴직이 계속되어 이직하는 경우

	임금체불 등으로 자진 퇴사	② 임금 등의 체불 또는 지연지급이 계속되어 ◦ 임금·상여금이 일정기간 체불되었거나 지연지급 등이 계속되어 이직하는 경우 ③ 사업장의 이전으로 출/퇴근이 곤란해서 ◦ 사업장이 다른 곳으로 이전되어 출퇴근이 곤란하여 이직하는 경우 ④ 통근이 불가능한 지역으로 전근되어 ◦ 사업장 이전은 없으나 사업주로부터 통근이 불가능한 지역으로 전근명령을 받아 이직하는 경우 ⑤ 타당성 없는 보직변경으로 ◦ 사업주로부터 사회통념상 타당성이 없는 보직변경을 받아 업무에 적응하지 못하여 이직하는 경우 ⑥ 임금/근로조건이 현저히 낮아져서 ◦ 채용시 사업주가 제시한 임금/근로조건 등이 현저히 낮아지게 되어 이직하는 경우
회사 사정에 의한 이직	22. 폐업·도산(예정 포함), 공사중단	① 사업장의 도산/폐업이 확정/실현되어서 ◦ 사업장의 도산/폐업이 확정되거나 실현됨으로써 이직한 경우 ◦ 사업장이 파산/청산절차개시의 신청등 법률상 도산절차가 이루어짐으로써 이직하는 경우 ◦ 부도어음이 발생하여 금융기관과의 거래가 정지되는등 도산이 거의 확실시되어 이직하는 경우 등 ② 천재지변 등으로 사업 불가능 ◦ 천재/기타 부득이한 사유 등으로 사업의 계속이 불가능하게 된 경우(예를 들면 사업소가 전소된 경우) ③ 사업이 중단되고 재개될 전망이 없어서 ◦ 사실상 당해 사업장과 관련된 사업 활동 또는 공사가 정지/중단되어 재개될 전망이 없어 이직하는 경우
	23. 경영상 필요 및 회사 불황으로 인원감축 등에 의한 퇴사(해고/권고사직/명예퇴직 포함)	① 경영상 필요에 의한 인원 감축 ◦ 기업 구조조정 및 경영악화방지 등 경영상 필요에 의한 인원정리를 위하여 해고기준을 설정하여 행한 해고 ② 사업의 양도/양수/합병으로 ◦ 사업의 양도/양수/합병과정에서 본인 의사와 관계없이 고용승계가 배제되어 이직하는 경우 ③ 인원감축을 위한 희망퇴직에 응해서 ◦ 고용조정계획 등 경영상 필요에 의한 인원감축을 위하여 사업주 권유에 의한 희망(명예)퇴직에 따라 이직하는 경우(경영상 필요에 의한 인원정리를 위하여 희망퇴직자를

		모집한 경우) ◦ 기업경영상 필요에 의하여 법정금품 외 퇴직위로금등 금품을 받고 권유에 의해 이직하는 경우 포함 ④ 사업/부서가 폐지되고 신설된 법인으로 전직 ◦ 사업/부서가 폐지되고 별도법인이 설립되어 사업이 양도됨으로써 부득이하게 신설된 법인으로 전직하는 경우 (아웃소싱 포함) ⑤ 회사의 업종전환에 적응하지 못해서 ◦ 회사의 업종전환 과정에 적응하지 못하거나 사업주의 권유에 의하여 이직하는 경우 ⑥ 회사의 주문량/작업량 감소로 ◦ 회사의 주문량/작업량 감소로 인하여 이직하는 경우 ⑦ 대량감원이 예상되어 스스로 사직 ◦ 대량의 감원이 예상되어 스스로 이직하는 경우 ⑧ 결혼/군입대 등의 경우 퇴직하는 관행에 따라 이직(권고사직 포함) ◦ 결혼, 임신, 출산, 군입대 등의 경우에 퇴직이 관행이 된 사업장에서 이직하는 경우 ⑨ 이직 전 3월 이상 임금이 낮거나 근로시간 과다 ◦ 이직 전 3월간 임금이 최저임금보다 낮거나 이직전 3월간 주당 평균근로시간이 52시간(법정근로시간이 44시간인 경우에는 56시간) 이상인 달이 계속되어 이직하는 경우 ⑩ 관례적/일상적인 명예퇴직 ◦ 구체적 인원감축계획, 향후 인사상 불이익조치 예정, 인원감축의 불가피성에 대한 공고 조치 없이 단체협약·취업규칙 등에 정해진 요건·절차·기준에 따라 행하는 명예퇴직
	26. 근로자의 귀책사유에 의한 징계해고 및 권고사직	① 징계해고로 인한 이직 ◦ 취업규칙/단체협약 등으로 정한 징계해고 사유에 해당되어 징계해고 절차를 거쳐 해고된 경우 ② 징계해고에 해당하나 사업주가 권유해서 ◦ 취업규칙/단체협약 등으로 정한 징계해고 사유에 해당하나 징계해고의 절차를 거치지 아니하고 사업주 권유의 형식을 취하거나 스스로 사직하는 경우 ③ 근로자의 귀책사유가 징계해고 정도에는 해당되지 않지만(업무능력 미달 사유 등 포함) 사업주가 권유하여 사직한 경우
정년 등 기간	31. 정년	① 정년 ◦ 취업규칙/단체협약 등에 의한 정년에 해당되어 퇴직한 경우

만료에 의한 이직	32. 계약기간만료, 공사종료	① 근로계약의 기간만료 ◦ 확정기한이 있는 근로계약이 기간만료에 의하여 종료된 경우(공사기한이 예정보다 단축되어 이직하는 경우 포함) ◦ 단, 1월 이상의 계약기간을 정하여 반복갱신하는 경우로써 계약기간의 정함이 없는 것으로 취급할 만한 사정이 있는 경우에는 최후의 이직시 사정을 보아 이직사유를 분류 ※ 계약기간이 1월 미만인 경우에는 일용근로자로 분류 ② 조건부계약의 조건성취 ◦ 조건부계약이 조건의 성취에 의하여 종료된 경우 ※ 예시) 'A사의 경비용역시 까지'를 근로기간으로 경비용역업체에 고용된 경우 'A'사와의 경비용역관계 해지로 이직하는 경우 ③ 공사계약의 기간만료 ◦ 확정기한이 있는 공사계약이 기간만료에 의하여 종료된 경우(공사기한이 예정보다 단축되어 이직하는 경우 포함) ◦ 조건부 계약 중 "공사종료시까지"라고 하는 것 같은 불확정기한으로 된 근로계약이 공사종료에 의하여 종료된 경우
기타	41. 고용보험 비적용, 이중고용	① 고용보험 적용제외 근로자로 되어 상실 ◦ 고용보험법 제10조에 해당되어 자격이 상실되는 자의 경우 ※ 예시) 월 소정근로시간 60시간(주당 15시간)미만 근로자 등 ◦ 근로기준법상 근로자가 아니게 되어 자격이 상실되는 자의 경우 ※ 예시) 근로자로 고용되어 근로하다 법인의 임원 또는 대표이사로 취임하는 경우 ② 사업장의 보험관계 해지 ◦ 임의가입 승인(의제가입 포함)을 받아 임의적용사업에 고용되어 있던 피보험자에 대하여 보험관계의 해지승인을 받은 경우 ③ 임의가입자의 가입탈퇴 승인 ◦ 임의가입 승인을 받아 (당연)적용사업에 가입되어 있던 피보험자에 대하여 고용보험 가입탈퇴 승인을 받은 경우 ※ 예시)별정직/임기제 공무원 및 임의적용 승인된 외국인 근로자가 이직하지 아니하고 재직 중 가입탈퇴 신청을 하는 경우 ④ 다른 사업장에서 피보험자격 취득 ◦ 보수가 높은 등 이중고용시 취득 우선순위가 높은 다른 사업장에 피보험자격을 취득한 경우

Q 결혼 후 주거이전이 예상되어 이직하는 경우에도 실업급여를 받을 수 있나요?

저는 한달 후에 결혼을 하게 되어 회사를 그만두려고 합니다. 결혼을 이유로 회사를 그만두는 경우에도 실업급여를 받을 수 있나요?

A 결혼 후 타지역으로의 이사(왕복3시간 이상 소요)때문에 퇴사시에는 받을 수 있습니다.

결혼을 앞둔 상태에서 여러 이유로 주소를 이전하게 됨이 예상되어 이직하는 경우에는 통상 30일 정도의 기간내에 결혼을 하게 되고, 배우자와의 동거를 위해 주소를 이전하게 됨으로써 통상의 교통수단으로 사업장으로의 왕복소요시간이 3시간 이상 소요될 정도로 통근이 곤란하게 되어 이직하였음이 객관적으로 인정되면 실업급여를 지급받을 수 있습니다.

이 때 결혼전에 예식장 사용계약서나 결혼 후에는 주민등록등본 등을 제출하여 확인을 받아야 합니다. 결혼을 이유로 이직하더라도 무조건 실업급여를 받을 수 있는 것이 아니라 위의 요건을 갖춰야 실업급여를 받을 수 있습니다(실업 68430-680, 2000.08.16.).

Q 영업양도 또는 합병에 의하여 근로관계가 이전되는 것을 거부하고 이직하는 경우에도 실업급여를 받을 수 있나요?

저희 회사는 이번에 B회사에 일부 양도를 한다고 합니다. 그런데 B회사의 평판이 별로 좋지 않을 뿐만 아니라 근로조건 또한 열악하여 저는 현재 회사에 남으려고 하는데, 향후 어떻게 될 지는 장담할 수 없습니다. 만약에 현재 회사에 남았다가 정리해고가 되더라도 최소한 실업급여는 받을 수 있는 건지요?

A 영업양도 후 기존의 회사에 남았다가 정리해고 된 경우 실업급여를 받을 수 있습니다.

근로관계의 이전을 거부한 근로자들이 기존의 회사에 남게 될 경우 해고 등 계속 고용이 될 수 없는 상황에서 부득이 사직하게 되었다면 회사 사정에 의하여 이직한 것으로 보아 실업급여의 수급자격이 인정될 수 있습니다. 하지만 계속 고용될 수 있는 상황임에도 사직하였다면 정당한 사유 없는 자기사정에 의한 이직이므로 실업급여의 수급자격이 제한될 것입니다(실업 68430-474, 2000.06.22.).

Q 실업급여 수령기간중 사업자등록자로 되어 있었다면 무조건 실업급여를 반환해야 하나요?

저는 사업자등록증을 가지고 있지만 실제로는 사업을 하지 않고 회사에 취직하여 일을 해왔었습니다. 그러던 중에 회사에서 정리해고 되어 실업급여를 신청하려고 합니다. 그런데 주위 사람들이 만약에 사업자등록증이 있으면서 실업급여를 신청하면 나중에 발각되면 반환해야 한다고 아예 신청하지 말라고 하네요. 저같이 사업자등록증을 가지고 있는 근로자는 실업급여를 받을 수 없는 건가요? 혹시 받았다고 하더라도 추후에 반환해야 하는 건가요?

A 사업자등록증에 따른 사업을 수행하지 않는다는 것을 입증하고 신청하면 됩니다.

고용보험법시행령 제42조 및 동법 시행규칙 제45조에 의하여 구직급여를 지급받고자 하는 자가 수급자격인정신청서 제출시 사업자등록증 유무를 2회에 걸쳐 기재하도록 되어 있음에도 사업자등록증이 있음을 신고하지 않은 것은 허위 기타 부정한 방법으로 실업급여를 받고자한 경우로 부정수급에 해당하여 기존에 수령한 실업급여를 반환하여야 하는 것이 원칙입니다.

하지만 동 수급자격자가 사업자등록증을 명의 대여하였거나 수급자격신청 당시 동 사업자등록증에 따른 사업이 휴업 또는 폐업 등으로 실제 사업을 수행하지 않았음을 객관적으로 입증하면 반환하지 않을 수 있습니다(실업 68430-426, 2000.05.22.).

따라서 사업자등록증이 있음을 미리 신고하고 실질적으로 사업을 수행하지 않았다는 것을 객관적으로 입증하고 실업급여를 신청하면 될 것입니다.

Q 실업급여를 받던 중 월 52시간 시간제강사를 하더라도 계속 실업급여를 받을 수 있나요?

저는 현재 실직상태로 실업급여를 받고 있습니다. 그러던 중에 아는 선배가 학원에 나와서 시간강사를 하라고 해서 월 52시간 정도 시간강사를 하게 되었습니다. 이런 경우에도 취직한 것으로 보아 실업급여가 중단되나요?

A 월 60시간 미만(주15시간 미만)은 취업한 것으로 보지 않아 실업급여를 계속 받을 수 있습니다.

실업급여를 지급받는 동안 취업으로 고용보험취득이 된 상태나 창업을 하는 경우는 실업상태가 아니므로 실업급여 지급이 중지되나, 월 소정근로시간 60시간 미만(주15시간 미만)으로 근로를 제공한 경우는 실업으로 인정하여 실업급여가 지급됩니다. 단, 월 소정시간 60시간 미만(주15시간 미만)으로 정하고 3개월 이상 근로를 제공하여 피보험자격을 취득하였거나 또는 피보험자격을 취득하지 않았음에도 월 723,600원 이상(2016년 최저시급 6,030원×4시간×30일 기준)의 임금을 지급받는 경우는 취업으로 보아 실업급여가 지급되지 않음에 유의하시기 바랍니다.

참고적으로 고용보험법 제47조에 따라 실업인정대상기간 중에 근로를 제공(월 60시간 근로제공 여부 불문)한 경우는 고용센터 실업인정담당자에게 반드시 신고하여야 하며, 동 사실을 신고하지 않는 경우는 부정수급에 따른 불이익을 받을 수 있습니다.

Q 수급자격 불인정 후 다른 이직사유로 다시 수급자격인정신청을 할 수 있나요?

저는 회사의 사직권유에 의하여 사직서를 쓰고 회사를 그만두었습니다. 물론 실업급여는 당연히 받을 것이라고 믿고 있었습니다. 그런데 고용센터에 수급자격인정신청을 하러 갔다가 이직사유가 징계해고로 되어 있어서 실업급여를 받을 수 없다는 사실을 알게 되었습니다. 원래 회사와는 사이가 안 좋아서 저도 그냥 사직서를 쓰고 나왔는데, 회사가 이렇게까지 할 줄은 몰랐습니다. 저는 이미 수급자격불인정 처분을 받았는데, 다시 수급자격인정신청을 할 수 있나요?

A 다른 이직사유를 입증한다면 다시 수급자격을 인정받을 수 있습니다.

원칙적으로 실업급여 수급자격불인정 처분에 대하여 이의가 있는 경우에는 고용보험법 제87조의 규정에 의해 심사청구를 제기할 수는 있겠으나 동일한 사유로 다시 수급자격인정신청을 할 수는 없습니다. 다만, 수급기간이 남아있는 상태에서 실업급여 수급자격 불인정 처분을 받은 자가 종전 수급자격인정신청시와는 다른 사유로 이직하였다고 주장을 하고 그 주장에 타당성이 있다고 인정되는 경우에는 새로이 수급자격인정신청을 받을 수 있습니다.

이렇게 해서 수급자격을 갖춘 경우라도 최초 신청일로 소급하여 수급자격이 발생하는 것은 아님을 알아두어야 합니다(실업 68430-278, 2000.04.01.).

Q 부정수급액을 납부하지 않은 상태에서도 구직급여를 받을 수 있나요?

저는 자세한 내용을 설명하기는 좀 그렇고 아무튼 부정수급으로 적발되어 반환명령을 받았었는데, 돈이 없어서 부정수급금액을 내지 못하고 있다가 새로운 회사에 취직하여 3개월 정도 근무를 했어요. 그런데 그 회사가 문을 닫는 다네요. 하지만 이번에는 실업급여 요건을 갖추게 되었어요. 저같이 부정수급액이 체납되어 있는 상태인데도 새로이 발생된 수급자격에 의하여 실업인정신청을 하여 구직급여를 받을 수 있는지요?

A 부정수급액과는 별도로 구직급여는 받을 수 있습니다.

고용보험법에 의하면 '실업급여를 받을 권리'에 대해서는 압류할 수 없다고 규정하고 있습니다. 이 규정에 의하면 부정수급 반환명령액을 체납하였다하더라도 부정수급반환명령액과 구직급여를 상계하여 처리하거나 부정수급 반환명령액의 납부시까지 지급을 유보하는 등 구직급여의 지급을 제한할 수 없다고 해석할 수 있을 것입니다. 따라서 부정수급액이 체납되어 있더라도 구직급여 수급요건을 갖췄다면 실업인정신청을 하여 구직급여를 받을 수 있습니다. 고용센터는 우선 실업인정을 한 기간에 대하여 구직급여를 지급하여야 하고, 차후에 다른 방법에 의하여 부정수급반환명령액을 징수하여야 할 것입니다(인트라넷, 2000.02.02.).

Q 사업장에 근무하던 근로자가 주간대학교에 입학하여 근무와 학업을 병행하다 사업주의 사직권고로 이직하였을 경우에도 실업급여를 받을 수 있나요?

저는 고등학교를 졸업한 후에 가정형편 때문에 곧바로 취직을 했습니다. 그러다가 대학교에 가고 싶어서 직장을 다니면서 공부를 하여 이번에 대학교에 합격했습니다. 그런데 학교를 다니면서 직장생활을 하다보니 업무처리에 소홀하게 되었고 사장님이 사직을 할 것을 권유하셔서 사직서를 쓰게 되었습니다. 하지만 저는 학비 때문에 계속 일을 해야 하는 상황입니다. 혹시 저는 실업급여를 받을 수 없을까요?

A 예외적으로 실업급여를 받을 수도 있습니다.

실업급여는 실직근로자가 근로의 의사와 능력을 가지고 적극적으로 구직활동을 하는 경우에 지급되는 것으로, 주간학생의 경우에는 대체로 이에 해당한다고 보기가 어려워 실업인정을 받을 수 없다고 보는 것이 원칙입니다. 하지만 피보험자로 이직한 후 학업을 유지하면서도 근로의 의사와 능력을 가지고 적극적인 구직활동을 한다면 예외적으로 수급자격을 인정하고 실업인정을 받아 실업급여를 받을 수도 있습니다(실업 68430-799, 1999.09.07.).

건강보험에 관한 실무사례

건강보험제도는 질병이나 부상으로 인해 발생한 고액의 진료비로 가계에 과도한 부담이 되는 것을 방지하기 위하여 국민들이 평소에 보험료를 내고 보험자인 국민건강보험공단이 이를 관리·운영하다가 필요시 보험급여를 제공함으로써 국민 상호간 위험을 분담하고 필요한 의료서비스를 받을 수 있도록 하는 사회보장제도를 말합니다. 건강보험료는 사용자와 근로자 각각 3.12%씩 부담하고 장기요양보험료는 건강보험료의 7.38%를 부담합니다.

Q 건설현장에서 하도급사도 건강보험 사업장 적용신고를 별도로 해야 하나요?

A 고용보험·산재보험과 달리 건강보험의 경우 하도급사도 별도로 사업장 적용신고를 해야 합니다.

건설현장에서 고용보험과 산재보험은 원도급사가 일괄하여 성립신고를 하면 되지만, 건강보험의 경우에는 하도급사도 사업장 적용신고를 반드시 해야 합니다. 만약 20일 이상 고용하는 일용직 근로자가 없더라도 반드시 적용신고를 해야 함을 유의해야 합니다.

Q 법인사업장은 근로자가 없어도 건강보험 적용신고를 할 수 있나요?

A 개인사업장은 근로자가 있어야 적용신고를 할 수 있지만, 법인은 근로자가 없어도 대표자만 있으면 당연적용대상으로 적용신고를 할 수 있습니다.

개인사업장은 근로자가 있어야만 사업장 적용신고가 가능합니다. 하지만 법인사업장은 개인사업장과 달리 근로자가 없이 대표자만 있는 사업장은 당연적용대상으로 적용신고가 가능합니다. 법인사업장의 적용신고 방법은 '사업장(기관)적용신고서'와 '직장가입자 자격취득 신고서'를 작성하여 가까운 공단 사업장 관할지사로 팩스, 우편, 방문 등을 통해 접수하면 사업장 적용신고가 가능합니다.

Q 법인 대표자의 보수가 지급되지 않을 경우에도 건강보험료를 계속 납부해야 하나요?

A 실제로 보수가 지급되지 않는 날로 상실신고를 하면 건강보험료를 납부하지 않아도 됩니다.

법인의 대표자가 현재 직장가입자로 등록이 되어 있는데, 보수가 지급되지 않는다면 실제로 보수가 지급되지 않는 날로 상실신고를 하면 건강보험료를 납부하지 않아도 됩니다. 상실신고를 하는 방법은 무보수 대표자임을 증명할 수 있도록 정관, 이사회 회의록, '대표자무보수 확인서'를 제출하여야 하는데, '대표자무보수 확인서'에는 보수를 지급하지 않음과 추후 소득이 확인될 경우 직장가입 자격이 소급취득할 것이라는 내용이 반드시 기재되어야 합니다.

법인은 보수를 받는 대표자 한 사람만 있어도 취득신고를 하여야 한다는 점을 유의해야 합니다.

Q **본인부담상한제란 무엇인가요?**

A **본인부담상한제는 과다한 의료비로 인한 가계 부담을 경감시켜 주기 위하여 선택진료비 등 비급여를 제외한 본인부담금이 개인별 소득수준에 따른 상한액을 초과한 경우 초과한 본인부담금을 공단이 부담하는 제도이며, 적용방법에 따라 사전급여와 사후환급이 있습니다.**

Q **건강보험료를 6회 이상 체납한 사람은 예외없이 모두 병·의원에서 본인이 전액을 부담해야 하는 건가요? 아니면 병원을 이용할 수 없는 건가요?**

A **건강보험료 6회 이상 체납자 중 연소득 2천만원 또는 재산 2억원 초과자를 포함한 세대만이 전액을 부담해야 합니다.**

① 1차적으로 2014.7.1.부터 건강보험료를 6회 이상 체납하여 급여제한통지서를 받아 급여제한이 된 사람 중에서 인적사항이 공개된 고액·상습체납자, 공단에서 확인되는 세대별 소득 1억원 초과 또는 재산 20억원 초과자에 대하여 사전 급여제한(=병·의원에서 본인이 전액을 부담)을 실시하였습니다.

② 2차적으로 2015.8.1.부터는 연소득 2천만 원 또는 재산 2억 원 초과자를 포함한 세대로 사전급여제한 대상기준을 확내(진료시 모든 진료비용을 본인이 부담)되었고, 단계적으로 확대할 예정입니다.

③ 사전급여제한(=병·의원에서 본인이 전액을 부담)되지 않고 건강보험 적용 받은 급여제한자는 공단에서 진료받은 사실이 있음을 통지한 날부터 2개월이 지난 날이 속한 달의 납부기한 이내에 체납보험료를 납부하지 않으면 공단부담 진료비를 환수한다는 점을 유의해야 합니다. 즉, 급여 제한기간 중 보험급여를 받은 사실이 있음을 공단이 통지한 날로 부터 2월이 경과한 날이 속한 달의 납부기한 이내에

체납된 보험료를 완납하면 보험급여를 받으실 수 있습니다.

Q 종중의 대표자는 피부양자에서 제외되나요?

A 종중대표라는 사실, 개인영리목적으로 지급되지 않은 사실을 입증하면 피부양자에서 제외되지 않습니다.

종중의 대표는 개인사업자등록으로 되어있으나, 개인의 소득이 아닌 종중을 대신하여 대표자로 등록되어 있는 것이므로 피부양자로 계속 인정합니다. 다만, 사업자등록증의 대표자와 종중대표임을 증명할 수 있는 종회확인서 또는 선출회의록의 대표자가 동일하여야 하며, 건물등기부 등본의 소유자가 동일하여야 합니다. 또한 소득출납장부 등을 확인하여 개인영리목적으로 지급되지 않은 사실을 입증하여야 피부양자로 인정할 수 있습니다.

Q 파산절차 중이라면 사업자등록이 있더라도 피부양자로 인정되나요?

A 파산에 관한 서류를 제출하여 소득이 발생하지 않음을 입증하면 피부양자로 인정받을 수 있습니다.

피부양자가 파산선고를 받아 실제 사업자로서의 경영권을 행사하지 못하는 경우에는 소득이 발생되지 않음을 인정할 수 있으므로 관계 서류를 제출한 경우 피부양자로 계속 인정합니다.

Q 퇴직 후 다시 직장가입자로 되었는데 배우자가 피부양자로 등재되지 않은 이유는 무엇인가요?

A **배우자와 주소지가 다르면 등재되지 않으므로, 가족관계증명서를 첨부하여 신고하시면 등재됩니다.**

직장가입자 자격이 변동되었을 경우 배우자와 주민등록지 주소가 같은 경우에는 자동으로 등재되지만, 주소지가 다르면 자동으로 연계가 되지 않아 등재되지 않습니다. 따라서 가족관계증명서를 첨부하여 '피부양자 자격취득·상실 신고서'를 작성하여 다시 신고하면 피부양자로 등재됩니다.

Q **근로자가 월 중에 입사했다가 부득이한 사유로 일주일 만에 퇴사한 경우에도 취득신고를 해야 하나요?**

A **고용기간이 1개월 미만의 일용근로자는 직장가입자 제외대상이므로 취득신고를 하지 않아도 됩니다.**

직장가입자 취득신고를 하지 않은 상태로 보수가 발생되지 않고 퇴사한 경우에는 취득신고를 하지 않으셔도 됩니다. 반대로 직장가입자 취득신고를 한 상태로 보수가 발생되었을 경우에는 자격상실신고서 작성 후 사업장 관할지사에 신고하시면 됩니다.

직장가입자 제외 대상은 ① 고용기간이 1개월 미만인 일용근로자, ② 비상근근로자 또는 1개월 동안의 소정근로시간이 60시간 미만인 단시간 근로자로 취득신고를 하지 않아도 됩니다.

취득신고를 할 때 첨부해야 할 서류는 근로계약서, 출근부, 임금대장 등 사본이고 상실신고를 할 때 첨부해야 할 서류는 퇴직원, 출근부, 근로소득원천징수부, 임금대장이며, 신청방법은 지사방문, 팩스, 우편의 방법으로 가능합니다.

Q **직원이 해외 출국시 유예신청, 정지신고는 어떻게 하나요?**

A **출국근로자에 대하여 보험료납입고지유예신청을 하면 국내에 부양가족이 있으면 50%, 부양가족이 없으면 100% 건강보험료가 면제됩니다.**

직원이 출국할 경우에는 "직장가입자(근무처,근무내역)변동 신고서"와 "휴직자 등 직장가입자 보험료 납입 고지 유예 신청(해지신청)서"를 작성 후 신고하시면 됩니다. 이때 건강보험료는 국내에 부양가족이 있는 경우 50%가 경감되고, 부양가족이 없는 경우에는 100% 면제됩니다.

신청 방법은 방문, 우편, 팩스, EDI, 4대사회보험포털사이트를 활용하여 가능하며, 출입국 등 사실 확인이 필요한 경우에는 관련 입증서류를 별도로 제출해야 합니다.

Q **직장가입자 자격이 상실되면 아버지의 피부양자로 자동등록되나요?**

A **소득이 없고 기준연령 이하 미혼일 경우 자동으로 등록되고, 혼인했더라도 본인 및 배우자의 소득이 없고 아버지와 동거를 하고 있으면 피부양자로 인정됩니다.**

자격변동(취득, 상실 등)이 발생한 건으로 자격변동자가 직장가입자와 동거하거나 과거에 피부양자 이력이 있을 경우 자동연계(자동으로 등록)처리가 됩니다. 다만 소득이 없어야 하고, 기준연령(남 28세, 여 25세 미만)이하 미혼일 경우에 자동으로 등록됩니다. 기준연령 이상일 경우 가족관계증명서, 혼인관계증명서를 피부양자 자격취득신고서와 함께 제출해야 합니다.

혼인을 했더라도 본인 및 배우자의 소득이 없고 직장가입자인 부와 동거하고 있다면 피부양자로 인정합니다.

Q **해외 어학연수를 가는 기간(6개월)에도 건강보험료를 내야 하나요?**

A **입증서류를 첨부하여 보험료면제신청을 하면 출국일의 익일부터 급여정지처리가 되어 보험료가 면제됩니다.**

해외에서 1개월 이상 체류 할 경우 출국일의 익일로 급여정지 처리가 되어 보험료가 면제 됩니다. 건강보험료를 면제받기 위해서는 입증서류를 첨부하여 가까운 공단 지사에 보험료 면제신청을 하면 되는데, 입증서류는 출국 전에는 비행기표 사본과 여권 사본을, 출국 후에는 출입국사실증명을 첨부하면 됩니다.

참고로, 급여정지 후 국내에 1개월 이상 체류한 경우 또는 1개월 미만 국내 체류 중 보험급여를 받은 경우 급여정지처리가 해제되어 보험료가 면제되지 않는 다는 점을 유의해야 합니다.

Q **주택, 토지, 자동차 등 재산이 없는 사람도 보험료가 인상되나요?**

A **재산이 없거나 소득이 없다면 보험료는 인상되지 않지만, 다만 세대구성원이 변동되었거나 주거형태가 변화되었다면 보험료의 변동이 있을 수 있습니다.**

보험료가 변동되는 대상은 재산이나 소득을 보유하고 있는 세대에 한정되고, 재산이 없거나 소득이 없는 세대는 보험료가 변동되지 않습니다. 단, 세대구성 상태, 전월세, 경감 상황 등 개별 변화에 따른 보험료 변화는 있을 수 있습니다.

Q **건강보험료를 산정할 때 이자소득과 배당소득도 반영하는 것으로 알고 있는데, 그 근거는 무엇인가요?**

A **국민건강보험법시행령 제42조에 따라 이자소득, 배당소득을 반영합니다.**

지역입자의 보험료는 국민건강보험법시행령 제42조에 따라 이자소득, 배당소득,

사업소득, 연금소득, 근로소득, 기타소득으로 보험료를 산정하도록 규정하고 있으며, 이 규정에 따라 보험료를 부과하게 되는 것입니다.

Q **직장에 9월 2일 입사했는데 9월분 건강보험료가 지역보험료로 고지된 이유는 무엇인지요?**

A **건강보험료 부과는 매월 1일을 기준으로 확정되므로, 1일에 지역가입자였다면 지역보험료가 부과됩니다.**

건강보험료 부과는 1일을 기준으로 납부의무가 확정이 됩니다. 따라서 현 직장에 9월 2일자로 입사하셨으면 입사전 9월 1일의 자격 기준으로 9월분 지역보험료를 납부하셔야 됩니다. 따라서 직장보험료는 10월 보험료부터 고지됩니다.

Q **외국인 근로자의 경우에도 건강보험이 적용되나요?**

A **건강보험 적용사업장에 근무하는 자로 외국인등록을 한 외국인 근로자의 경우 건강보험이 적용됩니다.**

외국인, 재외국민이 건강보험 적용 사업장에 근무하거나 공무원, 교직원으로 임용 또는 채용된 경우 2006.1.1부터 의무가입 대상이며, 이 경우 외국인등록(국내거소 신고 등록)을 필하여야 합니다. 단, 다음의 경우는 제외 신청할 수 있습니다.

① 국가 간 사회보장 협정 체결에 따라 임의가입 대상으로 제외 신청하는 경우 : 프랑스 국민 2007.6.1일부터 적용

② 외국의 법령 및 보험, 사용자와의 계약 등에 따라 의료보장을 따로 받는 경우 : 2007.7.31일부터 적용(관련 증빙자료 제출)

Q 주택을 팔았는데 보험료가 왜 줄지 않나요?

A 6월 1일 이후에 주택을 팔았다면 등기부등본 등을 첨부하여 보험료 조정을 신청하면 보험료가 인하될 것입니다.

재산은 매년 6월 1일 현재 소유한 재산세 과표금액을 행정기관으로부터 제공받아 당해 연도에 발생한 새로운 부과자료로 매년 11월부터 다음년도 10월까지 부과합니다.

재산세 부과 시점인 매년 6월 1일 이후 변동되어 통보되지 않은 재산자료는 당사자가 직접 신고해야 공단에서 확인 할 수 있습니다. 보험료 조정이 필요한 경우 등기부등본 등을 제출 또는 매각한 주택의 주소지(소유권이 이전된 경우)를 확인해 주시면 확인 후 보험료 조정이 가능합니다. 아울러 보험료 조정은 재산변동시점이 속한 달의 다음 달부터 조정됩니다. 단, 재산변동일이 1일인 경우에는 당월부터 보험료 조정이 가능합니다.

Q 폐업한 법인 사업장의 과오납금은 대표이사 개인계좌로 받을 수 있나요?

A 법인 사업장의 과오납금은 대표이사 개인계좌로 청구할 수 없고, 법인명의의 계좌로 청구해서 받아야 합니다.

법인 사업장의 과오납금은 납부의무자인 법인 명의의 계좌에 반환가능하며 대표이사 개인 명의의 계좌로 청구하는 것은 법인에 귀속하는 청구가 아니므로 불가합니다. 따라서 폐업한 법인사업장에 대해서는 현사무소의 종결(해산 및 청산)을 목적으로 사업을 폐하였다면 법률에 정하여진 절차를 조속히 수행한 후 청산인에게 청구하도록 안내합니다.

Q 직장가입자 연말정산 신고대상 중 퇴직자도 신고를 해야 하나요?

A 퇴직자는 연말정산 신고대상이 아닙니다.

퇴직자는 공단에 직장가입자 상실신고시 연간 보수총액 등을 기재하여 신고를 합니다. 이때 퇴직정산이 이루어지므로 퇴직자는 연말정산 신고대상이 아닙니다.

Q 외국인도 장기요양인정 신청을 할 수 있나요?

A 건강보험에 가입되어 있는 65세 이상(노인성 질병을 가진 65세미만)의 외국인은 장기요양인정신청을 할 수 있습니다.

건강보험에 가입되어 있는 재외국민 또는 외국인도 65세 이상 또는 노인성 질병을 가진 65세 미만자라면 내국인과 동일하게 장기요양인정 신청을 할 수 있습니다. 다만, 일부 외국인은 장기요양보험가입을 제외 신청 할 수 있으며, 자격 제외 시 장기요양인정을 신청할 수 없습니다.

Q 사업자등록증상에는 개업일이 2015.1.6일이고 등록일은 2016.1.9로 되어있는 사업장에서 실제 근로자들은 2016.1.2일부터 일을 하고 있다고 적용일을 2016.1.2로 해달라고 하는데 가능한가요?

A 사업장을 소급적용할 경우 적용일을 확인할 수 있는 객관적인 자료에(사업자등록증, 근로소득원천징수신고서 등)의해 2016.1.2.부터 근로자가 근무한 사실을 담당자가 확인할 수 있어야 하고, 또한 근로소득도 제대로

신고하였다면 소급이 가능합니다.

Q 사업장(법인, 개인) 대표자가 미성년자인 경우, 미성년자인 대표자를 직장가입자로 취득시킬 수 있나요?

A 미성년자인 사업장대표자도 직장가입자 자격을 취득할 수 있습니다.

국민건강보험법 제5조(적용대상 등) 및 제6조(가입자의 종류)에 의거하여 국내에 거주하는 국민으로서 법 소정의 적용대상자를 제외한 모든 사업장의 사용자는 직장가입자가 되고, 미성년자인 법인 또는 개인사업장 대표자의 경우에도 그 적용을 제외할 수 있는 근거는 없다고 하겠으므로, 미성년자인 사업장대표자도 직장가입자 자격을 취득할 수 있습니다.

국민연금에 관한 실무사례

국민연금은 국민의 노령, 장애 또는 사망 등 다양한 사회적 위험으로부터 모든 국민을 보호하여 빈곤을 해소하고 국민생활의 질을 향상시키기 위해 국가가 보험원리에 따라 운영하고 있는 대표적 사회보장제도를 말합니다. 국민연금보험료는 사용자와 근로자가 각각 4.5%씩 부담하고 있습니다.

Q [2018년 두루누리 지원=국민연금보험료 지원대상 및 내용]
2018년에 두루누리 지원은 어떻게 바뀌나요?

A 10인 미만의 사업장의 190만원 미만의 근로자에게 지원되며, 신규가입자는 최대 90%까지, 기존가입자는 40%까지 지원됩니다.

2018년도부터 두루누리 지원기준이 변경되는데, 지원대상이 세분화됩니다. 신규가입자(1년 이내 사업장 가입이력이 없는 자)는 5인 미만 사업장과 5인 이상 10인 미만 사업장으로 구분하여 5인 미만 사업장은 사업주 및 근로자 보험료의 각 90%까지 지원되고, 5인 이상 10인 미만 사업장은 사업주 및 근로자 보험료의 각 80%까지 지원됩니다.

기존가입자(1년이내 사업장 가입이력이 있는 자)는 사업주 및 근로자 보험료의 각 40%까지 지원됩니다.

종전 규정에 따라 현재 신규사입자로 연금보험료의 60%를 지원받고 있는 근로자는 2018.1.1.부터 연금보험료의 40% 지원으로 변경되고, 변경된 내용은 2018년 1월 보험료부터 적용되므로 납부기한은 2018.2.10까지입니다.

Q 건설현장에서 하도급사도 국민연금 사업장 적용신고를 별도로 해야 하나요?

A 고용보험·산재보험과 달리 국민연금의 경우 하도급사도 별도로 사업장 적용신고를 해야 합니다.

건설현장에서 고용보험과 산재보험은 원도급사가 일괄하여 성립신고를 하면 되지만, 국민연금의 경우에는 하도급사도 사업장 적용신고를 반드시 해야 합니다. 만약 20일 이상 고용하는 일용직 근로자가 없다고 사업장 적용신고를 하지 않은 채 공사가 만료되면 8일 이상(60시간 이상) 고용한 일용직 근로자에 대하여는 본사로 직권 적용하여 국민연금보험료를 추징하고 있으니 특히 유의해야 합니다.

Q 산재가 발생하여 장애연금 또는 유족연금을 받는 경우 국민연금공단이 사업주에게 구상금을 청구할 수 있다면서 '손해배상수령(지급) 및 소제기 여부 확인서'를 작성해서 제출하라고 하는데, 제출해도 괜찮은 건가요?

A 공단의 사업주에 대한 구상금 청구는 수급권자가 사업주에 대한 손해배상청구소송을 제기한 경우에 한하는 것으로, 손해배상청구소송의 제기여부를 확인하기 위한 것이므로 작성·제출해도 됩니다.

① 사례의 쟁점 : 이 사안은 제3자의 행위로 장애연금이나 유족연금이 지급된 때

그 급여액의 범위 내에서 수급권자의 손해배상청구권을 대위하여 구상금 청구를 할 수 있다는 국민연금법 제114조제1항에서 제3자의 범위에 사업주도 포함되는지가 쟁점입니다.

② **제3자의 범위에 사업주도 포함되는지** : 만약 위 법조항상의 제3자의 범위에 사업주도 포함된다면 공단이 사업주에게 구상금 청구를 할 수 있지만, 국민연금공단 경인지역본부에 문의한 결과, 보건복지부 내부회신에 의해 산재가 승인되었더라도 사업주의 고의나 과실이 없는 경우에는 제3자의 범위에 사업주는 포함되지 않는다는 답신입니다. 다만, 수급권자가 사업주를 상대로 손해배상청구소송을 제기하고 재해자 및 수급권자의 일실수익이 있는 경우에 한하여 지급한 연금액의 한도 내에서 손해배상청구권의 대위행사를 할 수 있다고 합니다.

③ **결론** : 공단에서 제출을 요구하는 위 서류는 수급권자가 사업주를 상대로 손해배상청구소송을 제기했는지를 확인하기 위한 것으로 산재발생 및 산재승인과는 무관하므로, 손해배상 합의여부, 합의금 수령여부, 소송제기여부에 대하여 기재한 후 공단에 제출하시면 됩니다.

Q **지역가입자는 기준소득월액을 얼마로 책정해야 하나요?**

A **국민연금을 신고할 당시에 종사하는 업무에서 얻은 월소득액으로 신고하면 됩니다.**

지역가입자는 월소득이 일정하지 않을 경우가 많은데, 이럴 경우에는 월평균 소득을 산정하여 이를 기준소득월액으로 신고하면 됩니다. 만약 가입기간 중에 월소득이 감소하여 국민연금보험료를 납부하기가 부담스러운 경우 입증자료를 첨부하여 변경신청을 하면 신청일의 다음 달부터 변경된 소득으로 적용받을 수 있습니다.

Q 신입직원이 입사했는데 소득은 얼마로 신고해야 하나요?

A 월급여가 정해져 있다면 그 기간의 총일수로 나눈 액의 30배에 상당하는 금액으로 신고하면 됩니다.

신입직원의 근로계약서상에 월급여액이 명시되어 있다면 그 월소득액을 기준으로 신고하면 되고, 신고된 월소득액은 다음연도 6월까지 동일하게 적용됩니다.

신입직원이 입사했다면 '사업장가입자 자격취득신고서'를 작성하여 관할지사에 신고하면 됩니다.

Q 연금보험료를 중간에 조정할 수도 있나요?

A 연금보험료는 전년도 소득을 기준으로 연금보험료를 부과하기 때문에 중간에 소득이 일정 기간에 감소하였다고 하여 보험료를 조정할 수는 없습니다.

직장가입자는 전년도 소득을 기준으로 연금보험료를 부과하는 구조이기 때문에 보험료조정이 불가하지만, 지역가입자는 사업운영상의 특성상 소득이 일정하지 않으므로 가입중에 소득이 현저하게 변동(감소)하는 경우 소득을 증빙할 수 있는 서류를 첨부하여 표준소득월액을 변경하는 신청이 가능합니다. 하지만 실제소득보다 높게 표준소득월액을 변경신청하는 것은 입증서류없이도 가능합니다.

Q 일용직이나 알바(시간제근로자)도 국민연금에 가입해야 하는지요?

A **일용직, 알바(시간제)는 근로계약기간과 실제근로시간에 따라 가입대상인지 여부가 결정됩니다.**

근로계약기간이 1개월 이상이고 근로시간이 월 60시간 이상인 경우에는 실제 근로시간과 상관없이 가입대상입니다.

근로계약을 체결하지 않았거나 구두상의 계약기간이 1개월 미만이더라도 실제로 근무기간이 1개월 이상이고 실제로 근무한 시간이 월 60시간 이상이라면 가입대상입니다. 참고로, 건설일용직의 경우에는 1개월 중 20일 이상을 근무하면 가입대상이 됨을 유의해야 합니다.

Q **법인의 무보수대표이사도 사업장가입자로 신고해야 하나요?**

A **무보수대표이사는 법인소속의 근로자가 없는 경우가 아니라면 신고대상입니다.**

법인소속의 근로자가 있는 경우에는 무보수대표이사도 사업장가입자로 신고하는 것이 원칙이지만, 납부예외신청서와 무보수를 입증할 수 있는 서류를 제출하여 납부예외를 신청하는 방법이 있습니다. 무보수대표이사라는 사실은 법인등기부등본과 정관, 주주총회결의서, 이사회회의록으로 입증할 수 있을 것입니다.

하지만 법인소속의 근로자가 없고 무보수대표이사 혼자만 있는 사업장의 경우에는 사업장 탈퇴처리를 하고 지역가입자로 가입하면 됩니다.

참고로, 법인의 비상임이사는 국민연금가입대상에 해당하지 않으므로 비상임이사임을 증명할 수 있는 서류를 첨부하여 관할지사에 제출하면 신고를 하지 않아도 됩니다.

Q **2개의 사업장에서 중복근무하고 있는데 2개 사업장에서 모두 가입해야 하나요?**

A 2개의 사업장에서 모두 가입하여야 합니다.

2개의 사업장에서 받는 소득월액을 기준으로 기준소득월액을 결정하며 보험료도 각각의 사업장에서 납부해야 합니다.

다만, 각 사업장의 기준소득월액의 합이 최고금액의 기준소득월액을 초과하는 경우에는 각 사업장의 기준소득월액이 그 합산된 소득월액에서 차지하는 비율을 최고금액의 기준소득월액에 곱하여 계산된 금액을 기준으로 각 사업장의 기준소득월액을 산정합니다.

Q 회사가 폐업했는데 어떻게 신고해야 하나요?

A 회사가 폐업된 경우 사업장탈퇴신고를 해야 합니다.

회사가 폐업한 경우 사용자는 다음 달 15일까지 사업장탈퇴신고서를 작성하여 폐업을 입증할 수 있는 서류를 첨부하여 방문, 우편, 팩스 등의 방법으로 관할지사에 제출하거나 인터넷 4대보험포털사이트(www.4insure.or.kr), 국민연금 EDI를 이용하여 제출하면 됩니다.

Q 남편이 국민연금에 가입되어 있어도 부인 또한 가입해야 하나요?

A 부인이 소득이 있다면 남편이 가입되어 있어도 가입해야 합니다.

국민연금은 개인별로 가입하는 것이 원칙이므로 배우자의 가입여부와 관계없이 소득이 있다면 사업장가입자 또는 지역가입자로 의무적으로 가입해야 합니다.

하지만 국민연금에 가입되어 있는 남편의 소득이 없다면 배우자(부인)는 지역가입자에서도 제외되므로 의무적으로 가입할 필요는 없습니다. 물론 배우자가 희망하여 임의가입하는 것은 가능합니다.

Q 미납한 보험료를 분할하여 납부할 수도 있나요?

A 미납보험료 중 납부하고자 하는 해당월을 선택하여 납부할 수 있습니다.

연금보험료는 월단위 납부이므로 납부하고자 하는만큼 해당월을 선택하여 납부할 수 있습니다. 미납한 월에 대한 고지서를 매월 받아 납부하고 싶다면 가까운 지사에 방문하여 신청하면 됩니다. 매월 15일 전에 신청하는 고지서는 당월에 받아 볼 수 있고 15일 이후에 신청하는 고지서는 다음 달에 받아 볼 수 있습니다.

Q 60세 이상 임의가입자도 미납보험료를 납부할 수 있나요?

A 3개월 미납으로 자격이 상실되었더라도 3년 이내에 미납보험료를 납부할 수 있습니다.

2007.7.23.이전에는 60세 이후 계속하여 임의가입했던 가입자가 연속 3개월 이상 미납하여 자격이 상실된 경우에는 미납보험료를 납부할 수 없었기 때문에 연금혜택을 받기 위해서는 다시 가입하여 가입이후의 보험료만 납부할 수 있었으나, 국민연금법의 개정(2007.7.23.시행)으로 3개월 미납으로 자격이 상실되었더라도 3년 이내에 미납보험료를 납부할 수 있게 되었습니다. 참고로, 미납보험료의 납부는 건강보험관리공단에 문의하시면 됩니다.

Q 납부예외기간동안 납부하지 않은 보험료는 향후에 반드시 납부해야 하나요?

A 납부예외기간동안 납부하지 않은 보험료는 의무적으로 납부할 필요는 없습니다.

보험료 납부예외제도는 소득활동을 하지 않는 기간동안 보험료납부를 면제해주어 가입자의 부담을 줄이고자 시행하고 있는 제도로, 납부예외기간동안 납부하지 않은 보험료는 의무적으로 납부할 필요는 없습니다. 물론 가입기간을 늘려 연금대상자가 되게 하려는 의도가 있거나 연금액을 많이 받고자 임의로 미납보험료를 추가 납부하는 것은 가능합니다.

Q 연금대상자이지만 현재 소득활동을 하는 관계로 연금을 나중에 받고 싶은데 가능한가요?

A 연금지급의 연기는 최대 65세가 될 때까지 1회에 한하여 연기신청할 수 있습니다.

노령연금수급자는 본인의 희망에 따라 65세전에 1회에 한하여 연금지급의 연기를 신청할 수 있습니다. 연금지급의 연기는 최대 65세가 될 때까지 할 수 있으며, 65세가 되거나 65세가 되기전에 본인이 신청하면 연금을 다시 받을 수 있습니다. 연금을 재지급받게 되는 경우 연기신청당시 노령연금액을 물가변동률에 따라 조정한 금액에 지급연기를 했던 매1년당 7.2%(월0.6%)의 연금액을 가산하여 지급합니다.

Q 부인이 국민연금에 6년 정도 가입 중에 사망한 경우 남편도 유족연금을 받을 수 있나요?

A **2007.7.23.이후부터 부인과 생계를 유지하고 있던 남편도 유족연금을 받을 수 있습니다.**

2007.7.23. 이전에는 부인이 사망한 경우 남편은 60세 이상 또는 장애2급 이상이어야 유족연금을 받을 수 있었지만 국민연금법 개정(2007.7.23.시행)으로 부인이 사망한 경우에도 부인과 생계를 유지하고 있던 남편도 유족연금을 받을 수 있게 되었습니다.

Q **유족연금을 받고 있는 사람이 소득이 생기면 연금은 정지되나요?**

A **유족연금수급일로부터 3년동안은 소득이 있어도 지급되지만, 3년이후부터 55세가 될 때까지는 연금지급이 정지됩니다.**

유족연금을 받기 시작한 때로부터 최초 3년 동안에는 소득과 상관없이 유족연금이 지급되지만, 3년 이후부터 55세가 될 때까지는 유족연금이 지급정지됩니다. 하지만 수급권자가 장애등급 2급 이상이거나 사망자의 25세 미만의 자녀 또는 장애등급 2급 이상인 자녀의 생계를 유지하거나 소득이 있는 업무에 종사하지 아니한 때에는 유족연금이 정지되지 않습니다.

Q **사망자의 자녀는 몇 살까지 유족연금을 받을 수 있나요?**

A **유족연금을 받을 수 있는 자녀의 수급연령은 2016.11.30.부터 25세 미만으로 변경되었습니다.**

유족연금을 수령할 수 있는 자녀의 연령은 19세 미만이었지만 2016.11.30. 국민연금법시행령 개정·시행에 따라 25세 미만까지 수급권자가 될 수 있습니다. 이는 자녀의 현실적인 경제활동 시작시점을 고려한 것으로 유족이 된 자녀가 소득활동을 하기 전에 대학교육, 군복무, 구직활동 등을 보다 안정적으로 수행하는데 도움이 될 것이라 예상됩니다.

Q 경제적 상황이 어려워진 경우 이미 납부한 연금보험료를 반환받을 수는 없나요?

A 경제적 상황의 악화는 반환일시금 지급사유에 해당하지 않아 연금보험료를 반환받을 수 없습니다.

반환일시금제도는 국민연금가입자에게 가입자 자격상실사유가 발생하고 그 사유로 인하여 향후 재가입의 가능성이 희박한 60세 도달, 사망, 국적상실, 국외이주, 퇴직연금 등 수급권자가 가입자 자격을 상실하였으나 연금수급요건을 충족하지 못한 경우에 한하여 가입기간 중 기여한 만큼의 보상을 보장하기 가입자 또는 가입자의 유족에게 납부한 보험료를 반환해주는 제도입니다.

따라서 경제적 상황의 악화로 반환일시금을 청구하여도 반환일시금 지급사유에 해당하지 않으므로 연금보험료를 반환받을 수 없습니다.

Q 혼인신고를 하지 않은 상태에서 배우자가 사망한 경우 유족연금을 받을 수 있나요?

A 사실혼관계가 인정되면 유족연금을 받을 수 있습니다.

유족연금의 수급권자인 배우자는 사실혼 관계에 있었다는 것을 입증해야 하는데, 사실상의 혼인관계확인서와 사실혼관계를 입증할 수 있는 서류 또는 물품 등을 관할지사에 제출하여 사실혼관계를 인정받아야 합니다. 이에 대한 확실한 증거가 없다면 공단은 사실혼관계를 확인해주는 판결문을 첨부하라고 요구할 수도 있음을 유의하시기 바랍니다.

Q 이혼한 배우자의 노령연금을 나눠서 받을 수도 있나요?

A 가입기간중 혼인기간 5년 이상, 본인 60세 이상 등의 일정요건을 충족한 경우 노령연금을 받을 수 있습니다.

노령연금 수급권자가 국민연금 가입기간 중에 혼인기간이 5년 이상 유지되었고 본인이 60세 이상일 경우 이미 노령연금의 수급권자인 배우자와 이혼하였거나 이혼 후에 배우자가 노령연금 수급권을 취득하였다면 혼인기간에 해당하는 연금액을 분할하여 반반씩 노령연금을 받을 수 있습니다.

Q 이혼한 배우자의 노령연금 분할신청을 할 수 있는 기간에도 시효가 있나요?

A 이혼 시 분할연금의 청구시효는 5년입니다.

위 요건인 가입기간 중 혼인기간 5년이상일 것, 본인이 60세 이상일 것 등의 요건을 충족하였더라도 이혼 배우자는 노령연금 분할신청을 5년 이내에 하여야 합니다. 이혼 시 분할연금의 청구시효는 3년이었으나, 2016.11.30.부터 5년으로 연장되어 이혼 배우자의 연금수급권이 두텁게 보호되고 있습니다.

Q [전업주부도 추후납부하여 노령연금을 받을 수 있는지]
소득이 없어 적용제외되었던 전업주부도 추후납부를 하여 노령연금을 받을 수 있나요?

A 경력이 단절된 전업주부도 추후납부하여 최소 가입기간 10년을 채우면 노령연금을 받을 수 있습니다.

2016.11.30.이전에는 부부중 소득이 없는 배우자(전업주부)는 국민연금 의무가입대상이 아니고, 적용제외되었던 기간의 보험료는 추후에 다시 납부할 수도 없었습니다. 하지만 국민연금법시행령을 개정하여 한 달이라도 국민연금보험료를 납부한 이력이 있는 전업주부가 그 이후의 기간에 대하여 추후납부(최대 월 19만원)를 통하여 연금수급권을 취득하는 것이 가능해졌고, 추후납부하여 최소 가입기간이 10년을 채우면 노령연금을 받을 수 있게 되었습니다(2016.11.30. 시행).

Q 60세에 경과하여 이미 국민연금을 일시불로 받은 경우 이를 반납하고 매월 연금으로 받을 수 있나요?

A 60세 도달을 사유로 일시금을 받은 경우라면 반납할 수 없으므로 연금으로도 받을 수 없습니다.

가입자 자격을 다시 취득할 수 있다면 수령한 일시금을 반납하는 형식으로 납부하고 연금대상자 요건을 충족하면 연금으로 받을 수도 있지만, 국민연금을 일시금으로 수령한 경우에는 다시 가입할 수 없어서 반납할 수 없으므로 연금으로도 지급받을 수 없습니다.

Q 부양가족이 많은 경우 연금을 더 받을 수도 있나요?

A 일정한 요건의 부양가족이 있는 경우 추가로 지급되는 부양가족연금이 있습니다.

국민연금 수급권자에게 부양가족이 있는 경우 가족수당성격의 추가연금급여를 지급하는데, 이를 부양가족연금이라고 합니다. 부양가족연금은 연금수급권자에 의해 생계를 유지하는 배우자, 자녀(18세미만, 장애2급이상), 부모(60세이상, 장애2급이상)에 한정하여 지급되며, 가입기간과 상관없이 정액으로 지급됩니다. 이 때 자녀는 배우자가 결혼 전에 얻은 자녀(계자녀)도 포함되고, 부모는 배우자의 부모, 부모의 배우자(계부모)도 포함됩니다.

Q 납부한 연금보험료에 대하여는 소득공제를 받을 수 있나요?

A 납부한 연금보험료 전액에 대하여 소득공제를 받을 수 있습니다.

지역가입자는 납부한 보험료 전액을 소득공제받을 수 있고, 사업장가입자는 급여에서 원천공제된 금액에 대하여 소득공제를 받을 수 있습니다.

사업소득자는 매년 4월 국세청에 자료를 일괄제공하므로 별도로 서류를 제출할 필요가 없으며, 근로소득자(보험모집인 포함)는 소득공제 서류를 제출할 수 있도록 공단이 매년 12월에 '납입증명서'를 사업장으로 보내주고 있습니다.

CEO · 인사 담당자를 위한 **업무처리**의 **지침서**

노동법 **실무 사례집**

제 9 장

노사협의회에 관한 실무사례

노사협의회

노사협의회는 근로자의 간접참여와 직접참여를 균형 있게 반영함으로써 우리나라의 협력적이고 생산적인 노사관계를 정착시키는 핵심적 기구로, 근로자 참여를 통해 기업경영에 대한 근로자들의 이해를 증진시키고, 이를 바탕으로 근로자들의 참여와 몰입이 확대되어 생산성 향상과 근로자의 직무 만족도 제고에 크게 기여하고 있습니다.

노사협의회는 참여와 협력을 통한 노사공동의 이익을 증진하고자 마련된 제도로 기업의 경쟁력 확보를 위한 일터 혁신 활동에 중추적 역할을 담당하고 있을 뿐만 아니라 기업의 경영, 생산, 인사제도, 복리후생, 교육훈련, 산업안전, 고충처리 등 기업경영에 있어서 핵심적이고 중요한 문제들을 다루고 있기 때문에 노사협의회 협의, 보고, 의결사항에 대한 전문적 역량을 확보하고 실행할 때 근로자참여 및 협력증진에 관한 법률에서 목적하고 있는 기업경쟁력 강화, 근로자의 삶의 질 향상, 협력적 노사관계 구축이라는 과제를 달성하는데 큰 역할을 하고 있는 것이 사실입니다(고용노동부 노사협의회 운영메뉴얼).

Q 노동조합과 노사협의회는 다른 건가요?

저희 회사는 노사협의회가 노사의 협의창구로서의 역할을 해왔는데, 최근에 노동조합이 생겼습니다. 그런데 노동조합의 조합원은 소수의 근로자로 구성되어 있습니다. 이런 경우에도 회사는 노동조합의 단체교섭 요구에 응해야 하는 건가요? 그러니까 노사협의회와 단체교섭을 하면 안되는 건가요?

A 노동조합과 노사협의회는 그 목적과 성격을 달리하는 별개의 단체입니다.

노동조합은 근로자들의 근로조건을 유지·개선 기타 근로자의 경제적·사회적 지위의 향상을 도모함을 목적으로 하는 자주적인 단결체로서, 노동조합및노동관계조정법 제29조제1항의 규정에 의거 노동조합의 대표자는 그 노동조합 또는 조합원을 위하여 임금·근로시간·복지·해고 기타 대우 등 근로조건의 결정에 관한 사항에 대해 사용자나 사용자단체와 교섭하고 단체협약을 체결할 수 있지만, 근로자참여및협력증진에관한법률에 의한 '노사협의회'는 노사 쌍방의 이해와 협조로 노사공동의 이익증진을 도모하기 위하여 동법률 제20조에서 정한 사항에 대하여 협의하는 기구로, 단체교섭권과 단체협약체결권을 가지고 있지 않습니다.

그리고 근로자참여및협력증진에관한법률 제5조는 '노동조합의 단체교섭 기타 모든 활동을 이 법에 의하여 영향을 받지 아니한다'라고 명시하고 있는 바, 노사협의회에서의 협의는 노동조합과 사용자간에 이루어지는 단체교섭과는 그 목적 및 성격을 달리합니다.

노동조합(대표자)은 조합원수와 관계없이 사용자나 사용자단체와 교섭하고 단체협약을 체결할 수 있으므로, 사용자가 정당한 이유없이 단체교섭을 거부하는 경우에는 부당노동행위(노동조합및노동관계조정법 §81제3호)로 2년 이하의 징역 또는 2,000만 원 이하의 벌금(동법 §90)에 처해집니다(노조 68107-1105, 2001.09.29.).

단체교섭은 노동3권을 바탕으로 하여 조합원의 권익향상을 위해 사용자와 교섭하여 근로조건의 증진 등에 기여하는 것이 목적인 반면, 노사협의회는 전체 근로자를 대표하여 참여와 협력을 통해 노사공동의 이익을 증진시키고자 하는 목적을 갖고 있어 그 목적에 있어 차이가 있습니다.

따라서 단체교섭은 단체협약의 유효기간 동안 평화의무를 부여함으로서 산업현장에서의 노사안정을 도모하고 있으나, 노사협의회는 급변하는 기업 환경에 노사가 능동적으로 대처할 것을 요구하고 있으므로 정기적인 협의를 주된 특성으로 하고 있습니다.

노사간 합의된 사항의 효력에 있어서도 양자는 차이가 있는데, 단체교섭을 통해 노사가 합의한 협약에 대해서는 규범적 효력을 통해 강제성을 부여하는 반면, 노사협의회에서 의결된 사항의 경우 규범적 효력은 없으나 불이행시 처벌을 통해 강행성 부여하고 있습니다.

노동조합은 기본적으로 소속 조합원의 권익을 우선하는 것이지, 비조합원 및 타 노동조합 소속 근로자를 대변할 지위에 있지는 않기 때문에 전체 근로자를 대표하는 데에는 한계가 있으므로 향후 급변하는 경영환경 속에서 기업경쟁력을 확보해야 한다는 차원에서 참여와 협력이 강조되는 노사협의회의 활성화가 요청되는 시기라 하겠습니다(고용노동부 노사협의회 운영메뉴얼).

Q 노사협의회는 몇 명의 사업장에 설치해야 하고, 설치하지 않으면 처벌되나요?

저희 회사는 직원이 50명 정도되는 업체인데 아직 노사협의회가 없습니다. 그런데 얼마 전 노동부에서 감사를 나와, 노사협의회회의록을 보여달라고 하기에 없다고 했더니 노사협의회를 설치하지 않으면 처벌될 수도 있다고 하더라구요. 우리 회사는 노사협의회를 설치해야 할 의무가 있는지요? 그리고 설치하지 않으면 정말 처벌되나요?

A 30인 이상의 사업장은 노사협의회를 설치해야 합니다.

노사협의회는 근로조건의 결정권이 있는 사업 또는 사업장 단위로 설치하여야 하는데('근로자참여및협력증진에관한법률' §4), 상시 30인 미만의 근로자를 사용하는 사업 또는 사업장은 노사협의회를 설치하지 아니할 수 있다고 하고 있습니다. 만약에 상시근로자수가 30인 이상임에도 노사협의회를 설치하지 않으면 1천만 원 이하의 벌금에 처해집니다(동법 §30). 참고로 노사협의회를 설치하였다면 3개월마다 정기적으로 회의를 개최하여야 하는데(동법 §12), 이를 위반하는 경우에는 200만 원 이하의 벌금에 처해집니다(동법 §32).

Q 근로자수가 30인 미만으로 되어도 노사협의회를 계속 운영해야 하나요?

근로자참여및협력증진에관한법률에 의하여 노사협의회를 설치하여 운영하던 중에 인원감소로 상시근로자수가 30인 미만으로 되었는데, 이런 경우에도 노사협의회를 계속 운영해야 하는지요?

A 직원이 30인 이상으로 회복될 가능성이 있다면 계속 운영하는 것이 바람직합니다.

노사협의회가 설치된 사업장이 일시적인 인원감소로 근로자수가 30인 미만이 된 경우라도 상태적(평균적)으로 보아 사용하는 근로자수가 30인 이상이라면 노사협의회를 계속 운영해야 합니다.

상태적으로 사용하는 근로자수가 30인 이상인지 여부는 그동안의 고용추이·향후 고용전망(30인 이상으로 회복 가능성) 등을 고려하여 개별적·구체적으로 판단하면 될 것입니다.

노사협의회는 특성상 해제와 재구성이 용이하지 않으므로 상시근로자수가 30인 이상으로 회복될 가능성이 희박하다면 노사협의회를 해체해도 무방할 것이지만 조만간 다시 인력이 필요하여 고용이 예상되는 경우라면 계속 운영하는 것이 바람직하다 할 것입니다(노사 68107-2, 1998.01.06.).

Q **노사협의회 상시근로자수를 판단할 때 용역업체 직원도 포함하는지요? 그리고 용역업체 직원을 근로자위원으로 위촉할 수 있는지요?**

A **노사협의회 상시근로자수에 용역업체 직원은 포함되지 않을 뿐만아니라 근로자위원으로 위촉할 수 없습니다.**

노사협의회의 설치의무가 있는 사업장인지를 판단함에 있어 상시근로자수를 산정할 때의 근로자는 직접 근로관계가 있는지 여부이므로, 사용자와 직접 근로관계가 없는 근로자는 상시근로자수에 포함되지 않습니다. 따라서 근로자위원으로 위촉하는 것 또한 불가합니다(노사협력정책과-1654, 2012.05.08.참조).

Q **영리를 목적으로 하지 않는 사업이라도 노사협의회를 설치해야 하나요?**

저희 협회는 건설기술관리법 제36조의2에 의해 감리전문회사의 공동이익을 도모하기 위하여 설립되었고, 감리전문회사를 회원으로 하고 있습니다. 이렇게 회원사들의 공동이익을 도모하기 위한 사무만을 보고 있으므로, 다른 사업처럼 영리를 목적으로 하는 것이 아닙니다. 이런 경우에도 근로자수가 30인 이상이면 노사협의회를 설치해야 하는 건가요?

A **비영리사업이라도 30인 이상이라면 노사협의회를 설치해야 합니다.**

노사협의회는 근로조건 결정권이 있는 상시 30인 이상 근로자를 사용하는 모든 사업 또는 사업장에 설치하도록 되어 있으며 영리를 목적으로 하지 않는 사업 또는 사업장이라 해서 설치대상에서 제외되지는 않습니다(노사 68107-151, 1997.06.01.).

Q 사립학교에서 상시근로자수 30인 여부를 판단할 때 교원도 포함하여야 하는지요?

A 사립학교에서 상시근로자수를 판단할 때 교원은 포함됩니다.

사립학교에서 교원의 포함여부 : 사립학교 교원도 학교법인 또는 사립학교경영자에 의해 임면되는 근로기준법 제2조 소정의 근로자이며, 노사협의회 설치목적이 근로자와 사용자의 참여와 협력을 통한 공동의 이익증진에 있는 점 등을 고려해 볼 때 사립학교 교원에 대해 근참법의 적용이 배제된다고 보기는 어려우므로, 사립학교의 노사협의회 설치대상 여부와 관련한 '상시근로자 수' 판단시 교원도 포함된다고 해석함이 타당합니다(노사협력정책과-4187, 2009.12.04.).

Q 공무원과 '공무원이 아닌 근로자'로 구성되어 있는 국가행정기관의 경우 상시근로자수 30인 여부를 판단할 때 공무원도 포함하여야 하는지요?

A 국가행정기관에서 상시근로자수를 판단할 때 공무원은 포함되지 않습니다.

국가행정기관의 경우 공무원 포함여부 : 공무원의 경우 신분·보수·복무·고충처리 등과 관련하여 각각의 개별법령이 별도 규정을 두고 있고, 공무원직장협의회설립·운영에관한법률이 적용된다는 점 등을 고려하여 공무원에 대해서는 근참법의 적용이 배제된다고 보아야 할 것이고, 상시근로자수 판단 시 공무원은 포함되지 않는다고 할 것입니다(협력 68210-258, 2003.07.01.).

Q 상시근로자수 30인 여부를 판단할 때 해외근로자도 포함하여야 하는지요?

A 해외근로자는 포함됩니다.

해외근로자가 해외파견을 명받고 동일한 근로조건을 적용받으며, 복귀 지시에 의하여 복귀하게 되는 등 기본적인 근로관계가 유지되고 있다면 회사 소속의 근로자라고 판단되므로, 해외근로자를 포함하여 상시근로자수가 30인 이상이면 노사협의회를 설치해야 합니다(노사 68107-137, 1997.06.05.).

Q 근로자가 여러 지역으로 분산되어 있는데, 그 전체 근로자수가 30인이 넘는다면 이 때에도 노사협의회를 설치해야 하는지요? 이런 경우 노사협의회는 어떻게 운영해야 하는지요?

A 주된 사무소에 노사협의회를 설치하여 운영하면 됩니다.

근로자가 지역적으로 분산되어 있더라도 전체 근로자 수가 30명 이상인 경우에는 그 주된 사무소에 노사협의회를 설치하도록 하고 있습니다. 사업장이 여러 곳으로 나뉘어진 경우에 노사협의회가 실질적으로 운영되려면 근로조건의 결정권이 있는 본사에 주된 노사협의회를 설치하는 것이 바람직하기 때문입니다.

다만, 하나의 사업에 지역을 달리하는 사업장이 있을 경우에는 그 사업장에도 설치할 수 있도록 하고 있는데, 이는 지역별 특수한 사안들에 대해 별도의 논의를 진행할 수 있도록 하기 위함입니다.

이때 지역별 노사협의회를 설치하는 경우에는 주된 사무소에 설치하여야 하는 중앙협의회(또는 전사노사협의회)와 병행하여 지역노사협의회가 설치되는 것으로 이해하여야 합니다.

노사협의회 설치장소는 노사협의회 규정에 기재하는 것이 일반적이며, 노사협의회 회의가 개최되는 장소를 의미함은 물론, 노사협의회를 관할하는 지방고용노동관서를 정하는 의미를 지니고 있습니다(고용노동부 노사협의회 운영메뉴얼).

노사협의회는 노사협의회법 제4조에 의거 근로조건의 결정권이 있는 사업 또는 사업장단위로 설치하여야 하는 바, 각 사업장(공장) 단위의 노사협의회가 동법에 의거 설치된 노사협의회라면 각 사업장을 통합하는 본사단위의 노사협의회 설치는 법적 강제사항은 아니나, 근로조건의 결정권이 사업(회사) 단위에 있다면 각 사업장을 통합하는 노사협의회는 반드시 설치하여야 합니다.

다만 노사협의회법 제4조의 "근로조건의 결정권이 있는 사업 또는 사업장"에는 임금, 근로시간, 승급, 배치전환, 휴가, 안전위생, 재해보상 등 근로조건에 관하여 포괄적으로 결정권을 가지고 있는 사업 또는 사업장 뿐만 아니라 권한 중 일부를 위임받아 결정할 수 있는 사업 또는 사업장도 포함됩니다(노사 68140-56, 1993. 02.13.).

Q **노동조합 또는 근로자대표가 없는 공장단위의 노사협의회를 설치하려고 할 때 근로자위원은 어떻게 선출하나요?**

A **근로자들의 직접, 비밀, 무기명 투표에 의해 근로자위원을 선출합니다.**

사업장 단위의 노사협의회를 설치할 때 당해 사업장에 소속 근로자의 과반수로 조직된 노동조합이 있는 경우에는 당해 노동조합에서 근로자위원을 위촉할 수 있으나, 그렇지 않은 경우에는 근로자들의 직접, 비밀, 무기명 투표에 의해 근로자위원을 선출하여야 할 것입니다(노사협력과-102, 2004.02.06.).

Q **노사협의회를 설치하려고 하는데요, 어떤 절차를 거쳐야 하는지요?**

A **노사협의회 설치관련 공고, 노사협의회설치 준비위원회 구성, 노사협의회 위원의 위촉 또는 선출, 노사협의회 규정 제정 및 신고 등의 과정을 거치**

면 됩니다.

노사협의회를 설치하고자 하는 경우에는 노사협의회 설치관련 공고, 노사협의회 설치 준비위원회 구성, 노사협의회 위원의 위촉 또는 선출, 노사협의회 규정 제정 및 신고 등의 과정을 거쳐야 합니다.

노사협의회 설치과정에서 충분한 논의와 인식제고, 공감대 형성을 위한 노력을 하지 않으면, 노사협의회 운영의 활성화를 담보할 수 없으므로 모든 노사협의회 설치대상 사업장에서는 내실있는 과정을 거쳐 노사협의회가 설치될 수 있도록 하여야 합니다.

특히 과반수 노조가 있는 사업장에서는 노사협의회 근로자 위원을 노동조합대표자와 노동조합이 위촉하는 자로 하도록 규정하고 있는데, 노사협의회가 전체 근로자를 대변하며, 노사공동의 이익을 추구하는 기구라는 점에서 노사협의회의 진정한 설치목적 등 설치과정에서의 노사의 공동논의, 근로자간의 충분한 협의는 매우 중요한 과제라 할 것입니다(고용노동부 노사협의회 운영메뉴얼).

Q 노사협의회 근로자위원을 부서별, 지역별 단위에서 별도의 선출이 가능한가요?

노사협의회 근로자위원의 선출과 관련하여 부서별, 지역별 참여를 반영하기 위해 부서 또는 지역별 근로자위원수를 정하고 그 부서 또는 지역의 직원만을 대상으로 그 부서 또는 지역에서 입후보한 사람을 선출하는 것이 가능한가요?

A 근로자위원수 배정이 객관적으로 부당하지 않고 직접·비밀·무기명 투표를 하여 근로자위원을 선출하였다면 가능합니다.

근로자참여및협력증진에관한법률 제6조제1항에서는 협의회 위원을 각 3명 이상 10명 이하로 하도록 규정하고 있을 뿐 구체적 방식은 정하지 않고 있고, "사업 또는 사업장의 특수성으로 인하여 부득이하다고 인정되는 경우에는 작업 부서별로 근로자수에 비례하여 근로자위원을 선출할 근로자를 선출하고 위원선거인 과반수의 직접·비밀·무기명투표로 근로자위원을 선출할 수 있다"는 법시행령 제3조제1항 단서규정은 작업부서간 이질성이 크거나 사업장의 수가 많아 직접선거를 통한 근로자위원 선거가 곤란하고 근로자 대표성을 확보하기 어려운 경우 '간접선거'로써 그 단점을 보충할 수 있도록 한 것입니다.

따라서 노사간 근로자위원 수를 합의하고 사업 또는 사업장별, 작업부서별 근로자수에 비례하여 근로자위원수를 배정하는 것이 객관적으로 부당하지 않고 또한 배정된 근로자위원수에 대해 사업 또는 사업장별, 작업부서별로 직접·비밀·무기명 투표를 하여 근로자위원을 선출하였다면 법 취지에 반하는 것으로 볼 수 없어 유효합니다(노사협력복지과-1925, 2004.08.13.).

Q 노사협의회 근로자위원을 선출할 때 전자투표도 가능한가요?

A 노사가 사전에 투표방법 및 전자투표에 사용될 기술체계에 대해 동의한다면 전자투표에 의한 근로자위원 선출이 가능합니다.

「근로자참여및협력증진에 관한 법률」 시행령 제3조제1항은 근로자의 과반수로 구성된 노동조합이 조직되어 있지 아니한 사업(장)의 근로자위원은 근로자의 직접·비밀·무기명투표에 의하여 선출한다고 규정하고 있으므로 전자투표를 통해 근로자위원을 선출하는 경우에도 직접·비밀·무기명투표의 원칙을 규정하고 있는 동 조항의 입법취지가 보장되어야 합니다.

「직접」투표의 원칙은 대리인이 아닌 투표권자 본인이 직접 투표하여야 한다는 것이고, 「비밀」투표 원칙은 투표자의 투표내용이 개표 전까지는 어느 누구에게도 알려지지 말아야 한다는 것이며, 「무기명」이라 함은 누가 누구에게 투표하였는지 알 수 있게 하여서는 안 된다는 것을 의미합니다.

따라서 전자투표를 실시하고자 하는 경우에도 위 원칙이 모두 준수되어야 함은 물론, 노사가 사전에 투표방법 및 전자투표에 사용될 기술체계에 대해 동의한다면 전자투표에 의한 근로자위원 선출이 가능할 것입니다.

한편, '선거결과 확인 후 데이터 자동폐기'와 관련하여서는 어느 일방의 재검표

요구에 대비하여 노사간의 협의로 일정기간 보관하도록 하는 것이 바람직할 것이라고 사료됩니다(노사협력정책과-1326, 2009.04.16.).

Q 복수노조 사업장에서 과반수 노조가 소수노조에 대한 공정대표의무를 지도록 되어 있는데, 노사협의회에서도 공정대표의무를 지게 되는 것인지요? 이에 따라 노사협의회 근로자위원 위촉시에도 소수노조의 참여권을 보장해야 하는지요?

A 근로자의 과반수로 조직된 노동조합이 있는 경우에는 그 노동조합의 대표자와 그 노동조합이 위촉하는 자로 노사협의회가 구성되는 것입니다.

노동조합및노동관계조정법 제29조의4(공정대표의무 등)에서는 "교섭대표노동조합과 사용자는 교섭창구단일화 절차에 참여한 노동조합 또는 그 조합원간에 합리적 이유없이 차별을 하여서는 아니된다"고 규정하고 있습니다.

노조법상의 이러한 공정대표의무는 단체교섭관계에서 창구단일화절차가 도입됨에 따라 실질적으로 교섭에 참여하지 못하는 소수 노동조합과 소속 조합원들의 권익을 보장하고자 하는 취지에서 마련된 것으로, 노사협의회 구성과 운영에는 특별한 영향을 주지 아니합니다.

따라서 노사협의회 위원 구성과 회의에 있어서는 근참법 제6조(협의회의 구성) 제2항에 의거 근로자의 과반수로 조직된 노동조합이 있는 경우에는 그 노동조합의 대표자와 그 노동조합이 위촉하는 자로 노사협의회가 구성되는 것입니다.

노동조합 관계와 노사협의회 운영은 별개의 성격으로, 노사협의회는 전체 근로자를 대표하여 기업의 생산성과 근로생활의 질 향상을 도모함을 목적으로 운영되는 것으로 노사협의회가 어떻게 구성될지의 문제는 과반수 노조가 소수노조를 배려한다는 차원이아니라 어떻게 하면 전체 근로자들을 대변할 수 있고, 보다 전문적인 활동이 가능할지의 차원에서 고민하여야 할 것입니다(고용노동부 노사협의회 운영메뉴얼).

Q **공장(지역)별로 별도의 노동조합이 조직되어 있는 사업장에서 단체교섭 창구단일화를 해야 하는데, 노사협의회를 기존과 같이 별도로 설치하고, 각 공장별 과반수 노조이므로 노동조합에서 근로자위원을 위촉하는 것이 가능한지요?**

A **공장별로 조직된 노동조합이 그 공장 근로자 과반수를 대표하고 있다면 당해 공장 근로자 과반수로 조직된 노동조합이 근로자위원을 위촉할 수 있을 것입니다.**

근참법 제4조(노사협의회 설치)에서는 근로조건 결정권이 있는 상시 30명 이상의 근로자를 사용하는 사업이나 사업장은 노사협의회를 의무적으로 설치하도록 규정하되, 하나의 사업에 지역을 달리하는 사업장이 있을 경우에는 그 사업장에도 설치할 수 있다고 규정하고 있습니다.

따라서 지역별 노사협의회를 설치하는 경우에는 사업 전체를 대상으로 하는 노사협의회(이른 바, 중앙노사협의회)와 지역을 대상으로 하는 노사협의회(이른 바, 지역노사협의회)가 병행하게 되는데, 기존부터 공장별로 노동조합이 별도로 조직되어 있고, 노사협의회도 별도로 설치되어 있는 경우에는 사업 전체를 관할하는 중앙노사협의회와 공장별 노사협의회가 병행하여 설치된 것으로 이해하여야 할 것입니다.

즉, 공장별로 근로조건 결정이 독립적이지 않는 한 사업전체를 관할하는 중앙노사협의회가 설치되어야 하고, 이 때 중앙노사협의회는 당해 사업 전체(모든 공장 포함) 근로자 과반수로 조직된 노동조합이 있는 경우에는 그 노동조합 대표자와 노동조합이 위촉하는 자로, 당해 사업 전체 근로자 과반수로 조직된 노동조합이 없는 경우에는 전체 근로자들의 직접·비밀·무기명 투표에 의하여 노사협의회 근로자위원을 선출하여야 합니다.

이와 별도로 지역별 노사협의회를 설치할 때 근로자위원을 어떻게 선출 또는 위촉하는가의 문제는 공장별로 조직된 노동조합이 그 공장 근로자 과반수를 대표하고 있다면 지역 노사협의회 근로자위원의 구성에 있어서는 당해 공장 근로자 과반수로 조직된 노동조합이 근로자위원을 위촉할 수 있을 것입니다(노사협력과-102, 2004.02.06.).

Q 근로자참여 및 협력증진에 관한 법률에 규정된 내용과 상반되는 내용으로 협의회규정을 작성하여 운영하는 경우 그 효력은?

A 근참법에서 요구하는 사항과 달리 정하여 노사협의회를 운영하거나 협의회규정을 작성하는 경우에는 그 효력을 인정받을 수 없습니다.

근로자참여 및 협력증진에 관한 법률에서는 노사협의회가 근로자와 사용자 쌍방이 참여와 협력을 통하여 노사공동의 이익을 증진하는 기구가 되도록 일정한 요건을 규정하고 있습니다.

예를 들면, 연속적이고 전문적인 활동이 되도록 하기 위해 협의회 위원의 임기를 3년으로 정하고 있는 것, 협의회에서 의결시 민주적 절차를 거치도록 하기 위해 노사 각각 과반수의 출석과 출석 2/3 이상의 찬성이라는 의결정족수를 규정한 것, 노사협의회 근로자위원의 비상임·무보수 원칙, 협의회 위원 중에서 간사를 선출, 과반수 노조에서의 근로자위원 위촉권 부여 등의 규정이 그것입니다.

그리고 이러한 요건들을 갖추어 협의회가 운영되고 협의회에서 의결하는 경우 일정한 법적효력을 부여하고 있는데, 근로자위원의 협의회 보고사항과 관련한 자료제출 요구권, 의결된 사항에 대한 이행의무 등이 그것입니다.

따라서 근참법상의 노사협의회 설치나 운영과 관련한 요건은 법률상 노사협의회의 자격요건에 해당한다고 볼 수 있는 것이므로, 근참법에서 요구하는 사항과 달리 정하여 노사협의회를 운영하거나 협의회규정을 작성하는 경우에는 그 효력을 인정받을 수 없습니다.

노사협의회 위원의 임기를 3년 미만으로 규정한다거나, 의결정족수의 요건을 갖추지 못하였다거나, 과반수 노조가 아님에도 불구하고 노동조합에서 근로자위원을 위촉하도록 규정하였다거나, 노사협의회 규정에 유급전임을 두도록 규정하였다거나 하는 내용들은 모두 법적효력을 가지지 아니한다고 보아야 합니다(고용노동부 노사협의회 운영메뉴얼).

Q 노동조합에 노조전임자가 있듯이 노사협의회에도 근로자위원 전임자를 둘 수 있는지요?

A 노사협의회 근로자위원에게 협의회 규정이나 노사간의 특약에 의하더라도 전임자의 지위를 부여할 수는 없습니다.

근참법에 의하면 근로자의 과반수로 구성된 노동조합이 조직되어 있지 아니한 사업 또는 사업장의 근로자위원은 당해 사업 또는 사업장의 근로자 중 근로자의 직접·비밀·무기명 투표에 의하여 선출하고, 근로자위원은 비상임·무보수로 한다고 규정하고 있습니다.

따라서 노사협의회 근로자위원에게 협의회 규정이나 노사간의 특약에 의하더라도 '노동조합및노동관계조정법'상 규정되어 있는 전임자의 지위를 부여할 수는 없을 것입니다(노사협력복지팀-2302, 2007.07.10.).

Q 해고의 효력을 다투고 있는 자일지라도 노사협의회 위원의 자격이 있는 것인지요?

A 해고의 효력을 다투고 있다 하더라도 근로기준법상의 근로자로서 인정이 되지 않는다면 근로자위원의 자격을 유지한다고는 볼 수 없습니다.

근참법 제2조의 근로자는 근로기준법에 의한 근로자로 정의되어 있는 바, 같은 법 제6조의 근로자위원이 될 수 있는 근로자 과반수로 조직된 노동조합의 대표자 역시 근로기준법상 근로자라야 할 것입니다.

따라서 당해 노조대표자가 해고된 경우에는 부당노동행위로 인한 해고의 효력을 다투고 있다 하더라도 근로기준법상의 근로자로서 인정이 되지 않는다면 근로자위원의 자격을 유지한다고는 볼 수 없을 것입니다(노사 68107-5, 1998.01.06.).

Q 징계처분중인 자는 노사협의회 위원의 자격이 있나요?

A 근로관계가 단절되지 않았다면 노사협의회 위원으로 참여가 가능합니다.

노사협의회 규정에 징계 등으로 인하여 정직중인 자의 노사협의회 위원으로서의 자격, 협의회 참여 및 협의회 관련 제반활동 등을 제한하는 규정이 없는 한, 아직 근로관계가 단절되지 아니한 정직자도 협의회 위원으로 참여가 가능하다 할 것입니다(노사 68107-29, 1999.12.03.).

Q 과반수 노조가 되지 못하여 근로자위원을 선출하였다가, 협의회 위원 임기도중 과반수 노조가 된 경우 협의회 근로자위원을 새로 위촉할 수 있는 건가요?

A 과반수 노조의 근로자위원 위촉권은 근로자들의 자율선거에 의해 선출된 근로자위원의 자격을 상실시키는 권한까지 부여한 것은 아닙니다.

과반수 노조가 조직되어 있지 않은 상태에서 노사협의회 근로자위원이 근로자의 자율선거에 의하여 선출되어 활동하고 있었는데, 임기 도중 과반수노조가 설립된 경우에는 기존에 선출된 근로자위원의 임기가 3년이므로, 그 임기 동안은 계속적으로 근로자위원의 지위를 가집니다.

과반수 노조에 근로자위원 위촉권을 부여한 것은 새로운 근로자위원 구성 시 권한을 부여한 것일 뿐 이전 근로자들의 자율선거에 의해 선출된 근로자위원의 자격을 상실시키는 권한까지 부여한 것은 아니기 때문입니다(노사 68107-76, 1998.03.31.).

Q 과반수 노조에서 근로자위원을 위촉하였다가, 협의회 위원 임기 도중 조합원 탈퇴 등의 이유로 과반수 노조에 미달하게 된 경우 협의회 근로자 위원을 새로 위촉할 수 있나요?

A 과반수에 미달되는 노동조합에서 계속적으로 근로자위원을 임의로 변경하여 위촉할 권한은 상실되었다고 보아야 합니다.

노사협의회 위원 임기 도중 조합원 탈퇴 등의 이유로 과반수 노조에 미달하게 된 경우라 하더라도 기존 노동조합에서 위촉한 위원의 지위는 임기 동안은 지속됩니다. 근로자위원의 선출이라는 문제는 노사협의회 근로자위원 임기가 종료한 시점에 비로소 발생하기 때문입니다.

따라서 1사 1노조 형태에서 과반수 노조가 되지 못하는 경우뿐만 아니라, 복수노조하에서 과반수 노조의 지위로 근로자위원을 위촉하였다가 조합원 이동 등으로 다른 노동조합이 과반수 노조가 된 경우에도 기존의 협의회 위원은 임기까지 지위가 인정된다 할 것입니다.

다만, 여기서 주의할 점은 과반수 노조에게만 근로자위원 위촉권이 부여되므로 과반수 미만 노조가 된 이상 근로자위원을 새로이 위촉하는 권한은 더 이상 부여되지 않습니다.

따라서 과반수 노조에 미달하기 이전에 근로자위원으로 위촉되었던 사람에 한하여 근로자 위원 지위가 계속 유지될 뿐 과반수에 미달되는 노동조합에서 계속적으로 근로자위원을 임의로 변경하여 위촉할 권한은 상실되는 것입니다(노사협력과-178, 2004.01.16.).

만약 다른 노동조합이 과반수 노조가 된 경우가 아니고 과반수 노조가 없다면 근로자 위원을 직접·비밀·무기명 투표로 선출하여야 할 것입니다.

Q 노사협의회 근로자위원의 대표가 근로기준법상 근로자대표가 될 수 있나요?

A **노사협의회 근로자위원의 대표와 근로기준법상 근로자대표는 다르므로 별도의 선출과정을 거쳐 선출해야 합니다.**

우리 노동관계법상 근로자를 대표하는 지위는 노동조합의 대표자, 노사협의회 근로자 대표, 근로기준법상 근로자대표 등으로 구분하여 볼 수 있으며, 각각은 별도의 지위에 있다고 보아야 할 것입니다.

이 때 노동조합 대표자와 근로기준법상 근로자대표는 각각 합의권을 가지고 있어 노동조합 대표자는 단체협약을 체결할 수 있고, 근로기준법상 근로자대표는 탄력적 근로시간제의 합의권, 선택적 근로시간제의 합의권, 보상휴가제의 합의권, 재량근로제의 합의권, 유급휴가의 대체합의권, 고용조정에 있어서의 협의권 등을 갖게 됩니다.

다만, 우리 근로기준법에서는 과반수 노조가 있는 경우에는 그 노동조합이 근기법상 근로자대표의 지위를 갖도록 하고 있고, 근로자참여 및 협력증진에 관한 법률에서도 과반수 노조 대표자와 그 노동조합이 위촉하는 자를 노사협의회 근로자위원으로 하도록 규정하고 있으므로, 이에 따라 과반수 노조의 대표자는 근로기준법상 근로자대표의 지위와 노사협의회 근로자위원 대표의 지위를 모두 갖게 되는 것입니다.

과반수 노조가 있지 않은 사업장에서는 노사협의회 근로자위원의 대표자와 근로기준법상 근로자 대표자는 원칙적으로는 구분되는 개념이므로 노사협의회 근로자위원 대표가 근로기준법상 근로자대표로서 각종 근로조건에 대한 합의권을 행사할 수는 없는 것입니다.

또한 노사협의회 근로자위원이 각자 민주적인 방법으로 선출되었다 하더라도 그들의 호선으로 선출된 대표자는 근로기준법상 근로자대표로 볼 수 없습니다.

따라서 노사협의회 근로자위원 대표가 근기법상 근로자대표의 지위를 갖기 위해서는 노사협의회 위원선출시 근로자 과반수의 지지를 얻는 최다수득표자를 근기법상 대표자로서 선출한다는 공지가 명확히 되어 선출하는 것이 필요하며, 그러한 공지가 되지 않거나 과반수의 지지를 얻는 사람이 없는 경우에는 별도의 절차를 통해 근기법상 근로자대표를 선출하여야 할 것입니다(근기 68207-630, 1997.05.13.).

Q **노사협의회에서 인원감축방안에 대한 규모와 기준에 대하여 합의하였다면 정리해고時 성실한 사전협의를 거친 것으로 보는 판례가 있던데, 문제없는 판결인가요?**

A **노사협의회 근로자위원과 근로기준법상 근로자대표는 구분되는 개념으로 위 판례는 문제의 소지가 있다고 판단됩니다.**

① 판례의 입장 : 노사협의회를 개최하여 인원감축의 규모와 원칙적인 기준을 합의하여 결정하였고, 노사협의회에 참석한 근로자 대표들도 회사의 경영상태 악화를 인식하여 전원이 인원감축방안에 찬성한 점에 비추어 보면, 개별적인 사전 협의를 거치지 아니하였고 사전에 노사협의회의 개최 사실을 알지 못하였다고 하더라도, 근로자측과의 성실한 사전협의를 거쳤다는 요건은 충족된 것으로 봄이 상당하다는 것이 서울고법의 판결(서울고법 99누5216, 2000.03.29.)입니다.

② 행정해석의 입장 : 노사협의회 근로자위원이 각자 민주적인 방법으로 선출되었다 하더라도 그들의 호선으로 선출된 대표자는 근로기준법상 근로자대표로 볼 수 없고, 노사협의회 근로자위원 대표가 근기법상 근로자대표의 지위를 갖기 위해서는 노사협의회 위원선출시 근로자 과반수의 지지를 얻는 최다수득표자를 근기법상 대표자로서 선출한다는 공지가 명확히 되어 선출하는 것이 필요합니다(근기 68207-630, 1997.05.13.).

③ 근로기준법 제24조제3항의 명문규정 : 법은 근로자의 과반수로 조직된 노동조합이 없는 경우에는 근로자의 과반수를 대표하는 자와 해고일의 50일 전까지 통보하고 성실하게 협의하여야 한다고 규정하고 있어 근로자 대표와 사전협의를 하도록 규정하고 있습니다.

④ 결론 : 근로기준법은 분명 근로자 대표와 사전협의하도록 명확히 규정하고 있고, 노사협의회의 근로자위원과 근로기준법상 근로자대표는 그 성격상 명확히 구분되므로 서울고법 판결은 현행법을 위반한 판결이라 사료됩니다.

Q 탄력적 근로시간제를 노사협의회 협의사항으로 의결할 수 있나요?

A 노사협의회의 의결만으로는 도입이 불가합니다.

근참법은 노사협의회에서 '작업 및 휴게시간의 운용'에 관한 사항을 협의하거나 의결할 수 있도록 하고 있는데, 탄력적 근로시간제의 도입과 관련한 사항 등 근로기준법상 사용자가 근로자대표와의 서면합의를 하도록 한 규정은 동 제도의 도입을 위한 기본적인 법적 요건이므로 노사협의회의 의결만으로는 도입이 불가합니다. 따라서 탄력적 근로시간제 도입 등에 관한 사항을 노사협의회에서 의결하더라도 별도로 서면합의서를 작성하거나 취업규칙을 변경하여야 합니다(근기 68207-735, 1997.06.05.).

Q 근로자 복지와 관련한 복지기금을 노동조합에 위탁하도록 하는 것이 협의사항이 되나요?

A 노사협의회의 협의사항이 아닙니다.

특정 노조에 대한 복지기금 지급은 전체 근로자의 복지증진에 해당된다고 보기 어려워 근참법 취지에 비추어 볼 때 노사협의회의 협의를 거쳐 의결한 사항으로서의 효력을 인정하기는 어려울 것으로 사료됩니다(노사협력정책과-989, 2010.10.26.).

Q 특정근로자 채용관련 사항이 노사협의회 협의사항이 되나요?

A **'근로자 채용, 배치 및 교육훈련에 대한 규정'은 특정 근로자를 채용한다거나 직무에 배치하여야 하는 것까지를 의미하는 것은 아닙니다.**

근참법 제20조 협의사항 중 근로자 채용, 배치 및 교육훈련에 대한 규정은 업무에 필요한 근로자의 능력과 경력, 특정직무에 배치해야 할 근로자의 능력과 경력, 직무의 효과적 수행을 위해 필요한 교육훈련 등에 대하여 노사협의회에서 협의하여야 할 사항을 규정한 것으로 어떤 특정인물을 채용한다거나 특정인을 직무에 배치하여야 하는 것까지를 의미하는 것은 아니라고 할 것입니다(노사협력복지과-770, 2004.04.20.).

Q **노사협의회 협의사항 중 "근로자의 채용·배치 및 교육훈련"과 노사협의회 의결사항 중 "근로자의 교육훈련 및 능력개발 기본계획의 수립"과의 차이점은?**

A **동법률 제20조의 "근로자의 채용·배치 및 교육훈련"은 협의할 안건사항이고, 동법률 제21조의 "근로자의 교육훈련 및 능력개발 기본계획의 수립"은 비안건사항입니다.**

「근로자참여 및 협력증진에 관한 법률」 제20조에 의한 협의사항은 노사공동이익의 증진을 위하여 노사협의회에서 협의해야 할 사항으로서 노사일방 또는 쌍방이 협의안건을 제시함으로써 협의회의 협의의제로 다루어지게 되는 것이므로 각 협의사항의 구체적인 범위는 일반적인 원칙, 기준 등을 중심으로 노사가 자율적으로 결정할 사항입니다.

따라서 협의사항의 '근로자 채용, 배치 및 교육훈련'과 관련하여서는 채용과 배치전환, 교육훈련 등에 관한 원칙과 기준을 정한다는 차원에서 현장에서 제도의 운영과정에서 불합리하거나 문제시되어 왔던 부분들을 개선하거나 보다 질적으로 향상시키기 위한 차원에서 안건화가 되어질 수 있습니다.

반면 「근로자참여 및 협력증진에 관한 법률」 제21조에 의한 의결사항 중 "근로자의 교육훈련 및 능력개발 기본계획"의 범위는 사용자가 행하는 직업훈련, 교양교육, 기타 근로자의 능력개발을 위한 교육훈련 등에 대한 "기본계획"을 수립하는 것을 말하는 것으로 세세한 교육훈련의 방법 등에 대해서까지 논의하는 것은 아니라 할 것입니다(노사 68107-41, 1998.02.14.).

Q **의결사항 중 '근로자의 교육훈련 및 능력개발 기본계획'의 범위**

A **근로자의 교육훈련 및 능력개발 기본계획을 수립할 경우에 노사협의회의 의결을 거치도록 하는 것이지 교육이나 훈련을 실시하는 그때마다 의결을 거쳐야 하는 것은 아니라고 사료됩니다(노사 68010-222, 2001.06.23.).**

Q **의결사항 중 '복지시설의 설치와 관리'의 범위**

A **'복지시설의 설치와 관리'의 권리·의무는 사용자에게 있고 사용자는 이러한 권리·의무의 행사시 근로자대표의 의견을 충분히 수렴토록 하는 것이 근참법 제20조의 취지라 할 것입니다.**

구내식당 운영권의 외부업체로의 이전, 사택내 유치원 폐쇄에 관한 사항은 법 제21조의 '복지시설의 설치와 관리'에 해당된다고 볼 수 있습니다.

따라서 근로자 대표와의 충분한 의견수렴이 필요하다 할 것이므로 의결절차를 거쳐야 할 것으로 사료됩니다(노사 68107-374, 1998.12.09.).

Q **의결사항을 의결치 않고 시행할 경우의 효력**

A 현행 근참법에는 노사협의회에서 의결된 사항을 정당한 사유없이 이행하지 아니한 자에 대하여 처벌하도록 되어 있을 뿐 노사 당사자간 어느 일방이 의결사항에 대하여 의결을 거치지 않고 시행할 경우에 대한 법적효력에 관하여 구체적인 규정이 없으므로 이를 이유로 한 처벌은 어렵다 할 것입니다.

한편, 법 제정 취지에 비추어 볼 때 동법은 노사쌍방이 참여와 협력을 통하여 노사공동의 이익을 증진시키는 것이 목적이므로 노사간 성실한 협의를 통해 해결하는 것이 바람직할 것으로 사료됩니다(노사 68107-401, 1998.12.26.).

Q 노사협의회에서 의결된 사항의 효력기간

A 노사협의회에서 의결된 사항의 효력은 의결사항을 이행한 경우와 의결사항의 유효기간이 도래한 경우에 소멸된다고 할 것이나, 유효기간에 대하여 특별히 정한 바가 없는 경우 효력을 소멸시키는 별도의 의결절차를 거치거나 새로운 의결 사항에 의하여 대체될 때까지 유효하다고 할 것입니다(협력 68210-324, 2003.09.03.).

Q 합의사항의 시행과정상 개선방법

A 근로자와 사용자는 노사협의회에서 합의된 사항은 노사협의회법 제23조(현 근로자참여 및 협력증진에 관한 법률 제24조)에 규정된 바와 같이 성실히 이행하여야 하며, 시행과정에서 개선의 필요성이 인정될 경우에는 노사협의회에서 협의를 통하여 해결하는 것이 원칙입니다(노사 32281-8151, 1990.06.08.).

Q **노사협의회에서 '임금인상'에 대해 의결하였을 경우 그 효력은?**

A **임금인상은 노사협의회 의결사항에 해당한다고 보기 어려우므로, 의결사항 미이행으로 처벌할 수 없습니다.**

임금인상은 근참법 제20조제2항 및 제21조에 의한 노사협의회 의결사항에 해당한다고 보기 어렵습니다. 따라서 형식상 당해 사업장의 노사협의회에서 임금인상을 의결했다 하더라도 근참법상의 노사협의회에 의한 의결로 볼 수 없으므로 사업주가 이를 미이행하더라도 근참법 제30조제2호의 의결사항 미이행으로 처벌할 수 없을 것입니다.

다만, 노사공동의 협의기구에서 근로자의 근로조건을 상향조정하기로 의결한 사항은 당사자간 성실히 이행하는 것이 바람직하며, 노사공동의 협의기구가 결정할 수 있는 대표권을 구비하고 있거나, 근로계약 체결·취업규칙 변경 등의 후속조치가 있는 경우에는 의결로서의 효력을 부인할 수는 없을 것입니다(고용노동부 노사협의회 운영메뉴얼).

Q **노사협의회에서 '임금지급일 변경'에 대하여 합의하였다면 효력이 발생하는 것인지요?**

A **근로조건의 변경(임금지급일 변경 등)은 노사협의회 합의사항이 아니므로 효력이 발생하지 않습니다.**

근로조건 변경(임금지급일 변경)에 관한 사항을 노사협의회에서 합의하였다 할지라도 근·참·법 상 합의사항으로서의 효력이 발생하지 않습니다.

Q **단체협약으로 체결된 사항, 근로기준법상 근로자대표와 합의한 사항, 노사협의회에서 의결한 사항의 차이가 무엇인지요? 효력은 어떻게 되는 것인지요?**

A **단체협약으로 체결된 사항은 위반시 처벌과 민사상 청구가 가능하나, 근로기준법상 근로자대표와 합의한 사항은 위반시 별도의 처벌규정이 없고, 노사협의회에서 의결한 사항 또한 합의자체로 개별 근로자의 근로조건을 결정하는 효력은 없지만 위반시 그 행위 자체로 처벌하도록 하고 있습니다.**

단체교섭 관계는 노동조합이 근로조건의 개선 및 조합활동 보장 등을 위하여 사용자와 교섭하고, 합의된 결과를 단체협약으로 체결하는 것으로'노동조합 및 노동관계조정법'에 의하여 단체협약으로 합의된 중 일정한 사항을 위반한 경우에 그 위반행위 자체로 벌칙이 적용되며, 협약으로 합의된 사항에 대하여는 민사적으로 청구할 수 있는 권한도 갖게 됩니다.

근로기준법상 근로자대표와의 협의 및 합의관계는 고용조정, 근무시간이나 휴가제도의 유연화 등에 있어서 사용자가 일방적으로 제도와 수준을 변경함으로써 근로자에게 불이익이 발생하는 것을 예방하기 위한 보호장치를 두고 있는 것으로 사용자와 근로자대표가 서면 합의한 사항에 대해서는 그 변경의 효력이 인정된 반면 합의사항의 위반행위 자체에 대하여는 별도의 처벌규정을 두고 있지 않습니다.

반면, 노사협의회에서의 협의·의결관계는 노사가 참여와 협력을 바탕으로 생산성향상과 근로생활의 질을 향상시키고자 신의성실의 원칙에 따라 공동으로 노력하고 협의 또는 의결해 나가는 체계입니다. 따라서 노사협의회에서 의결된 사항은 그 합의자체로 개별 근로자의 근로조건을 결정하는 효력은 발생하지 않으며, 근로계약·취업규칙·단체협약 체결 등의 조치가 따라야 합니다.

그러나 노사협의회의 신의성실의 원칙은 당사자들의 이행이 담보되도록 하는 것이 필요하므로 노사협의회에서 합의되거나 의결된 사항을 위반하는 경우에는 그 행위 자체로 처벌하도록 하고 있습니다(고용노동부 노사협의회 운영메뉴얼).

Q 근로자위원을 구성하지 못하여 정기노사협의회를 개최하지 못한 경우에도 법위반이 되는 건가요?

A 근참법 제12조제1항에 따라 노사협의회는 3개월마다 정기적으로 회의를 개최하여야 하고, 사용자가 이를 이행하지 않을 경우에는 근참법 제32조에 따라 200만 원 이하의 벌금에 처하도록 규정되어 있습니다. 그러나 근로자위원이 선출되지 못하는 등 사용자의 책임으로 볼 수 없는 사유로 회의를 개최하지 못하는 경우라면 사용자가 노사협의회 정기회의 개최의무를 이행하지 않은 것으로 보기는 어려울 것입니다(노사협력복지팀-1710, 2007.06.01.).

Q 노사대표의 참석이 위원회 의결에 미치는 효력은?

A 근로자위원과 사용자위원의 각 과반수가 출석하여 개최되어 의결하였다면 효력이 있습니다.

노사협의회법 제13조 "회의는 근로자위원과 사용자위원의 각 과반수의 출석으로 개최하고 출석위원 3분의 2 이상의 찬성으로 의결한다"고 규정되어 있으므로 부득이한 사유로 사업주가 회의에 불참하더라도 의사정족수를 충족한 회의개최는 적법한 것이며, 합의사항을 문서로 작성할 때 대표이사가 아닌 자가 서명하더라도 위임이나 수권의 경우 대표이사가 서명한 것과 동일한 효력을 갖는 것입니다(노사 32281-13116, 1990.09.18.).

노사협의회는 근로자위원과 사용자위원의 각 과반수가 출석하면 개최할 수 있으므로(노사협의회법 제13조), 여기에 반드시 노동조합 대표자의 참석이 강제되는 것은 아닙니다(노사 68140-25, 1993.12.09.).

저자의 약력

이 일 우	◦ 서울시립대 경영대학원 인사조직전공 ◦ 수원지방검찰청 평택지청 형사조정위원 ◦ 법무부 교정위원 ◦ 평택시 장애인활동지원 운영위원 ◦ 안성시 교육발전협의회 분과위원장 ◦ 서울시 동부교육지원청 자문위원 ◦ 근로복지공단(평택) 정보공개심의위원 ◦ 고용노동부 평택지청 고용센터 강사 ◦ 前 동화노무법인 평택지사 대표 ◦ 現 노무법인 평안 대표 ◦ 주요저서 – 노동관계법(2004) – 당당한 월급쟁이의 통쾌한 권리찾기(2005) – 노동법실무사례집(2006) – 노동법실무사례집(2013) – 인사노무가이드북–실전편(2014, 매경) – 노동법실무사례집(2016)
양 진 영	◦ 한국침례신학대 교육학과 졸업 ◦ 노동법연구원장 ◦ 장애인재활복지기업 컨설턴트 ◦ 평택시 여성기업인협회 임금컨설턴트 ◦ 평택대 다문화센터 자문위원 ◦ 노무법인 평안 이사 ◦ 주요저서 – 노동법실무사례집(2013) – 노동법실무사례집(2016)